中外经典作家

说教育

◎王意如　刘文荣　选编

文汇出版社

图书在版编目(CIP)数据

中外经典作家说教育 / 王意如,刘文荣选编. —上海:文汇出版社,2015.5
ISBN 978 - 7 - 5496 - 1437 - 0

Ⅰ. ① 中… Ⅱ. ① 王… ②刘… Ⅲ. ①教育学—文集
Ⅳ. ① C40 - 53

中国版本图书馆 CIP 数据核字(2015)第 062807 号

中外经典作家说教育

选　　编 / 王意如　刘文荣

责任编辑 / 陈今夫
封面装帧 / 陆震伟

出版发行　文汇出版社
　　　　　上海市威海路 755 号
　　　　　(邮政编码 200041)
经　　销 / 全国新华书店
排　　版 / 南京展望文化发展有限公司
印刷装订 / 江苏省启东市人民印刷有限公司
版　　次 / 2015 年 5 月第 1 版
印　　次 / 2015 年 5 月第 1 次印刷
开　　本 / 787×960　1/16
字　　数 / 580 千字
印　　张 / 34.5

ISBN 978 - 7 - 5496 - 1437 - 0
定　　价 / 68.00 元

■ 前　言

这是一部文集,汇集了中外诸多经典作家关于教育的言论。像这类书,其实坊间已有不少,为什么还要编一部呢？因为这一部更全面、更"经典"。说它更全面,是因为它不仅把古今中外囊括在内,还广涉各界,不仅仅是教育学家,更有哲学家、科学家、文学家、心理学家、历史学家,乃至宗教家,在此说教育;不仅仅是论文,更有散文、杂文、书信、演讲、访谈、考察报告等,应有尽有。说它更"经典",是因为这里汇集的几乎全部是公认的经典作家的经典之论,这在其他同类书中也是不常见的。

不过,书总有篇幅之限,"全面"总是相对而言的。经过筛选,本书共收入了49位中外经典作家的70篇具有代表性的文章,并分为两个部分——"外国篇"和"中国篇"。

把"外国篇"置于"中国篇"之前,是因为这里所说的教育,主要是指现代教育,而现代教育,通常就是指西方现代教育;中国现代教育,和世界上所有非西方国家一样,是从西方引入的,其源头不在本国,而在西方。

那么,西方现代教育又从何而来？毫无疑问,由西方近代教育演变而来,而西方近代教育,又源于西方古代教育。这从本书"外国篇"所收篇目中就可看出一个大概。

这部分共有30位外国经典作家的36篇文章,按年代排列,以示历史轨迹——最早的写于公元前5世纪,最晚的发表于20世纪70年代,时间跨度约2 500年。这些作家的国籍分别是古希腊、古罗马、法国、英国、德国、意大利、瑞士、奥地利、美国和日本。

初看之下,有那么多国家,情况好像很复杂。其实不然,因为西方各国有一个大同小异的文化背景，作为文化一部分的教育，在各国自然也是大同小异的。但在西方历史上，不同时代的文化却有着巨大差异——这种纵向的文化差异，即构成西方文化的历史演变——作为文化一部分的教育，自然也是如此。

不过，在说到西方教育的历史演变之前，先要说明一下：无论在哪里，无论在何时，教育所面对的无非是这样两个基本问题：一是"教什么"，二是"怎么教"；也就是说，无论在哪里，无论在何时，人们对教育的思考，总是围绕着这两个问题进行的。

那么，对这两个问题，西方最早的经典作家是如何思考的？这从本书所选的三位远古经典作家（即柏拉图、昆提良和普鲁塔克）的论述中即可看出。对于"教什么"，他们已大体确定了三方面的内容，即：德性的培养、知识的传授和身体的锻炼（这是后来西方教育把教学内容分为"德育"、"智育"、"体育"三大块的雏形）；对于"怎么教"，他们虽没有提出具体方案，但由于他们都重视德性的培养，所以也或多或少提出了一些看法，如柏拉图认为最好的教师是哲学家（因为他认为只有哲学家才知道"真理"，即对"理念世界"的感悟），昆提良认为学校教育优于私人教育（当时刚刚出现公立学校，昆提良是最早的办学者，因而被后人誉为西方学校教育的开创者）。

继古希腊、古罗马之后，我们知道，西欧经历了长达一千年的中世纪，直到15世纪才经由文艺复兴（15、16世纪）进入近代（17至19世纪）。中世纪是宗教时代，基督教统驭一切，其教育当然也只有宗教教育。如果说神甫在教堂里为教徒布道也是一种教育的话，那么当时正规的教育机构（前期的修道院和后期的神学院）则仅仅是为培养神职人员而设置的。虽然中世纪教育完全臣服于基督教，没有什么教育思想可言，但后来的西方近代教育却是直接从那里演变而来的。譬如，后来的教室和教师的授课方式就源自教堂和神甫的布道方式；最早的大学就源自修道院和神学院，如巴黎大学的前身是巴黎修道院、牛津大学的前身是牛津神学院。

虽然形式上是中世纪的继承，但在文艺复兴期间，西欧的教育理念却发生了根本性的变化。简单地说，就是教育的"去基督教化"和"世俗化"。这和文艺复兴期间人们的生活理念变化是方向一致的。这一点，从本书所选蒙田的两篇随笔中即可看出。这两篇随笔都在谈教育，但其中几乎没有提到基督教，倒是不断引证古罗马诗人的诗句。要知道,那些古罗马诗人都是异教徒!可见作者的用心所在。尤其是在《论对孩子的教育》一文中,他对"教什么"和"怎么教"都说得很详细,但就是不提对孩子的宗教教育。

此后,随着宗教改革,随着政教逐渐分离,贵族的影响力逐渐上升,教会的影响力逐渐下降,这样便开启了一个贵族时代,即17、18世纪。贵族时代的教育,当然是贵族教育。那时虽然已有为数不多的大学,但为贵族子弟开办的中小学更少,初等和中等教育基本上是私人教育(至于非贵族子弟,基本上无教育可言)。至18世纪中期,随着富裕平民(即许多教科书上所说的"资产阶级")的人数逐渐增多,影响力逐渐增大,贵族制度和贵族特权便受到越来越多的质疑。其中,当然也包括贵族教育。

这种情况,在当时的法国最为典型,因为自17世纪以来,法国一直是欧洲最强大的国家,法国宫廷和法国贵族一直是欧洲各国宫廷和贵族的楷模。然而,正是在法国,平民和贵族之间的对立也最为明显。我们知道,这种对立后来在18世纪末导致了法国贵族全面失势的法国大革命。不过,在此之前,包括法国贵族教育在内的法国贵族文化已经遭到诸多法国学者的严厉批判。这批法国学者,就是历史书上所说的"启蒙学者",他们展开的文化批判运动,就称为"启蒙运动"。

"启蒙运动"是法国大革命的先声。就教育而言,可以说,西方近代教育理论最初就是在这场运动中提出来的。这不难理解:既然要批判传统的贵族教育,就要对教育有一套新的设想。实际上,几乎所有法国启蒙学者都谈论过教育。其中最早的是孟德斯鸠,影响最大的是卢梭。在孟德斯鸠于1748年出版的《论法的精神》一书的导论里,有一章题名为"教育宗旨是与政体原则相适应的"。虽然他在这一章里说到了好几种和不同政体来适应的教育,但重点是最后提出的"共和政体中的教育"——这是他的理想,因为当时还不存在真正的共和政体。至于卢梭,他于1762年出版的《爱弥儿》一书,可说是近代教育论的"经典中的经典"。虽然卢梭贯穿于此书中的"返回自然"的思想未必被后人完全接受,但他在此书中提出的"人的三种教育"却为近代教育论奠定了基础。从此,人们不再像过去那样狭隘地谈论教育了;因为在卢梭那里,广义的教育包括"自然的教育"、"人为的教育"和"事物的教育"三种教育,而过去人们所谈论的教育,只是狭义的

"人为的教育"。既然这样定义教育,"教什么"和"怎么教"当然也就要重新予以检讨,这就是卢梭教育论的革命性所在。

虽然法国在17、18世纪是欧洲首屈一指的"超级大国",但它并非没有竞争对手。譬如,英国就是。我们知道,后来在19世纪,大英帝国终于胜过法国,成为世界第一强国。不过,在18世纪初,英国还处处不如法国,其中就包括教育。这一点,从当时出版的一本小册子中即可看出。写这本小册子的人,就是后来写《鲁滨孙漂流记》的丹尼尔·笛福。他的这本小册子里有一章是专谈教育的,取名为"关于学院"。在这一章里,他向英国国王提出三点建议:一是,法国国王在17世纪就建立"法兰西学院"作为统管学术、文艺和教育的专门机构(相当于现在的文化部和教育部),英国也应该建立"英格兰学院";二是,要建立多所军事学院训练军官和士兵,否则,英法一旦开战,英军恐怕不是法军的对手;三是,要建立女子学院,因为女人不受教育,很难成为优秀的母亲;没有优秀的母亲,也就没有优秀的儿子;而优秀的儿子,正是英国在和法国的竞争中必不可少的。可见,笛福在当时就意识到教育的重要性,而英国国王后来也确实成立了各种各样的学院,以提高全民素质;否则,英国是不可能在19世纪胜过法国的。

当然,除了英法,欧洲其他国家也有人在关注教育,尤其是到了19世纪——当时,西欧各国几乎都从君主制转向了共和制或君主立宪制,教育也从贵族教育转向了平民教育,即后来所说的"国民教育"。至于美国,原本就没有贵族教育,所以一开始关注的就是国民教育。

然而,尽管欧美各国都开始实行国民教育,对于国民教育应该"教什么"和"怎么教",却可谓众说纷纭。因为这是新生事物,没有多少现存经验可供承袭。所以,当时产生了许多具有开创性的教育理论。

这从本书所选相关篇目中即可看出:譬如,在德国,晚年的康德出版《论教育》一书,提出"塑造论",即认为教育的主要目的是使受教育者养成某些习惯,以此"塑造"其性格;大诗人席勒出版《审美教育书简》一书,提出"游戏说",强调审美教育的重要性;教育家福禄培尔开办世界上第一家幼儿园,并出版《人的教育》一书,强调幼儿教育的重要性;还有哲学家叔本华,在其《论教育》一文中提出,经验是知识的前提,因而教育要以教育者的个人经验为前提(即后人所说的"实践出真知")。在瑞士,教育改革家裴斯泰洛齐提出系统的教学法,以实施卢梭的教育理念——"返回自然";在意大利,被后人誉为"意大利独立运动之父"的马志尼出版《论人的责任》一书,其中"教育"一章提出了"全民教育"的理想("全民教育"或"全民义务教育",后来在英国最初实施,现已成为人类共识)。

此外,在19世纪后半叶,更有进化论教育思想的提出,而且其影响或许更为深远。最初提出这种教育思想的人是英国博物学家赫胥黎,他是达尔文进化论的坚定捍卫者和积极宣传者(达尔文进化论当时甚至都不为英国生物学界的权威人士所承认),更是达尔文进化论的运用者——这从本书所选《开明教育》一文中即可看出,他是如何用进化论的观点阐述教育问题的。还有两个人,或许比赫胥黎更有名,即英国哲学家斯宾塞和德国哲学家尼采,更是大大地发挥了达尔文进化论。斯宾塞有"社会达尔文主义之父"的称誉,他率先把进化论引入社会科学领域,从进化论角度解释所有人类活动。教育当然也不例外,按斯宾塞的解释,教育应以有利于生存为第一义,所以要注重传授最有用的科学知识,而不是不太有用的文史知识(参见本书所选《什么知识最有价值?》一文,这是斯宾塞的著名论文)。至于尼采,我们知道,他是以"超人哲学"闻名于世的。其实,"超人哲学"是进化论的哲学版,即认为:既然生物都是进化的,既然人类也是一种进化而来的生物,那就没有理由认为人类不再进化了;既然人类还要进化,那就一定会通过优胜劣汰进化成超级人类——即"超人";所以,"超人"就是人类的未来。用这一观点来看教育,得出的结论当然只能是:现在的教育应该为未来"超人"的出现作准备,这样才不至于违背不可抗拒的自然法则——进化。实际上,尼采也正是这样论述教育的(参见本书所选《论当前教育机构的未来》,这是尼采的早期著作)。

20世纪的西方教育通常被称为"现代教育",而实际上,从19世纪近代教育到20世纪现代教育,这中间并没有明确的界线,而是渐变的。那么,这渐变过程是朝着哪个方向变的呢?总的说来,从19世纪到20世纪,西方教育变得越来越民主化、越来越自由化了。这是一个总趋势。那么,什么是教育的民主化?什么是教育的自由化?简单地说,教育的民主化就是教育的"民生化",也就是越来越为普通人的生活服务;而教育的自由化,实际上就是教育的"个性化",也就是越来越尊重个人和个人选择。

这在一百年后的今天看来,好像是显而易见的,但在一百年前的20世纪初,似乎绝大多数人并未意识到这一趋势。所以,美国哲学家、教育家约翰·杜威在1916年出版《民主与教育》一书,可说是当时教育界的一件大事,因为该书明确指出了西方现代教育的发展趋势——民主化和自由化。确实,这是由民主社会的性质所决定的必然趋势。

除了这两种趋势,还有一种趋势就是:来自科学界的声音越来越响。在整个20世纪,西方科学家越来越多地介入教育,甚至可以说,科学家在现代教育中的地位越来越举足轻重。许多科学家不仅关注教育,甚至还是现代教育学权威,其中最有名的,就是英国数学家罗素和怀德海——前者《论教育》和后者《教育的目的》,均为公认的现代教育学名著。实际上,20世纪几乎所有著名的西方科学家都谈论过教育。譬如爱因斯坦,就曾多次作过关于教育的演说。当然,除了科学界,还有来自心理学界的声音,因为心理学是20世纪的"显学",其意见当然不容忽视。这一点,本书也未忽视,选入了奥地利心理学家、个体心理学创始人阿德勒的《教育纵览》一文,以及瑞士结构主义心理学家皮亚杰的考察报告《教育往何处去》。总之,除了"民主化"和"自由化",西方现代教育还有"科学化"的趋势。这种趋势不仅体现在教学内容方面,更体现在整个教育理念和教育方式上。譬如,最明显的是学前教育。现代学前教育的创始人是意大利女教育家玛丽亚·蒙台梭利。尽管在蒙台梭利之前已有福禄培尔等人的儿童教育实践,但"蒙台梭利育儿法"显然有更多科学依据,是"科学化"的儿童教育。还有如英国教育家亚历山大·尼尔的实验学校、德国哲学家雅斯贝尔斯的存在主义教育论,也都是以现代科学和现代心理学为依据的。也就是说,西方现代教育本身也"科学化"了,以至于有人认为,将来的教育,很可能"就是一门科学"。

以上是结合本书篇目而勾勒的一个西方教育史概况,虽然相当粗略,但对于一般读者来说,能这样粗略地了解一下相关背景,也是很有用的。

此外还要说明一下,在本书"外国篇"里还收录了日本学者的两篇论教育的文章,即福泽谕吉的《论提高民众的见识和品行》和小原国芳的《师道论》,以及日本当代宗教家池田大作和英国当代历史学家汤因比的一篇对话录《教育的理想状态》。福泽谕吉是日本近代教育的缔造者之一,不仅对日本近现代教育影响巨大,对中国现代教育也有很大影响(因为中国的现代教育最初并非从西方直接引入,而是从日本间接引入的);小原国芳是日本战后重建时期最著名的教育家、日本当代教育的缔造者之一,他的教育论融合了东西方文化,很值得当今中国教育界关注。至于池田大作和汤因比的对话录,似乎代表了东西方文化的直接对话——虽然未必真有代表性,但不管怎样,总是一种有益的尝试,至少可以促人深思:什么是教育的真正目的?什么是"教育的理想状态"?为什么当今的教育远没有达到"理想状态"?将来有可能吗?所以,仍值得一读。

现在,应该讲到中国作家说教育了。在本书的第二部分"中国篇"里,共有19位中国著名作家的34篇文章,也是按年代排列的,最早的发表于1896年,最晚的发表于1947年,时间跨度约50年。

这50年大致覆盖三个历史时期,即:清朝末期(19世纪末至1911年)、民国初期(1911年至1937年)和抗战时期(1937年至1945年)。

1895年,甲午战败。翌年,梁启超上书朝廷,主张变法图强。在此次称为《变法通议》的上书中,梁启超直陈,变法图强"以开民智为第一义"。而要"开民智",就要办学校,所以,《通议》中有《学校总论》一节。在这一节中,梁启超坦陈,中国传统教育是"愚黔首、重君权",致使各行各业人才奇缺,一旦有事,无人能救国家于危亡;既如此,唯有求变,"亡而存之、废而举之、愚而智之、弱而强之,条理万端,皆归本于学校",否则,中国"无以为救也"。这就是"教育救国论",首倡者即梁启超。而在此后几十年间,"教育救国论"一直是中国教育界的主调。

实际上,当时的维新派几乎都持"教育救国论"观点。譬如严复,虽未直接参与"戊戌变法",但他一直主张变法维新,因而也是"教育救国论"的拥护者。这从本书所选其《教育与国家之关系》一文中即可看出。在此文中,严复强调德育重于智育、智育重于体育,同时强调要普及教育,原因就在于他认为,教育关乎国家存亡:"须知东西历史,凡国之亡,必其人心先坏。"

然而,对于"教育救国论",当时就有人不以为然。其中影响最大的,就是王国维和章炳麟。

王国维曾著《论教育之宗旨》一文,开首言:"教育之宗旨何在?在使人为完全之人物而已。"不言"救国",而且通篇未见"国"字。那么,何为"完全之人物"?他说:"谓人之能力无不发达且调和是也。"用今天的话来说,就是身心健康而和谐。那么,如何使人成为"完全之人物"?他强调,除了德育、智育、体育,更要有美育;若无美育,仍不会有"完全之人物"。这里,姑且不管美育能不能"育"(好像很难),值得注意的是:他认为"教育之宗旨"在于个人,而不在于国家(至少不直接在于国家)。

同样,章炳麟也不谈"教育救国",只谈"教育就是教人做学问",而且是"做好本国的学问"(参见本书所选《论教育的根本要从自国自心发出来》一文)。不仅如此,他甚至认为,学校里的所谓德育,其实是无效的;因为"道德是由社会熏染来,不从说话讲解来",就是道德非常高尚的人,也不可能通过"说话讲解"使别人道德高尚,更何况,学校里的德育教师自己也未必是道德高尚的人,又怎么能使学生道德高尚?(参见本书所选《留学的目的与方法》一文。)这里,也姑且不管道德能不能"讲授"(确实不太可能),值得注意的是:他认为教育只是事关"做学问",是个人的事,与国家无关(至少没有直接关系)。

由此可见,中国的近现代教育一开始就遇到了一个根本性问题:教育到底是为国家,还是为个人?可以说,后来关于教育的种种议论,其实都与此有关。一般说来,认为教育应该为国家的,大凡强调德育,而认为教育应该为个人的,则大凡强调智育或美育。

1912 年,中华民国成立,蔡元培任教育总长,翌年发表《对于教育方针之意见》一文,提出"五育并举",同时强调"五育"中应注重"实利主义教育"(即知识教育)和"美感之教育";但是,稍后以其名义公布的教育部《教育宗旨令》却又强调"注重道德教育……以实利主义教育辅之"。这事发生在蔡元培一个人身上,再好不过地说明了上述矛盾:当他以个人名义发表意见时,他认为教育应该是为个人的,而当他以教育总长的名义发布命令时,又不得不认为教育应该是为国家的。

当然,教育部的《教育宗旨令》不是教育总长的个人命令,而是政府的命令,所以不能因此指责蔡元培自相矛盾——他作为教育总长,可能只是服从了多数阁员或者总统的意见。但是,从这里却可以看出中国现代教育一开始就有的一个"特色",即:官方总是认为教育首先要有利于国家,因而总是强调道德教育的重要性,而非官方论者又往往认为教育首先要有益于个人,所以,往往强调智力教育的实用性,强调个人修养、个人爱好、审美趣味,等等。

实际上,作为教育总长的蔡元培,其真正重要的理论是"以美育代宗教说"。

所谓"美育代宗教"，简单地说就是："美育"即"情育"；宗教是古代的"情育"，即古人的精神寄托；但到了科学昌盛的现时代，宗教已承担不起"情育"的职责，因而须有现代"情育"即"美育"取而代之，成为现代人的精神寄托，即：用对美的崇拜代替对神的崇拜。当然，这是一种学说，是否能实行还不得而知。

我们知道，民国初期也就是新文化运动时期，而新文化运动的实质，说是"新教育运动"也可以，因为从理论上讲，教育是最重要的文化部门：没有新教育，何来新文化？而实际情况也确实如此：那些推动新文化运动的有影响的人物，大多来自教育界，即便是作家、艺术家，大多也兼做教师——因而，那时几乎人人都在谈教育，要想找出一个关注新文化而不谈教育的人，反倒不太容易。

这从本书所选篇目中即可看出。本书"中国篇"总共34篇，出自这一时期的有22篇，可谓"重头戏"；而且，这22篇文章的作者无一不是这一时期的名家，他们是：胡适、鲁迅、周作人、徐志摩、林语堂、郁达夫、蒋梦麟、夏丏尊、梁漱溟、俞平伯。

那么，这些新文化运动时期的名家持有怎样的教育观呢？总的来说，他们的观点虽然各有不同，但有一点是共同的，那就是：他们无一是"教育救国论"者，因而无一强调道德教育。为什么？因为他们都是前文所说的"非官方论者"。既然官方已强调了道德教育，非官方论者也就没必要再来强调，反倒应该对官方的道德教育予以某种程度上的缓冲，也就是在某种程度上强调教育应有益于受教育者的个性解放——要知道，"个性解放"是新文化运动的主题，他们在谈论教育的时候当然不会忘记这一点。

譬如，胡适在《杜威的教育哲学》一文中说："平民主义的教育的第一个条件，就是要使少年人能自己用他的思想力，把经验得来的意思和观念一个个的实地证验，对于一切制度习俗都能存一个疑问的态度，不要把耳朵当眼睛，不要把人家的思想糊里糊涂认作自己的思想。"显然，这是在强调，教育要培养人的独立思考能力，因为首先要有独立思考能力，才谈得上"个性解放"。同样，鲁迅在《从孩子的照相说起》一文中说："由我看来，所谓'洋气'之中，有不少是优点，也是中国人性质中所本有的。但因了历朝的压抑，已经萎缩了下去，现在就连自己也莫名其妙，统统送给洋人了。这是必须拿它回来，恢复过来的……"这里的"洋气"，就是指个性，而"必须拿它回来"，就是指"个性解放"。

再譬如，蒋梦麟在《个人之价值与教育之关系》一文中说："个人之天性愈发展，则其价值愈高。一社会之中，各个人之价值愈高，则文明之进步愈速。吾人若视教育为增进文明之方法，则当自尊重个人始。"这段话的意思是：要把"尊重个人"看作教育的第一步，因为唯有"尊重个人"，"个人的天性"才会发展，而"个人的天性"愈发展，社会也就愈文明。同样，徐志摩在《罗素与幼儿教育》一文中说："我们当前第一个观念，得确定的是人，是个人，他对他自身的生命负有直接的责任；人的生命不是一种工具，可以供当权阶级任意的利用与支配。教育的问题，是在怎样帮助一个受教育人合理的做人。"这段话的意思大概不用解释，一看就懂。

然而到了30年代中期，随着抗战的爆发，新文化运动不了了之，"个性解放"的呼声也就沉寂了。此后的十余年间，虽然时而仍有人谈论教育，但都是就事论事、就教育论教育了。

尽管如此，其中也有一些质量上乘、值得推荐给读者的好文章。只是限于本书要选的是"经典作家"，所以出现在这里的仅为沈从文、罗家伦、陶行知和苏青。沈从文的《艺术教育》一文，呼吁当局真正重视艺术教育；罗家伦的《学问与智慧》一文，辨析学问与智慧的异同；陶行知的《创造的儿童教育》一文，介绍儿童教育的经验；苏青的《我国的女子教育》和《教子》，前者以切身的体会检讨当时的女子教育，后者从家长的角度坦陈家庭教育不过是尽家长之责。这些文章，虽然话题各有不同，但皆有可读之处。

好了，此篇前言，已洋洋万言，不妨就此打住。

编　者

2015 年 1 月于上海

■ 目 录

外 国 篇

教 育 的 意 义

[古希腊] 柏拉图

柏拉图（Plato，约前 427—前 347），古希腊哲学家、西方哲学奠基人，有三十多篇"对话录"传世，其中重要的有《斐多篇》《巴曼尼得斯篇》《飨宴篇》《斐德罗篇》和《理想国》等。

本文是《理想国》第七卷的节选，题目系编者所加。

我们知道，柏拉图的哲学被称为"理念论"，即认为有两个世界：一个是和我们的感官相连的物质世界，一个是和我们的精神相通的理念世界；物质世界是虚假的，理念世界才是真实的；或者说，物质世界只是理念世界的"模仿"和"影子"；所以，要看到真实，必须进入理念世界。那么，谁能进入理念世界呢？那就是生活在我们中间的哲学家——他们时常会进入理念世界，并把那里的真实讯息带回到我们中间；而我们一般人，就如生活在地下的一个洞穴里，根本看不到洞穴外的真实世界，至多只能看到从洞穴口照进来的一点光亮和一些晃动的影子。这些光亮和影子，就是理念世界的"模仿"，即我们感官中的物质世界。简言之，柏拉图的"理念论"和"洞穴说"和普通人的常识正好相反。按普通人的常识，感官中的物质世界总是真实的，人的某些思想——也就是和柏拉图所说的"理念世界"相关的某些精神活动——倒可能是虚假的。对此，柏拉图会反驳说：寻找真实，目的是为了寻找真理，那么请问：真理可以在感官中找到吗？难道感觉的真实就是真理吗？显然不是，因为要找到真理，就要把握事物的本质，而事物的本质从来不会出现在人的感官中，只会出现在人的思想中；既然如此，难道思想不是通往真理的唯一途径吗？既然通过感官不能达到真理，而真理的前提是真实，那么，说感官中的世界是不真实的，有什么错呢？

当然，别人也可以反驳柏拉图，甚至可以问："什么是本质？""什么是真理？"——这样就要牵出整个西方哲学史了，因为西方哲学就是从柏拉图开始的。总之，为了读懂此文，先要知道柏拉图的"两个世界"，要知道他所说的"理念世界"就是真实与真理，是一个绝对概念，和基督教的"上帝"差不多，而他所说的哲学家，就是寻找真理和传递真理的人。所以，说到教育，他认为教育的重任应由这些人来承担，这样才符合"理想国"的要求——因为在"理想国"里，即便是统治者也要接受教育，甚至可以说，教育的意义，就在于培养合格的统治者和管理者。

苏格拉底[①](以下简称"苏"):接下来,让我们把受过教育的人与没受过教育的人的本质比作下述情形:让我们想象一个地下的洞穴,它有一长长通道通向外面,可让和洞穴一样宽的一路亮光照进来。有一些人从小就住在这洞穴里,头颈和腿脚都绑着,不能走动也不能转头,只能向前看着洞穴后壁。让我们再想象在他们背后远处高些的地方有东西燃烧着发出火光。在火光和这些被囚禁者之间,在洞外上面有一条路。沿着路边已筑有一道矮墙。矮墙的作用像傀儡戏演员在自己和观众之间设的一道屏障,他们把木偶举到屏障上头去表演。

格劳孔(以下简称"格"):我看见了。

苏:接下来,让我们想象有一些人拿着各种器物举过墙头,从墙后面走过,有的还举着用木料、石料或其他材料制作的假人和假兽。而这些过路人,你可以料到有的在说话,有的不在说话。

格:你说的是一个奇特的比喻和一些奇特的囚徒。

苏:不,他们是一些和我们一样的人。你且说说看,你认为这些囚徒除了火光投射到他们对面洞壁上的阴影而外,他们还能看到自己的或同伴们的什么呢?

格:如果他们一辈子头颈被限制了不能转动,他们又怎样能看到别的什么呢?

苏:那么,后面路上人举着过去的东西,除了它们的阴影而外,囚徒们能看到它们别的什么吗?

格:当然不能。

苏:那么,如果囚徒们能彼此交谈,你不认为,他们会断定,他们在讲自己所看到的阴影时是在讲真物本身吗?

格:必定如此。

苏:又,如果一个过路人发出声音,引起囚徒对面洞壁的回声,你不认为,囚徒们会断定,这是他们对面洞壁上移动的阴影发出的吗?

格:他们一定会这样断定的。

苏:因此无疑,这种人不会想到,上述事物除阴影而外还有什么别的实在。

格:无疑的。

苏:那么,请设想一下,如果他们被解除禁锢,矫正迷误,你认为这时他们会怎样呢?如果真的发生如下的事情:其中有一人被解开了枷锁,被迫突然站了

---

① 苏格拉底,柏拉图的老师。在柏拉图所有"对话录"中,他都借苏格拉底之口说出他自己的哲学见解。

起来,转头环视,走动,抬头看望火光,你认为这时他会怎样呢?他在做这些动作时会感觉痛苦的,并且,由于眼花缭乱,他无法看见那些他原来只看见其阴影的实物。如果有人告诉他,说他过去惯常看到的全然是虚假,如今他由于被扭向了比较真实的器物,比较接近了实在,所见比较真实了,你认为他听了这话会说些什么呢?如果再有人把墙头上过去的每一器物指给他看,并且逼他说出那些什么,你不认为,这时他会不知说什么是好,并且认为他过去所看到的阴影比现在所看到的实物更真实吗?

格:更真实得多呀!

苏:如果他被迫看火光本身,他的眼睛会感到痛苦,他会转身走开,仍旧逃向那些他能够看清而且确实认为比人家所指示的实物还更清楚更实在的影像的。不是吗?

格:会这样的。

苏:再说,如果有人硬拉他走上一条陡峭崎岖的坡道,直到把他拉出洞穴见到了外面的阳光,不让他中途退回去,他会觉得这样被强迫着走很痛苦,并且感到恼火;当他来到阳光下时,他会觉得眼前金星乱蹦金蛇乱窜,以致无法看见任何一个现在被称为真实的事物。你不认为会这样吗?

格:噢,的确不是一下子就能看得见的。

苏:因此,我认为,要他能在洞穴外面的高处看得见东西,大概需要有一个逐渐习惯的过程。首先大概看阴影是最容易,其次要数看人和其他东西在水中的倒影容易,再次是看东西本身;经过这些之后他大概会觉得在夜里观察天象和天空本身,看月光和星光,比白天看太阳和太阳光容易。

格:当然。

苏:这样一来,我认为,他大概终于就能直接观看太阳本身,看见他的真相了,就可以不必通过水中的倒影或影像,或任何其他媒介中显示出的影像看它了,就可以在它本来的地方就其本身看见其本相了。

格:这是一定的。

苏:接着,他大概对此已经可以得出结论了:造成四季交替和年岁周期,主宰可见世界一切事物的正是这个太阳,它也就是他们过去通过某种曲折看见的所有那些事物的原因。

格:显然,他大概会接着得出这样的结论。

苏:如果他回想自己当初的穴居、那个时候的智力水平,以及禁锢中的伙伴们,你不认为,他会庆幸自己的这一变迁,而替伙伴们遗憾吗?

格:确实会的。

苏:如果囚徒之间曾有过某种选举,也有人在其中赢得过尊荣,而那些敏于辨别而且最能记住过往影像的惯常次序,因而最能预言后面还有什么影像会跟上来的人还得到过奖励,你认为这个既已解放了的人他会再热衷于这种奖赏吗?对那些受到囚徒们尊重并成了他们领袖的人,他会心怀嫉妒地和他们争夺那里的权力地位吗?或者,还是会像荷马所说的那样,他宁愿活在人世上做一个穷人的奴隶,受苦受难,也不愿和囚徒们有共同意见,再过他们那种生活呢?

格:我想,他会宁愿忍受任何苦楚也不愿再过囚徒生活的。

苏:如果他又回到洞穴中坐在他原来的位置上,你认为会怎么样呢?他由于突然离开阳光走进洞穴,他的眼睛不会因黑暗而变得什么也看不见吗?

格:一定是这样的。

苏:这时,他的视力还很模糊,还没来得及习惯于黑暗——再习惯于黑暗所需的时间也不会是很短的。如果有人趁这时就要他和那些始终禁锢在洞穴中的人们较量一下"评价影像",他不会遭到笑话吗?人家不会说他到上面去走了一趟,回来眼睛就坏了,不会说他们甚至连起一个往上去的念头都是不值得的吗?要是把那个打算释放他们并把他们带到上面去的人逮住杀掉是可以的话,他们不会杀掉他吗?

格:他们一定会的。

苏:亲爱的格劳孔,现在我们必须把这个比喻整个儿地应用到前面讲过的事情上去,把洞穴囚室比喻可见世界,把火光比喻太阳的能力。如果你把从洞穴到上面世界并在上面看见东西的上升过程和灵魂上升到可知世界的上升过程联想起来,你就领会对了我的这一解释了,因为你急于要听我的解释。至于这一解释本身是不是对,这是只有神知道的。但是,无论如何,我觉得,在可知世界中最后看见的,而且是要花很大的努力才能最后看见的东西,乃是善的理念。我们一旦看见了它,就必定能得出下述结论:它的确就是一切事物中一切正确者和美者的原因,就是可见世界中创造光和光源者,在可理知世界中它本身就是真理和理性的决定性源泉;任何人凡能在私人生活或公共生活中行事合乎理性的,必定是看见了善的理念的。

格:就我所能了解的而言,我都同意。

苏:那么来吧,你也来同意我下述的看法吧,而且在看到下述情形时别感到奇怪吧：那些已达到这一高度的人不愿意做那些琐碎俗事，他们的心灵永远渴望逗留在高处的真实之境。如果我们的比喻是合适的话，这种情形应该是不奇怪的。

格：是不足为怪的。

苏：再说，如果有人从神圣的观察再回到人间；他在还看不见东西还没有变得足够地习惯于黑暗环境时，就被迫在法庭上或其他什么地方同人家争讼关于正义的影子或产生影子的偶像，辩论从未见过正义本身的人头脑里关于正义的观念。如果他在这样做时显得样子很难看举止极可笑，你认为值得奇怪吗？

格：一点也不值得奇怪。

苏：但是，凡有头脑的人都会记得，眼睛有性质不同的两种迷茫，它们是由两种相应的原因引起的：一是由亮处到了暗处，另一是由暗处到了亮处。凡有头脑的人也都会相信，灵魂也能出现同样的情况。他在看到某个灵魂发生迷茫不能看清事物时，不会不加思索就予以嘲笑的，他会考察一下，灵魂的视觉是因为离开了较光明的生活被不习惯的黑暗迷误了的呢，还是由于离开了无知的黑暗进入了比较光明的世界，较大的亮光使它失去了视觉的呢？于是他会认为一种经验与生活道路是幸福的，另一种经验与生活道路是可怜的；如果他想笑一笑的话，那么从下面到上面去的那一种是不及从上面的亮处到下面来的这一种可笑的。

格：你说得非常有道理。

苏：如果这是正确的，那么关于这些事，我们就必须有如下的看法：教育实际上并不像某些人在自己的职业中所宣称的那样——他们宣称，他们能把灵魂里原来没有的知识灌输到灵魂里去，好像他们能把视力放进瞎子的眼睛里去似的。

格：他们确曾有过这种说法。

苏：但是，我们现在的论证说明：认知是每个人灵魂里都有的一种能力，而每个人用以学习的器官就像眼睛——整个身体不改变方向，眼睛是无法离开黑暗转向光明的。就是这样，作为整体的灵魂必须改变方向，直至它的"眼睛"得以正面观看实在，观看所有实在中最明亮者，即我们所说的善者。是这样吧？

格：是的。

苏：于是，这方面或许有一种灵魂转向的技巧，即一种使灵魂尽可能容易、尽可能有效地转向的技巧。它不是要在灵魂中创造视力，而是肯定灵魂本身有视力,但认为它不能正确地把握方向,或不是在看该看的方向,因而想方设法努力促使它转向。

格:很可能有这种技巧。

苏:因此,灵魂的其他所谓美德似乎近于身体的优点,身体的优点确实不是身体里本来就有的,是后天的教育和实践培养起来的。但是,心灵的优点似乎确实有比较神圣的性质,是一种永远不会丧失能力的东西;因所取的方向不同,它可以变得有用而有益也可以变得无用而有害。有一种通常被说成是机灵的坏人。你有没有注意过,他们的目光是多么敏锐? 他们的灵魂是小①的,但是在那些受到他们注意的事情上,他们的视力是够尖锐的。他们的"小"不在于视力贫弱,而在于视力被迫服务于恶,结果是,他们的视力愈敏锐,恶事就也做得愈多。

格:这是真的。

苏:但是,假设这种灵魂的这一部分从小就已得到锤炼,已经因此如同释去了重负——这种重负是这个变化世界里所本有的,是拖住人们灵魂的视力使它只能看见下面事物的那些感官的纵欲如贪食之类所紧缠在人们身上的——假设重负已释,这同一些人的灵魂的同一部分被扭向了真理,它们看真理就会有同样敏锐的视力,像现在看它们面向的事物时那样。

格:很可能的。

苏:那么,没受过教育不知道真理的人和被允许终身完全从事知识研究的人,都是不能胜任治理国家的。这个结论不也是很对,而且还是上述理论的必然结论吗? 因为没受过教育的人不能把自己的全部公私活动都集中于一个生活目标;而终身从事知识研究的人又不能自愿地做任何实际的事情,因为他们还活着的时候就已经想象自己离开这个世界进入天堂了。

格:对。

苏:因此,我们作为这个国家的建立者的职责,就是要迫使最好的灵魂达到我们前面说是最高的知识,看见善,并上升到那个高度;而当他们已到达这个高度并且看够了时,我们不让他们像现在容许他们做的那样。

格:什么意思?

苏:逗留在上面不愿再下到囚徒中去,和他们同劳苦共荣誉,不论大小。

格:你这是说我们要委屈他们,让他们过较低级的生活了,在他们能过较高

---

① "小"这个字的涵义,类似我国所谓"君子、小人"中的"小"。

级生活的时候？

苏：朋友，你又忘了，我们的立法不是为城邦任何一个阶级的特殊幸福，而是为了造成全国作为一个整体的幸福。它运用说服或强制，使全体公民彼此协调和谐，使他们把各自能向集体提供的利益让大家分享。而它在城邦里造就这样的人，其目的就在于让他们不致各行其是，把他们团结成为一个不可分的城邦公民集体。

格：我忘了。你的话很对。

苏：那么，格劳孔，你得看到，我们对我们之中出现的哲学家也不会是不公正的；我们强迫他们关心和护卫其他公民的主张也是公正的。我们将告诉他们："哲学家生在别的国家中有理由拒不参加辛苦的政治工作，因为他们完全是自发地产生的，不是政府有意识地培养造就的；一切自力更生不是被培养而产生的人才，不欠任何人的情，因而没有热切要报答培育之恩的心情，那是正当的。但是，我们已经培养了你们——既为你们自己也为城邦的其他公民——做蜂房中的蜂王和领袖；你们受到了比别人更好、更完全的教育，有更大的能力参加两种生活①。因此，你们每个人在轮值时必须下去和其他人同住，习惯于观看模糊影像。须知，一经习惯，你就会比他们看得清楚不知多少倍的，就能辨别各种不同的影子，并且知道影子所反映的东西，因为你已经看见过美者、正义者和善者的真实。因此，我们的国家将被我们和你们清醒地管理着，而不是像如今的大多数国家那样被昏昏然地管理着，被那些为影子而互相殴斗，为权力——被当作最大的善者——而相互争吵的人统治着。事实是：凡是在统治者最不热心于权力的城邦里，必定有最善、最稳定的管理，而在与此相反的城邦里，管理必定是最恶的。"

王太庆　译

---

① 哲学生活和政治生活。

论学校教育优于私人教育

[古罗马] 马可·昆体良

马可·昆体良（Marcus Fabius Quintilianus，约 35—约 95），古罗马教育家，在雄辩术学校任教多年后退休，从事著述，传世之作有《雄辩术原理》十二卷。

此处辑录的是《雄辩术原理》第一卷第二章（稍有删节），题目系编者所加。

昆体良是古罗马雄辩术学校的创始人之一，而古罗马雄辩术教育是欧洲近代大学教育的原型。古罗马的所谓"雄辩术"，是文、史、哲的总称；所谓"雄辩术学校"，也就是文科学校，由罗马皇帝维斯帕西安创办于公元 1 世纪 70 年代，用于培养政治人才。昆体良是拉丁语雄辩术学校的第一任主持（另外还有一所希腊语雄辩术学校，由其他人主持）。在此之前，罗马贵族子弟所接受的都是私人教育，即聘请家庭教师单独授课（罗马平民中的富裕家庭一般仿效贵族家庭，至于贫穷家庭的子弟，除了父母教育，没有任何教育，大多是文盲）。私人教育在古罗马已有好几百年历史，所以在雄辩术学校刚开办时，许多家长对学校教育持怀疑态度，有人甚至认为学校有多种弊端，应该将其关闭。看来，当时对学校教育是好是坏的争论持续了好多年，因为当昆体良写《雄辩术原理》一书时，他还要在书中为学校教育辩护，可见学校教育在当时仍没有被完全认可。

实际上，学校教育与私人教育孰优孰劣，至今仍无定论，许多人仍然认为私人教育优于学校教育，只是迫于国家颁布义务教育法，不得不把孩子送入小学；迫于私人教育无权授予文凭，不得不把孩子送入大学。所以，此文至今仍有现实意义，可以使人看到私人教育有何利弊、学校教育有何利弊，从而作出判断，学校教育到底是利大，还是弊大。此外，尽管现在要拒绝学校教育是不可能的，但通过这两种教育的比较，至少可以使人知道哪些是教育的关键问题，从而对教育有更深的了解，这又何乐而不为？

现在,孩子渐渐长大,离开母亲的怀抱,开始正式接受教育,这时就应该考虑一个问题了:是把孩子关在家里、关在私舍的围墙之内好呢,还是把他交给人数众多的学校,即是说,交给公职教师好呢?据我观察,那些为我们光荣的国家奠定基础的政治家们和那些有声望的著作家们都是赞成后一种方式的。不过,毋庸讳言,也有一些人,由于他们对私人家庭教育的偏爱,不赞成几乎已得到公认的公共教育。这些人似乎拘泥于两个理由:一个理由是,在孩子最易沾染邪恶习气的年龄,避免和许多人混在一起,才能更好地培养他的道德情操;另一个理由是,无论谁担任教师,他都宁愿自由地把时间用在一个学生身上,而不愿意把时间分散用在许多学生身上。

前一个理由,的确值得好好考虑,因为学校即使有利于学业,如果有害于道德的话,那在我看来,有德行的生活较之于最出色的雄辩才能也重要得多。只是,我认为德行和雄辩才能是不可分的,一个没有良好德行的人是不可能成为一个真正的雄辩家的;即使他能够成为雄辩家,我也不愿意看到这样的雄辩家。所以,我首先要谈谈这个问题。

人们认为,在学校里,孩子的道德被败坏了。学校里有时确实会道德败坏,但可以举出无数事例来说明,这种情况也会发生在家庭里。同样,还可以举出无数事例来说明,无论在家庭里,还是在学校里,都可以保持道德的纯洁。造成这种差异的原因,是孩子的天赋素质和对他的培养。假如孩子生性就有邪恶倾向,假如在他年幼时忽略对他的培养,那么,在与世隔离的私人教育环境中,更可能会使他道德败坏。因为家庭教师本身就可能是品行恶劣的;就如和低贱邪僻的奴隶①在一起,丝毫也不会比和其他自由民的孩子在一起好一些。

假如孩子的天赋素质是好的,假如做父母的没有闭目塞听、怠惰疏忽,他们可以选择德行良好的教师(这是明达的父母首先要注意的事),选择最严格的教育方法,同时还可以在孩子身边安置一个行为端正的人,或者一个忠实可靠的被释奴隶②,作为孩子的监护人或者朋友。有这样的人在旁边,即使是值得担心的孩子,在道德上也会受到好的影响。

---

① 古罗马是奴隶制社会,奴隶大多是战俘、罪犯和外族人,古罗马人自己大多是自由民,其中有贵族和平民之分,有贫富之分;但不管是贵族还是平民,是贫是富,古罗马的自由民都视奴隶为"低贱邪僻"。——编者注
② 被释奴隶大多是罗马贵族家庭中的家奴,因对主人忠心而由主人担保"获释",但仍不是自由民,其地位介于自由民和奴隶之间。——编者注

这种担心是容易补救的,但我希望我们自己不要去败坏孩子的道德。因为,当孩子还是婴儿时,我们就往往会以娇生惯养败坏孩子的道德。我们称之为溺爱的那种娇弱的养育,会造成孩子身体上和精神上的衰败。孩子还不会走路的时候,就已经任性放肆;还不会说话的时候,就哭闹着不要绯红色衣服而一定要穿紫色衣服,这样的孩子,一旦长大,什么事情做不出来?而我们在训练他们说话之前,就已经养成了他们的嗜好。他们在轿椅①里长大,一旦两脚着地,就得两边有侍者搀扶着。他们学会了说粗话,我们还为之高兴;这样的粗话若出自我们的僮仆之口,我们是绝对不能容忍的,而出自我们的孩子之口,我们却报之以微笑和亲吻。这样,他们将来满嘴脏话也就不足为奇了,因为这是我们自己教的;他们是在听我们说话时学会的。他们在家里看到的是情妇和娈童②;家里有宴会,他们听到的是客厅里的靡靡之音。许多稀奇古怪的下流事,他们都在家里亲眼目睹。正是在这样的环境中养成了习惯,以后就变成了天性。可怜的孩子,在还不知道这些事是邪恶时就学会了这些事;于是,他们变得放纵、蛮横。说实话,他们的道德败坏不是从学校里学来的,而是他们把道德败坏带到学校里来的。

至于有人说,在学业方面,一个家庭教师只教一个学生,时间会更充裕,我的回答是,无论哪个学生,谁也不会阻挠他同时又在学校接受教育。如果两者不能同时进行,我认为学校教育要优于私人教育。因为,凡是高明的教师,都乐于有一大群学生听讲,认为自己应当有更多的听众。而拙劣的教师,由于意识到自己的无能,便满足于和一个学生打交道,不惜使自己扮演一名教仆的角色。即使做父亲的或由于权势,或由于有钱,或由于友谊,能聘到一位尽善尽美的优秀教师,这位教师又能把整天的时间都用在一个学生身上吗?难道有任何一个学生能长时间专心致志而没有疲倦的时候,就像用眼睛长时间看着同一物体。更何况,学生的绝大部分时间难道都用在学习上?

学生在写字、默诵、思索的时候,并不需要教师守在身边,当他们从事这些练习中的任何一种时,任何人在旁边都是对他的一种妨碍。并不是每一种阅读都需要随时有一个讲解者或解释者的,因为如果那样,如何才能通晓这么多作家的

---

① 轿椅:一种可以抬着走的椅子,类似于中国古代的轿子。——编者注
② 古罗马贵族往往在家里养有情妇,有恋童癖的还养有娈童,类似于中国古代有钱人蓄妾和养童子。——编者注

作品呢？所以，教师在一天中真正用于教学的时间是很短的。再说，即使个别教育是必需的，个别教育也可以一个接一个地给予很多学生。只是，有很多的学科，必须由一个教师同时对很多学生进行教学。

雄辩术教师尤其如此，他在讲课时，无论学生有多少，一定要让每个学生听清楚。他的声音不应该像宴会上的食物而应该像太阳：分享食物的人愈多，每个人得到的份额就愈少，而太阳却能给所有的人同等份额的光和热。还有如文史课教师，也应该这样，当他讲述文体、解答疑问、解释历史或者引述诗篇时，要让全体学生都能从他的讲课中得益。

也许，有人会说，对于纠正错误和详细讲解，学生人数多了，对教师来说是不利的。是的，确实如此（世界上有什么事情能使我们完全满意？），下面就将这种不利因素和公共教育的有利因素作一比较。

我并不希望把孩子送到一个无人管教的地方去。好的教师也不应当超过自己的管教能力，接受过多的学生；否则，就会有麻烦。此外，最要紧的是要建立教师和学生之间的友情，使教师的教学不是为了完成任务，而是出于对学生的热爱。这样一来，学校就永远不会因为学生人数多而困扰了。

任何一个稍有修养的教师，即使是为了自己的荣誉，也不会不特别鼓励他所发现的既专心又有才华的学生。纵然学校应当避免过大（如果是因为教师成就卓著而有众多学生前来就学，我认为这也不必避免），但不管怎样，这条规则不能成为抵制学校教育的理由。抵制学校是一回事，选择学校是另一回事。

我已经批驳了反对学校教育的主张，下面我要谈谈我自己的看法。

最重要的是，一个未来的雄辩家，一个必须生活于公众之中并谙悉公共事务的人，应该从小就养成这样的习惯：见了人不会羞涩腼腆，不颓唐、不孤僻、不离群索居。因为人的头脑需要不断受到刺激才会发达，所以离群索居不是使人畏畏缩缩、优柔寡断，就是使人走向另一极端，变得自高自大。因为不和别人比较，人总是会对自己的能力估计过高。此外，假如一个人从小是在离群索居的情况下学习如何应对公共事务的，那么当他日后真的要面对公众时，他会像从地底下钻出来的鼹鼠一样，被阳光照得眼花缭乱、不知所措。还有，在学校教育中，学生之间会产生一种至死不变的友情，就像宗教义务一样牢固。同窗共学是一种神圣的联系，不亚于一起参加宗教典礼。反之，假如一个年轻人过着离群索居的生活，他从哪里获得我们称之为常识的那种能力呢？因为群居不仅是人的本性，甚至有许多相互之间不用说话的动物也是如此。况且，在家里接受私人教育，一个人只能学到教师直接教给他的东西,而在学校教育中,他还能学到教师教给其他学生的东西。在学校里,他每天还会听到有许多事受到表扬,有许多事得到纠正。怠惰的学生会受到批评,这对他也是一种警告;勤奋的学生会得到表扬,这对他也是一种激励。为了得到表扬,就会引起竞争;他会觉得,比不过和他同年龄的学生是可耻的,胜过比他年龄大的学生是光荣的。这样一来,他的好胜心就被激发起来;虽然好胜心从根本上说是邪恶的,但它往往也是德行之母。

我想起了我的老师们曾采用的一种很好的方法。他们把我们分成几个班,按各人的能力轮流练习演讲,能力强的学生先讲。对学生的演讲,老师一一给予评分。获得表扬是很大的荣誉,能获得全班第一就更加光荣了。每个学生的名次并不是一次确定就永久不变了,而是每个月都给失败者争取获胜的机会。这样,前几次获胜的学生不敢懈怠,不甘失败的学生又跃跃欲试,一心想洗刷前几次失败的耻辱。根据我自己作出的判断,我坚信,用这种方法激励学生,比教师的训诫、教仆的监督和父母的叮嘱更加有效。对于年龄较大的学生来说,这样的竞赛会促使他们更加努力,而对于年龄较小的初学者来说,这样的竞赛会使他们更多地去仿效年龄较大的同学,而不是仿效教师。因为仿效同学比仿效教师容易,而刚入学的学生并不奢望自己能达到很高水平,所以他们宁愿选择比自己水平高不多的同学予以仿效,而不愿直接去仿效水平比自己高出许多的教师,就如山太高了不敢爬,路太远了不敢走。

这里遵循的是这样一种规则:假如教师希望自己的学生成为有用的人,而非华而不实,那就要小心翼翼,在教育刚刚入学的学生时,不要使他负担过重;教师要克制自己的意愿,迁就学生的能力。因为要把水灌进瓶子,只有慢慢地、一点一点地往里灌,才能把瓶子灌满,所以,必须留意学生的接受能力:凡是他们不能理解的东西,是灌不到他们的头脑里去的,因为他们的头脑还没有完全成熟,还不能接受这样的东西。所以,先让他们仿效一些同学,然后再鼓励他们超过那些同学,这是很好的方法。通过这种方法,教师慢慢地、一步一步地实现自己的意愿,把学生培养成有用的人。

最后,我还要补充说,假如只面对一个学生,教师的才智就不会像在学校里那样因为有一大群学生而充分发挥出来。

杜少甫　译

论德性的培养

[古罗马] 普鲁塔克

普鲁塔克(Plutarchus, 约46—120), 罗马帝国时期的希腊传记作家、散文家, 以《比较列传》(又称《希腊罗马名人传》或《希腊罗马英豪列传》)一书闻名于后世; 此外还写有大量杂文, 结集称为《道德小品》。

本文选译自P. Monroe, *Source Book of the History of Education for the Greek and Roman period*(P. 门罗主编《教育史原著: 古希腊、罗马时期》), 题目系编者所加①, 译者对文中的题外话作了适当删节。

此文的主要论题虽是"德性的培养", 属于论"德育", 但文中又以较多篇幅谈到了"智育"; 譬如, 他说: "虽然要求孩子能通过听讲或实物展示而获得各种常识, 我们就不应当允许一个天真的孩子轻视这些常识, 但我觉得他们只需要掌握必要的常识就行了(因为任何人都不能精通所有常识), 倒是应该把哲学知识置于最优先的地位。"又说: "不要忽略为孩子收集古代作家的著作, 这不管怎么说都是有益的, 甚至是必需的。"还谈到了"体育"; 譬如, 他说: "不要忽略身体的锻炼, 必须送孩子上体操学校。孩子在体操学校可以更好地锻炼身体方面。这种锻炼, 一方面有助于他们养成美好的体态, 一方面也有助于增强他们的体力。"甚至还说到了"军训": "我希望孩子通过练习掷标枪、射箭和捕猎野兽, 受到作战训练。因为我们应该记住……身体习惯了娇嫩生活, 是不适于作战的, 因为一个受过作战训练的士兵, 即使身体瘦小, 也能打败一队只知道摔跤而不懂得打仗的士兵。"不仅谈到了德、智、体三个方面, 此文还说到了三者之间的关系。这在西方也许是最早的——要知道, 那是在公元1世纪!

至于说到"德性的培养", 他强调必须使"天性"、"理智"和"应用"协调一致, 因为"天性如果不通过教导加以完善, 就是不实之华; 教导如果无天性之助, 就是残缺不全; 练习如果没有这两者的帮助, 就不能完全达到目的"。而他所说到的"德性", 其实和现代人的道德差不多, 尽管他说有"德性"的人"就是幸福的人、诸神所钟爱的人", 实际上, 他说的"德性"完全是世俗的, 也就是一些为人处世的基本守则, 没有任何宗教意味。这也许和那个时代有关: 当时的罗马人尚未接受外来基督教(它还刚刚在以色列产生), 而罗马本土的原始多神教已经式微。所以, 从此文中还可看出古罗马最世俗化时代所遵循的道德准则。

---

① 此文本来没有题目, 后人所加的题目是"论儿童的教育"。

我们惯常就艺术和科学所说的话,也适用于德性的培养。要在实际上完成德性的培养,必须有三件事协调一致,那就是天性、理智和应用。我在这里所说的"理智"是指学习,我所说的"应用"是指练习。原理来自教导,习惯来自练习。三者结合以达到完美的境界。因此,三者之中任缺其一,德性就必定是有缺陷的。天性如果不通过教导加以完善,就是不实之华;教导如果无天性之助,就是残缺不全;练习如果没有这两者的帮助,就不能完全达到目的。就如农事,首先必须土壤是肥沃的;其次,农民必须熟知农事;最后,播下的种子必须是良种。在这里,天性好比土壤,教育者好比农夫,所教的合理的原理和概念好比种子。我敢断然肯定,所有这三者的结合和协调一致,才促成了那些受到普遍尊敬的人的心灵的完善,如毕达哥拉斯、苏格拉底和柏拉图,以及其他以其突出的价值而流芳千古的人。三者齐备而又有一方面突出的人,就是幸福的人、诸神所钟爱的人。

如果有人认为,凡是天性没有充分尽其职责的人,即使他们有幸碰到良好的教育,尽管他们勤勉努力于德性上的成就,在某种程度上也不能弥补天性的缺陷。持这种看法的人必须知道,他是很错误的——不,是完全错误的。就如良好的天赋能力可能由于怠惰而遭毁坏,迂缓迟钝的天赋能力也可以由教育而得到改善。就如疏懒的学生不能获得理解最简易的事物的能力,勤奋的学生却能克服最大的困难。我们可以看到,很多事例向我们清楚地表明,努力和勤奋具有强大的力量和成功的效果。一旦用强力把直木制成车轮,即使我们想再使它成为直木,也不可能;就是要把演员在舞台上用的曲棍重新变直,也是力所不能及的。即使努力与天性相反,努力所产生的结果也比天性本身产生的结果要大得多。……

应当引起我们重视的另一个问题是儿童的哺育。在我看来,这件事应该由母亲自己去做……因为儿童是柔嫩的,容易铸造成各种类型的人。而且,当儿童的灵魂还软弱易感的时候,容易接受进入心灵的任何事物的印象,而一旦他们长大以后,像一块坚硬的东西一样,就难以改变了。正如在软蜡上容易打上印记,儿童的头脑也易于接受在这个年龄给予的教育。因此,在我看来,天才柏拉图关于保姆的忠告是有益的忠告。他说,在幼儿时代,不要不加选择地将各种故事都讲给儿童听;否则,他们的头脑就有因此而充满各种愚蠢而邪恶的观念的危险。诗人福西利德斯①的诗句也提出了同样的忠告:

---

① 福西利德斯,公元前 6 世纪古希腊诗人。

若要孩子德性高

良言善行灌输早

　　首先，我们不要疏忽大意的是，被指派去照料幼儿的人和作为幼儿玩伴的孩子，必须是有良好礼貌的。其次，这些人说的必须是平易自然的希腊语，以免由于经常与语言不规范和有不良习惯的人交谈而从他们那里习得错讹的语言。俗话说得好，与跛子生活在一起，就学会跛行。

　　再其次，当孩子已经长大、要交给仆人照顾的时候，要十分注意不要看错了人，千万不要把孩子托付给奴隶，或粗鲁的人，或不诚实的人。现时很多主人的做法是贻笑千古的，那就是：如果仆人中有人比别人强些，就分派较强的仆人去从事农业，还有一些仆人从事航海、从事商业、担任家里的管事，甚至去放债，而如果发现一个奴隶是酒鬼或贪吃鬼，就指派他去照顾儿童；殊不知，照顾儿童的仆人，应当像照顾阿喀琉斯①的费尼克斯一样，是最优秀的仆人。

　　现在，我要开始说到一个更重要的问题，这个问题比我说的其他问题都重要得多。我们为孩子物色的教师，必须是生活上无可指责的，行为上不应受到非难的，并且应具有最好的教学经验。因为诚实与美德的泉源与根蒂，在于受到好的教育。正如农夫总是用叉子将嫩弱的植物支撑起来，诚实的教师也是以精心的教诲和告诫，将年轻人支撑起来，使之能长出良好行为的蓓蕾。但是，现时有些做父亲的人，他们的行为理应受到人们轻蔑的嘲笑。他们事前对于打算请来担任儿童教育工作的人没有任何检验，或者由于对他不熟悉，或者由于不善于挑选，就贸然把孩子的教育托付给名声不好的人，有时甚至托付给声名狼藉的人。虽然，如果他们在这件事情上只是由于不善于挑选，他们还不完全是荒唐可笑的。只是，有时也有这样的情况，尽管他们知道，并且比他们更了解情况的人事先告诉过他们，某些教师既无能，又行为卑劣，然而他们有时是被这些教师的甜言蜜语和阿谀之词所制服，有时是不得不答应朋友的恳求，仍然把孩子交给这种不称职的教师去教育，这就是十足的愚蠢行为。这种错误的性质有如一个病人，为了使朋友高兴，不去向能够以其医术挽救他的性命的医生求医，而去请来一个迅速送他上西天的江湖医生；又如同一个人为了应允朋友的恳求，拒绝雇用技术

_____

① 阿喀琉斯，古希腊神话传说中的英雄。

纯熟的船长，而把船托付给一个技术远远不如的人。请以朱庇特①和诸神的名义告诉我，那些重视满足别人的要求远过于重视孩子的良好教育的人，怎能配做父亲呢？难道古代哲学家苏格拉底说过的话，不是更适合于说明这种情况吗？苏格拉底说，如果他能爬上城市的最高处，他要在那里大声疾呼地宣告："同胞们，你们为此不遗余力地聚敛钱财，而对你们的孩子的教育却如此漠不关心，这究竟是为什么？总有一天，你们是要把你们的钱财交给你们的孩子的！"——我还要补充一句，这样的父亲如同有的人只为自己的鞋子操心而不关心穿鞋子的脚。还有许多父亲，是如此爱钱而不爱自己的孩子，他们不愿意多花一点钱为孩子请一位好教师，而宁肯挑选无用之辈教育自己的孩子。他们为此而杀价，以便廉价购买无知。所以，亚里斯梯普②对一位昏头昏脑的父亲的回答是多么机智而得体！这位父亲问亚里斯梯普，如果请他教自己的孩子，要多少报酬。亚里斯梯普答道："一千德拉克姆③。"于是这位父亲惊呼道："哦！海格立斯④神哪！你要价多么高呀！我可以拿这笔钱买一个奴隶了。"亚里斯梯普答道："果真这样，你就不是只有一个奴隶，而是可以有两个奴隶，一个是你的儿子，另一个是你买来的奴隶。最后，当你要孩子习惯用右手取食物而他用左手去取的时候⑤，你就责骂他。然而，你却完全不关心给他灌输正确而合乎礼仪的原则，这是多么愚蠢可笑的事！"……

所以，简言之，我认为（我所说的也许有正当理由要求人们把它看作至理名言，而不仅仅是忠告）在这个问题上，包括这个问题的从开始、中间到结束的全过程，最主要的事情是良好的教育和正规的教训，这两者对于成就德性和幸福都是大有帮助的。因为其他一切好事都不过是区区小事，价值并不大，难以补偿因为要成就孩子德性所需的辛劳。这的确是一件关乎子孙后代、关乎祖先荣耀的大事。财富是有价值的，它既是命运之神⑥的所赐，命运之神也常常会从拥有它的人手里把它夺走，转交给从来不曾希望得到它的人。而且，财富愈多，对于那些处心积虑想掏我们的钱袋而把眼睛盯着我们的人——我指的是那些邪僻的仆人和讼棍——就愈是显眼的目标。但是，不管怎样，最重要的是，财富既可以被坏

---

① 朱庇特，古罗马神话中的主神，相当于古希腊神话中的宙斯。
② 亚里斯梯普，古希腊哲学家。
③ 德拉克姆（Drachm），古希腊货币单位。
④ 海格立斯，古希腊神话中的大力神、宙斯之子。
⑤ 古希腊人和古罗马人都认为左手是"不洁的"，所以有教养的人都用右手取食。
⑥ 古罗马人信奉的命运之神也是财富之神。

人挥霍,也可以被好人享用。荣誉是值得尊敬的,但不牢靠;美女是人们奋力争抢的战利品,但得到以后,美貌也难以保持长久;健康是弥足珍贵的,但很容易受损;力气是人们祈求的,但会因疾病或年老而失去。总之,每个过于珍惜自己的力气和身体的人都要知道,自己犯了一个大错误,因为和其他动物如大象、水牛和狮子比起来,人的力气根本算不了什么! 然而,在我们所拥有的一切事物中,唯有学问才是不朽的、神圣的。有两样东西,即理性和语言,是人所特有的,而这两者中,理性是语言的主人,语言是理性的仆人,两者都能顶住命运的袭击而不为所动;它们不会被诬告所夺走,不会被疾病损害,不会因年老而削弱。因为只有理性是从幼年到老年继续增长的,其他事物都会随着时间的流逝而衰退,只有知识,即使到了垂暮之年还在增长。况且,还有战争,它就像一场大洪水,扫荡一切,卷走一切;但留下的只有学问,这是卷不走的。在我看来,麦加拉的哲学家斯底尔波①的回答是不同凡响的。当迪米特里厄斯②夷平麦加拉城,使全城公民变成奴隶之后,他问斯底尔波是否失去了什么东西。斯底尔波答道:"没有。因为战争不能把德行夺走。"对这个问题,苏格拉底的回答也同样不同凡响。当高尔吉亚③(我想是他)问苏格拉底对波斯王有什么看法、是否认为他幸福时,苏格拉底回答说,他说不出对波斯王的看法,因为他不知道波斯王的德性和学问如何——判断一个人是否幸福,要看这些成就,而不是其他转眼即逝的东西。

我已经对父亲们提出忠告,希望他们把培养孩子的学问看作最为关注的重要事情,此外,在这里我还要补充一点,他们用来培养孩子的学问,应当是健康的、有益的,绝不应当是低级情趣的、毫无价值的东西,因为迎合多数人的兴趣就会使有学识的人扫兴。我的这一看法,有欧里庇得斯④的诗为证:

> 纵然别人有幸做到,既与多数智者喋喋不休,
>
> 又能取悦芸芸众生;
>
> 我却更善于取悦和我地位相当的少数人,
>
> 而不善于在庸人中迎合庸俗的趣味。

---

① 麦加拉,古希腊麦加里斯城邦的首府。斯底尔波,公元前 4 世纪至公元前 3 世纪古希腊哲学家。
② 迪米特里厄斯,公元前 4 世纪至公元前 3 世纪古希腊马其顿城邦首领。
③ 高尔吉亚,公元前 5 世纪古希腊哲学家和修辞学家,著名的智者。
④ 欧里庇得斯,古希腊三大悲剧作家之一。

如果有人问我,还要教导孩子什么事情,还要孩子养成怎样的良好品质,我的回答是:我认为可取的办法是,无论在言谈还是在行为上,都要教导孩子不能鲁莽轻率。因为俗话说,最好的事情就是最难的事情。没有经过事先准备的随口说话,大都是不着边际的废话,说话的人自己也不知道是从何处说起的,该说到何处为止。这种随口说话的人,最易犯的一个毛病就是啰里啰唆,而事先考虑好了再说的人,就不会把话拉得过长。为此目的,据说当人们有一次请求伯里克利斯①发表演讲时,他马上就拒绝了,因为(据他自己说)他没有准备好。狄摩西尼②也是这样,据说他在处理公务时效仿伯里克利斯,当雅典人要求他发表意见时,他常用这样的回答表示拒绝:"我还没有做好准备。"虽然这事可能是人们编造的,只是一个传说而已,没有可靠的证据,但狄摩西尼在反对米底亚斯③的演说中却明确说到过事前准备的好处。他说:"雅典人哪,我承认,我到这里来是准备发表演说的,我决不否认,为了准备这篇演说,我绞尽了脑汁。但由于我经历过而且正在经历这种事情,如果我对我在这里所要说的话马马虎虎,那就是我的可鄙的失职。"但是,在这个问题上完全不要误解我,以为我谴责一切发表即席谈话的愿望,也不要认为我主张在没有必要的场合也这样做。我主张谈话要有准备,只是为了医治随口乱说的毛病。此外,在孩子没有完全成年以前,我是不会允许他在有些场合随便说话的,虽然在他有了说话能力后,如果有机会,我是会给他更大自由的。因为就像一个人长期戴着脚镣,突然获得自由,由于以前一直受到束缚,走起路来很容易跌倒。同样,习惯了不准发表长篇谈话的人,如果偶然有机会要发表讲话,以前所受限制的痕迹就一定会显露出来。反过来,还是孩子的时候,如果就允许他不经准备地随口说话,那又无异于给了他无益的闲聊机会。据说,有个画技低劣的画家给阿佩里斯④看一幅画,而且告诉阿佩里斯说,他画这幅画只用了很少一点时间。阿佩里斯回答他说:"即使你没有告诉我,我也一眼就能看出这是一幅匆匆画成的草图。使我感到奇怪的是,在那段时间里你为什么只画了一幅,而没有画出更多这样的画。"

　　因此,我主张(现在我要回到正题)不仅要避免过分夸张、过于动情的谈话方式,而且也要避免过于粗俗平庸的谈话方式。因为过于夸张不适合处理公共事

---

① 伯里克利斯,公元前5世纪至公元前4世纪古希腊雅典城邦的首领。
② 狄摩西尼,公元前4世纪古希腊演说家和雄辩家,曾任希腊联军统帅。
③ 米底亚斯,与狄摩西尼同时代的雅典政客。
④ 阿佩里斯,公元前4世纪古希腊画家。

务,另一方面,过于浅薄平淡又不易给听众留下深刻印象。正如一个人的身体不仅要健康,而且要结实,说话也不仅要健康,而且要有力。虽然精心构思的讲话应该受到称赞,但那是人人都能做到的,而如果讲话中有惊人之句,那才是更值得赞扬的。我的看法也适用于说话者的态度:他既不要过分自负,也不要过于低调,因为前者易于导致冒失无礼,后者容易导致奴颜婢膝。要指导他在两者之间巧妙地采取正确的方法,这既需要很多雄辩家的艺术,也需要有慎重的态度。……

因此,虽然要求孩子能通过听讲或实物展示而获得各种常识,我们就不应当允许一个天真的孩子轻视这些常识,但我觉得他们只需要掌握必要的常识就行了(因为任何人都不能精通所有常识),倒是应该把哲学知识①置于最优先的地位。举例来说,航海环游、访问很多城市,这固然是件好事,但如何选择一个最好的地方定居下来,这才是最重要的。……据此,我们应该把哲学知识看作最重要的学问。因为,为了身体健康,虽然人们已经努力掌握了两种技艺,即帮助恢复健康的医学和帮助增强体魄的体操,但对于精神错乱和精神疾病,却只有一种药方可以补救,那就是哲学。通过哲学给予的忠告和帮助,我们得以理解什么是诚实、什么是虚伪、什么是正义、什么是不义……总之,应该追求什么,避免什么。我们还能从哲学中得知,我们应该怎样以不同的方式尊重神祇、父母、长者、法律、陌生人、长官、朋友、妻子、孩子和仆人;也就是说,我们应该敬奉神祇、尊敬父母、敬重长者、遵守法律、服从长官、友爱朋友、慎待妻子、爱护孩子、宽待仆人。最重要的是,处境顺利时不应该洋洋得意,处境不利时不应该垂头丧气;既不要过分高兴,也不要过度愤怒。我认为,这些都是我们能从哲学中得到的重要益处。慷慨大度地对待财富,是人本应有的态度;能理智地约束自己的欲望,是明智之士的财富;而要自我平息怒气,则唯有非凡之人才能做到。凡是懂得怎样按照哲学的原则处理民政事务的人,我认为是完美之人,因为他们由此而成为两件大事的主人——既是有益于公众的政治家,又是生活宁静的哲学家。由于人的生活有三种,即行动的生活、沉思的生活和享乐的生活,所以,完全自我放任而一味享乐的人,是粗野的、精神卑下的人;把时间消磨于沉思默想而从不行动的人,是无益于人的人;而缺乏哲学指导、鲁莽行动的人,则往往是粗俗的、愚蠢而荒唐的人。因此,我们要竭尽全力使自己兼具二者之长;即是说,既要适时地处理公

---

① 这里说的"哲学知识",即指为人处世的知识。

共事务，又要从事哲学思考。这样的政治家，就是伯里克利斯，就是塔伦图姆人阿基塔斯①；这样的哲学家，就是叙拉古人迪翁②，就是底比斯人埃帕米朗达斯③——他们两人都是柏拉图的好友。

关于孩子的学业，我想不需要再作更多论述。不过，不要忽略为孩子收集古代作家的著作，这不管怎么说都是有益的，甚至是必需的；而且，要像农夫使用各种必要农具一样，把收集到的著作当作工具使用，因为学者使用书籍和农夫使用农具，性质是一样的。虽然书籍也能使学者从中获得有益的精神享受，但他们主要是把书籍当作获取学问的工具使用的。

其次，不要忽略身体的锻炼，必须送孩子上体操学校。孩子在体操学校可以更好地锻炼身体方面。这种锻炼，一方面有助于他们养成美好的体态，一方面也有助于增强他们的体力。因为要想到了老年还有活力，童年时代就要有健全的体魄。所以，就如水手在晴朗的天气就要准备好风雨到来时所需的一切，我们在年轻时生活就有条理，并按规则约束自己，这是为老年时期作的最好准备。不过，孩子也要珍惜自己的体力，不要漫无止境地锻炼，以至筋疲力尽。因为，据柏拉图说，困倦和疲惫是学问的敌人。

但是，我为什么要在这些事情上说这么多呢？我要赶快说到最重要的、甚至比前面所说的更重要的事情。就是说，我希望孩子通过练习掷标枪、射箭和捕猎野兽，受到作战训练。因为我们应该记住，在战争中，战败者的财物就是战胜者的奖品。而身体习惯了娇嫩生活，是不适于作战的，因为一个受过作战训练的士兵，即使身体瘦小，也能打败一队只知道摔跤而不懂得打仗的士兵。但是，有人可能会说，既然你承认你所提出的教育规则是为所有自由民④的孩子着想的，你为什么只谈到适合富人需要的教育规则，而轻视穷人或平民的需要呢？这种责难是不难回答的。我的本意是不论什么样的孩子，都应该同样分享教育的好处；但是，如果有人由于财产有限而不能得益于我的教育规则，他们是不应该责难我制定的教育规则的，而应该责难命运之神，是命运之神使他们不能得益于我的规则，因为如果不是命运之神注定他们没有财产，他们本来是可以让他们的孩子得到受教育的机会的。不过，即使是穷人，也应该尽最大努力给他们的孩子以最好

---

① 阿基塔斯，古希腊几何学家、天文学家，曾于公元前4世纪七次被选为雅典城邦的领主。
② 迪翁，柏拉图的学生，叙拉古的老狄奥尼修和小狄奥尼修的宫廷学者。
③ 埃帕米朗达斯，古希腊哲学家、军人、政治家，曾使底比斯城邦成为全希腊的霸主。
④ 在罗马帝国，除了奴隶（通常是战俘和罪犯），其他人均为自由民。

的教育;就是难以做到,也应该在可能的范围内尽最大的努力。我认为在我的论文中插进来说明这一点是必要的,这样我就可以更好地进而讨论训练孩子的正确方法了。

我认为,要用鼓励和合理的动机使孩子学习自由学科①,而绝不要用鞭笞或其他侮辱性的惩罚强迫他们学习。我认为这种侮辱性的惩罚不仅不适用于天真的孩子,甚至对奴隶也不适用;若这样对待他们,部分因为鞭笞而受的痛苦,部分因为鞭笞而受的侮辱,他们在劳作时就会变得迟钝和沮丧。所以,对自由民的孩子,称赞和训斥比其他任何不体面的方法都更为有效。称赞可以鼓励善行,训斥可以补救过失。不过,我们应该视具体情况使用称赞和训斥这两种方法。当孩子发脾气时,会因为受到训斥而感到羞耻,而当他们应受称赞时,就会因称赞而得到鼓励。在这方面,我们应当仿效保姆:当婴儿啼哭时,她们常用奶头使婴儿安静下来。此外,对孩子的称赞不应该夸大,因为夸大的称赞容易使他们自命不凡,对他们的德性培养反而不利。

我曾见过一些父母,他们对孩子爱得太过分,因而事实上造成孩子对他们一点也不爱戴。如果有人问我这么说是什么意思,请让我举例来说明。譬如,由于他们急于想使自己的孩子在各门学科上都远远胜过其他同龄的孩子,他们就会要求孩子完成太多、太难、实际上无法完成的功课,因而使孩子灰心丧气;再加上其他一些不恰当的做法,结果使孩子对学习、对他们都感到厌恶。就如植物,浇灌适度,才能生长旺盛,过多浇水反而会使植物枯死。人的精神也是这样,适度的压力可以使精神得到提高,负荷过重就会使它不堪承受。因此,在孩子受到时间较长的压力之后,我们应该给他喘息的机会,因为人的生活总要包括劳累和闲逸两个部分。为此目的,大自然也赋予我们两种状态:我们不仅有醒着的时候,也有睡着的时候;就如我们有战争,也有和平;有雨天,也有晴天;有繁忙的时候,也有休假的时候。用一句话来说,休息是劳累的调剂。不仅有生之物如此,没有生命的东西也是如此,譬如弓弦和琴弦,我们会把它放松一下,以便再把它拉紧。谁都知道,我们维持身体健康,需要进食和排泄;我们的心智也需要有张有弛才能维持。

还有一些父亲,一旦把孩子托付给仆人或者教师,就再也不过问孩子的情况了。这样的父亲应该受到责备,因为他们没有尽到自己的职责。他们应该每隔

---

① 自由学科,即适合自由民(非奴隶)教育的学科,包括文法、修辞、逻辑、音乐、数学、几何等。

一些日子就检查一下孩子的学业,而不应该把自己的希望全都寄托在雇来的教师身上。只有让雇来的教师知道要定期接受检查,他们才会对孩子的教育认真负责。这里,有一句谚语很适用:"只有国王自己看中的马才是好马①。"

一切训练最重要的训练,就是训练孩子的记忆力,因为记忆是学识的仓库。所以,神话研究者说,谟涅摩叙涅②是缪斯③的母亲。这明白地表示,记忆力对于学问的作用甚于一切。因此,不论孩子的记忆力是天生灵敏,还是天生迟钝,我们都必须为了双重目的加以训练。因为,这样做了,既可以使天生灵敏的记忆力更加灵敏,也可以使天生迟钝的记忆力不再迟钝。就如前一类孩子会因此而超越别人,后一类孩子也会因此而超越自己。关于这一点,赫西俄德④说得好:

> 一点加一点,永远不间断。
>
> 积少可成多,积土可成山。

所以,父亲们对这件事不可等闲视之。学校里的记忆力训练,不仅对孩子的学识成就大有帮助,而且对孩子的人生也大有益处,因为对往事的记忆,可以为孩子考虑未来时提供借鉴。

此外,还应该使孩子避免说粗话,因为就如德谟克里特⑤所说,"言语是行为的影子"。不仅如此,更应该教导他谈吐要得体,要合乎礼仪,因为待人粗鄙总是令人厌恶的。所以,为了不让孩子养成言谈失礼的恶习,应该防止他说出粗俗的字眼。不仅要使他懂得如何在争论中获胜,而且要使他懂得在争论获胜也不会给自己带来好处的时候如何谦让,从而使双方都得益。有时,争论获胜是以巨大牺牲为代价的,往往会得不偿失。所以,就如欧里庇得斯所说:

> 两人谈话,如果一人勃然生怒,
>
> 停止争论的一方是明智之人。

---

① 意即:凡事都要自己掌控,别人是靠不住的。
② 谟涅摩叙涅(Mnemosyne),古希腊神话中的记忆女神,英文 memory(记忆)一词就源自她的名字。
③ 缪斯,古希腊神话中司音乐、诗歌、戏剧、天文的女神(也称"文艺女神"),共有九个,均为宙斯和谟涅摩叙涅所生。
④ 赫西俄德,古希腊远古诗人(约公元前 8 世纪),相传《神谱》为他所作。
⑤ 德谟克里特:古希腊自然哲学家,"原子论"创始者。

现在,进而再谈谈孩子不应忽视而应更加以注意的其他事情,那就是:要避免游手好闲的生活,要言辞谨慎,不要动怒,不取不义之财。我要进一步强调,这些要求中的每一项都是多么重要,最好用实例来加以说明。先从最后一项说起吧,有些人贪图不义之财,使他们在前半生赢得的荣誉丧失殆尽。拉西第蒙人吉利普斯①就是如此,他因为拆开了城邦的钱袋而被驱逐出境。至于不要动怒,即控制自己的愤怒情绪,这是明哲之士的才能。苏格拉底就是这样的人。有一次,一个无赖年轻人粗暴地踢了他一脚,他的同伴都被激怒了,要去追赶这个年轻人,找他算账,但苏格拉底却对他们说:"如果是一头驴子踢了我一脚,你们怎么办呢? 难道你们也要踢还它一脚才觉得不失面子吗?"后来,这个年轻人并没有逃脱惩罚,所有人都指责他的无礼举动,并给他取了个绰号叫"踢客",致使他羞愧万分,自缢而死。还是这个苏格拉底。当阿里斯托芬②上演自己的剧本《浮云》时,苏格拉底的一个朋友去看了该剧的演出,发现阿里斯托芬在剧中大肆嘲笑苏格拉底,于是便一五一十地告诉了苏格拉底,并问:"苏格拉底,这不是有意触犯你吗?"苏格拉底回答说:"一点也没有,因为我完全可以原谅一个剧中的蠢人③,就如原谅一个宴会上的蠢人一样。"据说,塔伦图姆的阿契塔④和柏拉图也遇到过类似情况。阿契塔曾是战场上的将军,一次他打完仗回家,有人告诉他,由于管家失职,他的庄园歉收了。阿契塔知道后,只是把管家叫来,对他说:"我不对你发火,就是为了让你知错改错。"据说,柏拉图有一次被一个既贪食又粗鄙的仆人冒犯了,愤怒至极,但他却把他姐姐的儿子斯彪西普叫来,对他说:"你去把那家伙教训一顿,因为我太愤怒,不能亲自教训他。"

你也许会说,这些事情是很难仿效的。这我承认,但我们应该尽力为之,以此为楷模,努力控制自己的怒气。其实在许多事情上,我们都无法和上述诸人相比,都没有像他们那样的涵养和美德;但是,就如占卜者和祭司所说,只要我们有诚意,就会有灵验;也就是说,要一点一点地学习,来培养我们自己的德性。

接着我要说到言辞谨慎。如果有人认为这是不必重视的小事,那是非常错误的。因为有时,沉默就是智慧的表现,虽然并非上策,但却比说任何话都要好。

---

① 拉西第蒙人吉利普斯:拉西第蒙是斯巴达的古称;吉利普斯是斯巴达的名将,屡立战功,后因窃取公款而被逐出斯巴达。
② 阿里斯托芬,公元前5世纪古希腊喜剧作家。
③ 阿里斯托芬是通过剧中的一个角色嘲笑苏格拉底的。
④ 塔伦图姆的阿契塔,公元前5世纪至公元前4世纪古希腊名将、数学家、哲学家,柏拉图的好友。

在我看来,古人正是由于这个原因,才创建了神秘的献身礼这种仪式,以此使信徒养成沉默的习惯,从而使他们把自己对神祇的恐惧变为对人生奥秘的信守。而且,经验也的确表明,后悔的往往不是保持沉默的人,而是没有保持沉默的人。一个沉默的人,只要愿意,是很容易把藏在心里的话讲出来的,然而,一旦讲出来,要想收回就不可能了。……

除了这些事项,我们还应该养成孩子说话诚实的习惯。这应该被看作是、其实也的确是理所当然的。因为说谎是一种奴隶的品性,理应受到憎恶,而且,这是一种我们最不能宽容、最卑贱的奴隶品性。

……关于孩子的正当规矩和合乎礼仪的举止,我已经说得很多了。现在我要说到下一个年龄阶段即青年时期的有关事情。我曾经多次责备过一些做父亲的人,他们有一种坏习惯,那就是当他们的孩子在幼年时,他们把孩子托付给仆人和教师,自己不管;等孩子到了青年时,才发现孩子的行为鲁莽无礼、放荡不羁,这时做父亲的要么仍然不管,要么要管也没法管了。然而,这时的孩子却比幼年时更需要严加管束。谁都知道,小孩子犯的大凡是小错误,如对仆人傲慢、对教师无礼之类,是完全可以补救的。但是,小孩子一旦长成一个年轻的成年人,所犯的过错就不那么容易补救了,弄不好会使人悔恨终生。……因此,高度重视对年轻人过分的行为举止,是非常必要的。因为在刚成熟的年龄,追求享乐没有止境;那个年龄是不稳定的,需要加以约束。有些父亲在那时没有用大力约束儿子,不久便震惊地发现,他们的儿子行为卑劣、邪恶、放肆,简直无法无天。所以,明智的父亲有一项义不容辞的责任,就是对儿子严加监管,特别是对这个年龄的儿子,要用教训、威吓、恳谈、劝告、允诺等各种手段使他就范,还要让他看到正反两方面的典型事例:有些人由于贪图享乐而招致不幸,有些人则由于自我节制而得到荣誉。因为这两个方面(即对荣誉的向往和对惩罚的恐惧)是培养德性的首要因素:前者鼓励人的向善之心,后者压制人的邪恶本性。

总之,必须禁止年轻人与放荡之徒交往,否则的话,就会受到坏榜样的熏染。毕达哥拉斯[①]曾用谜语般的话语教导人远离恶行。我在这里引用几句并作些解释,因为这对德性的培养是很有用的。这些话语是:"不要吃有黑尾巴的鱼",意思是说,不要和劣迹斑斑的人交往;"不要跨过秤杆",意思是说,要遵守规矩,不

---

① 毕达哥拉斯,公元前 6 世纪古希腊自然哲学家,"南意大利学派"创始人。

要越出度量的界限;"不要坐在奇尼克斯①上",意思是说,不要懒惰,要自食其力;"不要和每一个人拍掌",意思是说,交友要慎重,不要随便与人深交;"不要戴很紧的戒指",意思是说,不要受制于人,要努力追求自由、独立的生活方式;"不要用剑拨火",意思是说,当有人发怒时,不要火上加油,而应该适当地缓和他的情绪;"不要腐蚀你的心",意思是说,不要自寻烦恼,折磨自己的灵魂;"戒掉豆子",意思是说,要戒掉官瘾,因为古代是用投豆子的方式选举官吏的;"不要把食物放在罐子里",意思是说,不要和邪恶的人推心置腹,因为食物是美好的,罐子是不干净的;"达到终点时不要回头",意思是说,生命到了尽头时要心安理得地面对死亡,不要害怕。

现在言归正传——我已经说过,要防止我们的孩子与坏人为伍,特别是不要与谄媚者②为伍。我再次重申我在各种各样的父亲面前说过的话:危害最大的人,莫过于谄媚者。毫无疑问,最迅速地将年轻人引入绝境的,莫过于谄媚者。而且,他们既会毁掉儿子,也会毁掉父亲,使少者和老者都饱受痛苦;他们用难以抗拒的色情诱饵掩盖他们的邪恶动机。当父亲有大笔财产要遗留给儿子时,父亲要儿子节俭,谄媚者却诱惑他们酗酒;父亲要儿子自重,谄媚者却诱惑他们纵欲;父亲要儿子俭朴,谄媚者却教唆他们挥霍;父亲要儿子勤劳,谄媚者却教唆他们懒惰。谄媚者常常会用这样的话来迷惑年轻人:"人生就如白驹过隙,转眼即逝,所以有一天就要享乐一天,不要虚度此生。为什么要担心你父亲会不高兴呢?他已老朽昏聩,一只脚已踏进坟墓,另一只脚也很快就要踏进去了。"他们不仅会把年轻人诱入妓女娼妇的怀抱,甚至还会骗取年老的父亲为度余生而预留的钱财。他们是十恶不赦之人,是貌似友好的伪君子,从来不说真话,也从来不用真心对待他人;他们诓骗富人,鄙视穷人。他们用花言巧语诱惑年轻人,而当年轻人被他们哄得忘乎所以时,他们会暗底里狞笑。他们是十足的骗子、卑劣的伪善者,以骗得富人的钱财为生;他们虽是自由民,却选择了奴隶的生活③;但他们并不觉得这是可耻的,因为若不这样,他们就没有办法靠不劳而获来维持生计了。所以,如果做父亲的对孩子的德性培养还有一点点关心,就应该把这些禽兽一样的卑劣之人赶出家门。不仅如此,还应该防止自己的孩子和品性邪僻的同

① 奇尼克斯(choenix),一种量器。
② 谄媚者,即诱惑、教唆他人之人。
③ 古罗马人,古罗马作家也不例外,认为奴隶是劣等人:奴隶的品性是劣等的,奴隶的生活也是劣等的。

龄人为伍,因为这类品性的人很容易败坏他人天真无邪的品性。

　　我所提出的这些忠告,都是非常重要、非常有价值的。现在我要补充说到的是,对人的天性还是要保留一点余地。因此,我并不希望做父亲的对儿子过于严厉、过于暴烈,而应该态度温和,甚至宽容年轻人的小过错。应该记住,做父亲的人自己也曾有过年轻的时候。还有,就像医生常常把苦药和糖浆拌在一起,使药变成既能治病、又不难吃的东西,做父亲的也应该把严格的规矩与温和的态度拌在一起。有时还可以管得松一点,允许孩子有一点自行其是的权利,只是在必要时才对孩子严加管教。更重要的是,如果可能的话,做父亲的应该在孩子有过错时不发火。即使偶尔情绪激动,时间也不要过长;也就是一生气马上就自己控制住,而不是怒不可遏,因为父亲的狂怒和毫不宽容,往往会导致孩子对父亲的恐惧和憎恨。最好是,如果孩子没有什么大错,做父亲的不要整天去盯着孩子的每一个缺点,而应该像有些老年人对许多事情都睁一只眼、闭一只眼,对孩子的有些缺点视而不见、听而不闻。我们常常容忍朋友的某些缺点,为什么对我们的孩子就不能这样? 何况,不要说我们的孩子,就是我们的仆人在酗酒,我们也未必知道。你有时对孩子管得很紧,有时要管得松一点;你可能对他发过一次脾气,下一次可能要原谅他,让他自己改正错误。如果你发现你的孩子在某件事情上像你的仆人一样要小聪明,你不必发火;如果他擅自从牧场上拿来牛轭,或者回家时身上有点酒气,你也不要管它;如果你发现他有软膏,你什么也不要说。因为连这种事情你也要管,一匹小马就会被你管成一只小羊……我还要补充几句,再结束我的忠告。做父亲的应该关注的最重要的事情,是他自己应该成为孩子仿效的榜样:他自己只做应该做的事情,没有任何不好的习惯。父亲的生活就如一面镜子,通过这面镜子,孩子就能对照自己的言行。凡是自己不自觉地犯有某种过失的父亲,他们在责备孩子的过失时,其实是在责备自己。如果他们自己的品性就是邪僻不正的,那就连责备仆人的权利都没有,不要说责备儿子的权利了。更有甚者,他们很可能会成为儿子的坏榜样,甚至是恶行的教唆者。如果年老的厚颜无耻,年轻的也一定如此。所以,我们自身就要用心养成良好习惯,才谈得到孩子的德性培养。在这一点上,希拉波利斯的欧律狄刻①可以作为我们仿效的榜样,她是伊利里亚人,一个真正的蛮族人,但她年纪很大了仍致力于培

---

① 希拉波利斯的欧律狄刻:希拉波利斯是希腊的一个偏远城邦,靠近土耳其;欧律狄刻(Eurydice)是希腊女性常用名,古希腊神话中就有好几个欧律狄刻,此处提到的这个欧律狄刻,生平不详。

养自己的德性,乃至于能教导她的孩子。她对孩子的爱,可从她献给缪斯女神的诗句中看出:

> 欧律狄刻建此纪念碑献给缪斯女神,
> 以表彰她的爱是如此真诚,
> 为培养成年的儿子成为学者,
> 她年事已高,仍率先学习诗文。

我打算就此问题提出的忠告,到这里要结束了。我知道,要想使每个人都能履行我的忠告,恐怕只是我的愿望。实际上,要履行其中的一部分,虽说按人的天性不是不可能,但也需要不寻常的努力、还需要有好运气的配合才行。

徐政明　译

论 学 究 气

[法] 米歇尔·德·蒙田

米歇尔·德·蒙田(Michel de Montaigne,1533—1592),法国思想家、散文家,曾在法院任职多年,后归隐田园,潜心著述,以多卷散文集《蒙田随笔》闻名于世。

本文选自《蒙田随笔》(上卷),约写于1577年。

所谓"学究",就是死读书、读死书的人。这类人古今都有,但在文化变革时期,这类人会显得特别陈腐而引人注目。蒙田生活的时期,即16世纪,是欧洲历史上的文艺复兴时期,一个文化大变革的时期,所以,这类人自然要受到嘲讽。不过,此文不仅嘲讽了学究气,更重要的是,还说出了造成学究气的根源——教育。文中说:"按照现行的教育方式,如果说学生和先生尽管饱学书本,却并不聪明能干,这是不足为怪的。"因为"现行的教育方式"只教学生读死书,不教学生做活人;只教学生动嘴,不教学生动手。这样的教育,自然只会教出一批又一批学究,使整个社会充满陈腐的学究气。实际上,古人就曾说"只有智慧是不够的,还要会用"(西塞罗语)——即使有了智慧,还要会用;更何况,学究们根本没有智慧,只是人云亦云、拾人牙慧而已。看来,这样的教育必然改革——这就是本文的要义所在。

需要说明的是,学以致用固然不错,但此文最后说到波斯人和斯巴达人的教育方式,似乎全盘否定了知识教育,这又成了"知识无用论",似有矫枉过正之嫌。不过,根据蒙田后来的言论,他又好像并不反对知识教育,只是强调:知识要有用,学习那些无用的"装饰性"知识,无异于浪费时间,浪费生命。

小时候,每次看到意大利喜剧中总有一个逗乐的迂夫子,想到我们这里教书先生的绰号也一样饱含讽刺,心里总免不了要气恼。因为我既已被托付给他们照管和教育,那么珍惜他们的声誉,难道不是我起码该做的吗?我想,凡夫俗子和超凡入圣者之间在看法和学识上自然存在着差别,而他们的生活方式也大相径庭,我就力图以这个理由为他们辩解。可是我又很难解释,为什么最有智慧的人偏偏把他们视如敝屣。有我们正直的杜贝莱①为证:

我尤其憎恨迂腐的学问。

这个习惯确很悠久。普鲁塔克②就曾说过,罗马人常用"希腊人"或"学生"的字眼来表示对别人的指责和轻视。

以后,随着年岁增长,我发现这种看法还是极有道理的,"最伟大的学者不是最聪明的人"③。可我仍不明白,为什么一个知识渊博的人却缺乏敏捷活跃的思想,而一个没有文化的粗人不加修饰,天生就具有最杰出人物才有的真知灼见。

有一个女孩子,法国公主中的佼佼者,她在谈到某人时对我说,有人从外部接受了许多博大精深的思想,必定把自己的思想挤压得缩成了一点点。

我很想说,植物会因太多的水而溺死,灯会因太多的油而窒息,同样,人的思想会因饱学而装满纷繁杂乱的东西,以致理不出头绪,压得腰弯背驼,枯萎干瘪。但也有相反的情况,我们的思想越充实,就越开豁。在古代可以找到这样的例子,有些伟大的统治者、杰出的将领和谋士,同时也是非常博学的人。

至于远离公众事务的哲学家,事实上,他们有时也受到同时代无拘无束的喜剧家的蔑视,他们的看法和举止常贻人笑柄。你要让他们来仲裁某桩诉讼案或某个人的行为吗?他们做这些事可是轻车熟路!但他们仍要问清楚有没有生命、会不会动、人是否跟牛不同、什么叫行动、什么叫忍受、法律和正义是什么样的动物。他们是在谈论法官,还是在同法官说话?这是一种不恭敬和不礼貌的自由。他们听不得赞美他们的君主或某个国王。在他们看来,君王是牧羊人,和牧羊人一样无所事事。牧羊人只会压榨羊群,把羊毛剪光,君王有过之无不及。

---

① 杜贝莱,与蒙田同时代的法国诗人。
② 普鲁塔克,古罗马时期的希腊传记作家、散文家。
③ 普鲁塔克语。

你看到某人拥有上万亩土地就另眼相看吗？他们却不屑一顾，习惯把整个世界视作自己的领地。你因为祖宗八代都是豪富而自夸门第富贵吗？他们却认为你没什么了不起。他们从不想到血缘关系，况且，我们每个人的祖先不计其数，有富人也有穷人，有国王也有奴仆，有希腊人也有野蛮人。如果你是赫拉克勒斯①的第五十代子孙，他们认为你大可不必自视高贵，吹嘘命运给你的恩宠。因此，俗人鄙视他们，认为他们不通世事、自高自大、目无下尘。但是，柏拉图描绘的哲学家的形象，和当代哲学家的形象大相径庭。他们令人羡慕，他们超凡脱俗，蔑视芸芸众生；他们的生活遵循某些不同寻常的原则，因而与众不同，不可模仿。而当代的哲学家却被人瞧不起，他们平平庸庸、碌碌无为，难以担负公众事务，生活猥猥琐琐，还不如平民百姓。

> 让行为卑劣的口头哲学家见鬼去吧。
>
> ——帕库维乌斯②

至于另一些哲学家，我要说，他们不但博古通今，而且还是行动的巨人。他们和锡拉库萨的几何学家③很相似。为了保卫自己的国家，这位几何学家从冥思苦想的纯科学研究中走出来，把某些研究付诸实践，于是，他很快就发明了可怕的守城器械，效果超过了人类的想象。然而，他自己却对这些发明不屑一顾，认为这有损于科学的尊严，这些创造不过是学徒的活计和儿童的玩具。那些哲学家也一样。有时，人们让他们经受行动的考验，他们就展翅高飞，对事物的领悟更加透彻，他们的胸怀和思想仿佛就更加博大精深。但也有些人，看到无能之辈掌握政权，就退避三舍。有人问克拉特斯④，什么时候停止研究哲学。他回答说："直到赶驴人不再领导我们的军队。"赫拉克利特⑤把王位让给了弟弟，以弗斯⑥人民责备他不该整天和孩童在神殿前玩耍。他回答说："和孩童玩耍难道不比和你们这帮人一起治理国家强吗？"还有些哲学家，把思想置于财富和世俗之

---

① 赫拉克勒斯，希腊神话中的英雄，也被称为"大力神"。
② 帕库维乌斯，古罗马悲剧作家。
③ 指阿基米德，古希腊数学家、发明家。
④ 克拉特斯，古希腊犬儒派哲学家。
⑤ 赫拉克利特，古希腊自然哲学家，据说他本可接受王位，但他不愿意，便让给了他的弟弟。
⑥ 以弗斯，古希腊殖民地，在小亚细亚。

上,觉得法官的交椅和国王的宝座都是卑微低贱的。恩培多克勒①拒绝阿格里真托②人民给予的王位。泰勒斯③有时指责人们只关心发财致富,人们则反唇相讥,说他是狐狸的策略,因为他自己发不了财。他也想试一试,以作消遣,于是,他不惜降低身份,用自己的知识来挣钱。他做了桩买卖,一年后,赚了无数的钱,那些钱即使是干这一行最有经验的人劳碌一辈子,也未必能挣得到。

亚里士多德说,有人把泰勒斯、阿那克萨哥拉④及其同类称作"哲士",而不是"贤人",因为他们不大关心有用的东西。我分不清这两个词有什么差别。再者,我认为这丝毫不能用来为我的哲学家们辩解;看到他们安于卑贱而贫困的生活,我们真可以把这两个词都用上,说他们既非"哲士",亦非"贤人"。

我这么说的第一个理由是,我认为应该把这个弊病归咎于他们对待学问的方式不正确。按照现行的教育方式,如果说学生和先生尽管饱学书本,却并不聪明能干,这是不足为怪的。我们的父辈⑤花钱让我们受教育,只关心让我们的脑袋装满知识,至于判断力和品德,则很少关注。当一位行人向我们的民众高喊:"瞧,那是个学者!"另一个人又喊:"瞧,那是个好人!"谁也不会把尊敬的目光移向第一位。要等到第三个人喊道:"瞧,那人满腹经纶!"我们才会乐于打听:"他懂希腊文呢,还是拉丁文?他写诗呢,还是写散文?"可就是不打听他是不是比我们更优秀或更有头脑了?这是最重要的一点,却总是被忽视。应该打听谁知道得更精,而不是谁知道得更多。

我们只注重让记忆装得满满的,却让理解力和意识一片空白。我们的学究,就像鸟儿有时出去寻觅谷粒,不尝一尝味道就衔回来喂小鸟一样,从书本中采集知识,只把它们挂在嘴边,仅仅为了吐出来喂学生。

令人惊讶的是,我举例时也在做蠢事。我写随笔时,大多数时候不也是这样做的吗?我从书本中到处搜集我喜欢的警句名言,不是为了保存,因为我记性不好,而是为了搬进我的文章中;它们在我的文章中,就跟在它们原来的地方一样,都不是我的东西。我深信,要成为有学问的人,我们只能靠现在的知识,而不能靠过去或将来的知识。

---

① 恩培多克勒,古希腊自然哲学家。
② 阿格里真托,古希腊殖民地,在西西里岛。
③ 泰勒斯,古希腊自然哲学家。
④ 阿那克萨哥拉,古希腊自然哲学家。
⑤ 这里,蒙田泛指那个时代的父辈们,不包括他自己的父亲。他父亲让他所受的教育与此完全不同。

更糟糕的是,那些学究的学生和孩子们也不是真正接受知识,因此,那些知识口耳相传,不过用来作为炫耀、交谈和引经据典的资本,就如一枚毫无意义的钱币,除了计数或投掷外,再没有其他用处了。

"他们学会了跟别人、而不是跟自己说话。"① "不在于会说话,而在于会做事。"②

大自然为展示在其统治下没有任何野蛮的东西,常常让艺术不发达的民族产生最艺术的精神产品。关于这一点,让我们来看一则加斯科尼的谚语:"吹芦笛不难,但首先要学会摆弄指头。"这则出自一首芦笛小曲的谚语,真是微言大义!

我们只会说:"西塞罗是这样讲的。这是柏拉图的习惯。这是亚里士多德的原话。"可我们自己说什么呢?我们指责什么?我们做什么?鹦鹉都会这样学舌。这种鹦鹉学舌的做法,使我想起了一位罗马富翁,他花了很多钱,找到几个各精通一门学问的人,让他们从不离左右,这样,当他和朋友聚会谈到这样那样的问题时,他们就可以代替他交谈,根据各人的能力,随时准备引经据典,这人讲一段论据,那人背荷马的一句诗;他以为这些学问既然装在他雇来的那些人脑袋里,也就是他自己的了,就如有些人的学问是装在他们豪华的书房里的。

我认识一个人,当我问他知道什么时,他就问我要了本词典,因为他不查词典,不弄清楚什么是疥疮、什么是屁股,是不敢对我说他屁股上长了疥疮的。

我们只会死记硬背别人的看法和学识,仅此而已。可是,应该把别人的东西变成自己的东西。我们活像书中讲到的那个取火者:那人需要火来取暖,就上邻居家借火,发现那里有一堆旺火,他就停下来取暖,却忘了要取火回家。肚子里塞满了食物,如不消化,不把它们转化为养料,不能用来强身健体,那有什么用呢?卢库卢斯③没有打仗经验,通过读书成为伟大的将领,难道可以相信他是像我们这样学习的吗?

我们总是扶着别人的胳膊走路,致使我们自己没有了力气。想要为不怕死找些道理来壮壮胆吗?就去问塞涅卡借。要想找些话来安慰自己或者别人吗?就去问西塞罗借。假如我们有过思考,就可以自己想出安慰的话来了。像这样

---

① 西塞罗(古罗马著名政治家、雄辩家、法学家、哲学家)语。
② 塞涅卡(古罗马政治家、哲学家、悲剧作家)语。
③ 卢库卢斯,古罗马名将。

讨乞来的有限的才能,我是十分厌恶的。

即使我们可以凭借别人的知识成为学者,但要成为哲人,却只能靠我们自己的智慧。

我憎恨对自己并不聪明的哲人。

——欧里庇特斯①

因此,恩尼乌斯②说:哲人的智慧不为己所用是毫无价值的。

——西塞罗

假如他贪婪、虚荣,会比欧加内的羔羊还要软弱。

——尤维纳尔③

只有智慧是不够的,还要会用。

——西塞罗

狄奥尼修斯④讥笑研究文学的人只知道奥德修斯⑤的痛苦,却无视自身的不幸;音乐家只善于给笛子调音,却不会调整自己的习惯;雄辩家只研究如何讲好,却不研究如何做好。

如果我们的思想不健康,判断力不正常,我宁可让我的学生把时间用来打球,那样至少可以使身体变得矫捷。看他学了十五六年后从学校回来的样子,竟然什么也不会做,你从他身上看到的,仅仅是他学了拉丁文和希腊文后比上学前多了些骄矜和傲慢。他本该让思想满载而归,却只带回来浮肿的心灵,不是变得充实,而是变得虚肿。

这些教书先生,正如柏拉图对他们的同类——诡辩派哲学家——所说的那样,他们自称是所有的人中是最有益于别人的,可是在所有人中,就数他们连木匠或泥瓦匠都不如,不但做不好事,还会做坏;做坏了,还要别人付报酬。

普罗塔哥拉⑥给他的弟子立下规矩,要他们或者按他定的价钱付学费,或者在神殿里起誓,珍视从他那里学到的东西,以此作为对他辛劳的报偿。如果是那

---

① 欧里庇特斯,古希腊悲剧作家。
② 恩尼乌斯,古罗马早期诗人,公认的古罗马文学之父。
③ 尤维纳尔,古罗马讽刺诗人。
④ 此处系蒙田笔误,应为欧第根尼。
⑤ 奥德修斯,荷马史诗《奥德修记》中的主人公。
⑥ 普罗塔哥拉,古希腊诡辩派哲学家。

些学究跟着我做事,我要按普罗塔哥拉的规矩办的话,他们肯定都不干了。

那些学究,我用佩里戈尔方言戏称为"Lettre-férits"①,就如你们称为"Lettre-férus",意思就是:被文字打晕的文人。说实话,他们常常堕落到竟至于失去常识。农民和鞋匠按照自己的方式,简简单单,朴朴实实,知道什么就说什么,而那些学究,想炫耀浮在他们脑袋表层的知识,但越想这样,就越尴尬。他们有时也会说出一两句漂亮话,但需要从别人那里借来。他们熟悉盖仑②,却一点也不了解病人。他们在你脑袋里填满法律条文,却一点不知道如何办案。他们对什么事情都能说得头头是道,可一件事也不会做。

我的一位朋友来我家里,为了消磨时光,我见他和一个学究辩论起来。我那位朋友模仿晦涩难懂的隐语,把没有逻辑的词语拼凑到一起,胡乱地和那个学究辩论。就这样,他们辩论了一整天,那个学究还真以为辩驳了对方的异议,殊不知对方是在作弄他。那个学究还是个很有名的文人,有一件漂亮的长袍③:

> 你,贵族后裔,从不把眼睛朝后面看,
> 当心背后有人嘲笑。

——佩尔西乌斯④

谁要是把遍布各地的这类学究作一仔细研究的话,就会像我一样,发现他们往往不知道自己在说什么,也听不懂别人说的是什么。他们的记忆里装得满满的,可是判断力却是空空的。要不,就是判断力生来就与众不同。图纳布斯就是一例。他是个文人,没干过其他行当。我认为他是近千年来最了不起的文人,除了穿长袍、不善客套之类鸡毛蒜皮的小事,他一点也没有学究气。他厌恶那些学究对扭曲的心灵比对长袍更能忍受;他厌恶他们只凭行礼方式、仪表和靴子来判断一个人。因为从内心看,他是世上最有教养的人。我常常故意和他谈一些他不熟悉的事,但他领悟得很快,并作出正确的判断,似乎他从来就是打仗和治国的行家里手。这是一些极其优秀、非常了不起的人:

---

① Lettre-férits,意即"挨打的文人",后面的 Lettre-férus 同义。
② 盖仑,古希腊自然哲学家、名医。
③ 当时穿长袍的人,就如中国新文化运动时期穿长衫的人,被认为老派、迂腐。
④ 佩尔西乌斯,古罗马讽刺诗人。

善良的提坦①用优质泥土

塑造了他们的心。

——尤维纳尔

他们接受了不好的教育，却没有变坏。然而，我们的教育仅仅不使人变坏，那是不够的，应该使人变好。

我们的有些法院在招收办案人员时只考察学问，而有一些法院则还要加试判断力，让应试者判决一桩案例。我认为，后者的做法比前者更可取。尽管学问和判断力都不可或缺，两者应该并存，但事实上，判断力要比学问更宝贵。学问不深，凭判断力照样可以断案，但反之却不行。正如希腊的一句诗所说的：

判断力不强，学问再好也无用。

为了我们司法的利益，但愿人们能为那些法院提供既有学问、又有判断力的人。"人们不是为生活而是为学校而教育我们。"②然而，知识不应依附于思想，而应和思想合二为一；知识不应用来淹没思想，而应用来为思想增色；知识如果不能用来使思想变得更完善，那就最好把它抛弃。一个人拥有知识，但毫无本事，不知如何使用，还不如什么知识都没有③。那样的知识是一把危险的剑，会给它的主人带来麻烦和伤害。

也许，这就是世俗和神学都不要求女子博学多才的缘故。也正因为如此，当布列塔尼公爵弗朗索瓦听提亲人说苏格兰姑娘伊莎博受的教育很简单、没什么学问时，他说这样他会更加喜欢她，因为一个女人只要能分清丈夫的衬衫和外衣，就相当有学问了。

因此，当我们看到我们的祖先对学问不甚重视，即使今天也只有国王的主要谋士们才偶尔博古通今时，就不必像有些人那样大惊小怪了。今天，只提倡通过法学、医学、数学和神学来丰富我们的知识；如果丰富知识的目的不能使学问享有信誉，那么，你就会看到学问的处境会和从前一样凄惨。如果学问不能教会我

---

① 提坦，希腊神话中的旧神，也称巨神，后被新神取代。普罗米修斯是旧神中的一位，据说人类就是普罗米修斯用泥土做出来的。

② 塞涅卡语。

③ 西塞罗语。

们如何思想和行动,那真是莫大的遗憾!"自从出现了有学问的人,就再也没有正直的人了。"①

一个人如果不学会善良这门学问,那么,其他任何学问对他都是有害的。我刚才谈到的原因,是不是也和下面的事有关呢?在法国,学习的目的一般是为了谋生,有些人命好,不用靠赚钱生活,就致力于学问,但有的很快就放弃了(还没有尝到甜头,他们就转向了和书本毫无关系的职业②)。除这些人之外,还有就是那些境遇不好的人才投身于学问,以此作为谋生手段。而这些人,出于本性,也由于家庭的不良教育和影响,他们并不能真正体现他们的学问。因为学问不是用来使没有思想的人有思想、使看不见的人看见的。学问的职责不是为瞎子提供视力,而是训练和矫正视力,所以视力本身必须是健康的,可以被训练的。学问是良药,但任何良药都可能变质,保存时间的长短,要看药瓶的质量。看得见,不一定看得准,因此有些人看得见好事,却不去做;看得见学问,却不去用。柏拉图在他的《理想国》里说的一个主要原则,就是要按每个公民的天性分配工作。天性无处不在,无所不为。腿瘸了,不适合运动;心灵瘸了,不适合思考;低能儿和庸人,是没有资格研究哲学的。当我们看到一个人穿着不合脚的鞋,我们准会说那人一定是鞋匠。同样,根据我们的经验,医生比平常人更不会好好吃药;神学家更少忏悔;学者更少智慧。

从前,希俄斯岛的阿里斯顿③说得好,哲学家会贻误听众,因为大部分人不善于从哲学家的说教中获益,而无益的说教便是有害。"淫荡者出自亚里斯提卜学派,粗野者出自芝诺学派。"④

下面要谈的教育方法,色诺芬⑤认为是波斯人采用的。我们发现,波斯人教导孩子要有勇敢精神,就像其他民族的人教导孩子要有学问。柏拉图说,波斯人的太子为了能继承王位,就是按这种方法加以教育。太子呱呱落地时,就交给国王身边一些最忠诚的廷臣而不是女人看管。廷臣们负责把太子的身体训练得非常健壮;过了七岁,就教他骑马、狩猎;到了十四岁,就被交到四个人手里,这四个人分别是最贤达的人、最公正的人、最节欲的人和最勇敢的人。第一个教他宗教

---

① 塞涅卡语。
② 即军人生涯,这是当时贵族的第二职业。
③ 希俄斯岛的阿里斯顿,古希腊哲学家。
④ 西塞罗语。亚里斯提卜,古希腊享乐派哲学家。芝诺,古希腊斯多葛派哲学家。
⑤ 色诺芬,古希腊哲学家、历史学家,苏格拉底的学生。

信仰;第二个教他永远真诚;第三个教他控制欲望;第四个教他无所畏惧。

利库尔戈斯①的做法也颇值得称颂。他治国有方,本人完美无缺,对孩子的教育极其关心,把这看作为他的主要职责,况且又是在缪斯女神的家乡②。但是,他很少谈论学问,似乎对那些无拘无束的年轻贵族来说,只要有教导他们勇敢、贤明和正义的老师就够了,用不着传授知识的先生。利库尔戈斯的做法,后来被柏拉图引进了他的"理想国"法律中。

波斯人的治学方式,是要学生对人和人的行为发表看法,也就是要学生说出为什么对某个人或某件事表示赞同或不赞同的理由,以此来提高学生的判断力。色诺芬叙述过一件事:阿斯提亚格③问居鲁士④上学情况,居鲁士说:"学校里有个大男孩穿着一件小外套,看到有个小男孩穿着一件大外套,就把小男孩的大外套脱下来,把自己的小外套给了小男孩。老师问我,那个大男孩的做法对不对?我说很对,因为这样两个人的外套都合适了。老师说我不对,说我只知道合适不合适,不知道公正不公正。强夺别人的东西,是不公正的。"居鲁士说他为此还挨了鞭打,就像我们家乡的孩子学希腊语没弄懂语法,也要挨鞭打。我的老师也使我相信,他的学校就像居鲁士上的学校一样严厉;不过,他会先把我训斥一顿,训斥无效才用鞭打。波斯人走的是捷径,直接用鞭打。既然谆谆教导的最终目的是要改变学生的行为,使其变得勇敢、贤明、正义,他们干脆一开始就要求学生直接做出这样的行为;不是喋喋不休地对他们讲课,而是要求他们试着去做;不是要他们记住箴言警句,而是实实在在地、活生生地校正他们的行为,使他们学到的不仅仅是嘴上说说的知识,而是一种生活习惯,一种虽是后天习得、却像出自本性一样自然的习惯。关于这个,有人曾经问斯巴达国王阿格西劳斯二世,孩子们应该学什么,他回答说:"应该学大人该做的事。"这样的教育方式如果没有成效,那倒反而是咄咄怪事了。

有人说,要找修辞学家、画家和音乐家,要去希腊的其他城邦,但要找立法者、法官和将领,那就要去斯巴达。在雅典,人们看重如何说得好;在斯巴达,人们看重如何做得好;雅典人钻研辩论的方法,如何不受似是而非的词语的蒙骗,如何证明自己的观点;斯巴达人则关注如何摆脱欲望的诱惑,如何抗拒命运和死

---

① 利库尔戈斯,古希腊政治家。
② 缪斯女神的家乡,指希腊。缪斯女神是希腊神话中的文艺女神,也是教育女神。
③ 阿斯提亚格,居鲁士的父亲。
④ 居鲁士,古波斯帝国开国皇帝。

亡的威胁;雅典人醉心于说话,不断操练语言;斯巴达人则致力于行动,不断磨炼灵魂。所以,当安提帕特①向波斯人索要五十名儿童当人质时,波斯人的回答和我们截然不同,他们宁愿让两倍的成年人去当人质,也不愿交出五十名儿童。这并不奇怪,因为他们认为,让儿童去当人质,对国家的教育事业来说是一个莫大的损失。阿格西劳斯二世曾要色诺芬把自己的孩子送到斯巴达来接受教育,不是为了学会修辞学或辩证法,而是要获得世上最好的一种学问,那就是懂得如何服从和指挥。

希庇亚斯②曾对苏格拉底说,他在西西里岛,尤其在那里的一些小城镇教书,挣了很多钱,然而在斯巴达,他却一个钱也没有挣到,因为斯巴达人好像很愚蠢,他们既不想学习测量,也不想学习算数;既不想学习语法,也不想学习韵律,却非常热衷于了解一些琐碎的账目,还有一些乱七八糟的东西,如各种各样关于古代国王如何打仗、如何建国的传说。非常有趣的是,苏格拉底听完后,以他特有的方式揶揄希庇亚斯:先一步步诱导他承认,斯巴达人注重实际生活、关注国家兴亡,一点也不愚蠢;继而又让他自己得出结论,他所说的那些学问其实毫无用处。

在尚武的斯巴达和其他类似的地方,可以找到许多例子来说明,单纯的知识不仅不能增强和锤炼勇气,反而会削弱勇气,使人变得懦弱而无能。当今世上最强盛的是土耳其,那里的人所接受的就是尚武轻文的教育。我认为,罗马帝国在重视知识教育后就不如从前那样骁勇善战了。如今最好战的民族,就是那些最粗野、最没有文化的民族,如斯基泰人、帕提亚人、帖木儿人。当初哥特人③征服希腊时,有人建议,应该把全部藏书原封不动地留给希腊人,这样可以使他们的兴趣从打仗转移到待在家里看书。而正因为有这个建议,希腊的书店和图书馆才没有被付诸一炬。查理八世剑未出鞘,就征服了那不勒斯王国和托斯卡纳的大部分地方,他的大臣们一致认为,这次征服之所以如此轻松,就是因为意大利的君主和贵族太热衷于博学多才,而不知习武备战。

李慕白　译

---

① 安提帕特,公元前 4 世纪马其顿将军。
② 希庇亚斯,古希腊诡辩派哲学家。
③ 哥特人,北欧日耳曼人的一支,曾入侵罗马帝国,征服希腊。

论对孩子的教育

——致迪安娜·德·居松伯爵夫人

[法]米歇尔·德·蒙田

本文原是蒙田写给一个名叫迪安娜·德·富瓦克斯的女子的一封信。该女子于1579年5月嫁给蒙田的邻居德·居松伯爵,在他们的第一个孩子出生前,约1580年,蒙田写了这封信,后收入《蒙田随笔》(上卷)。编者对信中的客套话和题外话作了删节。

正如蒙田自己所说,本文是他写了《论学究气》一文之后"在孩子的教育问题上展开讲一讲"。因而,他在此文中更全面、更详细地谈到了他在孩子的教育问题上的看法。他的看法归纳起来共有十点:(一)教师要"头脑多于知识",所谓"头脑"就是通人情、通人性;(二)教师要因材施教,"要根据孩子的智力,对他进行考验,教会他独立欣赏、识别和选择事物";(三)"孩子受教育时,应该远离父母",因为父母往往溺爱孩子,会妨碍教师用严厉的方式锤炼孩子的身心;(四)"要教育孩子注意自身修养,自己拒绝做的事,别人做了也无须责怪,不必同习俗格格不入";(五)要培养孩子的好奇心,"周围一切奇特的东西:一幢房子、一池泉水、一个人、古战场、恺撒或查理大帝的雕像,他都要看个明白";(六)"要告诉孩子:何谓知之、何谓不知,学习的目的是什么;何谓英勇、何谓克制和正义;雄心与贪婪、奴役与服从、放纵与自由之间区别何在;什么是识别真正满足的标志;对死亡、痛苦和耻辱,害怕到什么程度而不为过";(七)要让孩子从小学哲学,因为哲学能使人"崇尚美德与爱情",既然如此,"为什么不教给孩子哲学呢?";(八)"对孩子的教育应该既严厉又温和",不可采用暴力和强制的做法,因为"没有比暴力和强制更会使孩子智力衰退和晕头转向了";(九)孩子的习惯和举止"应避免任何古怪和特殊,因为那是丑恶、可怕的",会妨碍他和社会交往;(十)要让孩子凭自己的兴趣选择读物,这样才能"刺激孩子们读书的欲望和热情",否则,"培养出来的不过是驮着书本的蠢材"。

以上十点,即使在今天看来也一点不错,而这是在四百多年前说的;可见,对教育从来不缺少正确的认识。但为什么几乎在每个时代,教育总是问题重重呢?——这大概就是"知易行难"吧!

……

　　一位读过我的《论学究气》的人，一天在我家里对我说，我应该在孩子的教育问题上展开讲一讲。然而，夫人，如果说我有这方面的才能的话，那最好用来献给您即将出生的小男孩(您是那样高贵，头胎不可能不是男孩)。因为我一直是您忠诚的奴仆，我有义务祝愿您万事如意。再则，我曾积极促成您的婚事，因此有权关注您家庭的兴盛和繁荣。不过，话要说回来，教育和扶养孩子是人类最重要、也是最困难的学问。

　　正如种田，播种前的耕作可靠而简单，播种也不难，可是播下的种子一旦有了生命，就有各种抚育的方式，会遇到种种困难；人也一样，播种无甚技巧，可是人一旦出世，就要培养和教育他们，给予无微不至的关怀，为他们鞍前马后，忙忙碌碌，担惊受怕。

　　人在幼年时，有什么爱好还显得嫩幼脆弱，若明若暗，前途尚未确定，因此很难作出可靠的判断。

　　你看希蒙①、地米斯托克利②和其他许多人，他们的行为与自己的本性相差多远。熊和狗的后代总是显示它们天生的癖性，而人则很快屈服于习俗、成见和法律，易于改变和装扮自己。

　　但是，强迫孩子做超越他们本性的事，是很难很难的。常有人用很多时间，孜孜不倦地培养孩子做他们勉为其难的事，因为选错了路，结果徒劳无功。但是，既然教育孩子如此之难，我认为应该引导他们做最好、最有益的事，不要过分致力于猜测和预料他们的发展。就连柏拉图在他的《理想国》中，似乎也给予孩子们很多的权利。

　　夫人，知识给人以华丽的装饰，是服务于人的不可思议的工具，尤其是对于您这样极其富贵、极有教养的人。说实话，知识在地位卑微的人手中是无用武之地的，它引以为荣的与其说能帮助人们确立论据、为申诉辩护或开药方，毋宁说能为引导战争、指挥人民或者为赢得某亲王或某国家的友谊助一臂之力。夫人，您出身书香门第(至今我们还保存着你们的祖先富瓦克斯伯爵的文稿，您和您的丈夫都是他的后代；您的叔父弗朗索瓦·德·康达勒伯爵每天笔耕不止，他的作品可以使您家族的这一才华流芳千古)，您品味过教育的甜头，我深信您不会忘

----

① 希蒙，古希腊将军，雅典城邦领主。
② 地米斯托克利，古希腊雅典城邦海上强权缔造者。

记所受的教育。因此,在这个问题上,我只想对您谈一点看法,是与习惯做法格格不入的,这就是我可能为您做的一切。

选择什么样的人做您儿子的家庭教师,决定着他受教育的效果。家庭教师的职责涉及其他许多方面,但我不谈这些,因为我知道自己谈不好。在本文中,我想给那位教师一些忠告,他越觉得有道理,就会越相信我。作为贵族子弟,学习知识不是为了图利(这个目的卑贱浅陋,不值得缪斯女神垂青和恩宠,再说,有没有利益,这取决于别人,与自己无关),也不是为了适应外界,而是为了丰富自己,装饰自己的内心;不是为了培养有学问的人,而是为了造就能干的人。因此,我希望能多多注意给孩子物色一位头脑多于知识的老师,二者如能兼得则更好;如不能,那宁求道德高尚、判断力强,也不要选一个光有学问的人。我希望他能用新的方式来教育孩子。

人们不停地往我们耳朵里灌东西,就像灌入漏斗里,我们的任务只是鹦鹉学舌,重复别人说的话。我希望您孩子的老师改变一下做法,走马上任时,就要根据孩子的智力,对他进行考验,教会他独立欣赏、识别和选择事物,有时领着他前进,有时则让他自己披荆斩棘。老师不应该一个人想,一个人讲,也应该听他的学生讲一讲。苏格拉底及后来的阿凯西劳斯①就先让学生讲,然后他们再说。"教师的权威,大部分时间不利于学生学习。"②

老师应让学生在他前面小跑,以便判断其速度,决定怎样放慢速度以适应学生的程度。如果师生的速度不相适应,事情就会弄糟。善于选择适当的速度,取得一致的步调,这是我所知道的最艰难的事。一个高尚而有眼力的人,就要善于屈尊俯就于孩子的步伐,并加以引导。对我来说,上坡比下坡步子更稳健、更踏实。

通常,不管学生的能力和习惯多么相异,课程和方法却千篇一律。因此,毫不奇怪,在一大堆学生中,能学有所成者寥寥无几。

教师不仅要求学生说得出学过哪些词,还要讲得出它们的意思和实质,在评估学生的成绩时,不是看他记住多少,而是会不会生活。学生刚学到新的知识后,老师应遵照柏拉图的教学法,让他举一反三,反复实践,看他是否真正掌握,真正变为自己的东西。吞进什么,就吐出什么,这是生吞活剥、消化不良的表现。

---

① 阿凯西劳斯,古希腊怀疑派哲学家。
② 西塞罗(古罗马政治家、哲学家)语。

肠胃如果不改变吞进之物的外表和形状,那就是没有进行工作。

我们的思想徒劳无益地听凭别人的想法摆布,受它们的奴役和束缚。我们脖子上被套了根绳索,也就步履沉重,失去了活力和自由。"他们不可能做到自己支配自己。"①我在意大利的比萨市私访过一位有学问的人②,但他把亚里士多德奉为神明,他的信条中最概括的一条是,衡量一个学说的可靠性和真实性,要看它是否符合亚里士多德的学说,否则就是空想和玄想。他认为亚里士多德见多识广,他的学说包罗万象。他这个信条被解释歪了,因此他曾陷入困境,长期受到罗马宗教裁判所的查究。

教师如果让学生把学到的东西严格筛选,而不是专横而徒劳地让他记住一切,那么,亚里士多德的那些原则,也和斯多葛派和伊壁鸠鲁派的原则一样,对他而言就不是单纯的原则了。

如果提出各种看法让他判断,那么,他能区别就会作区别,不能区别也会提出怀疑。

        我喜欢怀疑不亚于肯定。

                                  ——但丁③

因为,如要学生能通过思考来掌握色诺芬④和柏拉图的观点,那就不再是他们的观点,而是他自己的了。跟在别人后头的人其实什么也没跟。他会一无所获,甚至可以说他什么也不想获得。"我们不受任何国王的统治,人人有权支配自己。"⑤学生起码应该知道自己知道了什么。应该运用那些哲学家的观点,而不是死背他们的教条。如果愿意,他尽管忘记那些教导出自何处,但应把它们变成自己的东西。真理和理性是大家共有的,不分谁先说谁后说,也不管是柏拉图说的,还是我说的,只要他和我的看法一致。蜜蜂飞东飞西采撷花粉,但酿成的蜜却是它们自己的,就不再是那些花朵了;同样,学生从他人那里借来断章残篇,经过加工和综合,做成自己的作品,那就是自己的看法。他受的教育,他的工

---

① 塞涅卡语。
② 指一位医生,罗马大学哲学教授。
③ 但丁,14世纪意大利诗人、学者,《神曲》作者。
④ 色诺芬,古希腊哲学家、历史学家,苏格拉底的学生。
⑤ 塞涅卡语。

作和学习,都是为了形成自己的看法。

……

通过学习,我们变得更完美、更聪明了。这就是学习的收获。

埃庇卡摩斯①说,唯有理解力看得着,听得见,它利用一切、支配一切,影响和君临一切:其他一切都耳聋眼瞎,没有灵魂。自然,由于我们不给理解力以行动自由,它变得唯唯诺诺,畏首畏尾。谁曾让自己的学生就西塞罗这个或那个格言的修辞和语法谈过自己的看法?人们把这些装有羽毛的警句格言当作神谕往我们的脑袋里灌,一个字母一个音节都构成事物的要旨。背熟了不等于知道,那不过是把别人讲的东西储存在记忆中。真正知道的东西,就要会使用,不必注意老师,不必看着书本。死背书本得来的才能,是令人遗憾的才能。但愿这种才能只作为装饰,而不作为基础。这是柏拉图的看法,他说,坚定、信念、真诚是真正的哲学,与之无关的一切知识都是装饰品。

我倒希望帕瓦罗和蓬佩②这样的当代英俊的舞蹈家教我们跳跃时,不要叫我们离开位置,而让我们看他们做动作,正如我们的老师教我们判断,却不让我们启动大脑一样;我希望人们在教我们骑马、掷标枪、操琴或练声时,不要让我们练习,正如我们的老师教我们正确判断和善于辞令时,不让我们练习讲话和判断一样。然而,在学习为人处世时,我们面前的一切都可作为重要的教科书:侍从的邪恶、仆人的愚蠢、餐桌上的言谈都是新的内容。

因此,与人交往是非常适合这种学习的。还有周游列国,但不是像我们法国的贵族那样,只关注万神殿的台阶有几级、利维亚③小姐的短衬裤多么华丽,也不是像有些人那样,只注意尼禄④在某废墟雕像上的面孔比他在某金币上的脸孔更长或更宽,而要把这些国家的特点和生活方式带回来,用别人的智慧来完善我们的大脑。我希望,在孩子年幼时,就带他们周游列国;为了一举两得,可以先从语言相差很大的邻国开始,因为如不及早训练孩子的舌头,长大了就很难学好外语。

此外,人们通常认为,孩子受教育时,应该远离父母。这种天然的骨肉之爱,会使父母变得过于手软心慈,哪怕是最有理智的父母。他们不忍心惩罚孩子的

---

① 埃庇卡摩斯,出生于西西里岛的古希腊喜剧家。
② 帕瓦罗和蓬佩,均为当时法国受聘于国王的宫廷舞蹈教师。
③ 利维亚,当时著名女舞蹈演员。
④ 尼禄,古罗马暴君。

过错,不愿看到对孩子的教育太粗暴、太受规矩束缚、太冒风险。他们见不得孩子操练归来汗流浃背、满身尘土、受冷受热,也见不得他们骑烈马、手持无锋剑被严厉地教练搏斗,或第一次拿火枪。教育孩子别无良策:谁想使孩子有出息,就不应在青少年时期对他们姑息迁就,而应该常常违背医学规律:

　　让他生活在野外,担惊受怕。

——贺拉斯[1]

　　不光要锤炼他们的心灵,还要锻炼他们的肌肉。心灵若无肌肉支撑、单独承担双重任务,会不堪重负。我就深有体会。我身体娇弱敏感,心灵要作多大努力,才能承受身体的压力!我在书中常常发现,我那些老师们在谈论高尚和勇敢时,往往赞赏钢筋铁骨之躯。我看见有些男人、女人和孩童,生来就身强体壮,对他们而言,挨一顿棍打,犹如被手指头弹一下,一声不吭,眉头也不皱。竞技者同哲学家比赛耐力,更多的是用体力,而不是心灵。然而,习惯于耐劳,就是习惯于吃苦:"劳动能磨出耐痛的茧子。"[2]要锻炼孩子吃苦耐劳,这样,他们就能忍受脱臼、肠绞痛、烧伤、坐牢和酷刑。很难说他们不会遭受牢狱和酷刑之苦,有时候,好人也会像坏人那样坐牢和被拷打。我们要经得住考验。有些人目无法律,会用皮鞭和绳索威胁正人君子。

　　再说,老师对孩子的权威应该至高无上,如果父母在场,就会受到中断和妨碍。此外,依我之见,孩子受父母溺爱,或者从小就知道自己家是豪门贵族,这对他只有坏处。

　　在培养交往能力时,我每每发现有一个缺点:我们总是竭力显示自己,兜售自己的货色,而不是去了解别人,汲取新的知识。沉默和谦逊有利于同人交往。等您的孩子有了才华时,我们要教育他不要露才扬己;听到别人胡言乱语,不要怒形于色。一听到不合自己趣味的东西就面有愠色,是不礼貌和令人讨厌的行为。要教育孩子注意自身修养,自己拒绝做的事,别人做了也无须责怪,不必同习俗格格不入。"为贤人者应当不卖弄学问,不盛气凌人。"[3]要教育孩子有礼

---

① 贺拉斯,古罗马诗人、批评家。
② 西塞罗语。
③ 塞涅卡语。

貌,不要好为人师,不要小小年纪就野心勃勃,为让人另眼相看就显示自己比别人聪明,用指责别人和标新立异来捞取名声。只有大诗人才可以在艺术上别出心裁;同样,也只有伟大而杰出的人物才可以撇开传统,独树一帜。"即使有个苏格拉底和亚里斯提卜①远离了习惯和传统,人们也不能步其后尘,他们才华出众,超凡脱俗,所以才能独树一帜。"②要教会孩子只有在棋逢对手时才发表议论或进行争论,即便如此,也不要把所有的招数都展示出来,而只消使用对他最有利的。要教会他精于选择自己的论据,说理切中要害,因此也就要言简意赅。要教导他一旦发现真理,就要立即缴械投降,不管真理出自对方之手,还是由自己的看法稍加修改而成。因为他登台演讲,不是为了说一些规定的台词。要他不受任何理由的约束,除非自己赞成这个理由,也不要用正当的钱去买悔恨的自由。"他不是非得为规定的思想观点辩护。"③

假如他的老师的性格和我一致,他就会让他立志效忠君王,披肝沥胆、无所畏惧。但是,这一效忠仅限于履行公务,要让他打消别的念头。一个人如被雇用和收买了,就要偿还这特殊的债务,说话也就不会坦率,要么言不由衷,要么就要担当冒失轻率和忘恩负义的罪名。

为侍臣者只能言君王所言,想君王所想,这是他的唯一权利和意愿;君王从成千上万臣民中挑选了他,并且亲自调教。这个恩宠和功利使他眼花缭乱,他也就做不到直言不讳了。然而,我们看到,这些人的语言通常不同于其他阶层人的语言,他们说话缺少诚意。

要让孩子的言谈闪烁着良知和道德,惟有理性作指导。教他懂得,当他发现自己的论说有误时,即使旁人尚未发现,也要公开承认,这是诚实和判断力强的表现,而诚实和判断力正是他觅求的重要品质;还要他懂得,坚持或否认错误是庸人的品质,这在越是卑贱的人身上越明显;他应该知道,修改看法,改正错误,中途放弃一个错误的决定,这是难能可贵的品质,是哲学家的品质。

要告诉孩子,和别人在一起时,要眼观四路,耳听八方,因为我发现最重要的位置往往被平庸之辈占据,财富多不等于才华出众。

当坐在餐桌上方的人大谈某一挂毯如何华丽、马尔维细亚酒如何美味时,我

---

① 亚里斯提卜,古希腊哲学家、昔勒尼学派的创始人。
② 西塞罗语。
③ 西塞罗语。

听见另一端响起了风趣的谈话。

他要探测每个人的价值：放牛人、泥瓦工、过路人。应该把一切都调动起来，取众人之长，因为一切都是有用的，哪怕是别人的愚蠢和缺点，对他也不无教育意义。通过观察每个人的举止风度，他就会羡慕得体的举止，鄙夷不好的姿态。

应该培养他探询一切的好奇心，周围一切奇特的东西：一幢房子、一池泉水、一个人、古战场、恺撒或查理大帝的雕像，他都要看个明白：

> 什么土地会结冰，什么土地烈日下尘土飞扬，
> 什么风把帆船吹向意大利。

——普鲁佩蒂乌斯①

他将了解这个或那个君王的习惯、才能和婚姻。这些东西学起来不乏趣味，也十分有用。

在这种与人的交往中，我认为也包括而且主要包括那些仅仅生活在书中的历史人物。他将通过历史书，和最杰出世纪的最伟大人物交往。这样的学习也许会徒劳无益，但也可能硕果累累，这取决于人们的意愿。正如柏拉图所说的，这是斯巴达人唯一珍视的学习。孩子阅读普鲁塔克的《名人传》，怎能不大有裨益呢？但是，为师者不要忘了自己的职责，不要让学生死记硬背迦太基灭亡的日期，而忽略汉尼拔和西庇阿②的品行，不要光让学生记住马塞卢斯③死于何地，却讲不清楚为什么他死得很可惜。老师不光要教学生历史故事，更要教会他如何判断。在我看来，这是我们大脑需要特别专注的内容。我在李维④的著作中读到的许多东西，别人没有读到，而普鲁塔克从中感觉到的许多东西，我却没有感觉到，也许作者本人也没有感觉到。有些人进行的是纯语法研究，另一些人却是哲学剖析，从中可以发现人类本性最深奥的部分。……

这个大千世界是一面镜子，我们应该对镜自照，以便正确地认识自己；有人还把它分门别类，使之更加五彩缤纷。总之，我希望世界是我学生的教科书。它

---

① 普鲁佩蒂乌斯，古罗马哀歌诗人。
② 汉尼拔，迦太基名将，曾大胜罗马人。西庇阿，古罗马名将。
③ 马塞卢斯，古罗马名将，公元前208年遭埋伏阵亡。
④ 李维，古罗马历史学家。

包容形形色色的特性、宗派、见解、看法、法律和习俗,可以教会我们正确地判断自己,发现自己的判断力有哪些不足和先天缺陷这可不是轻易能学会的。看到国家历尽沧桑,命运多舛,这教我们懂得我们自己的命运不会有奇迹。看到多少英名、胜利和征服淹没在遗忘中,而如果我们自己以为抓十个轻骑兵,攻占一个鸡棚似的防御工事就能名垂史册,那就会发现这个想法多么可笑。看到多少外国对本国的奢华引以为自豪,多少宫廷对自身的威严感到骄傲,我们的视力就会受到锻炼,就能一眼不眨地逼视我们自己的光彩夺目的豪华。在我们之前,多少人已埋葬于地下,这使我们勇气陡增,不怕到另一个世界去寻找良师益友;如此等等。

毕达哥拉斯①说,人生犹如庞大而繁杂的奥林匹克竞技会。有的人在那里运动身体,为在比赛中争得荣誉,另一些人为了挣钱,把商品拿到那里去兜售。还有的人——不是最坏的——只是袖手旁观每件事如何进行,为什么这样进行,观察别人如何生活,以便对此作出判断,调整自己的生活。

一切有用的哲学观点都将完全适合于上述的例子。哲学如同规则,是人类行为必须涉及的。要告诉孩子:

> 我们可以渴望什么,
>
> 辛苦挣来的钱如何使用,
>
> 祖国和父母对我们有什么要求,
>
> 上帝要你成为怎样的人,
>
> 他为你确定了什么角色,
>
> 我们为什么存在,为什么出生。

——佩尔西乌斯②

还要告诉孩子:何谓知之、何谓不知,学习的目的是什么;何谓英勇、何谓克制和正义;雄心与贪婪、奴役与服从、放纵与自由之间区别何在;什么是识别真正满足的标志;对死亡、痛苦和耻辱,害怕到什么程度而不为过:

---

① 毕达哥拉斯,古希腊自然哲学家,毕达哥拉斯学派创始人。

② 佩尔西乌斯,古罗马讽刺诗人。

以及怎样避免或忍受痛苦。

——维吉尔①

要告诉他什么动力能驱使我们前进,什么方法能促使我们不断变化;因为我觉得,为了培养孩子的判断力,首先应该向他灌输对他的习惯和意识能起决定作用的东西,教他认识自己,教他如何死得其所,活得有价值。至于"自由七艺"②,应该从最有用的一艺开始学。

这七种技艺,肯定能教会我们如何生活,正如其他任何事物能教会我们生活一样。但应该选择对我们的生活和职业直接有用的一种技艺。

……

令人惊讶的是,在我们这个时代,事情竟会如此,即使是很有头脑的人,也认为哲学是个空洞虚幻的字眼,无论从舆论还是从效果看,哲学既无用处亦无价值。我认为,这是因为似是而非的诡辩堵塞了哲学各条通道之缘故。把哲学描绘成双眉紧锁、高傲冷峻的可怕样子,让孩子无法接受,这是大错特错的。是谁给哲学蒙上了那张苍白可惜的假面具?没有比哲学更轻松愉快的了,我差点说它喜欢逗乐了。它只劝诫人们快快活活地生活。在它那里,愁眉苦脸没有立足之地。

身体不适,可以感到心灵的不安,

但也能猜出心灵的快乐,

因为两种状态都会反映在脸上。

——尤维纳尔③

心灵里装进了哲学,就会焕发健康,应该用精神的健康来促进身体的健康。心灵应让安详和快乐显露在外部,用自己的模子来塑造身体的举止,使之雍容尔雅,轻捷活泼,自信淳朴。精神健康最显著的标志,就是永远快快乐乐,就像月球

---

① 维吉尔,古罗马史诗诗人,《埃涅阿斯纪》为其传世之作。
② "自由七艺",即古罗马人认为自由民应该具有的七种学识,先是有"三艺"即语法、修辞和逻辑,后又有"四艺"即算术、几何、音乐、天文,合称"七艺"。
③ 尤维纳尔,古罗马讽刺诗人。

上的物体,总是心神恬然。是三段论①而不是哲学本身,使那些奴仆身上沾满了泥浆和灰尘。那些人只用耳朵来学习哲学。不是吗?哲学确信能够平息人们内心的风暴,教会人们渴望欢笑,但不是通过某个假想的本轮②,而是通过自然而具体的推理。哲学以美德为宗旨,但美德不像学校里说的那样,总在陡峭崎岖、难以接近的山峰上。相反,那些同美德打过交道的人,认为它栖身于肥沃丰饶、百花盛开的平原上,从那里,它对下面的一切事物一目了然。然而,如果人们熟悉道路,仍可以从绿树成荫、长满奇葩异草的道路到达那里。那是极其愉快的事,山坡舒缓平坦,有如通往天穹的坡道。那美德至高无上、美丽威严、含情脉脉,且富有情趣、勇敢顽强,它与乖戾、悲伤、害怕和约束可谓水火不容;它以本性为指导,与运气和快乐为朋友。可那些人由于没有接触过美德,孤陋寡闻,把它想象成愁眉苦脸、争争吵吵、怒容满面、威逼利诱,把它置于高山顶上离群索居,周围荆棘丛生,这种空想出来的形象,让人茫然不知所措。

老师不仅应教学生崇尚美德,更要教他崇尚爱情,让美德和爱情充满他的意愿;老师要对学生说,诗人写诗总是遵循普遍人性,把爱情作为永恒的主题;奥林匹斯山的诸神其实也更乐意去寻找维纳斯而不是雅典娜……老师将给他上新的一课,使他懂得,真正的美德,其价值和高贵之处在于简单、实用和愉快,而且不难获得,无论是孩子还是大人,是头脑简单的,还是机敏过人的,都一学就会。美德使用的手段是给以规定,而不是强制。美德的第一个宠儿苏格拉底,就有意放弃强制的做法,而是自自然然、轻轻松松、逐渐地获得美德。美德就像母亲,用乳汁哺育人类的快乐:它使快乐合情合理,也就使快乐变得真实纯洁……如果这个学生很特别,喜欢听老师讲奇闻轶事,而不是叙述一次愉快的旅行或明智的劝告;如果他的伙伴们听到咚咚的战鼓声便热血沸腾,而他却禁不住街头艺人的诱惑,转身去看他们的表演;如果他觉得风尘仆仆从战场凯旋没有什么意思,更希望在玩球或舞会上大出风头;如果是这样,我对此也别无他法,只有奉劝他的老师趁无人在场时,及早把他掐死,或者让他到城里去做糕点,哪怕他是公爵的儿子,因为按照柏拉图的教导,孩子将来在社会上谋职,不应靠父亲的财产,而应靠自己的本事。

既然哲学教给我们生活的学问,既然人们在童年时代和在其他时代一样,也

---

① 三段论,即"大前提——小前提——结论"三段论,本是哲学推论方式,但若滥用,会使哲学陷入泥潭。
② 中世纪"地心说"因认为地球是宇宙中心,其他行星是绕地球运转的,这样便就无规律可循,为求解释,就假定每个行星都在一个小圈上作匀速运动,这个小圈就称为"本轮"。

能从中得到好处,那么,为什么不教给孩子哲学呢?

> 黏土又软又湿,应该赶快行动,
>
> 让轻快的轮子转动把它加工成型。

——佩尔西乌斯

　　人生结束时,人们才教我们如何生活。多少学生尚未学到亚里士多德关于节欲的课程,就已染上了梅毒。西塞罗说,即使他能活两次,也不会费时间去研究抒情诗人的作品。我觉得那些诡辩论者比想象中的还要可悲和无用。我们的孩子没有那么多时间,他们只在十五六岁之前受教育,以后就投身于行动了。这么短的时间,应该让他们学习必需的东西。教给学生繁难的诡辩论是错误的,应该把它从辩证法的教育中删掉,诡辩论不可能改善我们的生存。应该选择简单的哲学论述,要选得合理恰当:它们要比薄伽丘叙述的故事①更容易接受。孩子从吃奶时起,就能够接受浅显易懂的哲学道理,这比读和写更容易。哲学既有适合老叟的论述,亦有适合孩童的道理。

　　我赞成普鲁塔克的看法。他说,亚里士多德在教他的大弟子亚历山大时,不大注重三段论或几何定律,而更热衷于教他有关勇敢、大胆、宽容、节欲以及无所畏惧的训诫。等到亚历山大把这一切学到手后,在他尚未成年时,亚里士多德就派他去征服世界,只给他三万名步兵,四千匹战马和四万两千枚埃居②。普鲁塔克说,对其他艺术和学科,亚历山大也深怀敬意,赞扬它们很优秀、很高雅;但是,按照他的兴趣,他不会轻易产生将它们付诸实践的欲望。

> 年轻和年老的,请在其中选择可靠的规则,
>
> 领取给予风烛残年的生活费。

——佩尔西乌斯

　　伊壁鸠鲁在给迈尼瑟斯③信的开头如是说:"但愿童孺不逃避哲学,老者不

---

① 薄伽丘叙述的故事,指 14 世纪意大利人文学者薄伽丘所著故事集《十日谈》。
② 埃居,古希腊钱币。
③ 迈尼瑟斯,伊壁鸠鲁的好友。

厌倦哲学。"这似乎在说,如果不这样做,不是还没有、就是不再有机会成功地生活。

为此,我不愿人们把你的孩子当成囚犯,不愿把他交给一个性情忧郁、喜怒无常的老师看管。我不愿腐蚀他的心灵,让他和其他孩子一样,每天学习十四五个小时,像脚夫那样受苦受累。假如他性格孤僻或阴郁,过分埋头于书本,而人们明知他这样做太不审慎却还姑息迁就,我认为这很不合适。这会使孩子对社交生活和更好的消遣不感兴趣。我见过多少和我同时代的人盲目贪求知识,最终变得傻头傻脑、愚不可及,如卡涅阿德斯①,埋头于书本,神魂颠倒,竟然连刮胡子和剪指甲都无暇顾及。我也不愿别人粗野的言行举止影响孩子高贵的习惯。法国人的谨慎在从前是尽人皆知的,开花很早,但虎头蛇尾,难以持久。事实上,即便是现在,我们仍看到,法国的孩子是最优秀的。但是,他们常常辜负人们的希望,一旦长大成人,就不再出类拔萃了。我听到某些有识之士说,人们把孩子送进学校,学校多如牛毛,培养出来的孩子笨头笨脑。

而我们那个孩子,一间书房、一座花园、餐桌、睡床,孤独一人时,有人相伴时,清晨、黄昏,任何时刻都是他学习的机会,任何地方都是他学习的场所,因为哲学是他的主要课程,而哲学的独特禀赋就会无处不在,这就有利于培养他良好的判断力和习惯。在一次宴会上,有人请雄辩家伊索克拉底讲讲他的雄辩艺术,他的回答至今谁都认为很有道理:"现在讲我会做的事不是时候,现在该做的,我不会做。"因为人们在宴会上相聚是为了说说笑笑,品尝美肴珍馐,这时候向他们介绍如何用雄辩术进行演讲或争辩,这显得不伦不类,极不协调。其他学科也不适合在筵席上议论。但是,哲学有一部分内容涉及人及其职务和职责,所有的哲人都一致认为,为了言谈的温文尔雅,不应该拒绝在筵席上和娱乐时使用哲学。柏拉图把哲学请到了他的宴会上,尽管这里涉及的是哲学最高贵最有用的论述,但我们可以看到,它怎样以与特定的时间和场合相适应的灵活方式使在场的人愉悦的。

> 哲学于富人和穷人都有用,
>
> 无论是童稚和老叟,
>
> 谁忘了哲学谁就要吃苦头。

——贺拉斯

---

① 卡涅阿德斯,古希腊学院派哲学家。

因此，毫无疑问，我们的孩子不会像其他孩子那样闲着无事。但是，正如在画廊里徜徉，走的路比到指定地点多三倍，却不会感到疲倦。同样，我们的课程仿佛是遇到什么讲什么，不分时间和地点，融于我们所有的行动中，将在不知不觉中进行。就连游戏和活动，如跑步、格斗、音乐、跳舞、打猎、驭马、操练武器等，也将是学习的重要内容。我希望，在塑造孩子心灵的同时，也要培养他举止得体，善于处世，体格健康。我们造就的不是一个心灵，一个躯体，而是一个人，不应把心灵和躯体分离开来，正如柏拉图所说的，不应只训练其中一个而忽视另一个，应将它们同等对待，犹如两匹马套在同一个辕杆上。从柏拉图这句话中可以感到，他并没有给予身体锻炼更多的时间和关注，而是认为心灵和身体同样重要。

此外，对孩子的教育应该既严厉又温和，而不是遵照习惯的做法，那不是在激励孩子读书，其实是让他们感到读书很恐怖、很残酷。

我不主张采用暴力和强制的做法；我认为没有比暴力和强制更会使孩子智力衰退和晕头转向了。如果你想让孩子有廉耻心和怕受惩罚，就不要让他变得麻木。要锻炼他不怕流血流汗，不怕寒冷、狂风和烈日，蔑视一切危险；教他在衣、食、住方面不挑三拣四，而对什么都能适应。但愿他不是一个漂亮柔弱，而是苗壮活泼的小男孩。我始终都是这样认为的，不管在我孩提时代，还是在我成人和老年的时候。但是，最令我不悦的，是我们大部分学校的管理方式。假如能多一点宽容，孩子受的危害也许可以少一点。学校是一座不折不扣的囚禁孩子的监狱。人们惩罚孩子，直到他们精神失常。您可以去学校看一看：您只会听到孩子的求饶和先生的怒吼。孩子们是那样娇弱胆怯，为激发他们的求知欲望，先生却手握柳条鞭，板着可怕的面孔，强迫他们埋头读书，这是怎样的做法呀？这难道不是极不公正、极其危险的吗？在这个问题上，我还可以引用昆体良①的看法：他清楚地注意到，老师的专权蛮横，尤其是体罚孩子的做法，只会带来危险的后果。按说他们的教室本该铺满鲜花和绿叶，而不是鲜血淋淋的柳条鞭！我要让教室里充满欢乐，洋溢着花神和美惠女神的欢笑，正如哲学家斯珀西普斯②在他的学校里所做的那样。他们收获的地方，也应该是他们玩乐的地方。有益于孩子的食物应用糖水浸渍，而有害的食物则应充满苦味。

---

① 昆体良，一译"昆体连"，古罗马修辞学家、教育家。
② 斯珀西普斯，古希腊哲学家，柏拉图的侄子。

令人不胜惊讶的是,柏拉图在他的《法律篇》中,极其关注他那个城市年轻人的快乐和消遣,对他们的赛跑、竞技、唱歌、跳舞都作了详尽的阐述。他说,古代是让阿波罗、缪斯和密涅瓦①来领导和掌管这些活动的。

柏拉图谈及体操时,大加发挥,阐述了无数条规则,但对文学却极少感兴趣,似乎就为了音乐才向人们推荐诗歌的。

我们的习惯和举止,应避免任何古怪和特殊,因为那是丑恶可怕的,会妨碍我们和社会交往。

亚历山大的膳食总管德莫丰在黑暗中会出汗,太阳下会颤抖。对于德莫丰的这种体质,谁不会感到惊讶呢?有人闻到苹果味,犹如遭到了火枪射击,立即逃之夭夭,有的看见老鼠就大惊失色,有的一见奶油就想呕吐,还有的看到人们拍打羽毛床垫就肠胃翻腾,正如日耳曼尼库斯②见不得雄鸡,也听不得它们鸣叫。也许这里面有什么神秘的特性,但我认为,如果及早注意,是可以克服的。我的一些毛病就是在受教育后矫正的,当然并没有少费劲,现在除了啤酒,我吃什么都津津有味。因此,趁身体尚可塑造时,应让它适应各种习惯。但愿人们能控制意愿和欲望,大胆地培养年轻人适应各种生活,必要时,甚至让他过一过纵乐不规的生活。要按习俗来训练他。他应该什么事都做得来,而不应只喜欢做好事。卡利斯提尼斯③因不愿和主子亚历山大一起狂饮而失宠,对他的做法,连哲学家也不敢恭维。我们的孩子要和君王一起欢笑嬉戏,一起寻欢作乐。我希望,即使在纵乐时,他也要精力充沛、泼辣果断,比他的同伴略胜一筹。如果他停止做坏事,那不是因为他没有精力或不擅长,而是自己不想做。"不想做坏事和不会做之间有天壤之别。"④

我想向一位贵族表示敬意。他在法国循规蹈矩,一点也不放荡,我问他,当他被国王派往德国,面对善饮的德国人,曾有几次出于公务需要而喝得酩酊大醉过?他回答我说,他入乡随俗,喝醉过三次,还一一作了叙述。有些人没有这种本事,在与德国人打交道时困难重重。我常常不胜钦佩地注意到,亚西比德⑤有卓越的本领,善于随遇而安,适应各种习俗,不怕伤害自己的身体:时而比波斯

---

① 密涅瓦,古罗马神话中的智慧女神,即古希腊神话中的雅典娜。
② 日耳曼尼库斯,罗马帝国的皇帝,54—68 年在位。
③ 卡利斯提尼斯,古希腊历史学家。
④ 塞涅卡语。
⑤ 亚西比德,雅典政治家。以挥金如土、作战如虎而闻名。

人还要奢华侈靡,时而比斯巴达人还要刻苦朴素;在爱奥尼亚①时,他纸醉金迷、荒淫无度;在斯巴达时,他淡食粗衣,改变了自己的习惯:

> 在阿里斯蒂普看来,
> 任何衣着、状况、命运都是美好的。
>
> ——贺拉斯

我也想这样培养我的学生:

> 如果他穿好穿坏都潇洒自如,
> 穿破的不急不躁,
> 穿好的适得其所,
> 我会对他不胜赞叹。
>
> ——贺拉斯

这就是我的忠告。付诸实践的人比只知不做的人受益更多。明白了就会听进去;听进去了也就会明白。

在柏拉图的对话中,有一个人说:"但愿哲学不是学习很多东西,不是探讨艺术。"

> 生活的艺术是所有艺术中最首要的,
> 学会这一艺术要通过生活而非读书。
>
> ——西塞罗

弗里阿斯的君主莱昂问赫拉克利德斯·本都库斯②从事什么学科和艺术,后者回答:"我对任何学科和艺术一窍不通,但我是哲学家。"

有人指责第欧根尼③不懂哲学却要谈论哲学,他说:"不懂则谈论得更好。"

---

① 爱奥尼亚,古希腊地名。
② 赫拉克利德斯·本都库斯,古希腊哲学家、天文学家。
③ 第欧根尼,古希腊犬儒派哲学家。

赫格西亚斯①请第欧根尼给他读一本书,后者回答:"您真逗,您选了真实而自然的、不是画出来的无花果,那您为什么不选自然而真实的、不是写出来的书呢?"

　　孩子学到知识后,重要的不是口头上说,而是行动上做。应在行动中复习学过的东西。我们将观察他行动是否小心谨慎;行为是否善良公正;言语是否优雅和有见地;生病时是否刚强;游戏时是否谦虚;享乐时是否节制;鱼、肉、酒、水的口味方面是否讲究;理财方面是否井井有条:

> 把学问当作生活的准则,而非炫耀的目标,
> 善于听从自己,服从自己的原则。

——西塞罗

　　我们的人生是我们言语的一面真实的镜子。

　　有人问泽克斯达姆斯②,斯巴达人为何不把授勋敕令记录在案,让年轻人阅读。他回答说:"因为他们要让年轻人习惯于行动,而不是说话。"等我们这个孩子到了十五六岁,您就把他和学堂里爱炫耀拉丁文的学生比一比:那些学生花了同样多的时间,却只学会讲话!世界上尽是喋喋不休的废话,我从没见过有人说话比应该说的少,而我们的半辈子都是在说话中虚掷年华。我们被迫用四五年时间听别人念单词,把它们拼凑成句,再用同样多的时间学写大篇文章,把文章均匀地分成四五个部分;至少还要用五年时间,学会把词语排列组合进行诡辩。这种事,还是让以此为职业的人去做吧。

　　……

　　我第一次对书本感兴趣,源自奥维德的《变形记》③。那时我有七八岁,我避开其他一切乐趣,陶醉于这本书的阅读中;何况拉丁语是我的母语④,而且这是我所知的最容易的书,就内容而言,最适合我这个年龄的孩子了。别的孩子津津乐读的那些乱七八糟的书,诸如《湖中的朗斯洛》《阿马迪斯》《波尔多的于翁》⑤,

---

① 赫格西亚斯,古希腊克兰尼派哲学家。
② 泽克斯达姆斯,古希腊学者。
③ 奥维德,古罗马三大诗人之一,他的《变形记》一直被视为"准色情"作品。
④ 那时在意大利,贵族说拉丁文,平民说意大利语。蒙田出生在意大利,父亲是贵族,因而他最初学会的是拉丁语。
⑤ 这些都是法国中世纪有名的骑士传奇,用古法语写成。

我连它们的名字都不知道,更不用说内容了,因为我选书是很严格的。由于读了奥维德的故事①,我在学习其他规定课程时,更显得无精打采。有意思的是,我恰好遇到了一位豁达的辅导老师,他处事灵活,对我这一出格行为以及其他类似的事总是睁一眼闭一眼。我一口气又读了维吉尔的《埃涅阿斯记》,还有泰伦提乌斯②、普劳图斯③以及意大利的喜剧,我被美妙的主题深深吸引。如果那位老师丧失理智,禁止我看这些书,我认为学校带给我的可能只有对书本的憎恨,正如我们的贵族子弟一般所处的状况。他做得很巧妙,假装什么也没看见,只让我偷偷地贪读这些书,这样就更刺激了我阅读的强烈愿望,而对于其他规定的课程,他总是温和地引导我尽职。我父亲给我选择家庭教师时,主要看重那些人温厚随和的性格,因此,我的毛病也就是倦怠懒惰。危险不在于我做坏事,而是无所事事。没有人预言我会变坏,而是无所作为,不是诡计多端,而是游手好闲。

……

言归正传。只有这样,才能刺激孩子们读书的欲望和热情。否则,培养出来的不过是驮着书本的蠢材,要用皮鞭教他们看管好装满学问的口袋。知识应该和我们合二为一,而不仅仅是我们的房客,这才是正确的做法。

潘丽珍 译

---

① 即指奥维德的《变形记》。
② 泰伦提乌斯,一译"泰伦斯",古罗马喜剧家。
③ 普劳图斯,古罗马喜剧家、诗人。

教育宗旨是与政体原则相适应的

[法] 夏尔·德·孟德斯鸠

  夏尔·德·孟德斯鸠(Charles de Montesquieu,1689—1755),法国启蒙思想家、法学家、政治学家,欧美国家学说和法学理论的奠基人,重要著作有《罗马盛衰原因论》《论法的精神》和哲理小说《波斯人信札》等。

  本文是《论法的精神》(1748)"导论"第四章的节选,题目和文中标题均为原书所有。

  顾名思义,这里要说的是教育与国家政体的关系。按孟德斯鸠的划分,政体主要有三种:君主政体、专制政体和共和政体。君主政体和专制政体是当时现存的,而共和政体只是一种理想,当时还没有。那么,怎样的教育和怎样的政体相适应呢? 那就是:与君主政体相适应的教育,其宗旨是荣誉,即教导人们追求由君主赐予的荣誉;这样,在荣誉的引导下,人们不仅臣服于君主,甚至会为君主(也就是为荣誉)赴汤蹈火、舍生忘死。与专制政体相适应的教育,其宗旨是恐惧,即"把恐惧置于人们的心中",而且这种"奴隶性的教育"适用于专制政体下的所有人,除了暴君一人。至于共和政体,与其相适应的教育宗旨则是公德,即教导人们把公共利益置于个人利益之上(因为公共利益包含着所有的个人利益),这就要求人们尊重法律、热爱国家,因为在这种政体下,公民要想得到政府的保护,首先要对政府加以保护。

  既然教育与政体有着相辅相成的关系,也就是说,不改变政体而想改变教育,肯定是不可能的。

一、教育的宗旨

教育的宗旨是我们最先接受的法律。而且,因为这些法律是使我们成为公民的准备,所以,每一个单独的家庭都应该接受大家庭的计划的支配,这个大家庭中包括所有的个人家庭。如果全体人民拥有某个原则的话,那么作为全体人民的构成部分而组合的家庭也拥有这个原则。因此,教育的宗旨在各种政体中也有所区别。在君主国里,教育的宗旨肯定是荣誉;在共和国里,则肯定是公德;在专制国里,就是恐惧了。

二、君主国的教育

在君主国里,人们接受主要教育的场所,绝不是儿童们接受教育的公共学校,人们只有进入社会,教育才以某种方式开始。社会就是给予人们所谓荣誉的学校;而荣誉就如同一位博学的教师,必须无处不在地引导着人们。

在这里,人们看见并且经常听到三样东西:"为人应该高尚;处世应该坦率;举止应该高雅。"在这里,人们向我们展示的品德,往往在于自我应尽的义务,而对于他人应尽的义务却少于前者。这些品德,与其说是召唤我们去接近自己的同伴,还不如说是使我们有别于自己的同胞。在这里,评判人们行为的标准并不是好与坏,而是美与丑;不是正确与否,而是伟大与否;不是合理与否,而是非凡与否。如果说荣誉能够在此找到某些高尚的东西,要么是法官使它们合法化,要么是诡辩家为它们提供理由。向女人献殷勤,如果融入情感或征服欲的话,可以被容许。这就是君主国的风俗绝对不像共和国的风俗那样纯洁的真正原因。施用权术计谋,如果与宽阔的胸襟和伟大的抱负相结合的话,是可以被容许的。例如在政治上施用谋略是无损荣誉的。当阿谀逢迎并不为贪图富贵时,荣誉并不禁止这样做。但是,如果在感情上自视卑贱,而去阿谀逢迎的话,那将是荣誉所不容许的。

谈到处世,我已经说过,君主政体的教育应该使这种政体有几分坦率。因此,说话较注重真实。那么,是出于对真实的热爱吗? 绝对不是。当权者之所以如此,是因为一个习惯于说真话的人会显得大胆而自由。其实,这样的人显得只以事物为根据,而并不随声附和别人对事物的看法。当权者越是推崇这种形式的坦率,民众的坦率就越被人忽视,因为民众的坦率只是出于对事物的真实和质朴。总之,君主国的教育要求人们的举止要有某种礼貌;人类与生俱来要一起生活,也同样要彼此取悦。那些不遵守社交惯例的人,会冒犯所有与他共同生活的人们,而丧失其信用,以至于毫无成就。然而,礼貌的来源通常并非如此单纯,它来自人们出人头地的欲望。人们有礼貌是出于自尊。我们用仪表来证实自己并不卑贱,并以此证明我们从未同被历代所不齿的人们共同生存过。这是人们引为骄傲的。

在君主国里,礼仪也为朝廷所采用。一个伟大的人物会使别人都显得渺小。我们以此产生了对所有人的尊重。以此产生的礼貌使有礼貌的人欣喜,也使接受礼貌的人对人们的喜悦以礼相待,因为礼仪意味着某人属于朝廷,或者应该属于朝廷。朝廷的氛围,在于远离真实的尊贵,代之以矫饰的尊贵。这种氛围更多地迎合了朝臣,而不在于它本身。矫饰的尊贵带有某种谦恭的失之千里的傲气。然而,朝臣越远离矫饰,这个朝臣高贵的源泉,便会不自觉地远离高贵。在朝廷里,各种品味都很考究。所有的一切都来源于巨富的浮华、多样的逸乐,尤其是对逸乐的厌倦,对纷繁、嗜癖、混乱,甚至幻想的无奈。这一切都总是被如愿以偿地接受着。这些内容都是教育的目标,教育就是为了培养诚实的人,为了造就具有这种政体所要求的一切品性和所有道德的人。在这里,无处不混杂着荣誉,它渗透在人们各式各样的思维和感觉中,甚至于主导着人们的原则。这个奇怪的荣誉按照其意愿限定了品德的范畴。它依据其主旨限定我们所要做的一切,并设定了种种规则。它依据其兴趣扩展或限定我们的义务,无论这些义务源于宗教、政治或道德。

在君主国里,法律、宗教和荣誉的训示,都莫过于对君主意志的服从。然而,这个荣誉也告诫我们,君主绝不应该训导我们去做有损荣誉的事,因为这使我们不能为其尽职。克里扬拒绝谋杀基司公爵,但是却向亨利三世①提出愿意和基司公爵决斗。在圣巴多罗买日大屠杀②之后,查理九世让全国的基督军屠杀新教徒。巴雍纳③的司令多尔德伯爵上书国王说:"陛下,我在居民和士兵中没有找到一个刽子手,他们都是善良的公民和勇敢的士兵。所以,他们和我恳求陛下

---

① 亨利三世,法国国王(1574—1589 年在位)。克里扬与基司公爵均为亨利三世的朝臣。
② 圣巴多罗买日大屠杀:1572 年法国罗马天主教派对新教派胡格诺派的镇压。
③ 巴雍纳,法国地名。

允许我们把手臂和生命用于有益的事业。"这位伟大而仁慈的勇士认为卑鄙的事是绝对不能做的。

荣誉要求贵族所做的,莫过于为君主去作战。其实,这是贵族优越的天职,因为,无论他们发生意外、获得成功甚至遭受厄运,显贵都会伴随着他们。然而,荣誉既然给贵族限定了这项义务,那么,义务的履行就要以荣誉为判断的标准,如果有人触犯了荣誉,荣誉就会要求或准许他引退。

荣誉还使人们能够随意地希冀或拒绝某种职业,荣誉赋予的这种自由,甚至比财富更为珍贵。因此,荣誉有其自身的最高规律;教育必须适应这些规律①。其主要规律有:第一,荣誉完全许可我们重视我们的财富,却绝对不许可我们重视我们的生命。第二,当我们一旦获得某种地位的时候,我们不但不能无所作为,也不能使我们显得同这种地位格格不入。第三,法律丝毫不禁止的事物,荣誉却极其严厉地予以禁止;法律所不要求的东西,却更为迫切地要求。

三、专制政体的教育

君主国家的教育致力于提高人们的心志,而专制国家的教育所追求的,则是降低人民的心志。这就注定专制国家的教育必然是奴隶性的。甚至对于身处高位的人们,奴隶性的教育也同样适用,因为在那里,除了暴君,其余人全部是奴隶。

绝对的服从不仅意味着服从者是愚蠢的,甚至发出命令的人也是愚蠢的,因为他丝毫不需要去思索、怀疑或者推理,他仅仅只需要表达一下自己的意愿就够了。

在专制国家里,每一个家庭就是一个单独的帝国,其教育主要是教导人们如何与别人相处,因此其范畴是非常狭隘的;它只是把恐惧置于人们的心中,把某些极其简单的宗教原理和知识灌输到人们的精神世界中而已。在那里,求知会招致危险,竞争足以酿成祸害;至于道德,亚里士多德并不相信还有什么道德是属于奴隶的。这正是这种政体的教育范畴之所以极为狭隘的原因。

是啊!专制国家的教育怎样致力于培养一个与民众同甘共苦的优秀公民

---

① 这里所说的是事实,而非理应如此。所谓"荣誉",只是一种成见,宗教有时试图消灭它,有时试图限制它。——作者原注

呢？如果这样的公民热爱他的国家的话,他就会力图减缓政府的原动力。这种努力一旦未获成功,他将会一败涂地。如果获得成功,就将使自己连同君王和帝国一起陷入危险的境地。

四、古今教育效果的差异

大多数古代民众都生活在以品德为原则的政府之下;而且,当品德在这种政体下具有力量时,人们将会做出种种我们今天再也不会看到的事情。那些事情会使我们渺小的灵魂受到震撼。

古代的教育还有一个优于当今之处,那就是他们的教育从未被人违背过。埃帕米农达①在其晚年时反复讲述、倾听、观察和从事的事情,和他幼年时开始接受教育时的所作所为并无差异。今天,我们接受着三种不同类型的或者说是相互矛盾的教育,即父亲的教育、师长的教育和社会的教育。社会教育给予我们的说教,将父亲和师长教育的全部理念都推翻了。从某种意义上说,这来自我们今天两种截然不同的宗教和社会义务,古人对此是一无所知的。

五、共和政体中的教育

共和政体需要教育的全部力量,而专制政体所需的恐惧,只要威吓与惩罚即可。君主政体所需的荣誉,来自情感的激励,而共和政体所需的公德,则需要舍弃自我。这总是一件很痛苦的事情。

我们可以给这种公德下一个定义,那就是:热爱法律、热爱国家。这种爱要求人们持久地把公共利益置于个人利益之上。其实,在这里,公共利益包含着所有的个人利益;个人利益不过是以公共利益为重罢了。这种爱是民主国家所特有的。只有在民主国家,每个公民才对政府负责。政府就如大自然一样:如果想要得到它的保护,就要先对它加以保护。

从来没有听说过哪个国王不爱君主体制,哪个暴君憎恨专制政体。因此,在共和国里,关键在于建立对法律和国家的爱。教育应该注重对这种爱的培养。然而,要使儿童具备这种爱,有一种妥善的方法,那就是父亲首先要有这种爱。

---

① 埃帕米农达,古希腊底比斯城邦首领,其领导底比斯脱离了斯巴达城邦的控制。

通常，父亲就像师长一样，把知识传授给自己的孩子，而且还需要把更多的感情给予孩子。如果这一切不能奏效，便是孩子在家庭里所获得的教育被外界的影响所破坏。

堕落的从来不会是一代人：只有当上一代人堕落之后，新生一代才会堕落。

孙立坚　译

论人的三种教育

[法] 让-雅克·卢梭

让-雅克·卢梭(Jean-Jacques Rousseau, 1712—1778),法国启蒙思想家、哲学家、教育家,重要著作有《论人类不平等的起源与基础》《社会契约论》《爱弥儿》和《忏悔录》等。

本文节选自《爱弥儿》(1762)第一卷,题目和文中标题均系编者所加。

这是《爱弥儿》的开头部分,即全书的总论,而《爱弥儿》是卢梭最重要的教育论著;所以,这部分可以说是卢梭教育论的"宣言"。简要地说,卢梭认为,人是由三种教师培养起来的。哪三种教师?即:自然、事物、他人。首先,自然作为教师,它塑造人的天性,而自然的教育,即"我们的体力和智力的内在形成",是完全不能由人来决定的。其次,事物作为教师,它给人以经验,而事物的教育,即"我们自己从影响我们的事物中获得有益经验",只在有些方面能够由人来决定。最后,他人作为教师,也就是人们平常所说的"教育",或者说,人为的教育,或许可以说是由人来决定的,但也只是一种"假定"。既然人是由这三种教师培养起来的,那么,怎样的教育是好的教育?怎样的教育是坏的教育?那就是:"一个学生,如果在他身上这三种教师的不同的教育互相冲突的话,他所受的教育就不好,而且将永远不合他本人的心意;一个学生,如果在他身上这三种不同的教育是一致的,都趋向同样的目的,他就会自己达到他的目标,而且生活得很有意义。这样的学生,才是受到了良好的教育的。"这段话,可以说就是卢梭教育论的基本观点,其他即可由此推演出来:既然要三者保持一致,而前两者,一是人完全无法决定的,一是人只能部分决定,那就只能由第三者——人为的教育——去和前两者保持一致。所以,卢梭教育论的宗旨就是:教育要顺应自然。顺便说一句,卢梭思想的精髓,或者说"卢梭主义"的核心,就是——"返回自然"。

人是由三种教师培养起来的

出自造物主之手的东西，都是好的，而一到了人的手里，就全变坏了。人要强迫一种土地滋生另一种土地上的东西，强迫一种树木结出另一种树木的果实。人把气候、季节都搞得混乱不堪。人残害他的狗、他的马和他的奴仆。人扰乱一切，毁坏一切东西的本来面目。人喜爱丑陋和奇形怪状的东西。人不愿意看到事物天然的样子，甚至对人自己也是如此，总要把人像练马场上的马一样加以训练，或者像对待花园里的树木一样，照他喜爱的样子弄得歪歪斜斜。

好像不这样做，事情会变糟！好像只有这样，我们人类才会有完善的教育！照此下去，一个生来不受别人教育的人，或许简直就不是人了！偏见、权威、需要、先例，还有压在我们身上的各种社会制度，都在扼杀人的天性，而不会对它有任何好处。人的天性就会像一棵偶然长在路边的树苗，被行人踩来踩去，不久就被踩死了。所以，我恳求你，慈爱而贤明的母亲①，因为是你避开了这条生命之路，你要保护这株正在成长的幼苗，要使它不受行人的踩踏！你还要培育这棵幼苗，给它浇水，使它免于死亡并成长起来；它的果实将有一天会使你感到喜悦。你要趁早在孩子的灵魂周围修筑一道围墙。别人可以为你指出修筑围墙的地方，但围墙本身必须由你自己去修筑。②

---

① 最初的教育是最为重要的，而这最初的教育无可争辩地是属于女人的事情：如果造物主要把这件事情交给男人，那他就会给男人以乳汁去哺育小孩。因此，在你的教育论文中多多向女人们讲一讲，理由是，不仅她们比男人更注意这方面的问题，不仅她们在教育上能产生巨大的影响，而且教育的成功对她们的关系也最为密切，因为大多数的寡妇完全是受她们自己的孩子支配的，这些孩子将很清楚地使她们感觉到她们培养他们的方法其效果是好还是坏。法律所牵涉的问题，往往多半是财产，而很少涉及人，因为法律的目的是维持安宁，而不是培养道德，所以它不能给母亲以足够的权威。但是母亲的地位比父亲的地位更为稳固，她们的任务也更为艰巨；家庭之所以能安排得井井有条，也全靠她们的操持；一般说来，她们都是很疼爱孩子的。有时候，一个儿子不尊敬他的父亲，多多少少是可以原谅的；但是，如果有时候一个孩子的天性竟泯灭到不尊敬他的母亲，不尊敬在怀中把他抚养起来的人，不尊敬用乳汁喂养他的人，不尊敬许多年来忘我地照管他的人，那么人们就应当赶快像掐死一只不配见天日的怪物那样，掐死这个可恶的人。有人说，做母亲的把她们的孩子娇养坏了。在这一点上，她们当然是做得不对。但是，同你们使孩子陷于堕落相比较的话，她们的错误还是要小一些的。做母亲的希望她的孩子得到幸福，希望他现在就能得到幸福。在这一点上，她是对的。如果她采用的方法错了的话，就应该给她们说明。父亲的奢望、悭吝、专制、错误的深谋远虑以及他们的疏忽大意和冷淡无情，对孩子们来说，比母亲的溺爱为害还大一百倍。此外我必须解释一下，我给"母亲"这个名词所下的定义是什么；这一点是在后面就要谈到的。——作者原注

② 人们对我说，福尔梅先生[1]认为，我在这里所指的是我的母亲，而且还说，他在一本著作中已经谈到这一点了。这简直是拿福尔梅先生和我开玩笑[2]。——作者原注

[1] 福尔梅是德国的一个基督教牧师，于《爱弥儿》初版的第二年，即 1763 年，出版了一本《反爱弥儿》(Anti-Emile)。出版卢梭著作的书商纳奥姆因害怕卢梭在书中阐述的某些观点使他遭受当局（转下页）

我们栽培植物,是要使它长成某种样子;我们教育人,是要使他具有某种才能。如果一个人天生高大强壮却不知道如何使用他的体格和力量,那么他的高大强壮会对他毫无用处;不仅如此,还可能会对他有所不利。因为别人看到他高大强壮,也就想不到去关心他;于是他孤孤单单、懵懵懂懂地过了一辈子,一点也不知道自己的力量所在,就这样死了。我们爱怜婴儿,但我们并不真正了解,如果没有婴儿,人类早就灭绝了。

我们生来是脆弱的,所以我们需要力量;我们生来一无所有,所以我们需要帮助;我们生来愚昧无知,所以我们需要智慧。我们出生时什么都没有,我们长大时所需的一切,全都要由教育赐予我们。

这种教育,我们或受之于自然,或受之于人,或受之于事物。我们的体力和智力的内在形成,是自然的教育;别人教我们如何运用我们的体力和智力,是人为的教育;我们自己从影响我们的事物中获得有益经验,是事物的教育。

所以,我们每一个人都是由三种教师培养起来的。一个学生,如果在他身上这三种教师的不同的教育互相冲突的话,他所受的教育就不好,而且将永远不合他本人的心意。一个学生,如果在他身上这三种不同的教育是一致的,都趋向同样的目的,他就会自己达到他的目标,而且生活得很有意义。这样的学生,才是受到了良好的教育的。

在这三种不同的教育中,自然的教育完全是不能由我们决定的,事物的教育只是在有些方面才能够由我们决定。只有人为的教育才是我们能够真正地加以控制的;不过,我们的控制还只是假定的,因为,谁能够对一个孩子周围所有的人的言语和行为通通都管得到呢?

一旦把教育看成是一种技艺,则它差不多就不能取得什么成就,因为,它要成功,就必须把三种教育配合一致,然而这一点是不由任何人决定的。我们殚精竭虑所能做到的,只是或多或少地接近目标罢了;不过,要达到这一点,还需要有一些运气。

是什么目标呢? 它不是别的,它就是自然的目标,这是刚才论证过的。既然三种教育必须圆满地配合,那么,我们就要使其他两种教育配合我们无法控制的

（接上页）的罚款,遂请福尔梅把《爱弥儿》通通看一遍,"剔除其中可能遭到人们责难的地方",福尔梅为了讨好纳奥姆,便篡改和剽窃卢梭的著作,写了一本《基督徒爱弥儿》(Emile chretien),这当然是卢梭不能容忍的,所以他在本书中添加了好几个脚注讽刺和谴责福尔梅。——译注

[2] 这里是嘲笑福尔梅连卢梭的身世都没有弄清楚,因为卢梭出生后不久母亲就去世了。——译注

那种教育。也许，自然这个词的意义是太含糊了，在这里，应当尽量把它明确起来。

有人说，自然不过就是习惯罢了。这是什么意思呢？不是有一些强制养成的习惯永远也不能消灭天性的吗？举例来说，有一些被我们阻碍着不让垂直生长的植物，它们就具有这样的习性。自由生长的植物，虽然保持着人们强制它倾斜生长的方向，但是它们的液汁并不因此就改变原来的方向，而且，如果这种植物继续发育的话，它又会直立地生长的。人的习性也是如此。只要人还处在同样的境地，他就能保持由习惯产生的习性，虽然这些习性对我们来说是最不自然的；但是，只要情况一有改变，习惯就消失了，天性又回复过来。教育确实只不过是一种习惯而已。不是有一些人忘掉了他们所受的教育，另外一些人则保持了他们所受的教育吗？这种差别从什么地方产生的呢？如果是必须把自然这个名词只限用于适合天性的习惯，那么，我们就可以省得说这一番多余的话了。

我们生来是有感觉的，而且我们一出生就通过各种方式受到我们周围的事物的影响。可以说，当我们一意识到我们的感觉，我们便希望去追求或者逃避产生这些感觉的事物，我们首先要看这些事物使我们感到愉快还是不愉快，其次要看它们对我们是不是方便适宜，最后则看它们是不是符合理性赋予我们的幸福和美满的观念。随着我们的感觉愈来愈敏锐，眼界愈来愈开阔，这些倾向就愈来愈明显；但是，由于受到了我们的习惯的遏制，所以它们也就或多或少地因为我们的见解不同而有所变化。在产生这种变化以前，它们就是我所说的我们内在的自然。

因此，必须把一切都归因于这些原始的倾向；如果我们所受的三种教育只不过是有所不同的话，这是可以的；但是，当三种教育彼此冲突的时候，当我们培养一个人，不是为他自己，而是为了别人的时候，又怎样办呢？这样，要配合一致，就不可能了。由于不得不和自然或社会制度进行斗争，所以必须在教育成一个人、还是教育成一个公民之间加以选择，因为我们不可能把一个人同时教育成两种人。

……

凡是想在社会秩序中把自然的感情保持在第一位的人，是不知道他有什么需要的。如果经常是处在自相矛盾的境地，经常在他的倾向和应尽的本分之间徘徊犹豫，则他既不能成为一个人，也不能成为一个公民，他对自己和别人都将一无好处。我们今天的人,今天的法国人、英国人和中产阶级的人,就是这样的人;他将成为一无可取的人。

要有所成就,要成为独立自恃、始终如一的人,就必须言行一致,就必须坚持他应该采取的主张,毅然决然地坚持这个主张,并且一贯地实行这个主张。我等待着人们给我展现这样的奇迹,以便知道他是一个人还是一个公民,或者,他要同时成为这两种人,又是怎样做的。

从这两个必然是互相对立的目的中,产生了两种矛盾的教育制度:一种是公众的和共同的,另一种是特殊的和家庭的。

如果你想知道公众的教育是怎么一回事,就请你读一下柏拉图的《理想国》,这本书并不像那些仅凭书名判断的人所想象的是一本讲政治的书籍;它是一部最好的教育论著,像这样的教育论著,还从来没有人写过。

当人们谈到空想的国家的时候,他们就提出柏拉图的制度;然而,要是莱喀古士①只把他那套制度写在纸上而不付诸实施的话,我可能会以为它更加是空想。柏拉图只不过是要纯洁人的心灵,而莱喀古士却改变了人的天性。

公共的机关已不再存在了,而且也不可能存在下去,因为在没有国家的地方,是不会有公民的。"国家"和"公民"这两个词,早应该从现代的语言中取消。其理由我是很清楚的,但是我不愿意谈它,因为它和我要阐述的问题没有什么关系。

那些可笑的机构,人们称之为学府②,然而我是不把它们当成一种公共的教育制度来加以研究的。我也不把世人的教育看作这种制度,因为这种教育想追求两个相反的目的,结果却两个目的都达不到。它只能训练出一些阴险的人来,这些人成天装着事事为别人,却处处为的是他们自己。不过,这种表现既然是大家都有,所以也就骗不了任何人。这不过是枉费心机罢了。

我们本身不断感受到的矛盾,就是从这些矛盾中产生的。由于被自然和人引到了相反的道路,由于在这些不同的推动力之间不得不形成分歧,所以,我们就从中采取一个混合的办法,然而这个办法使我们既不能达到这个目标,也不能达到那个目标。我们在整个的一生中就是这样地斗争和犹豫,以致还不能达到

---

① 莱喀古士,传说是公元前 9 世纪斯巴达的立法者。——译注
② 在有几个学府里,尤其是在巴黎大学,有几位教师我是很喜欢的,我很尊敬他们;我相信,如果他们不是被迫地照成规做事的话,他们是能够很好地教育青年的。我鼓励其中的一位发表他所拟的改革计划。当人们看到并不是没有救药的时候,也许终于会想法纠正这种不良的状况的。——作者原注

69

我们的意愿,还不能对我们和别人有所贡献,就结束了我们的生命。

自 然 的 教 育

现在要谈一谈家庭教育或自然的教育了。如果一个人独一无二地只是为了他自己而受教育,那么,他对别人有什么意义呢?如果一个人所抱的两重目的能够结合为一个单独的目的,那么,由于消除了人的矛盾,他就消除了他的幸福生活中的一大障碍。要判断这个人,就必须看他成人以后是怎样的;必须在了解了他的倾向、观察了他的发展、注意了他所走的道路之后,才能作出判断;一句话,必须了解自然的人。我相信,人们在看完这本书以后,在这个问题上就可能有几分收获。

要培养这样一个难得的人,我们必须要做些什么工作呢?要做的工作很多,这是毫无疑问的;万万不要无所事事,一事无成。当我们只遇到逆风行舟的时候,我们调整航向迂回行驶就可以了;但是,当海面上波涛汹涌,而我们又想停在原地的时候,那就要抛锚。当心啊,年轻的舵手,别让你的缆绳松了,别让你的船锚动摇,不要在你还没有发觉以前,船就漂走了。

在社会秩序中,所有的地位都是有标记的,每个人就应该为取得他的地位而受教育。如果一个人是按照他命定的地位而培养的,则对其他的地位就不再适宜了。只有在命运同父母的职业一致的时候,教育才是有用的,而在其他的情况下,未尝不是由于教育给了学生的偏见,反而对他有害处。在埃及,儿子是不能不依从他父亲的身份的,所以教育至少还有一个确实可以达到的目标;但是在我们这里,只有阶级始终是那个样子,而人则不断改变他的地位,谁也不知道,在培养他的儿子去取得他的地位的时候,他是不是在危害他哩。在自然秩序中,所有的人都是平等的,他们共同的天职,是取得人品;不管是谁,只要在这方面受了很好的教育,就不至于欠缺同他相称的品格。别人要我的学生做军人,做教士,或者做律师,我没有什么意见。在从事他父母的职业以前,大自然就已经叫他认识人生了。生活,这就是我要教他的技能①。从我的门下出去,我承认,他既不是文官,也不是军人,也不是

---

① 见塞涅卡《道德书简》94。——作者原注(塞涅卡,古罗马斯多噶派哲学家,罗马皇帝尼禄的教师。——译注)

僧侣;他首先是人:一个人应该怎样做人,他就知道怎样做人,他在紧急关头,而且不论对谁,都能尽到做人的本分;命运无法使他改变地位,他始终将处在他的地位上。"命运啊,我对你早有防备,我已经把你俘虏,并且把所有一切你能够来到我身边的道路通通堵塞。"①

我们要真正研究的是人的地位。在我们中间,谁最能容忍生活中的幸福和忧患,我认为就是受了最好教育的人。由此可以得出结论:真正的教育不在于口训而在于实行。我们一开始生活,我们就开始教育我们自己了;我们的教育是同我们的生命一起开始的,我们的第一个教师便是我们的保姆。"教育"这个辞,古人用时还有另外一个意思,那就是"养育",不过,这个意思现在我们已经不再用它了。瓦罗②说:"助产妇接生,乳母哺育,塾师启蒙,教师教导。"③因此,教育、教训和教导,是三样事情,它们的目的也像保姆、塾师和教师的一样,是各不相同的。然而,这些区别没有被人们弄清楚;为了要受到良好的教育,儿童是不应该只跟从一个向导的。

所以,我们必须一般地观察问题,必须把我们的学生看作抽象的人,看作无时不受人生的偶然事件影响的人。如果一个人生来就固定在一个地方的土地上,如果一年四季都没有什么变化,如果每一个人都听天由命,以致永远也不能有所改变,则现行的办法在某些方面还是很好的;一个儿童受了为取得其地位的教育,由于永远不能脱离这种地位,所以也就不致遇到他种地位的种种麻烦。但是,鉴于人生的变化无常,鉴于这个世纪使我们整个一代人为之茫然失措的动荡不安的精神,我们想一想,还有什么方法比把儿童当作永远不出房门、时时刻刻都有人左右侍候的人来培养更荒谬的呢?只要这个可怜的人在地上行动一步,只要他走一步下坡路,他就遭到毁灭了。这并不是说要教他去受这种痛苦,而是要使他知道这种痛苦。

人们只想到怎样保护他们的孩子,这是不够的。应该教他成人后怎样保护他自己,教他经受得住命运的打击,教他不要把豪华和贫困看在眼里,教他在必要的时候,在冰岛的冰天雪地里或者马耳他岛的灼热的岩石上也能够生活。你劳心费力地想使他不至于死去,那是枉然的,他终归是要死的。那时候,虽说他

---

① 见西塞罗《土斯库兰辩论集》第5篇,第9章。——作者原注(西塞罗,古罗马的演说家和政治家。——译注)
② 瓦罗,古罗马学者,他的著作留传下来的有《农村经济》三卷。——译注
③ 见《诺尼乌斯·马塞勒斯文集》。——作者原注

71

的死不是由于你的操心照料而造成,但是你所费的这一番苦心是可能被误解的。所以,问题不在于防他死去,而在于教他如何生活。生活,并不就是呼吸,而是活动,那就是要使用我们的器官,使用我们的感觉、我们的才能,以及一切使我们感到我们的存在的本身的各部分。生活得最有意义的人,并不就是年岁活得最大的人,而是对生活最有感受的人。虽然年满百岁才寿终而死,也等于他一生下来就丧了命,如果他一直到临死的那一刻都过的是最没有意义的生活的话,他还不如在年轻的时候就走进坟墓。

……

人 为 的 教 育

一个做父亲的,当他生养了孩子的时候,还只不过是完成了他的任务的三分之一。他对人类有生育人的义务;他对社会有培养合群的人的义务;他对国家有造就公民的义务。凡是能够偿付这三重债务而不偿付的人,就是有罪的,要是他只偿付一半的话,也许他的罪还要大一些。不能借口贫困、工作或人的尊敬而免除亲自教养孩子的责任。读者诸君,请你们相信我这一番话。凡是有深情厚爱之心的人,如果他忽视了这些如此神圣的职责,我可以向他预言,他将因为他的错误而流许多辛酸的眼泪,而且永远也不能从哭泣中得到安慰。

这个有钱的人,这个家庭中如此忙碌的父亲,据他说,他是不得已才放弃他的孩子不管的,他采取怎样的做法呢?他的做法是,拿钱去雇一个人来替他完成他所担负的责任。满身铜臭的人,你以为用钱就可以给你的儿子找到一个父亲吗?你不要犯这样的错误了,你给你的孩子雇来的这个人,甚至不能说是教师,他是一个奴仆。他不久就将把你的儿子培养成第二个奴仆。

一个好教师应该具有哪些品质,人们对这个问题是讨论了很多的。我所要求的头一个品质(它包含其他许多品质)是:他绝不做一个可以出卖的人。有些职业是这样的高尚,以致一个人如果是为了金钱而从事这些职业的话,就不能不说他是不配这些职业的:军人所从事的,就是这样的职业;教师所从事的,就是这样的职业。那么,谁来教育我的孩子呢?这,我已经向你说过,要你自己。我不能教。你不能教!……那就找一个朋友好了。我看不出还有其他的办法。

一个教师!啊,是多么高尚的人!……事实上,为了要造就一个人,他本人就应当是做父亲的或者是更有教养的人。像这样的职责,你竟放心交给一些为金钱而工作的人。

我们愈是思考这方面的问题，我们就愈发现一些新的困难。教师必须受过教育，才能教育他的学生，仆人必须受过教育，才能为他的主人服务，所有接近学生的人都必须先获得他们应当使他领会的种种印象；必须受了一层教育又受一层教育，一直受到谁也不知道到了什么地方为止。把孩子交给一个连他本身都没有受过良好教育的人培养，又怎能培养得好呢？

这样一个难得的人，是不是找得到呢？这我是不知道的。在这堕落的时代，谁知道一个人的灵魂还能达到多少高尚的程度呢？不过，我们假定这样一个出类拔萃的人是找到了。那么，就先要考虑他应该做些什么，我们才能希望他是怎样的人。我相信，我可以这样预先断定，即：做父亲的人在认识到一个好教师的整个价值的时候，他将毅然决定不用任何教师；因为，他为了找到这样一个教师而花费的力量，将比他自己做教师花费的力量多得多。因此，他愿意做一个朋友，也愿意培养他的儿子做朋友；这样就省得到其他的地方去找教师了，而且，大自然已经把教育的工作做了一半了。

有一个人，我只知道他是很显贵的，他曾经请我去教他的儿子。这当然是给了我很大的荣誉；不过，他不但不应该怨我拒绝了他的请求，而且应该以我的谨慎从事而感到庆幸。如果我接受了他的请求，如果我在我采用的方法上走错了路，那么，即使去教也是要失败的；但是，如果我成功的话，其结果可能是更糟糕的，他的儿子也许将放弃他的头衔，再也不愿意做公爵了。

我深深明了一个教师的责任是十分重大的，同时感到自己的能力是太不够了，所以不论什么人请我担任这个职务，我都是绝不接受的；至于朋友的荐引，对我来说，更是一个新的拒绝的原因。我相信，看过我的这本书之后，就很少有人向我提出这样的请求了；我要求那些打算请我做教师的人再也不要白费气力了。我以前曾经对这个职业做过充分的尝试，以便证明我不适合于这个工作；即使我的才能使我能够担任的话，我的景况也是不容许的。有些人似乎对我的话还不十分重视，因而不相信我的决定是真心诚意的，而且是有根据的，我认为，我应该公开地向他们声明这一点。

……

我在这里没有论述一个好教师应该具备哪些才能，我假设了这些才能，并且假设我自己具有这一切才能。在阅读本书的时候，人们将看到我对自己是多么落落大方。

我只谈一下我跟一般人意见不同的地方。我认为,一个孩子的教师应该是年轻的,而且,一个聪慧的人能够多么年轻就多么年轻。如果可能的话,我希望他本人就是一个孩子,希望他能够成为他的学生的伙伴,在分享他的欢乐的过程中赢得他的信任。在儿童和成年人之间共同的地方不多,所以在这个距离上永远不能形成十分牢固的情谊。孩子们有时候虽然是恭维老年人,但从来是不喜欢他们的①。

　　人们也许希望他的教师曾经是教过一次学生的,这个希望是太大了;同一个人只能够教一次学生,如果说需要教两次才能教得好的话,那么他凭什么权利去教第一次呢?

　　一个人有了更多的经验,当然可以做得更好些;但他是不可能这样做下去的。不论是谁,如果他相当成功地把这种事业完成一次之后,他就会感到其中的辛酸,因此就无心再从事这样的工作了;至于说他头一次就做得很糟糕,那就可以预断第二次也一定是很坏的。

　　我也认为,跟一个青年人相处四年,或教他二十五年,其间是有很大的差别的。你是在你的儿子已经成长的时候才给他找一个教师的;而我则希望他在出生以前就有一个教师。你所请来的这位教师每五年可以换一个学生;而我请来的这位教师则永远只教一个学生。你把教师和导师加以区别,这又是一种愚蠢的想法!你还区别不区别门徒和学生呢?只有一门学科是必须要教给孩子的:这门学科就是做人的天职。这门学科是一个整体,不管色诺芬对波斯人的教育说了些什么,反正这门学科是不可分割的。此外,我宁愿把有这种知识的老师称为导师而不称为教师,因为问题不在于要他拿什么东西去教孩子,而是要他指导孩子怎样做人。他的责任不是教给孩子们以行为的准绳,他的责任是促使他们去发现这些准绳。

　　如果说一定要十分仔细地挑选一个老师,那么,也必须容许老师去挑选他的学生,尤其在打算挑一个学生来做样子的时候更是如此。不能根据孩子的天赋和性格来挑选,因为,一方面只有在我的工作完成的时候才知道他有怎样的天赋和性格,另一方面我是在他出生以前就接受了他作为学生的。假如我能够选择

---

① 弗勒里神父也抱有这种看法,他希望教师要"有良好的风度、善于谈吐、面貌俊秀。不注意在这方面适应孩子们的偏好,结果,大部分孩子都不喜欢他们从一些年纪太大、头脑迟钝或性情忧郁的人那里学来的东西"。见《研究论文选集》第15篇。——作者原注

的话,我便照我假想的学生那样选择一个智力寻常的孩子。我们要培养的,只是一般的平常人;只有他们所受的教育,才能作为其同类人教育的范例。

……

事 物 的 教 育

我再说一次:教育在一个人出生的时候就开始了,在能够说话和听别人说话以前,他已经就受到教育了。经验是先于教育的;在他认识他的乳母的时候,他已经获得了很多的经验了。如果我们追溯一下最粗野的人从出生一直到他长到目前为止的进步过程,我们就将对他的知识之多感到惊奇。如果我们把人的知识分为两部分,一部分是所有的人共有的,另外一部分是学者们特有的,那么,把后者同前者一比,就显得是太渺小了。可是,我们是不大重视我们所获得的一般的知识的,因为它们是我们在不知不觉之中甚至是在未达到有理智的年龄以前获得的;此外,学问之所以受到重视,只是因为有它的差别,而且,正如在代数方程式里一样,是因为公有数是不加计算的。

甚至动物也能学到很多的东西。它们有感觉,它们必须学会使用它们的感觉;它们有种种需要,它们必须学会满足它们的需要;它们必须学会吃东西,学会走路,学会飞翔。四足动物从出生的时候起就能站立,但是并不因此就知道怎样行走,我们从它们开始走的那几步来看,就明白它们是在做没有把握的尝试。逃出笼门的金丝雀是不会飞的,因为它从来没有飞过。对有生命和有感觉的生物来说,所有一切都是教育。如果植物能向前行动的话,它们就必须具有感觉,必须获得知识,否则它们的种类很快就会消灭。

孩子们最初的感觉纯粹是感性的,他们能感觉出来的只是快乐和痛苦。由于他们既不能走路,又不能拿东西,所以他们需要很多的时间才能逐渐养成见物生情的感觉;但是,当那些事物时而展现时而离开他们的视线,并且在他们看来是有其大小和形状的时候,感性的感觉又反过来使他们受到习惯的支配;我们看见,他们的眼睛不断的转向阳光,如果光线是从旁边射来的,他们的眼睛在不知不觉中将转到那个方向,以致我们应当想办法使他们的脸背过阳光,以免他们变成斜视眼或养成侧视的习惯。他们应当趁早习惯于黑暗,否则他们一看见阴郁的情景就要哭叫。过分严格地规定饮食和睡眠,将使他们觉得每隔一定的时间之后,就必须进那样多的饮食和睡那样多的觉,以致不久以后,他们之所以想吃想睡，就不是因为有所需要，而是由于有了那样的习惯，或者说得更确切一点，习惯使他们在自然的需要之外又增加了一个新的需要，这是必须预先防止的。

应该让孩子具有的唯一的习惯，就是不要染上任何习惯；不要老用这只胳臂而不用另一只胳臂抱他；不要他习惯于常常伸这只手而不伸另一只手，或者老是用那只手；不要到了那个钟点就想吃、想睡、想动；不要白天黑夜都不能够独自待在那儿。应该趁早就让他支配他的自由和体力，让他的身体保持自然的习惯，使他经常能自己管自己，只要他想做什么，就应该让他做什么。

从孩子开始对事物有辨别能力的时候起，就必须对我们给他的东西加以选择。当然，所有一切事物都使人发生兴趣。他自己觉得他是那样的柔弱，以至凡是他不认识的东西，他都感到恐惧；看见新事物而不受其影响的习惯，可以破除这种恐惧。在没有蜘蛛的干干净净的房子里养大的孩子，是害怕蜘蛛的，这种害怕的心理，往往到成人时还保持着。我从来没有看见过乡下的人，无论男子、妇女或小孩，害怕蜘蛛。

既然是单凭我们选择给孩子看的东西，就足以使他养成一个胆小或勇敢的人，那么，为什么不在他开始说话和听话以前就对他进行教育呢？我希望人们使他习惯于看新事物，看丑恶的和讨厌的动物，看稀奇古怪的东西，不过要逐渐地先让他在远处看，直到最后对这些东西都习惯了，并且，从看别人玩弄这些东西，到最后自己去玩弄这些东西。如果在童年的时候看见蟾蜍、蛇和大海虾都不怕，那么，到他长大的时候，不管看见什么动物他也不会害怕了；天天都看见可怕的事物的人，就不觉得它们可怕了。

……

我曾经观察过，孩子们是不怎么畏惧雷鸣的，除非那霹雳的声响确实可怕、震耳欲聋，否则他们是不害怕的，只有在他们知道有时候雷是可以伤人或打死人的时候，他们才会产生惧怕的心理。当理智开始使他们感到恐惧的时候，我们就要用习惯使他们振奋起来。只要我们循序渐进，就可以使大人和孩子对一切都无所畏惧了。

……

李平沤　译

论幼儿读书无益

[法] 让-雅克·卢梭

本文节选自《爱弥儿》(1762)第二卷,题目系编者所加。

这是卢梭就他的教育理念——"教育要应顺自然"——在一个具体的教育问题上所作的演绎。一个六七岁的孩子(也就是我们所说的"学龄前儿童"),要不要教他读书?卢梭认为,不要!为什么?因为这是违背自然的,因为幼儿的心智不同于成年人,甚至不同于少年人,而书籍,从本质上说是"成人用品",对幼儿有害无益。为了证明他的看法,他还拿当时最常用的幼儿读物——《拉·封丹寓言》中的"乌鸦和狐狸"——作为例子,逐字逐句地加以分析,并详细说明:何处是幼儿不可能理解的,何处是幼儿不可能想象的——因为理解和想象都要以相应的经验为前提,而幼儿根本不具备这样的经验。既然连词句都不能理解,不能想象,那又怎能指望幼儿领会这则寓言的道德寓意呢?所以,教幼儿读书,除了扰乱他们的心智,把他们搞得昏头昏脑,使他们对读书感到厌烦,不会有其他结果。

那么,孩子到什么年龄可以识字、读书?按卢梭的看法,好像至少要到12岁之后。这比一般认定的"学龄"晚了许多。不过,这里肯定有个体差异,不是每个孩子都是一样的。总之,卢梭的意思是:要顺其自然,要等孩子有读书欲望时才教他读书,这样才不至于使孩子一开始就对读书感到厌烦。

教育孩子,表面上看来好像很容易,而这种表面的容易,正是贻误孩子的原因。人们不知道,这样的容易其本身就是他们什么也没有学到的证明。他们的光滑的头脑可以像一面镜子似的把你给他们看的东西都反射出来,但并没有留下任何深刻的印象。孩子记住了你所说的话,但是把观念却反射掉了;听他说话的人都能明白他那些话的意思,而不明白那些话的意思的,恰恰就只是他自己。

尽管记忆和理解是两种在本质上不同的本能,然而两者只有互相结合才能得到真正的发展。在达到有理智的年龄以前,孩子不能接受观念,而只能接受形象;但是,两者之间有这样的区别:形象只不过是可以感知的事物的绝对的图形,而观念是对事物的看法,是由一定的关系确定的。一个形象可以单独地存在于重现形象的心灵中,可是一个观念则要引起其他的观念。当你在心中想象的时候,你只不过是在看,而你思索的时候,你就要加以比较。我们的感觉纯粹是被动的;反之,我们所有的理解或观念都是产生于能进行判断的主动的本原。这一点,我在以后还要加以阐述。

所以我认为,孩子们因为没有判断的能力,因此也就没有真正的记忆。他们记得声音、形状和感觉,然而却很少记得观念,更不用说记得观念的联系了。反对我的人看见他们学会了一些初级几何,就以为可以拿这点来证明我的看法是错误的;恰恰相反,他们正好证明了我的论点,表明孩子不仅不能自己推理,甚至还记不住别人的论证;你们把这些小几何学家所用的方法拿来考察一下,马上就可以看出,他们所记得的,只不过是例题的精确图形和术语罢了。稍一反驳,他们就不懂了;把图形一颠倒过来,他们就会莫明其妙。他们的全部知识都停留于感觉,没有哪一点是透彻地了解了的。他们小时候已经听人讲过的事情,到长大以后总得要重新学过,可见他们的记忆力是并不比他们的其他能力强的。

然而,我并不认为孩子们是一点理解力都没有的[①]。恰恰相反,我认为他们对一切同他们眼前可以感觉得到的利益有关的事物却理解得非常好。不过,我

---

① 在一部长篇著作中,要使同样的字始终表达同样的意思,是不可能的,这一点,我在写作本书的时候曾经反复考虑过一百次。还没有哪一种语言竟富裕到我们想怎样修饰,它就能提供多少字眼和词句。给所有的词都下一个定义,并且经常用所下的定义去代替被下定义的词,这个办法当然很好,只是实际上行不通;因为,怎样才能避免循环呢? 如果我们不用词句来下定义的话,定义也许是好的。但尽管这样,我认为,即使我们的语言很贫乏,我们也可以把意思表达得很清楚,其办法并不是使同样的词始终只表达同样的意思,而是不管每一个词用多少次,我们都要使它表达的意思能够充分地从上下文中看出来,从而使含有这个词的句子就可以反过来做它的定义。有时候我说孩子们不能够推理,有时候我又说他们理解得十分的好。我不认为这表明我在这个问题上的思想是自相矛盾的,但是,我不能否认我在我的表达方法上常常是有矛盾的。——作者原注

们所不明白的是他们究竟知道些什么。因此,他们本来是不知道的,我们却以为他们知道,他们本来是不懂的,我们却要他们讲一讲其中的道理。我们还有一个错误是,要他们去注意那些同他们没有一点儿关系的问题,例如他们将来的利益啦,成年人是多么幸福啦,长大时别人将对他们多么尊敬啦;这些话对没有一点儿远虑的人来说,是绝对没有什么意义的。硬要可怜的孩子们去研究这些东西,往往会使他们把心思用到同他们毫不相干的事情上去。所以,要请你判断一下能不能叫他们去注意这些事情。

大肆夸耀怎样怎样地教诲学生的冬烘先生,得了人家的学费,所以他们的说法就完全不同;其实,根据他们自己的行为就可以看出,他们的看法同我的看法完全是一样的。因为,他们教给学生的到底是些什么东西呢?词句、词句,还是词句。在他们所吹嘘的各种学科中,对学生真正有用的,他们反而不教,因为它们是事物的学科,他们就不会教好;他们所选教的是他们知道其中的一些术语、谱系、地理、年代和语言的学科,以此显示他们精通这些学科;然而所有这些学问,对成年人来说关系已经不人,对孩子来说关系就更小了,所以,只要他一生当中能把它们拿来用上一次,就算是一件了不起的事情了。

我把教授语言当作一种没有用处的教育,你也许对这一点会觉得奇怪;不过你要知道,我在这里说的只是童年时候的教育;所以不管你们怎样说,我不相信哪一个孩子(有天才的儿童除外)在十二岁或十五岁以前是真正学会了两种语言的。

如果说语言的学习只不过是学习一些词,也就是说学习表达这些词的符号或声音,那么,我也认为这种学习可能是适合于孩子的,不过,语言在改变符号的同时,也就把它们所表达的观念改变了。知识是由语言形成的,而思想则带有观念的色彩,只有理性是共同的,每一种语言的精神都有它独特的形式,这个差别可能是民族性格不同的一部分原因或结果;可以用来证明这种推断的是:世界上各个民族的语言都是随着它们的风俗而几经变化的,它们也像风俗那样,或者是保持下去,或者是有所改变。

孩子们在使用的过程中便可学会那些形式不同的语言中的一种语言,而这也就是他在达到有理智的年龄以前所能记得的唯一的语言。为了学会两种语言,就需要懂得比较它们的概念,然而现在他们连概念都不知道,怎么能进行比较呢?每一种东西在他们看来都有成千种不同的符号,然而每一个概念却只能有一种形式,因此他们只能学会一种语言。有人说他们的确学会了几种语言;我认为这种说法是不对的。我曾经看见过几个据说是能讲五六种语言的神童。我听见他们讲了德语，接着又用拉丁语、法语和意大利语的词来讲；他们确实能用五六种词汇，但他们始终是讲的德语。总之，不管你愿意教孩子多少同义语，然而你变换的是词而不是语言，所以他们还是只能学会其中的一种语言。

正是为了掩盖他们在这方面的无能，所以你才偏偏教他们去学那些已经死了的语言，因为现在是再也找不到人来评判对这些语言的教法是不是合乎文规了。由于这些语言的通常用法早已失传，你就模仿书上所写的词句，而且还说这些就是口语哩。如果老师的希腊文和拉丁文就是这样的话，我们也就可以想见孩子们所学的希腊文和拉丁文了。他们才刚刚记得一点语法入门，还根本不懂得怎样用法的时候，你就要他们把一篇用法文写的文章译成拉丁文；当他们学得高深一点的时候，你就要他们把西塞罗的句子写成散文，把维吉尔的一些诗篇写成韵文。这样一来，他们就以为是能够讲拉丁语了，谁又去说他们讲得不对呢？

在任何一门学科里，代表事物的各种符号如果不具有它们所代表的事物的观念，那就是毫无意义的。而你使孩子所学到的，也就是限于这种符号，而不能使他们明白它们所代表的东西。你以为你已经教他明白了地球是什么样子的，其实仅仅使他看到了一些地图：你教他的城名、国名和河名，而他则认为这些地方除了在图上指给他看一下以外，实际上是不存在的。我记得曾经在什么地方看见过一本地理书，它开头就这样说："什么是世界？世界是一个用纸壳做的球。"孩子们所学的地理正是这个样子。我敢说，你拿地球仪和世界志教他们学了两年之后，还找不到一个十岁的孩子能够按照你所教的法子说出从巴黎到圣丹尼镇应该怎样走法。我敢说，没有任何一个孩子能按照他爸爸的园林示意图走过其中曲曲折折的道路而不迷失方向的。请看，知道地图上哪里是北京、伊斯帕亨、墨西哥和地球上所有一切国家的博士，就是如此。

我听见有些人说，最好是让孩子们去学那些只用眼睛学的东西；如果确实有什么东西只凭眼睛就能学会的话，那当然是可以的；不过，这样的东西我根本还没有见过。

更加可笑的是，你叫他们学习历史：你在想象中以为历史是可以被他们理解的，因为它搜集的全是事实。但是，"事实"这个词应当怎样理解呢？你认为决定历史事实的种种关系是那样容易理解，以至在孩子们的心中可以毫无困难地形成相应的观念吗？你认为对事件的真正了解可以同对事件的原因和结果的了解相分开；认为历史涉及道德的地方是非常少，以至不懂道德的人也可以学会历史吗？如果你在人的行为中只观察外部和纯肉体的活动,那么,学了一阵历史又能学到什么东西呢？那是绝对学不到什么东西的;学习历史既索然寡味,就不能使我们得到快乐,也不能使我们获得教益。如果你愿意拿那些行为的道德关系来衡量它们的话,就请你试一试,看你的学生能不能了解那些关系,然后你就明白,像他们那样年龄的人适合不适合学历史了。

读者诸君,你们经常要记住,同你们讲话的人既不是学者,也不是哲学家;他是一个普通的人,是真理的朋友,既不抱什么成见,也不信什么主义;他是一个孤独的人,他很少同别人一块儿生活,因此沾染他们偏见的机会也就不多,也就有富裕的时间思考他同他们交往的时候使他有所感受的事物。我的论点,其根据与其说是原理,不如说是事实;我想,为了使你们能够评判我的论点,最好的办法莫过于常常向你们举几个使我产生这些论点的事例。

我曾经到一个乡下人家去住了几天,这家人的可敬的主妇对孩子们的生活和他们的教育是极为关心的。有一天早晨,大孩子上课的时候我也在场;他的老师曾经详细地教过他的古代史,这一次讲亚历山大①的故事时,又谈到了医生菲利浦的著名轶事②;书上有这个故事的插图,的确,这个故事是值得讲一讲的。这位老师是一个可敬的人,不过他对亚历山大的勇敢行为发表的几个看法我是不赞成的。当时,我没有同他争论,为的是免得降低他在他学生的心目中的威信。在吃饭的时候,照法国人的习惯是免不了要叫那可爱的小孩瞎说一阵的。由于他那样年龄的活泼的天性和准可受到一番称赞的信心,遂使他讲了无数的傻话;当然,在这些傻话中时而也碰巧有一两句是说得中肯的,因此也就使人把其余的傻话忘掉了。最后,他就谈到医生菲利浦的故事;他把这个故事叙述得很简要和优美。大家照例地称赞(做母亲的巴不得人家这样称赞,而孩子也是等着人家这样称赞)一番之后,就开始议论他所讲的这个故事了。大多数人都责备亚

---

① 亚历山大,古代马其顿国王,公元前336—323年在位。——译注
② 见昆图斯-库修斯[1],第3卷,第6章。蒙田[2]也叙述过这个轶事。"亚历山大……接到了帕米尼俄[3]的一封信,信上说,他最近的医生菲利浦已经被大流士[4]用金钱买通,要用毒药害他;他把信拿给菲利浦看,而且同时就把菲利浦给他的药一口吞下去了。"第1卷,第23章。——作者原注
　[1]昆图斯-库修斯,古罗马史学家,著有《亚历山大史传》。原注所说的第3卷,第6章,疑指该书。——译注
　[2]蒙田,16世纪法国作家,著有《随笔集》。原注所引蒙田的叙述见《论文集》第1卷,第23章。——译注
　[3]帕米尼俄,马其顿将军,公元前330年亚历山大怀疑他不忠诚,下令将他杀死。——译注
　[4]大流士,波斯王,公元前336—330年在位。公元前334年亚历山大率马其顿-希腊军东侵波斯,大败波斯军。次年再败之。公元前330年波斯帝国被亚历山大所灭,大流士为部下所杀。——译注

历山大太冒失,有几个人则跟着老师说他们佩服亚历山大的果断和勇气。所有这些,使我认为在场的人没有哪一个是看出了这个故事的美究竟是美在什么地方。"至于我,"我向他们说,"我觉得,如果说在亚历山大的这个做法中有点儿勇敢和果断的表现的话,那也不过是一种蛮头蛮脑的行为罢了。"于是大家都赞同我的看法,说那是一种蛮头蛮脑的行为。我跟着就想解释和热烈地论述一番,这时候,坐在我旁边的一个妇人(她到现在还没有开过口哩)侧过身来在我的耳朵边上轻轻地说:"别说了,让·雅克,他们是听不懂你的意思的。"我望她一眼,吃了一惊,马上就闭嘴不讲了。

由于有几个现象使我怀疑我们这位小小的博士对他讲述得那么好的历史并没有真正了解,所以晚餐以后就拉着他的手,同他到花园中去散了一会步;我随便问了他几个问题之后,发现他比任何人都更钦佩被人们所吹嘘的亚历山大的勇敢;不过,你可知道他是从什么地方看出亚历山大的勇敢的呢?原来,独一无二的是因为亚历山大毫不犹豫、毫无难色地把那难吃的药一口就吞下去了。这个可怜的孩子,在不到十五天以前还吃了一次药,不知费了多大的劲才把药吃下去了,至今嘴里还有药的余味。死亡和中毒,在他的心目中只不过是一些不愉快的感觉罢了,而他所能想到的毒药就是旃那①。然而,必须承认的是,亚历山大的果断对他幼稚的心灵确已产生了很大的影响,使他下定决心,以后吃药的时候一定要做一个亚历山大。我没有进行解释,因为这显然是他不能理解的,所以我只告诉他说这种想法很值得称赞。我回去的时候,暗中好笑有些做父亲的和做老师的也真是高明,竟想到了拿历史来教育孩子。

使他们在口头上学会国王、帝国、战争、征服、革命和法律这些词,是很容易的;但是,当问题是要赋予这些词以明确的观念时,也许就不可能像我们同园主罗贝尔谈话那样来解释了。

有些读者对"别说了,让·雅克"这句话是不很满意的,我早已料到,他们会问在亚历山大的行为中究竟哪一点在我看来是值得称赞的。可怜的人啊!如果要我告诉你们的话,你们怎么懂得呢?亚历山大的行为之所以值得称赞,是因为他相信德行;是因为他敢于拿他的头颅,拿他自己的生命来证实他的信念;是因为他的伟大的心灵配得上这个信念。啊,他所吞的那一剂药正是这种信念的真实表白!还没有哪一个人对自己的信念做过这样庄严的表白哩。如果谁是当今

---

① 旃那,一种豆科植物,能治腹泻。——译注

的亚历山大的话,那就请他照样把他的信念表白给我看一看①。

如果孩子们还不懂得你所讲的字眼,就不宜于拿你的功课去教他们。如果他们没有获得真正的观念,他们就不会有真正的记忆,因为我认为仅仅保留一些感觉是不能叫做记忆的。他们在脑子里记上一连串莫明其妙的符号,对他们有什么用处呢?在学习事物的过程中,他们岂不也就学会了那些符号吗?为什么要他们浪费气力学两次呢?而且,你要他们拿一些根本不懂得的话作为他们的学问,岂不会使他们产生极其危险的偏见!正是由于孩子所学的第一个词,由于他所学的第一件事物,全是照别人的话去了解,而自己根本就不明白它的用途,所以才丧失了他的判断的能力:他也许可以在傻子面前炫耀一个很长的时期,但是他不可能弥补他这样的一个损失②。

不,纵然说大自然使一个孩子的头脑具备了这种能够接受种种印象的可塑性,那也不是为了让你记住什么国王的名字、年代、谱系、地球仪和地方名称,或者记住那些对他这样年纪的人来说既毫无意义,而且对任何年纪的人来说也没有一点用处的词句;把这些东西压在他的身上,是必然会使他的童年过得十分忧郁和没有趣味的;所以,孩子的头脑之有可塑性,是为了让那些能够为他所理解和对他有用处的观念,这些观念关系到他的幸福和日后指导他履行其天职,早已以不可磨灭的印象记在他心中,使他一生当中能按照适合于他的天性和才能的方式过他的生活。

即使是不读书本,一个孩子可能有的记忆力也不会因此而闲着没有用处;他所看见的和他所听见的一切,都会对他产生影响;他将把它们记下来,他将把大人的言语和行为都记在心里;他周围的事物就是一本书,使他在不知不觉中继续不断地丰富他的记忆,从而增进他的判断能力。为了培养他具备这种头等重要的能力,真正的好办法是:要对他周围的事物加以选择,要十分慎重地使他继续

---

① "这位国王的勇于冒险是盖世无双的:但是我不知道在他的一生中是否有过比他在这件事上所表现的更为坚决、更被传为美谈的事情了。"见蒙田《随笔集》第1卷,第23章。——作者原注
② 大多数学者也是像小孩这样夸耀于傻子的。他们的学识渊博,不在于他们记得许多的观念,而在于他们记得许多的形象。日期、专门名词、地点和种种孤立而没有思想内容的东西,只是作为符号保留在他们的记忆里的,如果不同时看一下他们所读过的篇页的正反两面,不看一下他们第一次见到那些东西的图形,他们就很难把那些东西回想起来。在前几个世纪曾大出风头的学者差不多都是这样的。至于我们这个世纪的学者,就是另外一个样子了:他们既不研究,也不观察,而只是做梦;他们使我们狠狠地做了几个夜晚的噩梦之后,就说是教过我们哲学了。也许有人会说我也是在做梦;我同意这种说法;但是我梦见的是别人不愿意梦见的东西,我做的是梦就说是梦,让读者去寻找在这些梦中是不是有对头脑清醒的人大有用处的东西。——作者原注

不断地接触他能够理解的东西,而把他不应该知道的事物都藏起来,我们要尽可能用这个办法使他获得各种各样有用于他青年时期的教育和他一生的行为的知识。是的,这个办法既不能培养出什么神童,也不能使他的保姆和教师得到人家的夸耀,但是,它能培养有见识、有性格、身体和头脑都健康的人,这样的人,小时候虽没有谁称赞,到长大后是一定会受到人人尊敬的。

爱弥儿①是绝不背诵什么课文的,即使是寓言,即使是拉·封丹②的寓言,不论它们是多么简单和动人,他都是不背诵的,因为寓言中的话并不就是寓言,就像历史中的文字并不就是历史一样。人们怎么会这样糊涂,竟把寓言也称为孩子们的修身学,毫不考虑寓言固然可以使他们高兴,但同时也会使他们产生谬误;毫不考虑他们受了杜撰的事情的迷惑,就必然会遗漏真理;毫不考虑这样教法虽然可以使他们觉得有趣,但也妨碍了他们从其中得到益处? 寓言可以用来教育大人,但对孩子们就应该直截了当地讲真理;你用幕布把真理盖起来了,他就不愿意花力气去把它揭开。

大家都要孩子们学拉·封丹的寓言,但是没有哪一个孩子是真正学懂了的。要是他真正学懂了的话,那就更加糟糕了,因为其中的寓意对他那样年龄的人来说,是那样的拐弯抹角和不相适应,以致不仅不能使他学到良好的德行,反而使他学到了许多的坏毛病。你也许会说:"瞧,又在发怪论了。"不错,但是让我们看一看这番怪论说的是不是真理。

我认为,小孩子是学不懂你教他的那些寓言的,因为,不论你怎样努力地把那些寓言写得很简单,然而由于你想通过它去进行教育,所以就不能不在其中加上一些小孩子无法理解的思想,而且,那些寓言虽然是写成了诗体便于背诵,但诗韵本身反而使它们更难于理解;所以,寓言写是写得很有趣了,但因此也就牺牲了它的鲜明的寓意。有许多的寓言是孩子们根本无法读懂的,而且对他们也是一无用处的,然而由于在一本集子里这样的寓言是同其他的寓言混在一起的,所以你也没头没脑地叫他们把这些寓言拿来学习,现在,姑且把这样的寓言撇开不谈,我们在这里只谈那些似乎是作家专门为小孩子所写的寓言。

在拉·封丹的《寓言》中,我知道有五六篇寓言是洋溢着孩子的天真气的;我现在把这五六篇寓言中的第一篇做例子来谈一下,其原因是这一篇寓言既适合

---

① 爱弥儿,即卢梭假定由他来施行教育的对象——一个虚构的男孩。——编者注
② 拉·封丹,17 世纪法国寓言作家。

于各种年龄的人,而且也最能为孩子们所理解,学起来也最感兴趣;所以,作者才特地把它选出来放在他那本集子的前头。假使作者的目的是要这篇寓言能够为孩子们所理解,能够使他们读了以后感到很高兴和受到教益,那么这首寓言当然就是他的一个杰出之作了,因此请允许我用几句话在这里把这篇寓言逐行逐行地分析一下。

乌鸦和狐狸(寓言)

> 乌鸦先生在一棵树上歇息,

"先生"这个词本身是什么意思? 把它放在一个专门名词之前①表示什么? 用在这里又是什么意思? 什么叫"乌鸦"? 为什么说"在一棵树上歇息"? 我们的说法不是"在一棵树上歇息",而应当说"歇息在一棵树上"。因此,就必须讲一讲诗的倒置法②,就必须说一说什么叫散文、什么叫诗。

> 它嘴里含着一块奶酪。

什么奶酪? 是一块瑞士奶酪,还是布里奶酪或荷兰奶酪? 如果孩子从来没有看见过乌鸦,你怎样才能给他讲清楚乌鸦的样子呢? 如果他看见过乌鸦,他又怎能想象乌鸦把一块奶酪含在嘴里呢? 所以应该按照自然的样子来描述。

> 狐狸先生被美味所引诱,

又来一个"先生"! 对狐狸来说,这个头衔真是很合适! 它可以说是玩弄花招的行家。应该讲一讲什么叫狐狸,把它们真正的性格和平时出现在寓言中的性格讲清楚。"引诱"这个字眼平常是很少人用的。应该加以解释;应当说明只是在诗里才用这个字眼。要是小孩子问你为什么诗歌和散文的说法不一样呢? 你怎样回答他? "被奶酪的美味所引诱!"这块奶酪是含在歇息在一棵树上的乌

---

① 乌鸦先生,法语为 Maitre Corbeau,这里按照法语的次序,所以说"之前"。
② 拉·封丹的寓言是诗歌形式的,因而也可称为"寓言诗"。

鸦的嘴里,要有多大的气味才能使树丛或地洞中的狐狸闻得到! 正确的判断在于有可靠的依据,在于能分辨别人所说的事情哪些是真哪些是假,所以,你能不能用这句话来训练你的学生掌握这个判断事物的精义呢?

　　向乌鸦这样说:

　　"这样说",狐狸能说话吗? 它能讲乌鸦讲的那种语言吗? 聪明的老师,留心一点,要慎重地考虑考虑才回答;你回答的话,其关系之大是你想象不到的。

　　"喂! 你好,乌鸦先生!

　　"先生!"小孩子看见你把这个称呼当作笑话来用,以至不知道它是一种尊称。说"乌鸦先生"的人要费很大的工夫才能把加在"乌鸦"前面的冠词"德"(de)解释清楚。

　　"你多美呀! 我觉得你多好看啊!

　　没有用处的重复话。小孩子看见你用另外的词来重复同样的事情,也就会学到讲无聊的话。如果你说这种多余的话是作家的一种艺术手法,以表达狐狸是有意用这些话来大大地夸乌鸦一番,这种解释可以对我说,然而对我的学生说,就是很不适宜的。

　　"不要撒谎,要是你的歌喉

　　"不要撒谎!"这么说,乌鸦有时候是要撒谎的? 如果你告诉孩子说,是因为狐狸撒过谎,所以它才对乌鸦说"不要撒谎",孩子听了以后将作何感想?

　　"配得上你的羽毛,

　　"配得上!"这是什么意思? 叫孩子把声音和羽毛这两种性质完全不同的东西加以比较,你看他怎么能理解你的意思。

86

"就让你做这林中百鸟的凤凰。"

"凤凰"！什么叫"凤凰"？我们在这里突如其来地又谈起虚妄的古物，差不多好像讲神话了。"林中百鸟"！多么形象的话啊！阿谀奉承的人用雅致的词把他的话说得很高尚，以便更易于诱惑别人。一个小孩子懂不懂这种妙处呢？他是不是知道，他能不能知道什么是高尚的说法，什么是鄙俗的说法呢？

听到这些话，乌鸦乐得忘乎所以。

必须要亲身经历过这种欢乐情绪，才能体会"忘乎所以"这个成语所表达的状态。

于是，为了显示他美妙的歌声，

不要忘记，为了要懂得这一行诗和整个的寓言，孩子就要听一听乌鸦的声音究竟是美在哪里。

把嘴一张开，奶酪就掉到地上。

这一行诗写得真好，单单从诗韵的和谐上就可以想象那种情景。我看见了一只怪嘴张得大大的，我听见了奶酪从树枝中掉到地上的声音；不过，这种优美的地方对孩子来说是莫名其妙的。

狐狸抓着奶酪，说："我的好先生，

瞧，好心竟变成愚蠢。当然，你马上会教育孩子的。

"你要知道，所有阿谀奉承的人，

笼笼统统的说法，我们是不懂的。

"都靠他所吹捧的人生活。

一个十岁的孩子是根本不懂得这一行诗的。

"花一块奶酪学这个教训，真是值得。"

说得很清楚，意思也很好。然而，也可能有少数的儿童要把一个教训和一块奶酪拿来比较，因而就宁可要奶酪而不要教训的。因此，要使他们明白，这么说是一种讽刺。但孩子们哪里懂这种妙处！

乌鸦又羞又气，

又说重复话了；这一次就无法辩解了。

发誓——可惜晚了——从今不再上这种当。

"发誓"！哪里有那样傻的老师，敢向孩子们讲解"发誓"是怎么一回事吗？

以上讲得够详细了，但说到对这首寓言诗的全部思想进行分析，并且把这些思想当中的每一个思想所依据的基本观念归纳出来，这还是不够的。不过，谁又觉得需要这样分析给小孩子听呢？我们当中没有哪一个人讲哲学竟会讲到把自己当成了小孩子。所以，我们现在就接着谈它的寓意。

我要问一下，对六岁的孩子来说，是不是需要告诉他们有些人为了自己的利益就吹牛拍马或撒谎骗人？我们至多只能告诉他们说，拿小孩子逗着玩或暗中嘲笑他们傻里傻气的人，确实是有的；但是，一块奶酪就把整个事情弄糟了，因为你不是在教他们怎样把自己的奶酪紧紧地含在嘴里，而是教他们怎样想办法把别人嘴里的奶酪骗出来。这里，我又提出了我的第二个怪论；而且，这个怪论的重要性是不亚于前一个怪论的。

只要你长期同曾经学过寓言的孩子在一起，你就可以发现，当他们有机会把所学的寓言拿来应用时，他们的所作所为差不多同寓言作者的意图完全是相反的；对于你想纠正或防止的缺点，他们不仅满不在乎，而且还偏偏喜欢为非作恶，以便从别人的缺点中得到好处。在前面所讲的那个寓言中，他们一方面嘲笑乌鸦，而另一方面却非常地喜欢狐狸；在第二个寓言中，你以为他们会拿蝉来做学习的榜样；不，他们选择的榜样是蚂蚁。谁也不喜欢丧失自己的体面，他们想担任漂亮的角色；这是自爱的选择，这是很自然的选择。但对孩子们来说，就是多么可怕的教育啊！在一切怪物中，最可恶的怪物莫过于一个又悭吝又心狠的小孩子，他既能料到别人会问他要什么东西，而且也懂得什么东西应该拒绝拿给别人。蚂蚁更厉害，它甚至教他在拒绝的时候还要把人骂一顿。

在所有的寓言中，狮子通常是一个最显要的角色，孩子在学了这些寓言之后，就想做狮子；当他主持分什么东西的时候，他就会学狮子千方百计地把所有的东西都据为己有。但是，当他学到蚊子把狮子搞垮的时候，他的想法就不同了，他就不愿意做狮子而愿意做蚊子了。他将来要学它在不敢明目张胆地攻击别人时，就把他叮死。

学了《瘦狼和肥狗》这个寓言后，孩子们不仅不像你所想象那样把它作为一种谦逊的教训，反而认为这个寓言是在教人放肆。我永远不能忘记的是，我曾经看见过有人拿这个寓言来折磨一个小女孩，想用这个寓言教她乖乖地听大人的话，结果使那个女孩子很伤心地哭了一场。起初大家都不清楚她为什么会哭，到最后才明白了她哭的原因。原来，这个可怜的女孩子受人的束缚已经受够了，她觉得她脖子上的皮都被锁链磨破了，她哭她不是一只狼。

所以，第一个寓言的寓意在孩子们看来是教人卑鄙奉承，第二个寓言的寓意是教人残忍无情，第三个寓言的寓意是教人做事不公正，第四个寓言的寓意是教人嘲笑讽刺，第五个寓言的寓意是教人不服管束。最后这个寓言，对我的学生来说固然是用不着，但是更不宜于用来教你的学生。当你拿一些自相矛盾的寓意教他们的时候，你想你这番苦心将得到什么样的结果呢？不过，所有这些寓意在我看来固然是构成了反对寓言的理由，然而在你看来也可能恰恰是它们应该得到保存的原因。社会上需要有一种口头的教训，也需要有一种行动的教训，而这两种教训是截然不同的。前者见之于一问一答地教训一阵就算了事的问答教义；后者则见之于拉·封丹给孩子们写的寓言和给母亲们写的故事。同一个作者，把两者都教训了。

拉·封丹先生，让我们商量一个两全的办法。我，我本人答应选读你的书，而且很喜欢你，要从你的寓言中受到教益，因为我相信我不至于误解它们的目的；至于我的学生，请允许我一个寓言也不让他去学；如果你要我叫他去学，那你就首先要给我证明,尽管那些寓言中的事物有四分之一是他不懂的,但他学了还是对他有好处;证明他学习他可能懂得的寓言时不会误解它们的意思,证明他学了以后不仅不会上人家的当,而且还不学歹人的样子。

　　我这样使孩子们摆脱了种种功课,从而就替他们消除了使他们最感痛苦的原因——读书。读书是孩子们在儿童时期遇到的灾难,而你却偏偏要他们在读书中消磨他们的时间。爱弥儿长到十二岁还不大知道什么叫书。也许有人说:"至少他应该识识字呀。"我同意这种说法;当读书对他有用处的时候,他是应当识字的;不过到现在为止,读书除了使他感到厌烦,是没有其他好处的。

　　……

李平沤　译

关 于 学 院

[英] 丹尼尔·笛福

丹尼尔·笛福(Daniel Defoe,1660—1731),英国小说家,被誉为"欧洲小说之父",重要作品有长篇小说《鲁滨孙漂流记》《摩尔·弗兰德斯》《大疫年日记》《罗克珊娜》和文集《笛福文选》等。

本文是笛福的长篇政论《计划论》中的一章。《计划论》约写于 1700 年前后,后收入《笛福文选》。

笛福写《计划论》时,尚未开始写小说①,还是一个为辉格党写政论的"小册子作者";为此,他还坐过牢,因为他在政论中经常批评国王和执政党。譬如,在此文中就是如此:表面上,他是建议国王和执政党建立学院,实质上是批评他们对教育的疏忽——这从他的嘲讽口吻中即可看出。

本文共有三个部分。第一部分是建议国王学习他的敌人——法国国王,像法国国王建立法兰西学院一样,建立一个学会,致力于提高国民素质,因为当今英国国民的素质实在不敢恭维。第二部分是建议国王建立"军事研究学院",还详细列出了各类军事学院的具体设计表(注:这部分篇幅太长,且是 18 世纪的军事学院,本书编者作了适当删节),因为——用他的话来说——"在和平时期务须做好作战准备,我国人民应该受到军事训练"(反过来说,就是批评国王忽略了这一点)。第三部分是建议成立一所女子学院,并且直截了当地批评说:"在我们这样一个文明的基督教国家,居然否认女人上学的好处,这真是最野蛮的习俗之一。"连英国教会也受到他的指责。接着,他详细谈到了女性的各种特点,以及关于女子教育的各种设想——这些,似乎至今仍有参考价值。

---

① 笛福 50 岁时才写出第一部小说《鲁滨孙漂流记》。

一

英格兰的学院比世界上其他地方——至少比非常看重学问的地方——要少。然而，差强人意的是，我们拥有举世无双的、最大的(我不想说是最好的)两座神学院①；在这里尽管可以就一般的大学和特殊的外国学院谈很多问题，但我却不想在看来我们似乎有缺陷的地方多费口舌。法国人正当地以他们建立了欧洲最著名的学院②而自豪，这座学院的光辉成就在颇大的程度上应归功于法国国王的鼓励。学院的一位成员当加入的时候曾在演说中说过："集全世界学术之大成于这座宏伟的学院之中，这不能不说是那位无敌君主的光荣。"

巴黎学院③特有的研究项目一直是精炼和修正他们自己的语言，他们的这项工作已经获得如此令人羡慕的成果，以至我们现在看到所有基督教国家的宫廷都说着法语，把它看成是通用的语言。

我曾荣幸地做过一个小小学会的会员，这个学会似乎企图在英格兰实现这样一种高尚的计划；可是，这项工作的规模很大而有关的绅士们又相当谦虚，他们因此放弃了这件规模似乎大到非私人所能举办的事业。的确，我们需要一个黎塞留④来发起这样一件工作；因为我相信只要在我国有这样一个领路的天才，决不会缺乏聪明才智之士，他们能够干出一番比之一切先例都毫无逊色的事业。和法语相比，英语同样完全值得这样的一个学会努力研究，而且，能够达到远远超过法语的完美程度。法国的学者承认，谈到表达含蓄这种优点，英语不仅不亚于而且凌驾于邻人的语言之上。拉宾⑤、圣·埃夫里蒙⑥和许多最知名的法国作家都承认这一点；而罗斯康蒙勋爵⑦用下面的几行诗(因为从来没有人写的英语能达到他写的那样纯正，所以，一般公认他是英语的良好评判人)：

　　谁见过法国作家的文笔

---

① 指牛津大学和剑桥大学。
② 指法兰西学院，创立于 1634 年。
③ 即法兰西学院。
④ 黎塞留(1585—1642)，法国国王路易十三的首相，法兰西学院的创办人。
⑤ 保尔·德·拉宾(1661—1725)，法国历史学家，著有《英国史》，是最早用法语写的英国史之一。
⑥ 圣·埃夫里蒙(1610—1703)，法国文学家。
⑦ 罗斯康蒙勋爵(1633? —1685)，英国诗人、批评家。

有英语这样含蓄而有力？

一行洗练的英语就好比有分量的金块，

化为琐细如丝的法语，将使一整页大放异彩。

表达了我的意思："如果我们的邻居像他们最伟大的批评家那样，愿意承认：论到风格的庄严和华美当首推英语，我们将十分乐意地放弃和他们在那种没有意义的欢乐情调上一较短长。"

可惜的是，这样一件高贵的工作竟然没有一个高贵的人愿意尝试。至于具体着手的途径，最堪借鉴的先例莫过于巴黎学院了。平心而论，法国人的这座学院在学术界一切伟大的尝试中的确是独占鳌头的。

在目前，我们看到全世界都在向英格兰国王歌功颂德，而他的敌人①在没有因利害关系而缄默的时候，对他的议论往往比我们自己还要多；正如他在战争中立下了非凡的、英勇的、令人敬佩的武功一样，我敢斗胆冒昧地说，他如果要显现出自己永垂史册的义治，最好的良机莫过于创办这样的一座学院了；通过振兴这样的一项鸿业，他将有机会像他在战争中以剽悍的进攻胜过了法国国王一样，在文法上也使法国国王黯然失色。

只有骄傲才喜欢奉承，而使我们看不见自己缺点的毛病往往就是骄傲，我想，人们只夸大君主们的功德而无视于他们的缺点，这在君主们是一种特殊的不幸。然而，某些活动正留待已经以勇敢果断赢得赞誉的威廉国王来完成，这些活动远非奉承所能及，它本身就是对从事者的赞美。

现在谈的这个计划可能就是如此；看来，我谈的这项计划只适合于国王亲自办理。所以，我不敢用以往各章中讨论其他题材的那种方式来讨论本章。我只想说这么几句：

如果国王陛下认为适合的话，国王将亲自建立一个学会，这个学会完全由第一流的文人学者组成；我们可以希望我们的贵族是那么好学，以致出身能够始终和学识联在一起。

这个学会的工作应该是鼓励文雅的学问，提倡英语的洗练和纯洁，促进严重被忽视的正确使用语言的能力，建立纯正和规范化的风格，消灭由不学无术和矫揉造作带进英语里的一切不合规则的附加成分以及语言里的一切新发明；这种

---

① 指法国人。当时英法两国正在争夺欧洲霸权。

新发明(如果我能够这样叫它们的话)是某些武断的作家擅自杜撰出来强加于他们的本国语言的,好像他们的威信已经大到使他们胡乱想出的玩意都有了定评似的。

有了这样的一个学会,我敢说我们的英语会显现出它的真正优美的风格,在全世界有学问的人当中名实相符地被看成是世界上最华美、最含蓄的地方语。

这个学会应该只让知名的学人加入,而不接纳或者很少接纳那些靠学问为生或者以求学为业的人。也许,我以为我可以这样说:我们曾经看到过许多这样的大学者、只有满腹学问的书蠹虫和获得最高学位的学子,他们的英语不但一点也不文雅,而且死板和矫揉造作,充满了生硬的单字、音节和句子的结构冗长而冷僻,读起来佶屈聱牙,听起来锥心刺耳,其表达方式使读者难以接受,其内容使读者难以理解。

一句话,这个学会里不应该有牧师、医生或律师的立足之地。我这样说,并没有丝毫侮辱任何这类高贵行业的各门学问的意思,更谈不上侮辱他们本人;只是,如果我真的认为这几个行业确实自然而然地分别使他们养成一种他们那一行特有的语言习惯,而且,这种习惯不利于我所谈的这项学术事业,我相信我并没有冤枉他们,我也不否认在这一切行业中可能有,而且现在就有某些这样的人,他们是英国语言的大师,文字洗练、风格优美,很少有人会去改正他们的英文;但是,不论何时,只要真的出现了这样的人,他们的特殊优点将使他们在该学会里占有一席之地。不过,这种情况毕竟非常罕见,只有在非常特殊的情况下才接受这样的会员。

因此,我提议这个学会完全由高尚的人士组成,其中,包括十二位贵族(如果可能的话)、十二位平民绅士;此外,还有十二个名额,虚席以待完全以真才实学入会的人,不问他们的身份和职业,只要他们在某一方面真有杰出的成就,这些位置都应该是奖赏其学业的荣冠。这个学会对语法的意见应该具有足够的权威性,并且,足以揭露其他人任意杜撰的新语言;他们好像是法院一样统辖着当代的文章学问,有权修正和责难作家,特别是翻译家笔下生涩的语言。这个学会的声望应该足以使它成为公认的文体和语言的权威;不经它批准,任何作者都不能恣意生造词汇,习惯是我们目前最好的考核语法的权威,在这里,始终要从它为原来的根据,绝不允许对它有丝毫违犯。在这方面没有多大必要去根究语源和造句法,因此,生造词汇就会和私造货币同样有罪。

这个学会的日常工作将是举办有关英语问题的演讲,发表各种论文,讨论语言的性质、起源、用法、根据以及差异,研究文体的规矩、纯正和节奏,倡导写作中的文雅和礼貌,谴责不合规矩的用法,修正语言中的错误习惯;一句话,他们将讨论实行下列任务看来势必涉及的一切问题,这些任务是:使我们的英语达到应有的完美程度,使我们的绅士具备和他们自己相等的写作能力,消除骄傲和卖弄学问,对年轻作家所表现的冒失和傲慢予以当头棒喝,这些年轻作家的野心是只求出名,哪怕是靠着愚蠢出名也不管。

在这里,请容许我对下面的情况谈一两句:习惯已经使我们的语言和谈话里充斥着听惯了的咒骂,我在这里讨论它是因为这种贴着于人的恶习,现已发展到这种地步,以致一个人讲起话来如果不带上几句咒骂好像就不够味道,有些人甚至公然说:咒骂还不合法真可惜,一个人的言谈带上几句咒骂多有意思,这将为他的语言增色不少云云。

我希望读者能够正确地领会我的意思,我所说的咒骂是一切粗鲁的起誓、诅咒、谩骂、咒神、话里带脏字以及这类其他任何借以区别的名称,当人们说得上劲的时候,几乎从所有各种人的嘴里都会或多或少地冒出这些脏话来。

我不打算讨论这些脏话是非法的和有罪的,是为神律所不容的等;让牧师单向你宣扬这些道理去吧,无疑,他们在这方面说的话和在任何其他方面一样,几乎等于白说;可是,我认为天下最粗鲁、最没有意思、最无聊和最可耻的事莫过于我们这种夹杂着咒骂的粗野的谈话方式了;我只想请我们的绅士稍为考虑一下(他们具有足够的见识和智慧,除了自我夸赞以外,在其他事情上是耻于说废话的),我只想请他们把自己的日常谈话写下来,多念几遍,考察一下这种英语,研究一下它们的节奏和语法,然后,请他们把自己说的话译成拉丁语或者任何其他语言,那时他们就会看到自己说了一大堆多么莫名其妙和乱七八糟的话。

咒骂,这种舌头上的污秽、嘴里的渣滓和粪便,在一切罪恶中是最愚蠢和最没有道理的;它使一个人的谈话听起来不入耳,使他的语言失去效用,使他所说的话毫无意义。

咒骂使谈话变得不愉快,至少在那些不用同样愚蠢的方式谈话的人听起来是这样,信口咒骂,对所有不像他那样咒骂的在场的同伴实在是一种侮辱;假如我和别人在一起的时候信口谩骂,我不是假定所有在场的人都喜欢这种调调儿,就是在侮辱那些不喜欢这样谩骂的人。

此外,这种话毫无效用,因为谁也不会相信他的这些赌咒、起誓和咒骂。即使是那些自己常常满口赌咒的人也不会相信他,因为他们知道这些赌咒和起誓只不过是口头禅,对束缚一个人的意志根本不起什么作用;当然,那些不习惯于这样做的人对说这些脏话的人是十分瞧不起的,所以,也就不会相信他们。

这些脏字眼使一个人说的话大为减色或被糟蹋了原意,使他费的一番口舌完全成了废话;为了把这个道理讲明白,我必须接触一点细节,希望读者能够容忍一些下流、污秽和毫无意义的词汇使他们的嘴上稍稍受到玷污(某些绅士们还把这种语言叫做"文雅的英语",泰然自若地讲着它们呢)。

一部分脏话是因为一时气急,脱口而出的,尽管已经够无聊的了,不过还可以算是英语;当一个人起誓说他愿意做这做那的时候,也许他会加上一句"天杀的,我一定干",这就是说,"如果我不干,让天杀了我吧",尽管这种话在另一种意义上说来惹人厌恶,但是,写下来还读得下去,总还算是英语,然而,下面这段话算是什么语言呢?

> "杰克!他妈的,杰克,可好啊?你这个婊子养的小家伙,这么老长的时光入你奶奶的干啥去啦!"于是,他们接吻;另一个人和他一样荒唐,接着说:
> "亲爱的汤姆,看见你真高兴,诚心诚意的;让我死了吧。喂,咱们灌一瓶去;咱们可他妈不能这就分手;老天爷在上,求求你让咱们走吧,醉一家伙去。"

这就是我们的某些花哨的新语言、优美雅致的新风格,要是译成拉丁文,我倒想知道哪个字是主要动词。

要想再听一点这种粗鲁的话,可以到赌徒当中走走,那里最常听到的是"他妈的这骰子",或者是"他妈的这球"。

在运动员当中,如果猎犬失去了所追野兽的踪迹,你就会听到"他妈的这些猎狗",如果他骑的马不肯向前跳,你就会听到"他妈的这匹马"。他们骂人用"狗肏的"、"婊子养的",像这种现已相沿成习的漂亮话真是举不胜举。

诚然,我们承认习惯是判断语言的最好权威,这样认识也是恰当的;可是,理性一定是判断语言含义的法官,习惯绝对不能违背理性。的确,语言和宗教仪式一样,可以交由治安推事去处理;然而,理性却像教义的真谛,是确定不移和无可置疑的,不能够从属于任何人的管辖:它就其本身来说,就是一条法律,它是始终不变的,甚至议会法案也不能改变它。

语言乃至于各种惯用的风格都可以被习惯所变更,而语言的规则则随着一

96

个国家各地的方言和各种语言不同的表达方式而发生变化。

可是,这方面存在着一种语言的明白含义或文体中的格调,我们把这种东西叫做"言之成理"。它就和真理一样,是不容随意变更、是确定不移的,不管表达方式如何不同,或者是哪一种语言,这种"言之成理"在过去和将来却完全一样。不能"言之成理"的语言只不过是一种噪声,任何野兽都能够和我们一样发出这种噪声,鸟雀发出的这种声音比我们的还要好听得多;因为不能"言之成理"的语言充其量只能造成一种沉闷的音乐而已。所以,一个人可能说了许多话,可是,别人完全听不懂是什么意思;也许他费了很多的口舌,可是等于什么也没说。语言只有安排在和它们的含义相适应的恰当位置上才能够叫人听得懂,也才能够让听话的人弄明白说话的人的意思,与此相反,那就是废话;假如我们打算说明一样东西,除了所必需的语言以外,又加上了一大堆多余的、毫无意义的字眼,那便是措辞失礼;如果这种情况发展到极端,那就未免荒唐可笑了。

因此,我们在谈话中当夹杂上许多不必要的咒骂,插上一连串的脏字眼,而某些这样的字眼又没有鲜明意义的时候,我们的谈话便显得失礼。如上所述,当这些字眼使用到过分的程度,我们说的话便完全成了荒谬可笑的胡说;它不能构成论点,由于自相矛盾,所以好像是胡说八道;由于措辞的不足取,所以,似乎流于失礼。

一个绅士用这种脏字眼玷污自己的嘴到底多么不像话呢?关于这个问题,我请他们看一看几种详细的情况。

这种恶习已经远远超过了良好的礼貌。不过,有几种人毕竟还没有染上它。

第一,即使是这种恶习最深的人也不会教他们的孩子骂人,或者赞成他们这样做。诚然,某些最不检点的人当孩子骂人的时候会不加责备,因而消极地助长了孩子的恶习,但是,肯定绝不会有人存心教自己的孩子骂人或赌咒。

第二,破口骂人的这种体面玩意还没有在女人中流行开来。的确,"该死的!"这句话女性是难以说得出口的;它似乎是男人的一种过失,女人们还没有放肆到这种地步;我只盼望那些口带脏字的绅士们能亲耳听到一个女人骂人。我敢肯定女人说出那种话来也不会有什么好听,这就和胡乱咒骂有失绅士身份一样的不体面(如果用世界上良好的礼貌或理性的法律来审判的话,显然,有这种毛病的绅士是有失身份的)。

这是一种没有意义的、愚蠢可笑的行为;这是一种达不到礼貌目的的表现;这是一种虽然说了出来却没有任何意义的废话;这是一种因愚蠢而做出的傻事;这是一种连魔鬼本身都不肯干的行径。我们说魔鬼专门为非作歹,但是,他这样做却是怀有某种企图的,他不是想诱惑别人,便是(如某些神学家所说)出自一种仇恨造物主的准则。偷盗是为了得财,谋杀是为了满足食欲或者报仇泄恨。嫖妓和强奸、通奸和鸡奸是为了满足一种邪恶的欲望,往往都有诱惑人的对象;一般而论,一切罪恶都有某种前因和某种明显的倾向。然而,这种恶习却是所有罪恶中最没有意义和最可笑的;这里面既没有快乐又没有利益,既没有要实现的企图,又没有要满足的欲望,这只是一种舌头的疯狂,一种大脑与自然过程背道而驰所呕吐出来的污物。

此外,人们可以为别的罪恶寻找出这种或那种借口,或者提出各种辩词;人们以贫穷无奈为偷窃的借口,以万分愤怒为谋杀的理由,并且,为嫖妓举出许多牵强的说法;可是谈到这种恶习,就连那些有这种恶习的人都承认它是一种罪过,不给它作任何辩解;我至多听到过人们这样辩解:他这样做是情不自禁啊。

此外,正如同它是一种无可辩解的失礼一样,一个人当着和他谈话的同伴口出不逊,也损害了礼貌和谈话。如果同伴中有人不赞成这种谈话方式,那么,这种不干不净的话便是以一种越礼的放肆态度强加给他的负担;这种放肆的程度就好像一个人在法官面前胆敢放屁,或者在王后面前妄谈淫事,或者是其他类似的情况一样。

对这种歪风邪气的消灭,各种法律、议会法案和宣言不过是些色厉内荏的东西,不过是善意的调侃,只博得有这种恶习的人一笑而已,我感觉到它们对这种恶习从未发生过任何影响:我们的行政长官也并不喜欢或热心把它们付诸实行。

要消除这种罪恶,不能靠惩罚,而要靠有人为之表率;如果英格兰的绅士一旦愿意停止这种风气,那么像这样的一种本身如此愚蠢可笑的恶习一定会很快地为人所厌恶,不再时髦了。

这项工作可以由我所谈的学院来进行,我以为要打破这种风习,最快莫过于由这样一个学院来公开谴责它了,在这个学院里,我们在言谈举止方面的一切习俗都应该受到审查。机智方面的孰优孰劣之争以及戏剧的格调、习惯和风尚都在这里评断。剧本在这里通过以后才能上演,批评家在这里可以吹毛求疵,尽情指责;任何事物一经这种考验,就决不会轻易消亡,目前两派戏剧的争执将会结束,不再为互争短长而吵嘴[①];评定争论的将是机智和真正的价值,这个学院应

[①] 17世纪王政复辟时期,贵族崇尚形式浮华而内容空虚、淫秽的喜剧;清教徒则以古典主义悲剧为武器相对抗,这里说的两派戏剧就是指这一情况。

该是不犯错误的评判官。

二

下面，我将要提出一个在我看来是仅次于此的最高贵和最有用的建议，那就是：成立军事研究学院；由于我只想把自己的意思说明白而无意于写一部巨著，因此，我把这些问题都放在这里讨论。

我承认战争是世界上最好的学院，在这个学院里，人们出于需要而学习，迫于强力而实践，并且，都是有所为而为，战斗中需要尽责，凯旋时可以受奖；任何明白事理或者观察过形势的人都会清楚地看到英国在这场七年战争①中做了多大的改善。

可是，如果看一看我们在战争一开始就付出了多么惨重的代价，英国于开战初期因此处在一个什么样的形势之下，我们的工程师和高级军官怎会几乎全是外国人，我们就会想到我们的人多么迫切需要精通战争技艺，以便使他们面临考验的时候不会是一无所知的新手。

我曾听到某些和政府不和的人在国王用兵爱尔兰的初期趁机攻击国王，说他不愿意信任英国人，他手下的高级军官、将领和工程师全都是外国人。是非虽然是这样的分明，无须回答这种说法，而且，这等人也不配得到回答，然而，我们必须看到：当今的国王据有这个王国并且投入现代最残酷的战争以后，当他着手整顿军队的时候，他在这个国家全部尚武阶层中找不出几个适当可用的将才，不得已而重用伯爵肖姆堡②、金克尔③、索耳姆斯、鲁维格里④等外国人，并使他们入了英国籍。这虽然令人惊异，却是事实。我们还应该看到，国王也曾想尽了一切可能想到的办法鼓励英国绅士取得带兵资格，把不下十六个联队交给从未当过兵，也很少知道如何带兵的英国贵族绅士指挥。在这些人中，有些还正在军中服役，并且，获得了和他们功劳相当的褒奖，担任陆军少将、旅长等军职。

所以，如果说长期的太平岁月曾使我们退步到无知的程度，幸好我们遇到了一位永具世界上最杰出的英才的国王，不然，情况就相当危险，那么，现在谁又能

---

① 指 1689—1697 年的英法战争。
② 弗·赫·肖姆堡(1615—1690)，德国军人，随威廉入英后，于 1689 年被封为公爵。
③ 哥达特·封·金克尔(1630—1703)，德国人，威廉手下的将军，是出征爱尔兰部队的指挥官。
④ 索耳姆斯、鲁维格里等都是随从威廉到英国来的外籍将领。

担保和平和不同的执政者再会给我们带来什么后果呢？

也许，作战的方式和世界上任何事物一样的变化多端；我们只需往上推到国内战争，就可以明显地看出：当时的一位将军如果不提高他的能力，恐怕连担任现在的上校都很难胜任。进攻战术一有发展，防守战术便相应而生；防守战术虽然在现代已远远胜过进攻战术，而后者也正在迅速进步。

我们在英国见过一场血腥的内战，在这场战争中，按照英国人的老脾气，打仗成了交易，把军队驻扎在一块别人不能接近的地方，这在那场战争中从来没有听说过；就连战力最弱的一方也往往出击——例如邓巴尔战役①；今天吃了败仗，明天又来较量，彼此是这样热心地寻找敌方交锋，好像他们急于让自己的头颅被打烂一样。扎营、掘壕沟、修炮台、退却、加强营防和炮击在当时都是陌生的，几乎是人们不知道的事情；甚至全部战争都结束了，还没有利用过任何帐篷。战斗、奇袭、猛烈攻城、小接触、围城、埋伏、偷营等都是每日的新闻。目下，我们却常常看到五万人大军的一方和敌方在可以看得见的距离以内对峙着，一直在全部战役中躲躲闪闪，或者用个好听的说法，都在监视着对方，然后，便各自住进了冬营。战争的座右铭不同了，现在和以往的战争座右铭之间的差别就好像长假发不同于花白胡须，或者今天的风俗人情不同于往昔一样。现在的战争座右铭是：战必有利，无利不击。步步为营，以防受逼。

如果战争双方的将领都严格遵守这些金科玉律，他们就永远不会有交兵之日了。

一般地说，我承认这种作战方式比以前的战争花钱多而流血少，但是，这就会拖长战争，我几乎怀疑，如果早先也像现在这样打仗，我们的国内战争是不是会一直拖到今天。他们当时的战争座右铭是：遇敌便打。

然而，现在的情况却迥然不同了。我想，在现在的战争中明摆着：谁最经得起战争，这就得看谁的钱袋最充足，而不在于谁的剑最长。欧洲全都在作战，只要双方有办法弄钱，人力是绝不会疲惫的，但是，谁要是最穷，谁就得先罢手；明显的一个例子是：法兰西国王现在倾向和平，并且承认了这一点，因为他虽有无数完整无恙的雄兵，而军费却无以为继；他发现自己的国库空虚，举国疲惫，财源枯竭。对我们那些说法国如何贫困的报告，连一半我都不相信是真的，但是，法兰西国王显然发现：尽管他的军队如何勇敢善战，而他的钱却不足以长期和联

---

① 邓巴尔是苏格兰东部一渔港，1650 年 9 月 3 日，克伦威尔的军队在这里重创支持国王的苏格兰军。

盟国①抗衡,因此,他想尽一切方法在他能够于最有利的情况下媾和的时候谋求议和。

毫无疑问,法国人仍然有力量再把战争拖几年。不过,他们的国王很聪明,不肯让事情弄到这样极端,如果他发现自己处在每况愈下的危险形势之中,他宁愿忍声吞气地接受苛刻的条件媾和,而不愿再打下去。

这就是我唯一打算说的离题话,希望读者原谅我这种节外生枝的过失。

所有这些问题,并作一句话来说就是:在和平时期务须做好作战准备,我国人民应该受到军事训练。万事俱备,只缺士兵,这就实在奇怪;船已备好了,我们的商业部门一直在训练而且正在培养更多的海员;但是,马步炮兵、工程师等急待培养和训练。没有人一生下来肩膀上就扛着毛瑟枪或者脑子里就装着堡垒;放火炮和挖地道攻城不能生而知之的,为此,我建议成立一座——进行军事训练的皇家学院。

军事学院由国王亲自创办,费用由公众负担;经费从国王的每年岁入中支出。我建议这座学院分四部分:

(1)第一院专门培养精通各项有用的军事技术的专家,招收少年学员进行训练,以后,在国王的统辖下按照他们的成绩和国王陛下的恩宠提升录用,这样,国王陛下就可以不断地从他们之中得到工程师、炮手、消防队长、炮手长、地雷工兵等各种人才。

(2)第二院负责对志愿学员进行科目相同的军事训练。只要符合某些限制条件,所有志愿受训的都应该被接纳,并享有在学院听讲、做实验和进修的一切利益,而且,也有资格得到该学院的学衔、照顾和住处,相当于大学里的特待校友。

(3)第三院是一个临时训练班,任何绅士或英国人只要愿意报名并遵守校规,都可以像一个绅士一样受到整整一年的免费款待,由第二院指派的教员负责训练他们。

(4)第四院只是各种专科学校,不管是什么人,只要愿意报名,都可以入学,领取少量津贴并受到他们所希望的各种特殊训练;这些学校的教师由第一院的高班学员担任。

……

---

① 指1689—1694年奥格斯堡联盟之战中的英荷一方。

这些军事学院的实验像皇家学会的学位论文一样值得公之于世。为此，设立学院的地方应该有足够的场地便于投弹、构筑炮台、棱堡、月牙堡、方堡、角堡、要塞等各种正规防御工事，在这些工事附近还要便于引水，以便训练工程师从事沟下排水和地雷作业的必要实验。学院必须有足够大的操练场进行远距离练习重炮轰击、炮轰营垒、操演各种爆破以及已经发明或将被发明的武器、掘壕沟、扎营等。

他们的公开操练也将会非常有趣，和我们英国人最喜欢看的各种热闹场面或展览会相比，它更值得所有绅士们参观。

我相信，从这些将军中可以形成一套规章制度，这将是世界上最伟大、最英武和最有益的一项事业。这样一来，英国的缙绅将成为最通晓军事的人，因而在国外将最受嘉许，而在国内则比任何人都更有用。国王陛下也再不会被迫雇用外国人担任要职和在他的军队中服务。

为使全国公众在某种程度上都能更加通晓军事，我以为实行下面的计划将大有裨益。

当我们的武器是长弓的时候，就某种程度来说，我们英国民族用弓的本领可以说是独步世界，连最普通的乡间小民都是高明的射手，人们在太平年月的游戏中就具备了极好的入伍资格，而这种游戏还产生了一个好结果，那就是当征集起一支军队以后，兵士不需训练就能作战；为了鼓励人民参加这种对国家如此有利的锻炼，国会曾通过法案规定每个教区都要维持若干射靶场，以供乡间青年练习射箭。

我们现在的作战方法既已变更，毛瑟枪这种杀伤力强大的军械成了士兵的正规武器，我希望英国人喜欢玩的游戏也随之而变更，使我们既能得到乐趣又获得实惠。现在，我国有一种不利的情况，特别是由于常备军不能尽如人意，情况就更为严重，这就是：如果一旦爆发战争，必须先花一年时间教兵士如何掌握武器，然后才能认为他们适于上战场，因此，应征入伍的新兵被叫做"新手"。为了消除，至少是在某种程度上消除这种情况，我建议：应该通过某种公开鼓励（因为靠惩罚不会奏效），使我们的青年不再醉心于斗鸡和斗蟋蟀那种无聊幼稚的游戏和喝酒，而把兴趣转移到用燧发枪射击这种既有男儿威武气概而又其乐无穷的运动上来；还有游泳，除了大有益于健康以外，还有许多其他的好处，因此，我以为所有的人都应该学会它。

谈到射击，我在上文提到的学院拿国王的钱训练缙绅，缙绅为了报答这种恩典，应该在乡间居民中普及这种训练。用下面的办法就可以很容易地做到这种普及：

　　如果各地乡绅按照他的地位出资悬奖,让他居住的城镇或附近的人参加夺奖射击比赛,比赛可以每年举行一次或者两次乃至多次,这由绅士们自己随意决定;得奖的人不仅要射击得最准确,而且,要遵守一般的射击习惯。

　　这种办法准会使英格兰的所有年轻人都热爱射击,变成好射手,因为他们一定会经常练习,并且,彼此展开比赛,这种好处一到战时就显出来了;因为假使全营的兵士都能够百发百中地瞄准敌人,远距离杀伤敌人的数目就会比现在多得多;我们知道一营军队和另一营军队接火,中弹人数一般不会超过三四十名;我以为我们很难忘记在奥格里姆战役①中,一营英国军队遭到整整一联队爱尔兰龙骑兵的射击,但是,那一天他们不知道究竟有没有人挂彩;我只需请参加过爱尔兰战争的军官们注意,由于爱尔兰人是这样了不起的神枪手,英格兰军队占了多大便宜!

三

　　在以下一项关于学院的建议中,我打算提出的计划是成立一所——女子学院。

　　我时常这样想:在我们这样一个文明的基督教国家,居然否认女人上学的好处,这真是最野蛮的习俗之一。我们天天责备女性的愚蠢和无礼,但我却相信,如果有机会受到和我们一样的教育,她们会比我们要少犯错误。

　　的确,一个人会感到奇怪,女人的全部知识既然只限于她们天生的能力,我们何以还能和她们谈得来。她们的青春全消磨在学针线或者做小玩意上了。诚然,我们也教她们识字或许还教她们写自己的名字等,可是,这就是女人所能受到的最高教育。我只想问问那些轻视女人、认为她们是最蠢的人,要是一个男人(我指的是绅士)不受教育,他又会有什么能耐呢?

　　一个出身名门、身份高贵的绅士,天资也过得去,如果缺乏教育,看看他会成为什么样的人物。其结果不言而喻,无须我来举例。

　　蕴藏在身内的灵魂就像是一块粗钻石,它必须琢磨,否则决不会放出它本来

---

① 奥格里姆(Aughrim),爱尔兰如尔威附近的一个小镇,1691 年 7 月初,威廉的军队在此战败詹姆斯二世的苏格兰军。

的光辉,显然,正如理性的灵魂使我们有别于禽兽一样,教育增强了这种区别,使某些人比另一些人更进一步地脱离了野蛮状态。这个道理是如此昭彰,无须任何证明。但是,女人又为什么被剥夺了受教育的权利呢?如果知识和学问对女人来说真是无用的奢侈品,那么,全能的上帝就决不会使她们有任何禀赋,因为上帝从来不创造无用的事物。此外,我还要请问这些人,他们到底在无知中看出了什么好处,以致认为它是女人必不可少的装饰品?或者,一个聪明的女人到底比傻子要坏多少?或者,女人到底犯了什么罪过,要剥夺她们受教育的权利?难道她们用傲慢无礼祸害了我们么?我们为什么不让她们上学,好变得更聪明些呢?其实,妨碍她们变得更聪明些的完全是这种不人道的风俗,在这种情况下,我们还应该责备女人的愚蠢无知吗?

女人的天资恐怕比男人要高,她们的脑子也比男人快;女人在受教育以后能够干出什么事业,从一些女才子的事例上看得很清楚(现代并不缺乏这种事例);这种事例谴责了我们的偏见,看来,我们之所以剥夺女人受教育的权利,仿佛生怕她们变聪明以后会和男人竞争似的。

为了消除这种缺陷,使女人至少有机会在各种有益的知识方面受到必不可少的教育,我提出一项符合这种目的的办学计划。

我知道女人抛头露面是危险的;她们要么就幽居深闺,要么就遭受危险;前者违背她们的意愿,后者损伤她们的名誉,所以,这件事是有些难办;一位聪明的女士在一本叫做《向女人们进一言》的小册子里提出了一种办法,但是,我怀疑它是否切实可行,因为,说一句失敬女人的话,或许有点儿为她们所特有的(至少在她们的青年时代)那种轻浮恐怕受不了书中提出的限制;我以为只有极端偏执的迷信,才能够维持一座女修道院。女人拼命地想进天堂,为了进天堂,她们不惜刻苦自己美丽的肉体;然而,除了极端偏执的迷信以外,没有什么东西能够使她们做到这一点,而且,即使在那种情况下,以往也常有事实表明天性会占上风。

所以,当我谈到女子学院的时候,我心目中的规范、教学法和管理既有别于那位聪颖的女士提出的建议(我非常器重她的建议,也很赞许她的才学),也不同于各式各样的宗教限制,特别是保证独身的誓言。

因此,我建议的学院应该只是稍异于一般的公立学校,自愿求学的女人在院内应该有一切机会学习各种和她们的禀赋相适合的学问。

但是,既然绝对有必要树立某些不同于一般的严格纪律,以维护学校的名誉,使有身份和财产的人敢于让他们的孩子到那里求学,我冒昧地通过杂谈的方式提出一项小计划。

我建议学院的建筑应该独具一格，院址也独处一方。校舍应该是朴素的三面房屋，没有任何突出部分或犄角，使得从这一角可以一目了然地看到另一角；校园也同样按三角形树立围墙，并开有宽沟，只有一座大门。

学校环境经过这样稳妥的、最便于守望的安排以后，要想偷情便很难瞒过别人的眼睛，所以，我不赞成设立守护人、暗探等来防卫这些女人，我只希望她们能够恪守贞操淑德。

如果有人问我原因，我希望我们男人在我说明这项理由的时候不要见怪：

我是如此敬爱女人，同时又如此熟悉男人。因此，在我看来，只要把男人从女人身旁实际隔开，就可以防止偷情私通这类勾当；因为我们虽然美其名曰"爱情"的那种欲求有时在女人身上确实激发得有些过分鲜明，随之而来的往往便是不贞，可是，我以为：我们误称之为"娴静"的习俗远胜过女性的热情，因此，女人失身以前往往总先有男人勾引。

> 使女人守规矩的不是贞操观念，而是风俗习惯，
> 不管是聪明人还是傻瓜，都在它面前就范；
> 因为一旦动了春心，什么贞操都变得毫不相干，
> 只有风习时尚还能够管一管风流罪案。
>
> 全亏了风俗习惯，才维持住淑德贞操，
> 爱情需要先去求索，然后才能够得到；
> 因为我们称之为娴静的美德只不过是骄傲，
> 担心被拒绝面子难堪，才不屑于开口乞讨。
>
> 一般的风俗时尚战胜了她们的欲望，
> 她们决不先求爱，一被进攻却容易投降；
> 等到闹完了那套没用场的礼数，
> 女人们自身的弱点便无法掩藏。
>
> 如果欲望强烈，本性难以制阻，
> 最好隔开男人，使她机会毫无。

要不然，无论你怎样防范也于事无补，

不见可欲其心不乱，这样才保住了圣徒。

简单地说，即使是一个没有任何贞操观念的女人，也得男人先开口才肯委身相就，至少是还有一点廉耻的女人一定会这样做。

根据这种理由，我深信可以采取某些措施，使女人们在学校围墙以内的小天地里完全自由自在，同时，又不会发生任何偷情、不贞或其他丑事；为此，在女子学院中应该遵守下列校规和戒条（我建议英国每乡至少要设立一所这样的学院，伦敦城应设立十所左右）。

除了校舍按前述式样建造以外：

1. 所有入学女人都应该动手维持学院的秩序，并且，表明她们同意遵守这些秩序。

2. 正如所有入学女人都是宣布自愿入学并且主动报名的人一样，任何人只要出于自愿无意继续学习的时候，可以随时离校。

3. 学院费用由在校女人支付，每个入学的人只有一项负担，这就是：尽管她可能愿意中途辍学，她应该缴纳全年学费。

4. 国会应该通过法案，规定任何男人如果强行进入或混入女校，或者勾引任何在校女生，即使预备结婚，也一概按重罪论处，并且，不得有牧师不受普通法庭审讯的特权。这条法律无疑是严厉的，因为任何一个愿意接受男人求爱的女人都可以随时辍学，与此相反，任何女人在有必要时都可以通过进入女校的办法来摆脱她所嫌恶的任何男人鲁莽的求爱。

在女子学院里，一切入学者都应该按照她们的天赋和能力受到各种课程的教育，特别是音乐和跳舞，因为女人是如此的喜欢这两门东西，如果不让她们学习就近于残酷了；可是，此外她们还要学习各种语言，特别是法语和意大利语；我可不怕使女人多长几条舌头①。

她们应该学习如何谈吐文雅和一切必要的讲话风度，把它当作一门特殊课程；而我们的教育在这方面的缺陷是如此的明显，因此无须我来揭露。她们应该学习读书，特别是读历史，使她们通过读书明白事理，可以懂得和判断她们听到的事物。

① 英语"舌头"（tongue）和"说话"同义。这里是一种戏谑性的说法，认为女人比较饶舌。

只要她们有天资,她们可以求取任何一种学问;但是,一般地说,首要任务在于培养女人的理解力,使她们能够参与各种谈话;当她们的能力和判断力提高以后,她们在谈话中就能够给人以愉快和教益。

　　据我观察,女人和女人之间很少或者根本没有差别,所不同的只不过是曾否受过教育而已。的确,她们在一定的程度上是受着气质的影响,然而,主要的不同点则在于她们的教养。

　　作为整体来看,女人大多是聪明伶俐的。我想读者可以容许我这样地一概而论,因为你们很少看到像笨伯似的傻头傻脑的小女孩,而这种情况在男孩中却屡见不鲜。如果女人受到很好的教养,学会怎样适当地运用她的天资以后,一般都证明她们记性很好,非常机灵;说句公道话,一个知情达理、风度娴雅的女人是天地万物中最美丽多娇的东西,是造物主的光荣,充分说明上帝对他心爱的创造物——男人的独特恩宠,她是上帝所能赐予的和男人曾经接受的最美好的礼品。教育的熏陶可以使女性心灵的自然美放出本来的光辉,剥夺她们这种权利是世上最卑鄙、愚蠢和忘恩负义的行为。

　　一个教养很好、品学兼优的女人是一种无可媲美的创造物;和她交往就象征着崇高的欢乐,她有天使般的姿容,仙子般的谈吐,柔情千种,仪态万方,简直是和平、爱情、智慧和欢乐的化身。她不论在哪一方面无不尽善尽美,一个男人有这样的终身伴侣,只能够感到无上幸福而满怀感激。

　　另一方面,假定还是同一个女人,如果剥夺了她受教育的权利,必将发生以下这种情况:

　　如果她原是好脾气,由于缺乏教育会变得懦弱和没有主见。如果她有几分聪明,由于没有教养会变得轻浮和饶舌。因为判断力和经验的缺乏,她的知识会使她三心二意,胡思乱想。如果她原来的脾气就不好,就会因没有教养而变得更坏,她会变得傲慢无礼,喜爱吵闹。如果她容易生气,因为不懂礼貌,往往变成活像一个疯子成天骂不绝口、呶呶不休的泼妇。如果她原来就骄傲,由于没有谨慎的素养(这也是教养),就会目中无人、异想天开和荒唐可笑。她有了这么多毛病,结果自然变得蛮不讲理,吵吵闹闹,多嘴多舌,下流无耻,一句话,成了个魔鬼。

　　拿我们对女人的要求来说,我们有时候既然认为要关心她们,那么,如果我们不想从她们那里得到什么欢乐的话,至少应该费费心把她们教养得能可人意和有点用处。天啊,看看我们是怎样的操心养一匹良马,把它练得多么驯顺吧,马变驯顺了以后,看看我们又是怎样地器重它,这一切无非是为了它能有用场;

那么,为什么不这样对待女人呢?因为女人如果没有淑静的举止,她的一切装饰和美丽都将是金玉其外,败絮其中,就像是弄虚作假的商人把最好的货色摆在最表面,让顾客以为底下的货色都一样。

女人引以自豪的肉体美,现在看来是一种不公道的禀赋。造化(或者不如说是上帝)受到中伤,好像他让女人生成丽质全是为了勾引男人,这样,女人就成了祸水,因为据说在绝顶漂亮的女人里面聪明的很少,脾气好的更少,娴静的那更找不到了。有人自以为能够找出理由来说明这样分派是平等的,他们说:老天爷是最公道的,所以才这样,他让众生万物都各有所长,无一向隅,使每个人都有或此或彼的优点,这样,大家就会互相中意,不然,有的就要遭人白眼。

我以为这两种想法都荒诞不经,尤其是后一种对造物主貌似恭敬,实际上却最坏不过。因为按照这种看法,造物主便成了贫困而空虚的了,好像他的恩泽不足以遍及全体苍生万物似的,诚恐赐予的礼物耗尽用竭,只好吝啬一些,让大家一人分一点儿零碎。

如果容许我大胆地反对一种几乎是普遍的看法,我要说的是:大多数人在这方面都看错了天道神机,世人今天在这方面的做法也是不正确的。由于这个结论非常大胆,所以,我想解释一下。

创造我们大家的全能的神肯定是善美的泉源,就和他是存在的泉源一样,通过潜移默化,他能够把同等的品德和完美分散给他所创造的一切生物,就像旭日之光明普照,丝毫无损或无减于造物主本身的光辉,而今天世界上每个人也都确实具有足够的天赋,并无愧于造物主本来的安排。

我想,如果我举出下列理由就可以证明这个论点。我的理由是:上帝赋予每个人以灵知,这就等于向全体人类赏赐了同等的礼物和能力,人之所以有智愚好坏之分,不是由于器官构造的偶然差别,就是由于受教育方面的不同。

首先,这是由于器官构造的不同引起的。我不想在这里讨论灵魂在肉体中的物理学部位。可是,如果哲学家说得不错,理解力和记忆力按照传达它们的器官偶然的大小或则扩张或则收缩,那么,尽管上帝赋予我一个和别人一样有悟性的灵魂,然而,如果我身体内的灵魂由那里起作用的部分有天生的缺陷,我便可能非常愚笨而他人却相当聪颖。例如,如果一个小孩子的听觉器官天生有缺陷,因而不辨五音,虽然这个孩子具有同样能够学习世上一切才艺的灵魂,他却永远不会说话或读书。大脑是灵魂起作用的中心,这里汇集着所有明辨事物的感官;所以,一个人如果脑袋狭小,头脑在执行应有的和必需的职能时没有宽绰的余地,这个人绝不会非常聪明;"大头大脑,傻瓜呆鸟",这句俗语并不是说头大的人天生必傻,而是对懒惰的谴责,人们往往会惊讶地说:"呸,呸,你这个空长着一个大脑袋的傻瓜,真奇怪,这准得怪你自己。"从这点看来,我完全相信男女的血统大有关系——聪明人生下的儿女不一定都是聪明的,我倒认为只有强健的体质才能有最聪明的后裔,病弱的体质不但影响儿女的健康,而且影响他们的智慧。我们很容易举出理由证明马、鸡、狗和其他生物的血统上存在着这种情况,我以为人类显然也不能例外。

不过,还是让我们言归正传吧。世人看到的男女之间显著的差别在于他们所受的教育,以这种差别和男人(或女人)彼此之间的差别相比较就可以证明这一点。

我之所以敢这样大胆地断言一般人对待女人的办法是错误的,原因就在于此,因为我不能想象全能的上帝创造了这样娇美的一种生物,赋予她们这样的魅力,使她们这样惹人喜欢和怜爱,让她们的灵魂具有和男人一样的机能,难道只是让她们当我们的管家婆、厨娘和奴隶的吗?

我一点也不想鼓吹牝鸡司晨,完全由女人当权,然而,一句话,我希望男人把女人当侣伴看待,并且,把她们教育成适宜的伴侣。一个明白事理和有教养的女人一定不屑侵犯男人的特权,正如一个明白事理的男人不屑因女人软弱而欺凌她们一样。可是,如果女人的灵魂经过教育的熏陶和美化,她就不会再蒙受恶名了;譬如,要是再说女人家没主见就是无稽之谈,因为那时候女人当中的愚蠢和无知比在男人当中还难以发现。我曾经听过一位非常漂亮的太太谈过一段话,我现在还记得;她,人挺聪明,很有才干,模样儿更漂亮,而且家里非常有钱,只是一直关在闺房里,家人害怕她被人引诱,因此,连普通女人操持家务事的必要知识都没有让她学习;当她后来进入交际界的时候,生来聪明的她痛感自己是如此的缺乏教育,以致她用短短这么一句话责备自己说:"我竟没脸和自己的侍女们谈话,因为我不知道她们做的事对不对。我应该先上几年学再结婚才好。"

我无须絮烦地谈论女人因缺乏教育招致的损失,也不想谈论一反其道以后的好处;这件事很容易被承认,但是,要实际补救却不那么简单。本文对于这件事只不过拉杂谈谈,至于它的实行问题,只有留待男人聪明到愿意对这种情况加以弥补的好日子再说了(如果真能有那么一天的话)。

何青 译

109

《论教育》导论

[德] 伊曼努尔·康德

　　伊曼努尔·康德(Immanuel Kant, 1724—1804), 德国哲学家、德国古典哲学创始人,
重要著作即著名的三大"批判":《纯粹理性批判》《实践理性批判》和《判断力批判》。

　　本文是康德《论教育》(1803)一书的导论, 其要点是: 人不同于动物,"唯有通过教育
才能成为人";教育是一门技艺, 通过训诫和培养, 使人文明化和道德化;也就是说, 教育是
人的"塑造", 包括"否定性的"训诫(即纯粹为了防止学生犯错)和"肯定性的"培养(即引导
学生将所学的东西付诸实施);教育的目的, 是要教导人如何自己养活自己, 如何在社会群
体中独立生存, 做一个"自由人"。

　　本文可以说是康德教育观的直接表述, 虽然其中有些内容在今天看来可能已经过时
(如: 因为费用昂贵, 绝大多数孩子是不可能接受公共教育的), 但文中对教育的定义, 以
及对教育的功能、教育的目的所作的阐述, 至今依然适用。尤其是文末提出的一个涉及教
育内在矛盾的问题, 也许在任何时代都值得从事教育的人深思。这个问题就是:"人们怎
样才能把服从于法则的强制与运用自己自由的能力结合起来? 因为强制是必需的! 有了
强制, 又怎么培育出自由呢?"

人是唯一必须受教育的生物。也就是说,我们把教育理解为照管(供养、抚养)、训诫(管教)和连同塑造在内的教导。据此,人是婴儿——是幼童——是学生。

动物一旦拥有力量,不管是什么样的力量,就合乎规则地、亦即以不致损害自己的方式使用自己的力量。这确实是值得称赞的;例如,人们发现,刚刚破壳而出、尚未睁开眼睛的雏燕,却仍然知道让自己的粪便落到鸟巢外。因此,动物不需要照管,至多需要食物、温暖和引导,或者某种保护。大概多数动物都需要喂养,但不需要照管。也就是说,人们把"照管"理解为父母的预防措施,即预防孩子不有害地使用自己的力量;例如,如果动物像孩子们所做的那样,一来到世上就啼哭,就肯定会成为被它的哭声引来的狼或者其他野兽的猎物。

训诫或者管教把动物性改变成人性。动物通过其本能就已经是其一切,一种外在的理性已经为它安排好一切。但人却使用自己的理性。人不能凭本能生存,必须自己为自己制订行为计划。但由于他不是马上就能这样做,而是无知地来到世上的,所以必须由别人来为他做这件事。

人类应当通过自己的努力,把人性的全部自然禀赋逐渐地从自身中发挥出来。两个世代教育另一个世代。人们在这方面可以在一个无知的状态中、也可以在一个完善的、发达的状态中寻找第一开端。如果后一种状态被假定为先前和最初就存在的,那么,人必定是后来又野蛮化并堕入无知之中。

训诫防止人由于自己动物性的动机而偏离其规定,即人性。例如,它必须限制人,使其不野蛮地、不假思索地陷入危险。因此,管教是纯然消极的,也就是说,是从人身上去除野性的行动。与此相反,教导则是教育的积极部分。

野性就是不取决于法则。训诫把人置于人性的法则之下。开始让人感受到法则的强制。但此事必须及早进行。例如,人们把孩子送到学校,一开始并非已经意在他们在那里学点什么,而是意在他们能够习惯于静静地坐着,严格遵守事先给他们规定的东西,以便他们不会在将来每有一个念头,就真的并且马上去实施。

但是,人天生对自由有一种如此强烈的趋向,以至于他只要有一段时间习惯于自由,就将为它牺牲一切。正因为此,训诫也必须如上所说,及早投入运用,因为如果不这样做,到后来就难以改变人了。他在这种情况下会任性而为。人们在各野蛮民族那里也看到这一点:尽管他们较长时间地服务于欧洲人,却从来不习惯于后者的生活方式。但在他们这里,这却不像卢梭和其他人认为的那样,是一种对自由的高贵趋向,而是动物在某种程度上尚未在自身发展出人性时的某种无知状态。因此,必须及早使人习惯于服从理性的规定。如果人们让他在幼年时任意而为,没有任何东西抵制他,则他就将终生保持着某种野性。而在幼年时受到过多的母亲温存保护的人,也是无可救药的,因为他们一旦进入世界的事务之中,从此就越来越多地从四面八方受到抵制,并到处受到打击。

这在大人物的教育中是一种常见的错误,由于他们注定要做统治者,所以在幼年时,人们也就从未真正地抵制他们。人由于其对自由的趋向,磨砺其无知性是必要的;与此相反,动物由于其本能,就不需要这种磨砺。

人需要照管和塑造。塑造本身包含着管教和教导。就人们所知,没有任何动物需要这些东西。因为除了鸟学习其鸣啭,没有任何动物从长者那里学习某种东西。鸟是由长者教会鸣啭的,就像在学校里一样,长者倾其全力为幼鸟领唱,而幼鸟则努力从其小喉咙中发出同样的音调,这看起来很感人。为了证明鸟不是出自本能鸣啭,而确实是学来的,值得费力气做个实验,把金丝雀的卵取走一半,把麻雀卵放进去,或者也可以把幼麻雀与幼金丝雀调换。如果人们把这些麻雀置入一个听不到外面麻雀叫的房间里,它们就学习金丝雀的鸣啭,人们就得到了会鸣啭的麻雀。事实上这也是很值得惊赞的,即每一个鸟类都世世代代保持着某种主要的鸣啭,而鸣啭的传统大概是世界上最忠实的传统了。

人唯有通过教育才能成为人。除了教育从他身上所造就的东西,他什么也不是。应当注意的是,人唯有通过人,通过同样是受过教育的人来受教育。因此,就连在一些人那里对训诫和教导的欠缺,也使得他们成为受其管教者的糟糕教育者。一旦一个更高品类的存在者关心我们的教育,人们就会看到,人能够成为什么。但既然教育一方面是教给人某些东西,另一方面也只是在他那里发展出某些东西,否则人们就不可能知道,在他那里自然禀赋能够做到哪一步。假如在这里至少通过大人物们的支持,通过众人的联合力量做一项实验,它也就会已经给我们作出说明,人究竟能够做到什么程度。但是,对于思辨的头脑来说一个重要的,如同对于博爱主义者来说一个悲哀的发现,就是看到大人物们多半总是只关心自己,而不是以使自然向着完善更趋近一步的方式参与教育的重要实验。

没有人在幼年被疏于管教,到成年时却会自己看出自己或在训诫方面或在培养(人们可以这样称谓教导)方面被疏忽了。未受培养的人是无知的,未受训诫的人是野性的。训诫的耽搁是一种比培养的耽搁更大的弊端,因为培养还可以后来继续弥补;但野性却无法去除,训诫中的失误是无法补救的。也许,教育

112

将越来越好,每一个后来世代都将向着人性的完善更趋近一步;因为在教育背后,隐藏着人类本性的完善性的重大秘密。从现在起,这种事有可能发生。因为对于什么真正说来属于良好的教育,人们现在才开始有了正确的判断和清晰的认识。设想人的本性将通过教育而发展得越来越好,而且人们能够使教育有一种合乎人性的形式,这是令人陶醉的。这为我们展示了未来更加幸福的人类的前景。

一种教育理论的草案是一个美好的理想,即便我们不能马上实现它,也无损于此。即便在实施它时出现重重障碍,人们也不必马上就把理念视为幻想,败坏它的名声,把它当做一个美好的梦。

一个理念无非是关于一种在经验中尚不存在的完善性的概念。例如,一个完善的、按照正义的规则治理的共和国的理念。它因此就是不可能的吗?我们的理念首先必须是正确的,然后才能说不是不可能的,尽管有许多障碍还在阻碍它的实施。例如,即便每一个人都说谎,说真话就会因此而是一种纯然的奇怪念头吗?一种把人里面的所有自然禀赋都发展出来的教育理念,当然是真实的。

就现在的教育来说,人并未完全达到自己存在的目的。因为人们的生活是多么不同啊!唯有当他们按照一模一样的原理行动,而且这些原理必定成为他们的另一种本性时,他们中间的齐一性才能出现。我们可以制订一种更合乎目的的教育计划,并且把这种教育的使用说明传给能够逐步地实现它的后代。以报春花为例:如果人们用根移栽它,所得到的都只是同一种颜色;但与此相反,如果人们播种它们的种子,所得到的就完全不同,是极为不同的颜色。因此,自然毕竟把胚芽置于它们里面,而要把它们里面的这些胚芽发展出来,则仅仅取决于恰如其分的播种和培植。就人来说,也是这样!

在人性中有许多胚芽,而现在,把自然禀赋均衡地发展出来,把人性从其胚芽展开,使得人达到其规定,这是我们的事情。动物是自动地满足这种规定的,并不了解它。人必须首先去追求达到它,但如果他对自己的规定连一个概念都没有,这就不可能发生。对于个人来说,达到规定也是完全不可能的。如果我们假定人的第一对夫妇是确实教化了的,则我们毕竟想看一看,他们是如何教育自己的孩子的。第一对父母已经给孩子们提供榜样,孩子们仿效他们,这样就发展出一些自然禀赋。所有人并非都能以这种方式来教化,因为多半这一切只是让孩子看到榜样的偶然情况。过去,人们甚至对人类本性能够达到的完善性根本没有一个概念。我们自己也根本没有弄清楚这个概念。但有一点是肯定的,即并非单个的人就对其孩子的全部塑造而言能够使他们达到自己的规定。应当做成这件事的不是单个的人,而是人类①。

教育是一门技艺,教育的实施必须经过许多世代才能够完善。每一世代都配备有前一世代的知识,能够越来越多地实现均衡且合目的地发展人的一切自然禀赋,就这样把整个人类导向其规定的教育。——天意希望人自己从自身中产生善,于是就对人说:"到世上去吧——造物主就能够这样与人说话!——我为你配备了一切向善的禀赋。发展它们就靠你了,所以你自己是否幸福就取决于你本人。"

人应当首先发展其向善的禀赋;天意并未把它们已经现成地置于人里面;那是纯然的禀赋,并没有道德性的区别。使自己更善,培养自己,如果自己是恶的就在自己这里产生道德性,这就是人应当做的。但是,人们如果对此有深思熟虑,就会发现这是很难的。因此,教育就是能够交托给人的最大的问题和最困难的问题。因为洞识取决于教育,而教育又取决于洞识。所以,教育也只能循序渐进,唯有通过一个世代把自己的经验和知识传给下一个世代,这个世代又附加上某种东西并且这样传给下一个世代,才能产生出关于教育方式的正确概念。因此,这个概念以什么样的伟大文化和经验为前提条件呢?据此,它也只能很晚产生,而且我们自己也尚未完全弄清它。个别的教育是否应当仿效人性在普遍上通过其各个世代的那种教化呢?

可以把人的两种发明视为最困难的,亦即统治技艺和教育技艺的发明,毕竟人们甚至在它们的理念上也还有争执。

但是,我们从哪儿开始发展人的禀赋呢?我们是应当从无知状态开始,还是应当从教化了的状态开始?设想一种出自无知的发展,是困难的(因此第一个人的概念也是如此困难),而且我们看到,就出自这样一种状态的发展而言,人们毕竟总是又堕回无知,然后才又重新从那种状态上升。即便是在很开化的民族那里,我们也在他们记下来留给我们的最早信息中发现与无知的严重接近——而书写不是已经需要很多文化吗?所以,考虑到开化的人,人们可以把书写技艺的开端称为世界的开端。

---

① 单个的人永远不能完全摆脱弱点,甚至不能完全改正其错误,但就他来说,特别是就人性来说,毕竟能够变得越来越好。甚至通常对人的一种误以为的恶化的抱怨,也是人性在善上的进步的一个证明,因为它只能是法和道德上更为严格的原理的一个结果。——德文版编者注

由于自然禀赋的发展在人这里不是自行发生的,所以一切教育都是技艺——自然没为此给人置入任何本能——无论这门技艺的起源,还是它的进展,都要么是机械性的,没有计划按照给定的情况安排的,要么是裁决性的。所谓机械性的,是指教育技艺仅仅是在我们遇到某种东西对人有害或者有用的偶然情况下产生的。一切仅仅机械性地产生的教育技艺,都必定带有非常多的错误和缺陷,因为它们不以任何计划为根据。因此,教育技艺或者教育学如果要如此发展人类本性,使之达到其规定,就必须成为裁决性的。受过教育的父母是孩子们塑造自己的榜样,受到敬重。但如果孩子们应当变得更好,教育学就必须成为一项研究,否则就不能对它有任何指望,而且一个在教育上败坏的人通常还去教育别的人。教育技艺中的机械论必须转化为科学,否则,它就永远不会成为一种连贯的努力,而一个世代就可能毁掉另一个世代已经建立的东西。

教育技艺的一个原则应特别为那些制订教育计划的人士所牢记,它就是:孩子们受教育,应当不仅适合人类当前的状态,而且适合人类未来更好的状态,亦即适合人性的理念及其整个规定。这个原则极为重要。父母教育自己的孩子,通常只是让他们适应当前的世界,哪怕它是个堕落的世界。但他们应当把孩子教育得更好,以便由此产生一个未来的更好状态。但在这里有两个障碍:

1. 父母通常只关心自己的孩子在世界上生活好;2. 君侯们只把自己的臣民视为达成自己种种意图的工具。

父母们关心家,君侯们关心国。两者都不以世界福祉和人性被规定要达到且也有相应禀赋的那种完善性为最终目的。但一种教育计划必须被设计成世界主义的。在这种情况下,世界福祉就是一种在我们的私人福祉上有害于我们的理念吗?断然不是!因为虽然看起来人们由于它而必须牺牲某种东西,但人们毕竟仍然通过它总是也促进着自己的当前状态的福祉。在这种情况下,将有多么美妙的结果伴随着它!好的教育正是世界上一切善从中产生的东西。处在人里面的胚芽必然得到越来越多的发展。因为恶的根据在人的自然禀赋中是找不到的。导致恶的原因,是本性没有被置于规则之下。在人里面,只有向善的胚芽。

但是,世界的更好状态从何而来呢?是来自君侯们,还是来自臣民们?也就是说,是臣民们先改善自己,并在半途中迎合一个好的政府?如果这种状态应当由君侯们来建立,则王子们的教育就必须先改善,这种教育长期以来还一直有重大的错误,即人们在王子们幼年时不违拗他们。但是,一棵孤零零地长在旷野里的树,长得歪曲并且枝杈四伸;与此相反,一棵长在森林中央的树,则由于它旁边的树都违拗它,却长得笔直,并寻获自己上方的空气和阳光。对于君侯们来说也是这样。毕竟,他们受某个出自臣民阶层的人教育,总是比受其同类教育更好。因此,唯有在他们受的教育是更优秀的教育的情况下,我们才可以指望善来自上面!所以,这里主要取决于私人的努力,而不像巴泽多①和其他人认为的那样,取决于君侯们的赞助。因为经验表明,为了达成自己的目的,君侯们的意图首先并不那么是世界的福祉,而毋宁只是其国家的繁荣。但是,如果他们为此提供资金,则也必须任由他们为此预先制订计划。在事关人类精神的教化、人类知识的扩展的一切事情上都是如此。权力和金钱并不成就事情,至多是使事情变得容易。但是,如果国家经济不是仅仅事先为国库纳税,它们就能够成就事情了。而且学术机构迄今也没做,要它们来做,其迹象从未像现在这样渺茫。

据此,学校的设置也应当仅仅取决于最开明的行家们的判断。一切培养都是从私人开始,并由此传播开来。那些有更广泛偏好的人,关心世界的福祉,而且能够具有一个未来更好的状态的理念,只是通过他们的努力,人类本性才有可能逐渐逼近其目的。毕竟还有些大人物,有时仿佛只将其民众视为自然界的一部分,因而只关注他们的繁衍。人们在这种情况下至多还要求技能,但也只是为了能够把臣民更好地当做工具用于自己的种种意图。私人当然必须首先关注自然目的,但此后也必须关注人性的发展,关注使自己不仅有技能,而且也是有道德的。而最难的是,他们要力求使其后代比他们自己推进得更远。

因此,就教育而言——

1. 人必须受到训诫。训诫就是力求防止动物性给人性带来损害,无论是在个别的人身上还是在社会性的人身上。因此,训诫就纯然是对野性的驯服。

2. 人必须受到培养。培养包括教诲和教导。它是造就技能。技能就是拥有一种足以达成所有任意目的的能力。因此,它根本不规定任何目的,而是预期应对各种情况。

一些技能在所有场合都是好的,例如读和写;另一些技能只是为了一些目的,例如音乐,为的是让我们招人喜爱。由于目的众多,技能在某种意义上是无限的。

3. 人们还必须关注使人成为聪明的、适应人类社会的、招人喜爱且有影响

---

① J. B. 巴泽多(1723—1790),和康德同时代的德国学者,泛爱主义教育的创始人和主要代表。

的一员。这就需要某种人们称之为文明化的培养。为此就要求风度、乖巧和某种使人能够把所有人都用于自己的目的的聪明。它遵循的是每一个时代的易变的鉴赏。在几十年前,人们还在交往中喜爱讲究礼仪。

4. 人们必须关注道德化。人应当不仅为达成各种各样的目的而有技能,而且还获得只选择完全好的目的的意念。好的目的就是必然为每个人所认同的目的,是能够也同时是任何人的目的。

人要么是仅仅被驯服、被调教、被机械地教导,要么被真正地启蒙。人们驯服狗和马,而且也能驯服人。

但是,驯服尚无济于事,关键首先在于让孩子们学习思维。这旨在一切行动由之产生的原则。因此人们看到,对一种真正的教育来说,要做很多事情。但通常在私人教育中,第四项,即最重要的一项,还很少得到实施,因为人们在根本上是这样教育孩子的,即把道德化留给布道人。但如此极为重要的,却不是从小就教会孩子们厌恶恶习,其根据不仅是上帝禁止它,而是它自身就是值得厌恶的。若不然,他们很容易想到自己总是能够作恶的,此外如果上帝没有禁止,恶习也是允许的,因此上帝大有可能制造一次例外。上帝是最神圣的存在者,而且只希望好的东西,并且要求我们履践德性,乃是因为德性的内在价值,而不是因为它的要求。

我们生活在训诫、培养和文明化的时代,但还远远不是道德化的时代。就人们现在的状态而言,可以说国家的幸运是与人们的不幸同时增长的。还有的问题是:我们在无知状态中,在我们还没有所有这些文化时,是不是比在我们现在的状态中更为幸福?因为在没有使人们变得有道德和睿智的时候,怎么能使他们幸福呢?恶在量上并未被减少。

人们在能够建立标准学校之前,必须先建立实验学校。教育和教导必须不是纯然机械性的,而是基于原则的。然而,它也不可以是纯然理性思考的,同时却以某种方式是机械设置。在奥地利,多半只有按照一个计划设立的标准学校,这种计划受到过许多有根据的反对,人们特别可以指责它是盲目的机械设置。那时,所有其他学校都必须依循这些标准学校,而且人们甚至拒绝提拔未曾在这些学校就读的人。这样一些规定就表明,政府是多么关心这件事。而在这样一种强制下,根本不可能产生什么好的结果。

虽然,人们都认为实验对于教育来说并无必要,人们从理性出发就已经能够判断某种东西将是好的还是不好的。但是，人们在这一点上大错特错了，而且经验表明，就我们的尝试来说，经常出现和人们预期的截然相反的结果。因此，人们看到，既然问题在于实验，则没有一个人类世代能够展示一个完全的教育计划。唯一在这里首开先河的实验学校就是"德绍学院"。人们必须给予它这种荣誉，尽管它有许多让人们能够指责它的错误；这是人们从尝试中所得出的一种任何结论都有的错误，也就是说，为此还总是需要新的尝试。它以某种方式成为唯一让教师有自由按照自己的方法和计划来工作的学校，在这里，教师们无论是相互之间还是与德国的所有学者之间都有联系。

教育包括照料和塑造。塑造是：1. 否定性的，即纯粹防止错误的训诫；2. 肯定性的，即教导和引导，就此而言属于培养。引导是在将所学的东西付诸实施时的引领。由此产生出仅仅是一个教师的传授者和是一个向导的家庭导师之间的区别。前者仅仅为学校而教育，后者则为生活而教育。

对于幼童来说，第一个阶段就是必须表现出恭顺和一种被动的服从的阶段；第二个阶段则是人们已经让他运用，但毕竟是在法则之下运用思考和自己的自由的阶段。在第一个阶段是一种机械性的强制，在第二个阶段则是一种道德的强制。

教育要么是一种私人教育，要么是一种公共教育。后者仅仅涉及传授，而且这种传授可以始终是公共的。种种规定的实施则被留给前者。一种完备的公共教育是把教导和道德塑造这二者结合起来的教育。它的目的是：提升一种好的私人教育。做这件事的学校，人们称之为教育机构。这样的机构可能不多，其中幼童的数量可能不大，因为它们学费昂贵，单是建立它们就已经要花很多钱。它们的情况，如同贫民院和养老院。为此所需要的建筑，负责人、看管人和佣工的薪酬，就已经用去为此提供的经费的一半。无疑，如果把这些钱送到穷人的家里，他们就会得到更好得多的供应。因此，除了富人家的孩子，其他孩子也很难分享这样的机构。

这样的公共机构的目的是：完善家庭教育。唯有当父母们或者在教育上协助他们的其他人都受过良好的教育时，公共机构的花费才可以免去。在它们里面应当进行尝试，并塑造主体，这样就应当从它们里面产生一种良好的家庭教育。

私人教育要么是父母们自己进行，要么由于父母们有时对此没有时间、能力,甚或根本没有兴趣,而由其他雇来的辅助者进行。但对于通过这些辅助者进行的教育来说,有一种很难以处理的情况,即权威是在父母和这些家庭导师之间分享的。孩子应当遵循家庭导师的规定,然后又要遵从父母的怪念头。对于这样一种教育来说、父母有必要把其全部权威转交给家庭导师。

但是,私人教育在多大程度上会比公共教育优越,或者后者在多大程度上会比前者优越? 一般来说,不仅在一个公民的技能方面,而且在一个公民的性格方面,公共教育都显得比家庭教育更优越。后者不仅经常产生出家族缺陷,而且还使其流传下去。

但是,教育究竟应当持续多久呢? 直到大自然规定人自己引领自己的时候;性本能此时在他这里已经发达;此时他自己能够做父亲并且应当自己去教育;大约直到 16 岁。在这个时间之后,人们也许还能使用培养的辅助手段,实施一种隐蔽的训诫,但不能再实施任何正规的教育。

幼童的恭顺要么是肯定性的,即他必须做给他规定的事情,因为他不能自己判断。纯然的模仿能力还在他身上延续;要么是否定性的,即如果他希望别人又应当做某种让他喜欢的事情,他就必须做别人希望的事情。对于前者来说出现惩罚,对于后者来说出现的则是,人们不做他希望的事情;他在这里尽管已经能够思维,却仍取决于自己的愉悦。

教育最大的问题之一就是:人们怎样才能把服从于法则的强制与运用自己自由的能力结合起来? 因为强制是必需的! 有了强制,又怎么培育出自由呢? 我们应当让我们的幼童习惯于忍受对其自由的一种强制,并且应当同时引导他自己去正确运用自己的自由。否则,一切都是纯然的机械作用,离开了教育的人就不知道如何运用自己的自由。他必须尽早感受到社会的不可避免的阻抗,以便认识到为了独立而养活自己所必须承受的匮乏和挣钱的艰辛。

这里必须注意以下几点:1. 让孩子从小就在一切事情上自由(在他伤害自己的事情上例外,比如他抓一把无鞘的刀),只要这样做不妨碍别人的自由。例如,如果他喊叫,或者大声嬉戏,这就烦扰了别人。2. 必须向孩子指出,唯有通过让别人也达到自己的目的,他才能达到他自己的目的。例如,如果他不做人们希望的事情,人们就不让他快乐,他应当学习等。3. 必须向他证明,施加给他一种强制将把他引向运用他自己的自由;培养他,是为了他有朝一日能够是自由的,也就是说,可以不依赖别人的照料。最后这一点是最迟做的,因为对于孩子们来说,观察到比如人们今后必须为自己的生计操心,是很晚才有的事情。他们认为,就像在父母家中,他们总是能得到吃的喝的,无须为此操心。没有那种观察,特别是富有父母的孩子和君侯子孙,就会像奥塔希提岛的居民,终生都是孩子。在这里,公共教育有其明显的优势,因为人们在此学会衡量自己的力量,学会让别人的权利来限制自己。这里没有任何人享有特权,因为人们到处都感受到阻抗,因为人们唯有通过出众的成就,才能使自己引人注意。这提供了未来公民的最佳样板。

不过,这里还必须考虑其中存在的一个问题,即:预先给予性知识,以便在进入婚龄之前就防止恶习的形成。

李秋零　译

审美教育：美与游戏

[德] 弗里德里希·冯·席勒

弗里德里希·冯·席勒(Friedrich von Schiller,1759—1805),德国诗人、剧作家、哲学家,与歌德齐名,也是歌德的挚友,重要著作有悲剧《阴谋与爱情》《华伦斯坦》《玛丽亚·斯图亚特》《威廉·退尔》、诗剧《唐·卡洛斯》和论著《审美教育书简》和《论美》等。

《审美教育书简》(又译《美育书简》)是1793—1794年席勒写给丹麦王子克里斯钦公爵的27封信,后在《季节女神》杂志上连载,并出版单行本。此处辑录的是其中的第15封信,题目系编者所加。

席勒的美学思想源自康德,对美的定义是:美即游戏。在此信中,他不仅详细解释了这一定义,即:游戏冲动的对象是"活的形象",亦即最广义的美;同时还将这一定义提升到人性的高度,即认为:美与游戏是人性的圆满完成。所以说,只有当人是完全意义上的人时,他才游戏;只有当人游戏时,他才完全是人。

既然美即游戏,审美教育也就是游戏教育。游戏教育要培养的是一种非功利的游戏心态,即:追求一种精神境界,看淡世间的物质追求和物质享受。如果人沉浸在这样一种心态中,就会与世无争,就会变得恬静而高尚。这不是和宗教很相像吗? 所以,后来一直有人提出的"以美育代宗教说",其始祖就是席勒。

在一条并不十分令人振奋的小径上，我引导您走向一个目标，这个目标已越来越近了。请您赐恩，再跟我往前走几步——这样，一个更加自由的视野就会展现出来，一个令人心旷神怡的远景也许会酬报行路的艰辛。

感性冲动的对象，用一个普通的概念来说明，就是最广义的生命，这个概念指一切物质存在和一切直接呈现于感官的东西。形式冲动的对象，用一个普通的概念来说明，就是本义的和转义的形象，这个概念包括事物的一切形式特性以及事物对思维的一切关系。游戏冲动的对象，用一种普通的说法来表示，可以叫作活的形象，这个概念用以表示现象的一切审美特性，一言以蔽之，用以表示最广义的美①。

依据上述说明——如果算是一种说明的话——美既不扩张到生物界的全部领域，也不仅限于这个领域。一块大理石虽然是而且永远是无生命的，但通过建筑师和雕刻家的手同样可以变成活的形象；而一个人尽管有生命，有形象，但并不因此就是活的形象。要成为活的形象，就需要他的形象是生活，他的生活是形象。在我们仅仅思考他的形象时，他的形象没有生活，是纯粹的抽象；在我们仅仅感觉他的生活时，他的生活没有形象，是纯粹的感觉。只有当他的形式在我们的感觉里活着，而他的生活在我们的知性中取得形式时，他才是活的形象②；而且不管在什么地方，只要我们判断他是美的，情况总是这样。

我们可以举出那些由于它们的统一而产生美的成分，但因此还是完全没有说明美的渊源，因为要说明美的渊源，就需要了解这种统一本身，而这种统一，正如有限与无限之间的一切相互作用一样，我们是永远无法探究的③。理性根据先验的理由提出要求：应在形式冲动与感性冲动之间有一个集合体，这就是游戏冲动，因为只有实在与形式的统一、偶然与必然的统一、被动与自由的统一，才会使人性的概念完满实现。理性必然会提出上述的要求，因为它就是理性——因为按其本质它极力要求"完满实现"，要求排除一切限制；但是，这一个或那一个冲动的任何排他性的活动都不允许人的天性完满实现，都要在人的天性中建立一种限制。只要理性据此作出断言：应该有人性存在，那么它因此也就提出

---

① 就是说，"美"并不是单指"美的形象"，而是指所有审美的现实。
② 生活与形象或内容与形式，本来是相分离的；只有当它们彼此统一，相互转化，成为"充满内容的形式"和"变成形式的内容"，才会成为"活的形象"，才会产生美。
③ 席勒认为，审美印象或美，是有限的（即感性的）生活与无限的（即精神的）形象之间相互作用的产物，但是，美究竟是如何产生的，即美的渊源是无法说明的，因而他不去研究这个问题。

了这样的法则：应该有美①。是不是美，经验可以回答我们，而且只要经验给我们以教导，我们也会知道人性是否存在。但是，怎么才能是美，人性怎么才能存在，这不管是理性还是经验都无法教给我们。

我们知道，人既不仅仅是物质，也不仅仅是精神。因此，美作为人性的完满实现，既不可能是绝对纯粹的生活，就像那些敏锐的观察家所主张的那样（时代的趣味很乐于把美降低到这种地步），他们过于死板地依靠经验的证据；也不可能是绝对纯粹的形象，就像抽象推理的哲人和进行哲学思考的艺术家所判断的那样，他们中的前者过于脱离经验，后者在解释美时过于被艺术的需要所指引②。美是两个冲动的共同对象，也就是游戏冲动的对象。语言的用法完全证明这个名称是正确的，因为它通常用"游戏"这个词来表示一切在主观和客观上都非偶然的、但又既不从内在方面也不从外在方面进行强制的东西。在美的观照中，心情处在法则与需要之间的一种恰到好处的中间位置，正因为它分身于二者之间，所以它既脱开了法则的强迫，也脱开了需要的强迫。它对于物质冲动和形式冲动的要求都是严肃的，因为在认识时前者与事实的现实性有关，后者与事物的必然性有关，在行动时前者以维持生命为目标，后者以保持尊严为目标，二者都以真实与完善为目标。但是，尊严一掺进来，生命就变得无关紧要，一旦爱好在吸引，义务就不再强制；同样，一旦事物的现实性即物质的真实性同形式的真实性即必然的法则相契合，心情就会比较自由地、平静地接受事物的现实性，即物质的真实性，只要直接的观照伴随着抽象，心情就不会再由于抽象而感到紧张。总之，一句话，当心情与观念相结合时，一切现实的东西都失去了它的严肃性，因为它变小了；当心情与感觉相遇合时，一切必然的东西就放弃了它的严肃性，因为它变得轻松了。

但是，您也许早已想反驳我说，把美当作纯粹的游戏，这岂不是贬低美，岂不是把美同一向被叫作游戏的那些低级的对象等量齐观吗？美是文明的工具，如

---

① 就是说，人性概念的完满实现就是美。

② 伯克（18世纪英国经验主义哲学家，他的这部著作在18世纪的德国有很大影响；他认为美是感性的特性，通过它，美引起爱或其他类似的感情。——译注）在他的《对崇高观念和优美观念之起源的哲学探究》中把美当作纯粹的生活。而据我所知，教条派（指德国美学家鲍姆嘉登及其他理性主义美学家。——译注）的所有信徒们又把美当作纯粹的形象，他们对这个对象各自表白了自己的信条，在艺术家当中，拉斐尔·门各斯（18世纪德国画家兼艺术理论家，他的那部著作的全名应是《关于美以及绘画中的趣味的断想》；他认为美是"物质的灵魂"。——译注）在他的《关于绘画中趣味的断想》中就是这么做的，至于其他人就不必提了。所以像在一切领域一样，批判哲学在这个领域也为经验回到原则、抽象推理回到经验开辟了道路。——作者原注

今局限于纯粹的游戏,这不是与美的理性概念以及美的尊严相矛盾吗?游戏即使摒弃了一切趣味也可以存在,如今把它仅仅限于美,这不是与美的经验这一概念相矛盾吗?

我们已经知道,在人的一切状态中,正是游戏而且只有游戏才使人成为完全的人,使人的双重天性一下子发挥出来。既然如此,那么究竟什么是纯粹的游戏?您根据您对这个问题的意象认为是限制,我根据我已经用证据加以证明的我自己对这个问题的意象称为扩展。因此我要反过来说,人对舒适、完善只有严肃,但他与美是在游戏。当然,我们不能一谈到游戏,就想到现实生活中进行的、通常只是以非常物质性的对象为目标的那些游戏,但要在现实生活中寻找这里所谈到的美也是枉费心机。实际存在的美与实际存在的游戏冲动是相称的;但是,由于理性提出了美的理想,同时也就提出了人在他的一切游戏中应该追求的理想。

如果一个人在为满足他的游戏冲动而走的路上去寻求他的美的理想,那是绝不会错的。希腊各民族在奥林匹斯赛会上寻欢,是通过不流血的力量、速度、灵巧的比赛以及更高尚的智力竞赛,而罗马民族则是通过一个倒在地上的角斗士或他的利比亚对手①的垂死挣扎得到满足的。根据这一点,我们可以理解,为什么我们不在罗马而在希腊寻找维纳斯、朱诺、阿波罗的理想形象②。可是理性说:美的事物不应该是纯粹的生活,不应该是纯粹的形象,而应是活的形象。这就是说,之所以美,是因为美强迫人接受绝对的形式性与绝对的实在性这双重的法则。因而理性作出了断言:人与美只应是游戏,人只应与美游戏。

说到底,只有当人是完全意义上的人,他才游戏③;只有当人游戏时,他才完全是人。这个道理此刻看来也许有点似是而非,不过如果等到把它运用到义务和命运这双重的严肃上面去的时候④,它就会获得巨大而深刻的意义。我可以向您保证,这个道理将承担起审美艺术以及更为艰难的生活艺术的整个大厦。其实,也只是在科学中这个命题才令人感到意外,而在艺术中以及在艺术最高贵

---

① 即狮子,罗马的角斗士与狮子决斗,人们以此来取乐。

② 如果我们(就近代世界而言)把伦敦的赛马、马德里的斗牛、昔日巴黎的马戏、威尼斯的赛船、维也纳的赛兽以及罗马乘车游览等愉快而美好的生活加以比较,不难看出,这些不同民族的趣味彼此各有细微的差别,可是也表明,这些不同国家的民间游戏远不像这些国家上流社会的游戏那样单调,这是很容易解释的。——作者原注

③ 这里所说的"游戏",就是同时摆脱来自感性的物质强制和理性的道德强制的人的自由活动。

④ 什么地方单纯是义务的严肃和命运的重压在支配人,那里的人就不可能愉快。而美对这种严肃和重压起着溶解的作用,因而当人游戏的时候,他就是完全的人,因为他不再感到义务的严肃和命运的重压。

的大师——希腊人的感情中它早已存在并起着作用,只不过希腊人把在地上应该做的事情移到奥林匹斯山上罢了。以这一命题的真理为指导,希腊人既让使凡人的面颊皱纹纵横的严肃和劳作,也让使空空的脸面露出光泽的无聊的快乐,都从幸福的群神的额头消失,他们使永远知足者摆脱任何目的、任何义务、任何忧虑的枷锁,使闲散与淡泊成为值得羡慕的神境的运命(运命只是为了表示最自由、最崇高的存在而用的一个更合人性的名称)。不管是自然法则的物质压迫,还是伦理法则的精神压迫,都由于希腊人对必然有更高的概念而消失了。这个概念同时包括两个世界,而希腊人的真正自由就是来自这两个世界的必然性之间的统一。在这种精神的鼓舞下,希腊人在他们理想的面部表情中既不让人看到爱慕之情,同时也抹去了一切意志的痕迹,或者更确切地说,使两者都无法辨认,因为他们懂得把这二者在最内在的联系中结合在一起。朱诺①雕像那张壮丽的脸要向我们说的,既不是优美也不是尊严,不是二者中的哪一个。因为她同时是二者。在女神要求我们崇敬的同时,神一般的女子又点燃了我们的爱;但是,当我们沉浸于天上的娇丽时,天上的那种无所求的精神又吓得我们竭力回避。这个完整的形体就静息和居住在它自身之中,是一个完全不可分割的创造,仿佛是在空间的彼岸。既不退让也不反抗;这里没有与众力相争的力,没有时间能够侵入的空隙。我们一方面不由自主地被女性的优美所感动、所吸引,另一方面又由于神的尊严而保持一定的距离,这样我们就处于同时是最平静和最激动的状态,这样就产生了那种奇异的感触——对于这种感触,知性没有概念,语言没有名称。

冯至　译

---

① 朱诺是罗马神话中的女神,主神朱庇特的妻子。她的地位和职能与希腊神话中的赫拉相同,常被当作赫拉。这里席勒实际指的是赫拉。

教育与生活

[瑞士] 约翰·裴斯泰洛齐

　　约翰·裴斯泰洛齐(Johann Heinrich Pestalozzi,1746—1827),瑞士教育家和教育改革家,重要著作有教育小说《林哈德与葛笃德》和论著《论教学方法》等。本文选自《裴斯泰洛齐教育论著选》。

　　裴斯泰洛齐以其教学法而闻名,而其教学法的核心理念源自卢梭,即认为:每个人都受永恒的自然法则所预先构造的基本力量的支配,因而教育的目的就是自然地、合乎心理学地发展那些力量,即把人的头脑、身体和心灵都看作是有待培育的"胚芽"。基于这一理念,他认为学生接受教育的终极目标不是完成学业,而是适应生活;所以,教育者不应把学生训练成规规矩矩的人,而要培养学生适应生活的自主能力——这就是他在本文中所要论述的。

我们必须牢记，教育的终极目标不是圆满地完成学业，而是适应生活；不是养成盲目服从和规定的勤奋习惯，而是培养自主的行为。我们必须牢记，一个学生不论他属于哪个社会阶级，不论他打算从事哪种职业，人类天性中具有的某些才能，对所有的人来说都是一样的，这些才能构成了一个人基本能力的主干。我们没有权力限制任何人发展他的全部才能的机会。对他们中的某些人给予特别的关注，而放弃将另一部分人培养到高度完美程度，这样做或许是明智的。才华禀赋和爱好、理想和追求的千差万别充分证明因人而异是必要的。但是我要重申，我们没有权力阻止儿童发展那些我们目前或许还没有想到对他们未来的职业或生活地位将是至关重要的才能。

谁不知道人生沉浮？谁不知道，一些不屑一顾的东西曾被赋予很大的价值，而有些看不起因而没有做的事，过后又懊悔不迭？谁不知道，经历过人生甘苦的人，他的指点和帮助可以使其他人得益，而若没有他的关注，其他人肯定不会得益？谁不会承认——至少在理论上，如果他在实践上一窍不通的话——人所能得到的最大满足，就是意识到自己拥有卓越的才能？

然而，即使这些都不值得注意，即使根据某些经验和一些人所共知的事实可以证明，对绝大多数人来说，泛泛之学已足够其用了，我仍然认为，我们的教育体制在很大程度上一直是很勉强地运转的。这一体制提出了各种训练要求，但却没有给予这些训练以应有的比例。

关于这一问题，唯一正确的见解应该来自对人类天性及其一切才能的研究……

因此，教育不是单纯考虑应该向儿童传授一些什么，而首先应该考虑可以说是他们已经具有的东西，这些东西即使不能看作是已发展了的才能，至少也应看作是一种可以发展的天赋才能，或者假如不用这些抽象的辞令，我们只要还记得是伟大的生命创造者①使人拥有先天禀赋并负责使用这些先天禀赋，那么教育就不单单只确定"何为儿童"，而应该探讨"儿童适宜做什么？"——作为一个负有责任的生命，他的命运如何？作为一个理性的、道德的人，他有哪些才能？全能的上帝在其创世与启蒙之书②中所提出的使儿童达到尽善尽美的方法以及所规定的儿童努力奋斗的最高目标又是什么呢？

---

① 伟大的生命创造者，即上帝。
② 创世与启蒙之书：即《圣经》。

这些问题的答案必须是简明而又全面的。它必须囊括整个人类;它必须适用于所有的人,而不分他们出生的地区或国家。首先,它必须在"人"这个词的全部意义上承认人的权利。它必须揭示这些权利远非局限于那些人们常常通过成功的斗争得到保证的身外之利,而是包含了一种更为高级的特权——这种特权的本质,还没有普遍地为人们所了解并得到正确的评价。这种特权包括:所有阶级的人都有获得有用知识的正当权利,都有发挥自身才能的权利,以及在身体、智力和道德方面,人的各种才能受到明智对待的正当权利。

如果人没有理智,或者他的头脑里没有知识,或者他的判断力低下,或者,更重要的,如果他没有意识到自己作为一个有道德的人所应有的权利和义务,那么对这样一个人谈论自由,只能是白费力气。

夏之莲　译

教 育 与 幸 福

[瑞士] 约翰·裴斯泰洛齐

本文选自《裴斯泰洛齐教育论著选》。

裴斯泰洛齐认为,归根结底,教育的目的是要使受教育者生活得幸福。那么,什么是幸福? 他认为,幸福是"一种心理状态",一种不易受外部环境变化影响的愉悦感。那么,如何培养这样一种心理状态,或者说,这样一种愉悦感? ——这就是他在本文中所要谈论的。

如果把人看作一个个体，那么教育应该为使人获得幸福而作出贡献。幸福感不是来自外部环境，而是一种心理状态，是一种内部和外部世界相和谐的意识；它把欲望限制在适当的范围内，为人的才能确立了最高的目标。由于这样的人是幸福的，他能把自己的欲望限制在财力的范围之内；他能放弃一切个人的、自私的欲望，而不至于失去他的愉快和平静——他的全部快乐情感不是取决于个人的满足。甚至，当个人利益不能实现时，当他的完美天性或者他的国家受到威胁时，这样的人也是幸福的——因为这会促使他懂得，努力是无止境的；促使他懂得，最自信的希望来自不断的努力。幸福的范畴是无限制的，它可随着思想境界的开阔而扩展；它可随着内心情感的升华而升华，"随之而发展，随之而增强"。

为了使行为和个人生活具有上述品质，植根于天性中的全部才能都应该得到合适的发展，我认为这一点是必要的。这不是指应该习得哪方面的精湛技艺，或者指望达到某种近乎完美的程度。这些都是天才的专利，而我说的是全部才能都应该得到合适的发展，远不是只有某些不寻常的才能。这样的发展，最大的益处在于训练一般人的头脑，以使之适应于某种专门的工作，也就是从事某种和一个人的天性相适宜的职业。

每个人都拥有这样的要求，所以都把自己的孩子托付给别人来教育，以求其孩子的才能得到合适的发展——这个要求的普遍性看来还没有得到充分的认识——关于这个要求，请允许我利用我的一位朋友在一个偶然的场合提到的一个实例，即：每当我们看到一个人处于极度痛苦之中，乃至行将结束他在这个世界上的一切欢乐与痛苦时，我们总会被一种同情心所触动；我们总会觉得，不管这个人的情形如何，不管他是怎样一个人，他总归是我们的同类，他和我们一样，也受喜怒哀乐的支配，也有某种才能，也有某种追求，也希望平平安安地活着。只要我们被这种同情心所触动，只要我们能够做到，我们总会非常乐意去减轻他的痛苦，在他最黑暗的时刻为他带来一线光明。这种同情心会出现在每个人心里，甚至是某些天真无知人，某些不近人情的人，某些毫无生活阅历的人，也会同情别人。既然如此，我现在要问：我们怎么能漠然对待那些刚刚步入人生的人呢？我们怎么能对那些将要登上人生舞台的人不感兴趣呢？对此，只要我们平静地反省一下就不难发现，我们是可以帮助他们的；我们可以为他们做点事，从而增进他们的欢乐，减轻他们的痛苦、不满和不幸。

就此言之，教育可以做的事，也就是一切有能力、有经验的人都可以做的事；

教育应该做的事,也就是所有对人类福利事业真正感兴趣的人应该做的事;教育马上就能做到的事,也就是所有这些人马上就能做的事。

夏之莲 译

论 教 育

[德] 亚瑟·叔本华

亚瑟·叔本华(Arthur Schopenhauer,1788—1860),德国哲学家、散文家,曾任柏林大学教授,重要著作有哲学论著《作为意志和表象的世界》《论意志的自由》《论道德的基础》和论文集《附录与补遗》等。

本文选自《叔本华悲观论集》,其立论根据是:知识的形成,是从对事物的具体观察中得出的抽象概念;也就是说,先有经验,后有知识;或者说,后者是以前者为基础的——这是人类大脑活动的自然过程。然而,现有的教育却违背了这一过程,在学生还没有对事物作具体观察或者说还没有自身生活经验之前,就向学生大量灌输来自别人大脑的抽象概念,或者说所谓的知识。这样的教育,只会阻碍学生对事物形成自己的概念,形成以自身经验为基础的真正的知识;其结果,很可能使许多人终身以一些错误的(至少是来自别人的)抽象概念看待生活、看待世界,即抱有错误的人生观和错误的世界观。所以,正确的教育"意味着努力寻找严谨的自然求知的途径。只有如此,教育才能遵循这条途径有条不紊地实施,儿童才能逐步认识世界而不出现错误观点,而一旦形成错误观点,就很难纠正了"。文中的这段话,可视为全文的"中心论点"。

据说，人类的聪明才智之特征，表现在从具体的观察中能抽象出一般概念来，那么就时间而言，一般概念出现在观察之后。如果确实如此，对一个完全靠自学、既无老师又无书籍的人来说，可以清楚地表明他的每一种具体观察属于何种一般概念，而该一般概念指的又是哪种具体观察。他十分了解自己成功的经验和失败的教训，因此，他能正确地处理他所接触的一切事物。仅这点，也许可以称它为自然的教育方法。

反之，人为的教育方法指的是听别人讲、学别人的东西、读别人的书。所以，在你还没有广泛地认识世界本身之前，在你自己观察世界之前，在你的头脑里就已经充塞了有关世界的一切概念。人们会告诉你，形成这一般概念的具体观察是在后来的经验过程中出现的。到那时，你却会错误地运用你的一般概念，去判断人和物，并错误地认识和对待这些人和物。所以我们说，这种教育把人的思想引入了歧途。

上述这点说明，在我们年轻的时候，为什么经过长时间的学习、阅读，却总还是半天真无知、半带着对事物的错误概念开始认识世界，致使我们的行为时而精神紧张，时而又偏激自信。原因很简单，就是因为我们的头脑里充满着一般概念，而我们自己又总想着去运用它，却又不易正确无误地运用。这也是直接违背大脑自然过程的结果，亦即主张先有一般概念、后有具体观察的结果，这不是本末倒置吗？教师不去发展儿童的分辨能力，不去教他们独立判断和思考问题，只是一味地给他们灌输别人的现成思想。错误地运用一般概念而引起的错误的人生观，须通过长期自身的体验才可能加以纠正，但也很少能全部纠正过来的。这就是为什么富有生活常识的学者寥寥无几而目不识丁者却精通世道、处世随和的道理所在。

所有教育的目的就是获取有关世界的知识。正如我们所说，应特别注意获取知识的正确启蒙方式，这样才会有认识世界的正确开端。我所说的大意是，对于事物的具体观察先于对事物的一般概念，进而便是狭隘的局部概念总要先于广泛的概念。所以，整个教育制度应遵循概念本身形成过程中所必须采取的步骤。如果逾越或省掉了其中的某一步骤，那么这种教育制度肯定就是不完善的，所得到的概念也将是错误的，最后的结果必将是得到曲解世界的观点，这是个体本身所特有的，而且几乎人人都具有，虽然有的只局限于某段时间，但大多数却终生都有。一个人要是非常了解自己的内心世界，那他就会看到，只有到了完全成熟的年龄——有时也根本没有料到成熟的年龄即已来到——才能对生活中的众多现象有正确的理解力和清晰的概念，尽管这些现象并不是很复杂、很难理解。但是在这以前，就是这些现象才是他对世界认识中模糊不清的地方，也是早期教育中所被忽视的某种特殊的课程，且不管这种教育是属于什么类型：是人为的教育方法、传统的教育方法还是建立在个人经验基础上的顺其自然的教育方法。

有鉴于此，教育意味着努力寻找严谨的自然求知的途径。只有如此，教育才能遵循这条途径有条不紊地实施，儿童才能逐步认识世界而不出现错误观点，而一旦形成错误观点，就很难纠正了。

要是真采用了这个计划，我们就得小心防止儿童在还没有对文字的词义和用法有一清晰的理解力时，就滥用它们。否则，它会带来一个致命的后果，即仅满足于使用文字而不去理解事物，换句话说就是只铭记短语句式，以产生急功近利的效力。通常，这种趋势在儿童时代就有了，它会一直延续到成年时期而致使许多学者只学会了夸夸其谈。

我们必须致力于使具体观察先于一般概念而不是相反，但是，常令人叹息的是，事实却并不如此，这就像婴儿以双脚先出母体、诗行韵律先行。普通的方法是，当儿童还很少对世界作具体观察前，就先在他们的脑海中印下概念和观点，严格说来，这就是偏见。因此，儿童之后就是通过这些现成概念的媒介去认识世界并积累经验，并不是从他自己的生活经验中形成自己的观点，事实确应如此。当一个人以自己的眼光看待世界时，就能观察到许多事物及事物的多方面。当然这种短而快的学习方法，在程度上远不如那种对万事都运用抽象概念和作一草率归纳的方法。要长期修正自身经验中的先入之见，甚至终及一生，因为当他发现事物的某方面与他已形成的一般概念间产生矛盾时，他必会否定事物的某一方面所提供的论据，认为是局部的是偏见，甚至还会对整个事物都视而不见，根本否认上面所说的矛盾，使他的先入之见不受任何伤害。所以会有许多人终生都背着谬见之包袱：怪诞的思想、梦幻以及偏执，所有这些其结果是，形成了一个固定的思想而无法更改。实际上，他并没有试图从自己的生活经历中，从自己看待世界的方法中自觉形成个人的基本思想，就在于他现成的一般概念是来自别人，所以才使得他，也使得不少人如此浅薄、孤陋寡闻。

但是相反，我们应该确实遵循自然规律来教育儿童。让儿童头脑中建立概念的方法，就是让他们自己去观察，或最少应该用同样的方法去进行检验，这样才能使儿童有自己的思想，即使形成的不多，但也是有根据的，是正确的。通过这样,儿童就学会用自己的而不是别人的标准来衡量事物,它可以避免众多奇怪思想和偏执,也不用在今后的人生课堂上再去消除它。用这样的方法,可以使孩子们的思想始终能习惯于明确的观点,获得全面的知识,就会运用个人的判断力对事物进行没有偏见的判断。

一般说来,在孩子们认识生活的本来面目之前,不管他们是注意生活的哪一方面,也不应该先从模仿中形成自己关于人生的概念①。我们不能把书本,且仅仅是书本,塞到孩子们的手里,应该让他们逐步地去认识事物——人类生活的真实情况。我们首先应该让他们对世界具有一个清楚且客观的认识,教育他们直接从实际生活中获取概念,再让这种概念去吻合实际生活——但绝不是从其他方面获取概念,比如说是书本、寓言或他人的言谈话语——然后再把这些现成的概念应用到实际生活中去,因为后者只说明在他们的头脑里充斥了错误的概念,导致他们错误地观察事物,直至徒劳地曲解世界的适合自己的观点,最终步入歧途,表现在各方面:无论是刚刚构成自己的生活理论还是忙于生活中的实际事务。早年在头脑里撒下的谬误的种子,日后就会结出偏见的果实,这种错误的观点残害人身的程度之大令人发指,他们要在今后的人生大课堂内,以主要精力去铲除这种种偏见。按第欧根尼②的看法,铲除偏见,就是对安提西尼③提出的什么是最有用的知识这个问题的回答,我们也可以理解他所指的是什么。

不能让不满十五岁的孩子去学习那些很可能在他们心灵中留下严重错误概念的科目,比如像哲学、宗教或其他需要有开阔见解的知识体系。因为早年所得到的错误概念是很难铲除的,而且在所有的智能中,判断力是最后才成熟的。孩子可以先学习不易产生谬误的科目,像数学;也可以学习那些即使会产生错误,但无大碍的科目,如语言、自然科学、历史等。而且,一般说我们在生命的每一阶段里所学的知识体系,应该与那个阶段中的智力相平衡,即可以完全理解。童年时期和青年时期,应把主要时间放在资料的积累上,获取关于个别和具体事物的专门知识上。要在这个时期就大量形成各种观点未免太早了,应该让他们到将来再作最终的辨别。不应在青年时期就使用判断力,这时没有成熟的经验,判断

① 甚至小孩都会有只满足于使用字词而不是愿意理解事物的可怕倾向。他们用心记住某些字词,以便在需要的时候能够蒙混过关。小孩长大以后仍然保留着这种倾向。这就是许多学者的知识只是一些花哨字词的原因。——作者原注
② 第欧根尼·拉尔修(200—250),罗马帝国时期的希腊哲学家。
③ 安提西尼(约前450—前365),古希腊哲学家,苏格拉底的学生,犬儒学派的创始人。

力不可能发挥出作用,要顺其自然不能勉强;还有,不要在使用判断力前就先灌输偏见,因为偏见会使判断力永远发挥不出作用。

另外,青年时期应充分使用记忆力,因为这个时候的记忆力是最旺盛也是最牢固的。当然,在选择应记忆的事时,也应格外小心,要有远见,因为青年时代学到的东西永生难忘。我们要精心耕作记忆的沃土,让它能尽多地结出丰硕的果实。想想看,当你在十二岁前认识的人是那样深深植根于你的记忆里,在那些岁月中给你留下的印象又是如此深刻,你对别人的教诲与告诫的回忆竟如此清楚,那么,把那个时期里头脑的灵敏性和牢固性作为教育的基础,似乎是很自然的事。只要严格遵循这种方法,系统地调节反映到头脑里的印象就有可能成功。

人的青春很短,所以记忆也囿于狭小的范围内,个体的记忆更如此。既然事实是这样,所以特别重要的就是要记忆任何体系中的精华和实质,无须顾及其他非重要点。但哪些是精华和实质呢,取决于各个学科的权威人士,他们应在深思熟虑后作出抉择,这种抉择必须是坚定的、成熟的,并通过筛选的方式进行。首选的是,在一般情况下,一个人应该和必须通晓的知识,其次是从事具体工作或职业所必备的知识。前者应按百科全书的方法分类,划分为循序渐进的学程使之适应于一个在自己所处环境中,应该具有的一般文化水平。初始阶段,这种知识应限制在初级教育必要条件的课程中,以后再逐步扩大上升到所有哲学思想的分支中所涉及的科目;后者则留给那些真正精通各分类学科的人去判别。这样一来,整个知识体系就为智力教育提供了细微的规章,不过,每十年就应当更新这种规章。按照这样的安排,就能使青年时期的记忆力得到最最充分的利用,并为判断力在今后发挥作用提供极有利的材料。

当人的全部抽象概念和他自我感觉的事物间完全取得一致时,人的知识才可以说是成熟的,即可以说他达到了个体所能达到的完美的境地。也就是说,他的每一种抽象概念,直接或间接地建立在了观察的基础之上,只有它才赋予概念以真正的价值;还说明他能够把他的每一种观察归纳到它应隶属的抽象观念中。成熟是经验的结果,且需要时间。通过自己的观察所获得的知识,与通过抽象概念的媒介所获得的知识,一般说来是有差距的。前者是自然取得,后者则是从他人处获得的。从所受教育中得到的东西,不管是有用还是有害,我们都全盘接受,结果就是,年轻时,抽象概念与真实知识间缺乏一致的联系,这里的所谓抽象概念亦即头脑里的词句而已,真正的知识却需我们自己通过观察而获取。只有当以后两种知识通过相互纠正谬误的情况下,才能逐渐接近,这种结合一旦实现,知识才称谓成熟。不管是高级的还是低级的,这种知识的完善与另一种完美的形式没有密切关系,我指的是个人能力的完美程度,这后者并不能用两种知识是否一致来加以衡量,却是由每一种知识所达到的完美程度来决定。

要处好各种关系,所需要的是有关世道常情知识的正确与深邃。它虽必要,但也是所有学问中最枯燥无味的。导致一个人即使到寿终的年龄时,也无法完全掌握这门知识,但他在科学领域里,即便年轻,却也能掌握较重要的事实的。当一个人尚不了解世界,也就是还处于童年或青年时代时,接受这种常识的艰难的课程就开始摆到眼前,而且常常是到了晚年,还觉得有数不完的常识应该学习。

学习这种知识的本身就很困难,而小说却又加大了这种困难。小说里所表现的,实际上是不存在的人生和世界的状态。但年轻人却轻信并易于接受小说中所说的人生观,并成为他们思想中的一部分,他们所面临的并不是纯粹消极的无知,而是百分之百的谬误。这种谬误会引起一系列的错误概念,这种错误概念对人生经历起不到应有的教育作用,还会对经验所传授的东西进行曲解。如果年轻人在这以前没有一盏明灯指明道路,那他现在就会被鬼火引入歧途,对少女同样如此。不管是男孩还是女孩的头脑中,都充斥了一些从小说中得来的糊涂概念,其结果导致永难实现的期望。那些观点通常会对他们的一生产生极恶劣的影响,在这一方面,年轻时无暇阅读小说的人——多半是从事体力劳动的人,倒处于较为有利的地位了。当然,其中也有极少数的小说无可指责,有的甚至还产生了良好的影响。比如说,我们要首先提出《吉尔·布拉斯》以及勒萨日①的其他作品(确切说是取材于西班牙原本),其次就是《威克菲牧师传》②;某种意义上还可以提及瓦尔特·司各特③的小说;而《堂吉诃德》,则可以作为对我所指错误的讽刺性的揭露。

王成 译

---

① 阿兰·勒萨日(1668—1747),法国讽刺作家,流浪汉小说《吉尔·布拉斯》为其代表作。
② 英国作家奥利弗·哥尔斯密(1728—1774)的作品。
③ 瓦尔特·司各特(1771—1832),英国诗人、小说家,以历史小说著称。

人的教育

[德] 弗里德里希·福禄培尔

　　弗里德里希·福禄培尔（Friedrich Fröbel，1782—1852），德国教育家、现代学前教育创始人，重要著作有《人的教育》《幼儿园教育学》和《母亲与儿歌》等。

　　本文是《人的教育》(1826)第 1 章"总论"的节选，可视为福禄培尔教育论的"宣言"。

　　福禄培尔的教育思想深受卢梭和裴斯泰洛齐等人的影响，但又和他们有所不同；譬如，在福禄培尔看来，儿童的自由、独立和个性的获得，是由于遵循永恒的发展法则，而非卢梭所论证的，是为了保护他们免受不自然的社会的影响。此外，福禄培尔还深受当时的哲学家特别是黑格尔、谢林和费希特的影响，因而他的教育论往往具有哲学乃至神学的意味，不免艰涩难懂。这在《人的教育》一书中尤为明显，而且从本文中即可看出。不过，透过他这种具有哲学乃至神学意味的表述，他的教育论宗旨还是很明确的，即：人的教育，必须一开始就遵循自然和人性的法则（用他的话来说就是："教育应当和必须引导人了解自己和关于自己的一切，与自然协调，同上帝一致；因而它应当使人认识自身和人类，认识上帝和自然，并使之实现由这种认识决定的纯洁而神圣的生活。"）。知道了这一点，再读本文，也许就不会觉得艰涩难懂了。

人的教育,就是激发和教导作为一种自我觉醒中的、具有思想和理智的生物的人有意识地、自觉地、完美地体现其内在法则,即上帝精神,并指明达到这一目的的途径和手段。对这条永恒法则的认识和自觉掌握,关于它的本源、它的本质、它的整体和联系,以及它的作用的活力的观点,关于生活和生活整体的知识,就是科学,就是生命科学;而研究这种自觉的、具有思想和理智的生物如何通过本身以及在自身中体现和实践这条法则的科学,就是教育科学。

从对这条永恒法则的认识和洞察中得出的、借以指导具有思想和理智的生物去理解其天职和实现其使命的规范,就是教育理论。

把这种认识、观点和知识主动运用于直接发展和训练有理智的生物以实现其使命,就是教育艺术。

教育的目的是要展现一种忠于天职的、纯洁的、完美无缺的、因而也是神圣的生活。

为展现忠于天职的、纯洁的、神圣的生活,把认识和运用、觉悟和行动在实际生活中统一起来,就是生活的智慧,就是智慧本身。

智慧是人的最高目的,是人最高尚的自觉行为。

教育自己和教育他人和以觉悟、自由和自觉进行教育,这是智慧的双重活动;它从一个人最初出现于世界上就已经开始,并随着一个人完美的自觉性的最初出现就已经显示出来,并在这时开始表明是人类不可缺少的一般要求,而且,作为这样一种要求,会得到人们的支持和采纳。这种智慧的活动意味着走上一条道路,一条唯一通向生活的道路,可靠地引导人们去实现人性的外部要求的道路,经过忠于天职的、纯洁的、神圣的生活到达人间乐园的道路。

这就是说,人所具有的上帝精神——即他的本质——应当和必须通过教育在他身上得到发展和表现,而人本身则应当和必须被提高到自觉地遵循他所有的上帝的精神来生活,自由地表现上帝的精神。

教学必须使人看到并认识人周围自然中的表现上帝精神的、永恒的东西,构成自然本质并永久地显现在自然中的东西,它应当和必须在活生生的相互作用中,与训练统一起来表达和体现两者之间(即自然和人之间)和各自之中受同一条法则制约的东西。

教育应当以它的整体,即通过教育、教学和训练,使人和自然来自上帝和受上帝制约的道理以及人和自然存在于上帝的道理变为人的觉悟,并使这种觉悟在人的生活中发生作用。

教育应当和必须引导人了解自己和关于自己的一切，与自然协调，同上帝一致；因而它应当使人认识自身和人类，认识上帝和自然，并使之实现由这种认识决定的纯洁而神圣的生活。

然而，在所有这些要求中，教育是以内部的、最本质的东西为根据、为基础的。

一切内在的东西是由精神的东西从外表并通过外表被认识的。事物和人的本质、精神、神性可以从其外部表现加以认识。照此道理，全部教育、全部教学、全部训练和作为自由之产物的全部生活是与人和事物的外部表现联系着的，并从外部出发对内部发生作用，由外部推断内部。然而尽管如此，教育不可能也不允许直接地由外部推断内部，因为事物的本质常常在某种关系上要求反过来，不是由外部推断内部，而是由内部推断外部。所以，不能由自然中的多样性推断出这种多样性之最后根据的多样性，推断出上帝的多样性，不能由上帝的统一性推断出自然的终极性，而在两种情况下都必须反过来，由自然的多样性推断出其最终本源的、即上帝的统一性，由上帝的统一性推断出自然发展的日益丰富的多样性。

忽视上述真理而宁愿继续违背这条真理行事，从幼儿和少年儿童一定的外表现象直接推断他们的内在本质，这是造成争论和分歧的根本原因，是生活和教育常常犯错误的根本原因。对幼儿、少年的无数错误判断，在父母与儿童之间或来自一方或另一方的那么多的误解，对儿童的许许多多不必要的抱怨、不适当的指责和愚蠢的期望，其一定的原因就在于此。因此，这条真理的运用，对于父母、教育者和教师是至关重要的，他们应当全力争取最详尽地通晓这条真理的运用；这将会在父母与儿童、受教育者与教育者、学生与教师的关系上带来目前所无法获得的明确性、可靠性和安稳性；因为外表看来善的儿童，其内心往往并不善，就是说，并非出于自发或出于对善的爱、尊敬和赞赏才需要善的；同样，外表粗暴、固执、任性，即看来不善的儿童，往往在内心自发地对善的表现抱有最热心的、最强烈的追求；外表心不在焉的男孩在内心却具有牢固、坚定的思想，根据其整个外表并不能发现这种思想。

因此，原来的教育、教学和训练，其最初的基本标志必然是容忍的、顺应的（仅仅是保护性的、防御性的），而不是指示性的、绝对的、干预性的。

但教育本身也必然是这样的，因为未受干扰的神性之作用必然是善的，除了善之外，根本不可能是另一个样子。这一必然性的前提不能不是：年纪尚幼、似乎刚处于形成中的人,尽管犹如一个自然的产物还是无意识的,然而就其本身而言,却必然地、无疑地要求至善的,而且甚至采取完全适合于他的形式来达到至善,在表现这种形式时,他也感觉到自己身上的一切禀赋、力量和手段。所以,小鸭子喜欢奔向池塘,时而跳入水中,小鸡却喜欢用爪子刨地,而小燕子则能够在飞行中觅食而几乎从不触及地面。对于前面所说的反向推论及注重顺应的真理和该真理在教育中的运用,不管有人可能说些什么反对的话,不管该真理可能遭到如何猛烈的攻击,它终将在年轻一代中证明自己的明确性和真理性,得到年轻一代的信赖和运用。

我们给幼小的植物和动物提供空间和时间,因为我们知道,这样,它们将按照在它们及每一个体之中发生作用的规律良好地发育成长,人们给幼小的动物和植物提供安宁的环境,并力求避免用暴力干扰它们,因为人们知道,相反地去做会妨碍它们完美地发育和健康地成长。但是,年幼的人使人觉得是一块蜡和一团泥,可以用来任意地捏成一样什么东西。漫游花园和田野、草地和森林的人啊,为何不打开你们的心扉去听听大自然以无声的语言教诲你们的一切?看看被你们称为杂草的、在压力和强制中成长的、几乎捉摸不到其内在规律性的植物吧,在大自然中、在田野和花圃中看看它吧,看看它显示出何等的有规律性以及在一切方面和一切外表上协调一致的多么纯洁的内在的生命吧。这生命犹如从大地上升起的灿烂的太阳,一颗闪闪发光的星星。那么,父母们,你们的孩子,在你们违反他们的本性把你们以前的形式和使命强加于他们,以致他们病态地、不自然地跟随着你们行动的情况下,也能够成为完美地成长和全面发展的生物吗?

按上帝精神的作用和从人的完美性和本来的健全性来看,一切专断的、指示性的、绝对的和干预性的训练、教育和教学必然起着毁灭的、阻碍的、破坏的作用。因此,为进一步接受大自然的教训,葡萄藤应当被修剪。但修剪本身不会给葡萄藤带来葡萄,相反地,不管出自多么良好的意图,如果园丁在工作中不是十分耐心地、小心地顺应植物本性的话,葡萄藤可能由于修剪而被彻底毁灭,至少它的肥力和结果能力被破坏。在对待自然物方面,我们的做法常常是正确的,而在对待人的问题上,却会走上完全错误的道路,而且在两者中起作用的力量出自同一来源,服从于同一条法则。因此,从这一观点出发,对于人来说,重视自然和观察自然也是十分重要的。

自然虽然很少能够向我们表明那种未受损坏的原始状态,特别是人身上的这种原始状态,但正由于这一原因,便更需要特别在每个人身上假定这种状态的存在,直到相反的一面确实显现出来为止。否则,即使未受损坏的原始状态健全地存在着,也有可能遭到毁灭;但如果被教育的人的原始的健全性表明确实已被损坏,如果其整个内部和外部受到损坏已确定无疑,那么便需要直接地采取十分严厉的、绝对的、强制性的教育。

另一方面,内部受到损坏的表现也并不总是能够被确切地证明的,甚至常常是难以证明的,至少就损坏之发生及其倾向的根源而言是这样;再说,关于这种情况,其最终的、就其本质来说确实无疑的试金石归根结底只在于人本身。因而,从这一观点出发,教育、训练和全部教学与其是绝对的、指示性的,不如更应当是容忍的、顺应的,因为在纯粹采用前一种教育方式的情况下,人类的那种完美的发展,稳步和持久的前进将会丧失,而丧失的这一切,正是上帝精神在人身上并通过人的生活所表现的自由和自觉,这自由和自觉便是全部教育和全部生活的目的和追求,也是人的唯一的命运。

因此,纯粹绝对的、强制性的和指示性的人的教育方式本来应当等到人开始了解自己,上帝与人之间开始有了统一的生活,父子之间、师生之间开始意见一致并有了共同的生活之后才开始,因为只有这样,真理才能从整体的本质和个人的本性中被推导出,并被认识。

那就是说,在指出并充分确定个别学生的原始和健全的状态受到干扰和损害的根源之前,除了把他置于适当的关系和环境之中,别无其他做法。在这种关系和环境中,他在各方面将受到尊重,他的行为将通过行为本身如同从镜子里看到的一样,从各方面反映在他的面前,并且他可以容易地、迅速地认识到它的作用和后果,他的真实的状态将能够容易地被自己和别人所认识,他的内在弊病产生和显现的危害程度也将是最小的。

指示性的、干预性的教育,一般地说只有两方面是可取的:或者,它具有明确的、活的思想,不证自明的正确见解;或者是它的早就存在的并得到承认的典范性。但是,凡不证自明的活的思想起着支配作用并在其自身中体现出真理的地方,在一定程度上,永恒的原则本身在起着统治一切的作用。正因为这样,事情又应当带有容忍的、顺应的性质。因为活的思想、永恒的原则,即上帝精神本身,要求并决定被塑造为自由和上帝形象的生物,即人,具有自由的独立性和自觉性。

然而,即使是早已存在并得到承认的最完美的典范、得到承认的生活楷模,之所以成为楷模,是仅仅就它的本质、它所追求的目的而言的,而绝不是就它的形式而言的。如果从形式上把一切精神的人的典范性作为楷模来接受，那是最大的误解。因此，一条通常的经验是，把那种外表的典范性作为榜样来接受，会对人类起着阻碍的，甚至促退的而不是促进的作用。因此，耶稣自己在他的生活中和对人的教导中便坚决反对固守外表的典范性。只有精神上追求向上的活的典范性才应当被作为榜样来坚持，而外表的典范性，它的形式，则应当被抛弃。我们作为基督教徒，从耶稣身上看到的和人类所能知道的最崇高、最完美的生活楷模就是这样的一种生活：这种生活的存在、表现和生命力的根据，明显地、活生生地来源于其本身，这种生活是自动地和独立地，通过永恒的条件，根据永恒的法则，从永恒的生命和永恒的创造中产生的，而这个最崇高的、永恒的生活楷模本身要求每一个人再成为他的永恒的榜样那样的复制品，要求他再成为供自己和别人仿效的楷模，要求每一个人按照永恒的法则，自由地、自觉地和通过自己的选择从自己内部发展起来。这就是全部教育、训练和教学的任务和目的，而且应当和必须是这样的。这就是说，甚至永恒的典范性在其形式的要求上也是顺应的、容忍的。

尽管如此，从我们的经验来看，活的思想作为永恒的精神上的典范，就其本质来说，应当以绝对的、强制的方式表现出来，而且确实是作为这样的东西表现出来的；但我们要看到，它虽然以强制的、严厉的方式出现，不退让地、不受约束地存在着，却总是只有在这种要求本身带着必然性从整体的本质和个人的本性中显现出来，并作为这样的要求能够在有关者身上得到人们承认时，就这种精神上的典范作为必然性的机体而言，并因而总是看作受一定条件限制时，才会显现出来。典范性之具有强制性，只有当有关者带着孩子般纯洁的心灵或带着明确的，至少是初步的男子汉见识从精神深处研究了该要求的理由，理解或出自内心地相信了该要求之后才有可能。虽然典范性在这种情况下通过实例或语言具有了强制的性质，但这种强制性始终只关系到精神和生活，绝不关系到形式。

所以，在良好的教育、地道的教学和正确的训练中，必须和应当由必然唤起自由、法则唤起自觉、外来的约束唤起内在的自由意志、外来的仇恨唤起内在的爱。在仇恨产生仇恨、法则产生欺骗和罪恶、压制产生奴性、必然产生盲从的地方，在压制否定一切、贬低一切以及重负压人和普遍化的地方，在严厉和刻薄引起反抗和虚伪的地方，任何教育、训练和教学的作用便遭到破坏。为避免后一种可能和实现前一种可能，一切以规定的方式表现出来的东西必须顺应学生的本性和需要。任何教育、训练和教学，它的出现尽管必然地具有绝对的性质，但直到其每一个细节都应具有一个无可争辩的、不可抗拒的特征,即受教育者本身严格地、不可避免地服从于一条永恒地起制约作用的法则,服从于一种绝对的和永恒的必然性,从而排除任何的任意性,只有在这样的条件下,良好的教育始能得到实施。

一切真正的教育和训练,一切真正的教学、真正的教育者和教师,在任何时候,也就是说,在他的要求和决定中必然同时是两极性的①和两面性的:输出的与输入的,合的与分的,指示性的与顺应性的,积极行动的与消极容忍的,束缚的与放任的,固定的与活动的,这对于学生和弟子来说,必然也是这样。但在教育者与受教育者、强求与服从两者之间应当有一个看不见的第三者在起制约作用,这第三者就是有条件地、必然地出现的和非随意地表现出来的最佳和最正确的东西,这是教育者和受教育者应当同样地和完全同等程度地服从的第三者。

对该第三者的支配权力的衷心的承认、明确的观念和真诚乐意的服从,特别应当在教育者和教师身上毫不动摇地和纯正地体现出来,甚至应当常常通过教师和教育者坚定地、严肃认真地表现出来。在这方面,儿童,即受教育者,对于识别教育者、教师和父亲所说的和所要求的一切,是不是出于其个人的立场和随意地说出来的,或者是作为一种必然性通过他而被正常地表达出来的,有其十分正确的态度和十分正确的感觉,因而,儿童、受教育者和学生在这个问题上很少会陷入盲目性。

对于受教育者和教育者同样必须服从的一个永恒不变的第三者和受其支配来说,它必须详尽地体现在教育者和教师的每一项要求中。因此,教学的一条必然的、一般的公式是:去做你的事情,看看你的行动在这一特定关系中会得出什么结果,并使你获得什么样的认识;同样地,适用于每一个人的一条生活本身的格言是:把你的精神实质,即在你身上活着的东西,你的生命,在外表并透过外表在行动中纯正地表现出来,看看你的本质需要什么,它是怎样的。耶稣自己就仅仅在这条格言里并借助这条格言告诫人们去认识他的使命、他的本质和生命的神威,去认识他的教导的真理性,因而这条格言是达到认识一切生活、一切生活的本源和本质以及一切真理的格言。

这条格言也解决和说明了下面一条要求,从而同时提供了解决和实现该要求的方式。这要求就是:教育者及其所进行的教导,必须使个别和特殊一般化,

---

① 这里所说的"两极性"就是"双重目的"的意思。——译者注

而使一般特殊和个别化,并且,这两方面必须在存在中加以证明。他必须使外表的东西变为内部的东西,内部的东西变为外表的东西,并指出两者必要的统一性。他必须把有限的东西看成无限的,把无限的东西看成有限的,并使两者在生活中和谐地统一起来。他必须在人的本质中感知和观察到上帝的本质和从上帝身上证明人的本质,并力求在生活中把两者相互交融地表达出来。

这意味着,人从自身中、从成长中的年轻人身上以及从人类发展史上注意到的东西愈多,在人的本质中显露出来的东西就愈明确和肯定,愈无可争辩。

孙祖复　译

145

教　育

[意大利] 朱塞佩·马志尼

朱塞佩·马志尼（Giuseppe Mazzini，1805—1872），意大利作家、政治家、意大利统一运动领袖，被誉为"意大利独立之父"，重要著作有《致意大利青年》和《论人的责任》等。

此处辑录的是《论人的责任》（1837）第9章，题目系原书所有。

此书的风格很特别，自始至终都是作者对读者的喊话，而读者，即文中的"你们"，是指意大利民众；也就是说，所谓"论人的责任"，其实是论意大利民众的责任。什么责任呢？那就是争取意大利从奥地利哈布斯堡王朝统治下获得独立的责任，争取废除君主制、建立民主共和国的责任，争取自由、平等的责任。在这一章里，作者在呼吁意大利民众争取教育权利的同时，也阐述了他的教育观：在他看来，教育和教学是不一样的，"教育是为了提高道德修养，而教学则是为了提高智力。前者培养人们了解自己的责任，后者使人能够尽其责任"。所以，教育和教学的职能也不一样："教育的职能是传授社会福利所包含的东西。教学的职能是使个人能自由地选择手段，在社会福利的概念中取得不断的进步。"正因为如此，教育和教学都不能被少数人垄断，而应该"建立一种对全民带有强制性的义务国民教育制度"。可见，作者不仅是"意大利独立之父"，也是欧洲倡导全民教育的先驱之一。

上帝使你们能够接受教育,因此你们的责任是尽一切力量教育自己。你们的权利是使你们所属的社会不妨碍你们从事教育工作,而且在这方面给你们帮助,向你们提供你们所缺少的教育手段。

你们的自由、你们的权利、你们从不公正的社会条件下获得解放、你们每个人在人世间必须完成的毕生事业,都取决于你们所获得的教育程度。不受教育,你们就无法明辨善恶,得不到关于你们自身权利的知识,无从参与为解放你们自己所不可缺少的那一部分政治生活,难以给自己预定毕生的事业。教育是你们的精神食粮,没有它,你们的才智就无从发挥,当然就无成果可言,就像种子撒在未耕的土地上,缺少农夫辛勤的灌溉和照管,是不会生根发芽的。

目前,你们不是受不到教育,就是只受到低劣的或不充分的教学,而这还是那些只代表自己、不遵守任何指导原则的人和势力给予你们的。其中优秀的人士认为,只要他们在自己管辖的范围内开办一些哪怕是分布不均的学校,使你们的孩子学到一点起码的知识,他们就算尽了职责。这种教学的内容主要包括阅读、写作和计算。

这种教法被称作教学,与教育有别,正如我们的器官有别于我们的生命一样。我们的器官不是生命,只是生命的工具和显示生命的手段;它们不管辖也不指挥生命,对于最神圣的或者最腐朽的生命来说,它们都是行动的手段。同样,教学提供把授课内容付诸实践的手段,但不能代替教育。

教育是为了提高道德修养,而教学则是为了提高智力。前者培养人们了解自己的责任,后者使人能够尽其责任。没有教学,教育往往起不了作用;没有教育,教学就会成为一根没有支点的杠杆。你们能够阅读,但如果你们说不出哪些书有谬论,哪些书有真理,那又有什么用呢?你们能够通过写作向你们的伙伴传达思想,但如果你们的思想只表达利己主义,那又有什么用呢?教学犹如财富,可根据使用者的意图而成为行善的根源,也可成为作恶的起因。教学如果是为了促使普遍进步,那就是求得文明和自由的手段。在今天的欧洲,教学由于没有辅以相应程度的道德教育,变成一种非常严重的罪恶;它维持同一民族中阶级与阶级之间的不平等状态,使人醉心于谋私和利己,在正义和非正义之间采取折中方案,还使人倾心于各种虚妄学说。

在多少给你们一些教学的人与向你们宣扬教育的人之间存在着差别,这种差别比你们想象的要大,我有必要专就这个问题讲几句话。

两个思想派别把争取自由、反对专制的人分成不同的营垒。一派宣称主权归于个人;另一派则认为主权只属于社会通过大多数人明确表达的意志来行使。前者设想,当它已经宣布被认为是人性中固有的那些权利并已捍卫了自由时,它便完成了自己的特殊使命;后者则几乎完全着眼于人的联合,从构成那种联合的协议中推断出每个人的责任。前者的眼界没有超出我已称之为教学的范围,因为教学往往实际上给予个人的才智以发展的方便,但没有任何总的方针;后者懂得教育的必要性,认为它是社会纲领的表现。前者必然导致道德上的混乱状态;而后者也往往会忘记自由的权利,冒有导致多数人遭受专制统治的风险。

在法国,被称为教条主义者的那一代人就属于这些学派的第一种,1830年大革命之后,他们辜负了人民的希望,宣称除要求受教学的自由之外,别无他求,从而使拥有较多发展个人才智手段的中产阶级永远掌握统治的垄断权;第二种学派今天不幸由那些相信陈腐观点、敌视对未来的信念即进步思想的宗派和势力所代表。

这两派都是由于抱有过分狭隘和独占的目的而犯了错误。

事实是:一切权威属于上帝,属于道德律,属于主宰世界的神意——神意是通过那些有天赋德行的人的灵感和人类在不同时代的自然倾向逐渐显示出来的——属于我们必须达到的目的以及我们必须完成的使命。权威不属于个人,也不属于社会,除非二者都符合神意,都服从道德律,都力求达到那个目的。一个进行统治的个人,要么是道德律的最好解释者,并以它的名义进行统治,要么是个应当被推翻的篡权者。单纯多数人的选票,如果它显然违背最高道德律或者故意封闭走向进步的道路,也形成不了权威。没有公益、自由、进步这三个条件,则无权威可言。

教育的职能是传授社会福利所包含的东西。

教学的职能是使个人能自由地选择手段,在社会福利的概念中取得不断的进步。

对你们来说,首要的事情是教育你们的子女懂得在他们的时代和他们的国家里什么是指导他们同胞生活的主要原则和信仰,什么是他们本国的道德、社会和政治纲领,什么是必须用以鉴定他们行为的立法精神,人类已经取得了何等程度的进步以及还要取得什么样的进步。对你们来说颇为重要的是,你们的子女应当从幼年起就感到他们自己为了一个共同的目标以平等和友爱的精神同上帝已经给予他们的千百万同胞团结在一起。

给予你们子女这种教诲的教育只能从国家那里得到。

今天的道德教育简直混乱之极。它完全靠父母来进行,但如果贫困和几乎不停的体力劳动使他们无暇教育子女和无钱请其他教师,那么道德教育就等于零。如果利己主义和腐败风气侵蚀和玷污家庭,那么道德教育就十分低劣了。当条件子女的自由被父亲的专制主义侵犯了,年轻一代的自由牺牲给了老一代;要求进步的自由变成一种妄想。传给子女的只有那些也许是违反和敌视进步原则的个人信仰,而且它们是子女在父亲权威的压力下还不可能提出质疑的时期传授的。后来命运把你们大多数人整天束缚在繁重的体力劳动上面,使得已受这些信仰影响的年轻人无法拿它们与其他信仰进行比较而加以修正。我现在所讲的混乱制度以那虚伪的自由为名,往往建立并延续一种最凶恶的专制制度,即道德等级制。

这个制度所鼓吹的东西,确切地说不是自由,而是专横的意志。没有平等,就不会有真正的自由;在那些并非从同一基础、同一原则、统一的责任感出发的人们之间不会有平等。自由是不能在没有责任感的情况下发挥作用的。前面几页我讲过,真正的自由不包含选择作恶的权利,而只包含在通向为善的两条道路之间作出选择的权利。这些虚妄的哲学家所援引的自由是给予父亲为儿子选择作恶之道的专横权利。真令人奇怪:如果一个父亲威胁要以任何方式毁损或伤害自己孩子的身体,社会就会在舆论的呼吁下进行干预;难道心灵,即这个人的思想就不如身体重要吗?难道社会不应当使人的才智不受损害和忽视,使他的道德观念不致败坏,不致为迷信所惑吗?

关于施教自由的口号在刚提出来时曾起过有益的作用,在今天当道德教育被专制政府、落后等级制度或其教义在本质上与进步相对抗的僧侣制垄断时,它依然有用。它曾经是反暴政的武器,是人类求解放的一个不完善的但不可缺少的口号。让它在你们受奴役的地方为你们效力吧。但我要对你们谈另一个时期,那时宗教信念要把"进步"这个词写在圣殿的门上,每个公共机构都要以不同的形式重复这个词;国民教育部门在教学结束时要用这样一些话送别学生:对于你们这些注定要和我们生活在一项共同契约下的人,我们已经让你们知道这项契约的基本要义,即你们的国家今天所相信的原则。但要记住,这些原则中最重要的一点是进步。要记住,你们作为一个人和作为一个公民的使命是要尽一切可能改善你们同胞的思想和感情。去检验、对比吧,如果你们发现一项真理比我们认为自己所拥有的更为高超,你们就大胆公布出来,那时你们就将得到你们国家的祝福。到了那个时候而不是在那之前,就要放弃施教自由的口号,因为它不适合你们的需要并有损于国家的团结。要求并且强烈要求建立一种对全民带有强制性的义务国民教育制度吧。

国家的责任是把它的计划传达给每个公民。每个公民都应当在学校接受道德教育、包括人类进步的概况在内的各国历史课程、本国历史课程、关于指导国家立法原则的通俗解释，以及关于一些已有定论的理论的基本指导。每个公民都应在这些学校接受平等和友爱的教育。

这个计划一旦传达给公民，自由就将重新获得它的权利。

不仅家庭教育，而且还有其他各种教育，都是神圣的。人人都有无限的权利向别人表达自己的思想，也有权利听取别人的意见。社会应当保护、鼓励人们以各种方式自由表达思想，应当在善的方面为社会计划的发展和改革开辟道路。

吕志士　译

犯罪与教育

[英] 查尔斯·狄更斯

　　查尔斯·狄更斯(Charles Dickens,1812—1870),英国小说家,重要作品有长篇小说《匹克威克外传》《雾都孤儿》《大卫·科波菲尔》《艰难时世》《双城记》《远大前程》和长篇游记《旅美札记》等。

　　本文是狄更斯当年在《每日新闻》上发表的一封公开信,呼吁英国政府和社会各界对"贫民学校"予以关注。"贫民学校"是由一些宗教界人士开办的,旨在给予下层贫民最起码的教育,但狄更斯对其进行考察后发现,那里的条件极差,教学内容也不合实际,效果非常可疑。所以,他多次游说当局和上层社会重视"贫民学校",因为他对下层贫民的状况有切身感受(他自己就出身于下层),深知下层贫民的道德沦丧和犯罪不仅因为贫困,还因为缺乏教育;而一个愚昧、污秽、邪恶的下层贫民阶级的存在,无疑会拖累整个国家。可以说,英国政府后来之所以在全世界率先致力于实行全民义务教育,就是认识到了这一点,而促使英国政府认识到这一点的,则是当时英国知识界、文学界的一批精英——狄更斯就是其中之一。

我恳求《每日新闻》的读者对一种持续了三年半的努力予以关注——我对这一恳求毫无歉意——这种努力如今仍在进行中,就是给予伦敦最为悲惨、深受遗弃的流浪汉以某些最为普通的道德与信仰知识;在监狱牧师成为其唯一的教导者前,让他们成为一个有灵魂的人而受到关注;向社会指出它对于这些注定要犯罪受罚的悲惨者的责任应早早开始,而不是等到他们被警察局抓去的时候;在这个世界级的大都市里,人们年年维持着庞大无比的愚昧、悲哀与邪恶的温床——一个代替监狱的教养所——想到这就令人可怕。

人们在伦敦这个大都市的某些最阴暗肮脏的角落进行着如此努力,在那儿房间的门夜晚都开着,让所有新来者——无论孩子还是成人——接受免费教育,美其名曰"贫民学校"。这个名字便暗示着它的目的。那些太贫穷、悲惨、肮脏和被遗弃的人,他们无法去任何别的地方,无法进入任何慈善学校,不管哪个教堂总是把他们拒之门外;他们这才被请到这儿,发现有些人并不堕落,愿意教他们一些东西,向他们表示某些同情,并伸出一只手——并非法律的铁手——来对他们进行教化。

我将描述一次自己去某所"贫民学校"的情景,力劝信此的读者看在上帝的分上也亲自去参观一所"贫民学校",并对此加以思考(这是我的主要目的);但在这之前,请允许我指出,我对于伦敦的监狱十分了解,不知参观了多少次最大的监狱,里面的孩子们足以让任何男人感到悲伤失望。每次我带一个外国人或外地人到这样的机构去,必然看见他面对少年犯们感动不已;想到他们在监狱的围墙以外如何受到彻底排斥,如何悲痛忧伤,他就深受打击,以致几乎难以掩饰自己的感情,仿佛突然遭受到巨大的不幸一般。切斯特顿先生和特雷西中尉(要找到比他们更明智和仁慈的监狱长是困难的,如果并非不可能)非常清楚这些孩子一生都或进或出监狱;他们从未受过教育,最初对于是非的区别产生于婴儿时期,这些区别在他心中相当混乱和扭曲;他们的父母没有受过教育,因此他们的后代也不会受到教育;这样,他们越是天生有才,便越是堕落得严重和厉害;在人事的任何普通变革中,他们既无法逃避又毫无机会。有幸的是,现在这些监狱里也有了学校。假如有读者对于孩子们多么无知感到怀疑,那么让他们去参观那些学校并看看孩子们做作业,听一下他们在被送到那儿时懂得多少东西。如果他们要知道这样的后代会有什么结果,那么让其看看在一个班里读书的男人和男孩们(我在这个米德尔塞克斯郡①的教养院看见他们),注意那些成年男犯

---

① 米德尔塞克斯郡,英格兰一郡名。

152

人要写出信来是多么痛苦,他们的无知是多么确定无疑。男人觉得那是极其艰巨的事情,而男孩的反应则更加迟钝;他们无不笨拙费力地学习幼稚的课程,潜意识地觉得羞愧和低人一等;他们普遍都热切希望学习。我偶然回想到这点时所感到的痛苦难以言表——上述一切,都给我留下了深刻印象。

为了对这些不幸的人进行教化——这是改造的第一步——"贫民学校"因此建立起来。我大约是在两年或两年多以前初次对此问题引起注意的,的确也是初次意识到这类学校的存在——当时我看见注明日期发自"西街莎弗罗山"的报纸里有一则广告,说:"一年多来在那个可怜的地方设置了一间屋子,它受到人们的支持,在那儿穷人受到良好的宗教教育。"广告简单说明了"贫民学校"的一般意义,此外还讲了四五个类似的从事教化的地方。我专门给这所学校的教师们写去一封信,进一步询问,不久后便亲自前往。

那是一个炎热的夏夜,而"菲尔德港"和"莎弗罗山"的空气并未因此好一些,街上的人们也并不十分持重或者正派。我由于不熟悉学校的确切位置,不得不去打听。人们对此一般都很爱开玩笑,不过人人都知道它在哪里,并正确地为我指路。那些四处闲荡的人(他们大多是街上或车站的废物)好像心里主要想的是,教师们个个都是些幻想的家伙,学校总的说来是在"开玩笑"。不过,人们无疑对办学目的大体有一种尊重,并且(如上所述)没有谁拒绝说学校或它的位置,或拒绝给人指路。

当时,它在一座极差的房子里,楼上有两三间简陋的屋子——我不记得是两间还是三间了。女子学校的学生们正在其中最好的一间屋里学习读书写字,虽然她们当中有不少人已极为堕落,但她们仍然比较安静,显得认真而耐心地听老师讲课。屋子看起来当然令人难受——此外,它还会怎样呢!不过总体而言是让人鼓舞的。

男孩们则挤在后面那间又闷又矮的小屋里,那儿肮脏之极,使人窒息,最初几乎让人无法忍受。然而他们的精神状况远比物质外表更加糟糕,所以后者很快就被忘记了。只见屋子四周有一张长凳,插在墙上的摇曳的烛光把屋子微微照亮,一群男孩挤在长凳上,从幼儿到少年均有。他们曾贩卖过水果、药草、火柴和打火石,曾睡在桥下干燥的拱洞内,曾偷过东西、当过乞丐——全都不是青少年应该做的;他们看上去一点也不坦然、纯朴或快乐,而是让人觉得缺乏教养、邪恶狡猾,除了在那儿,已经完全失去了帮助;他们正迅速走向毁灭,真可说"无知得难以形容"。

读者,这便是一间被学生挤得满满的屋子。然而,在不断像通过筛子一样通过这些学校的大量学生中,他们只不过是一些颗粒而已;他们还算是众多学生的典范。他们曾经——也许现在仍然——具有和你我一样的素质,可能还要好一些;他们代表的是为数众多的一类人,而世上任何一个人,无论其地位多高,假如由于命运的安排,他的孩子出生时即遇上和他们一样的幼年和教养,置身于注定不幸而可耻的阶层,那么他也会变得像这些人一样堕落!

这便是我在"贫民学校"见到的那个班级。他们无法读书,只能接受口头指导;要让他们关心、遵从或表现出某种道德品行是很困难的;他们对于上帝或任何社会责任的愚昧无知,都让人觉得极其可怕(除了监狱看守和刽子手,他们被社会上所有的教师抛弃,这让他们如何能想到社会责任呢?)。然而,就在那儿,就在这些人当中,已经出现了一些有益的事情。"贫民学校"是近年来才建立的,它很可怜,但它已经让他们经常听到上帝的名字,让他们在唱圣歌的时候想到另一种生活,一种将使他们不再陷于不幸与悲哀的生活。

我在这所"贫民学校"新近看到的情景、政府对那些人的严重忽视——它只是不断地惩罚他们,而本来是完全可以教育和拯救他们的——还有我在伦敦市中心的所见所闻,都久久地萦绕在我心头,最后促使我努力要让政府对此引起注意;我衷心希望这个大问题能像学校里的神学课一样受到重视,希望大主教们能稍稍放下架子考虑考虑这个问题。我作了努力,但此后却没有听到有什么反应。

昨天的报纸刊登了一则广告,预告明晚将就"贫民学校"的问题举行一场演讲会,我因此发表了这些意见。我本来是可以轻易地用另一种形式把意见表达出来的,但却写了这封信,因为作为一名小说作者,我希望通过这种方式使某些对我的小说感兴趣的读者对此引起注意,以免他们在无意中将其忽略了。

对于"贫民学校"所采用的那种教育方式,我丝毫没有赞扬的意思;它们即使有某种教育方式,也必然是不完备的。对于那里传授的东西,根据我力所能及的判断,我是不赞同的,因为那些东西离现实太远,有太多宗教的神秘与奥义,很难使那些心智尚不健全的人接受。但我对那些教师的努力仍心怀感激,真心希望能尽自己的微薄之力帮助他们;而我的任何疑问如果对他们有不好的影响,那就是我自己没有尽到我希望别人承担的责任。我不想说任何可能会激怒人的话。只是,我恳请那些给予"新教会"以慷慨资助的人士也想一想"贫民学校",考虑一下是否能把他们丰厚的捐助分配一点给它们,考虑一下是否有这样的必要,考虑一下哪里最需要基督教的仁慈,哪里最需要得到直接的帮助。当然,不能听什么人说了什么就作出决定,而要亲自到监狱和"贫民学校"去看看,然后再作结论。要是这样,他们一定会因为在那儿看到的情景而感到震惊、痛苦和反感;而这样的情景如果像多年来那样再延续一年,他们的震惊、痛苦和反感将会增加一千倍。

我想,和"贫民学校"有关的一些更为重要的情况,通过《每日新闻》对此次演讲会的报道,会让读者得以了解,所以我现在就不说了(尽管我对这些情况有所了解)。不过,如果有必要,我还是会说的。

刘荣跃　译

开 明 教 育

[英] 托马斯·赫胥黎

托马斯·赫胥黎(Thomas Huxley,1825—1895),英国博物学家、散文家,重要著作有《人类在自然界的位置》《生命的物质基础》《科学与文化》和《进化论与伦理学》(即《天演论》)等。

《开明教育》是赫胥黎1868年1月4日在由他担任名誉院长的南伦敦工人学院的一次演讲的记录稿,后收入《赫胥黎文集》。此处是该文的节选。

赫胥黎是达尔文进化论的坚定拥护者,他认为,人在自然环境中会自动接受自然界优胜劣汰法则的教育,"好学生"得以生存,"差学生"就被淘汰。这是"自然的教育",是教育的"本义",而人们通常所说的"教育",是指"人为的教育",也就是人教育人。后者的目的是什么呢?当然是为了更好地生存。也就是说,"人为的教育"是"自然的教育"的补充,其目的是为了更好地接受自然的教育,以期成为优胜劣汰过程中的胜者。既然如此,要鉴别"人为的教育"的好坏,就必须以"自然的教育"为坐标:凡是有利于"自然的教育"的"人为的教育",就是好的教育——用作者的话来说就是"一切人为的教育都应该是自然教育的准备";而所谓开明教育,就是这样一种教育。那么,受过开明教育的人,应该是怎样的呢?那就是:"一个受过开明教育的人从小就应受到这样的训练:他的躯体已成为他意志的忠实奴仆,它能轻松愉悦地从事一切他的生理机能所能承受的工作;他的头脑应是一台敏锐、冷静、富有条理的引擎,它的各个部位分力均匀,始终处于良好的运转状态;它能像蒸汽机一样随时可以应付各种差使,既能纺出思维的薄纱,又能铸造精神的大锚;他的头脑里应贮存着最伟大最根本的真理:那就是自然和它的运动法则;他不是一个发育不全的禁欲主义者,而是充满了活力和热情,但他的情感已经学会由强有力的意志来制约,完全服从于敏感的意识;他学会了去爱所有的美,无论是自然的还是人工的;学会了去恨一切的恶;他能像尊敬自己一样去尊敬别人。"——这段话,是对开明教育的直接阐释,也是全文的要点所在。

首先,不妨让我们问问自己,什么是教育? 尤其是,什么是我们所追求的地道的开明教育——即生命倘若能够重新开始,我们便会为自己提供的那种教育——也就是倘若我们能够依照自己的意愿来支配命运,我们便会为孩子们提供的那种教育? 是的,我并不知道你们在这个问题上持什么观点,但我可以把我的观点告诉你们,而且希望我们的看法不至于大相径庭。

　　假设真有那么一天,我们每一个人的生命和命运将取决于他在一盘棋上的输赢。那么,我们岂不是要把学会棋子的名称和走法、懂得一点如何开局、识得怎样将军或解围作为自己最首要的任务吗? 做父亲的允许儿子长大了竟连"卒"与"马"也分不清,或者政府容忍臣民不识"王"与"后",你们想一想吧,我们岂不是要表现出不满乃至蔑视吗?

　　然而,一个既明显又根本的事实是:我们中间的每一个人,而且,或多或少,和我们有牵连的那些人们的生命、命运以及幸福,确实取决于我们对一种比赛规则的熟悉与否,而这种比赛要远比下棋来得不易和复杂。这一比赛已经进行了无穷的岁月,每个男人或是女人都是比赛的一方参与者。它的棋盘便是这个世界,棋子是宇宙的万象,而比赛的规则就是我们所说的自然法则。参赛的另一方并不出现在我们面前。我们只知道他在比赛中永远是公允、严明和富有耐心的。我们还同样知道他从不看漏任何一个错着,也不会因对方的无知而作出丝毫的让步;这是我们尝过苦头而得到的教训。出色的弈者将获得丰厚的奖赏,那是强者对智慧和力量所表现出的极其慷慨的赞许;而拙劣的弈者则会遭到失败的命运——这种失败并不骤然而至,但却毫不留情。

　　我的这个比喻会使你们中间有些人联想到一幅名画,那就是雷茨舒①在画中所描绘的情景:撒旦为他的灵魂正在和人对弈。要是用一个镇定而又坚强的天使来替代画里那个嘲弄人的魔鬼,而她正如我们说的那样是在为爱而对弈,因此情愿输而不要赢——我则会把它理解为人生的写照。

　　是的,我所指的教育就是对这一重大比赛规则的学习。换言之,教育就是用自然法则去指导头脑,这一法则所包含的不仅仅是万事万物以及它们的影响,还包括人类和他们的行为;教育就是要将情感和意志塑造成一种按照这些法则去行事的真诚而又热烈的愿望。对我而言,这便是教育最确切的含义。任何自称为教育的东西都必须用此标准来检验。凡经不起这种检验的我都不承认其为教

---

① 德国蚀刻画家,曾为歌德和席勒的作品画插图。

育,无论对方权威多高,人数多众。

有一点必须记住:从严格意义上说,无知者是不存在的。不妨举一个极端的例子。假设把一个生理机能已得到充分发育的成人突然投到这个世界上来,像传说中的亚当那样,然后由着他去行动。他无知的状态会持续多久呢?不会超过五分钟。大自然会通过他的视觉、听觉以及触觉来教会他如何认识物体的属性。疼痛感和愉悦感也会随时告诉他该做什么,或不该做什么。渐渐地他就获得了一种教育,这种教育即使有限,即使谈不上是任何非凡技艺的传授,但它却是彻底的、真实的,足以使他应付周围的各种环境。

如果这个孤独者的世界里又闯进了第二个亚当,或更理想些,闯进的是夏娃,那么一个崭新的、更为开阔的、具有社会现象和精神现象的世界便会展现在他们面前。欢乐和哀伤会在他们新的关系中油然而生,在这种情感面前,其他的一切都显得微不足道了。幸福和悲哀会随之取代诸如快感和痛感这样的低级感觉。然而,他们对行为所产生的自然后果的观察,或者说,人类的自然法则,仍会继续调整改变他们的言行举止。

在我们每个人的眼里,这个世界曾经是那么的新鲜和陌生,犹如它在亚当的眼里一样。然后,当其他任何形式的教育还未曾对我们产生任何影响时,自然就已经搀扶起我们,每分钟都在对日益觉醒的生命施以教育的影响,调整我们的行为,同自然法则大体上保持一致,使我们不至于因严重的违背而过早地夭折。我不认为这种教育的过程会成为任何人的过去,无论他活得多久。对每个人来说,世界永远是新奇的,如同他来到世上的第一天所见到的那样,充满了无数的新奇事物等待他去认识。自然不断地在宇宙这所包罗万象的学府里对我们进行着富有耐心的教育,我们都是这所学府的学员——自然是没有禁令的。

那些在自然学府中成绩优异的,既掌握了统治人世万物的法则又能遵循它的学员,他们是世界上真正伟大的成功之士。我们中的大多数则属于“普通学员”,他们学到的东西只够及格,但也不太丢脸。而那些不思学习的只得被淘汰,并就此与学府无缘。自然的淘汰即意味着彻底的根除。

既然涉及了自然,那么有关义务教育的争论也就有了是非定夺。关于这一问题,自然的法案早已拟出并得到了通过。如同一切强制的法案一样,自然定下的法案在实施中也是既严厉又骄奢的。无知的违背和有意的对抗,都将面临同样严厉的制裁——无能和罪恶一样论处。自然的惩罚不是说了再打,或者打了再说,而是只打不说。它叫你自己去寻找吃耳光的原因。

我们通常所称的教育——即介入了人为因素的那种教育，我把它区别为人为教育——旨在弥补自然教育方法中的不足之处；旨在帮助孩子们做好接受自然教育的准备，免得他们对自然教育一筹莫展或懵然无知，更不至于有意违抗；它还旨在使我们领悟到自然教育施于人愉悦的先兆，而不至于等着吃耳光。总之，一切人为的教育都应该是自然教育的准备；而开明教育就是这样一种人为教育，它不仅使人类避免犯违背自然法则的弥天大罪，而且还培养他们识别并抓住自然赐予他们奖赏的能力；自然在赐予奖赏和施以惩罚时是同样慷慨大度的。

我以为，一个受过开明教育的人从小就应受到这样的训练：他的躯体已成为他意志的忠实奴仆，它能轻松愉悦地从事一切他的生理机能所能承受的工作；他的头脑应是一台敏锐、冷静、富有条理的引擎，它的各个部位分力均匀，始终处于良好的运转状态；它能像蒸汽机一样随时可以应付各种差使，既能纺出思维的薄纱，又能铸造精神的大锚；他的头脑里应贮存着最伟大最根本的真理：那就是自然和它的运动法则；他不是一个发育不全的禁欲主义者，而是充满了活力和热情，但他的情感已经学会由强有力的意志来制约，完全服从于敏感的意识；他学会了去爱所有的美，无论是自然的还是人工的；学会了去恨一切的恶；他能像尊敬自己一样去尊敬别人。

我认为，唯有这样的人才是受过开明教育的；因为作为一个完整的人，他已经和自然水乳交融。他能充分地利用自然，自然也能同样地利用他。他们的相处将达到尽善尽美的境界——自然是他永远受益的母亲；而他则是自然有意识的化身，是它的代言者、执行者和诠释者。

吴洪　译

论当前教育机构的未来

[德]弗里德里希·尼采

弗里德里希·尼采(Friedrich Nietzsche,1844—1900),德国哲学家,重要著作有《悲剧的诞生》《查拉图斯特拉如是说》《道德的谱系》《人性的,太人性的》和《权力意志——重估一切价值的尝试》等。

本文是尼采早期著作《论当前教育机构的未来》(1872)的节选,文中标题系编者所加。

本文的要点是:当前的教育机构若不彻底改变,将没有未来。为什么?因为当前的教育有两种相互矛盾的倾向:一方面倾向于"扩大和普及教育",一方面又倾向于"缩小和削弱教育本身的内涵";也就是,在数量上扩大,在质量上缩小。这完全违背了教育的初衷。因为教育的最高使命是要获取真正的人才,而真正的人才往往是天生的,也就是天才(科学天才、艺术天才)。天才虽不直接来自教育,但与教育密切相关,即:真正的教育是为天才的诞生作准备。既然如此,单纯扩大教育机构显然无济于事,缩小教育内涵更是后患无穷。而这,正是当前教育的可悲现状。

实际上,尼采在此表述的是一种进化论教育观,和赫胥黎等人的观点相似。他所说的"天才的诞生",就是指"自然的教育";他所说的"真正的教育",就是指"人为的教育",而他说,真正的教育是为天才的诞生作准备,意思就是"人为的教育"应该是"自然的教育"的一种准备,即:为优胜劣汰的潜在胜出者提供预习机会,冀其成为超级胜者——也就是尼采后来所说的"超人"。

我 的 论 点

在现代,有两股貌似相反、作用同样有害、最终又汇合在一起的思潮,统治着我们原本建立在完全不同基础上的教育机构:一方面是尽量扩展教育的动机,另一方面是缩小和减弱教育的动机。按照前一种动机,教育应当被置于越来越大的范围中,另一种倾向的人则要求教育放弃它的最高的骄傲使命,而纳入为另一种生活形式即国家生活形式服务的轨道。鉴于扩展和缩小这两种危险倾向,倘若有朝一日我们不能帮助两种相反的、真正德国的、一般来说前程远大的倾向获胜,那真是要绝望了。我说的是使教育窄化和浓缩的动机,它与尽量扩大是相对立的,以及使教育强化和自足的动机,它与缩小教育是相对立的。然而,我们相信有可能获胜,支持我们的是这一认识:扩展和缩小这两种倾向恰恰是违背自然的永恒意图的,教育集中于少数人乃是自然的必然规则,是普遍的真理,而那两种动机却是想建立一种虚构的文化。

现代教育的两种倾向

我认为,我必须区分两种主要倾向——两种支配着当前教育机构现状的潮流,它们表面上相反,但都具腐蚀作用,从它们的结果看终于合流:第一种是尽量扩大和普及教育的动机,第二种是缩小和削弱教育本身内涵的动机。基于各种理由,应该把教育送往最广泛的阶层——这是第一种倾向的主张。相反,第二种倾向则要求教育放弃其最崇高、最高贵的使命,屈尊为其他某种生活形态服务,例如为国家服务。

我相信,人们不难觉察,尽量扩大和普及教育的呼声在哪个方向上叫得最起劲。普及教育是最受欢迎的现代国民经济教条之一。尽量多的知识和教育——导致尽量多的生产和消费——导致尽量多的幸福:这差不多成了一个响亮的公式。在这里,利益——更确切地说,收入,尽量多赚钱——成了教育的目的和目标。按照这一倾向,教育似乎被定义成了一种眼力,一个人凭借它可以"出人头地",可以识别一切容易赚到钱的捷径,可以掌握人际交往和国民间交往的一切手段。按照这一倾向,教育的真正任务似乎是要造就尽可能"通用"的人,与人们在一个硬币上称作"通用"的东西属于相同性质。这种"通用"的人越多,一个民族似乎就越幸福,因此,现代教育机构的意图只能是按照每一个人天性能够变成"通用"的程度来对其加以促进,如此来培养每一个人,使他依据其知识量拥有尽可能大的幸福量和收入量。每一个人必须学会给自己精确估价,必须知道他可以向生活索取多少。按照这种观点,人们主张"智识与财产结盟",它完全被视为一个道德要求。在这里,任何一种教育,倘若会使人孤独,倘若其目标超越于金钱和收益,倘若耗时太多,便是可恨的,人们通常拒斥这些不同的教育趋向,因为"不道德的教育伊壁鸠鲁主义"、"更高级的利己主义"。按照这里通行的道德观念,所要求的当然是相反的东西,即一种速成教育,以求能够快速成为一个挣钱的生物,以及一种所谓的深造教育,以求能够成为一个挣许多钱的生物。一个人所允许具有的文化仅限于赚钱的需要,而所要求于他的也只有这么多。简言之,人类具有对尘世幸福的必然要求——因此教育是必要的——但也仅此而已。

……

人们到处勇猛地追求教育的扩大和普及,除了那个如此受欢迎的国民经济教条之外,还有别的动机。在有些地方,人们普遍担忧宗教迫害,对于此种迫害的后果心有余悸,因此,所有社会阶层都怀着贪婪的渴望欢迎教育,从中所吸取的正是能够释放其宗教本能的因素。另一方面,无论何处,国家为了自身的生存,也竭力追求教育的扩展,因为它信心十足,知道无论怎样厉害地把教育放开,都仍能置于自己的控制之下;事实证明它达到了预期目的,最大规模的教育培养出了它的公务员和军队,在与其他国家的竞争中,这种教育归根到底始终是对它有利的。在这一场合,国家的基础必须十分广阔和坚固,才能使得复杂的教育穿顶保持平衡,就像在前一场合,过去某次宗教迫害的遗痕必须十分清晰,才能迫使人们寻求一种如此可疑的反抗手段——所以,哪里只要响起大力普及国民教育的大众呼声,我就总能很好地辨别,激发起这个呼声的是对收入和财产的旺盛贪欲呢,是从前某次宗教迫害的烙印呢,还是一个国家对自身利益的精明的算计。

与此相比较,我感到,来自另一个方向的另一种调子虽然好像不是这么响亮,但至少同样坚决,那就是缩小教育的调子。在整个学术界,常常可以听见人们悄悄地谈论这个话题;普遍的事实是,现在由于过分地使用学者为其学科服务,学者的教育变得越来越偶然,越来越不可能了。如今学术的范围已经扩展得如此之大,一个资质虽非超常但良好的人,倘若他想在学术上有所作为,就必须潜心于某一个专业领域,对其余领域只好不闻不问。如果他在他那个领域算得上是鹤立鸡群，在所有别的领域——这意味着在一切主要事情上——他却属于鸡群。所以，某一专业的一个精英学者很像工厂里这样一个工人，他终其一生无非是做一个特定的螺丝钉或手柄，隶属于一种特定的工具或一台机器，在这一点上他当然能练就令人难以置信的精湛技艺。在德国，人们知道给这个痛苦的事实也披上一件了不起的思想外衣，甚至把我们学者的这种狭窄的专业技能以及他们越来越远离正确的教育当做一个道德现象来赞叹，"精益求精"、"埋头苦干"成了漂亮的口号，专业范围外的没有文化被当做高贵知足的标记大肆炫耀。

在过去若干世纪里，在人们的概念中，学者而且只有学者是一个受过教育的人，这是不言而喻的；从我们时代的经验出发，人们会感到无法接受这样简单地把二者等同。因为在今天，一个人为了学术的利益而被榨取，这是到处都没有异议地接受的前提，还有谁问自己，一种如此吸血鬼似的使用其造物的学术究竟能有什么价值？学术分工实际上在追求的目标，正是各地宗教自觉地追求的那同一个目标，即缩小教育，甚至是毁灭教育。然而，对于一些宗教来说，按照其起源和历史，一种要求是完全正当的，用在学术身上就会在某个时候导致自我毁灭。我们今天已经到了这个地步，在天性认真的人关心的一切普遍性问题上，尤其在最高的哲学问题上，上面所说的这种学者已经完全不再有发言权；相反，如今寄居在各学科之间的那个起联结作用的阶层，即新闻界，却相信自己在这里负有使命，并且以符合其本性的方式在执行这个使命，也就是说，如名称所显示的，作为一个按日付薪的临时工①。

两种倾向在新闻界合流，教育的扩展和缩小在这里握手言欢；报纸直接取代了教育，无论谁，包括学者，今天如果还有教育的要求，便习惯于依赖这个起私合作用的中介阶层，它私合一切生活形式、一切立场、一切艺术、一切学科之间的缝隙，它稳妥可靠，就像日记账簿一向都让人放心一样②。现代教育特有的意图在报纸上得到了最充分的体现，就像在同样的程度上，记者——为当下服务的仆役——取代了伟大的天才，一切时代的导师，把人们从当下解救出来的救星。现在，到处都在逆一切真正的教育努力而行，我该如何怀着希望与之斗争，我怎么有勇气作为一个势单力孤的教师出场，既然我清楚地知道，每一颗刚播下的真教育的种子马上就会被伪教育的碾子无情地压碎？您想一想，今天一个教师最用

① 新闻界(Journalistik)一词来自法语，Jour 词义为值班日，故如此说。
② Journal 兼有日报和日记账之义，故如此说。

心的工作会是多么徒劳,譬如说他想把一个学生送回无限遥远但极其感人的希腊世界,回到教育的真正故乡,可是,在下一个钟点,这个学生就会抓起一张报纸、一本流行小说,或一册这样品质的书,其文体已盖上了今日教育野蛮的令人恶心的标记。

真正的教育不是教育机构的扩大

现在几乎到处都有数量过多的中等教育机构,因而不断需要大量的教师,远远超出一个民族哪怕一个素质优秀的民族按其本性能够产生的程度;于是,有太多不够资格的人进入了这些机构,靠了他们占优势的人数,凭借物以类聚的本能,他们逐渐决定了这些机构的精神实质。这些人永远无望懂得教育的事情,他们误以为,通过建立某种规章制度,不必削减数量,我们文科中学及其教师的表面的、数量上的繁荣就能够转变成真正的繁荣,转变成天性的丰饶。相反,我们则想必对此达成了共识:就本性而言,只有极少数人是被派遣来从事真正的教育过程的;为了使教育过程成功展开,数量小得多的中等教育机构就够用了;可是,在目前大量设置的教育机构中,恰恰是这极少数人必定感到自己最得不到支持,而正是为了他们,这类机构的建立才归根到底是有意义的。

教师的情形同样如此。最优秀的人,一般来说用较高标准衡量无愧于教师这个光荣称号的人,在文科中学的目前状态下,现在也许是最不适合于教育这些未经挑选、胡乱集合起来的青年的;相反,在一定程度上,他们所能提供的最好的东西倒是应该向这些青年保密;而绝大多数教师面对这些机构都如鱼得水,因为他们的秉赋与他们学生的胸无大志、精神贫乏处于某种协调的关系之中。正是这绝大多数教师在发出呼声,要求不断扩建文科中学和普通中学。在我们生活的时代,这些持续不断和震耳欲聋的呼声毕竟唤起了一种印象,仿佛这个时代有一种巨大的教育需求渴望得到满足。然而,正是在这种情况下,人们必须学会正确地听,不为教育词语的喧嚣效果所动,看清那些不倦地谈论当代教育需求的人的面貌。因为人们将会经历一种可惊的失望,我的好朋友,如同我们经常经历到的那样:一旦就近认真观察,那些大声宣告教育需求的人便立刻变脸,成了真正的教育亦即坚持高贵精神本性的教育的起劲的甚至狂热的反对者了。

天才并不来自教育，但与教育密切相关

只有借助母亲这个比喻，我们才能理解，一个民族真正的教育在天才问题上的含义和责任是什么：天才的真正来源并不在教育之中，他仿佛只具有一种形而上的来源，一个形而上的故乡。可是，他来到了现象之中，他从一个民族中间浮出了水面，他仿佛把这个民族全部固有力量如同色彩变幻的倒影布满在水面上，他用个体作譬的方式，在一个永恒作品中，使一个民族的最高使命得以被认知，并以此也把他的民族与永恒相联结，使之摆脱了瞬间的无常领域——唯有天才能够做到这一切，倘若他在一个民族的教育之母怀中得以成熟和养育的话——相反，如果没有这个庇护和温暖他的故乡，他将不能展翅作他永恒的飞翔，而会被悲惨地困在时间之中，像一个流落在冬日荒原的异乡人，从贫瘠的土地上蹒跚离去。

教育机构与生计机构的对立

请注意，我的朋友，你们不要混淆两类事情。为了生存，为了进行生存竞争，人必须多多学习；可是，他作为个体为这个目的所学所做的一切仍与教育毫不相干。相反，唯有在一个超越于这个窘迫、必需、生存竞争世界的大气层里，教育才开始。你们不妨扪心自问，一个人是多么高估与其他主体并存的他自己的主体，他是多么严重地被他投入那种个体生存竞争的力量所损耗。有的人以斯多葛方式严格限制自己的需求，一下子轻易就升入一种境界，他在其中得以忘却并且仿佛甩掉了他的主体，从而在一个由无时间和无个人的事情组成的星系中享用永恒的青春。又有的人把他的主体的作用和需要扩张到这般地步，按照摩索洛斯王陵墓[①]的惊人规格建造他的主体之陵墓，他的那种状态仿佛是在与时间巨人搏斗并决心战胜它。对不朽的追求也表现在这样一种动机中：财产和权力、聪明、果断、口才、显赫的威望、响亮的名声——所有这些在这里都变成了手段，贪婪的个人生命意志用它们来要求新生，用它们来渴望一种终究虚幻的永恒。

然而，在主体的这种最高形式中，以及在一种扩展了的、仿佛集体性质的个

---

① 摩索洛斯王陵墓，位于小亚细亚哈利克纳苏斯城，世界七大奇观之一。

体的最热烈需要中,仍不存在与真正教育的任何关系。譬如说,如果艺术是按照这个方向被需求的,所看到的就只是艺术的消遣效果和刺激效果,而对于这样的效果,高尚纯粹的艺术是最不能引起的,低级混浊的艺术是最善于引起的。在旁观者眼中,他的全部行为和动机也许会显得很辉煌,其实他从未摆脱掉他的充满渴望、孜孜不倦的主体,于是那片无主体静观的澄明天空总是逃他而去——因此,尽管他可以学习、旅行、采集,他离真正的教育必定仍无限遥远,始终被拒之门外。因为真正的教育不肯让利欲熏心的个体玷污自己,它善于机智地从那种想把它用作实现利己目的之手段的人身边溜走,哪怕有人误以为已经抓住了它,可以从它身上获利,通过榨取它来安排自己的生计了,它仍会带着嘲笑的表情,悄无声息地逃脱。

所以,我的朋友,请不要把这一种教育,这个纤足、娇惯的仙女,与那个可供使唤的丫环混为一谈,后者有时也以"教育"自称,其实不过是一个有知识的女仆,生计、收益、需求方面的女管家。然而,任何一种学校教育,只要在其历程的终点把一个职位或一种谋生方式树为前景,就绝不是真正的教育,正如我们所理解的那样,而只是一份说明书,用以指导人们在生存竞争中救助和保卫自己的主体。当然,对于绝大多数人来说,这一份说明书具有头等的和最切近的重要性,而竞争越是艰难,年轻人就越是要学习,越是要紧张地调动他的力量。

不过,不会有人相信,这些激励和训练人们去进行生存竞争的机构,会在严格的意义上不管以什么方式被看做真正的教育机构。这是一些对付生计的机构,它们能够许诺培养公务员、商人、军官、批发商、农场主、医生、技术员。但是,这样的机构所实行的法则和标准无论如何是和建立真正的教育机构根本不同的,前者所允许甚至尽量提供的东西,在后者看来会是渎神的罪恶。

……

请不要以为,我的朋友,我是反对你们赞美我们的实科中学和市立中学。我尊重这些场所,在这里,人们学习有条理地计算,掌握交际的语言,认真获取地理知识,用令人惊讶的自然科学知识武装自己。我也非常乐于承认,我们今天的优秀实科中学培养的学生有资格要求享有文科中学毕业生通常享有的权利,那一天一定不远了,那时候各地大学和政府机关也要向这类学生开放,就像迄今为止向文科中学学生开放一样——真该好好注意今日文科中学的学生了!我实在克制不住要加上这句令人痛苦的话,因为事实是,实科中学和文科中学在其现今目标上总体上是如此一致,只在细节上彼此有所不同,因此可以要求国家给予完全平等的权利——由此可见,我们缺少学校教育机构的一个种类,即真正教育机构的种类! 我绝不是在谴责实科中学,迄今为止,它们既幸运又诚实地推进了虽则非常初步但极其必要的倾向;可是,文科中学领域里的情况就要不诚实得多,也不幸得多了。因为在这里正滋生着某种本能的羞耻感,人们朦胧地意识到,这整个机构已经可耻地降格,野蛮荒凉、毫无创造力的现实反驳着精明辩护的教师们的教育大话。所以,不存在真正的教育机构! ……从我这方面讲,我只知道一种真正的对立:教育机构与生计机构的对立,一切现存之物都属于这两大类别。

真正的教育是为天才的诞生作准备

对于两条路上的如此不同的行进者,一个教育机构会意味着什么? 那些挤在第一条路上涌向其目标的乌合之众,他们把它理解为一个由国家设置的公共机构,他们将经由它而被安置到队列中去,凡是致力于更高远目标的一切事情都被它剔除。当然,他们很善于用华丽辞藻修饰其目标,并使之广泛传播,比如说,他们大谈"以爱国和人道为坚定的共同信念的自由个性之全面发展",或者宣传他们的目标是"建立以理性、文化、正义为基础的人民国家"。

对于另一支小队伍来说,教育机构就是完全不同的东西了。它要捍卫一个坚强的组织,以预防自己被上述乌合之众淹没和冲散,预防作为其成员的个人过早地疲惫,或者被引诱、腐蚀、毁灭,目中不再有其高贵伟大的使命。这些个人必须完成其作品,那是其联盟的意义之所在——而且是这样一个作品,它仿佛必须擦净了主观性的痕迹,超越于时代的影响,如同一面映照事物永恒不变之本质的明镜。所有加入这个联盟的人都必须一同致力于消除自己的主观性,从而为天才的诞生和其作品的创造做准备。为数不少的人,包括一些天赋二三流的人,注定是要做这种辅助工作的,他们唯有通过为这样一个真正的教育机构服务,才会感到尽了其生命的责任。然而,现在正是这种天赋的人,受到那个时髦"文化"的层出不穷手法的诱惑,离开了他们的道路,迷失了他们的本性。这种诱惑对准了他们的利己主义动机,他们的软弱和虚荣,那个时代精神正是在他们耳边劝诱:"跟我来吧! 在那里,你们是仆人、助手、工具,在更高天赋面前黯然无光,你们的特点不能发挥,备受束缚,像是奴隶,甚至像是机器;在这里,在我这儿,你们像主人一样享受你们的自由个性,你们的天赋可以为自己放光,你们将借之荣居首席,为自己成就伟大业绩,公共舆论的欢呼将使你们无比惬意,远胜于来自天才的居高临下的称赞。"如今,最好的人也受到了这样的诱惑,一个人是否听从这样的声音,天赋的程度根本起不了什么决定作用,起决定作用的是一种崇高精神品质的高度和程度,是英雄气概和甘愿牺牲的本能——最后,是一种已经蔚然成风的由正确学校教育所激发的对于真正教育的需要,如同我已经说过的,这种真正的教育首先是对培育天才的使命的服从和习惯。可是,恰恰这个培育的使命,这个习惯,我们今天称作"教育机构"的机构对之一无所知。

真正的教育之内涵

于是,对于那些永恒问题的深刻阐明逐渐被历史的甚至古典语文学的考证和问题取代了,诸如这个那个哲学家思考过或没有思考过什么,这篇那篇文字是否他写的,甚至这篇还是那篇异文应该得到优先考虑。现在,在我们大学的哲学课上,我们的学生被鼓励对哲学作这种中性的研究,正因为如此,我早就习惯于把这样一门学科看做古典语文学的分支,而不管其代表是不是一个优秀的古典语文学家,我在这方面对他们的评价都不高。由此可见,哲学本身无疑已经被革出了大学之门,我们对于大学之教育价值的第一个问题借此已得到回答。

至于大学与艺术的关系问题,则完全可以问心无愧地不予理会,因为它与艺术根本没有关系。这里找不到一点点艺术的思考、学习、追求、比较的迹象,甚至无人愿意严肃地谈论大学对最重要的国民艺术计划的要求的看法。是否有个别教师自认为对艺术具有个人的爱好,是否为热衷于美学原理的文学史家设置了教席,均非这里所考虑的;所考虑的是大学的整体状况,它没有让学生受到严格的艺术训练,在这方面完全无所作为地放任自流,据此就可断然批驳它企图充当最高教育机构的狂妄要求。

我们大学的"独立之士"没有哲学、没有艺术地生活着,那么,他们怎么可能有与希腊人和罗马人为伍的需要呢? 现在谁也不必装作爱好希腊人和罗马人了,反正他们端坐在难以靠近的孤独和庄严的疏远之中。所以,对于这种已经完全死去的教育上的爱好,我们当代大学也就坚定地不去反顾,而建立起了自己的古典语文学教授队伍,用来培养一代代人数有限的古典语文学者,后者的责任又是教文科中学学生做好古典语文学准备。生活的这一个循环,对于古典语文学者和文科中学学生都没有好处,但尤其遭到惩罚的是大学,使它成不了一个真正的教育机构,而它夸耀为此目标是宁愿竭尽全力的。因为倘若撇开了希腊人连同哲学和艺术，你们还能依靠什么梯子上升到真正的教育呢？当你们试图没有这些帮助费力登梯之时，你们的博学——想必你们对此津津乐道——与其说是在承载你们快速上升，不如说是像无助的重负压在你们的肩膀上。

教育的可悲现状

这是那些充满预感的大学生的厄运：他们找不到他们所需要的引路人。他们内部逐渐变得不坚定、不统一、不满意；不幸的笨拙很快就暴露了，他们中间没有能够运筹全局的天才，而那个不可思议的流血行动不但显示了可怕的力量，而且显示了这个缺陷所带来的可怕的危险。他们缺乏引导——他们因此而毁灭。

我再说一遍，我的朋友！——一切教育开始于反对所有现在被赞为大学自由的那些东西，开始于服从，开始于遵守秩序，开始于训练，开始于愿意服务。正像引导者需要被引导的人一样，有待引导的人也需要引导者，在这里支配着的是精神秩序中的一种前定安排，甚至是一种前定和谐。这一永恒的秩序，万物带着合乎自然的重心不断趋向于它，那一种文化却与它背道而驰，企图阻挠和毁灭它，那一种文化已登上了当代的宝座。它企图把引导者贬为它的仆役，或者使他们备受折磨；当有待引导的人寻找自己命定的引导者之时，它伏击他们，用麻醉手段减弱他们寻找着的本能。可是，尽管如此，倘若命定的双方奋力战斗，负伤累累，终于会合，便有一种深邃的喜悦感涌起，就像奏响了永恒的弦乐一样。关于这种感觉，我只能通过譬喻让你们约略地领悟。

德国的乐队常常由一种很特别的干瘦而好脾气的人组成，在音乐排练时，你们是否留心观察过他们？任性的"形式"女神多么会变着法儿玩！怎样的鼻子和耳朵，多么笨拙的、一副瘦骨架格格作响的动作！想象一下，倘若你们是聋子，压根儿没有梦见过声音和音乐的存在，只能把一个乐队演奏的过程当作造型表演来欣赏，那么，由于没有声音的理想化效果的干扰，你们就会看不够这一出中世纪粗俗木刻手法的滑稽剧，这一种对"君子"(homo sapiens)的无害的滑稽模仿。

然后，再打开你们的耳朵，回过头来想一想你们的音乐意识，乐队高处有一位动作得体的可敬的指挥，现在那一出造型滑稽剧对于你们不复存在了，你们在倾听——可是，在你们看来，仿佛有无聊的气息从可敬的指挥投向他的乐队。你们还只看到懒怠和疲沓，你们还只听到节奏的模糊、旋律的普通和感觉的平庸。你们眼中的乐队是一群冷淡沉闷的人，或者是一群完全令人厌恶的人。

然而,终于有一个天才,一个真正的天才,张开幻想的翅膀来临了,来到了这一群人中间——你们立刻觉察了某种难以置信的东西。这个天才仿佛在闪电般的心灵变化中进入了所有这些半兽的躯体,现在仿佛又只有一只魔法的眼睛从他们全体中向外看。你们在倾听和观看——但现在你们变成听不够了! 倘若你们现在再观察时而狂吼时而低诉的乐队,感受到每一块肌肉的灵巧的绷紧和每一个姿势的节律的必然,你们就会产生同感,懂得什么是引导者与被引导者之间的前定和谐,在精神的秩序中一切如何拥入如此建构着的组织中去。通过我的比喻,你们即可明白,我所理解的真正的教育机构究竟是什么,以及我为何在现存大学中看不到这种教育机构的一点点影子。

周国平　译

什么知识最有价值？

[英] 赫伯特·斯宾塞

赫伯特·斯宾塞（Herbert Spencer，1820—1903），英国哲学家、社会学家、教育家，因将达尔文进化论应用于社会学而被誉为"社会达尔文主义之父"，重要著作有《社会静力学》《社会静态论》《人口理论》《心理学原理》《合成哲学系统》《第一项原则》《教育论》和《小斯宾塞的教育》等。

本文选自《教育论》（1861），题目系原书所有。

本文的主要观点是：自古以来，人们的价值观似乎是本末倒置的，即："装饰"重于"实用"，因而在教育中，也是历来重视"装饰性知识"而轻视"实用性知识"；然而，这种价值观和教育观却是"粗俗和幼稚"的，因为人类活动的首要目的是生存，此后才有其他种种目的；所以，评判各类知识的价值大小，要以人类活动为衡量标准，即：对人类最重要的活动最有用的知识，就是最有价值的知识；对人类较重要的活动较有用的知识，就是较有价值的知识，以此类推；而在人类的所有知识中，对人类最重要的生存活动最有用的知识，就是科学知识；所以，教育，作为人类活动的准备，理应重视科学知识的传授，因为科学知识是最有价值的"实用性知识"，而非那种价值较小、甚至没有什么价值的"装饰性知识"。

这里的所谓"实用性知识"，用今天的话来说就是"理科知识"，而所谓"装饰性知识"，就是"文科知识"。所以，作者的观点很明确：教育应该"重理轻文"，而不应该"重文轻理"，甚至都不应该"文理并重"，因为这是不现实的——道理很简单：人的寿命有限，学生没有那么多时间。

从更高的层次看，本文充分体现了作者的进化论思想，即认为：既然所有生物都是进化的，人是一种生物，当然也不例外；而进化，即意味着生存竞争，所以人类活动就是人类生存竞争活动，包括人与其他生物的竞争、民族与民族的竞争、群体与群体的竞争，乃至个人与个人的竞争；教育作为人类活动的一种准备，就是要预先使个人更具竞争能力，从而使群体更具竞争能力、使民族更具竞争能力，乃至使整个人类更具竞争能力。为此，教育一定要重视科学知识，因为科学知识是最有助于提高个人竞争能力的知识。

一

从时间的先后看,可以说人类先有装饰,后有衣着。原始人文身,不仅要忍受身体上的痛苦,而且还去要为了炫耀这种装饰,光着身体忍受严寒和酷暑。洪堡①曾告诉我们,一个印第安男人可以不考虑为身体的舒适去买衣服,而愿意用两星期的劳动报酬去买涂身炫美的颜料;一个印第安女人可以一丝不挂、毫不迟疑地走出小屋,可是她不敢违反部落习俗,不涂抹颜色出来见人。欧洲航海家曾见证,未开化的部落把彩色珠饰看得比布料和衣服更为重要。还有记载说,若把衬衫和外套送给这些人,他们会用来做些稀奇古怪的事情。这就说明,装饰的念头完全胜过了实用的念头。不但如此,更极端的例子还有:斯皮克船长②曾讲到,他的那些非洲仆人,在天晴时穿着羊皮外衣在外面走,可是在下雨时却把它叠好,宁愿光着身子在雨中冷得发抖。土人生活的实况的确说明,衣着是从装饰发展而来的。当我们想到,就是在我们中间,多数人对衣料的华美比对它的保暖性考虑得更多,对剪裁的式样比对穿着的方便考虑得更多——当我们看到效用仍然多半从属于外观这一事实时,我们就更有理由来推断这一起源了。

奇怪的是,在心智方面和在身体方面一样,我们所追求的都是装饰多于实用。不只是在过去,在我们现代也几乎一样:那些受人称赞的知识总放在第一位,而那些增进个人福利的知识却被放在第二位。在古希腊的学校中,主要科目是音乐、诗歌、修辞和苏格拉底以前的那种很少联系实际的诡辩哲学,而对于生活有直接帮助的知识只占很次要的位置。在我们现在的大学和普通学校里,也有同样轻重倒置的情况。一个男孩,在他整个一生中,十之八九用不到拉丁文和希腊文,这是人人都知道的。我们常说,他日后在店铺里或办公室里,在管理家务和家产中,在银行或铁路工作中,他用了那么多时间学来的知识对他很少有用,少到其中大部分其实已被忘记;即便他偶尔说出一句拉丁文,或者提到一个希腊神话,那也不是为了解决他所遇到的实际问题,而只是为了表现自己。假如我们问到,要男孩学拉丁文和希腊文的动机是什么?那只能说是为了应顺社会

---

① 亚历山大·洪堡(1769—1859),德国著名博物学家、旅行家。
② 约翰·斯皮克(1827—1864),英国探险家。

传统。就如为儿童装饰身体一样，人们也应顺传统，装饰儿童的心智；就如印第安人出门前涂抹颜料不是为了任何直接的好处，而只是为了不这样做就不好意思见人，我们的男孩必须背诵拉丁文和希腊文，也不是因为这两种语言有实际用处，而只是因为他不懂这两种语言会使他丢脸，是为了使他受到"绅士教育"，是因为这标志着某种社会地位，可以因此而受人尊敬。

在女性方面这个类似的情况就表现得更明显。在对待身心两方面，装饰因素之继续占上风，女性比男性更厉害。本来，无论男女都同样注意个人装饰；但是，在文明的近年，我们看出男性在衣着上考虑舒适比考虑外表要多些，同时在他们的教育中实用的部分近来也在代替装饰的部分。至于女性，在这两方面的改变都没有这么大。佩戴耳环、戒指、手镯、花样繁多的发饰、时而可见的涂脂抹粉、千方百计使得自己的服装引人注目，以及为了时尚宁肯忍受很大的不舒适，这些都表明女性要在衣着上赢得赞许的愿望远远胜过求得温暖和方便的愿望。在她们的教育方面也一样，大部分的"才艺"在这儿都证明虚饰重于实用。舞蹈、举止文雅、弹钢琴、唱歌、绘画占了多大分量！如果你问为什么要学意大利文和德文，你就会看到，在一切借口之下，真正的理由是因为懂得这些语言才像一个贵妇人。目的并不是要去阅读那些文字写的书，因为她们根本就很少读书；而是为了去唱意大利文和德文的歌曲，为了由于多才多艺而赢得的啧啧称赞。还有，知道一些君王的生卒年月、婚姻和其他轶闻琐事，也不是因为知道了这些会有什么直接的好处，而是因为社会上认为那是良好教育的一部分，因为缺乏这些知识就会被人轻视。当我们列出阅读、写字、拼法、语法、算术和缝纫后，就差不多列出了从生活实用上教给女孩子的全部东西，其中有些还是为了博得好评的多，为了个人直接福利的少。

要彻底认清在心智方面和身体方面装饰都先于实用这一事实，就必须看看它的原因何在。它的原因就在于：事实上，从远古直到现在，社会需要压倒了个人需要，而主要的社会需要是对个人加以约束。因为不像我们一般所认为的，除了君主、议会和法定权力的政权，就无其他权力了。作为这些公认的权力的补充，还有一些未被公认的权力，它们在各方面都显示出来，而每个男女都在那里争取为王、为后或者仅次于王、后的尊位。出人头地、受人尊敬，或者迎逢上级，成了人们全力以赴的普遍竞争。矜财恃富、装模作样、衣着华丽、炫耀才能，每个人都想在这方面胜过别人。这有助于形成一个复杂的关系网以维持社会的等级秩序。实际上，并不只有野蛮人的酋长才用可怕的"战争油饰"和腰带上的敌人头皮^①来吓唬他的族人,并不只有美女才用盛装、风韵、艳丽来"征服别人",学者、历史学家、哲学家也用他们的学识来达到同样的目的。我们每个人都不会安心于在各方面实实在在地发展我们的个性,而是焦躁不安地渴望展示自己,从而赢得他人的尊敬,从而在某种程度上支配他人。这就是决定我们当下的教育性质的关键因素。它考虑的不是什么知识最有真正的价值,而是什么能获得最多的称赞、荣誉和尊敬;什么最能取得社会地位和影响,什么能使人表现得最神气。由于整个生活中的问题不在于我们是怎样,而在于他人会怎样看我们,所以教育中的问题也就不在于知识的实在价值,而多半在于它对他人的外部影响。这已成了我们的主导思想。我们对直接用途的考虑,比起野蛮人在文身、锉牙、戴羽毛时所考虑的,实在多不了多少。

<h2 style="text-align:center">二</h2>

如果还需有进一步的证据来说明当前教育的粗俗和幼稚,我们只要看看这一事实就可以了:至今仍没有人探讨各种知识的价值大小。在这方面,不仅没有取得比较价值大小的统一标准,就连这样的标准是否存在,也没有弄清楚。不仅这样的标准是否存在没有弄清楚,就连对这种标准的需要,也似乎还未被人感觉到。人们阅读有关教育的书籍、听有关教育的演讲、决定要他们的子女学什么知识、不学什么知识,全都不过是从习俗、爱好或偏见出发,从未想到至关重要的是用某些合理的方法去决定哪些东西是真正值得学习的。在各种社团中,也确实有人偶尔提到过这类或那类知识的重要性。可是,那个重要性是否值得在它上面花费那么多时间,这些时间是否可以更好地用在学习更重要的知识,此类问题如果真提出来,结果还是依照个人成见很草率地予以回答。的确,时常有人重新提出古典学科和数学学科^②哪个更有价值这一长期争论的问题;可是,大家只是凭经验来进行争论,而没有一个已被承认的标准;而且,如果涉及与此相关的整个问题,这样的争论又是不得要领的。如果认为从判断数学教育和古典教育哪个为好就能决定合理的课程,那差不多等于想从判断面包和土豆哪个更有营

---

① 战争油饰(war-paint):原始部落专门在打仗前涂在身上的颜料。腰带上的敌人头皮:北美印第安人(实际上原始人类可能都曾如此)剥取敌人的头皮作为战利品,并挂在腰带上炫耀自己的勇武。
② 古典学科和数学学科,相当于现在的文科和理科。本文的宗旨就是要说明,理科比文科重要,而当时欧美教育界是普遍"重文轻理"的。

174

养来解决全部营养学问题！

我们认为，至关重要的问题并不在于这种或那种知识有没有价值，而在于它们的比较价值。人们总认为，只要提出某门科目给了他们某些益处能够了，而完全忘了那些益处是否充分还需要加以判断。人们注意到的科目，或许没有一门是一点价值都没有的：任何人记熟了英格兰所有各城镇之间的距离，或许也会在一生中安排某一次旅行时发现那一千条材料中有一两条有一点点用处。但是，在这种情况下，每个人都会承认，需要花的劳动和能得到的利益之间是不成比例的。所以，没有人会同意让自己的孩子花几年时间去获得这样的知识，而牺牲其他可能得到的、价值更大的知识。既然在这里可以从衡量相对价值而得出结论，那么就应该到处运用这个标准去作结论。如果我们有用不完的时间去学习所有的科目，那也就用不着斤斤计较了。这里引用一首旧歌：

> 要是人能稳有把握，
>
> 就像古人千年长寿，
>
> 多少事情他能通晓！
>
> 多少事业他能成就！
>
> 全不心焦也不匆忙。

然而，一个人的寿命有多长？我们必须记住，学习的时间是有限的。时间有限，不只由于人生短促，更是由于人事纷繁。我们应该力求把我们所有的时间都用在做最有益的事情上。在花许多时间去学习赶时尚、凭爱好的科目之前，审慎地衡量一下结果的价值，再比较一下这些时间如果用在其他方面会有什么不同的结果和不同的价值，肯定是明智之举。

所以，这是一切教育问题中的关键问题，我们早就应该按步骤加以讨论了。虽然最重要的问题是在不同的科目都引起我们注意的时候怎样加以判断，但在制定一个合理课程之前，我们首先需要确定最需要知道些什么；或者，用培根那句不幸现在已经过时的话说，我们"必须弄清楚各种知识的比较价值"。

三

为此，首先要有一个衡量知识价值的尺度。幸好，在绝大多数人看来，价值的真正尺度是显而易见的,无可争辩的。每个人在说到任何一种知识的价值时,总是指这种知识和生活有何关系。在答复"那有什么用?"这一问题时,数学家、语言学家、博物学家或哲学家都是说他那门学问怎样对行为有好的影响、怎样能避凶得吉、获得幸福。语文教员指出写作课的成绩好(会对谋生、对美满的生活)有多大帮助,就算已经作了充分说明。而一个收集古董的人(例如钱币学家)因为没能说清楚这件事对人类幸福究竟有什么明显的好处,就只好承认那是毫无价值的。所有的人都是直接或间接地用这个作为衡量尺度的。

怎样生活?这是我们的主要问题。不只是单纯从物质意义上,而是从最广泛的意义上来看怎样生活。概括一切特殊问题的普遍问题,是在各方面、各种情况下正确地指导行为,使其合乎准则。怎样培养心智、怎样处理事务、怎样带好儿女、怎样做一个公民、怎样利用自然界所供给的资源增进人类幸福——总之,怎样运用我们的一切能力获得最大的利益、怎样圆满地生活,这既然是我们需要学的大事,当然也就是教育中应当教的大事。为我们的圆满生活作准备,是教育应尽的职责;而评判一门教学科目的唯一合理办法,就是看它对这个职责尽到什么程度。

这种检验方法,过去从来没有全部运用过,连部分运用都很少见,而且也是模糊地、半意识地运用的;现在应该有意识地、按步骤地在所有情况下加以运用。我们有责任把圆满的生活作为要达到的目的摆在我们面前,而且经常把它看清楚,以便我们在培养儿童时能审慎地根据这个目的来选择施教的科目和方法。我们非但不应该不假思索地就赶教育上的时髦,对于那些比时髦好不了多少的东西,我们也不应该接受;和那些多少关心子女心智培养的人所用的那种粗枝大叶、单凭经验的评判方式相比,我们的评判方式肯定要合理得多。只是揣想这种或那种知识在未来生活中或许有用,或者主观臆断这种知识比那种知识更有实际价值,肯定是不行的;我们必须找到某些方式来衡量各种知识的价值,要尽可能明确地知道哪些知识最值得重视。

这个任务无疑是艰巨的,或许永远只能得到一个大概的成就。但是,考虑到重大的利害关系,就不能因为任务艰巨而胆怯地躲避,而应当竭尽全力去完成它。其实,只要我们系统地进行,很快就可能得到相当重大的成果。

我们的第一步显然应当是按照其重要程度把人类生活的几种主要活动加以分类。它们可以自然地排列为:1. 直接有助于自我保全的活动;2. 为获得生活必需品而间接有助于自我保全的活动;3. 目的在抚养和教育子女的活动;4. 与维持正常的社会和政治关系有关的活动;5. 闲暇时为满足个人爱好和个人情感的各种活动。

用不着多加思索就能看出,这个次序是多少符合它们的真实主从关系的。经常保证我们个人安全的行动和预防措施,显然必须列在首位。如果有人像婴儿一样,完全不了解四周的人与物,也不知道处身于其中如何应对,那么,不管他在其他方面有多大学问,只要一走上街就会丧命。既然在其他方面一无所知不致像在这方面一无所知一样马上就会有丧命之忧,那就必须承认,直接关系到自我保全的知识是最有价值的。

没有人会怀疑,仅次于直接自我保全的,是取得生活必需品的间接自我保全。一个人总是先有谋生的职责,然后才有做父母的职责,因为一般说来,做父母的职责只有在完成了谋生的职责之后才有可能。既然养活自己的能力必须在养活子女的能力之先具备,所以养活自己所需要的知识,比起家庭幸福所需要的知识来就更为重要,因而其价值仅次于直接保全自己所需要的知识。

因为家庭在历史上先于国家,因为在国家出现之前或国家消亡之后都需要养育子女,而且只有在人们养育子女之后才可能有国家,所以做父母的职责优先于做公民的职责。或者,进一步说,由于良好的社会最终还是要靠良好的公民素质,而早期的家庭训练又比其他一切更易于影响公民的素质,所以我们必然得出结论,家庭幸福是社会幸福的基础。所以,和前者有关的知识必然优先于和后者有关的知识。

在比较严肃的活动之余,用不同形式的娱乐活动(欣赏音乐、诗歌、绘画等)来消遣,显然要以社会的存在为前提。若没有社会的预先存在,娱乐活动无从得以展开;不仅如此,娱乐活动的内容本身也大部分和社会生活有关。社会不仅为此提供了活动的条件,也提供了此类活动所要表达的思想和感情。所以,做良好公民的那部分人类活动,比起培养各种艺术爱好的这部分来更为重要;所以,在教育中,为前者所作的准备必然优先于后者。

我们重说一次,以下基本上就是一个合理的次序:为直接自我保全作准备的教育、为间接自我保全作准备的教育、为做父母作准备的教育、为做公民作准备的教育、为各种娱乐活动作准备的教育。我们并不是说,这些活动的范围都能准确划分出来;我们并不否认它们的联系是如此错综复杂,以致对任何一方面的训练,都在某种程度上训练了其他方面。我们也并不怀疑,每一范围都有某些部分比前一范围的某些部分更为重要;比如,一个长于经商而短于其他事情的人和一个短于赚钱而长于教子的人相比,从圆满生活的标准来说,就可能要差得多;再比如,一个对社会行为有充分而正确的知识、却毫无艺术修养的人,还不如两方面都大略有点知识的人。但不管怎么说,这几大范围还是存在的,而且基本上按照上述次序分出主从,因为在现实生活中,它们是有了前一个才可能有后一个,其次序与此完全相符。

教育的理想当然是在所有这些范围内都有完全的准备。但是,在达不到这个理想时,特别是在现阶段几乎没有人能达到这个理想时,目标就应该是在这几个范围之间维持一个适当的比例:不是在某一范围准备得特别多,尽管这一范围是最有价值的;也不是在较重要的两三个范围内多作准备,而是在各个范围内都作准备:价值最大的作最大准备,价值较小的作较少准备,价值最小的作最少准备。对于普通人(别忘了一种情况,有些人特别善于学习某一范围的知识,很可能会把它当作谋生的职业)——我们说,是对于普通人,所需要的是在最有利于圆满生活的那些范围内得到最多训练,而在那些不是直接有利于圆满生活的范围内,所受的训练就可以相对少一些。

照这个标准来安排教育,我们应该经常考虑到某些一般性的问题。从有利于圆满生活来看,任何一种知识的价值既可能是绝对的,也可能是相对的。有的知识具有内在价值,有的具有半内在价值,有的则仅有习俗上的价值。譬如,"肢体麻痹前通常有麻木感和刺痛感"、"物体在水中运动时所受到的阻力和运动速度成正比"、"氯是一种消毒剂",像这样的科学常识,具有内在价值,因为它们在一万年后仍会像在今天一样对人有用。而像懂得拉丁文和希腊文这样的语言知识,可看作具有半内在价值,因为对于我们和其他一些在语源学上和这两种语言有亲缘关系的民族来说,这种知识肯定是有价值的,但其价值只有在我们使用现今的语言时才有,所以并不是绝对的。至于那些在学校中借历史的名义传授的所谓知识,如某些人名、某些年代和某些陈旧而无意义的事件,就只有习俗上的价值了,因为这样的知识和我们的任何行为都没有关系,只是为了迎合当前习俗,避免因为缺少这种知识而受到不愉快的批评。我们必须承认,和整个人类始终有关的某些事件,比某些只在有限的年代里关系到某一部分人的事件更为重要,而后者又比某些昙花一现的、只和一小部分人有关的事件更为重要。因此,合理的看法是:在其他情况相同时,具有内在价值的知识必须放在具有半内在价值和仅具有习俗价值的知识之前。

还有一点也需先加以说明,即:对任何事物的知识都具有两种价值——作为知识的价值和作为训练的价值;获得每一种事物的知识,除了用以指导行为之外,还可以用来练习心智。所以,应该从这两方面来考虑知识在为圆满生活作准备时的效果。

总之,在我们开始讨论课程安排时,必须先具有这样的普遍认识,即:要把教学内容划分为重要性递减的几个范围;在协调这几个范围时,要考虑到相关知识所具有的是内在价值,还是半内在价值,或者是习俗上的价值;以及,要从指导行为和练习心智两方面来确定知识的价值。

四

幸运的是,直接保全自我的那一最重要部分的教育,大部分已经有了安排。因为那件事太至关重要,不能让我们去瞎撞,大自然就亲自抓了。婴儿还在母亲怀抱里时,看到陌生人就会躲起来哭,这已表现出他的本能的萌芽,即躲避不知道的和可能有危险的事物来寻求安全;他刚会走路时遇到野狗会惊慌,看到可怕的东西或听到可怕的声音会喊叫着跑向母亲,这表现出本能的进一步发展。不但如此,他每时每刻所急于寻求的主要是直接保全自我的知识:怎样保持身体的平衡、怎样控制动作避免碰撞、什么东西是坚硬的碰了会痛、什么东西是重的落在身上会受伤、哪些东西能承受身体的重量而哪些东西不行、燃烧着的火和别人扔过来的东西以及锋利的东西会引起疼痛……诸如此类为避免死亡或受伤所必需的知识,他自然而然都会习得。几年以后,他把精力用于跑、爬、跳和体力技巧的游戏时,我们看到所有这些使肌肉发达、知觉敏锐、判断敏捷的动作,都是为他将来在不同环境中如何安全行动作准备,使他学会在遇到偶发的意外危险时如何作出反应。这就是说,大自然对这种最基本的教育已经做了周详安排,我们不必多管。我们所要注意的是不要去妨碍大自然,以保证孩子能充分获得这方面的经验和受到相应的锻炼。不要像有些愚蠢的女教师那样,时不时地禁止女学生自发地进行她们喜爱的肢体运动,这很可能使她们真遇到危险时不知所措。

但这并不是为直接保全自我作准备的教育所包括的全部。除了保障身体不由机械原因受伤之外,还要保护它不因其他原因而受伤害,不致因为违反生理规律而生病乃至死亡。为了圆满的生活,不仅需要防止突然死亡,还需要避免由于不良习惯而导致的能力丧失和慢性死亡。如果健康不佳和精力不够,谋生、组织家庭、社会交往等活动都或多或少要受影响;可见这种次要的直接自我保全的重要性仅次于首要的那种,因而凡是有助于获得这种能力的知识也应该受到重视。

在这里,实际上也多少有些现成的指导。通过身体的各种感觉和需要,大自然已保证我们在相当程度上能符合这方面的要求。我们很幸运,天生不会忽视因为缺乏食物和酷热严寒而产生的强烈刺激。我们只要在受到这类强烈或较强烈的刺激时习惯于服从大自然,就不会有太坏的结果。感到疲劳就停止工作、房间里太闷就开窗通风、不感觉饿就不吃东西、不感觉渴就不喝水,只要这样,就不大会生病。然而,总有人对生理规律极度无知,竟然不知道他们的感觉就是他们的自然指导,而且是可靠的指导。因此,虽然从目的论上说大自然已经为我们的健康设置了有效的保障,但知识的缺乏却使这些保障大部分失效。

如果有人怀疑懂得生理学原理对于圆满生活的重要性,那就请他看看,能找到多少中老年人是完全健康的。我们只能偶尔找到一两个直到老年还健康的例子,但急性病、慢性病、身体虚弱、未老先衰的例子,却每时每刻都能找到。在你问到的人中间,几乎没有一个没有得过只要稍有知识就可避免的疾病。不是这儿有一个人由于大意着凉感冒后得了心脏病,就是那儿有一个人由于用眼过度而得了终身受损的眼疾;不是昨天听说有个人的跛足是因为轻伤后忍痛走路造成的,就是今天听说有个人长期病假是因为他不知道自己有心悸症还不休息;一会儿,听说有人终生残疾,原因是过度用力;一会儿,听说有人神经衰弱,原因是过度用脑。从各方面,我们不断看到各种各样随身体虚弱而产生的疾病。且不说由此带来的痛苦、烦躁、忧愁,以及时间、金钱的消耗,只要考虑一下,健康不佳会使多少人的生活受影响,会妨碍多少事情——正常的工作会变得相当困难,甚至无法进行;人会变得焦躁不安,因而不能好好管孩子;甚至对娱乐活动也感到厌烦,致使无法承担公民义务。导致健康不佳的恶习(部分是我们的祖先遗留下来的,部分是我们自己养成的)比任何其他事情更有害于圆满生活,它在很大程度上毁掉了生活的幸福和愉快,使其变得沉重而痛苦,这不是明摆着吗?

不仅如此。除了会使生活质量恶化,还会缩短寿命。病后康复,并不像我们通常设想的那样,一切如前。生理功能的正常作用受到任何扰乱,事后都不能完全复原。永久性的伤害是难免的,也许一时看不出来,但还是在那儿,加上大自然在它的严格核算中从不漏掉的其他项目,将来算起总账来,就是寿命的缩短。轻度伤害的积累,使体质在总体上受损以至毁坏。我们只要看看人们的平均寿命比人类可能达到的寿命要差多少,就可看出损失有多大。因健康不佳而导致的许多部分的小损失叠加在一起,就是最后的大损失,就是寿命缩短将近一半。

所以,防止丧失健康以直接保全自己的知识,是至关重要的。我们不是说有了这些知识就可以克服所有疾病,而是说,在我们现在的文明情况下,显然,人们时常需要迫使自己不守常规;即便不是强迫的,显然,他们也时常会明知故犯,为了眼前的享受,牺牲将来。但是,我们仍然认为,用正确的方法给予正确的知识会有很大效果。再说,因为健康的生活必须认识以后才能充分实现,我们进一步主张,无论较合理的生活到何时才能实现,事先给予这种知识总是有必要的。我们认为,既然精力充沛和随之而来的良好情绪比其他任何事情更应该在圆满生活中占较重要位置,那么教导人们保持健康和良好情绪就比什么都重要了。所以,我们肯定地说,这样一门具有普遍价值、与日常行为关系密切而必需的生理学科目,是合理的教育中最重要的一部分。

奇怪的是,这个主张竟然还需要提出!更奇怪的是,还需要辩护!因为有些人竟然还会以近乎嘲笑的态度来对待这个主张。有些人被指出把希腊人名"伊菲几尼亚"的重音读错了会脸红,有些人认为说他不知道一个半神话人物的传说是对他的侮辱,但他们却毫不羞愧地承认自己不知道欧氏管①在哪里、脊椎神经有什么作用、正常脉搏是多少次、肺是怎样吸入空气的。他们渴望自己的儿子通晓两千年前的迷信,却毫不关心有没有教给儿子有关人体构造和机能的任何知识;不仅如此,还希望别人也不要来教。传统的习惯势力就是这么大!在我们的教育中,装饰就是这么可怕地战胜了实用!

五

我们用不着强调,那种有助于谋生而间接保全自己的知识有何价值,这点谁都承认。实际上,许多人或许还过分地把它看作教育的唯一目的。然而,尽管几乎人人在理论上都同意这一看法,承认为年轻人谋生作准备的教育很重要,甚至认为是最重要的,但又几乎没有人去探究应该教些什么才能作好这项准备。当然,教读、写、算从道理上说应该是有用的,但除此之外就似乎什么都没有了。学生所学的其他东西,大部分和谋生活动无关,而和谋生活动直接有关的大量知识又被完全忽略了。

那么,除了人数很少的某些阶层,绝大多数人是如何谋生的?他们都从事商

---

① 欧氏管,一名耳气管,指由中耳通至咽喉的管道,因为由欧斯达氏所发现,故名。

品的生产、加工和分配。而商品的生产、加工和分配的效率依靠什么？依靠运用适用于商品性质的方法，依靠在不同情况下熟悉它们的物理特性、化学特性或生物特性，也就是依靠科学。这方面的知识是使文明生活得以正常进行的基础，而在我们学校的课程中却大部分没有列入。这一事实尽管不可否认，但却似乎没有人注意到。也许，正因为见惯了，反而被忽略了。为了充分说明我们的观点，不妨在此举一些学科为例子，以使读者看得明白。

撇开最抽象的学科逻辑学不谈（虽然大生产者或分配者也在有意无意中要多少靠它的指导来预测商情），我们首先遇到的是数学。在这里，有关数目的最普通部分就指导着一切生产活动，不论是调节工序、进行估价、商品买卖或者记账，都用得到它。所以，这一抽象学科的价值，没必要再对任何人强调了。

在进行需要较高技艺的建筑中，或多或少需要有些较专门的数学知识。就是村庄里的木工按成规干活时，也和不列颠尼亚大桥的建造者一样，随时要注意空间关系的一些规律。测绘员在测量地形时、设计师在设计大厦时、建筑工人在打地基时、石工在砌石块时、装配工在进行装配时，全都要服从几何学原理。铁路的修建从头到尾都要用到几何学：在准备平面图和剖面图、打桩定线、量度路堑和路堤时，在设计和建造桥梁、涵洞、拱桥、隧道、车站时，都一样。在沿海各地的港口、船坞、码头上，在各种建筑工程和地下的矿井中，也都如此。现在，就是农民要准确开掘沟渠，也要用到水准仪，也就是要运用几何学原理。

其次就是抽象-具体学科。现代工业制造的成就，依靠的就是应用其中最简单的一门学科——力学。制造每一种机械都要根据杠杆、轮轴等力学特性，而我们现时差不多一切生产活动都要依靠机械。就以早餐时的面包为例：种麦子的土地上要用机械做的砖来砌成灌溉渠；土地是用机械翻耕的；种子是用机械播撒的；麦穗是用机械收割、脱粒、去皮的；然后，把麦粒磨碎、筛粉、装袋也都要靠机械；而面粉如果是运往戈斯波特①的话，可能就用机械做成了饼干。再看看你自己的房间：如果是新式的，砌墙的砖多半是机械做的；地板的锯刨、炉架的切锯和磨光、墙纸的制作和印色，都靠机械；还有桌布、椅子脚、地毯、窗帘，也都是用机械做的。还有你的衣服，素色的、织花的或印花的，不全都是用机械纺织和缝纫的吗？你看的书，每一页不都是用一种机械制成又用另一种机械印上字的吗？

---

① 戈斯波特，英国一城市，有发达的食品工业。

此外,还要感谢把所有这些东西送到我们手里的水陆运输工具。更值得注意的是,生产活动的成败,就取决于运用力学知识的好坏:某工程师建桥时若在材料力学方面计算错误,桥就会塌;某制造商若使用力学性能不好的机器,就不能和其他使用力学性能较好的机器的制造商竞争;某造船厂若墨守成规,就会被其他按力学上的流线原理来造船的造船厂淘汰。由于一个国家抵抗另一个国家的能力依靠的是各行各业的技术水平,我们甚至可以说,有关机械的知识很可能会改变国家的命运。

从抽象-具体学科中和克分子力有关的部分上升到和分子力有关的部分,我们可以看到另外一系列的应用。这些应用,加上前面讲到的那些学科,我们就有了可替代几百万劳力的蒸汽机。物理学中的热学定律告诉我们,如何在诸多生产部门节省燃料、如何用热风代替冷风来增加炼铁炉的产量、如何在矿井中通风、如何使用防爆的安全灯,以及如何使用温度计控制生产流程。光学研究使老年人和近视眼患者恢复视力;显微镜帮助我们发现致病的细菌和微小的污染物;灯塔的改进防止了大部分航海事故。电磁学研究使罗盘得以产生,从而救了无数航海者的生命和财产;用电流铸版,大大改进了印刷技术;至于现在刚刚使用的电报,又给了我们一种通讯工具,可以在日后使一切商业活动乃至政治活动都变得更为便捷。在家庭生活方面,从炉灶的改进到客厅里立体镜子的出现,则表明物理学的发展和应用是获得舒适生活的基础。

化学的应用更为广泛。漂白工、染色工、印花工,他们的工艺是否有效,就看他们是否遵守化学定律;铜、锡、锌、铅、银、铁的冶炼,必须要有化学知识;制糖、生产煤气、做肥皂、制造火药,都要按化学原理来操作;还有玻璃和陶瓷的生产也一样。酿酒工何时停止原料的发酵从而获得酒精,或者继续发酵使其变成醋酸,这是个和他的生计有关的化学问题;所以,酿酒公司聘用一位化学家是合算的。实际上,现在不管哪一种制造业,若想经营得好都必须要有懂化学的专业人员予以指导。肥料和土壤的分析、两者的搭配、用石膏等物质使氨的含量稳定、粪便的化合利用、人造化肥的生产——这一切,都是化学的贡献,是搞农业的人应该熟悉的。不论是火柴的生产,还是消毒水的生产;不论是印照片,还是做面包,乃至从废物中提取香料,我们都可从中看出化学的巨大作用。因此,每个直接或间接和工业生产有关的人,都应该有这方面的知识。

在具体的学科中,我们首先来看看天文学。从这里产生了航海技术;有了它,才可能有庞大的国际贸易,从而养活我们大部分人,供给我们许多必需品和大部分的奢侈品。

地质学这门学科的知识也非常有助于工业生产。既然铁矿石现在已成为这么大的财富资源,既然煤的供应现在已成为我们大家都关心的事情,既然我们现在已有了矿业学院和地质勘探,那么,研究地球外壳对我们物质福利的重要性或许已不必多说了。

还有生命科学——生物学,不是从根本上和间接保全自我有关吗?这一学科和我们通常说的制造业确实关系不大,但和一种最重要的"制造业"——食品生产业——却有着密切的联系。既然农业使用的方法必须符合动植物的生长规律,研究这种规律的学科就是农业的合理依据。实际上,许多生物学原理在还没有成为科学原理之前就已经被有经验的农民认识和应用了;比如,某种肥料适合于某种植物、某种庄稼会使土壤不适宜种植另一种庄稼、马吃的饲料不好会使马拉不动车、牛和羊的这种或那种疾病是由这种或那种原因引起的。这些从经验中得来的、关于如何对待动植物的日常知识,就是生物学知识的积累,而农民的成功与否,很大程度上就依靠这种知识的积累。既然这些为数不多、既不准确又很粗浅的生物学知识已经有这么大用处,那就不难判断,如果这种知识变得既准确又充分,它的价值会有如何之大!实际上,我们现在已经能看到理论生物学带来的好处了。动物产生体热需要消耗物质,因此,防止动物体热的无谓散失可以减少物质的消耗,这一理论——这一纯粹的理论上的推论——现在就指导我们把牛养得肥壮;使牛暖和,可以节省饲料。在饲料的多样化上也有类似情形。生物学家的实验表明,不但变化饲料有益处,而且每次喂以混合饲料有利于消化。生物学家还发现,那种每年导致几千只羊死亡的"晕倒病"是由侵入羊头骨的寄生虫引起的,因而只要在病羊头骨的某个柔软处作穿刺,把那里的寄生虫清除,大多数病羊就会痊愈。这是农业应该感谢生物学的又一例证。

我们还要注意一门和生产活动直接相关的学科——社会学。那些每天关心金融市场行情,讨论谷物、棉花、糖、羊毛、蚕丝的大致收成,估计战争的可能性,并以此来决定他们是否投资的人,其实都是社会学的学生。他们可能是一些仅凭经验而常常出错的学生,但不管怎么说,他们是以自己的判断来决定输赢的学生。不仅是经营企业的人要根据诸多行情、要考虑供求关系、要按社会行为的一般规则来作出决定,就是零售商也同样如此——他的生意好坏,极大程度上就看他对批发价和顾客消费率的走向作出何种判断。显然,凡是参与某一地区复杂的商业活动的人,都非常想了解这一地区社会活动的变化规律。

所以，对于所有从事商品生产、交换或分配的人，熟悉科学的某些部门是十分重要的。因为每一个直接或间接涉及某种生产活动的人（很少有人不是这样），或多或少都要接触到事物的数学、物理学和化学特性，或许还会接触到生物学，而社会学，则是无人可以逃避的。一个人能否在间接保全自我（即我们叫作"谋生"）的那方面取得成就，很大程度上就看他有没有这几门学科的知识——当然，不一定有理论知识，但从经验中得来的知识，也是知识。因为我们所谓学做某一行业，实际是指学其中的科学，虽然或许不用科学这名称。因此，科学方面的知识对每个人很重要，这不仅因为它是谋生的一种准备，还因为科学的知识比经验的知识更可靠。此外，每个人需要有科学的知识，还不只是为了知道和他从事的生产或分配活动直接有关的情况和缘由，还要知道其他各种活动的情况和缘由。在现在这个合股经营的时代，除了工人，其他人几乎人人都像资本家一样，都要关心本行业以外的其他某些行业的情况和缘由。比如，这儿要开个煤矿，但掘进以后许多股东垮了，因为不知道某种化石是属于老红沙石一类，在那下面是找不到煤的。曾经有过许多人，想制造磁发动机来代替蒸汽机；对此，如果投资人不懂得力学上的等效规律，那最好还是在银行里多留些存款。每天都有人被吸引去资助一些只要粗通科学就能看出是行不通的所谓发明。几乎每个地方都曾有人从事过一些不可能成功的事业，最后倾家荡产。

　　因为缺乏科学知识，过去经常有那么大的失败，今后若依然缺乏科学知识，就会有更经常、更大的失败。生产过程已那么快地科学化，因为竞争使其必然；合股经营推广得那么快，因为事实就是如此；所以，科学知识理应同样快地为人人所必需。

　　从这里，我们可以看出，在学校课程中几乎被完全忽视的东西，却是和人生有着最有密切关系。要不是人们从学校毕业后自己设法获得一些知识，说实话，生产活动早已停顿。要不是有这些多年积累和私下传播的知识，生产活动根本就不会有。要是只有公学里进行的教育而别无其他教育，英国现在仍和封建时代一样。我们这些年来征服自然，使自然服从我们的需要，使一个普通工人能享受到几百年前连帝王也享受不到的东西，靠的就是这些慢慢积累起来的有关自然规律的知识，而几乎没有靠那套至今还被用来教育年轻人的方法。最重要的知识、使国家得以发展和作为我们整个生存基础的知识，竟是在街头巷尾传播的知识，而冠冕堂皇的教育机构所念叨的，却几乎全是陈词滥调。

六

现在,我们来看看人类活动的第三大范围——这里什么准备也没有作。如果有个特别的机会,除了一堆中学课本和一些大学考卷,我们什么也不留给遥远的将来;那么,可以想象,那时的考古学家会作何感想:当他找不到任何东西可以证明当时的学生有可能成为父母时,他会感到怎样的困惑!我们可以揣测,他会作出这样的结论:"这一定是他们为那些不结婚的人准备的课程。我从这些东西中可以看出,他们对许多事情作了认真的准备,尤其重视阅读远古时代和同时代的外国书籍(由此可以看出,他们本国似乎没有什么值得阅读的书籍),但对于生儿育女的事情,却一点不作准备。这么重要的事情竟然完全忽略,他们不至于如此荒唐。看来,这些是他们的某个修道院里开设的课程。"

说实话,子女的生与死、善与恶,都在于父母怎样养育他们,可是对今后要做父母的人,却在如何养育子女方面连一个字的指导都没有,这不是一件怪事吗?把新生一代的命运系之于保姆们的胡说八道和奶奶们的陈腐之见,这不是一件荒唐事吗?如果一个商人毫无算术和簿记知识就开始经商,我们会说他是瞎了眼,破产指日可待。或者,如果一个医生没学过解剖学就去给病人开刀,我们会说他是胆大妄为,那病人真是可怜之极。然而,许许多多的父母在体育、德育、智育方面一点不知道应该有怎样的指导原则,就开始养育子女,我们却既不对此感到惊讶,也不对受害者感到怜悯。

从每年有几万孩子死亡、几十万孩子病残虚弱、几百万孩子即使长大也不会很健康,就不难看到做父母的没有知识会给子女带来怎样的灾难。只要想一下,孩子受到怎样的养育会影响其一生,再想一下,错误的做法通常比正确的做法多一二十倍,就不难明白,一般常见的、不加思索的、随随便便的养育法其实是在到处闯下大祸。做父母的不是决定让男孩穿得少一点,让他在户外玩耍时把手脚冻得通红吗[①]?这个决定的结果,在孩子日后的生活中即可看到:或是生病,或是发育不良,或是精神萎靡,或是成年后健康不佳,有碍他的成就和幸福。不是说孩子一定要吃单调的食物或者没什么营养的粗粮吗[②]?结果是,孩子的体力

[①] 这是 19 世纪英国家庭常见的做法,认为这样能锻炼男孩的意志力。
[②] 这也是 19 世纪英国家庭常见的做法,认为这样能使孩子不挑食,将来吃得起苦。

下降,成年后的工作效率也多少要受影响。不是说不准孩子吵闹,冬天(因穿得太少)要关在家里吗?这样的孩子肯定达不到应有的健康和体力水平。等到子女长大后体弱多病,父母总认为那是不幸,是上天的惩罚。按目前的糊涂想法,他们认为这些祸害是无缘无故的,或者是由于超自然的原因。根本不是那么回事!在某些情况下,体质无疑是遗传的,但在多数情况下,其原因是父母的一些愚蠢的做法。子女的病痛、虚弱、颓丧、苦闷,大多应该由做父母的负责。他们随时照管着子女的生活,但并不注意如何照管,而是漫不经心地或者简单粗暴地介入子女的成长过程。他们连最简单的生理规律也不懂,年复一年地损害着子女的体质,不但自己多病或早死,还使他们的子女也同样如此。

从体育谈到德育,他们的知识也一样贫乏,由此造成的损害也一样大。我们不妨来看看一个年轻的母亲和她在育儿室里的情况:几年前,她还在学校里读书,死记硬背了不少字句、人名、年代,但思维能力却几乎没有受过什么训练;她对一个正在成长的幼儿的心智一无所知;她即使受过一点训练,也根本不能使她自己想出办法来。中间有几年,她把时间花在练习音乐、学刺绣、读小说和参加宴会上,从未想过做母亲的重大责任;她的智力几乎没有被培养过,以便为履行这一责任作好准备。现在,她有一个刚刚发育的孩子归她监护;她完全不了解自己所面对的情况,而要做的却是一件即使了解情况也未必做得好的事情。对于孩子的情绪——它是怎么产生和变化的、有何作用、何时有益、何时有害——她完全不懂。在她的印象中,有些情绪是完全坏的(其实并非如此),而有些情绪又不管怎样总是好的(其实也并非如此)。她既不知道她的被监护人的身体构造,当然也不知道用什么办法会对这个构造产生什么效果。这样,就如我们看到的,还有什么比随时产生可悲的结果更不可避免呢?既然她不懂孩子的心智及其前因后果,她的干预往往比完全不管还要有害。她总是阻止孩子做出一些正常而有益的行为,这使孩子感到不快,因而导致母子都发脾气,关系不和。她认为要鼓励的行为,就威逼利诱,一定要孩子照做;她只求表面行为而从不考虑行为动机,因此她培养的是虚伪、惧怕、自私,而不是真正的德行。她严厉要求孩子诚实,而她自己经常是不诚实的榜样;她时常用惩罚来威胁孩子,但又从不真正惩罚。在培养孩子的自制力时,她自己每隔一小时就要为一件小事不自制地怒骂孩子。她一点不懂,在育儿室里就像在社会上一样,唯一有效的训练就是使一切行为——不管好的坏的——都得到自然的结果,即由行为的性质本身来显示其后果是令人愉快的,还是令人痛苦的。而她,既没有理论指导,又没有这方面的经验，所以，她的管教只能是任性的、不一致的、有害的。如果有众多孩子在心智成长过程中没有一种强大的力量引导他们去达到种族的道德标准，反而经常受到一些恶劣的影响，那结果真会是普遍的道德沦丧。

再说智育，这方面不是同样没做好吗？既然承认智力活动是有规律可循的，承认儿童智力的成长也是按规律进行的，那就必须承认，不懂得这些规律，智力教育就无法正确进行。如果认为不了解这些规律照样可以促进知识的形成和积累，那真是荒谬之极。如果这样，在父母一点不懂认知心理而只有少数教师懂一点的情况下进行智力教育，其效果之差是可想而知的。在这方面，就如可以预料到的，现有的教育制度无论在内容上还是在方法上都有大问题——正确的知识不教，而是用错误的方法、按错误的程序把错误的知识灌输给学生。家长们则普遍抱有一种狭窄观念，即认为教育孩子就是教孩子学书本知识，于是就把学校里的课程提前几年教给孩子，而这却是非常有害的。他们不知道，课本其实只起补充作用，是在直接从生活中获取知识不太容易时的一种间接方式，一种通过别人的眼睛去观察事物的方式，而教师所做的，就是用这种"第二手观察"去弥补"第一手观察"的不足。然而，他们也不知道幼儿自我教育的巨大价值，不知道对幼儿的好奇心不应忽视，更不应限制，而应该最大限度地予以鼓励，使其尽量获得准确而完整的知识。相反，他们坚持要使幼儿眼中和思想中只有目前不能懂的和讨厌的东西。他们迷信知识的符号[①]，而不去探求知识本身，看不到只有到幼儿对家庭、街市、田野等事物已有相当广泛的接触时，才适宜给予他由书本提供给的新知识。这不仅因为直接的知识比间接的知识有价值得多，同时也是因为书本中的字句只有根据事先对事物已经有的经验才能正确地变成观念。此外，这种过早进行的形式教育很少考虑到智力发展的规律。智力的发展必须是从具体到抽象。然而，现在的教育全不管这些，结果是：本应该很晚才教的某些高度抽象的课程，比如语法，却很早就开始教了。还有对于幼儿来说非常枯燥、应该等他有相当社会阅历之后才教的行政地理，也很早就教了；而幼儿能懂而且比较感兴趣的自然地理，却又教得非常简略。而且，每一门课程几乎都不是按正常次序讲授的：定义、规则、原理总是放在前面，而不是按自然的次序，先讲具体的实例，后讲抽象的定义、规则、原理。更有害的是，几乎每门课程都采用死记硬背的方法，也就是，为了词句而牺牲内容。那就看看结果吧：由于一开始就受到抑制

---

① 知识的符号，即语言文字。

而被迫注意书本,学生的知觉不自然地变得迟钝;由于在学生听不懂的时候就教某些课程,而且总是把抽象概念放在具体事实之前讲,使得学生的心智变得混乱;由于纯粹是被动地接受别人的观点,丝毫没有被引导去自动探知,更由于死记硬背的负担太重,学生自身的心智也就很难充分发挥。所以,等考试一过,学生就会把书本扔到一边;由于接受的知识没有系统化,大部分知识很快就被忘记;由于运用知识的技能未得到培养,接触的又多半是死板的条条框框,结果既不会准确观察,也不会独立思考。就算获得了某些知识,大多也只有较小的价值,而大量极有价值的知识却被完全忽略了。

　　这里,我们不难看出,事实和我们事先预料的一样:幼儿的体育、德育、智育全都问题重重。这多半是因为做父母的缺乏可用来正确指导幼儿教育的知识,而把一件极其复杂的事情交给一些无知无识的人去做,结果还会怎样?就是做鞋子、盖房子、行船、开车也要经过较长时间的培训才能学会,难道说,养育孩子、监护和控制一个人的身心发育过程,要比这些事情简单得多,任何人都不用准备,想做就可以做吗?如果不是这样,而是说这一过程比自然界中任何过程都要复杂,控制这一过程比控制其他任何过程都要艰难,那么,对此不作任何准备,不是鲁莽之极吗?实际上,就是牺牲掉其他一些东西,也不能轻视这件最重要的事情。一个父亲,由于鲁莽地采用错误的方式管教儿子,导致儿子和他疏远,而他又以粗暴的方式对待儿子,逼得儿子和他反目为仇。在他毁了父子关系而痛苦万分之际,他可能会想到,当初就是牺牲掉自己关于埃斯库罗斯①的全部知识而去研究一下性格形成学也是值得的。一个母亲,痛惜她的第一个孩子因猩红热后遗症而夭折;有个医生直率地告诉她,要不是那孩子的体质由于用功过度而弄得那样虚弱,原本是有可能康复的;在这个母亲痛不欲生之际,她可能会想到,自己尽管能诵读但丁②的原著,但这对她也不过是一种小小的安慰。

　　这里,我们不难看出,为了有效进行这第三大范围的活动,必须拥有和生物规律有关的知识。就养育孩子而言,知道生理学基本原理和掌握心理学基本知识,是必不可少的。我知道,许多人听到这种说法会觉得好笑。他们会说,要求一般父母拥有这样深奥的知识是不合理的。是的,如果我要求所有父母都精通生理学和心理学,那当然是不合理的;但我并没有这样要求。我只要求他们知道

---

① 埃斯库罗斯,古希腊悲剧家,有"悲剧之父"之称。
② 但丁,14世纪意大利诗人,著有《神曲》。

基本原理,再附带知道一些用以证明基本原理的事例就够了。这些并不深奥;如果教他们的时候不能使他们完全理解,就是让他们记住几个要点也好。不管怎样,以下的事实是不容争辩的:幼儿的身心发育是有一定规律的;做父母的如果不在某种程度上遵循这些规律,幼儿即便没有夭折,身心两方面也必然会有严重缺陷;而完全遵循这些规律,就能保证幼儿的健康成长。所以,请想一想,未来的父母应不应该多少拥有一点和这些规律有关的知识?

七

让我们从父母的职责转到公民的职责。这里,我们要问,一个人要尽这一职责需要哪些知识?我们不能说这样的知识被完全忽略了,因为现在学校里的某些课程至少在名义上是和政治责任、社会责任相关的——其中最重要的就是历史课程。

但是,就如前面已经提到的,通常在此名义下所给予的知识几乎没有指导价值。现在的历史课本中差不多没有用任何事实说明政治行为的正确原则,就是在为成年人写的、比较详细的历史著作中,也很少提到这样的原则。君王的传记(我小时候就学这个)对于了解各种社会科学几乎毫无用处。知道一些宫廷中钩心斗角、争权夺利的史实以及相关的人物,对于了解国家进步的原因几无帮助。我们还会读到一些由于争权而引起的战争以及某某人是大将或某某人是副帅,他们拥有多少步兵、多少骑兵、多少门炮,以及他们怎样部署军队:怎样调动、怎样进攻、怎样撤退;接着是,何年何月何日他们在战场上失利、何年何月何日他们取得了局部胜利,以及哪次战役中哪位将领阵亡、哪次战役中哪个团全军覆没;最后,所有这些战役结束后,不外乎就是说哪一方得胜、哪一方战败、双方伤亡多少、被俘多少。那么,在这些细枝末节的叙述中,哪一件事对培养你的公民行为有所帮助?就算你不仅熟读了《世界上的十五大战役》,还熟读了所有的战争史,你在下一次选举中的投票又能高明多少? 你或许会说:"可这些都是事实啊,有趣的事实!"是的,那些都是事实(至少非全部或部分虚构的那些是如此),而且很多人可能感兴趣。但这并不意味着它们就有价值。世俗之见和个人癖好经常会赋予一些毫无价值的东西以似是而非的价值。一个有郁金香癖好的人,你若用同样重量的金子去换他的一株郁金香,他也不肯;另一个人,又觉得一只丑陋的、布满裂缝的古瓷罐是他最宝贵的财富;甚至还有人,愿意出高价购买著名谋杀案凶手的遗物。能不能说，这些用来满足他们个人癖好的东西，真的很有价值？如果不能，那就必须承认，对历史事实的癖好也不能证明它们有重要价值；因为，我们必须像衡量其他事实的价值一样来衡量它们的价值，要看它们有没有用处。要是有人告诉你，你邻居家的猫昨天生了小猫，你会说这样的消息没有价值：尽管那可能是事实，但你会说这样的事实毫无用处，因为它们既不会影响你的行为，也不能为你的生活提供一点帮助。那么，同样去衡量一下那一大堆历史事实，你也会得出同样的结论；因为那些都是得不到什么结果的、与现实生活无法联系的事实，不能帮助你确立自己的行为准则；因为事实的用处，主要在于对确立行为准则有所帮助。所以，像这样的事实，高兴的话可以用作消遣，但不要自欺欺人地说，它们可以用作教育。

在过去的历史学著作中，真正可以叫作历史的东西多半被忽略了。只是在最近几年，历史学家才开始给予我们一些真有价值的知识。在过去的时代，帝王就是一切，民众是微不足道的；在过去的历史中，整个画面几乎全被帝王的身影所占据，而民众的生活却只不过是一个模糊的背景而已。只有到了最近，随着民众的利益而不是统治者的利益逐渐成为关注对象，历史学家才开始注意到社会进步等一些普遍现象。我们真正应该了解的是社会自然史。我们需要的是所有能帮助我们了解一个民族的形成和发展的知识。在这中间，我们当然要讲到它的政权；但要尽量少讲掌权的人，而要多讲政权的结构、原则、方法、成见、腐败等；不仅要讲中央政权的性质和活动，还要讲各级地方政权的情况。当然，我们还要讲到宗教——它的组织、它的活动、它的权力，以及它和政权的关系；同时还要讲宗教礼仪、信条和教义——不仅仅讲那些名义上的，更要讲那些被人真正相信和实行的礼仪、信条和教义。同时，我们还应该了解当时的社会习俗——如爵位、礼节和称谓——以及其中表现出来的阶级意识和等级观念。还要了解普通民众生活中的一般习惯，包括两性关系和家庭关系。还有迷信活动，从比较重要的神话传说到各种稀奇古怪的符咒，也应该了解。接着，还应该讲到生产方式，要说明当时的分工到了什么程度、当时的贸易是怎样进行的——是由行会协调呢，还是有其他方式；还有，雇主和雇工是怎样一种关系、分配产品的是什么机构、交通方式是怎样的、周转的通货是什么，等等。同时，还应该从技术的角度阐述当时的生产工艺、生产过程和产品质量。此外，还应当讲到社会各阶层的文化活动，不仅要讲到教育的种类和年限，还要讲到科学的进展、思想的流行，以及表现在建筑、雕塑、绘画、服饰、音乐、诗歌、小说中的审美活动。即便是民众的日常生活、饮食、起居和娱乐，也不应该忽视，要有一个大概的介绍。最后，为了把上述各个方面联系起来，应该从当时的法律、习俗、语言、行为中归纳出当时各阶层的道德标准和实际情况。所有这些，都要讲得简单、明确，而且要综合排列得能使其从全局上予以掌握，并能从整体中看出各部分的相互依存关系。讲述这些历史事实的目的，应该是启发学生发现其中的共同点，即：意识到哪些现象通常是和哪些现象共存的。在讲述不同历史时期时，应该说明当时人们的信念、制度、习俗和行为是怎样改变的，即：前一时期的共同点是怎样变成后一时期的共同点的。只有这样的历史知识，才会对现在的公民有所帮助，才会在影响他们的行为方面有所作用。也就是说，只有那种可以称作"描述过去生活的社会学"的历史学，才有实际价值。而历史学家所要完成的最高使命，就是记述不同民族过去的社会生活，作为比较社会学的研究资料。后者将根据这些资料，最终发现人类社会演变的基本规律。

但是，仍要注意，即使拥有适当数量真有价值的历史知识，若没有相关的钥匙将其开启，还是用处不大。而钥匙，只有在科学中才能找到。若没有生物学和心理学知识，就不可能合理解释社会现象。即便是社会生活中最简单的事实，例如供求关系，也需要根据经验对人性稍有了解之后才能解释。既然想要懂得社会学的最基本的原理也或多或少需要懂得人们在一般情况下是怎样思考、感受和行动的，那么，不充分熟悉人在身心两方面的所有特点而想要精通社会学，显然是不可能的。其实，只要凭空想一想也能得出这样的结论：社会是由个人组成的；所有社会活动都是个人的联合行动；所以，要解释社会现象，只能从个人行为着手。然而，个人行为是受制于人性规律的；所以，不了解人性规律就无法了解个人行为。而人性规律，归根结底，又是从个人的一般身心规律中归纳出来的。所以，最后的结论是：生物学和心理学是解释社会学的钥匙。简单地说，一切社会现象都是生物现象，是生物最复杂的表现，但仍遵循生物规律，因而只有懂得生物规律才能理解社会现象。既然如此，要想协调人类活动的这第四个范围，就如前几个范围一样，也要依靠科学。然而，在我们的课程中通常传授的那些知识却对于指导一个人如何履行公民职责几乎没有什么用处。他所学的历史课程，只有一小部分有实际价值，而且就是这一小部分，他也没有准备去适当应用。他不仅对"描述过去生活的社会学"缺乏认识，就是连基本概念也没有，同时还缺乏生命科学方面的知识。所以，即使有了"描述过去生活的社会学"，对他来说也不会有什么帮助。

八

现在,我们来看人类生活的最后一个范围,即闲暇时间的消遣和娱乐。前面我们考察了怎样的训练能最好地为自我保全、谋生、尽父母之责和尽公民之责作好准备,现在要考察的是,怎样的训练能最好地为欣赏自然、文学和艺术作好准备,这是有别于前面四个范围的。或许有人会认为,照我们这样把这一范围放在那四个范围的后面,又照我们这样以实用价值为标准来衡量一切事物,不免太轻视这一范围内的东西了。如果真是这样,那是再大不过的错误。但我们并没有这样低估审美文化和娱乐的价值。若没有对绘画、雕塑、音乐、诗歌和自然景物的欣赏,人生的乐趣会失掉一半。所以,我们决不认为对这种爱好的训练是无关重要的。我们甚至相信,随着时间的推移,这种爱好会在生活中变得越来越重要。到了自然力量完全被人类征服之时,到了生产方式达到圆满之时,到了劳动力最大限度节约之时,到了教育能适当而及时地为各项重要活动作好准备之时,到了因此而有大量闲暇之时,欣赏艺术和自然之美理所当然会受到所有人的重视。

但是,承认审美活动对人类幸福大有帮助,是一回事;认为它是人类幸福的根本所需,则是另一回事。无论审美活动多么重要,占有优先地位的必然是和生存直接有关的活动。因为,就如前面已经说到的,先要有使个人生活和社会生活成为可能的那些活动,文学、艺术的创作才有可能;有可能的东西,显然要位于使它成为可能的东西之后。种花的人为了得到花而种植一株植物;他会承认,根和叶的主要价值在于有了它们才会有花。但是,虽然最终所要的是花,种花的人却清楚地知道根和叶的内在重要性;因为要靠它们才会有花。所以,当他精心种植一株植物时,他当然明白,如果急着要花而忽略根和叶,那是非常愚蠢的。我们现在所说的情况也一样。建筑、雕塑、绘画、音乐、诗歌等,其实就是生活中的花;尽管可以认为它们具有胜过一切的价值,甚至胜过使它们得以产生的生活本身(这恐怕很难说),但还得承认,首先必须考虑的是要有健全的生活,而教育是为此目的作准备的,所以,理应是优先中的优先。

这样看来,当前教育制度的错误就再明显不过了。它为了花而忽略了植物本身,为了华丽而忘记了实质。这种教育不传授有助于自我保全的知识;关于谋生的知识,它也只是粗略地讲一点,大部分要靠学生日后在生活中偶尔获得;至于有助于担负起父母之责的知识,可以说一点不讲;而有助于增强公民意识的知识,它表面上给了一大堆,其实绝大部分是无用的,剩下的一小部分或许有用,又因为缺乏相关知识而无法运用;然而,它却孜孜不倦地讲授一些华而不实的东西。尽管我们承认,精通现代语法也有其价值,阅读、交谈、旅游也都是有益的,但绝不能因此就说,为了这些而牺牲更为重要的知识也是正当的。就算我们承认语法课和修辞课能使人写出文辞优美而得体的文章,但也不能因此就说,这和使人懂得如何正确培养孩子一样重要。就算我们承认阅读古典诗歌可以提高诗歌欣赏能力,但也不能因此就说,这和懂得如何保持身体健康一样有价值。像这样的能力、才艺、纯文学,以及所有可称为"生活之花"的东西,都应该放在基础性的课程和训练之后才予以考虑。它们在生活中既然只占用闲暇时间,在教育中当然也只能占用闲暇时间。

既然知道了审美的真实地位,也就知道了这方面的训练虽然一开始就是教育的一部分,但应该居次要地位;我们现在要问的是,什么知识对这方面的训练最有用?什么知识能为这最后一个范围内的活动作好准备?回答还是和前面几个范围一样。这可能会使人感到意外,但各种高雅艺术确实是以科学为依据的;没有科学,既不会有完美的艺术创作,也不会有真正的艺术欣赏。许多负有盛名的艺术家可能并不具有一般人心目中的那种狭义的、专业的科学知识,但他们都是敏锐的观察者,往往具有那种作为科学基础的经验概括能力。只是,他们的概括能力还不够强、不够准确,因而从这方面说,他们还远远没有达到科学的水平。但不管怎么说,既然艺术作品表现的是各种客观或主观现象,而且越符合各种现象所遵循的自然规律,其艺术效果就越好,那也就是说,艺术家的创作是以科学为依据的。下面我们就来看看,这一推理得出的结论是否和事实相符。

一个学习雕塑的年轻学员,肯定先要了解人体骨骼和肌肉的分布及其相互关系。这是科学的一部分,需要先让他知道;否则,他就会在雕塑过程中犯许多错误。还有力学原理,也是他需要掌握的。有些雕塑作品犯有严重的力学错误,原因就是创作这些雕塑的人缺乏力学知识。譬如一座立正姿势的塑像,要显得稳定,其重心的垂直线,也就是"方向线",必须落在两腿中间;而一座稍息姿势的雕像,一条腿直立,一条腿松弛,其"方向线"必须落在那条直立着的腿上才会显得稳定。但是,有不少雕塑创作者就不懂力学上的这一平衡理论,在表现这一姿势时仍把"方向线"落在两腿中间。还有不懂运动力学规则的雕塑创作者,也会犯类似的错误;譬如,那座著名的《掷铁饼者》雕像就是如此:若真用这种姿势掷铁饼,铁饼一掷出去,人也随之跌倒。

在绘画中,科学知识的需要就更明显了;如果没有理论知识,至少要有经验知识。中国画的古怪,不就是因为它既不顾物体的真实比例,又不懂近大远小的透视法吗? 儿童画画常犯的错误,不就是因为不懂物体的外观是随观察角度的变化而变化的,因而才会画得如此不真实吗? 其实,只要想一想美术教科书上是怎么说的,或者读一读罗斯金①的艺术评论,或者看一看拉斐尔②之前的绘画作品,就不难知道,绘画艺术的进步往往也意味着画家在表现自然效果方面的知识增长。如果没有科学的帮助,最认真的观察也难免出错。每个画家都会同意,除非你知道在怎样的角度看物体会有怎样的外观,临时去看往往会看不出来;而要知道在怎样的角度看物体会有怎样的外观,很大程度上需要有相关的科学知识,譬如光学知识。杰·路易斯先生尽管是个敬业的画家,但由于缺乏科学知识,把一扇格子窗的影子用清晰的线条画在对面的墙上;如果他懂得科学上的"半影现象",就不会这样做了。罗塞蒂③先生尽管亲眼看到过毛皮在光线照射下会产生奇特的彩虹现象(这是因为光线在某种特殊的毛皮上被折射而产生的,这要在特殊的角度才能观察到),但由于缺乏科学知识,他还是错误地把彩虹画在了不可能产生这种现象的毛皮上,而且角度也是错的。

说到音乐也需要科学的帮助,或许更令人惊讶。但是,我们可以指出,既然音乐是情绪变化的理想化表现,音乐的好坏就势必要看它是否遵循情绪变化的自然规律。既然情绪的不同和情绪的强弱是音乐中不同音调和不同节奏的"原型",也就是说,音乐中不同的音调和不同的节奏是不可以凭空杜撰的,而要受生物情绪变化规律的制约,这样才能表现情绪变化。因此,乐句和由乐句构成的旋律只有在符合生物情绪变化规律时才会产生效果。这种情况,要在这里恰当地举例说明颇不容易,或许只能指出,现在正流行在家庭客厅里的某些伪民歌就是这方面很好的反面例子。这些拙劣的伪民歌不仅毫无艺术价值,而且是反科学的。之所以这么说,是因为它们想用音乐表达某些观念,而和这些观念相随的情绪,却并没有达到音乐可以表现的程度;也就是说,尽管其中有一些情绪,但它们用以表现情绪的乐句和它们所要表达的观念之间并无自然联系。简言之,它们

---

① 罗斯金,一译"拉斯金",19 世纪英国艺术评论家、散文家。
② 拉斐尔,16 世纪意大利画家,意大利"画坛三杰"之一,其绘画以讲究人体和物体的真实比例以及透视法而对后世西方绘画影响深远。
③ 罗塞蒂,19 世纪英国"前拉斐尔派"画家、诗人。

之所以拙劣，是因为不真实，而说它们不真实，就是说它们不科学。

甚至在诗歌中，也一样有科学。诗歌的产生和音乐一样，源于强烈情绪的自然表达。诗歌中的节奏、生动的比喻、夸张的形容和不寻常的倒装，都是为了强化情绪的表达，使更加强烈、更加感人。所以，诗要写得好，必须注意情绪变化所遵循的神经活动规律。也就是说，在强化情绪表达时要注意分寸，绝不能无限制地使用某些方法：在情绪较弱时基本不用，情绪较强时适当使用；只有当情绪极其强烈时，才尽量使用。如果违背这一原则，结果不是矫揉造作，就是有气无力。而若不注意诗歌是情绪的表达，写出来的往往不是诗，而是说教。也许，正是因为这一原则很少被遵守，致使我们看到有那么多艺术性很差的所谓诗歌。

任何一种艺术家，若不懂他所要表现的对象所遵循的自然规律，就不可能创作出真实的艺术作品；不仅如此，他还必须懂得他的作品是怎样影响读者、观众或听众的；这是一个心理学上的问题。任何艺术作品所产生的效果，显然都和个人的心理有关；而所有个人的心理既然具有某些共同特点，那就必然存在某种基本原理；而只有遵循这种基本原理，艺术作品才能成功地创作出来。如果艺术家不关心这种基本原理是怎样从人的心理规律中产生出来的，他就不可能充分了解和运用它。实际上，说一幅画的构图好不好，是说看画的人在知觉上对这幅画有何反应；说一出戏好不好，是说其中的情节是否吸引了观众的注意力，是否避免了引起观众的反感。同样，在写作诗歌或小说时，在遣词造句时，效果的好坏就看诗人或小说家有没有足够的知识使读者既感兴趣而又不受过分刺激。每个艺术家都在受教育时和日后的生活中形成自己的准则，并以此指导他的创作；而这些准则，必然都要归结于心理学原理。艺术家只有在熟悉心理学原理和相关推论之后，才可能在创作中迎合它们而取得成功。

我们从来不相信科学会培养出一个艺术家。我们认为艺术家必须知晓各种主客观现象的基本规律，但并不认为知识可以代替直觉。不仅诗人，其他艺术家也都是天生的，不是人为的。我们说的是，天生的能力必须借助系统的知识。直觉能做的事很多，但并非什么都能做。天才只有和科学联姻，才能得到最好的发挥。

我们在上面已经提到，不仅富有成效的艺术创作需要科学，充分恰当的艺术欣赏也需要科学。为什么一个成年人比一个儿童更能欣赏绘画中的美？不就是因为成年人比儿童更多了解画面中所表现的自然风光或生活场景？为什么一个有教养的绅士比一个愚昧的俗人更能欣赏一首诗？不就是因为绅士对各种事物有较多的知识,因而能从诗中看到俗人看不到的东西?如果说,要欣赏某种艺术形式必须或多或少了解该艺术形式所表现的内容(这是显然的),那么,反过来说就是,只有充分了解某种艺术作品所表现的内容,才能充分欣赏这种艺术的表现形式。实际上,一件艺术作品所表现的真实内容多一些,观众、听众或读者所感受到的内心愉悦也就会多一些,而不了解这些真实内容的人,就不会有任何愉悦感。在任何有一定价值的艺术作品中,艺术家所表现的真实内容越多,对观众、听众或读者的艺术感受力的触动也就越大,对他们的思想启发也越大,因而越能使他们感到满足。但是,要得到这样的满足,观者、听众或读者必须事先对艺术家所表现的真实内容有所了解;而要了解这些真实内容,很大程度上要靠科学。

现在,让我们不要忽略另一个重要方面,即:科学不仅是雕塑、绘画、音乐、诗歌的基础,其自身也富有诗意。现在流行的把科学和诗歌对立起来的看法是错误的。过度的思维活动会使感情迟钝,过度的感情活动会使思维迟钝,这当然没错;也就是说,这两种活动是彼此冲突的。但是,说科学所揭示的事实都是毫无诗意的,或者说有科学知识就一定不利于想象或对美的感受,那就不对了。其实,恰恰相反,科学正是在不懂科学的人茫然无知的领域开辟出一片片富有诗意的园林。进行科学研究的人经常会告诉我们,他们深感自己的研究对象是富有诗意的,这种感受不仅不比一般人差,反而更加强烈。任何读过休·米勒的地质学著作或者刘易斯的《海滩研究》一书的人都能看到,科学只会激发诗意,而不会扑灭诗意。每个熟悉歌德①生平的人都知道,诗人和科学家是可以在一人身上并存的,而且不仅不相互干扰,还能相得益彰。说一个人对自然的研究越多就会对自然越没有感情,那不是荒谬之极吗?不妨想一想,一滴水,在普通人看来只是一滴水,而在物理学家眼里,一滴水是氢原子和氧原子的结合物,是一种能量的集结,这种能量若突然释放出来,会产生一道明亮的闪电——请问,是普通人对一滴水有感情呢,还是物理学家对一滴水有感情?不妨再想一想,在普通人看来算不了什么的一片雪花,对于一个用显微镜来观察它的人来说,那奇妙的结晶形式会使他产生多少联想?再想一想,一块有几道划痕的卵石,究竟是在一个对它一无所知的人眼里更有诗意呢,还是在一个知道这块卵石曾在一百万年前被冰河冲刷过的地质学家眼里更有诗意?事实上,从未做过科学研究的人对于周围的世界大凡倒是很冷漠的。一个在年轻时代没有采集过植物和昆虫标本的

---

① 歌德,18世纪末、19世纪初德国大诗人,同时又是大学者,一生进行多种科学研究。

人,对于乡间小道、树丛和溪流的感情,肯定不及一个曾采集过这类标本的人,其程度大概还不到一半。一个从未寻找过化石的人,肯定不会像化石采集者那样对化石发现地附近的地貌产生富有诗意的联想,想象远古时代那里是何种景象。住在海边而没有显微镜和养鱼箱的人,大概要从头学起,才会真正感受到海滨生活的最大乐趣。许多人整天忙于琐事而无视大自然的瑰丽和神奇,这真是令人伤心。他们对宏伟的天体运动不感兴趣,但却孜孜不倦地研究苏格兰玛丽女王的私生活,还为此无聊地争论!他们不厌其烦地考证一首希腊古诗,但却对宇宙万物、对上帝写下的伟大诗篇不屑一顾!

从以上论述,我们可以看到,就是为了人类活动的这最后一个部分,正确的准备工作也要依靠科学。我们可以看到,就是审美活动也必须以科学为根据;只有熟悉科学原理,这一活动才能有效进行。我们还可以看到,真正的艺术批评和真正的艺术欣赏都需要有关于真实事物的知识,也就是科学知识。我们不仅可以看到科学服务于各种形式的艺术,若看得正确的话,还可以看到,科学本身就富有诗意。

九

至此,我们一直在探讨各种知识在指导人类活动方面的价值。现在,我们要评判一下各种知识在训练人类活动方面所具有的比较价值。这部分可能说得比较简单,不需要长篇大论。因为,既然已经知道在日常指导方面什么知识最有用,也就很容易推断出在训练方面哪种知识最有价值。我们可以肯定地说,在那些已有的、用以指导日常行为的知识中最有用的知识,也就是最适合用来训练心智的知识。如果说那方面需要一种知识,这方面又需要另一种知识,那是完全有悖大自然的节约原则的。在整个生物界,我们随处可见这样的例子:一种能力可在两方面发挥作用,而不必另外获得一种能力。印第安人在实际狩猎过程中获得了使他成为狩猎能手的敏捷性和灵活性,因而他们在其他时候表现出来的身体平衡能力比任何受过专门训练的人还要好;还有他们那种追踪猎物或敌人的能力,也是在狩猎或作战过程中获得的,其知觉的敏感程度是任何人为训练出来的人远远不可企及的。其他类似的情况还有很多:从因为经常要辨认远距离目标而获得远视能力的布希曼人[①],到因为经常要加班加点而获得速算能力的

---

① 布希曼人,南非土著人。

会计,我们都可以看出,熟练的技能是为应对生活所需而获得的。因此,可以说,这样一条规律肯定适用于整个教育,即:在指导实际生活方面最有价值的东西,在训练学生方面也必然是最有价值的。下面我们来具体说明:

在普通课程中占显著地位的语文课,据说有个优点,就是能增强记忆力。大家都认为这是语文课特有的优点。其实,科学为训练记忆力提供了更为宽广的场地。譬如,要记住太阳系的所有星球是相当难的;还有化学中不断增加的化合物,更多得除化学教授外很少有人能全部记住;而要记住所有这些化合物的分子结构和亲和力,如果不是以化学为终身职业的人,几乎是不可能的;还有地层中的大量现象,以及地层中的大量化石,名目繁多,就是以地质学为专业的人,也要用许多年才能基本掌握;还有物理学的每个分支(声学、热学、光学、电学)所涉及的现象,都足以使任何一个想把它们全部记住的人望而却步。再来看看有机学科①,对记忆力的要求似乎更高。就说人体解剖学,其中要记住的东西之多,一个年轻的外科医生至少要花五六年时间才能大体记住。植物学家已辨别出的植物有三十二万多种,而动物学家所研究的动物种类,据估计,更是高达两百多万种。科学研究的对象既然如此之多,因而只能不断地分工。每个研究者除了对本专业具有较充分的知识,对相关专业只能有一个大概的了解。也就是说,科学训练即使要做到大致不差,也肯定要有非常强的记忆力——至少,对这种能力的训练,科学和语文不相上下。

不过,需要注意的是,就训练记忆力而言,总体上,科学如果不比语文更好,至少也和语文一样好,但就训练何种记忆力而言,科学却大大优于语文。在学语文时,要记住的东西大多和偶然性事实相关;而在学科学时,要记住的东西则大多和必然性事实相关。当然,词和词义的关系从某种意义上说是具有必然性的;但这种关系的形成要追溯到很久很久以前,因而很少会去追溯;而研究语言规律的学科——语言学,则是心智科学的一个分支。所以,在学语文时,通常不会有人系统性地去追溯词和词义之间的关系是如何形成的、其中有何规律,因而必须承认,这是被当作一种偶然性关系而被记住的。在另一方面,科学所揭示的关系

---

① 19世纪,西方学术界把自然科学分为两大类:研究无机物的学科称为"无机学科",如天文学、化学、地质学、物理学等;研究有机物的学科称为"有机学科",如生物学、生理学等。至于数学,应归入哲学范畴,不属于自然科学,因为它并不研究自然界中的某些具体现象,而是抽象的纯思辨。还有心理学,既不能归入自然科学,又不能归入社会科学,似乎介于两者之间。至于后来产生的许多边缘学科、综合学科,如生物化学,就更难归类了。所以,到20世纪下半叶,这种"无机学科"和"有机学科"的分类法就被抛弃了。

的因果关系,只要讲授得正确,学生就会理解这种因果关系,而不仅仅是记住。也就是说,学语文使我们熟记的是一些不可相互推理的东西,而学科学,则会使我们熟记许多可以相互推理的关系——前者仅仅是训练记忆力,后者同时训练了记忆力和理解力。

还需要注意的是,作为一种训练手段,科学比语文还有一个优点,那就是它可以训练学生的判断力。法拉第①教授曾在皇家协会所作的关于智育的演讲中特意讲到,智力教育的一个通病就是忽视判断力训练。他说:"整个社会不仅不懂得培养学生的判断力,而且不知道自己不懂得。"他认为,产生这种情况的原因就是不重视科学训练。这无疑是正确的。要对周围的事物、事件、后果作出正确判断,只有在知道周围的各种现象之间有何种因果关系之后才有可能。熟记词义是无论如何也不可能作出正确的因果推论的。就是按照习惯,也只有根据事实才能作出推论,然后再用观察或实验去验证推论,从而作出正确的判断。科学的最大特点,就在于它把这种习惯变成了必需。

科学不仅在智力培养上是最好的,在道德培养上也一样。语文训练如果有什么效果的话,大凡也是加强权威的权威性,使原有的权威变得更加权威:这个词就是这个意思,因为词典上就是这么说的;这句话就是这么说的,因为语法书上就是这么规定的。于是,学生只能把这些东西当作不容置疑的定论接受下来。这样经常屈从于教义式的训练,其必然结果就是对任何定论都盲目接受。科学训练则不然,它培养的是一种与此完全相反的心态,即要求各人用理智作出判断,而不是屈从于权威,盲目接受某些定论。所有的人都可以自由地检验某一结论是否正确;而且,还要求学生最好自己作出结论。科学训练的每一步骤都由学生自己作出评判,在他所未被事实说服之前,并不要求他接受。这样就会使他相信自己的能力,而若事实一再表明他的判断是正确的,他的自信心就会进一步增强。由此,他逐渐获得了独立性,而独立性是个人品质中最有价值的。实际上,科学训练在道德培养方面的益处还不止于此。当学生尽量以独立方式完成学业时(这是本应如此的),科学训练还能使他变得坚毅、诚实。丁达尔②教授在总结他的研究工作时说:"不仅要耐心苦干,还要虚心、诚恳地承认大自然所展示的一切。成功的第一个条件就是真正的虚心,对自己的一切成见,不管多么自珍,只

---

① 法拉第,19 世纪英国物理学家、现代电磁学先驱、发电机发明人。
② 约翰·丁达尔,19 世纪英国物理学家,首先发现胶体中的散光现象,故此现象被命名为"丁达尔效应"。

要发现有悖真理，就坚决放弃。请你们相信我，一种空前高贵的忘我精神，常常是在科学的虔诚信徒身上表现出来的。"

最后，我们还要认定——我们知道，这会使人非常惊讶——科学训练比一般训练更有利于培养宗教信念。当然，我们在此不是在平常的狭义上理解科学和宗教两个词的，而是在最广的和最高的含义上来理解的。对于挂着宗教名称的迷信，科学当然是反对的；但是，它并不反对被迷信遮蔽了的宗教本身。现行科学界无疑有很大的反宗教倾向，但真正的科学，精深而透彻的科学，其实并非如此。

赫胥黎①教授在最近的一系列演讲结束时说："真正的科学和真正的宗教是一对连体姐妹，把一个从另一个那里分离开来，一定会使两个都死掉。科学的繁荣是和它内在的宗教性成正比例的，而宗教的兴盛也和它内在的科学性和坚实性成正比例。哲学家的伟大成就，与其说来自他们的智慧，不如说来自他们的宗教信念，因为前者显然要以后者为指导。他们揭示真理，与其说他们具有超强的推理能力，不如说他们具有坚韧、忘我和爱的精神。"

并非像许多人想象的，科学是反宗教的。歧视科学、不研究上帝所创造的一切，才是真正的反宗教。用一个浅显的比喻，就如有一个作家，他每天受到一些人的阿谀奉承，赞美他的书写得如何智慧、如何伟大、如何美妙，但这些人却只看书的封面，从不把书打开，更不想知道他在书里说了什么。对这样的赞美者，我们作何评价呢？他们的赞美是否真诚，我们还用说吗？然而，现在一般人对待宇宙万物、对待上帝写的书，就是这样！不只是这样，甚至还要恶劣。他们不仅对自己每天赞美的东西漠不关心，看到别人在下功夫研究，还常常要冷嘲热讽，说那些人出于无聊，花大力气做小事情。总之，凡是对大自然的神奇感兴趣而想探索的人，他们都嗤之以鼻。所以，我们要重复说，反宗教的不是科学，而是对科学的歧视。我们要说，对科学的忠诚，就是一种无声的信仰；对自然之物的敬畏，就是对造物主的敬畏。这不是口头上的信仰，而是行动中的信仰；这不是用语言表达的敬畏，而是由时间、思考和辛劳表明的敬畏。

真正的科学从根本上说是宗教性的，它对宇宙万物的运动及其统一性的坚定信仰和由衷敬畏，就是这种宗教性的表现。由于经验的一再证实，科学家坚信，所有事物之间都存在着固定的因果关系，存在着某种决定结局的必然性。但

---

① 赫胥黎,19 世纪英国博物学家、达尔文进化论的坚定拥护者。

他看到的不是人们根据传统信仰所想象的那种极具主观性的因果报应,而是事物的客观规律对人的奖励或惩罚。不仅如此,他还看到人必须服从客观规律本身就是一种不可改变的规律,而且认为这对人是有益的。在他看来,只要服从这一规律,事情总会越来越好,人总会越来越幸福。因此,他坚定地捍卫这一规律,一看到有人违反,就会义愤填膺。这样,既然科学家——和宗教家一样——承认事物的永恒原则和服从永恒原则的必要性,也就表明科学具有内在的宗教性。

此外,还有一个层面也表明科学具有宗教性,那就是科学认为只有它才能使我们真正理解我们自己,以及理解我们和世界之间的微妙关系。科学不仅告诉我们什么是我们所能知道的,同时也告诉我们,什么是我们永远无法知道的。但它不是用教义式的箴言来教导我们的,而是把我们带到人类认知能力的尽头,在那儿让我们看到,事物的终极原因并不在我们的认知范围之内,因而是我们永远无法知道的。它还以特有的方式使我们意识到,在那些超出我们认知范围的事物面前,我们是多么渺小。它对传统的权威可能是很鄙视的,而对那座挡在我们和绝对真理之间的不可逾越的高墙,它又是非常谦卑的,但两者都是出于真诚:真诚的鄙视和真诚的谦卑。因为,科学家(这称号不只是指那些计算距离、分析化合物或标识物种的人,更是指那些根据常理寻求真理乃至最终发现真理的人)、真正的科学家,必须诚实,而真诚的科学家全都真诚地相信,创造自然、生命和思维的宇宙全能①或许存在,但却存在于人类知识和理解范围之外,是人类智慧永远无法企及的。

由此,我们可以得出结论,无论是训练学生,还是指导人类活动,科学都是最有价值的。因为不管从哪方面看,了解事物的意义肯定比解释词句重要。无论是智育、德育,还是宗教教育,关注周围的现象肯定比讲解语法重要,这是毋庸置疑的。

十

这样,对于我们所提出的问题——什么知识最有价值?一致的回答是:科学。这是从各方面得出的结论:要直接保全自我,即要保护生命和保持健康,最

---

① 宇宙全能,19世纪西方科学界常用的"上帝"代名词。因为"上帝"一词通常是指人格化上帝,这是科学界无法接受的。

有价值的知识是科学;要间接保全自我,也就是平时说的谋生,最有用的知识是科学;要履行父母职责,能为此提供正确指导的是科学;要解释过去和现在的国家事务,要使每个公民合理协调自己的行为,最关键、最有帮助的是科学;同样,要欣赏各类艺术,能为此作好准备的也是科学;而要达到智育、德育和宗教教育的目的,最有效的课程还是科学。原先似乎很麻烦的问题,现在经过我们的探讨,已经变得比较简单了:我们不需要具体估量不同学科对不同的人类活动所具有的不同价值,因为我们已经看到,获取科学知识对于所有人类活动来说都是必要的,都是最好的准备;我们不需要在价值较大和价值较小的知识之间进行选择,也不需要在只具有习俗价值的知识和真正具有内在价值的知识之间进行选择,因为我们已经看到,科学知识无论在哪方面都是最具有内在价值的知识,因为这种价值既不是来自习俗,也不是来自舆论,而是来自人与周围世界的关系,而且和这种关系一样持久不变;它在任何时代对任何人来说都是不可缺失的。无论是现在,还是在遥远的将来,人们都应该具有关于人体、关于人性和关于社会的各种科学知识,至少应该具有和生活直接有关的科学知识,因为对他们的日常活动来说,科学知识肯定是最有价值的。

然而,正是这种比任何其他知识更有价值的知识,在我们这个以重视教育自夸的时代,却最不被人重视。虽然我们已经证明,如果没有科学,根本就不会有什么文化能产生出来,但在我们的所谓文化培养中,科学却几乎是无足轻重的。虽然得益于科学的发展,原来只能养活几千人的地方现在已有几百万人生存,然而在这几百万人中,却只有几千人对使他们得以生存的科学感兴趣。虽然科学以其对事物的知识使我们这个原来的游牧部落变成了现在这个人口众多的民族,还使我们过上了我们的祖先连做梦也想不到的舒适生活,然而对于科学知识,即便在我们的最高学府里也只是勉强被承认。虽然科学合理解释了各种神奇现象,从而使我们有幸从迷信中解脱出来——否则,我们很可能至今仍在膜拜神灵、用活人献祭,以求神灵保护——然而,在我们的宗教信仰中,科学却仍遭排斥,甚至诋毁。

套用一个东方寓言①,我们可以说,在知识的大家庭里,科学就像那个受人欺凌的灰姑娘:家里的事都由她做,而且由于她聪明、勤劳,大家都过得很舒服,但她好像只配服侍别人,一直被人歧视,而她的两个既无能又傲慢的姐姐却到处

___

① 灰姑娘的故事最初可能源于东方。

炫耀,自以为美貌无比。好在我们知道,故事并没有到此结束。现在,该换换位置了!那两个傲慢的姐姐应该受到冷落,而美丽、聪明的灰姑娘——科学——应该倍受关注!

刘文荣　译

如何对孩子进行教育

[英] 赫伯特·斯宾塞

此处辑录的是《小斯宾塞的教育》(1872) 第 4 章, 题目系原书所有, 文中标题系译者所加。

《小斯宾塞的教育》在形式上虽然模仿卢梭的《爱弥儿》, 也是虚拟一个教育对象(即小斯宾塞), 并具体描述整个教育过程, 但贯穿其中的是作者自己的教育思想。和卢梭强调教育要"应顺自然"不同, 作者强调教育要"令人快乐", 还自称他的这种教育是"快乐教育"。为什么要快乐? 这是作者在本文中首先要回答的问题。那么, 如何使孩子快乐? 这是本文的主要内容。换言之, "如何使孩子快乐"在很大程度上就是"如何对孩子进行教育"。当然, 这里指的是学龄前的孩子。"使孩子快乐"就是要使孩子乐于接受教育, 以便为日后的学校教育作好准备。同时, 也是为了让孩子从小养成"自助教育"的习惯。所谓"自助教育", 就是自学, 或者说"自觉学习"。这种习惯, 作者认为对于培养一个孩子独立思考的能力是大有好处的, 而且认为应该终身保持, 因为"教育的目的之一除了传授知识, 就是培养孩子的自助能力。要知道, 知识的传授, 比起一个有机生命自我完善、求知, 再综合为生命、思维来说, 要简单多"。这两句话, 就是"快乐教育"的要义所在。

一、孩子在快乐的状态下学习最有效

随着小斯宾塞慢慢长大，到家里来请教教育方法的邻居和朋友越来越多，有的甚至从很远的威克渥斯和伊雷顿赶来。几乎所有的问题都是：如何教育孩子。

这使我必须对教育的一些原理性的问题进行总结。

要知道如何教育孩子，首先要知道孩子在什么样的状态下学习最有效。经过数年来的对小斯宾塞的教育和大量心理学的研究，我认为孩子在快乐的状态下学习是最有效的。这也许会使公立学校的校长和老师不以为然。要知道，这与传统教育所讲的许多清规戒律大相径庭。"难道家长把孩子送到学校，就是让他们玩吗？""与其这样，还不如让他们自己玩更好，因为那样最快乐。"

遗憾的是，持这种观点的人，尽管也在教育孩子，但是很少对孩子进行研究。他们在自己因袭已久的教育规则中机械地工作着。尽管他们有时严厉得像一座凶狠的塑像，或者大声训斥的声音整条街都听得到，但教育的效果却很差。

我曾做过一个实验，带两群孩子来到德文特河边，我告诉其中一群孩子：我一发出口令你们就跑到教堂那里去，那里正在举行婚礼，先跑到的有可能会得到小糖果。另一群孩子我只告诉他们：你们要尽快跑到教堂那里，越快越好，谁落后我就会惩罚谁。随着我的一声口令，两群孩子都飞快地跑起来，要知道从河边到教堂不是一段很短的路程。结果呢，知道教堂在进行婚礼的孩子，先跑到的很多，而且到了以后，大多还很兴奋。而另一群孩子，有的掉队了，有的干脆跑了一半就停下来了。停下来的孩子多了，大家也就不怕惩罚了。

从这个实验可以看出，一群孩子在开始跑的时候，就把"跑到教堂"这件事当成了一件快乐的事，因此跑起来就轻松得多，而另一群孩子则把"跑到教堂"这件事当做了一个命令，只是被动地去执行，尽管有惩罚的威胁，但仍然作用不大。

当然，孩子的快乐是多种多样的，大多是没有社会目的的，教育则是要引导孩子得到"有目的的快乐"。因此，对于教育者来说，应该先让孩子们快乐起来，然后再给出可行的目标。

二、让兴趣为快乐求知引路

任何生命都会对某些对象表现出特别的兴趣。一旦他们发生兴趣时，也就是教育的好时机。

例如一个三岁的孩子，可能会对一条鱼产生兴趣。那好，围绕这条鱼的知识可多了。首先它为什么在水里不会沉下去？因为在它的身体内有一个"气球"。为什么它游动时会摆动身体？因为它是利用身体摆动推动周围的水从而获得动力，等等。比如一个七岁的孩子很可能会对一本有插图的书发生兴趣，但他的识字量又不足以用来阅读。那就把这本书里的故事给他大概讲一下，然后让他自己阅读，遇到不认识的字可以问大人，他也许不能马上就记住，但肯定会留下很深的印象。我曾经给小斯宾塞设计过半本书这样的教具，前面一半，我给他念，但后面一半，我只教给他一些词汇。我发现当他为了知道后一半故事而学的词汇，比平时通过"词汇风铃"学习的词汇记忆得还牢固。

兴趣和满足总会带来快乐。因此，在教给他某方面的知识时，先让他产生兴趣，接下来的工作便会事半功倍。

三、多一些友好和鼓励

一个孩子，如果他面对的是一位严厉的、总是呵斥他的老师，即使你是他的父母，即使你真的在内心很爱他，但他对你所说的和要求的也会厌倦。我常常听到这样的抱怨："我爱他，但我又时常恨他不成器"，"我真的受不了，他学什么都这么慢，又不专心。"如此等等。可能很多父母都花了很多心血在孩子身上，但孩子仍然没有改变，为什么呢？

从动物学的角度来说，孩子和其他动物一样都对恶劣的、否定性的环境，有天然的反感。这种反感的情绪尽管会因为害怕而有所克制，但是是不利于接受任何知识的。在这种状态下，他获得的知识和学到的传授知识者的坏习惯相比，后者反而更多。相反，如果是在一种友好、亲昵和鼓励的气氛中学习不但可以增加孩子对父母、老师的信任感，而且学习的效果会好很多。相信大多数人都会有这种体验，在一个班级里，成绩好的同学总会受到老师的宠爱，而这种宠爱又促使这几个同学成绩更好。究竟是成绩好而受到宠爱，还是因为受到宠爱而成绩好？相信老师和学生都不清楚。而大多数孩子却不会这么幸运。

如果用成年人的世界去理解孩子的世界，你就会明白。比如在工作上，出现失误或者进展缓慢是难免的，如果一个主管总是以严厉的态度指责你（从理论上说，他的这种指责也可能不是完全无理的）："天啊，你怎么这么慢！""为什么你又迟到了?"你的反应会如何呢?首先是反感,然后厌恶,甚至憎恨。相反,如果他总是在恰当的时候鼓励你一下,拍拍肩膀,笑一笑,你反而会做得更好。

其实孩子的处境与成年人的处境是一样的。爱,我们人人都有,但爱和有目的的教育,则要一些耐心、技巧,有时甚至是令人发笑的机智或多少有些令人不快的克制。

在我对小斯宾塞的教育中,我认为友好、鼓励是快乐教育的最佳方法。

世界上没有一个孩子一生下来就反感、厌恶自己的父母,但之后却不一定了。有的甚至与父母反目为仇,更有甚者,还会做出虐母杀父的恶行。这究竟是父母的责任呢,还是孩子的责任? 一个长期得不到友好、鼓励和正确训练的孩子,他会在心里产生厌恶和憎恨。"野蛮产生野蛮,仁爱产生仁爱",这就是真理。

"难道孩子犯了严重的错误也要友好、鼓励吗?"这是劳尔太太在我一次关于"友好,鼓励"的演讲中提出的问题。我回答她说,不仅仅是这样,该管的一定要管,但要分清哪些是道德问题,哪些仅仅是知识技能的传授问题。我认为除了道德过失才需要惩罚、命令、禁止以外,其他则仅仅只是方法和效果问题。我也同样反对劳尔太太在家庭教育中经常大呼小叫,小题大做。尽管劳尔太太总是说:我要对他的一生负责,我不愿意成为一个没有尽到责任的母亲。但事实上,她可能真的把小劳尔害苦了。小劳尔虽然不像其他的一些孩子那样讨厌自己的母亲,但他是以逐渐丧失自己的信心和过早地忍耐为代价的。最后劳尔把孩子送到了我家里,我用友好、鼓励的方式治愈了他内心的伤痛,知识技能也大有提高。多年以后,小劳尔成了一个植物学专家。

四、每天都应该有一点快乐的运动

在镇上,我和小斯宾塞成了别人的谈资,人们对我总是指指点点:"看呀,天才的教育家又在训练他的小动物了。"

是的,我经常在教小斯宾塞一些知识后(准确地说,是我们共同发现一些知识),带着小斯宾塞从镇上跑步到德文特河边,在那里大喊大叫一阵,然后用石块在河中打水漂,看谁打得多,或用泥沙堆城堡,看谁堆得快。我们尽情地呼吸夹杂着芳草气息和河水气味的空气,看着夕阳在对岸的小山坡落下,把金黄绛紫的余晖洒在丛林和教堂的尖顶上。这是每天最让人惬意的事了。神秘、壮美的大自然更像一只小牧羊犬,又跳又闹。还有什么比这更美妙的呢?我认为尽管这一个时刻我们没有在传授知识,但这实实在在也是快乐教育的一部分。我也常常想,为什么镇上的其他父母不带孩子到河岸边走走,对孩子和父母都是有益的啊!

对于儿童来说,心智的成长和身体的成长是同样重要的。心智和身体一样,添加的材料超过一定的量就不能够吸收,如果不能吸收,这些材料就不能成为心智中有机的一部分,应付完考试或者满足了家长的要求之后,很快就会从记忆中溜掉了。而且,这种强制性的办法还会使孩子对学习知识产生厌恶感,他从本能上也会抵触。

因此,我把和小斯宾塞到河边的运动,看作是快乐教育的一部分。这项与知识传授完全无关而与身体和情绪直接有关的活动,效果是神奇的。有时我因为有其他工作,不能和小斯宾塞一起跑,他自己也会在学习一段时间后,跑到河边。他后来在一篇文章中回忆道:"这是我热爱生活,热爱德文特河,热爱家乡的主要原因。"

有一句名言:"教育应该在厌倦之前结束。"我完全赞同。我主张快乐的教育,教育应该也能让孩子在身体上得到快乐。对孩子来说,他生长的本能也需要运动和得到能量的补充。

事实证明,每次在运动之后,小斯宾塞对学习的兴趣不但不会减少,反而大大增强。在传统教育中由于过度教育对孩子带来的身体的伤害,幸好没有发生在小斯宾塞身上。

我希望父母和老师不要忽视这一点。孩子从胎儿起到青年时代,身体的成长和心智的成长同等重要,而且在婴儿、童年、少年时期,身体的发育和成长反而应该是主要的。

五、教育的目的是有一天能够不教

"教育的目的是有一天能够不教。"我对一位远道而来的教育学家威廉这样说。

是的,看一看动物的世界就会明白,鸟在训练幼鸟飞行一段时间后,一般就不会去管它了。让它自己从高处往低处飞,从一个草垛飞到另一个草垛,从一棵树飞到另一棵树。如果一只幼鸟在长成大鸟时,还需要其他的鸟来帮助它才能飞,这种教育一定是失败的。同样,在孩子的早期教育中,一个重要的任务我认为是培养他的自助学习和自我教育的能力。威廉斯认为这可能会成为一些不负责任的教育者的借口，我完全不这样认为。

小斯宾塞在很小的时候我就开始培养他自助学习的能力。为什么燕子在春天飞来，深秋的时候又飞走？为什么太阳白天升起，黄昏又落下？为什么夏天下雨而冬天下雪？我从来不简单地告诉他答案，但我会给他指出找到答案的途径。

从小斯宾塞每一次发现一点点知识的惊喜和瞪大眼睛的专注上，我知道，没有一种快乐能比得上他自己通过努力而证明的哪怕是一点点能力。这一点是成长的动物都共有的特点。

当然培养孩子的自助能力，一定得有所准备。在他可以简单阅读的时候，我常常把能够解答这些问题的书放在他的附近，或者把一些简单的实验用具搁在桌上。幸运的是，我有大量这方面的准备，我从来不吝惜买书和一些实验用品。

镇上的小书店也是小斯宾塞常去的地方。当他每一次从书店买回一本他喜欢的书时，他总是欣喜若狂。有一次，他买回了一本关于植物方面的书，然后整整一个夏天，他就沉浸在收集植物叶片和弄清植物名称上。当他上小学时，他的植物学知识让校长大吃一惊。

在开始的时候，为了培养他的自助学习能力所做的准备工作，实际比直接告诉他答案要费心思的多，每一次都要经过苦心设计。不过，逐渐形成自助学习能力的小斯宾塞，就是对我这些劳动的奖赏。因此绝不是威廉斯所说的"是一件偷懒的事"。

自助教育对于培养一个孩子独立思考的能力也是大有好处的。第一，会让孩子形成因果的概念，明白世界上一切东西都是有原因的；第二，会让孩子用自己的方式去找到这种原因，他不会完全把某个人、某本书说的观点当做权威而接受下来。

事实证明，自助教育所获得的知识比任何讲授在孩子记忆里印下的印象要都深刻的多。围绕获得这些知识所有的细节，都会成为孩子最鲜活和最深刻的人生经验。一次小斯宾塞在通过自助教育获得了关于力的传递和能量的转移的知识，这一次经历竟然成了他一生的记忆。一天，他看了一本插图的物理书后，去观察德文特河畔的一个个磨坊。急速的水流带动轮盘，轮盘通过竖轴带动磨坊的碾石，碾石把麦粒磨成面粉，面粉从漏斗里出来时还冒着热气——小斯宾塞还把手伸进发热的面粉里。

自助教育在小斯宾塞的写作上也起到了很大的作用。因为"自助"知识大多需要通过自己的观察、体验和查找来获得,这大大地增强了他的观察力。当然,这也有一个不利的影响。小斯宾塞在上小学后,半学期下来,他发现一年级已经完全用不着念完。经过学校允许,他直接上了二年级,仍然不行,后来干脆直接去上三年级。有时我真担心过早地在心智上的开发是否会影响他的身体,直到后来我看见小斯宾塞和其他孩子一样健康,才完全放心。

关于自助教育,一开始就在英国教育界引起了争论,正如威廉斯先生和我的争论一样。但最后,教育界的官员和学者们不得不承认,这是值得在全英国推广的。我很高兴地看到,许多学校的教育已纷纷重视对学生自助能力的培养。

遗憾的是,自助教育的教材和教具开发还是很少,很多家庭由于父母知识水平和时间的原因,实施起来有一定的难度,以致有的父母专门从伦敦跑来,请教自助教育的事。

需要说明的是,自助教育并不是孩子进入学校后就可以终止了。许多人认为,到了学校,教育就交给老师了。这是对孩子教育极大的误解。孩子虽然到了学校,但教育活动对于家长来说并没有结束,相反,是另一个开始。教育的目的之一除了传授知识,就是培养孩子的自助能力。要知道,知识的传授,比起一个有机生命自我完善、求知,再综合为生命、思维来说,要简单多。

颜真　译

如何培养孩子的作文能力

[英] 赫伯特·斯宾塞

此处辑录的是《小斯宾塞的教育》(1872)第9章,题目系原书所有,文中标题系译者所加。

这里谈的是教育过程中的一个具体问题,可用来具体指导孩子的作文,但关键是不要忘记"快乐教育"这一原则,即:要让孩子觉得作文是一件有趣而快乐的事情。反之,如果把孩子弄得对作文感到厌倦乃至厌恶,那就全都完了,什么办法也没用! 那么,如何使孩子感到快乐呢? 那就是要让孩子自我表现。因为一个人(不论是孩子,还是成年人)在自我表现时往往是最兴奋、最快乐的;反过来,被强迫要求表现时,往往是最痛苦的。世上最好的作文——那些伟大作家的不朽之作,哪一部、哪一篇不是出于自我表现而是被迫写出来的? 可见,指导作文,别的都是次要的,关键是要通人性。否则,用命题作文强迫孩子把事先灌进他们脑子的陈词滥调呕吐出来,还要装得好像是自己的心声,这不仅使孩子痛苦之极,说得严重一点,还是违背人性、泯灭人性的。

一、找到自己的语言

范文,常常是用来教孩子作文和表达的。我们在让孩子阅读范文时,应该告诉孩子,范文之所以感人,或者有说服力,绝不是因为它是范文,被印成了铅字,而是因为它流露了真实的情感、思想,描写了真实的生活。要告诉孩子他自己也有许多东西可以写出来,只要是真实的,就是美的,别人愿意听、看的。本来,选取一些文辞优美、内容感人的范文让孩子阅读,只是为了让孩子受到一些言语的熏陶、思想的教益,但孩子往往会面对纸张,就好像非得要写出像范文一样的文章。孩子变成了所模仿的对象。忘记了自己的语言的人是痛苦的,被迫用别人的语气、思路去说话也是痛苦的。正如走路一样,如果一个人一直认为自己走路的姿势不好看,总去模仿另一个人走路的样子,他最后可能连路都不会走了。

二、仅仅是把回忆变成文字

一次,小斯宾塞好奇地问我,怎样作文。我告诉他,从屋后的花园写起吧。他于是很认真地坐在花园里,待了一个下午,却没有写出几行字来。当我拿起他的本子时,他说:"我不知道写什么。"

我知道,这是许多孩子都面临的语言障碍,他们不习惯把记忆转变成文字,也不习惯把看见的事物变成文字,总认为作文是一件复杂的大事。于是我告诉他:试试快乐作文的方式,假设你很想把我们屋后的花园告诉你最喜欢的朋友,并希望他看了以后到这里来玩,你就不会困难了。另外,你已经很熟悉我们的花园了,用不着像画画一样照着写,试试用你的回忆。

小斯宾塞果然重新开始了。这一次,他写得很顺利,把花园里有什么树、什么花、什么时候最好玩,全都写了进去,仿佛不如此他的朋友就不知道花园有多美、多有趣。

读完这篇《屋后的花园》时,我深深地被感动了,原来,花园在小斯宾塞的心里完全是一个快乐得如同仙境一样的地方。他在作文里这样写道:

"夏夜,有时天上布满无数星星,我喜欢坐在花园里,静静地看它们,听它们说话的声音。凉风从花园的树叶里吹过,树叶也像在低声细语……"

三、不要让语言潜能妨碍孩子作文

一般来说，具有语言潜能的孩子总是在口头表达上表现得很出色，他们善于学习和模仿新的词汇，很小就对成人语言环境有天生的敏感。父母们常常会惊奇他们在很小的时候就会使用各种词汇，各种句式的联结也是那样的恰当、准确，各种修辞使用也恰到好处，在辩论中总是占有优势。本来，这种孩子已经有很好的语言潜能，完全可以在作文上发展。但奇怪的是，他们往往写不好作文（当然，也有的写得很好）。原因是什么呢？

我认为是语言的天赋阻碍了真实的表达。

相反，一些某个时期在语言上显得笨拙、力不从心的孩子，反而能写出好的作品，因为他们比前者更珍惜语言，更懂得去倾听内心和外部世界真实的声音。

我认为在教育孩子作文的时候，对于语言潜能好，能言善辩的孩子要提醒他，语言本身的力量绝不会超过真实的思想、感情和真相。同样，语言如果离开了真实的生活和感情，它只会变得华丽、虚弱。真理是朴实的，但每个人都愿意倾听。

还应该告诉孩子，不要把虚构的当成了真实的。童话，就是童话，而其他文体则应该是真实生活的写照，真实思想感情的流露，一旦他明白了这个道理，他的语言天赋便会插上另一个翅膀，在表达的天空自由翱翔。

我曾经受到镇上公立学校的邀请，给老师和孩子讲如何作文。我谈到这个观点时，一位拉丁语老师反问道：难道我们不需要鼓励孩子去大胆想象吗？

是的，孩子是需要想象，但之前他最好先学会准确地描述自己和外部事物，最好先学会记录自己的回忆。如果要虚构，那只是在写故事和童话时才那样做，不能让孩子为了作文而去想象，就像不要让孩子因为题目是快乐而去总装出快乐一样。

四、把作文变成他自己的事

作文是一项作业、任务、要求，还是一件自己愿意做、想做的事？这是每一个孩子和他们的父母、老师都面临的一个问题。尽管每个孩子都在按老师的题目、父母的要求作文，但我认为其实不然。

归根结底,作文是孩子自己的事。

也只有把作文变成他自己的事,才能真正培养他们的语言表达和作文能力。

让孩子自选、自拟题目,是我对小斯宾塞作文训练一贯的做法。之前我曾经和许多父母一样为他出题,但几乎每一个题目他都不感兴趣,或者写不下去。后来我尝试让他自拟题目,他发现这是一件无比快乐的事,因为凡是他自己拟的题目,都是他熟悉的、想写的,比如《蜘蛛的网》《德柏特家的狗》。更有趣的是,一篇题为《与斯宾塞先生夜谈》的文章,把我在一天晚上与他讨论"耶稣为什么不逃走"的问题全写了进去。这些题目和我给他出的"如何成为一个绅士"、"祖国"等,尽管相去甚远,但每篇都真实、生动、有趣。

当然,麻烦也随之而来。受我的影响,镇上的许多孩子都自拟题目作文,而且兴致勃勃。一天,史蒂文太太拿着一篇作文来找我。她怒气冲冲,进门时差点被裙子绊住跌一跤。

"伟大的教育家斯宾塞先生,看看! 难道这就是你教给孩子的作文吗? 我的上帝啊!"

我赶紧接住她扔到我手里的本子,仔细看起来。题目是"我的上帝啊"——真是太巧了,与史蒂文太太进门时说的第一句话一模一样。

我的母亲,也就是人们称的"史蒂文太太",总是说我不听话。她好像一点也不喜欢我,很多时候,她的尖叫和恐吓让我绝望极了。以下是我记得最清楚的话:

"你难道想挨一顿揍吗?"

当然,我不想。如果是问我想不想要冰淇淋或者下周不用上课,那我一定马上回答她。不幸的是,当她说"你想挨一顿揍吗?"时,已经揪住了我的耳朵,再问我是多余的。

"你再这样胡闹,我就剥了你的皮!"

这句话比干脆揍我一顿更厉害。我曾经见过她吃力地把一只兔子的皮剥下来。我决不会让她在我身上练习这种技巧。

"这是我最后一次警告你。"

其实我心里明白，"最后一次"后面还会有很多次。

"你以为你是谁？"

没有什么比这句话更让我紧张了。难道我是谁她不知道吗？有时我甚至怀疑，是不是我生下来时真的和别人的孩子抱错了。

"我洗衣服、煮饭，把手指都磨破了。还不是为了你们？"

其实我早就建议她干这些活时最好戴上手套。

"你以为钱是从天上掉下来的吗？"

我倒真希望是这样，否则她又会说："你以为钱是从地里长出来的吗？"

"唉！我的上帝啊！"

我一听到这句话就绝望，难道上帝真是她的？

当我看完那篇作文后，差点忍不住笑起来。客观地说，这是一篇不错的作文，虽然观点有些偏激，但生动，还有一点幽默。我问史蒂文太太说：

"你觉得他写得真实吗？"
"真实——但这也算作文吗？"

以我的学识和所受的教育来看，无疑这就是作文，而且是他自己的作文。并且，我相信许多父母看了这篇作文后，在教育孩子方面也会受到启发。

我真不明白，为什么一定要让所有的孩子都写一样的题目？如果他对这个题目所涉及的题材没有体验、也不熟悉怎么办？前几年的大学升学考试，由教育大臣出的题目真让人又可气又可笑。一个命题是"母亲"，难道那些福利学校毕业的孤儿们也非得写这个题目吗？一些孩子生下来后就再也没有看见过自己的母亲。这难道不是有点不公平吗？另一个题目是"我敬爱的人"，许许多多孩子在这个年龄段根本就没有什么谈得上敬爱的人，这不是非让他们撒谎不可吗？

虽然我非常理解教育大臣出这些题目的良苦用心，但这无疑是把作文这种完全应该由学生自己做的事变成了为教育大臣或老师的愿望而做的事。结果之一是，即使你是一个作文上的天才，如果碰上不熟悉的题目，也会被大学拒之门外。

值得庆幸的是，这种蠢事教育部再也不干了，现在的题目从题材到体裁，选择的余地都更大了。

除此之外，让小斯宾塞对作文乐此不疲的是我从来都鼓励他写他自己想写的。等他写完后，我再对一些文法、修辞不恰当的地方加以指正。

五、让作文无处不在

什么是作文？为什么很多孩子一听到这个词就头疼，而另一些孩子却把它当作一种乐趣？这里面一定有某种秘密，发现了的就欣喜，没有发现的就一直困惑。

我认为做父母和老师的，从小就应该把这个秘密告诉孩子，就像告诉他们应该饮怎样的泉水，食怎样的菌类一样。

这个秘密是什么呢？其实就是对什么是作文的回答。"写"是记录，"作"是创作。"写"就是把思想、感情、思考、事件记录在纸上；"作"就是使这种记录有恰当的体裁、形式、文采。"写"是求真，"作"是在真的基础上求美，使所写的东西具有感染力、说服力。

其实，作文无处不在，要让孩子从小就开始以各种方式来"写"和"作"：

(1) 摘记　在孩子学习了一些简单的单词之后，就应该给他准备一个摘记的本子，鼓励他把平时听到的有趣的故事、梦想、奇遇、新闻以及读到的书，以简单的方式记下来。有的可以抄录，有的则可以简略地记一两句话。小斯宾塞从6岁开始就作摘记，到后来，他作的摘记一本又一本，里面的内容包罗万象，简直就像一个大百科知识库。

摘记比起日记、周记来说，更随意，孩子可以通过它很早就开始接触社会、家庭、人生、自然等。

（2）墙记 有些孩子对书本总会有些排斥，只要让他在很正规的本子上写字，他就不感兴趣，相反在父母禁止的墙壁上，他却会常常即兴挥毫。好吧，那么就让孩子在墙上写吧。简单的办法是在墙上固定一个地方，贴上许多张牛皮纸，然后在上面有一点小小的提示，比如漫画区、记事区、梦想区等。让他尽情去写、去画。

天长日久之后，父母会发现墙壁像是有魔力一样，孩子们把它视为自己的，而不是成人的小天地。

（3）信 孩子希望收到信，有时这种心情比成人还要迫切而隐秘，而要收到信唯一的办法是先寄出信。鼓励孩子写信也是一种必要的作文练习。在英国，有很多牧师、神父，还有一些童话作者，他们经常以通信的方式与陌生的孩子交流，这对孩子来说是一件有益的事情。

长期以来，我也经常给一些孩子和他们的父母回信，每天下午 4 点至 6 点钟，一定会是我给孩子们回信的时间。

这种有点古老的方式，看来对所有人都并不过时。小到小学生，大到一些杰出的人物，都喜欢以这种方式来记录自己的生活和思想、感情。

（4）日记 只是孩子们用的日记本，一定要与众不同。我给小斯宾塞设计的日记本，后来被一位商人看中，他成批地生产这种特别适合孩子的日记本。不久后开始流行起来，这就是大家后来知道的"斯宾塞日记本"。

（5）故事本 这是一种有些神奇的本子，一定要硬面的，有插图的。孩子们都喜欢讲故事，听故事，这种本子就是鼓励他们把听到的写下来。比如家庭的故事，家族的历史等。也要鼓励他们自己创作故事。到七八岁时，他们有一种愿望，就是把自己写的或者是记下来的故事给其他的小朋友看。

在我的倡导下，德比小镇每年一次讲故事比赛，非常有趣，后来固定下来，成为孩子们上课之余的一项重要活动。每到这一天，也就是感恩节的前一天，父母们总是把自己和孩子穿戴得整整齐齐，兴高采烈地带着自己的故事本来参加比赛。

（6）续写 这虽然看起来有点笨拙，但也非常有效。对一些比较宽泛的题目，由老师或有条件的父母先写上开头，再让孩子在每段的提示下写完整。当然，这些"提示"最好轻松、有趣一些。

在英国许多学校后来接受了这种方法，甚至开设了一种作文练习，就是续写。

当有一天，你发现作文对孩子来说就像走路、奔跑、跳跃、散步一样时，你就会发现这一项活动不仅可以开启他们心智,而且可以给他们带来无穷的方便和乐趣。这时,作文就不再是一件神秘的事,而只是人的一项充满快乐和智力的活动了。

现在,也许人们会发现,我提倡孩子快乐作文就和提倡对孩子进行快乐教育一样,都是立足于孩子的自然属性而提出来的。在我看来,没有任何其他教育方法比顺应孩子自然的次序、兴趣更有效果、更有益处。

颜真 译

教育中的民主概念

[美] 约翰·杜威

约翰·杜威(John Dewey, 1859—1952),美国哲学家、教育家、美国实用主义哲学代表人物之一,重要著作有《哲学之改造》《民主与教育》《自由与文化》《教育哲学》《心理学》《学校与社会》《经验和自然》《经验和教育》《自由和文化》《人的问题》等。

此处辑录的是《民主与教育》(1916)第7章,题目与文中标题均系原书所有。

杜威的教育理论,按胡适的解释,有两个要点:其一是"教育即是生活",意思是:生活本身就是最基本的教育,其他教育活动都应在此基础上进行;其二是"教育即是继续不断地重新组织经验",意思是:教育的目的,就是要重组受教育者的生活经验,即改变受教育者对事物的感受和对世界的看法。毫无疑问,杜威的教育理论是以实用主义哲学为基础的。实用主义认为,生活实践是检验思想活动的标准,即:有利于生活实践的思想活动,是正确的;不利于生活实践的思想活动,是错误的。既然如此,教育作为一种思想活动,当然也要受生活实践的检验,于是就有了上述两个要点。简言之,杜威的教育理论就是"关于教育的实用主义理论"。

《民主与教育》是杜威教育理论的代表作,其核心论题是:民主社会的教育应该是怎样的。显然,这里先要回答两个问题:一、什么是民主社会? 二、什么是教育? 关于第二个问题,前面已经说到,杜威的回答是"教育即是继续不断地重新组织经验"。关于第一个问题,杜威就是在本章中回答的,结论是:"全体成员都能以同等条件,共同享受社会的利益,并通过各种形式的联合生活的相互影响,使社会各种制度得到灵活机动的重新调整,在这个范围内,这个社会就是民主社会。"那么,民主社会的教育应该是怎样的呢? 回答是:"这种社会必须有一种教育,使每个人都有对于社会关系和社会控制的个人兴趣,都有能促进社会变化而不致引起社会混乱的心理习惯。"这就是本章的中心论点。

那么,这和实用主义有什么关系呢? 简单说来就是:在杜威看来,民主社会(至少在现阶段)是最有利于生活实践的社会形式,因而,民主社会的教育,也就是最有利于生活实践的教育,即:最正确的教育。

到现在为止,除顺便提到以外,我们大部分是讲在任何社会群体中可能存在的教育。现在,我们必须说清楚,在各种不同的社会生活中进行的教育在精神、内容和方法上有何区别。说教育是一种社会的功能,通过未成年人参与他们所在群体的生活,使他们得到指导和发展,实际上等于说,教育会因为群体生活的质量的高低而有所不同。一个不仅进行着变革而且有着改进社会的变革理想的社会,比之目的在于仅仅使社会本身的风俗习惯延续下去的社会,会有不同的教育标准和教育方法,这一点是确定无疑的。所以,要把提出的一般思想应用于我们自己的教育实践,必须详细研究一下目前社会生活的性质。

一、人类联合的涵义

社会虽然只是个名词,但有许多涵义。人们为各种各样目的,以各种各样方式进行联合。一个人和许许多多群体有关系,他在这些群体中的朋友可能很不相同。在表面看起来,这些群体,除了一些联合生活的模式以外,毫无共同之处。在每一个较大的社会组织之内,有无数小群体:不仅有政治上的小团体,而且有工业、科学和宗教上的联合。有目的不同的政党,社会派别,小集团,帮派,法人,合股,血缘关系结成的亲密团体,等等。在许多近代国家和某些古代国家,有众多不同的人口,众多不同的语言、宗教、道德准则和传统。从这个观点来看,很多小的政治单位,例如我们的大城市,乃是一团松散联合的社会,而不是一个包括一切和具有渗透作用的行动和思想的共同体。

所以,社会、共同体这些名词的涵义是含糊的。它们既有颂扬性或规范性的意义,也有描述性的意义;有法律上的意义,有事实上的意义。在社会哲学中,几乎总是注重前一种涵义。社会被它的本质构想为一个整体,于是人们特别注重这种统一体所有的种种品质,诸如值得称赞的目的与福利的共同性,忠实于公共目标,以及相互的同情心等都得到强调。但是,如果我们着眼于社会这个名词所表示的事实,而不把我们的注意力局限于社会的内在的涵义,我们就找不到统一体,而只是许许多多团体,有好的团体,有坏的团体。聚众搞阴谋犯罪活动,为公众服务而诈取公众的商业团体,为掠夺而联合起来的政治小集团,都可以包括在社会之内。如果有人说,这些组织不是社会,因为它们并不符合社会概念的理想要求,对于这句话的一部分的回答是这样的,社会概念不顾事实,变得这么"理想",以致没有用处;还有一部分的回答是,上面所说的每个组织,不管和其他群体的利益如何对立,都具有使它维系不散的"社会"的某些值得颂扬的品质。例如一群窃贼,也有他们的道义;一伙强盗,对成员也有共同利益;一个帮派,也有友好的感情。狭隘的小集团强烈地忠实于自己的准则。家庭生活对家庭以外的人,可能表现出排他性、猜疑和嫉妒,但是在家庭以内,却能彼此和睦互助。一个群体所进行的教育,都能使它的成员社会化,但是,社会化的质量和价值,视群体的习惯和目的而定。

因此,必须再一次指出,对我们现有任何社会生活方式需要有一个标准来测量它的价值。在寻找这个测量标准时,我们必须避免两个极端。我们不能从我们脑子里提出一个什么东西把它看作理想社会。为了保证我们的理想是一个可以实行的理想,我们必须把我们的概念建立在实际存在的社会基础上。但是,我们刚才看到,这个理想不能只是重复我们实际发现的那些特点。问题在于从实际存在的社会生活形式汲取优良的特点,并运用它们来批评不良的特征,提出改进的方法。在任何社会群体,甚至一伙窃贼,我们都找到了共同的利益和一定的相互作用以及和其他群体的合作往来。从这两个特点我们可以导出我们的标准。群体内成员有意识地参与的利益有多少? 和其他团体的相互作用,充分和自由到什么程度? 如果我们把这些考虑应用到一个犯罪集团,我们就发现,把这一伙人有意识地团结起来的纽带为数很少,几乎可以减少到一个共同的掠夺利益;这些纽带的性质,使这个集团和其他许多集团隔离开来,彼此没有人生价值的授受。所以,这种社会所给予的教育是不完全的、反常的。另一方面,如果我们以说明标准的那种家庭生活为例,我们就发现,有着大家共同参与的、物质的、理智的和审美的利益,同时,一个成员的进步,对其他成员的经验是有价值的——在这种家庭里,经验容易传授。而且,这种家庭并不是一个孤立的群体,它和其他商业团体、学校一切文化机构以及其他类似团体,都有密切关系,它对于政治组织也发挥相当的作用,并且得到政治组织的支持。总之,有许多共同的利益有意识地相互传递,共同参与;和其他联合方式有许多不同的和自由的接触。

(1) 让我们把这个标准的第一个因素应用于一个专制国家。如果说,在这种组织里统治者和被统治者之间没有共同利益,这是不正确的。统治者必须对国民的天性活动提出一些要求,必须使它们的一部分能力发挥作用。泰雷兰[①]说过,一个政府能借刺刀做许多事情,但不能坐在刺刀上。这句讽刺的话,至少

---

① 泰雷兰,18 世纪法国学者、政论家。

承认一国的结合并不全靠强制力。无论如何,可以这样说,专制政府所要求做的活动,本身是没有价值的低级活动——这种政府只是唤起被统治者的恐惧本能。这句话,在某种程度上是正确的。但是,这种说法忽略了一个事实,即恐惧不一定是经验中的不良因素。小心谨慎、深谋远虑、希望预见未来事件的发展以避免危害,这些优良特性与胆怯和卑躬屈膝,同样是恐惧本能的产物。真正的困难,在于这种诉之于恐惧的做法是孤立的。在唤起恐惧和希望特殊的实质性报酬,例如安慰和舒适时,很多其他能力一概不动。或者更确切地说,这些能力就是受到影响也是被滥用。它们不是为它们本身运用,不过是趋乐避苦的工具。

这就等于说,在这种社会里很少有共同的利益;社会各成员之间没有自由的往来。刺激和反应是非常片面的。为了要有大量共同的价值观念,社会全体成员必须有同等的授受机会,必须共同参与各种各样的事业和经验。否则,很多势力教育一些人成为主人,却教育另一些人成为奴隶。这两方面的不同的生活经验模式,不能自由交流,每一方面的经验都失去意义。社会划分为特权阶级和受压迫阶级,社会失却内渗作用。上层阶级在物质方面所受的影响较小,也较难察觉,但他们所受祸害同样是实在的;他们的文化往往枯燥无味,他们的艺术变成炫耀和矫揉造作;他们的财富使他们奢侈豪华;他们的知识过分专门化;他们的仪表过分讲究但并不高尚。

由于缺乏各方面的共同利益的自由而平等的交往,理智的刺激作用失去平衡。刺激的多样性意味着有许多新奇的事情,有了新奇的事情,思维就得到挑战。如果人们的活动愈加限于狭隘的范围,如果有严格的阶级界限,彼此的经验无法适当交流,活动的范围就受到限制——处于不利地位的阶级,他们的行动就愈加墨守成规,而在物质上处于优越地位的阶级,他们的行动就愈加任性、无目的和暴躁。柏拉图曾经给奴隶下过这样的定义:一个奴隶控制他行为的目的,是从别人那里接受来的。现在在法律上虽然没有奴隶制度,但仍旧有这种情况。无论在什么地方,只要人们所做的事有益于社会,但是他们并不了解他们工作的意义,而且不感兴趣,就可以发生这种情况。现在有许多人谈论工厂的科学管理。他们把获得工作效率的科学局限于肌肉的运动,这是一种狭隘的观点。其实利用科学的主要机会,在于发现一个人和他的工作的关系——包括他和参与工作的其他人的关系——懂得这种关系,能使他对他正在做的工作有理智的兴趣。要增加生产的效率,需要分工。但是,除非工人懂得他们所做的工作所包含的技术的、理智的和社会的种种关系,并且由于这种认识所提供的动机而从事他们的工作,否则,这种工作就变成机械的呆板行为。有人把活动的效率和科学管理视为纯属技术的外部的事情,这种趋势证明那些管理工业的人,即提供工业目的的人,他们在思想上只受到片面的刺激。因为这种人缺乏全面的和平衡的社会兴趣,没有足够的刺激使他们注意工业中的人的因素和人际关系,他们的智力被缩小到关于货物的生产和销售。在这种狭隘的范围内,他们也能发展非常敏锐和深邃的智慧,这是无可怀疑的。但是,由于忽视重要的社会因素,终是心不在焉,并破坏了情感生活。

(2) 上面这个例子(利益上没有相互关系的一切联合,都有这种情形),可以引出我们要说明的第二个问题。一个团伙或小集团的孤立状态和排他性质,突出了它的反社会精神。但是,任何群体各有它"自己的"利益,这种私利使它和其他群体隔离,没有充分的相互作用,所以,它的主要目的在于保护它的既得利益,而不是通过更开阔的关系求得改造和进步。这种群体都可以找到反社会的精神。在国家,则表明彼此隔离独立;在家庭,则只顾自己的家庭事务,好像与广大社会的生活没有联系;在学校,则和家庭、社会的利益分离;还有贫富的划分和有学问的人和无学问的人的区别。重要的是,孤立的生活能使生活僵化和形式制度化,使群体内部只有静止的和自私自利的理想。原始部落把外来的人和仇敌看作同义词,这不是偶然的。因为他们把他们的经验和固守他们过去的习惯视为一件事,在这样的基础上,他们怕和别人交往,这是完全合乎逻辑的。因为这种接触可能毁灭习惯。这种接触肯定会引起改造。活跃的和开拓的精神生活,扩大和物质环境的接触,这是寻常的道理。但是,在我们容易忽视的领域,即社会接触的领域,应用这个原理甚至更加重要。

在人类历史上,每一个开拓的时代,都和过去各民族和阶级之间从相互封闭到消除隔阂相应。甚至所谓战争的利益,也是由于各民族之间的冲突,至少加强他们之间的交往,从而偶然使他们相互学习,扩大他们的视野。到了现在,旅行、经济和商业上的种种趋势,已经打破外部的障碍,使各民族和阶级相互联系更为密切,更为明显。这种物质上的空间接近在极大程度上还有待于促进智力和情感的意义。

二、民 主 的 理 想

我们以上提出的两个要素都用以说明民主。第一个要素不仅表明有着数量更大和种类更多的共同利益,而且更加依赖对作为社会控制的因素的共同利益的认识。第二个要素不仅表示各社会群体之间更加自由的相互影响(这些社会群体由于要保持隔离状态,曾经是各自孤立的),而且改变社会习惯,即:通过应付由于多方面的交往而产生的新情况,社会习惯得以不断地重新调整。这两个特征恰恰就是民主社会的特征。

在教育方面,我们首先注意到,由于民主社会实现了一种社会生活方式,在这种社会中,各种利益相互渗透,并特别注意进步或重新调整,这就使民主社会比其他各种社会更关心审慎的和有系统的教育。民主政治热心教育,这是众所周知的事实。根据表面的解释,一个民主的政府,除非选举人和受统治的人都受过教育,否则这种政府就是不能成功的。民主的社会既然否定外部权威的原则,就必须用自愿的倾向和兴趣来替代它;而自愿的倾向和兴趣只有通过教育才能形成。但是,还有一种更为深刻的解释:民主不仅是一种政府的形式,它首先是一种联合生活的方式,是一种共同交流经验的方式。人们参与一种有共同利益的事,每个人必须使自己的行动参照别人的行动,必须考虑别人的行动,使自己的行动有意义和有方向,这样的人在空间上大量地扩大范围,就等于打破阶级、种族和国家之间的屏障,这些屏障过去使人们看不到他们活动的全部意义。这些数量更大、种类更多的接触点表明每个人必须对更加多样的刺激作出反应,从而助长每个人变换他的行动。这些接触点使各人的能力得以自由发展,只要行动的刺激是不完全的,这些能力就依然受到压制,因为这种刺激必须在一个团体里,而这个团体由于它的排外性排除了很多社会利益。

共同参与的事业的范围的不断扩大,和作为民主的特征的个人各种各样能力的解放,当然不是深谋远虑和有意识的努力的结果。相反,这是由于利用科学控制自然能量而出现的制造业、商业、旅游、移民和通讯的发展所造成的。但是,在出现更大的个性化和更广泛的共同利益以后,要加以维持和推广,就是审慎努力的事了。很显然,对一个社会来说,划分成许多阶级将是致命的。一个社会必须给全体成员以平等和宽厚的条件求得知识的机会,一个划分成阶级的社会,只需特别注意统治者的教育。一个流动的社会,有许多渠道把任何地方发生的变化分布出去,这样的社会,必须教育成员发展个人的首创精神和适应能力。否则,他们将被突然遇到的种种变化所迷惑,看不出这些变化的意义或关联。结果将是一片混乱,人们盲目的、由外部势力指挥的活动的成果将为少数人滥用。

三、柏拉图的教育哲学

以后几章我们将阐明教育上的民主思想的涵义。在本章所余的篇幅中,我们要研究三个历史时期逐渐形成的教育理论。在这三个历史时期里,教育的社会涵义特别显著。首先要研究的是柏拉图的教育理论。没有谁能比柏拉图更好地表达这样一个事实:当社会中每个人都能按他的自然禀赋做有益于别人的事情时(或对他所属的整体有贡献的事情),社会就能稳固地组织起来;教育的任务就在于发现一个人的禀赋,循序渐进地加以训练,应用于社会。柏拉图第一次这样有意识地昭示世人,我们上面所讲的许多内容都是借用柏拉图的话。但是,有许多情况,柏拉图没有见到,因此,他的这些思想应用时受到限制。他从来没有认识到个人和社会群体的活动的无限的多元性。因而,他的观点就局限于几种天赋能力和社会安排。

柏拉图的出发点是,社会的组织最终决定于对生存目的的认识。如果我们不懂得生存目的,我们的行为将受偶然事件和一时怪想的支配。除非我们懂得这个目的,即善,否则我们将没有标准合理地决定应该促进的可能性,也无法合理地决定社会应如何安排。我们也就不懂种种活动的适当限制和分配,即柏拉图所谓正义,把它作为个人和社会组织的一个特征。但是,怎样获得终极的和永恒的善的认识呢?要论述这个问题,我们遇到一个似乎不可克服的障碍,那就是:除非在一个公正和谐的社会秩序里面,否则这种认识是不可能的。若在这种社会秩序以外,在任何其他地方,心灵都受到错误的价值估量和错误的观点的迷惑。一个组织不健全和搞派别活动的社会,会提出很多不同的模式和标准。在这种情况下,个人不可能得到心理上的一致。只有一个完全的整体才能完全始终一致。一个社会,依靠某种优势地位的因素,而不顾其他因素的合理的或均衡的要求,不可避免地会把人们的思想引入歧途。这样的社会只奖励某些事情,而忽视其他事情,它造成一种心理,表面上似乎是统一的,但这种一致性是强加的、被歪曲的。教育的进行最终是从制度、风俗和法律提供的模式出发。只有在一个公正的国家,它的制度、习俗和法律才能给人正确的教育;也只有受到正确训练的心灵的人们,才能认识这个目的和事物的指挥原则。我们似乎被困在绝望的循环之中。但是,柏拉图提出了一个出路。他认为,哲学家,智慧或真理的爱好者,可能通过学习,至少学会真正生存的恰当模式的轮廓。如果一个强有力的统治者按照这些模式建立一个国家,那么这个国家的规章就能够保存下来。这个国家能够进行一种教育,对各个人进行筛选,发现他们有什么用,并且提供一个方法,给每一个人分配与他的禀赋适合的工作。每个人做他分内的事情,永不侵犯他人,以能维持整体的秩序和统一。

柏拉图的哲学一方面充分认识社会组织的教育意义,另一方面,又充分认识社会组织有赖于教育儿童所用的手段。在任何别的哲学体系中,都不可能找到有人比柏拉图对这两方面有更充分的认识,也不可能找到有人比柏拉图对教育的功能,无论在发现和发展个人的能力,和训练这些能力使它们和别人的活动联系方面有更为深刻的认识。但是,这个理论提出的社会,是很不民主的社会,所以柏拉图明知所应解决的问题的条件,却不能想出解决的方法。

柏拉图虽然强调个人在社会中的地位不应该由出生、财富或任何传统的地位来决定,但是,按各人在教育过程中所发现的天性,柏拉图并没有理解个人的独特性。在柏拉图看来,个人按天性分成阶级,而且分成极少量的阶级。因此,教育的试验和筛选作用,仅仅表明一个人属于三个阶级中哪一个阶级。柏拉图不承认每一个人构成他自己的阶级,也不承认能有无限变异的活动倾向和作出各种倾向的结合。他认为,一个人的体质中,只有三类官能或能力。所以,在每一个阶级,教育很快达到一个极限,因为只有变异才能产生变革和进步。

柏拉图认为,有些人的欲望自然地处于支配地位;这种人被分配到劳动和商人阶级,这个阶级表示和提供人类的欲望。另外一些人受了教育,表明他们高于欲望,具有慷慨、开朗、自信、勇敢的性情,这种人成为国家的公民,成为国家在战时的保卫者,成为国家在和平时期的内部保护人。但是,他们也有限制,因为他们缺乏理性,缺乏领会普遍性的能力。那些具有领会普遍性的能力的人,才能够受最高一类的教育,最后可以成为国家的立法者——因为法律是控制经验中的特殊性的普遍性。这样看来,我们不能说柏拉图有意使个人从属于社会整体,但是,我们可以说,由于柏拉图缺乏对每一个人的独特性和个人与众不同的特性的认识,因而,他不承认社会可以变革,但又是稳固的,所以他所主张的有限的能力和有限的阶级的理论,最后的结果就归结为个性处于从属地位的思想。

柏拉图深信,如果每个人都从事具有天赋的活动,个人就觉得愉快,社会的组织就完善;他又深信,教育的首要功能在于给人发现他的天赋并训练他有效地利用这种天赋。关于这两点,我们都不能胜过柏拉图。但是,知识的进步使我们认识到,柏拉图把个人和他们本来的能力分成很少明显划分的阶级却是很肤浅的见解。知识的进步教导我们，本来的能力是无限众多和变化多端的。这个事实的另一个方面，就是说如果社会是民主的，社会组织就是要利用个人特殊的和有变化的品质，而是把它们分成阶级。虽然柏拉图的教育哲学是革命的，它仍然受他的静止的理想所束缚。他认为变革是非法动荡的证明；真正的现实是不可改变的。因此，虽然他想根本改变当时的社会状况，他的目的却是建立一个不容变革的国家。他认为，生活的最终目的是固定的；根据这种目的组织国家，即使很小的细节都不应改变。他认为，虽然这些细节本身无关紧要，但是如果容许改变，就会使人们的心理习惯于变革的观念，因而有破坏作用，发生无政府主义现象。

柏拉图哲学的失败，从以下的事实可以了然，就是他不信任教育的逐步改进能造成更好的社会，然后这种更好的社会又能改进教育，如此循环进步以至无穷。他认为，在理想的国家存在以前，正确的教育不能产生，而在理想的国家产生以后，教育将仅仅致力于保存这个理想的国家。为了这个国家的生存，他不得不信任某种可喜的偶然机会，使哲学的智慧和占有国家的统治权统一起来。

四、十八世纪的"个人主义"理想

在十八世纪的哲学中，我们觉得自己处于一个很不相同的思想领域之中。所谓"自然"，仍旧指某种和现存社会组织相反的东西。柏拉图对卢梭有很大的影响。但是，这个时候的自然要求个人才能的多样化和个性在很多不同方面的自由发展，顺应自然的教育，提供教学和训练的目标和方法。而且，在极端的情况下，天生的或本来的禀赋被视为非社会的，甚至是反社会的。他们认为，社会组织不过是外部的一些紧急办法，使这些非社会的个人能获得更多的私人幸福。

但是，以上的话，对于这个运动的真正意义来说，只表达了一个不适当的概念。实际上，这个运动的主要兴趣是注重进步，注重社会进步。这个似乎反社会的哲学，其实是走向更广泛、更自由的社会的动力，走向世界大同的动力的一个明显的面具。这个哲学的积极的理想是人道主义。人作为人类的一个成员，和作为国家的一个成员不同，他的种种能力将获得解放；而在当时的政治组织中，他的种种能力受桎梏，被歪曲，以满足国家统治者的要求和自私的利益。极端个人主义的理论不过是人性无限完善的主张，是范围和人类一样广阔的社会组织的理想的对立面。获得解放的个人要成为全面的和进步的社会的喉舌和代理人。

这个主义的先驱们敏锐地意识到他们的社会状况的种种弊端。他们把这些弊端归因于对人的自由能力的强力限制。这种限制既是歪曲的，又是腐败的。他们满怀热情，要使生活从外部的限制中解放出来，这些限制完全有利于过去封建制度赋予特权的阶级，这种崇奉生活解放的理智的表述就是崇拜自然。让"自然"充分发挥它的作用，就要以一个新的和更好的人道主义世界去替代人为的、腐败的和不平等的社会秩序。他们对把自然作为一个模式和工作力量的无限制的信仰，由于自然科学的进步而更加牢固。不受教会和国家的偏见和人为限制所束缚的研究，表明世界乃是一个有规律的景象。牛顿的太阳系学说表明自然规则的统治，它是一个惊人和谐的景象，在这个太阳系里，各种力量彼此都处于平衡的状态。如果人们排除人所强加的人为的、强制的限制，自然规则在人际关系方面将造成相同的结果。

主张这个理论的人认为，自然的教育是确保这种更有社会精神的社会的第一步。他们清楚地认识到，经济上和政治上的限制最终是由理想和感情的限制决定的。使人们从外部的锁链解放出来的第一步，是使他们从内部的信仰和理想的锁链中解放出来。过去所谓的社会生活，当时的制度，都是虚伪腐败的，不能委托它们承担这个事业。要它承担这个事业，意味着它自身的毁灭，我们怎么能希望这种制度承担这个事业呢？必须让"自然"的力量去做这个事业。甚至当时极端流行的极端感觉主义的认识论也是从这个思想派生出来的。坚持主张心灵本来是被动的和空洞的，就是颂扬教育的可能性的一种方式。如果心灵是一块用事物书写的蜡版，那么，利用自然环境进行教育的可能性是无限的。同时，既然自然的事物世界是一个和谐"真理"的景象，这种教育必能确实可靠地产生充满真理的心灵。

五、国家的教育和社会的教育

最初争取自由的热情浪潮一旦衰退，顺应自然的教育理论在建设方面的弱点立刻显露出来。仅仅把一切事情都让给自然去做，毕竟否定教育的本意；这是教育交给环境中的偶然事件。教育过程的进行，不仅需要有某种方法，而且需要某种积极的机构，某种行政机关。这个理论所主张的"一切能力的完全的和和谐的发展"，在社会方面就是要有开明的和进步的人类，要实现这种发展，要求有明确的组织。散在各处的私人能宣传这个主义,但是他们不能实现这个事业。一个裴斯泰洛齐①就能尝试种种实验,并且劝告有财产和权力的慈善家追随他的榜样。但是,甚至裴斯泰洛齐也认识到,要有效地实行新教育思想,需要国家的支持。要实现产生新社会的新教育,终究有赖于现存国家的活动。所以,民主教育的运动不可避免地成为由政府实施和管理学校的运动。

就欧洲来说,历史情况把国家支持的教育运动和政治生活中的民族主义运动合为一件事。这个事实,对于后来的运动有着不可估量的意义,特别是在德国思想的影响下,教育变成一种公民训练的职能,而公民训练的职能就是民族国家理想的实现。于是,用"国家"代替人类;世界主义让位于国家主义;教育的目的是塑造公民而不是塑造人。②上面提到的历史情况,是拿破仑征服的后果,特别是在德国。德国的各邦感觉到系统地注意教育是恢复和保持他们政治上的统一和权力的最好手段(后来事态的发展表明这种信念的正确性)。当时德国的各邦表面上是虚弱的、分裂的。但是,在德国政治家的领导下,他们把这种情况作为一种刺激,发展了一个广泛的、有巩固基础的公共教育制度。

教育实际的这种变革必然带来理论上的变革。个人主义的理论退到隐蔽地位。国家不仅提出公共教育的工具,而且提供公共教育的目的。在教育实施方面,从小学的各个年级到大学的各个学院,整个学校都是培养爱国的公民、士兵和未来的国家官吏,并提供军事、工业、政治防御和扩张的手段,在理论方面,就不可能不强调社会效率的目的。这时,一个民族国家被和它竞争敌对的国家所包围,随着民族国家的重要性的增加,同样不可能用模糊的世界主义的人道主义来解释社会效率。因为要维持国家主权,就要求个人在军事防御和国际商业竞争方面,服从国家的最高利益,所以,社会效率也含有要求个人服从国家利益的意义。教育过程被看作纪律训练的过程,而不是个人发展的过程。但是,因为把教育作为人格的圆满发展的理想,继续为人所信奉,所以,教育哲学就试图调和这两种思想。调和的方法是把国家看成一个"有机体"。孤立的个人是不存在的东西;个人只有吸收有组织的制度的目的和意义,并通过这种吸收过程,才能获

---

① 裴斯泰洛齐,18世纪末、19世纪初瑞士教育改革家。

② 卢梭在思想上有这个倾向,但为人们所忽视。卢梭所以反对当时的现状,是因为当时既不塑造公民,又不塑造人。在当时的情况下,他宁愿尝试塑造人而不去尝试塑造公民。但是,他有许多话指出塑造公民是更高的理想,而且在《爱弥儿》一书中,表明他自己的努力不过是当时的腐败情况允许他描绘的最好的权宜之作。——作者原注

得真正的人格。从表面上看，好像是个人屈从政治权力，为服从上级的命令而牺牲自己，实际上不过使他自己获得表现于国家的客观的理性——这是他能够变成真正合理的唯一途径。制度的唯心论的发展观念（如黑格尔的哲学），就是要有意识地把两种观念结合起来，要有意识地把人格的圆满实现和彻底的有规律的服从现有制度结合起来。

在德国为争取民族独立反抗拿破仑的时代，教育哲学改造到什么程度，可以从康德的教育哲学看出来。康德很好地表达了早期个人的世界主义的理想。他所著的《教育学纲要》包含十八世纪末期所作的讲稿。他在这本书中，把教育解释为人变成人的过程。他认为，人类历史的开端始于自然——人的开始，不是作为理性的动物的人，自然只提供本能的欲望。自然只给人以胚芽，必须由教育使他发展和完善。真正的人类生活的特点，是人必须通过他自己的自愿努力，创造他自己；他必须使自己成为一个真正有道德的、合理的和自由的人。这种创造性的努力要通过缓慢的一代一代的教育活动来进行。加速这种创造性的努力有赖于人们有意识地努力教育他们的接班人，这种教育不是为了现状的需要，而是为了使未来更好的人类成为可能。但是，要做到这一点有很大的困难。每一个时代都倾向于教育，它的青年能在目前的世界生活下去，而不是为了正确的教育目的，即促进尽可能好地实现真正的人性。父母教育子女，使他们能过目前的日子；君主教育臣民，成为供他们使用的工具。

那么，应该由谁来进行教育以便人性得以改进呢？按康德的意见，我们必须依靠开明的人士以他们私人的资格作出努力。他说："一切文化，都是从私人开始，然后从他们向外传播。只有通过具有博大的胸怀，能领会未来更好社会理想的人们的努力，才能使人类天性逐步地接近它的目的。……现在的统治者，只对使臣民成为他们自己的目的的工具的训练感兴趣。"康德认为，甚至对统治者给私立学校津贴，也必须谨慎戒备。因为，如果统治者把金钱给学校，他们对他们自己民族的利益而不是对人类的最大利益将决定他们的办学计划。这个观点表达了十八世纪世界主义所特有的论点。个人人格的充分发展和整个人类的目的以及进步的思想是完全一致的。此外，我们显然害怕由国家办理和由国家调节的教育会阻碍达到这些思想。但是，在不到二十年的时间内，康德的哲学继承人——费希特和黑格尔发挥了这样的思想，即国家的主要职能是教育；特别是德国的复兴，通过根据国家的利益而进行的教育才能完成，个人必然是利己主义的、没有理性的动物，除非他自愿服从国家制度和法律的教育训练，否则都要受他的欲望和环境的奴役。根据这种精神,德国是第一个实行公立的、普及的和强迫的教育制度的国家,从小学一直到大学,一切私立的教育事业,都要服从有戒备的国家的规程和监督。

从以上简短的历史评述中,应该得出两个结论。第一个结论是,诸如个人的教育观和社会的教育观这类术语,一般说来,如果离开当时的背景就毫无意义。柏拉图的教育理想认为个性的实现和社会的团结与稳定,应该同等对待。他的处境使他不得不主张阶级划分的社会,使个人淹没在阶级之中。十八世纪的教育哲学在形式上是高度个人主义的,但是这个形式是一种崇高的和慷慨的社会理想所唤起的。这个理想就是,要组织一种社会,包括全人类,并提供人类无限完善的机会。十九世纪早期德国唯心主义哲学又一次力图把两个理想同等对待。一是有教养的个性的自由的和完全的发展;一是社会的训练与政治上的服从。这派哲学把民族国家作为实现个性和实现全人类理想的中介。因此,这派哲学的令人激动的原则同样可以正确地用两种说法来表达,一是用古典的术语,即"个人一切能力的和谐发展";一是用比较新近的术语,即"社会的效率"。所有这一切,都加强本章开头所讲的话:教育是社会的过程,也是社会的功能。这个概念,除非说明我们所设想的社会的性质,否则就没有明确的意义。

以上考虑为我们第二个结论铺平了道路。在民主社会中,为民主社会设置的教育有一个基本的问题,是由于国家主义的目的和更广阔的社会目的的冲突而提出的。以前世界主义的和"人道主义"的概念的缺陷在于意义含糊,又缺乏一定的执行机关和管理机构。在欧洲,尤其在大陆各国,这个主意为人类福利和进步而教育的新思想,成为国家利益的俘虏,被用来进行社会目的非常狭隘而且具有排他性的事业。把教育的社会目的和教育的国家目的等同起来,结果使社会目的的意义非常模糊。

这种混乱现象符合现在人类交往的情况。一方面,科学、商业和艺术超越了国界。这些事业的性质和方法大量的是国际性的。它们要求居住在各国的人民之间互相依赖和合作。同时,政治学上国家主权的思想,从来没有像现在这样被强调。各个国家都处在被抑制的敌视和互相戒备的状态。每个国家都以为是自己利益的最高裁判,以为各国当然有绝对属于自己的利益。对于这种事情发生疑问,就是怀疑国家主权思想本身,而国家主权的思想却被认为是政治实施和政治学的基本思想。一方面是范围较广的联合、互相协助的社会生活,另一方面是范围较狭的、排他性的、因而含有敌对性质的事业和目的。这两个领域之间的矛盾(因为的确是矛盾),要求在教育理论上对教育的社会功能和社会的检验标准中所用的"社会的"一词的意义,有比过去更为明确的概念。

一种教育制度能否由民族国家实施,而教育过程的全部社会目的又不受限制、不被约束,不被腐蚀呢？这个问题从内部来看,必须面对由于目前经济状况所造成的各种倾向,这个倾向使社会分成若干阶级,其中一部分阶级不过是别的阶级达到更高的文化的工具。从外部来看,这个问题关系到对国家的忠诚和爱国主义,和对不问国家的政治分野而使人们为共同目的团结起来的事物的更高的忠诚协调起来。这个问题的无论哪一方面,都不是仅仅用消极的方法所能解决的。仅注意使教育不被一个阶级积极用来作为更加容易剥削另一个阶级的工具这还不够。学校设施必须大量扩充,并提高效率,以便不只在名义上,而是在事实上减轻经济不平等的影响,使全国的青年为他们将来的事业受到同等的教育。要达到这个目的,不但要求有适当的学校管理设施,并辅以青年能够利用的家庭教育,而且要求对传统的文化理想、传统的课程以及传统的教学和训练的方法进行必要的改革,使所有青年能继续在教育影响之下,成为他们自己经济和社会的前途的主人。这种理想的实现也许要在遥远的将来;但是,除非民主教育思想能越来越大地支配我们的公共教育制度,否则,这种理想只是一种可笑而又可悲的幻想。

关于一国与别国的关系,同样可以应用以上原理。只是讲一些有关战争的恐怖和防止可能刺激国际猜忌和仇恨的一些事情还是不够的。凡是能使人们不受地理限制,团结起来从事协作性的人类事业的事情,都必须加以强调。就全体人类相互之间的更充分、更自由和更有成效地联合和交往而言,国家主权属于次要的和暂时的性质,这个思想必须灌输给学生,成为有效的心理倾向。如果有人认为这方面的应用似乎和教育哲学很少联系,这个印象表明,他们还没有适当领会前面所阐述的教育观点的意义。这个结论,和把教育作为解放个人能力,朝着社会的向前生长的观点是密切联系的。否则,教育的民主标准就不能彻底地应用。

【本章提要】

因为教育是一种社会的过程,而世界上又有各种各样的社会,所以教育批判和教育建设的标准,包含一种特定的社会理想。我们选择了两点用来测量社会生活的价值,这两点就是:一个团体的利益被全体成员共同参与到什么程度。

换言之,一个不良的社会对内对外都设置重重障碍,限制自由的往来和经验的交流。倘有一个社会,它的全体成员都能以同等条件,共同享受社会的利益,并通过各种形式的联合生活的相互影响,使社会各种制度得到灵活机动的重新调整,在这个范围内,这个社会就是民主社会。这种社会必须有一种教育,使每个人都有对于社会关系和社会控制的个人兴趣,都有能促进社会变化而不致引起社会混乱的心理习惯。

我们曾根据这个观点研究了历史上三派有代表性的教育哲学。柏拉图的教育哲学的理想,在形式上与我们所讲的观点很相似,但是在他把这个理想付诸实施时,却把阶级作为社会的单位,而不是把个人作为社会的单位,从而放弃了这个理想。十八世纪启蒙时期的所谓个人主义,把社会看得和人类一样广大,个人是人类进步的器官。但是,这一派哲学缺乏任何发展其理想的机构,它的求助于自然就是证明。十九世纪的制度化的唯心主义哲学,把民族国家作为实现其理想的机关,弥补了这个缺陷。但是,在实施中又把社会目的的概念限于同一政治单位的成员,重新引进了个人从属于制度的思想。

滕大春　译

教育纵览

[奥地利] 阿尔弗雷德·阿德勒

阿尔弗雷德·阿德勒（Alfred Adler, 1870—1937），奥地利精神病学家、"个体心理学"创始人、"人本主义心理学"先驱，重要著作有《论神经症性格》《器官缺陷及其心理补偿的研究》《理解人性》《个体心理学的实践与理论》和《生活对你应有的意义》（中译本名为《自卑与超越》）等。

本文是《理解人性》（1919）一书中的附录，题目系原书所有。

本文作者是精神病学家和心理学家，但他在本文中没有使用任何精神病学或心理学术语，而是通俗易懂地表述了他对教育的看法——主要是谈教育对人性的影响。当然，这里说的教育，是广义上的教育，包括家庭教育、学校教育和经验教育（即个人从生活和工作经验中所受的教育，也有人称为"社会教育"）。需要注意的是，本文作者毕竟是精神病学家，所以他在谈及这三种教育时，基本上是在诊断它们的病源。譬如，他认为当时的家庭教育问题重重，其根源是大多数父母自身就有"病态的私欲"，又怎么能指望他们对孩子会有好的教育？还有许多家庭中的家长制：父母（尤其是父亲）拥有绝对权威，孩子必须无条件服从——这是和现代社会格格不入的，结果只会使孩子将来无法适应社会。同样，他认为当时的经验教育（或"社会教育"）基本上也是负面的，甚至认为"生活乃是最糟糕的老师"。为什么？因为全社会都弥漫着唯利是图的风气，既虚荣，又冷漠；在这样的环境中，多数人只会同流合污——这就是经验教育的结果。那么，看来只能靠学校教育来补救了？遗憾的是，学校也不是世外桃源，早已污秽不堪，再加上家庭教育的恶劣影响，孩子一开始就对学校有抵触情绪——这样的学校教育，用作者的话来说，"要想不招致不幸的后果，那是根本不可能的"。

可见，作者对当时的三种教育都很悲观。那么，今天读来，我们会不会有庆幸之感呢？还是和作者深有同感？想来你读过之后，必有所感。

这里，让我们就前面曾几次提到的一个问题再补充讲几句。这个问题就是人在家庭、学校和生活中所受的教育对其灵魂成长的影响。

毫无疑问，家庭中现行的教育在极大程度上助长了对权力的追求和虚荣的发展。在此方面，人人都可以从其经验中获取教训。诚然，家庭有着极大的优势，我们也无法想象有什么比家庭更好的机构能使幼儿受到更好的照料和教育。特别是在疾病问题上，家庭已被证明为维持人类的最好的场所。如果父母都是良好的教育者，具有必要的识别幼儿刚刚萌发的错误发展的洞察力和能力；如果他们能够靠着适当的教育消灭这些错误；我们将不得不承认在培养、保护健全的人这方面，再没有比家庭更好的机构了。

然而，不幸的是，父母既不是好的心理学家，又不是好的教育者。在当今的家庭教育中，父母的病态的私欲以形形色色的方式在发挥着作用。这种私欲要求自己家中的孩子受到特别的教育和培养，能够因其不同寻常的价值而得到特别的看重，甚至不惜以其他幼儿的牺牲为代价。因此，家庭教育由于给幼儿灌输他们必须比所有其他人都优越以及认为自己是所有人中最出类拔萃的人这样一个错误观念，而犯下了从心理学角度讲最为严重的错误。任何以父权为其基础的家庭都摆脱不了这样的想法。

于是，悲剧拉开了序幕。父权与人类的社会感几乎是水火不相容，它使人公开地或暗地地抵制社会感。当然，反抗从不是公开进行的。权威性教育最大的弊端乃在于它给幼儿树立了一个权力的典范，并让他目睹与权力的拥有密切相关的种种享受。今天，每个幼儿都变得野心勃勃、贪求权力和过分虚荣，每个幼儿都渴望独占高枝、受人尊重，并或迟或早会依样效法，像他在其环境中所见到的最有权力的人那样，要求其他人全都匍匐在他脚下，毕恭毕敬，唯命是从。他这些错误观念的结果，必然是对其父母以及整个世界的好战态度。

在目前占上风的家庭教育的影响下，幼儿不可能对优越于他人这一目标视而不见。在很小的幼儿身上，这表现为对"大人物"游戏的特别偏爱。在以后的生活中，许多个体对其童年生活的有意识或无意识的记忆都表明，他们仍把整个世界当作他们的家庭来对待。如果他们的态度受到阻挠，他们的倾向便是脱离这个在他们眼中已变得可恨的世界。

诚然，家庭也有使社会感发展的一面。但是，由于权力追求的影响和家庭权威的存在，这种社会感只能发展到一定的程度。寻求爱和温情的倾向最先始于与母亲的关系。也许这是幼儿可能有的最重要的体验，因为在此体验中他意识到另一个完全值得信赖的人的存在。他懂得了"我"与"你"的区别。尼采说："每个人都以他和他母亲的关系为基础来想象他的亲爱者。"裴斯泰洛齐①也证明过，母亲是决定幼儿与未来世界之关系的理想典范。与母亲的关系确实决定着以后的一切活动。

　　母亲的功能就是发展幼儿的社会感。我们在幼儿中发现的怪诞人格，都源自他们与母亲的关系，而其人格的发展方向则是考察其母子关系的索引。只要母子关系受到歪曲，幼儿的社会缺陷就将不可避免。有两种错误是最常见的。一种错误是由于母亲未能完成和实现其对幼儿的功能，因而幼儿的社会感没能得到发展。这种缺陷至关重要，并将由此引出一连串的不良后果。这样的幼儿就像是在一个敌对环境中长大的陌生人。如果有人想要帮助这样的幼儿，那么别无他法，只有重新扮演他母亲的角色，弥补他在其发展过程中未能得到的一切。这是唯一使他成为一个好同伴的办法。第二个错误可能更经常出现，那就是，母亲虽然尽其职责地发挥了她的功能，但却采取了过分夸张、过分强调的方式，以致幼儿不可能将其与母亲的关系转换成社会感。这样的母亲让发展于幼儿身上的感情全部释放到她的身上，也就是说，这个幼儿只对他的母亲感兴趣，而将世界的其余部分统统拒之于门外。毋庸置疑，这种幼儿缺乏成为一个健全个体的基础。

　　除开与母亲的关系，还有许多其他因素在教育中扮演着重要的角色。充满幸福回忆的幼儿园生活能使幼儿顺利地进入世界。如果我们牢牢记住，在幼儿的人生开初那几个年头，他将面对多少难以克服的障碍、他是多么难以与世界保持一致，以及他多么难以找到一个幸福的处所，我们就能理解幼儿的早年印象对他是多么重要。这些是决定他未来历程的里程碑。我们如果再想想，有那么多的幼儿一来到世间就体弱多病，他们所体验的都是痛苦与哀伤，没有一个为他们的幸福成长而设置的幼儿园，我们就能清楚地理解，为什么绝大多数的幼儿长大成人以后都不是生活于社会的朋友，也不具有如鲜花般盛开的社会感。此外，我们还不能忘了错误教育的极其严重的影响。严厉的权威性教育完全可能扼杀幼儿所有的生之乐趣，同样，如果教育清除了幼儿道路上的所有障碍，使他如娇花般地在温室里成长，或者说"为他安排好了一切"，那么，当他长大成人以后，便不

---

① 裴斯泰洛齐，18世纪末、19世纪初瑞士教育家，他不仅有系统的教育思想，而且终生致力于实践自己的教育理想，曾创办过多种学校，其教育思想和教育法对当今初等教育有相当的影响。——译注

可能在不同于四季如春的家庭气氛的严寒或酷暑中成长。

因此，我们看到，在家庭中，在我们的社会和文明里，教育并没起到其应有的作用，即发展他所需要的人类社会的可贵的伴侣关系或伙伴关系。教育所注重的只是培养虚荣、野心以及提高个人地位的欲望而已。

那么，有没有可能来补偿幼儿发展过程中的种种错误，并改善其生长环境呢？回答是学校。但精确的研究表明学校在目前这种情形下也不能胜任这项工作。今天几乎没一个教师乐于承认，他能够识别幼儿身上的错误，并能够在现有学校的条件下纠正这些错误。他完全无力胜任此项工作。他的事情只是依样画瓢，照本宣科，从未想到要去关心人的成长。实际上，有太多的幼儿在学校中变得更不如既往了。

就没有别的办法能纠正家庭教育的错误、弥补家庭教育的缺陷了吗？有人或许马上会说，生活便是他们所需要的课堂。但是，生活也有其特定的局限。生活也不能改变人，尽管有时它似乎能改变。人的虚荣与野心不容许它这么做。不管一个人犯了多少错误，他都会责怪其他所有的人，或认为自己生不逢时。我们很少看见有人会去和生活硬碰，他犯了错误，却将这些错误抛在九霄云外，不再去考虑。我们在前一章中对情感滥用的讨论就能证明这一点。

生活本身不能给人带来根本性的变化。这从心理学的意义上讲是很容易理解的，因为生活面对的是人类已经完成的成品，此时所有的人都已目标明确地为追求权力而斗争。实际上，生活乃是最糟糕的老师。它不为他人考虑，不事先发出警告，不对人们进行教导。它只是无情地拒斥我们，让我们自己走向灭亡。

我们只能得出一个结论：唯一能改变人的是学校！学校还有可能造成这种变化，只要它不滥用职能。但到现在为止，学校的情形只是：有些个人将学校掌握在他自己手中，使之成为满足他自己虚荣和野心的工具。今天我们常听到这样的叫嚣，说应该恢复学校旧有的权威。但那旧有的权威有没有造成过什么好的效果呢？一个一贯有害无益的权威，怎么一下子变成有价值的东西了呢？我们曾目睹过家庭中的权威（实际上他们还拥有更好的条件）曾导致过普遍反抗这样唯一一个结果，那学校的权威又究竟好在何处呢？任何不是靠自己的内在价值自然而然获得承认，而是必须通过外力强加给我们的权威，都绝不是真正的权威。今天，太多的幼儿来到学校时，心中想的都是，老师不过是国家的雇员而已。如果把权威强加给幼儿，要想不招致不幸的后果，那是根本不可能的。权威不能依靠强加——而只能以社会感为其基础。学校是每个幼儿在其精神发展过程中所必然要经历的一个场景。因此,它必须能够满足健康的精神成长的要求。只有当学校与健康的精神发展的必要性保持和谐,我们才说这是一个好的学校。只有这样的学校,才能被认作是社会生活所必不可少的学校。

陈刚 译

现代教育理论的基本问题

[英] 伯特兰·罗素

伯特兰·罗素(Bertrand Russell,1872—1970),英国哲学家、数学家、逻辑学家、历史学家、散文家,曾获 1950 年诺贝尔文学奖;重要著作有《数学原理》《物的分析》《西方哲学史》《婚姻与道德》《论教育》和《幸福之路》等。

此处辑录的是《论教育》(1926)第 1 章,题目系原书所有。

题目为"现代教育理论的基本问题",首先需要注意的是,这里说的"现代教育"是有别于传统教育的。按作者的看法,17、18 世纪的欧美近代教育是传统教育,也就是"贵族教育",19 世纪后期逐渐形成的是现代教育,也就是"平民教育"或"民主教育";传统"贵族教育"仅是少数人的教育,现代"民主教育"则是多数人的教育。那么,针对多数人的现代教育有哪些理论上的基本问题呢? 这就是本文作者要在此探讨的。

其实,所谓现代教育理论的基本问题,就是智育问题和德育问题,即文中所说的"教育的目的到底是为了实用还是为了装饰"和"'纪律'这个问题"。关于实用性知识和装饰性知识,即科学知识和文史知识,到底哪种重要? 此前讨论这一问题的人当中,最有影响的是英国哲学家赫伯特·斯宾塞,他的《什么知识最有价值?》一文是这方面的经典之论。在斯宾塞看来,实用性的科学知识绝对比装饰性的文史知识更有价值。但是,本文作者似乎对此并不完全认同,尽管他也承认科学知识的重要性。关于德育问题,本文作者主要针对的是 19 世纪英国诗人、学者、教育家马修·阿诺德所主张的道德教育(这也是 19 世纪英国的主流教育),认为强制性的、甚至是用体罚施行的道德教育效果并不好,甚至适得其反,所以应该用更合理、更人道的新方法来实施道德教育。除了智育问题和德育问题,文中提到的最后一个问题是重视儿童教育——即"给予幼儿更多的注意"。这同样是现代教育和传统教育的一大分野,也是现代心理学对现代教育的一大贡献,即发现:人的行为倾向很大程度上在幼儿时期就形成了,而且一旦形成,很难改变。所以,没有相应的儿童教育,后面的教育再好,也是徒劳。

十九世纪以前,有两个伟大的教育理论改革家,他们是洛克和卢梭①。因为他们都摒弃了当时很流行的错误观点,所以名气很大。但他俩谁都不如现代教育家那样超越传统的束缚。例如,他们的思想都有民主和解放的倾向,但所谈到的却仅限于贵族教育,而这需要花费一个人毕生的精力才能完成。具有现代教育观点的人都会对这种教育不屑一顾,不管它能产生多么好的效果。因为为了一个孩子花费另一个成人的毕生精力是不合算也是不可能的。这种教育只适于特权阶级,在现代平等的社会里不可能存在。现代人可能在实践中总想为孩子找到一些有益的东西,但并没想到那些只有通过教育方法才能解决的理论性问题。这些教育方法适应所有的孩子,或者说,适应那些有一定理解力的孩子。我无意说富人不应再有在现代社会里应面向所有孩子的教育机会。这样做不过是牺牲文明来换取公平。我想说的是:未来的理想的教育系统应能够给予每一个孩子充分发展自己的机会。这种理想的教育系统尽管不能立即实现,但必须民主。我想大家对这一点都能认同。我自己则是一贯坚持民主教育的。尽管我认为教育应面向大众,但如果有人有更好的机会和能力接受更高的教育,那也无须让他再去接受大众教育。以上这种狭义的民主原则甚至在洛克和卢梭的文章里也没出现过。尽管后者并不赞成贵族教育,但他并没有意识到这种不赞成到底意味着什么。

在民主和教育问题上,一定要具体问题具体对待。一味强调水平相同是十分有害的。一些孩子比同龄人更聪明,就应从更好的教育中学到更多的东西;一些教师受过更好的训练或者天生具有更好的能力,就不能让他们去教所有的孩子。即使所有的人都希望受到最好的教育——我对此持怀疑态度——这在目前也是不可能实现的。因而,民主原则如没运用好,就会得出以下结论:谁都不应受到最好的教育。这种观点如被采用,将对社会进步是一致命打击,并将使当前的大众教育水平没有必要地后退一百年。现在我们并不是要以牺牲进步来换取机械的平等,而应一步一步地向民主教育靠近,尽可能不去破坏那些与社会不平等有关的但是有价值的东西。

但是如果一种教育方法不能成为普遍的、面向大众的,我们就不能认为它是

---

① 约翰·洛克,17世纪英国哲学家,英国经验主义哲学集大成者,其《教育漫话》一书是英国"绅士教育"的权威指导书。让-雅克·卢梭,18世纪法国启蒙哲学家、教育家,其《爱弥儿》一书对欧美近代教育影响甚大。

一种好的方法。富人的孩子除了母亲之外,还有保姆或者家庭教师的照顾,有时家中的仆人也来帮忙,这么多的关心在任何一个社会里都不可能让所有的孩子都拥有。它会把孩子培养成为社会不需要的寄生虫,他们究竟能获得些什么知识呢!除了一些特殊情况如先天智力缺陷或者是天才,正直的人不会要求给少数富人特殊的照顾。目前,一些明智的家长可能会选择不太普及的教育孩子的方法,从实验的角度也该让家长们有尝试新教育方法的机会。一旦发现能产生良好的效果,就应加以推广。好的教育方法绝不应该在本质上只限于少数特权阶级。值得庆幸的是,现代教育理论和实践中的精华都有着民主性的来源。例如蒙台梭利女士[①]是从贫民区的幼儿园开始起步的。较高层次的教育为特殊的孩子提供特殊的机会是必要的,此外没有任何理由让任何一个孩子失去大众教育的机会。

现在,在教育中有另外一种与民主相联系的倾向很值得讨论,那就是教育的目的到底是为了实用还是为了装饰。凡勃伦[②]的《有闲阶级论》一书尖锐地将装饰性与贵族统治相联系,但只有教育这方面的内容与我们相关。对男孩子的教育总是围绕着"古典"和"现代"的争论进行;对女孩子的教育也有将之培养成"淑女"型和"自食其力"型的争论。整个妇女教育系统已经被男女平等的渴望歪曲,有人希望女孩能接受与男孩一模一样的教育,即使这种教育没什么好处;一些人忙于把教给男孩的知识传授给同班的女孩而不管它是否对女孩有用,同时他们强烈反对为将来做母亲而进行的专门训练。尽管"淑女"的理想形象已明显衰落,这些不同意见仍使妇女教育变得很模糊,为不致引起混乱,我将只谈谈男性教育。

许多产生其他问题的争论,在某种程度上,都决定于我们当前谈到的问题。男孩子应主要学习古典学科还是现代科学?要想回答应考虑多种因素,其中一个就认为古典学科是装饰性的而现代科学是实用性的。教育是否应尽快地培养学生学会谋生?这又涉及实用性和装饰性的问题,尽管不十分明显。是应该教会孩子发音正确、举止优雅,还是应将这些仅看做贵族统治的遗物?艺术鉴赏是否只是艺术家的事?教学中拼字与发音是否应相似?这些问题和其他争论在一定程度上都源于实用性和装饰性的争论。

---

① 玛丽亚·蒙台梭利,19世纪末、20世纪初意大利幼儿教育家、"蒙台梭利育儿法"创始人。
② 凡勃伦,19世纪末、20世纪初美国经济学家、社会学家。

然而，我认为整个争论只是在空谈而已。一旦确定具体的条件，争论便不复存在。如果我们广义地解释"实用性"而狭义地解释"装饰性"，那么有一边会胜利，反过来另一边则会失败。最广泛和正确的解释是：一项活动能产生好的结果便是"实用"。这些结果不仅仅是"有用"，还含有"好"的意思。否则我们就没有真正意义上的定义。我们不能说实用性的活动就是产生实用效果的活动。有的时候，在我们称之为"好"的最后结果出来之前，可能会出现一系列的结果。"犁"是有用的是因为它能耕地，能使种子得以播种；播种是有用的是因为能生长出稻谷；稻谷有用是因为能生产出面包；面包有用是因为它能维持人的生命。但生命必须有其内在价值，如果生命只是作为活着的一种手段，它将没有任何实用价值。根据环境不同，生命有好坏之分。只有当它成为过幸福生活的手段时，才具有实用性。我们必须超越一连串的事物，而发现最终与之相连的事物。否则的话，这一连串事物的任何一环都没有实用价值。如果我们这样给"实用性"下定义的话，就没有人会怀疑教育的实用性了。教育当然具有实用价值，因为教育过程是通往目的的手段，其本身并不是目的。但某些宣传教育事业的人却不这样认为，他们极力主张教育的结果应是有用的。简单地说，他们认为受过教育的人就是懂得如何制造机器的人。如果问机器有什么用处，他们会肯定地回答机器能生产生活必需品，如衣、食、住等。这样我们会发现他们往往把教育的内在价值和人的生理需要相联系。这种观点在某种程度上是很值得怀疑的。因为"实用"对他来说只是满足身体的渴望和需要。身体的需要是首位的，在许多人忍饥挨饿的地方，持这种观点的人会和政治家一样正确。但是，如果把这种观点当做一门重要哲学加以宣扬，那就大错特错了。

对争论的另一方也应进行同样的分析。将"实用性"的对立面称为"装饰性"，也就为倡导实用的人的观点做了一点说明。因为"装饰性"往往或多或少地被认为不那么重要。表示性质的形容词"装饰性"修饰传统的概念"绅士"和"淑女"非常恰当。18世纪的绅士们语调优雅、衣着时髦、遵守礼节，他们在适当的场合不时引用古希腊的文学，也知道在维护自己的名声的时候不惜决斗。戏剧《破门而入》里就有这样一个人物："拿着镶有琥珀的鼻烟盒，拄着刻有彩云的拐杖，举止高雅，气宇轩昂。"他所受的教育就属狭义上的装饰性教育，现代人是没有那么多钱去接受这种教育的。旧时的"装饰性"教育的理想是贵族化的，因为它的前提是有很多钱且无须工作。历史上的淑女和绅士们风度翩翩，有关他们的传说及其乡下别墅给我们带来愉快的感受。我们不可能给予我们的后代以同样的感觉。但这种优美即使是真实的也不见得就是重要的。他们只是些令人难以置信的奢侈的产品。现在没有人会倡导这种狭隘意义上的装饰性教育。

但这些并不是真正问题的所在。真正的问题是：在教育过程中，我们是教给学生有实用价值的知识，还是教给学生具有内在价值的精神财富？"1英尺等于12英寸，1码等于3英尺"这些知识都有用，但并没有内在价值。对使用米制的人来说，懂得这些没有用。另一方面，欣赏《哈姆雷特》在现实生活中并无用处，除非是在某人要杀死亲叔叔的极少数情况下。但它却使人在精神上感到充实，没有这些他会感到遗憾。它还可使人在某种程度上更加优秀。主张实用性不是教育唯一目的的人赞成后一种知识。

在实用教育倡导者和他的对手的争论中似乎出现了三个问题。第一个就是贵族教育和民主教育的争论。前者认为：特权阶层的教育是愉快地享受闲暇，次等阶层的教育是用劳动为他们服务。民主教育与此相反的观点有点儿迷惑人：他们既反对贵族教育的那些没有用的知识，又认为劳动者的教育不应仅仅限于实用。在公共学校当中，我们会发现民主教育既反对旧式的古典教育，又要求劳动者应有机会学习拉丁语和希腊语。这种态度尽管在理论上不太清楚，但在实践中却切实可行。倡导民主教育的人并不希望社会分为两部分：一部分为实用性的，另一部分是装饰性的。他们只希望当前的有闲阶级知道更多的实用知识，而劳动者了解更多的精神财富。但是民主本身并不能决定究竟哪一种成分更多一点儿或更少一点儿。

第二个问题产生于致力于物质生产和热衷于精神享受的人之间。如果有什么魔法把现代富裕的美国人或英国人带回到伊丽莎白时代①，他们可能都会希望能够回到现在。莎士比亚、雷利、西德尼②那一时代的高雅的音乐和优美的建筑，并不能完全取代现代社会的浴室、香茶、咖啡、汽车及其他物质享受。除了一些受传统影响的人外，大多数人都认为教育的目的就是生产更多的、各种各样的产品，他们可能赞成医学和卫生学教育，但对文学、艺术、哲学等没有丝毫的热情。毫无疑问，这些人是反对设立文艺复兴时期古典课程的主要力量。

以精神食粮要比纯粹的物质食粮更有价值的观点与上述观点相抗衡是不够的。这个观点虽然正确但不足以说明全部，尽管物质产品没有太高的价值，但物

---

① 伊丽莎白时代，即16世纪伊丽莎白一世女王在位时代，亦称"莎士比亚时代"。
② 雷利、西德尼，均为与莎士比亚同时代的英国诗人。

质缺乏造成的不幸会远远大于精神上的愉悦。饥饿、疾病以及对它们的恐惧使很多人的生命如此卑微，因为人们深知它们的后果。大多数鸟儿死于饥饿，但只要有食物它们就会很高兴，因为它们不考虑未来。而刚刚熬过饥荒的农民的心头却总是萦绕着回忆和恐惧。

人们宁愿为一点儿微薄的工资拼命苦干也不愿去死，动物愿意以死亡的代价来换取片刻的欢乐。过去人们能忍受没有欢乐的生活是因为不管怎么说生活都很简单。由于工业革命及其影响，终于可能在历史上第一次建立起一个每人都有机会享受欢乐的世界。生理上的不幸可以减少到最低程度；通过科学手段和组织机构可以让所有人有吃有住，尽管不是太好，但足以使人们不再有太大的痛苦；人类战胜疾病已成为可能，慢性疾病也大大减少；食物的增长已经大于人口的增长；暴力、镇压、战争给人类的心灵投下恐怖的阴影，但现在也已大大减少……这些成果给人类带来不可估量的价值，我们也就不再反对产生这些价值的教育。其中，应用科学起着最主要的作用。没有物理学、生理学和心理学的知识就无法形成这个崭新的世界；但没有拉丁文和希腊文、但丁和莎士比亚、巴赫和莫扎特，我们仍能拥有它。这就是赞成实用主义教育者的论据。我已多次强调过这些，因为我强烈地感觉到了它的存在。如果人们不知道闲暇和健康的价值，拥有这些又有什么用？人类不断进行斗争，包括同物质上的灾难进行斗争，但并不能因此就不再爱好和平。在同各种灾难进行斗争的同时，人类不能丢掉精神文明的精华。

这就引出了争论中的第三个问题：只有不实用的知识才有内在价值吗？所有有内在价值的东西都不实用吗？拿我来说，青年时期我花了很多时间学习拉丁文和希腊文，现在我认为这些时间全被浪费了。在我以后生活中出现问题的时候，这些古典知识没有给我任何帮助。像99％的学习拉丁语的人一样，我从来没达到以读它为乐的熟练程度，我只知道像"Suppllex"的所有格等知识，这些我永远都不会忘记。而它于我的实用价值，也就在于提供一个例子。另一方面，我所掌握的数学及科学知识，不仅有很大的实用性，也有很大的内在价值。如它能提供思考的课题，还可以充当真理的试金石。当然，这些只是个人的感受。但我敢肯定，现代人中能从古典科目中获益的也只是少数人而已。法国、德国也拥有有价值的文学，它们的语言容易学并且在很多方面很实用，因此与拉丁文、希腊文不同，它们的情况要好得多。我认为除了特殊教育外，教授这些知识无须在一些专门领域如语法花费过多的时间和精力，这样并不是认为它们不重要。人类的知识在不断增长,面临的问题也越来越复杂,当需要某些革新时,每一代人都会调整自己的教育方法。我们应通过折中以求得平衡。教育中的人文学科成分应该保留,但必须进行简化,好为其他成分腾出空间。因为没有它们,也就不可能有由科学而产生的新世界。

我并不认为教育中的人文学科成分没有实用学科成分重要。要想充分发挥想象力,了解一些关于文学、历史、音乐、绘画和建筑的知识是非常重要的。而且,只有通过想象,人们才知道世界会是什么样子;没有想象力,"进步"只能是机械的和微不足道的。但是,科学同样能促进想象。当我还是个男孩子的时候,天文学、地理学在这方面起的作用要比英国、法国和德国文学大,因为我对后者一点儿不感兴趣,只是被迫读了一些著作。当然这会因人而异,一个男孩或女孩会从一种知识中得到启发和刺激,也可能从另一种知识中得到另一种刺激。我认为当掌握一门课程必须掌握很难的技术时,除非是需要训练一些专家,否则的话还是学实用性课程好。文艺复兴时期,没有什么现代语言的文学,现在却有大量的伟大文学。这样,古希腊传统的价值大多都可以传播给并不懂希腊文的人;至于拉丁文的传统,其价值并不怎么重要。因此,在教育中,对于一般的、没有什么特殊才能的孩子,我可以不通过大量的学习就可以传授一些人文学科的知识,以后几年的教育比较难,我就只教数学和科学知识。但对在某一方面有特殊的爱好和才能的孩子,我会另加对待。要避免形成僵化不变的规则。

到目前为止,我们已经谈到应传授给孩子的各类知识。我们所谈到的问题有的与教学方法有关,有的与道德教育有关,有的与性格培养有关。我们不再涉及政治学,而涉及心理学与伦理学的知识。心理学直到不久以前还只是一门学术性的学科,实用价值很小。现在已经不同了。比如我们知道有工业心理学、医疗心理学、教育心理学等,所有这些都有很大的实用意义。我们希望并预计心理学对我们机构的影响在不远的将来还会大大增加,在任何情形下,它对教育的作用都是巨大的和有用的。

下面让我们先来讨论"纪律"这个问题。传统的纪律很简单,往往就是命令孩子做他们不喜欢的事或不要做喜欢的事。如果孩子不从,就会受体罚甚至隔离拘禁,只给水和面包。例如,在《费尔查尔德家族的历史》①中,有一章说到小

---

① 《费尔查尔德家族的历史》,19 世纪英国女作家玛丽·玛莎·谢伍德(Mary Martha Sherwood)的一部著名纪实小说。

亨利怎样学习拉丁文。他被告知只有掌握这门语言，他才能成为一名公务员。但这个小男孩没有像父亲所期望的那样全神贯注地钻进去，于是被关进了小阁楼，只给水和面包，并不准和姐妹们说话。同时还告诉他的姐妹们说他不配受到尊重，大家都不要理他。然而有一个姐姐还是给他拿了点儿吃的。男仆告发后，她也受到了惩罚。关了一段时间后，这个男孩开始喜欢拉丁文，从此勤奋学习。同样，契诃夫有一个故事也谈到他叔叔怎样教小猫捉老鼠。他在小猫所在的屋里放了一只老鼠，而这时小猫的捕猎本能还未形成，因此对老鼠不感兴趣，结果挨了打。第二天，也是如此，第三天、第四天……最后，这位叔叔认定这是一只笨猫且不可教也。但后来的情况却不一样了。所有的老鼠一见这只猫就吓得冷汗直淌、落荒而逃。"如同这只猫一样，"契诃夫最后说，"我很荣幸也由叔叔教我开始学拉丁文。"这两个故事向我们展示了旧时的纪律及现代人的反叛。

但是，现代教育家并不是完全抛开纪律，而是通过新的教育方法来实行它。在这方面，如果不了解新的教育方法就很容易产生错误的想法。我曾一直以为蒙台梭利女士根本不需要纪律，同时也奇怪她是怎样把一屋子小孩组织起来的。读了她的有关教育方法的报告后，我才知道纪律仍然起着很重要的作用，不可能没有纪律。每天上午我都把最小的儿子送到一所蒙台梭利办的学校去。我发现他很快成为一个纪律性很强的人，乖乖地遵守学校的各项规则，并且他并没有感到外在压力。因为这些规则像游戏中的规则一样，遵守它们也就好像做游戏一样快乐。以前的观点认为：孩子不可能自己愿意去学，只因为害怕才被迫去学，现在我们才明白这完全是由于不懂教学法的原因。如果我们把要学的东西如读、写等划成合适的阶段，每个阶段对一般的孩子来说都是可以高高兴兴地接受的。当孩子们在高兴地干他们喜欢的事情时，当然不需要外在纪律了。有一些简单的规则：如不准打扰别的孩子，不准同时占有几件玩具等，合情合理，遵守起来也很容易。同时，孩子的自制力也有所提高，良好的自制力又可以形成良好的习惯并能使愿望变成现实。因此，在特定的情况下，自觉抵制某些冲动而获得一些重要的进步是完全值得的。每个人都知道在游戏中很容易形成这种自制力，但没人会想到在有兴趣的学习过程中也能做到这一点。现在我们知道这些已经成为可能，而且不仅在幼儿时期，在个人成长的每一阶段都将做到这一点。并不是我自以为是地认为这些很容易。教学方法的发现需要天才，但将它们运用到教育实践中去的老师并不见得一定是天才。他们只要掌握正确的训练方法，再加上很常见的同情心和耐心就足够了。基本概念很简单：好的纪律不是有外在压力，而是能使人养成一种心理习惯，这种习惯又可以产生人们愿意而非不愿意的行为。在教育过程中，为体现这一观点，人们不断地探寻专门的方法。蒙台梭利女士在这方面就是很了不起的人物。

原罪信仰的衰落大大影响了教育方法的变革。传统观念认为：人生来是暴怒之神的孩子，本质是邪恶的，只有用严惩才能使之早日改正邪恶，具有善的品德，成为美丽之神的孩子。这种观点现在已不复存在。大多数现代人几乎难以相信这种观点是怎样地影响了我们的前辈。斯坦利所写的阿诺德博士①的传记里有两段话表明了他们的错误观点。斯坦利是阿诺德博士最得意的门生、《汤姆·布朗的学生时代》②中的好孩子亚瑟的原型。他是上述那本书作者的堂兄，在作家还是小孩子的时候带他参观了威斯敏斯特大教堂。阿诺德博士是大众学校的伟大的改革家。直到现在，英国人引以为荣的公立学校主要还是按照他制定的原则来办的。因此，说到阿诺德，我们要谈的就不再是过去的东西，而是对今天培养上等英国人仍然有效的东西，他主张只对小孩子进行鞭打，并且只限于"不讲道德，如撒谎、酗酒以及习惯性的懒惰"(引自他的传记)。但当一家自由党派的刊物认为应该一并取消鞭打的惩罚时，阿诺德非常气愤，他回答说：

> 我非常清楚他们这种想法，它源于人们引以为豪的个人独立的观点。但这种观点既不符合情理，也不符合基督教，而是极其野蛮的，它伴着对骑士时代的诅咒传到欧洲，现在又以激进主义的观点恐吓我们……

在几乎不可能发现有罪恶或过失的时代中，哪儿会有明智的人来支持修正人格的奇怪想法？朴实、冷静和谦虚是年轻人的最好财富，也是高尚的成人的显著特征，但与这些相比，哪些又是错误的，哪些又是相反的呢？

因此，他的门徒的学生主张鞭打不够"谦虚"的印度人是很自然的。

阿诺德还有一段话很能说明他的观点，斯特雷奇③在《维多利亚时代名人传》中曾部分引用这段话，这里我也再次提到它。阿诺德出去度假时欣赏到科莫湖(Lake of Como)美丽的风光，他在一封给妻子的信中记下了心中的感受。他

---

① 马修·阿诺德，19 世纪英国诗人、评论家、教育家。
② 《汤姆·布朗的学生时代》，19 世纪英国小说家托马斯·休斯的经典作品。
③ 斯特雷奇，19 世纪末、20 世纪初英国著名传记作家、批评家。

写道：

> 我怀着崇敬的心情看着身外极其优美的景色，同时想到了道德上的邪恶；天堂和地狱似乎不是由一条鸿沟完全隔开，而是你中有我，我中有你，并且离我们每一个人都很近。我强烈地感觉到自己道德上的邪恶，就好像强烈地感受到美景带给自己的欢乐一样。也许在深层的邪恶感中还存在着上帝要挽救我们的福音。它并不是要求我们像平常所做的那样崇敬好的品德，也不是要我们去适应道德；但如果我们真的憎恶那些邪恶，我们所憎恶的不是被邪恶所困扰的人，而是困扰人的邪恶的东西。这种憎恶极其明显、极其坚定——这样，我们就与上帝和耶稣相通，我们的精神与上帝同在。这一点看起来和说起来都挺容易，但做起来却又是那样难！谁能够完全做到这一点呢？除了那些意识到自己的不足并深感遗憾的人。上帝保佑你，我亲爱的妻子和孩子，从现在直至永远。

我们悲哀地看到这位本性善良的绅士把自己推到一种虐待狂的情绪里。正因如此，他才能使劲鞭打孩子而没有任何良心上的不安，反而以为这是符合博爱的信仰。我们也悲哀地想到那些被欺骗了的个人。但是正是他们创造了一种憎恶"道德上的邪恶"的风气，如果大家还记得的话，"道德上的邪恶"还包括孩子们习惯性的懒惰，这风气使几代人都变得残忍，这实在是一个悲剧！每当我想到战争、酷刑、镇压，每当我想到那些正直的人以为自己在惩罚"道德邪恶"但事实上却是在犯罪，我都忍不住地战栗。幸运的是，教育者们不再认为小孩子们都是顽童。当然，人们往往还以上面的观点看待成人，尤其是惩罚罪犯这方面，但在幼儿园和学校里，是不会再有这种现象的了。

还有一种错误与阿诺德的观点正好相反，它尽管伤害性不大，但足以称为错误。它认为孩子天生都是善良的，只是被他们的长辈的不好行为带坏了。卢梭曾赞成这个观点。也许他的认识比较抽象，但如果我们读过《爱弥儿》就会发现：学生在成为他所属机构设计、培养的完美人物之前，必须要受到大量的道德训练。事实上，孩子不是生来就是好的或坏的。人们生来只有一些反射行为和一些本能。除此之外，在环境的作用下，他们才养成一些或好或坏的习惯。他们将来会怎么样主要取决于母亲或保姆的智慧。孩子最初的自然本质是很容易受训练的。在许许多多的孩子当中，有的将来可能成为好公民，有的就有可能成为罪犯。科学的心理学表明，工作日的鞭打以及星期天的说教并不是使孩子养成美德的理想方法。但也不能因此就认为没有方法。山姆·勃特勒认为以往的教育者以折磨孩子为乐，人们很难不同意这一点。但让一个健康的孩子快乐却并不困难。而且只要孩子的身心得到正确的呵护，大多数孩子都会很健康。如果孩子感到教育就是教给他们一些值得学的东西，那么阿诺德博士认为是一种"道德邪恶"的习惯性懒惰就不会存在。① 但如果所教的知识没有什么价值，教的人又像个暴君，孩子自然就像契诃夫的小猫一样不可教也。只有自发产生学的愿望，才能成为教育的推动力。而这就如同学习走路和说话一样，是每一个孩子都能做到的。以教育的这种推动力取代了教鞭是我们时代的伟大进步。

最后我想谈谈自己对现代教育发展倾向的最初看法中的最后一点——给予幼儿更多的注意。这与我们对性格培养的观点的变化密切相关。传统看法是：美德主要取决于意愿，它认为人的心中充满了各种坏的愿望，由一种抽象的意志力所控制。很明显，要想完全根除它们是不可能的，因此只能是加以控制，就好像警察和罪犯一样。没有人会认为一个社会没有潜在的罪犯，人们所能做的只能是建立有效的警察机构使得大多数人不敢犯罪，而把少数犯了罪的人抓起来并加以惩罚。现代犯罪心理学家并不同意这个观点。他们认为大多数情况下，合适的教育会阻止犯罪冲动的形成。同样，适用于社会的东西也能适应于个人。小孩子特别希望能得到长辈和同伴们的喜爱。他们都有一种冲动，能根据自己的情况向好的或坏的方向发展。而且，他们所处的年龄阶段很容易形成好的习惯，好的习惯又容易形成好的品德。另一方面，传统的美德任不好的愿望蔓延，只是用意志力不让它们表现出来，这样控制不好行为的方法远远不够理想。不好的愿望就像被阻塞了的河水，一定会找到意志忽视了的出口涌出。年轻时想谋杀父亲的人会在以后鞭打儿子的过程中得到满足，他认为自己是在惩罚"道德邪恶"。一些为残忍的鞭打行为辩护的理论几乎都源于某些愿望，人的意志使它们改变了原来的航道，但一直潜在发展，后来却以憎恨罪恶或其他值得尊敬的东西的面貌出现。因此，由意志控制不好的愿望虽然有时是必要的，却不是一种好的培养品德的方法。

这些看法把我们又带到了心理分析领域。有很多具体的心理分析我都认为

---

① 可能阿诺德博士的不少学生都得过腺体增殖症，因为虽然这会引起惰性，但没有一个医生建议鞭打。——作者原注

是荒谬的，而且证据不足，但总的方法我却认为很重要，在寻找好的道德培养方法方面更是如此。有些心理分析家特别强调幼儿期的重要性，我认为有些夸张，他们有时候甚至认为性格在孩子三岁的时候就永远地固定形成了。我敢肯定情况不是这样。但这个错误中也包含正确的成分。幼儿心理学在过去一直没有受到重视。智力学家们的方法风行一时，人们几乎根本没注意到它。以睡觉为例，所有的母亲都希望孩子能好好睡觉，这样既能说明孩子健康也能给母亲带来方便。她们找到了很多方法：摇摇篮或唱催眠曲。结果是男人仔细研究了整个事情并发现这些方法全错了。因为它尽管在某一天可能奏效，但却使孩子养成了坏习惯。每一个孩子都希望得到过多的注意，这样使他获得重视的愿望得到满足。如果他发现不睡觉能得到更多的重视，就会很快采用这个方法。结果对孩子的健康和性格培养都有害处。这时重要的是要形成一个习惯：即将婴儿床和睡觉联系起来。经常出现这种联系，孩子就不会不睡了，除非是病了或感到疼痛，但是建立这种联系需要一些纪律。只靠溺爱是不能形成的，那样只会和不睡联系起来。培养其他好的或者坏的习惯也是如此。整个研究只是在幼儿期进行，但意义却很大而且将来肯定会更大。很明显，性格教育应该从孩子一出生就开始，并且需要很多与不懂这些的保姆和母亲的行为相反的做法。同样，一些教育可以开始得比以前认为的早，因为这样可使孩子高兴并且不需要更多的注意力。近些年来，教育理论在上述方面发生了巨大的变化，带来了很好的效果，它们在将来会越来越明显。因此，下面我将首先具体地谈到幼儿的性格培养，然后再谈谈后期的教育。

欧阳梦云　王晓澜　译

智力教育的普遍原则

[英] 伯特兰·罗素

此处辑录的是罗素《论教育》(1926)第14章,题目系原书所有。

这一章专论智力教育。所谓"普遍原则",主要有两条:一、不要让道德问题(即德育)来影响智力教育(即智育);二、智力教育要培养的是6种优秀品质,即:好奇心、谦虚、注意力、耐心、勤奋和精确性。关于第一条原则,作者的解释是:知识本身无所谓道德不道德,涉及道德问题的是对某种知识的态度问题;譬如,性知识,即对性和性行为的认知,其本身无所谓道德不道德,只是对这种知识的某种态度,如沉迷于其中,才涉及道德问题;这样的问题需要用科学方法予以解决,但不能因此而影响性知识的传授。关于第二条原则,作者认为,最重要的是要培养学生的好奇心,这是根本,"只要有强烈的、目标正确的好奇心,所有其他品质都会随之出现"。最后,由于要求知识的精确性而产生的枯燥问题,作者认为,这在幼儿教育中固然可以考虑增强趣味性,"但不能因此说教育在每一阶段都应该是宽松的、散漫的和令人愉快的",因为要追求精确性必须面对枯燥,克服枯燥,而这就要看好奇心到底有多强烈——如真有强烈的好奇心,就不会觉得枯燥。

迄今为止，我们一直在谈论性格的形成这一话题。性格的形成，应该说主要是青年时代的事情。如果引导得当，性格在六岁前就应该基本形成了。我并不认为六岁后某种性格就不会变坏了，无论何时，环境都会对性格产生不良影响。我认为，如果考虑到环境因素的影响，一个正确接受过早期训练的孩子应具有对今后的正当行为起主导作用的习惯和要求。只要学校当局还有点理智，一所由在六岁前受过良好教育的孩子组成的学校就是一个理想的环境。在道德问题上花太多时间或考虑过多毫无必要，因为人们所要求的其他美德应自然来源于纯智力教育。但我还没有迂腐到硬要将这一点说成是一项绝对原则。我相信，如果孩子在六岁前受过良好教育，学校当局就最好把重点放到纯智力发展上，并因而使所需性格得到进一步完善。

让道德问题影响教育，对智力而且最后对性格来说都是有害的。不要认为某些知识有害或某种无知有益。传播知识的目的是为了开发智力，而不是要证实某个道德传统或政治结论。就学生来说，教学的目的一方面是要满足学生的好奇心，另一方面是传授给学生一种自我满足好奇心的技巧。就老师来说，也是为了激励各种各样的好奇心。但即使好奇心完全突破了学校课程的囿限，也绝不要感到沮丧。我的意思不是要中断学校课程，而是要鼓励好奇心，并且告诉学生如何在课后通过诸如阅读图书馆的书籍的办法来满足好奇心。

但在这一点上，有人一开始便会向我提出质问。如果一个男孩的好奇心是病态的或扭曲变形的，该怎么办？如果他对猥亵之举或暴虐的描述兴致勃勃，该怎么办？如果他仅对窥探他人的所作所为感兴趣，该怎么办？是否要鼓励这样的好奇心？要回答这些问题，我们得作个区分。最主要的是，我们不会让孩子的好奇心始终囿于这些方面。但这并不是说，我们要使他感到了解这种事情不道德，或我们要力争使他接触不到这方面的信息。这类信息的诱惑力几乎总是来自这样一个事实：受到禁止，有时它与某种需要医治的病态精神状态有关，但禁止传播和道德恐吓绝非正确的处理方法。让我们看一下淫秽行为这一最常见而又最重要的事例。我认为，淫秽这样的事不会出现在一个认为性知识与其他任何知识没什么差别的孩子身上。一个男孩因具有获得淫秽图片的手段而沾沾自喜，并由于知道他较少魄力的同伴没有搞到某种图片而幸灾乐祸。如果一本正经地当面告诉他有关性的知识，他就不会对这些图片感兴趣了。然而，如果发现一个男孩仍有这方面的兴趣，我会让一个善于处理此类事情的医生对他进行治疗。治疗一开始，就要鼓励他自由说出那些最令人吃惊的想法，接着给他提供更多这方面的信息,并逐渐学术化和科学化,直至整个事情使他厌烦透顶。当他觉得没什么要知道的了,而且自己知道的东西多么令人乏味,他就康复了。糟糕的并不是知识本身,而是沉迷于某一特定问题的习惯,这才是问题的关键。首先,消除沉迷不是靠处心积虑地转移注意力,而是靠无休无止地谈论某一话题。这样可以使兴趣科学化,而不是病态。做到了这一点,兴趣就不再是一种沉迷,而是取得了在其他各种兴趣中的合法位置。我相信,这是处理狭隘而鄙俗的好奇心的正确方法。禁止和道德恐吓,只能使情况恶化。

尽管完善性格不应是教育的目的,但某些优秀品质对知识的成功获得仍然不可缺少,我们可以称之为智力优势。它们应来自于智力教育,但它们应根据需要运用于学习当中,而不应像美德那样只是为了拥有其自身。在我看来,这些品质中重要的有:好奇心、谦虚、注意力、耐心、勤奋和精确性。

在这些品质中,好奇心是根本;只要有强烈的、目标正确的好奇心,所有其他品质都会随之出现。但好奇心可能并未积极到足以成为整个智力生活的基础。还得时刻有"做"难事的愿望;获得的知识应作为一种技巧存在于学生的头脑中,就像比赛或体育中表现出的那样。我认为,有些技巧只是为了完成人为的学校课程,这一点不可避免。但如果我们使其成为实现某些非教育目的的必要因素,那就是一个不小的成就。尽管在读书期间,知识脱离生活不能完全避免,但它仍令人遗憾。在这种现象最难克服的地方,就应在广义上随时论及知识在处理问题时的用途。尽管如此,我还是要给纯粹的好奇心留有充分的余地,没有十足的好奇心,许多最宝贵的知识(如理论数学)就永远不会为人揭示。在我看来,许多知识本身就很有价值,更别说它还具有实用性,我并不想鼓励年轻人专心致志地探求知识的将来用途;年轻人置身事外的好奇心是自然的,而且这是一种很宝贵的品质。只有当这种好奇心缺乏时,才能有获得实用技巧的愿望。动机各得其位,一种不能排斥另外一种。

只要真想学到知识,就需要有谦虚的品质,只有那种怀有其他愿望并相信自己已知道真理的人,才不会谦虚。这就是为什么青年时虚心的品质较之晚年要普遍得多。一个人的行为几乎必然与某种对理念上的疑难问题的判定密切相关。教士不会对神学漠不关心,士兵也不会对战争视若无睹。律师总是坚持让罪犯受到惩罚——除非他们能拿得出一笔头等律师费。一名通过锻炼和自身阅历适应了某种教育体系的校长会偏爱这种教育体系。政治家会不由自主地相信最可能给他提供职位的政党的原则。一旦一个人选择了自己的职业,就不要指望他会不断思考这样的问题：其他选择是否会更好些。因此，在以后的生活中谦虚就受到了限制，尽管这种限制应当越少越好。但年轻时，威廉·詹姆斯①所说的"强迫选择"现象要少得多，因此也很少有"相信的愿望"。要鼓励年轻人将每个问题都看做是没有定论的，因而要敢于抛弃任何观点。这种思想上的自由并不意味着可以有完全的行动自由。我们绝不能允许一个受南美北岸某个冒险故事影响的男孩随意跑到大海上去。但只要不停止对他的教育，就可以允许他认为做海盗比做教授强。

注意力是一种很宝贵的素养，除非通过教育，很少有人具有这种素养。注意力在很大程度上是自然形成的，就像年轻人变老一样，这是事实。婴儿很小的时候想一件事顶多不过几分钟，但年复一年，他们的注意力越来越集中，直到长大成人。然而，没有长期的智力教育，要将注意力充分集中起来几乎是不可能的。完美的注意力集中有三个特点：它应该是深入的、长久的和自愿的，阿基米德的故事可以作为深刻的例子：据说，当罗马人占领了叙拉古城来杀阿基米德时，他竟毫无觉察，因为他正醉心于一个数学问题。要取得一项不易取得的成就，甚至要了解某个复杂或抽象的问题，首要之举就是要长期集中注意力于同一件事情上。对事物自发而浓厚的兴趣自然会产生这一后果。大多数人可以长期注意一道机械的智力题，但这本身并无多大意义。真正宝贵的注意力集中还必须有意志的控制。我的意思是说，即使某种知识本身枯燥乏味，但只要一个人有获取这种知识的充分动机，他就可以迫使自己获得它。我认为高等教育传授的首先正是意志对注意力的控制。在这一点上，旧式教育值得称道；我不知道现代方法是否能够同样成功地教会一个人去自愿忍受枯燥。但是，即使现代教育实践中果真有这种缺陷，那也不是不可弥补的。这一点我一会儿还会谈到。

耐心和勤奋应该产生于良好的教育。以前人们认为，在大多数情况下，耐心和勤奋的品质只有靠实践外部权威强迫我们养成的良好习惯才能获得。这种方法无疑有点儿成效，就像驯马时看到的那样。但我认为更好的方法是通过将困难分成不同的等级去激发人们战胜困难的勇气。将困难分级对待，可以使我们一开始就很容易地体会到成功的喜悦。这会让我们体验到坚持不懈带来的甜头，从而逐渐增加所需的恒心。上述说法完全适用于这样一个信条：知识虽难

---

① 威廉·詹姆斯，19世纪美国心理学家、哲学家，美国机能主义心理学和实用主义哲学先驱、美国心理学会创始人之一。

以掌握,但却并非不可掌握。要证实这一点,可以引导学生解答一组经过精心分类的问题。

正像对注意力的自觉控制一样,教育改革者也很少注意精确性这种品质。巴拉德①博士明确指出,在这方面,我们的小学不如以前那样好了,尽管在大多数方面小学得到了不少的改善。他说:"在1880年代和1890年代初的年度考试中,学生们要经历许许多多的测试,而且考试成绩是预先作为颁发助学金的标准的。今天,如果让同龄的孩子们进行同样的测试,其成绩显然会逊于从前。不论如何辩解,这一事实都无可置疑。总之,我们的学校工作——至少是在小学——比二十五年前更加缺乏精确性了。"巴拉德博士关于这个问题的论述精彩极了,我没有什么更多的话要补充。但是,我还要引用一下他的结束语:"在作了所有这些推论后,它的精确仍是一个高尚而令人鼓舞的理想。它是理智者所具有的德性:为了实现自己的特定目标,它规定了所应遵循的东西。因为我们在思想、言辞、行为方面的精确性程度是对我们是否忠于真理的初步检验。"

现代方法的提倡者感到困难的是,精确性包含着枯燥,就像迄今谈论的那样。如果能使教育具有趣味性,那就是个巨大的成就。这里,我们要区分一下。单纯由老师强加的枯燥是糟糕的;而学生为了实现某个雄心壮志自愿忍受的枯燥则是宝贵的,只要这种枯燥还不算过头。激发学生各种不易满足的愿望应该是教育的一个部分——知道如何运算、如何阅读《荷马史诗》、如何精彩地演奏小提琴,等等。所有这些都各有各的精确性。有才能的学生能够忍受无尽的枯燥乏味,而且为了获得某种渴求的知识或技巧去自觉接受严格的训练。如果用激励的方法去教导那些天资较差的孩子,他们的热情也往往可以用类似的抱负激发起来。教育的动力是学生的求知欲,而不是教师的权威;但不能因此说教育在每一阶段都应该是宽松的、散漫的和令人愉快的。这尤其可以适用于精确性这一问题。追求精确的知识容易使人厌倦,但要事事优秀,这一点又不可缺少。这一事实可通过适当的方法让孩子清楚地意识到。一旦现代方法在这方面做得不利,就肯定会出差错。在这一问题上,正像在许多其他问题上一样,对教育的那些陈旧而拙劣的形式的反感导致了过分的松散,于是不得不用一种新的、比旧式外部权威更强调主观作用和心理作用的教育方式代替它。就智能方面而言,这种新的教育方式可表述为"精确性"。

_____

① P. B. 巴拉德,19世纪末、20世纪初英国心理学家、教育学家。

256

精确性的种类很多,而且每一种都各有其重要性,举几个主要例子来说,有肌体精确性、审美精确性、事实精确性和逻辑精确性。每一个孩子都能在许多方面体会到肌体精确的重要性;肌体精确性首先为控制身体所需要,这是一个健康孩子在其所有空余时间都想学到的,而且以后又为建立声望的比赛所需要。但还有其他形式的精确性与学校教育密切相关,诸如口齿清楚、书法漂亮、能正确演奏乐器。一个孩子会根据周围环境来判断这些方面是否重要。很难给审美精确性下个定义;它与产生情感的知觉刺激是否适当这一点有关。培养这种重要的精确性的一个方法就是让孩子们背诵诗歌——例如:为了表演,背诵莎士比亚的诗句——并且在他们背错时使他们感到为什么原著更好些。有这样一种现象:在审美感受性普及的地方,人们就会教孩子们一些他们喜爱的而且因为习惯必须做得一丝不差的确定节目,比如跳舞和唱歌。这使孩子们易于注意到细小的差别,而这一点是精确性所必需的。我认为,演戏、唱歌和跳舞是教授审美精确性的最好方法。绘画次之,因为它往往以是否与模特儿一样为标准进行判断,而不是以审美标准来判断。毋庸讳言,确定的节目也需要再现原型,但这种原型是为审美的需要创作的;人们模仿它是因为它自身的完美,而不是因为模仿有什么好处。

仅仅去追求事实的精确性会无聊得让人受不了。记住英国国王的在位年代或是记忆各郡及其治所的名称,一直是童年的一件头疼事。靠兴趣和重复达到精确就要好一些。我始终记不住那一串海角的名称,但八岁时我几乎知道所有的地铁站。如果让孩子们看一部展现船只绕海岸航行的影片,他们不久就记住这些海角了。我并不认为这些东西值得记忆,但如果确有必要,那就要采取这种教授方法。所有的地理知识都应该从电影上学到;历史知识尤其如此。最初的费用会很高,但政府尚能承受,而且教学上的便利将会导致以后的节约。

逻辑精确是以后才能争取的事情,不应将它强加于孩子。正确记忆乘法表自然是事实上的精确;它只是很久以后才成为逻辑精确。数学是逻辑精确这种教育的天然工具,但如果听凭数学表现为一组具有任意性的法则,它就失去了这种作用。法则要学,但有时还要搞清这些法则的原理;如果做不到这一点,数学就没什么教育价值了。

现在,我要谈一个论述精确性时涉及的问题,这就是,要使教育具有趣味性究竟有多少可能性或合理性。老观念认为,许多说教都难免枯燥乏味,只有严厉的权威才能使一般男孩子坚持到底。现代观点认为完全可以使说教变得趣味盎然。与旧观点相比,我对现代观点要赞成得多;尽管如此,我认为它也有某些局限,尤其是在高等教育中。我先来谈一谈现代观念中确实存在的一些问题。

写幼儿心理学的现代作家一致强调不强迫幼儿吃饭或睡觉的重要性;这些事情应该由孩子自愿去做,而不要靠哄劝或强迫。我自己的经历完全证实了这种说法。起先,我们不知道这种新的说法,就去试着用老办法。老办法很不成功,而新办法却取得了圆满成功。然而,绝不要认为现代的家长对吃饭、睡觉这样的事不闻不问;相反,为了使孩子养成好习惯,能做的都做了。定时用餐,不管孩子吃不吃饭,他都必须坚持到用餐结束,而且不能做游戏。定时睡觉,而且孩子必须躺在床上。他可以搂一个动物玩具,但不能是那种会叫、会跑或会使人兴奋的玩具。如果孩子喜欢动物,就可以做这样的游戏:动物累了,孩子得让它睡觉。然后将孩子单独留下,孩子通常会很快入睡。但绝不要让孩子认为你急于让他睡觉或吃饭。那会立刻使他觉得你在求他,这会使他有一种权力感,并由此导致他越来越需要诱哄或惩罚。他去吃饭或睡觉应该是因为他想这样做,而不是要取悦于你。

这种心理学显然大半可以用于教育。如果你坚持去教导一个孩子,他最后会认为,他在被迫做一件不愉快的事以讨你欢心,于是会产生一种抵触心理。如果一开始就存在这种情况,那就会一直持续下去;年龄大了,通过考试的愿望可能变得明确起来,而且也会为此目的去学习,但没有一种学习是完全因为对知识感兴趣。相反,如果你能首先激发起孩子的求知欲,然后作为鼓励,告诉他想知道的知识,整个情况就会大不相同。所需的外部纪律约束要少得多,注意力也能毫不费力地集中起来。这种方法要取得成功,就要具备某些条件,这些条件已由蒙台梭利女士①在幼儿中成功地创造出来了。学习必须既有趣又不太困难。起初,必须有其他年龄尚大的孩子的示范。同时不能有其他明显令人愉快的事吸引孩子的注意力。孩子可能有许多事情可做,那就要让他选择自己喜欢的事情,单独完成。几乎所有的孩子对这种方法都感到满意,并且无须强迫就可以在五岁前学会读书写字。

类似的方法可以在多大程度上应用于年龄较大的孩子是一个值得讨论的问题。随着年龄的增长,孩子对远期动机变得敏感起来,要每个细节都有意思已不再重要。我认为,教育的动力来自学生这个一般原则,任何时候都要坚持。环境

---

① 玛丽亚·蒙台梭利,19 世纪末、20 世纪初意大利幼儿教育家、"蒙台梭利育儿法"创始人。

要有助于激发这种动力,并使无聊和孤独成为学习的替代物。但应该让任何一个宁愿无聊和孤独的孩子做出这种选择。自学的原则可以推广,虽然在幼儿期过后,一定的班级学习是不可缺少的。但是,如果必须运用外部权威引导孩子学习,那么除非孩子有病,错误很可能出在教师身上,或是由于先前的道德教育不当。如果孩子在五六岁前受过适当的训练,那么任何一位好老师都应该能够在这之后引起他的兴趣。

如果做到了这一点,好处会很大。老师以朋友的身份出现在学生面前,而不是敌人。因为孩子持合作态度,所以他学得要快些。由于不用时刻收回某种勉强的、无聊的注意,因而他就少了些紧张感,学习起来也不怎么疲倦了。他个人的主动性没有减弱,相反却得到了加强。因此,认为学生的自我愿望可以使他投入学习而无须老师施加压力,似乎就合情合理了。

如果这些方法在某些情况下失灵了,就要单独研究,区别对待。但我认为,如果所用方法与孩子智力相符,就很少会失败。

因为一些在论述精确性问题时讲过的原因,我认为要使一种真正完全的教育毫不显枯燥是不可能的。不论一个人想就某一问题作怎样深入的了解,他肯定会发现其中的某些部分令人乏味。但我相信,通过适当的引导,可以使一个孩子感受到学习那些枯燥部分的重要性,并且也是在没有强制的情况下将这些部分学完。根据学习成绩的优劣,我还要运用赞扬和责备这两种激励方法。我们要明确一个学生是否掌握了必要的技巧,就像在体育比赛或体操中那样看得清楚。老师还要讲清楚某个问题的枯燥部分的重要性。如果这些方法都失败了,就要将孩子归入愚钝之列,并且对他进行单独教育,尽管必须注意不要让这一切看上去像一种惩罚。

除去极少数例外,甚至在幼儿期(例如说四岁以后),老师也不应扮演家长的角色。教育是一项需要特殊技巧的工作,这种技巧虽然可以学会,但大多数父母没有这样的机会。学生越小,就越需要教育技巧。此外,由于家长在孩子接受正规教育前与之接触频繁,孩子会形成一些针对家长的习性和期望,而这些习性和期望对老师不太适合。而且,家长可能对孩子的成长期望过切和过重。他会因孩子的聪明而喜出望外,也会因孩子的愚笨而恼怒不已。父母之所以不适合教导自己的孩子,其原因正像医生不适合给自己的家人治病一样。然而,这当然不是说父母不该教导自己的孩子,我只是认为,一般来说,即使他们完全有资格去教导他人的孩子,他们也不是教授正规学校课程的最佳人选。

在整个教育过程中，从第一天直至最后一天，都要有一种智力探险的感受。世界充满了令人迷惑不解的事情，通过充分努力，就能揭示其中奥秘。理解了一直让人迷惑的事情，实在令人振奋、令人欣喜；每一位优秀教师都要让学生产生这种感受。蒙台梭利女士描述了当她的孩子们学会写字时的喜悦之态；我还记得，当我最初从牛顿的引力定律推论出开普勒第二定律时，我几乎要陶醉了。很少有如此纯粹或有益的喜悦。主动性和自学给学生提供了发现奥妙的机会，也使他们产生了思想探险的感受，与在课堂上传授一切知识的情况相比，这种感受要常见得多、深刻得多。只要可能，就要让学生变被动为主动。这是使教育变苦事为乐事的秘诀之一。

欧阳梦云　王晓澜　译

性　教　育

[英]伯特兰·罗素

此处辑录的是罗素《论教育》(1926)第9章,题目系原书所有。

这一章专论性教育,主要涉及4个问题:幼儿手淫问题、幼儿性好奇问题、少年期性健康和卫生问题、青春期性爱教育问题。关于第一个问题,作者认为,看到幼儿手淫不必大惊小怪,若强行禁止,后果反而严重;如若用分散注意力等方法无效,不如不管,因为这种行为很可能会自行消失——总之,不能使幼儿自己意识到这种无意识行为。关于第二个问题,作者认为,若孩子好奇地问到有关性的问题,父母要遵守两条规则:"第一,永远真实地回答问题;第二,把性知识看成和任何其他知识一样。"关于第三个问题,作者认为,"应该引导年轻人认识到生儿育女是一件非常严肃的事情,如果不能给予孩子一个健康幸福的明朗前程,就不要承担生育的重任";特别是对于女孩子,要让她们知道她们将来要做母亲,所以"应了解对做母亲有益的初步知识"。对于第四个问题,作者认为,在性爱活动中最有害的是妒忌,所以,性爱教育的要点就是帮助年轻人克服妒忌心理,使性爱活动(也就是平常所说的"恋爱")和其他活动一样,以理性的方式,心平气和地进行。

由于"性"这一主题处于禁忌和图腾①的包围之中,我是在忐忑不安中探究这一问题的。我很担心那些接受我前面各项原则的读者会因处于这一种包围中而怀疑这些原则。他们也许很容易承认,无畏和自由对儿童有利,却希望一遇到性问题就施束缚和恐惧。我不能这样限制那些我认为合理的原则,我在谈到性的问题时,也将和造就人们品性的其他冲动一样对待。

性禁忌独有的一个方面是:性很特别,这种本能成熟得很晚。的确,如精神分析学家指出的(尽管有些夸大),这种本能在儿童期并非缺乏。但是儿童期性本能的表现却和成年人不同,力量也小得多,而且男孩子以成年人方式放纵,体质上也是不可能的。青春期是重要的情感危机时期,是智力教育的中间阶段,且要引起少年骚动不安,给教育者提出了难题。我并不想讨论这些青春期问题,这里我主要探讨的是青春期之前我们所应该做的事。在这方面进行教育改革非常必要,尤其是儿童早期。尽管我在许多细节上并不同意弗洛伊德的观点,但是我认为,他指出以后生活的精神紊乱,是由于儿童早期在和性有关的方面处理不当所造成,这一观点是很有价值的。在这方面,弗洛伊德的工作已经收到了普遍的效果,但是仍需要克服一些偏见。而且,我们把一岁以内的婴儿大多交给完全未受教育的妇女照料,就极大地增加了克服偏见的困难。有知识的人为避淫秽猥亵之嫌而发出的冗长的论调,是不能指望未受教育的妇女知道的,更谈不上相信了。

我们按先后发生的顺序来探讨问题。母亲和保姆最初遇到的是手淫问题②。权威机关指出,这种行为在两三岁的男孩和女孩中都普遍发生,通常随后会自行消失。有时候,手淫是由某种确定的可以排除的肉体刺激所致。(我并不作医学方面的论证。)但即使没有这类特殊原因手淫也常常能发生。人们习惯把手淫看得很可怕,并用吓人的威胁手段来予以制止。通常这些威胁是不起作用的,可是人们总确信能奏效,结果使孩子生活在忧虑的痛苦之中,这种痛苦很快就脱离了最初痛苦的原因(现在已压抑成潜意识),变成了噩梦、神经质、妄想和癫狂的恐怖。对婴幼儿要任其自然,这个时期的手淫对健康没有明显的坏影响,也没有发现对品性培养有不良作用,而在这两方面所观察到的所谓坏影响,似乎

---

① 图腾:英语 totem 一词的音译,本意为原始崇拜,此处意为迷信。
② 所谓"幼儿手淫",是指幼儿玩弄自己的生殖器,其实与"淫"无关,因为幼儿尚无性欲,不会有性快感(英语 masturbation 一词只是表示"用手弄",并无"淫"的意思,翻译成"手淫",对成年人大体可以,但用在幼儿身上,就可能产生误解)。——编者注

应完全归咎于制止手淫所作的努力。就算是手淫有害,发出无法执行的禁令也是不明智的。从事物的自然发展情况看,你禁止孩子做某事,就确信孩子不再做某事是不可能的。如果你不加禁止,手淫行为可能不久就会消失;如果你横加干涉,这种自行消失的可能性少得多,而且你为恐怖性神经紊乱种下了病因。因此,尽管有困难,也应让孩子任其自然①。我并不是说,不采取禁止的方法,也就不能采取其他有效的戒除的方法。如,孩子困倦了才让他上床,这样他不至于久久没有入睡;在他床上放某个他最喜爱的玩具,以便分散他的注意力。这些方法都是十分可取的。但是如果这些方法都不起作用,你不能求助于禁止之法,更不能使他意识到自己已沉溺于这一行为的事实。以后,手淫可能会自行消失。

对性的好奇一般始于孩子三岁间,他们的兴趣在于男人和女人、大人和小孩身体上的差异。从本质上看,早期儿童的这种好奇心没有什么特别内容,仅仅是孩子一般好奇心的一部分。然而,传统方法培养大的孩子,由于他们的父母制造神秘感,孩子的好奇心里就有了特别内容。如果没有神秘感,孩子的好奇心一满足就消失了。只要自然而然地进行,孩子一开始就应看见父母兄弟姐妹的裸体,且没有任何大惊小怪,则他根本不知道人们对裸体有什么感觉。(当然,他以后一定会知道。)孩子很快就会注意到父亲和母亲身体上的不同,然后与兄弟姐妹身体的不同联系了起来。然而,这种不同一旦暴露到这个程度,它就像经常打开的橱柜一样失去了吸引力。当然,孩子在此期间提出的任何问题都要作出回答,就像回答其他问题一样。

回答问题是性教育的重要内容。需要遵守两条规则:第一,永远真实地回答问题;第二,把性知识看成和任何其他知识一样。如果孩子问你一些智力方面的问题,如太阳、月亮、云彩、汽车和蒸汽机是怎么回事,你一定会尽孩子所能理解的程度,很高兴地作出回答,回答这些问题是早期教育的一部分。但他要是问及有关性的问题,你会试图使他停住:"嘘!安静点!"即使你不这么做,你的回答也会是简短而干巴巴的,也许你的举止还有一些窘迫不安。孩子很快就注意到这种细微的差异,从而就为他对淫秽之事特别感兴趣打下了基础。你应该就好像回答其他问题一样,也作出充分而自然的回答。不要让你自己感到,甚至是下意识地感到,性是丑恶而肮脏的;如果你这样做,就会把你的感觉传给孩子。孩

---

① 在很少的例子中手淫对少数孩子有轻微危害,但很容易纠正,危害的严重性不及吮手指的后果大。——作者原注

子必然会认为父母的关系是下流的,以后他会断定他的出世也是令人作呕的行为的结果。幼年的这种感觉使得令人愉快的本能情感几乎不可能愉快,不仅年轻时如此,成年人生活也一样。

如果孩子有弟弟或妹妹出生,而他也大到能问这方面问题时,比如三岁以后,可以告诉他说孩子是在母亲的肚子里长大的,而他也是同样的方式长大的。让他看见母亲给孩子喂奶,并告诉他,他自己也同样这么吃过奶。所有这些,像其他与性有关的知识一样,以纯粹科学的态度轻轻松松地告诉他。不能使孩子对这些"母亲的生育功能神秘化和神圣化",整个教育必须完全实事求是。

在孩子大到能提有关出生问题时,如果家里还没有增加新成员,你对他讲"某事在你出生之前就发生了",这让他不可能理解。我发现我儿子仍然不能弄明白有他不存在的一段时间,如果我给他谈论金字塔的建造或其他这类话题,他总是想知道那个时候他在干什么,当他得知那时他还没有出生时,他感到迷惑不解。迟早他会要求知道"出生"是怎么回事,那时我们将告诉他。

在生育问题上父亲承担的任务不多,因而不容易涉及回答的内容,除非孩子生活在农场里。但是,孩子首先获得生育知识应该是来自父母或老师,而不是来自其他肮脏下流、教育不当的孩子嘴里。这一点是非常重要的,我记得在我十二岁时,有个男孩绘声绘色给我讲述整个经过,他以下流淫秽的语调把它描绘成肮脏的趣闻。那是我们那一代男孩子普遍经历。因此,绝大多数人继而认为性是滑稽下流之举。结果,他们不尊重与之发生性关系的女人,虽然她是他们孩子的母亲。虽然父母记得他们初次获得性知识的体验,但是,他们总是追从这种怯懦的政策:相信吧,将来的命运总会给他安排的。我无法想象,这种方法怎么可能有助于心智健全和道德完美。对于性,一开始就应视为自然的、快乐的和合乎礼仪的,不然就不利于男人和女人、父母和子女的关系。性的最好形式是处于彼此相爱并爱他们的子女的父母关系中。孩子首先知道父母间的性关系远比从下流脏话中获得的最初印象要好得多,如果孩子发现父母间的性关系是向他们隐瞒的一种罪恶下流的秘密,那是极其糟糕的事。

如果没有其他孩子对性进行下流的解释,那么听任孩子对性的好奇心自然发展,父母只需回答他们的问题——在青春期之前当然要让孩子了解一切,这自然是绝对必要的。一旦青春期来临,让男孩和女孩毫无准备地承受青春期身体上和情感上各种变化,是件残酷的事情,因为他们可能会感觉自己得了某种可怕的疾病。此外,青春期到来之后,整个性方面的变化让他感到震惊,使得孩子无法以科学的态度接受性教育,而这一切在孩子青春期之前是完全可以避免的。因此,除了要尽量避免下流肮脏的交谈,还应让孩子在青春期之前就了解性行为的本质。

孩子多大就开始接受性知识,应视孩子各自的情况而定。好奇心强和智力活跃的孩子应早于反应迟钝的孩子。任何时候都不要让好奇心得不到满足。无论孩子多小,只要他问就可以告诉他,父母的态度必须是孩子想知道就随时可以问的态度。当然,如果孩子不主动提问,无论如何在他十岁以前就该告诉他,以避免其他孩子用糟糕的方式告诉他。通过讲解动物和植物的繁殖来激发孩子的好奇心,这种方法是可取的。但是绝不能过于严肃,清清喉咙之后开始发话:"嗯!我的孩子,我就要告诉你一些你应知道的事情了!"而是在普通的日常生活中进行性教育,这就是为什么最好采取问答式的原因。

男孩和女孩在性问题上都应同样接受教育,我想这点现在已无争辩的必要。我小时候,"教养良好"的女孩在出嫁前,对婚姻的实质一无所知,结婚之后才从丈夫那里获得,这种情况是十分普遍的,但是近些年来,我很少听说此类事情。我想大多数人都承认当今社会,崇尚无知的美德是毫无价值的,女孩应该有男孩同等的权利获得性知识。如果还有谁不承认这点,他就没必要看此书,也就不值得与他争辩了。

我不想在狭义的范围内讨论性道德的教育问题,这是个争议很大、众说纷纭的问题,基督教徒和伊斯兰教徒、天主教徒和容忍离婚的新教徒及理性主义者和中世纪文化爱好者,他们的性道德观都不相同。父母都希望拿自己信奉的那套性道德来教育孩子,我也不希望政府来干涉此事。只要不涉及令人恼火的问题,也许仍有许多共同之处。

首先是性健康和卫生问题。年轻人在冒险之前,必须了解有关性病的知识,必须真实地向他们讲解,不要为道德起见而过于夸张。年轻人应该懂得如何避免和如何治疗性病。只进行完美的性道德教育,而把其他人遭受的不幸视为罪恶的惩罚,是错误的。就等于我们拒绝帮助一个车祸中受伤的无辜,理由是开车不小心是个罪恶。而且,在性病和车祸两种情形中,惩罚都可能会落在无辜者身上。正如没有人坚持无辜者受粗心的司机撞伤有罪一样,也没有人认为生下来就染上梅毒的孩子有罪。

应该引导年轻人认识到生儿育女是一件非常严肃的事情,如果不能给予孩子一个健康幸福的明朗前程,就不要承担生育的重任。传统的观点认为结婚后生育多少个孩子总没有错,不管孩子年龄间隔太短是否破坏母亲的健康;不管是否生出一个疾病缠身的呆傻儿童;也不管将来能否填饱孩子的肚子。这种观点现在只有冷酷的顽固分子持有,他们认为每一件对人类不光彩的事,都为上帝增加荣誉。凡是关心孩子的人,或不以伤害无助的人为快乐的人,都会奋起反对这种视残酷为合理的无情教条。关心孩子的权利和价值,应是道德教育必不可少的部分。

应该教育女孩懂得,将来某一天她们也会成为母亲,因而她们应了解对做母亲有益的初步知识。当然无论男孩还是女孩,都应该学一些生理卫生知识。很显然没有父母爱心的人是不能做好父母的,但有了爱心还需大量的有关生儿育女的知识。没有知识的父母本能就如没有父母本能的知识一样,都是不够的。对生育知识的必要性懂得越多,有知识的女性就越觉出做母亲的能力。目前,许多受过高等教育的女子轻视做母亲的行为,认为它影响她知识才能的充分发挥。这是个极大的悲哀,因为如果她们立意做母亲,是满有能力成为最好的母亲的。

另一个重要内容是性爱教育。不应该把妒忌看成是一种正当的应坚持的权利,而应看作妒忌者的不幸和被妒忌者的冤屈。让完全占有对方的意识入侵爱情,则爱情会失去她的生机活力和个性能力。没有妒忌的爱情,才会使个性更加完美,并使生活更加热烈。过去的父母宣扬爱情是一种义务而破坏了与孩子的关系,丈夫和妻子由于这种尽义务的错误而经常破坏彼此间的关系。爱情绝不能是一种义务,因为它从不屈服于个人的意志。它是来自天堂的礼物,是上帝馈赠的佳品。把爱情囚禁在充满妒忌的小天地里,只会破坏她的美丽和快乐,而只有自由自在地放飞爱情,才会充分展示她的一切。这里,恐惧再度成为敌人,害怕失去生活的幸福之源的人,实际上就已经失去了幸福。这一点和其他事情一样,大胆无畏才是智慧的要素。

欧阳梦云　王晓澜　译

大学及其作用

[英]阿尔弗雷德·怀德海

阿尔弗雷德·怀德海（Alfred Whitehead，1861—1947），英国数学家、哲学家，曾任大学校长，是伯特兰·罗素的老师，重要著作有《过程与实在》《观念之历险》、《数学原理》（与罗素合著）和《教育的目的》等。

本文选自《教育的目的》（1929），题目系原书所有。

关于大学的作用，一般总是认为：一、向学生传播知识；二、为教师提供研究的机会。然而，本文作者却认为，大学之所以从近代以来蓬勃发展的真正理由，并不仅仅它发挥了这两种作用，而是它以特殊方式发挥这两种作用的。换句话就是说，大学的本质不在于这两种作用（其他机构也能发挥类似作用），而在于它的特殊方式。什么特殊方式呢？那就是"使年轻人和老年人融为一体，对学术进行充满想象力的探索"。这里的关键是"使年轻人和老年人融为一体"，即大学生、研究生和教授、副教授要"融为一体"，才能"进行充满想象力的探索"。而"充满想象力的探索"也就是创造性思维——这才是大学的作用所在。大学如若丧失这一作用，或者一开始就不具备这一作用，那就不是真正的大学。所以，作者最后说："大学必须充满想象力；否则，它便什么也不是——至少，毫无用处。"

当然，这里说的大学是理想的大学，在现实中，也许只有欧美最顶尖的几所大学才在某种程度上合乎这一理想，至于其他数不清的所谓大学，其实都不过是一般的教育机构，和中小学乃至幼儿园，并无本质区别。

现代社会生活的一个显著特点是大学的蓬勃发展,所有国家都分享了这个发展运动,而美国尤其获益,它也因此享有了特殊的荣誉。然而,天赋的好运甚至可能会破坏这一运动;大学的这种发展,譬如在学校数量、学校规模以及内部组织的复杂性方面,暴露出某种危险:由于对大学服务于国家时应起的主要作用缺乏广泛的了解,大学的基本作用可能会遭到破坏。关于必须重新考虑大学作用的这些评论,适用于那些比较发达的国家,特别是美国,因为美国已经在这样一种教育发展中处于领先地位,这种发展如加以正确明智的引导,可望成为迄今人类文明向前迈出的最幸运的一步。

本文将只探讨一些最普遍的原理,虽然任何一所大学里不同的系科都会有无以数计的特殊问题。不过,普遍性还须有例证说明;为此,我选择一所大学的商学院。我之所以选商学院是基于这样的事实:商学院代表了大学教学实践活动中比较新的发展。商学院也和现代国家占主导地位的社会活动有着更为特殊的关系;因此,它也是说明大学教育活动影响国民生活方式的很好的例证。在我有幸执教的哈佛大学,一座规模宏伟的商学院的崭新的地基工程也已竣工了。

在世界为数不多的这样一所名牌大学里,在这座规模宏大的商学院的教育培训中,会有某种新颖的内容。它标志着一个发展运动的高潮,在过去的许多年里,这个运动已经在全美国大学里引进了这种类似的系科。这是大学里的一个新事物,它本身就可以证明对大学教育的目的,以及对该目的于整个社会的福利所具有的公认重要意义进行普遍思考的正确性。

对商学院的新颖之处绝不可过分夸大,大学从来就没有局限于纯粹的理论学习。欧洲最古老的大学——意大利的萨勒诺大学,便是一所以培养医学人才为主的学校。在英国的剑桥,1316 年成立了一所专门的学院以培养"为国王服务的人"。大学已经培养了诸多神职人员、医生、律师和工程师。现在,商业已成为一种高度知识化的行业,因此,它可以很自然地进入这个行列。然而,仍有这样一种初期的特点:适合商学院的课程以及这种学校里各种不同的活动方式仍处于实验阶段。所以,重提与建立这种学校有关的一般原则是特别重要的。不过,如果我开始考虑细节,甚至开始考虑影响整个教育平衡的种种政策,在我这方面来说,这会是一种推测。我对这类问题缺乏专业知识,因此不可能给予忠告。

大学是实施教育的机构,也是进行研究的机构。但大学之所以存在,主要原因并不在于仅仅向学生们传播知识,也不在于仅向教师们提供研究的机会。

除了这些非常昂贵的教育设施机构外,大学的这两种功能都可以花较低廉的费用完成。书籍价格便宜,对学徒训练制度也有了很好的认识。单就传授知识这个作用来说,自十五世纪印刷术普及以来,可以说大学已经没有任何存在的理由。然而,建立大学的主要动力正是出现在十五世纪之后,在近代更有发展的趋势。

大学存在的理由是,它使年轻人和老年人融为一体,对学术进行充满想象力的探索,从而在知识和追求生命的热情之间架起桥梁。大学确实传授知识,但它以充满想象力的方式传授知识。至少这是它对社会所应起的作用。一所大学若不能发挥这种作用,它便失去了存在的价值。这种充满想象力的探索会产生令人兴奋的环境氛围,知识在这种环境氛围中会发生变化。某一个事实不再是简单的事实:它具有一种自身所有的各种可能性,它不再是记忆的一个负担:它充满活力,像诗人那样激发我们的梦想,像设计师为我们制定目标。

想象不能脱离事实:它是阐明事实、使事实多彩的一种方式。想象是这样发生作用的:它引导出适用于种种存在的事实的普遍原理,然后对符合这些普遍原理的各种供选择的可能性进行理智的思考。它能使人们面对一个新世界时建构起一幅知识的图景,并通过展现令人满意的效果而使人们保持探索生命的热情。

年轻人富于想象力,如果通过训练来加强这种想象力,那么这种富于想象的活力便很可能保持终生。人类的悲剧在于,那些富有想象力的人缺少经验,而那些有经验的人则想象力贫乏。愚人没有知识却凭想象办事;书呆子缺乏想象力但凭知识行事。而大学的任务就是将想象力和经验融为一体。

在充满青春活力的阶段对想象力进行最初的训练时,不要求对直觉的行动承担责任。当人们每天都要保持一种具体而有形的条理组织时,就不可能养成无偏见的思维习惯,而从普遍原理认识完美的各种范例正是凭藉这种无偏见的思维习惯。你必须能够不受干扰地进行正确的甚至错误的思考,能够自由地去鉴别未受各种危险因素干扰的大千世界的方方面面。

这种对大学一般作用的思考和见解可以很快地用一所商学院的特殊作用来加以说明。我们无须害怕这样的说法,即一所商业学校的主要作用就是培养具有较高经商热情的人才。认为追求生活是因为以狭隘的物质享受为平庸的目的,这种看法是对人性的污蔑。人类以自己天赋的开拓精神,并通过许多其他的方式,宣告这种谎言的虚妄性。

在现代复杂的社会组织中,生活的探险不能与知识的探险分离。在比较简单的环境里,探险者可以凭本能从山顶直奔他视野所及的地方。但是,在复杂的现代商业结构中,任何成功的改组都必须在分析方面和富有想象力的重建方面进行知识的探险。在一个比较简单的世界中,商业关系建立在人与人直接交往的基础上,建立在与一切有关的物质环境直接对抗的基础上,因此这种关系比较简单。今天,商业组织需要富于想象力地去掌握从事不同职业的人们的心理;需要掌握那些散布在城市、山区、平原以及在海上、矿井和森林中的人们的心理。商业组织需要充满想象力地去了解热带地区和温带地区的气候条件和环境,了解大组织间密切相关的利益以及整体对其构成部分的变化的反应。它需要充满想象力地去理解政治经济学的原理,不仅仅从理论上,还要具备根据具体商业活动的特殊情况解释这些原理的能力。它需要具备某些有关政府行为的知识,并了解这些行为在各种不同条件下的变化。它需要用一种充满想象力的眼光去认识任何人类组织的约束力,用一种富有同情心的眼光去认识人性的局限和激发人们忠诚服务的条件。它需要一些有关养生之道、疲劳规律和保持持久耐力的健康条件的知识。它需要充满想象力地去了解工厂的状况对社会的影响。它需要对应用科学在现代社会中的作用有充分的了解。它需要对人的性格进行那样的训练,使他对周围的人作出"是"或"否"的回答时不是出于盲目的固执,而是出于对相关可选择的方案进行自觉评价后得到的明确答案。

大学培养了我们这个文明世界的知识分子先锋——神父、律师、政治家、医生、科学家和文学家。这些知识分子始终是理想的源泉,这些理想引导人们勇敢地去面对时代的困扰。我们信奉清教的先辈移民离开英国去建立他们宗教信仰中的理想社会;他们在早期移民阶段采取的一个行动,就是在马萨诸塞州东部的坎不里奇创建了哈佛大学。这所大学便源于英国那种古老的理想,我们先辈移民中有很多人就是在这所大学中接受了教育。商业经营现在需要有与过去其他行业中相同的那种智慧的想象;而大学就是这样的组织,它为欧洲民族的进步提供了这种充满智慧的想象力。

在中世纪初期,大学的起源模糊不清,几乎没有引起人们的注意。大学是处于一种渐进的、自然的发展中。然而,大学的存在却使欧洲在如此众多的领域里取得了持续快速的进步。通过大学的推动作用,行动的探险与思想的探险相汇合。本来就不可能事先预言这种大学组织会取得成功;即便是在今天,在各种不甚完美的人类事务中,有时很难理解,大学的工作是如何取得成功的。大学的工作中当然存在着巨大的失败,但是,如果我们用一种宽广的视野来看待历史,我们会发现,大学的成就始终是引人注目的,也几乎是始终如一的。意大利、法国、德国、荷兰、苏格兰、英格兰以及美国的文化发展史证明了大学的作用。说到文化发展史,我并非主要考虑学者们的生活;我是指那样一些人的充满活力的生活——他们给法国、德国和其他国家带来了人类所取得的各种成就的深深的印记,加上他们追求生命的热情,这构成我们爱国主义精神的基础。我们愿意成为这样一种社会的成员。

有一个巨大的困难妨碍了人们从事各种高级的智力活动。在现代社会,这种困难更可能产生危害。在任何一种庞大的组织中,那些比较年轻的新手必须从事这样一类工作:遵照他人的吩咐去做固定的工作。没有一个大公司的董事长会在自己的办公室门口接见他手下最年轻的雇员,然后分派他去做公司里责任最大的工作。年轻人通常要按规定的程序去工作,他只是在进出办公大楼的时候才能偶尔看见自己的董事长。这样的工作是一种不同寻常的训练。它可以传授知识,造就可信赖的品格;而且,它是适合初参加工作的年轻人的唯一的工作,是他们受雇要去做的工作。对这种符合惯例的做法不会有任何批评,但它却可能导致一种不幸的后果——长时间按固定的程序工作使人的想象力变得迟钝。

这种做法的结果是,对一个人职业生涯的成熟阶段来说至关重要的各种素质,往往在他开始做这个工作后不久就被扼杀了。这只不过是一个例子,说明了那个更普遍的事实:人们所需要的优秀的技术素质只能通过一种训练来获得,而这种训练却常常破坏了那些本应指导专门技艺的大脑的活力。这是教育中的至关重要的事实,也是教育中大部分困难之所以存在的原因。

大学教育为脑力劳动的职业——如现代商业或某些传统的需要专门知识的职业——作准备时应起这样的作用:促进对构成该职业基础的各种一般原理作富于想象力的思考。这样,受过大学教育的学生在进入专业技术的学徒训练期时,他们已经锻炼了那种富于想象的思维能力,即把具体事实与普遍原理相结合。于是,这种固定的程序便具有了它的意义,也为赋予它意义的各种原理增添了光彩。因此,受过正确训练的人有希望获得一种经过复杂事实和必要行为习惯训练的想象力,而不是一种单调乏味的工作所带来的盲目的经验。

因此,大学的恰当作用是用充满想象力的方式去掌握知识。重要的是想象力;商人和其他专业人员不需要这种想象力,但他们肯定也会一点点地掌握他们所需要的某些特殊知识。大学必须充满想象力;否则,它便什么也不是——至少,毫无用处。

庄莲平　译

儿童的教育

[意大利] 玛丽亚·蒙台梭利

玛丽亚·蒙台梭利（Maria Montessori, 1870—1952），意大利幼儿教育学家、意大利第一位女医学博士、"蒙台梭利育儿法"①创始人，曾任罗马国立启智学校校长、罗马大学人类学教授，被誉为"20世纪最伟大的女教育家"，重要著作有《蒙特梭利教学法》（意大利文版名称为《应用于儿童之家的幼儿教育之科学的教育方法》）《童年的秘密》《新世界的教育》《了解你的小孩》和《发现儿童》等。

此处辑录的是《童年的秘密》（1936）的第18章，题目系原书所有。

蒙台梭利创办的"儿童之家"是意大利最早的幼儿园，而所谓"蒙台梭利育儿法"，即蒙台梭利首创的一套幼儿教育方式，用今天的话来说，就是"学前教育"。"蒙台梭利育儿法"有两个重要原则：一是自由的原则，即：允许儿童天性的自由表现；二是活动的原则，即：鼓励和帮助儿童充分活动，使其从小在身心两方面得到锻炼。"蒙台梭利育儿法"的根据是蒙台梭利的儿童观。在蒙台梭利看来，儿童生来具有本能的活力，而且正是这种本能的活力，赋予了儿童积极的生命力；一是主导本能，这种本能不仅为处在生命初期的婴儿提供指导和保护，甚至决定了物种的生存；二是活动本能，这是人的基本特征，儿童正是通过不断的活动在进行自我塑造，在使自己获得满足的同时，形成自己的人格。所以，在她看来，正确的儿童教育就是要帮助儿童发挥这种本能的活力，使其进一步自我完善。

了解上述情况，也许对阅读本文有所帮助。因为在本文中，蒙台梭利首先阐述的就是她的儿童观，继而阐述她的儿童教育体系（即"蒙台梭利育儿法"）的"三个特征"（其实就是上述两个原则）；最后，她还附带说明了她当初是如何创办"儿童之家"的。

需要说明的是，蒙台梭利是现代学前教育的先驱之一，她的"育儿法"是初创性的，其中有些内容已为后人所修正，有些内容甚至被有些后人认为是错误的；但不管怎么说，她的基本原则仍为当代学前教育所继承。

---

① "蒙台梭利育儿法"包括按序进行的四种教育：(1) 肌肉训练；(2) 感官训练；(3) 实际生活练习；(4) 初步知识教育。蒙台梭利认为，这四种教育是和她所观察到的儿童的五个敏感期相对应的，即：(1) 秩序敏感期；(2) 细节敏感期；(3) 协调性敏感期；(4) 触觉敏感期；(5) 语言敏感期。

我们必须认识到这个最重要的现实：儿童拥有一种精神生命，这种生命的微妙表现尚未引起注意，它的活动方式会被成年人无意识地破坏掉。

成年人的环境对儿童来说并不是一种适宜的环境，而是一群障碍物，这群障碍物加强了儿童的防备，使他们的态度乖戾，并使他们易受成年人的暗示。儿童心理学和儿童的教育一直是从成年人的角度，而不是从儿童的角度来进行研究的。因此，它们的结论必须从根本上予以重新审查。正如我们所看到的，儿童每个不寻常的反应都给我们提供一个有待解决的问题；每次发脾气都是某种根深蒂固的冲突的外在表现，这种冲突并不能简单地解释成是对怀有敌意的环境的一种防御机制，而应该理解为一种更高尚的品质寻求自我展示的表现。发脾气也就像是一场暴风雨，它阻止了儿童的心灵从隐蔽处显露出来。

很明显，所有这些伪装把儿童的真实心灵都隐藏起来了。乖戾、挣扎和畸形的表现掩盖了儿童自我实现的努力，使他不能展示他的真正的个性。在这些不协调的外在表现背后，肯定存在着一个根据一个精确的计划正在发展的个体精神胚胎。就在这些外在表现底下，隐藏着一个尚未被认识的儿童，他必须获得自由。教育家所面临的最紧迫的任务，就是去了解这个尚未被认识的儿童，并把他从所有的障碍物中解放出来。

这种对尚未被认识的儿童心理所作的研究和精神分析学的根本区别在于：后者所研究的成年人潜意识的秘密是自我隐藏的，而儿童的秘密很少会被环境所掩蔽。要帮助一个成年人，我们就必须帮助他解开在漫长的时期中形成的有关复杂的适应的一团乱麻。要帮助一个儿童，我们就必须为他提供一个使他能自由发展的环境。儿童正处于自我实现的阶段，完全应该为他敞开大门。事实上，他正在创造自我，也就是正处于从不存在到存在、从潜在能力到实际行动的过程中，处于这个阶段，他不可能是复杂的。由于儿童具有日益增强的能量，他在展现自我时就不会有很大的困难。

在一个不受约束的环境中，即在一个适宜于他年龄的环境中，儿童的精神生命会自然地得到发展，并揭示它的内在秘密。只有坚持这条原则，否则，所有未来的教育尝试只会导致一个人更深地陷入无止境的混乱。

新教育的基本目的就是发现和解放儿童。与之有关的首要问题就是儿童的存在；其次是当他日趋成熟时，给他提供必不可少的帮助。这意味着必须有适合于儿童成长的环境。障碍物必须减少到最少，环境必须为那些发展儿童能量的活动的开展提供必要媒介。由于成年人也是儿童环境的一部分，他们也应该使自己适应于儿童的需要。他们不应该是儿童独立活动的障碍物,他们也不应该代儿童去进行那些使儿童达到成熟的活动。

我们的教育体系的最根本的特征是对环境的强调。

在我们学校,教师的作用一直是一个值得注意和讨论的对象。教师被动地为儿童搬掉了由于他自己的活动和权威所造成的障碍物。这样,儿童就可以使他们自己变得主动起来。当教师看到儿童自我活动并取得进步时,便感到满意。所有这一切,没有一样东西可以被认为是教师自己的发明,他可能是受了施洗礼者圣约翰思想的激励:"他必须增加,而我必须减少。"

我们的教育体系中的又一个特征是对儿童人格的尊重,并达到了以往从来没有过的程度。

这三个特征在最初以"儿童之家"而闻名的机构中得到了充分的展现;"儿童之家"这个名称带有家庭的含义。

这个新的教育体系被广泛地讨论,特别是涉及儿童和成年人角色的颠倒——教师没有桌子、没有权威,几乎没有教学,而儿童是活动的中心,可以自由随意地到处走动,选择他自己的作业。有些人把这看作是一种乌托邦,而其他的人把它完全看作是一种夸大。

另一方面,其他一些革新措施得到赞同并被接受:一些跟儿童的身体相适应的物体、明亮的教室、装饰着花朵的低矮的窗户、仿制现代家庭的家具的微型家具、小桌子、小扶手椅、漂亮的窗帘、儿童可以方便地打开的小橱以及橱内存放儿童可以随意使用的各种物品。所有这些东西可以看作是实际的改进,并有助于儿童的发展;我相信,有更多的"儿童之家"会千方百计地保护这种令人欣喜和感到方便的外部特征,把它作为"儿童之家"的一个主要特征。

现在,经过对这些事物广泛的研究和大量的实验之后,再次对他们作考察,尤其对他们的起源作考察可能是很有价值的。

有人认为,只要对儿童作实际的观察,就能使我们得出惊人的结论,即:儿童拥有一种神秘的本性;所以,对这一事实的直觉就能使我们构想出一种特殊学校和特殊的教育体系。这种想法其实是错误的。对某种仍然未知的东西作观察是不可能的。一个人通过一种简单的直觉,认为儿童拥有两种本性,并且企图用实验把它们展示出来,这也是不可能的。尚未被认识的东西应该通过它自己的能量展现出来,当它这样展现时,没有一个人会比最初目睹它的人持更大的怀疑态度。就像世上其余的人一样,他也拒绝新的东西,结果,这个迄今为止仍然未被认识的事实，在它被人们最终看见、承认和满腔热情地接受之前，必将不断地把它自己强加于他。那些被新的现象所震惊并最终接受它的人就会深深地迷恋于它，并且将他的生命奉献于它。他的激情是如此巨大，以致他认为他自己就是它的创造者，然而，实际上他只不过是对它的展现颇为敏感罢了。对我们来说，困难的是发现新的东西，更困难的是使我们自己相信我们所发现的东西的真实性，因为在新东西面前我们的感官大门却是关闭的。然而，当我们有了这样的发现并承认这个真理时，我们就变得像《福音书》中搜寻宝珠的那个商人。当我们找到一颗价值无比的宝珠时，为了能买下它我们就出售我们所拥有的一切。

我们的智慧可以比作一间贵族的名画收藏室。这个房间对陌生人是不开放的，如果要进去，必须由另一个已熟悉它的人陪同才行。因此，一个人如果没有人介绍，他只得砸坏紧闭着的门或偷偷摸摸溜进去。当他最终进入这房间时，他就成为轰动一时的新闻人物，而他肯定是带着惊讶和怀疑的复杂心情，注视着死青蛙肌肉的颤动，但是他坚持实验，认识了静电的作用。一件细小的琐事有时会开辟一个新的和无止境的领域。从本质上说，人是一个开拓者，只有通过对似乎是毫无意义的细节的发现，他才能前进。

在物理学和医学科学中，对新的现象的鉴定有着严格的标准。在这些领域中，一个新的发现就是对以前尚未被认识的事实作出了鉴定，很可能这个尚未被认识的事实一直是丝毫不受怀疑的。这种事实是客观的，并不依赖于个人的直觉。在验证这种事实时，有两步骤：首先，必须把它分离出来，并在不同条件下进行研究，其次，它必须再现，并从不同的角度进行研究，以确定它完全不是一种幻觉，而是一个具有真正价值的有形资产，在第一所"儿童之家"里可以看到这样的例子。对这些似乎是无意义的事实的初步发现，后来竟有了意义重大的结果。

下面对我们的教育体系的起源所作的描述，取自我在当时随手记下的一些旧笔记：

你是谁？
——我们的方法的起源

我们第一所学校（"儿童之家"）招收三岁到六岁的幼儿，它于 1907 年 1 月 6 日创立。当时，我们还没有建立专门的教育体系。除了五十多名极端贫穷、衣衫褴褛和明显胆怯的儿童之外，我一无所有，其中不少儿童还在流泪，把孩子委托给我照料的那些父母几乎都是文盲。

在这些儿童居住的公寓中拨出一个房间,我被邀请来照管这个收容所,这样,这些儿童就不至于被扔在楼梯上,在那里他们会弄脏公寓的墙壁,成为令人烦扰的根源。

基于某种不明确的原因,我感到一项伟大的工作即将开始,并且它会获得成功。这天是主显节,弥撒和祷告的主题似乎是一种预言:"地球完全被黑暗所笼罩,这时星星在东方出现,它的光辉将成为人们的指南。"

那些出席开幕式的人颇感惊讶,自问道:"为什么蒙台梭利小姐要为穷人提供这么好的一个收容所?"

我开始了我的工作,就像一个拒绝好的种子的农夫,但他得到了一块肥沃的土地并把种子撒在其中。结果是相反的。我一挖泥块就发现了金子,而不是粮食:这泥土隐藏了珍宝。我就像手持神灯的阿拉丁,但并不知道这就是打开隐藏的珍宝的钥匙。至少我为这些儿童所做的工作带给我一连串的惊叹。

对这些弱智儿童我做了大量的工作,用各种物体教育他们,取得了良好的效果。这就有理由推论,那些已经成功地运用来帮助弱智儿童和纠正他们思维方式的手段,对那些智能正常的儿童也有某些帮助。基于这些经验,某些心理卫生的原则得到了详细阐述,并且尽可能令人信服地把它运用到其他人的身上。但是,这并没有改变这个事实,即这些手段对正常儿童所产生的最初效果仍然令我很吃惊,并常常使我感到十分可疑。

这些物体运用于这些正常儿童所产生的效果,不同于运用于智能有缺陷的儿童。当一个正常儿童被一个物体所吸引时,他把全部注意力集中于这个物体,始终以惊人的聚精会神的态度继续工作。当他完成工作后,显得满意,轻松和高兴。这种轻松和满意感是我第一次在那些平静的小脸蛋和闪烁着完成了自发任务之后满意的眼神中看到的。我给儿童的物体就像开钟发条的钥匙,但这里有一个重大的区别。当钟的发条上紧之后,钟自身就不断地运转了,而给儿童一件物体使用之后,他不仅能持续地使用它,而且他的努力会使他的心理比以前更健康和更强有力。要使我相信这不是幻觉,需要时间,在每次新的经验证实情况确是如此之后,在相当长的一段时间里我仍然不敢相信,但同时我又感到十分震惊和惊讶。每当这位教师告诉我儿童正在做什么时,我就会责备他。这种情况太经常了!我总是严肃地说:"不要来跟我讲这种幻觉",我记得,她并不生气,总是流着泪回答说:"你是对的。当我看到这样的情况时,我就想肯定有个守护神在激励这些儿童。"

最终，有一天，当我怀着极大的敬意和慈爱看着这些儿童时，我把手按住我的心口问道："你是谁？"这些儿童也许就是耶稣所怀抱的幼儿，耶稣曾经说起过他们："无论谁为我接收这个幼儿，也就是接收了我。"他又说："无论谁不像一个幼儿一样承认天国，他就不能进入天国。"

这就是我去看他们的情况。这些儿童眼泪汪汪，显得很惊恐，他们是如此的胆怯，以至我无法使他们说话。他们的脸上毫无表情，眼睛显得很迷茫，似乎在他们生活中以前从未见过任何东西。事实上，他们是贫困的和未被好好照管的儿童，这些儿童在黑暗、破落的家庭中抚养长大，缺乏刺激他们心灵的东西。任何人都可以看到，他们营养不良，他们需要喂养并得到新鲜空气和阳光，他们就像似乎注定不能开花的幼芽。

产生如此惊人的转变的特殊环境是什么呢？是什么东西给了他们新的生命，并已使这种新的生命的光辉扩展到整个世界的呢？

他们发展的障碍已经明显地被去除，并且已经找到了解放他们心灵的媒介。但是，谁能够想象出这些障碍物是什么呢？或者谁能够猜出需要什么东西才能使这些儿童的心灵发芽和开花呢？通常，这是些很可能注定会产生相反效果的东西。

我们可以从这些儿童的家庭前景开始说起，他们的父母属于社会上最低的阶层，他们几乎都是文盲。他们没有固定的职业，不得不每天出去找工作，因此，他们既没有时间也缺乏办法很好地照料他们的子女。

很明显，对这样的小孩进行照料是没有希望的。因为为这些小孩找一个受过训练的教师是不可能的，所以，就雇用了一位年轻的劳动妇女来照料他们。她曾经学习过，想成为一名教师，但后来放弃了，结果，她既没有受过教育也没有偏见，不然的话，她是会有这种偏见的。要考虑的另一个因素是，我们的第一所学校是一家私立机构。它得到一家房产公司的资助，这家公司把它的资助费作为维修房屋的直接开支来入账报销，他们把儿童聚在一起，纯粹是为了避免公寓大楼的墙壁遭到破坏，这样就可以减少维修房屋的费用。它并不是一项真正的社会福利工作，从来没有想到过为儿童提供免费的午餐或为病孩提供医疗保护之类的东西。这家房产公司提供的资金仅仅够设置一个带家具和其他设备的办公室。这就是为什么我们一开始只准备我们自己的桌子和椅子，而没有买通常学校所用的桌子。如果没有这些诸多的情况，我们也就无法分析和论证促使这些儿童变化的各种心理因素。

因此,第一所"儿童之家"很大程度上并不是一所标准的学校,它的价值仍然未知,由于我们的资金是如此的有限,以至儿童和教师都没有桌子,也没有在一些普通学校中可以看到的其他任何设备。这个房间配置的设备使它完全像是一个办公室或一个住家,尽管周围的东西是如此简单,但是,我拥有一些在缺陷儿童教育机构中所使用的特殊设备。无论如何,可以肯定这些东西不能归入学校设备之列。这个第一所"儿童之家"并不像我们今天所看到的"儿童之家"那样明亮和令人愉快。有一张牢固的桌子,它或多或少可用作教师的桌子;还有一只体积很大的柜子,它可用来储藏不同的物品,这只柜子的坚实的门用锁锁着,钥匙由教师保管,儿童的桌子造得结实而耐用,它们就像学校中的桌子一样,一张挨着一张排列,这些桌子的长度足以使3个儿童并排就座,除了儿童坐的长条凳以外,每个儿童还有一把普通的小扶手椅。院子中虽然栽种植物,但由于除了一小片草坪和树木之外一无所有,所以没有花朵,这后来就成为我们学校的特征。我并不幻想在这样的一所学校里进行一些重要的实验,然而,我着手训练这些儿童的感官,以了解他们的反应与以前我曾经接触过的弱智儿童的反应有何差异,我特别感兴趣的是了解小年龄的正常儿童和年龄较大但智力有缺陷的儿童之间是否存在某些差异。

　　我没有对教师作任何限制,也没有强加任何特殊的责任。我仅仅教这位教师如何运用各种物体训练儿童的感官,这样,她就可以教儿童使用它们。她对这些感官材料变得感兴趣,但我并没有阻止她发挥自己的首创精神。

　　过了一段时间,我发现这位教师自己制作了其他的一些物体供儿童使用。其中有装饰精美的金十字,她是用纸张做这些饰件的,并且把它们作为对良好行为的奖励品发给儿童,我经常发现一些孩子佩戴这些无害的奖章。她还创造性地教儿童如何行礼,一只手按放在胸前,另一只碰到前额。这些敬礼动作似乎令她感到高兴,我发现它们既使儿童快乐又对他们是无害的,因为这些儿童中年龄最大的才五岁。

　　于是,就在这样的情况下,我们开始了平静和孤独的生活,在很长的一段时间里,没有一个人注意到我们正在做什么事,无论如何,总结这个时期的主要活动可能是有益的,我自己所参与的工作可能是缺乏科学的,所发生的事情可能是毫无意义的,不过,一些重要的观察和发现正在进行之中。

马荣根　译　单中惠　校

论 教 育

[美] 阿尔伯特·爱因斯坦

阿尔伯特·爱因斯坦（Albert Einstein，1879—1955），美国物理学家，重要著作有《关于光的产生和转化的一个试探性观点》《论动体的电动力学》《论辐射的量子性》《广义相对论》和文集《我的世界观》。

本文是爱因斯坦 1936 年 10 月 15 日在纽约州立大学举行的"美国高等教育 300 周年纪念会"上的演讲稿，后收入《爱因斯坦晚年文集》。

在此次演讲中，爱因斯坦直接表述了他的教育观，其核心观点是："学校的目标应当是培养独立工作和独立思考的人，这些人把为社会服务看作自己最高的人生问题。"由此推论：一、教育不应该是强制性的，因为强制性教育只会造就驯服的工具，而不可能培养出独立工作和独立思考的人；二、教育不应该过度鼓励竞争，因为过度的竞争会使人过度考虑自己，因而不可能把为社会服务看作自己最高的人生问题；而且，还会使教师和学生都觉得自己的工作毫无乐趣。再由此推论：一、学校应该启发学生以学为乐的心理动力；二、学校应该重视学生的能力培养，而不是单纯灌输专业知识。关于最后一点，爱因斯坦引用德国物理学家马克斯·冯·劳厄的一句俏皮话——"如果人们忘掉了他们在学校里所学到的所有东西，那么留下来的就是教育。"——后来又被许多人引用。这句俏皮话令人印象深刻地说明了教育应该是能力培养、人格培养，而不是知识灌输——因为知识是会"忘掉"的，只有能力和人格才会"留下来"。反过来说，一个人若"忘掉"了在学校里所学的所有东西，什么也没有"留下来"，那就说明他其实没受过教育，或者说，是假教育。

在纪念的日子里，通常需要回顾一下过去，尤其是要怀念一下那些由于发展文化生活而得到特殊荣誉的人。这种对于我们先辈的纪念仪式确实是不可少的，尤其是因为这种对过去最美好事物的纪念，必定会鼓励今天善良的人们去勇敢奋斗。但这种怀念应当由从小生长在这个国家并熟悉它的过去的人来做，而不应当把这种任务交给一个像吉卜赛人那样到处流浪而从不同的国家获取经验的人①。

这样，剩下来我能讲的，就只能是超乎空间和时间条件的、但和教育事业的过去、将来都始终有关的一些问题。进行这一尝试时，我不能以权威自居，特别是因为各时代有才智的、善良的人们都已讨论过教育这一问题，并且无疑已清楚地反复讲明了他们对这个问题的见解。在教育领域中，我是个半外行，除了个人经验和个人信念，我的意见没有别的根据。那么，我究竟是凭着什么而有胆量来发表这些意见的呢？如果这是一个科学问题，人们也许会因为有这样一些考虑就不想讲话了。

但是，对于现实的人类事务而言，情况就不同了。在这里，单靠真理的知识是不够的；相反，如果要不失掉这种知识，就必须以不断的努力来使它经常更新。它像一座矗立在沙漠上的大理石像，随时都有被流沙掩埋的危险。为了使它永远照耀在阳光之下，必须不断地勤加拂拭和维护。我就愿意为这工作而努力。

学校向来是把传统的知识财富代代相传的最重要机构。和过去相比，今天更是这样。由于现代经济生活的发展，家庭作为传统和教育的承担者，已经削弱了。因此，比起以前来，人类社会的延续和健全要在更大程度上依靠学校。

有时，人们把学校简单地看作一种工具，靠它来把最大量的知识传授给成长中的一代。但这种看法是不正确的。知识是死的，而学校却要为活人服务的。它应当在年轻人中发展那些有益于公共福利的品质和才能。但这并不意味着应当消灭个性，使个人变成仅仅是社会的工具，像一只蜜蜂或蚂蚁那样。因为由没有个人独创性和个人志愿的统一规格的人所组成的社会，将是一个没有发展可能的不幸的社会。相反，学校的目标应当是培养独立工作和独立思考的人，这些人把为社会服务看作自己最高的人生问题。就我所能作判断的范围来说，英国学校制度最接近于这种理想的实现。

但是，人们应当怎样来努力达到这种理想呢？是不是要用讲道理来实现这

---

① 这是爱因斯坦谦虚地指他自己，因为他不是土生土长的美国人。

个目标呢？完全不是。言辞永远是空的，而且通向毁灭的道路总是和多谈理想联系在一起的。要知道，人格绝不是靠所听到的和所说出来的言语而是靠劳动和行动来形成的。

因此，最重要的教育方法总是鼓励学生去实际行动。初入学的儿童第一次学写字便是如此，大学毕业写博士论文也是如此，简单地默记一首诗、写一篇作文、解释和翻译一段课文、解一道数学题目，或在体育运动的实践中，也都是如此。

但在每项成绩背后都有一种推动力，它是成绩的基础，而反过来，计划的实现也使它增长和加强。这里有极大的差别，对学校的教育价值关系极大。同样的工作动力，可以是恐怖和强制，追求威信荣誉的好胜心，也可以是对于对象的诚挚兴趣，和追求真理与理解的愿望，因而也可以是每个健康儿童都具有的天赋和好奇心，只是这种好奇心很早就衰退了。同一工作的完成，对于学生教育影响可以有很大差别，这要看推动工作的主因究竟是对苦痛的恐惧，是自私的欲望，还是快乐和满足的追求。没有人会认为学校的管理和教师的态度对塑造学生的心理基础没有影响。

我以为对学校来说，最坏的是主要靠恐吓、暴力和人为的权威这些办法来进行工作。这种做法伤害了学生的健康的感情、诚实的自信；它制造出的是顺从的人。这样的学校在德国和俄国①成为常例；在瑞士，以及差不多在所有民主制度的国家，也都如此。要使学校不受到这种一切祸害中最坏的祸害的侵袭，那是比较简单的。只要让教师使用尽可能少的强制手段，教师的德和才就会成为学生尊敬教师的唯一源泉。

第二种推动力是好胜心，或者说得婉转些，是期望得到表扬和尊重，它根深蒂固地存在于人的本性中。没有这种精神刺激，人类合作就完全不可能；一个人希望得到他同类赞许的愿望，肯定是社会对他的最大约束力之一。但在这种复杂的感情中，建设性和破坏性的力量密切地交织在一起。要求得到表扬和赞许的愿望，本来是一种健康的动机；但如果要求别人承认自己比同学、伙伴们更高明、更强有力或更有才智，那就容易产生极端自私的心态，而这对个人和社会都是有害的。因此，学校和教师必须注意，要防止为了引导学生努力工作而使用那种会造成个人好胜心过强的简单方式。

---

① 指当时的纳粹德国和斯大林主义的苏联。

达尔文的生存竞争以及和它有关的选择理论,被很多人引证来作为鼓励竞争精神的根据。有些人还试图以这样的方式、伪科学地证明这种人与人之间的破坏性的竞争的必然性。

这肯定是错误的,因为人在生存竞争中的力量全在于他是一个过着社会生活的动物。正像一个蚁穴里蚂蚁之间的交战说不上什么是为生存竞争所必需的,人类社会中成员之间的情况也是这样。

因此,人们必须防止把习惯意义上的成功作为人生目标向年轻人宣传。因为一个获得成功的人从他人那里所取得的,总是无可比拟地超过他对他们的贡献。所以,看一个人的价值应当从他的贡献来看,而不应当看他所能取得的多少。

在学校里和生活中,工作的最重要的动力是在工作中和工作的结果中的乐趣,以及对这一结果的社会价值的认识。启发并加强年轻人的这种心理动力,我看应该是学校的最重要的任务。只有这样的心理动力,才能产生出一种愉快的愿望,去追求人类的最大财富——知识和技能。

要启发这种创造性的心理能量,当然不像使用强力或者唤起个人好胜心那样容易,但也正因为如此,它才更有价值。关键在于引导孩子们对游戏的天真爱好和获得他人赞许的天真愿望,引导他们为了社会的需要参与到重要的领域中去。这种教育的主要基础是这样一种愿望,即:希望得到有效的活动能力和人们的谢意。如果学校从这样的观点出发,胜利完成了任务,它就会受到成长中的一代的高度尊敬,学校规定的功课就会被他们当作礼物来领受。我就曾看到过,有些学生在学期间比在假期里更加高兴。

这样一种学校,要求教师成为本行业的艺术家。为了能在学校中养成这种精神,我们能做些什么呢?对于这一点,正像没有什么办法可以使一个人永远健康,万应灵丹是没有的。但是,有些必要的条件还是可以具备的。首先,教师应当是在这样的学校成长起来的。其次,在选择教材和教学方法时,应当给教师很大的自由。因为强制和外界压力无疑会扼杀他在安排工作时感到的乐趣。

如果你们一直在专心听我的想法,那么有件事或许你们会觉得奇怪。我详细讲到的是我认为应当以什么精神教导青少年,但我既未讲到课程设置,也未讲到教学方法;譬如说,究竟应当以语文为主,还是以科学的专业教育为主?

对这个问题,我的回答是:照我看来,这都是次要的。如果年轻人通过体操和远足活动训练了肌肉和体力的耐劳性,以后他就会适合任何体力劳动、脑力方面的训练,以及和智力相关的各种技能训练,也是这样。所以,那个诙谐的人①确实讲得很对。他是这样说到教育的:"如果人们忘掉了他们在学校里所学到的所有东西,那么留下来的就是教育。"就是这个原因,我对于遵守古典文史教育制度的人和那些着重自然科学教育的人之间的争论,一点也不急于想偏袒哪一方。

另一方面,我也要反对把学校看作应当直接传授专门知识和在以后的生活中直接用到的技能的那种观点。生活的要求太多种多样了,不大可能允许学校采用这样专门的训练方式。

除开这一点,我还认为应当反对把个人当作死的工具。学校的目标始终应当是使年轻人在离开它时具有和谐的人格,而不是使他成为一个专家。照我的见解,这在某种意义上,即使对技术学校也是正确的,尽管它的学生所要从事的是预先确定的专业。学校始终应当把发展独立思考和独立判断的能力放在首位,而不应当把取得专门知识放在首位。

如果一个人掌握了他的学科的基础,并且学会了独立思考和独立工作,就必定会找到自己的工作方式,而且比起那种主要训练在于获得细节知识的人来,他会更好地适应变化。

最后,我要再一次强调一下,这里所讲的,虽然多少带有点绝对肯定的口气,其实,我并没有想要求它比个人的意见具有更多的意义。而提出这些意见的人,除了在他做学生和教师时积累起来的个人的经验以外,再没有别的什么东西来做他的根据。

方在庆　译

---

① 那个诙谐的人,是指马克斯·冯·劳厄(Max von Laue 1879—1960),德国物理学家,曾获 1914 年诺贝尔物理学奖。

体罚无济于事

[英]亚历山大·尼尔

亚历山大·尼尔（Alexander Neill，1883—1973），英国教育家，1921年开始在萨默西尔学校进行实验教育，经过20多年努力，其教育思想和教学方法不仅被认可，还被欧洲众多学校采纳，他也遂成著名教育家；重要著作有《学校里的心灵，不是头脑》《自由的孩子》《萨默西尔》和《自由没有特许》等。

本文选自《学校里的心灵，不是头脑》(1944)，题目系原书所有。

传统教育把体罚当作一种重要手段。在20世纪40年代的英国，无论在家庭教育中，还是在学校教育中，体罚孩子仍屡见不鲜。那么，体罚有用吗？或者说，体罚真能达到教育目的吗？此文就是尼尔对这一问题的回答——他用事实证明：体罚无济于事！

不仅无济于事，体罚还是造成恐惧心理、自卑心理和怨恨心理的根源。难道教育的目的是要培养这样的心理吗？如果不是，那就必须用其他方法来取代体罚，使孩子（其实成年人也一样）在做错事之后能知错改错，从而懂得自律。那么，用什么来取代呢？那就是用爱心来取代怨恨——因为体罚只是泄恨，毫无教育价值。当然，爱心也不是万能的。但只要有爱心，总会想出其他办法。尽管其他办法也不一定奏效，但总比没有办法要好。总之，你可以试着用其他任何办法——运气好的话，或许会成功——就是不要用体罚，因为这是最坏的办法，甚至比毫无办法还要坏。

人们通常辩护说，体罚的目的在于制止。我则认为，制止一说只是在自我辩解罢了。体罚的目的在于报复，而非制止。在家里，体罚是一种发泄怒气的方式。做父亲的被老板训斥之后，回到家里也许会因为小儿子洒落了半杯牛奶抽他一顿。

体罚就是憎恨。女人打自己孩子就是不爱他。在孩子看来，体罚总是怯懦的；这是在打一个不能还手的人。当学校的看门人明显有点喝醉了时，校长不会抽打他，但如果某个男生嘴里冒出一些烟味来，校长就会抽打他。恃强凌弱的学生决不打比自己更大的人。

体罚最让人可怕的是，被体罚的孩子在自己成为父母后也会把这种传统继续下去。加之在对于孩子的关爱上我们的学校完全缺乏指导，他们便长期存在着憎恨心理，致使我们这个世界变得不够健全。暴君之暴力植根于爱打儿童屁股的幼儿园。快乐开明的人从不打他们的孩子。在一个孩子眼里，体罚意味着"我不受人喜爱"。世上最坏的女犯就是说这话的母亲："妈妈不再爱你了。"体罚引起恐惧，任何心理学家都会告诉你，恐惧一旦产生之后长期都无法消除。

家庭或学校可以不用体罚吗？我和妻子从来不打佐伊，她现在二十四岁了。萨默西尔学校①有其自身的、由全体民主会议所规定的处罚方式，它不受任何成年人的指点或干预。五十年来在这种校会上从没提出过体罚，从没因为一个孩子偷东西受到体罚；同班同学们只要求他偿还所偷物品的价值即可。

萨默西尔学校的校规是由多数人投票制定的，有些也包括处罚在内。比如，假如你没得到某个孩子的同意就骑了他的自行车，你便给他六便士钱作为补偿。假如你因熬夜而打破了就寝时间，那么你的谷类早餐食品②会被罚掉（不过你愿意吃多少面包、黄油和果酱都行）。处罚几乎总是以钱而论；但当一个从家里得到太多钱的美国学生违反了规定时，也许会让他把散落在地上的纸张捡起来。没有任何孩子因为自己受到的处罚生气，主要由于这种处罚是公正无私的。

家中的体罚更是一个难解的问题，因为家里比学校更有情感。如果萨默西尔学校的会议使托米受到处罚，他决不会把自己的怨气隐藏起来。但如果在家里受到父亲的体罚，他便会由此产生俄狄浦斯情结③。托米不得不克制他对于

---

① 萨默西尔学校，位于英国东南部的萨福克。本文作者毕业后在那儿从事一项著名的教育实验活动。
② 谷类早餐食品，一般指燕麦片、玉米片等。
③ 俄狄浦斯情结，也称恋母情结，即儿子的恋母仇父情结。

父亲的憎恨。

在一个鼓励采取自我调整方式的家庭,处罚并非构成一个问题。我告诉佐伊别弄我的打字机,她就告诉我别碰她的玩具。只有在没有惧怕的时候家里才会形成一种无拘无束的气氛。可是哎呀,在所有的国家,很多家庭中都存在着惧怕。在缺乏自由和爱心的情况下你是无法自我调整的。

你不得不一次次对孩子说不,假如这些不毫无效果,便有某种深刻的原因。孩子会觉得:"你不爱我;我要让你对我引起注意;我要把窗子打烂。"此种想法是无意识的,所以窗子被"意外地"打破了。

在家里,通过剥夺的方式老是不加区别地给予体罚是在犯罪。"你这个坏小子,今天晚上不准你吃冰淇淋。"

我承认自己并不知道如何解决犯罪和体罚的问题。我唯一知道的是体罚无济于事。霍默·莱恩[1]在其为不良少年建立的"小共和"里,让人们看到唯一有效的措施就是赞许。没有任何因损坏父亲东西而挨打的孩子会感到爸爸赞许他。问题不在于:"为什么孩子需要受体罚?"而在于:"为什么父母想要体罚?"

咱们对此坦诚一些吧。在我端着一碗汤的时候,如果一个问题男孩[2]将我绊倒,我自然的反应是狠狠给他一巴掌。但记忆中我从没有突然发怒或施用过暴力。这倒不是说我是个圣人,而是说那些问题孩子并不一心要把我绊倒。

我深信体罚起不了什么作用,它只是让强烈的情感被压制着。我们很多人都会承认体罚会使人产生受到压抑的深仇大恨。一个老上校自豪地叫道,"该死,先生,我从小就挨打,我就是被打出来的呀。"此人到了这个年纪仍然是个孩子。

家庭体罚的一个难点在于年龄因素。你可以告诉一个五岁的孩子别碰电炉,但却无法那样告诉一个一岁半的孩子。对待婴儿的正确方法不应是打屁股。良好的父母会极力让家里危险的装置不被孩子触摸着。我深信孩子是可以不受体罚抚养大的——如果父母真正明白自己的用意是什么;如果父母通情达理,明白什么可贵、什么不可贵。把自己的东西看得比孩子还要可贵的母亲,会因为孩子打碎一只杯子而打孩子屁股。当然,若是丈夫打碎一只杯子,那只是不小心。其实,只是因为丈夫个子太大,无法打他屁股。

---

① 霍默·莱恩,19 世纪美国天体物理学家,曾建立一个不良少年教育学校,"小共和"即指此。
② 问题男孩,指难以管教的男孩。

我常常被问及这个问题：当三个小孩弄坏家具而不予体罚时，母亲怎么对待他们呢？

回答要视各位母亲的情况而定。我记得小时候在苏格兰有个女渔民，她对心理学一无所知。但由于她是个温和慈爱的母亲，她似乎从不对孩子们吼叫。我从没看见她打自己任何一个孩子。古谚曰："罪起于法。"显然，做父母的要么会给予体罚，要么会避免体罚。

有仇恨的父母，便会有仇恨的孩子。即便说富于爱心的父母一定会有富于爱心的孩子这种推论不完全正确，但温和的父母会有一个温和的家庭总是可能的。不过，富于爱心的父母也可能有一个毫无爱心的孩子。对这一事实，心理学以现有的知识也无法解释。首先，我们对于遗传特征并不十分了解；即使了解，对于此种情况我们也可能起不了多少作用。

显而易见，对孩子体罚是错误的。但对于成年人呢？

英国名义上是个基督教国家，但它却把抢劫犯关进监狱长达三十年，过上地狱般的生活。对于通常因贫穷和精神失常而减轻刑事责任的凶手，法律则给予他"生命"。我们监狱的这种残暴行为要追溯到中世纪。唉，在一个不健全的社会，刑事法典也一定不健全。剥夺一个人的自由、爱与性是邪恶的；这只是一种以眼还眼、以牙还牙的原始报复。

的确，对于那些危害社会的人——杀人成性的凶手、强奸犯、有病态心理的盗窃犯——必须有某种限制。但是，一个健康的文明社会不会让这种限制成为一种痛苦和无望。一些开明的国家允许囚犯与妻子共度周末。

想到体罚，你必然要考虑到犯罪的原因。以英国的青少年为例，他们在自己喜欢的那一方足球队被打败之后，会损坏列车、摔瓶子、踢裁判。萨默西尔学校的学生决不会那样做，大多数中上阶层的青少年也不会。一个本来是关心社会、热爱生活的孩子，却出生于平庸的街上，一个没有文化、没有任何书籍和良好谈话的家庭，只有流行音乐，家中也许有个常喝醉酒的愚蠢父亲和爱尖叫的无知母亲，那么这孩子会成为怎样一个人呢？他发泄感情的唯一方式，就是与街角的一帮坏小子厮混在一起，与有相同背景的女孩乱搞关系——也许还带有施虐狂。他看见到处是财富和奢侈。负责停车的服务员已经回家，一辆美洲虎牌轿车却无人照管。算啦，小妞们，咱们去兜兜风吧。

像这样的男孩们从来就没有健康积极的感情。他们憎恨社会，也憎恨自己。他们被迫上学念书直到十五岁，被迫学习对于自己毫无意义的东西，这些东西他们一出校门就丢掉了。或许他们在学校里不得不读莎士比亚、哈代和丁尼生①，可是在拥有七万名足球迷的家庭里你会见到多少这些作家写的书呢？

被当作低下的走卒对待的人，会成为胆小怕事的人。体制可以塑造一个社会，正是这种体制塑造了我们下层社会中那些无赖和破坏者。我相信之所以犯罪不断增加，是因为财富和特权在不断增加。上帝已经死去，至今尚无谁将他取代。有的人或许因此染上毒品，以寻求一个在这唯利是图、腐朽败坏的疯狂世界里无法找到的幸福港湾。

体罚被作为对付生活中的贫民的唯一办法。罪起于法。在大洋洲的特罗布里恩群岛，对于所有年龄的人而言性都被视为是自然和自由的，所以马林诺斯基②找不到任何性犯罪的证据，直到传教士去了那儿才有这样的罪犯。无须刑事法典都可能治理好原始社会，为何文明社会就不行呢？

罪犯是病态的，他们应该是病人而非囚犯。但是，恐怕几乎没有采取什么措施对他们进行治疗。在英国，犯罪人数每年都在可怕地上升，监狱人满为患。无赖们被精明的人组织起来。我猜测大多数抢劫银行、偷窃汽车和夺取他人工资的人都不会被警察抓住。罪犯们冒着被长期关进监狱的风险，这种体罚的威胁并不能阻止他们。反社会的动力当然有其无意识的因素，而对于无意识的因素任何体罚都毫无作用。

在班上，托米写了 I have went③，老师把他留下来，要他写一百遍 I have gone。次日早上老师发现托米写了五十行，附言说："Dere Teacher, I am tired so I have went home. ④"

那个骑摩托车的粗鲁人的情形也是如此，他由于在某个海边胜地踢了一个平和的公民而被罚五十美元。这种体罚并不会被理解，因为任何体罚都不会起到很好的制约作用。是的，体罚并非是个威慑的因素。

好啦，同胞们，咱们坦诚一些吧。我们体罚是因为我们憎恨，因为我们害怕。我们体罚罢工者和学生，因为我们害怕他们。在华盛顿没有一个有权势的官员会拿着大棒打某个罢工者。那些身穿制服的同胞公民才会棒打和枪击民众。

消除引起犯罪的贫富间的那种悬殊，对于体罚的行为可以起到一些作用。

---

① 哈代，19 世纪英国小说家。丁尼生，19 世纪英国桂冠诗人。
② 马林诺斯基，20 世纪初英国人类学家。
③ 错误英语，意为"我走了"。
④ 意为："亲爱的老师，我太累了，回家去啦。"其中 Dere 和 have went 都是错误的。

但这种办法也不切合实际。消除我们称之为教育的愚蠢行为,或消除在家庭里打孩子的行为,也是不合实际的办法。我们这个可怕的世界充满了犯罪、核弹、民族恐惧与憎恨,鉴于此,恐怕我们也难以找到更加人性的方法以取代体罚。

可是,我能够梦想。我能梦想成为英国的内政大臣。我会首先指示让有才能的心理学家对所有囚犯进行检查。他们会将那些绝不可能再次犯罪的人排除在外——比如由于一时嫉妒或醉酒杀了老婆的人;无权无势、误入歧途、从公司钱柜中把钱偷走的人;喝醉酒后杀死两个人的人;总之,就是那种偶然意外的违法者。也许囚犯中有 75％ 的人被释放出监狱后,对社会都不会有危险。

那些多次坐牢的人——几乎都不可救药的惯犯和性罪犯——可以让他们住在乡下,尽可能地过上普通正常的生活。他们可以实行自治,这事实上是在进行组合解析。对于心理不正常的病人这尤其有效。我曾看见在"亨德森院"、埃普沙姆和苏雷①的人们即这样做的,似乎这是帮助病人很好相处的最佳办法。霍默·莱恩让人们看到,在他的"小共和"中自治的方式对于青少年犯们多么有效。在此种体制下,那些一度爱闹事的过失青少年们变得友好积极起来。哎呀,这样的例子现在已不为人们注意。

英国对于过失青少年的官方政策仍然是基于憎恨——迫使他们跑步前进,简直不让他们有空闲,还要求他们服从(七大德②中最糟糕的一种),并实行体罚。简言之,不受欢迎的青少年仍然受到最初让他们违法的那些方式的对待。这些过失者们总是被剥夺爱,而只有爱才能挽救他们。

可是,在一个有令人对权威产生恐惧的严格法律约束的机构,怎么会有爱呢?所以,我的开放性监狱会建立在——我最好不用爱这个词,它正变成一个肮脏的四字母粗俗下流词③——"赞同"的基础上,这意味着你并不与病态的过失者相互对立。

几年前我读到过一本美国出版的书,讲有个监狱长把一名无期徒刑犯任命为制鞋部主任。监狱长派他去一些工厂学习最新的制鞋技术。这个囚犯回来后作了全面的汇报。

监狱长问:"你出去后干吗不逃掉呢?"

---

① 埃普沙姆和苏雷各为英格兰东南部一市镇。
② 七大德,指审慎、坚毅、公正、克制、诚信、希望、仁爱。与之相对的是"七大罪":骄傲、贪婪、淫邪、愤怒、贪食、嫉妒、懒惰。
③ 四字母粗俗下流词,原文为 four-letter word。英语的"爱"为 love,也是四个字母。

犯人搔了搔头,说:"不知道,监狱长,我想是因为你相信我吧。"

如果监狱长当初说:"我相信你会回来的。"犯人便可能已经跑掉了,因监狱长那样说就暴露出他并不相信犯人。假如所有监狱长都像此人一样仁慈而有见识,监狱就不会像今天这样是个地狱了。

在英国有些监狱是没有围墙的。可你很少读到有关某人从这种监狱逃跑的事。

我的监狱会由犯人及其管理人员实行自治。一个个集体会议将成为小组疗法①课程。这可能遇到一些困难,因为很多罪犯智力低下,缺乏感情,具有英国法律所规定的减轻的刑事责任(自由的人或许会称之为愚蠢)。我在自己的学校里,很早以前就发现甚至智力略微迟钝的孩子都无法管好自己,不得不对他们稍加引导。为智力迟钝的成年人设立的开放性监狱,还得使用既温和又强硬的措施而非实行自治。

监禁最有害的一个特点,就是它剥夺了犯人正常的性生活。而我会让犯人和他们的妻子或情人来与之共度周末。长期的性挫折必定让成千上万的犯人更加憎恨社会。在我看来,这种性剥夺充分证明,体罚会引起强烈的报复。

我们好像把孩子们与那些无赖一起,归入必须用鞭子管制的危险动物。在过去五十年来到萨默西尔学校的这些"动物",有许多当时都满怀着破坏与憎恨之心;由于这种经历,我便认识到自己要建立一所健全监狱的计划是会取得成功的。

像如下关于"波斯托尔青少年犯教养院"的一些统计数字已发表在英国的报刊上:

> 迄至 1969 年,1966 年被释放的少年犯中有 68% 被再次判刑。几乎有一半的人回到波斯托尔,或被送进监狱。1966 年从预防性拘留②或教养处分处释放的男人中,有超过 60% 的人去年被再次判刑。另外,大约一半的人又被送回了监狱。

这足以证明,采取在犯人看来意味着仇恨的办法对付他们,完全是一种疯狂

---

① 小组疗法,现代美国的一种精神治疗法,病人由医生带领在组内相互诉说自己的苦恼和问题。
② 预防性拘留,美国对嫌疑犯、英国对惯犯的一种拘留。

无知的行为。我们一定可以采取人道的而非镇压的办法。我们很少听到人们试着表示称赞和同情,但却经常听到残暴的人被社会的残暴行为弄得更加残暴;由于我们称之为"正义"的那种残暴行为,由于富人对穷人使用的那种强大的武器——法律与命令——这些残暴的人也将永远残暴下去。

刘荣跃　译

大学的观念

[德] 卡尔·雅斯贝尔斯

卡尔·雅斯贝尔斯(Karl Jaspers,1883—1969),德国存在主义哲学家、神学家、精神病学家、教育家,重要著作有《这个时代的人》《现代的精神状况》《存在哲学》《什么是教育》和《大学教育中的自由》等。

此处辑录的是《什么是教育》(1948)第18章,题目和文中标题均系原书所有。

"二战"德国战败后,一切都要重建,其中包括教育重建。因为在此之前,德国实行的是纳粹教育,当然要全面废除。然而,废除纳粹教育后又不可能退回到纳粹之前的普鲁士教育,因为这两者之间显然有着千丝万缕的关系(很大程度上,纳粹教育是普鲁士教育的恶性演变)。所以,当时的德国教育只能另起炉灶,从头开始。雅斯贝尔斯的《什么是教育》一书,就是在这种情况下出版的。

这一章题名为"大学的观念",通俗地讲,就是要重新解释"什么是大学"。这里显然有许多英法的主流观念①,但这一点和作者的存在主义思想并不矛盾,因为存在主义思潮是全欧性的,而且在"一战"至"二战"期间是西欧的主流思潮。换句话说,作者在这里阐述的"大学的观念",既是从存在主义的角度阐述的,又和英法的主流观念很接近。

那么,究竟什么是大学?简要地说,作者认为可从5个方面来说明大学的特点:1. 大学是一种特殊的学校,在这里,教师应该有"教学的自由"(即个人自由,这在其他学校里是没有的,因为那里的教师要按校方的教学计划教学);2. 大学教师应该是"具有独到精辟见解的学者",而不是一般具有专业知识的专家;3. 大学应该是为少数"精神贵族"服务的,所谓"精神贵族",其特征就是"品德高尚、个体精神的永不衰竭和才华横溢";4. 大学教师首先应该是研究者,其次才是教师,而不是相反,像其他学校的教师那样;5. 和其他学校的学生由校方管理不同,大学生也应该有最大限度的自由和自治,甚至"允许他们有懒惰、散漫,并因此而脱离学术职业的自由"。

归纳起来,一句话,大学就是一个供少数个性独特、才华出众的"精神贵族"自由自在地沉溺于学术研究的"独立王国"。一个民族、一个国家,能容忍甚至鼓励这样一个"独立王国"存在吗?如果能,这个民族、这个国家,将兴旺发达;如果不能,这个民族、这个国家,将永无出息。这听起来好像有点古怪,但却是事实。

---

① 美国的主流观念源于英法,并无本质区别。

一、作为特殊学校的大学

大学也是一种学校,但是一种特殊的学校。学生在大学里不仅要学习知识,而且要从教师的教诲中学习研究事物的态度,培养影响其一生的科学思维方式。大学生要具有自我负责的观念,并带着批判精神从事学习,因而拥有学习的自由,而大学教师则是以传播科学真理为己任,因此他们有教学的自由。

大学的理想要靠每一位学生和教师来实践,至于大学组织的各种形式则是次要的。如果这种为实现大学理想的活动被消解,那么单凭组织形式是不能挽救大学生命的,而大学的生命全在于教师传授给学生新颖的、符合自身境遇的思想来唤起他们的自我意识。大学生们总是潜心地寻觅这种理想并时刻准备接受它,但当他们从教师那里得不到任何有益的启示时,他们便感到理想的缥渺和希望的破灭而无所适从。如果事实果真如此,那他们就必须经历人生追求真理的痛苦磨难去寻求理想的亮光。

我认为,大学的理想始终存在着,只要西方国家的大学里还把自由作为其生命的首要原则,那么实现这种理想则依赖于我们每一个人,依赖于理解这一理想并将它广为传播的单个个人。

年轻一代正因为年轻气盛,所以从其天性来说,他们对真理的敏感程度往往比成熟以后更为灵敏。哲学教授的任务就是,向年轻一代指出哪些是对思想史作出重大贡献的哲学家,不能让学生们把这些哲学家与普通的哲学家混为一谈。哲学教授应激励学生对所有可知事物、科学的意义以及生活的真实性持开放的态度,并通过自己对此所做的彻底深入的思考和演讲,激发学生去把握和深思。哲学教授应生活在大学的理想之中,并且意识到自己有责任去创新、去建设和实现这一理想,他不必讳言知识的极限,但是他要教授适当的内容。

二、危 机 与 振 兴

由于众多大学并存的现象,造成了毁灭真正学术的趋势,因为学术研究为了拥有读者,只好投其大众之好,而大众往往只顾及实际的目的、考试以及与此相关的东西。受其影响,研究工作也只限于那些有实际用途之物上,于是,学术就被限制在可了解、可学习的客体范围内,本来应是生存在永无止境的精神追求的大学,这时也变成了普通的学校。

另一方面,固定的学习计划虽然消除了个人在寻找自己的精神发展之路上所要经历的危险,但是,缺少这种在精神自由中的冒险,也就失去了独立思想的可能性本源,而仅仅剩下发达的专业技巧而已。也许他仍可称为具有广博知识的研究者,但理想中的人物是具有独到精辟见解的学者,而并非是那种掉书袋的研究者。当人们开始分不清这两种人时,那便是大学衰退的信号。

本真的科学研究工作是一种贵族的事业,只有极少数人甘愿寂寞地选择了它。原初的求知欲是对人生和未来的挑战,但仅仅依凭这种求知欲就不可能有科学的风险。在商品经济发达的今天,真正献身于学术研究的人是需要勇气的,在一般人看来也是一件不平常的事,但有史以来研究工作就不同于普通人所能从事的工作,一个运用科学方法进行研究的人,只有当他把追求真理当作一种内在需要时,才算是真正参与学术研究。科学的危机就其实质而言,就是人的危机,是人们不能以无限的求知欲面对科学发展所产生的危机。

目前,整个世界上弥漫着对科学的错误看法。科学享受着过分的尊重,由于现实生活秩序只有通过技术才得以治理,而技术则通过科学成为可能,所以,在这个时代里人们产生了对科学技术的信仰。但是,科学的本真意义被遮蔽①,人们仅仅钦佩科学的成就,却并不明白科学的奥义,因此,这种盲目的信仰只能变成迷信;真正的科学是一种智者的知识,假如把信仰科学的焦点集中在科学技术的成果上,而不去了解其方法,那么在这种错觉中,迷信就形成了真正信仰的赝品,人们就会把希望寄托在仿佛是固定不变的科学成果上。对科学的迷信导致了对一切事物的了解都是乌托邦式的,认为科学技术无所不能,一切困难都可以克服,人类从此可以过上幸福富裕的生活。简而言之,就是把凡是理性思考的内容看成是绝对正确的信条。这种迷信的力量,几乎侵蚀了所有人的心灵,包括学者在内,这种迷信在某些个别情况下似乎被克服了,但总是一再出现,并在相信这种迷信的人与本真科学的批判理性之间撕开了无底的深渊。

然而,对科学的迷信很容易造成对科学的敌意,科学的迷信会变成对一些否定科学的势力的迷信,因为它误认为这些势力可以扶助科学。谁要是相信科学全能,谁就会在专家面前不再运用自己的思考力,但当这些专家也无力解决问题时,他就会失望地离开专家,而走向真正的科学骗子。因此,迷信科学和欺骗术

---

① 遮蔽:德国存在主义哲学术语,意指"掩藏、掩埋和伪装"。

在本质上是类似的东西。

只有极少数人能够把真正的科学精神带进实际事物的思考之中,这是自我存在衰退的现象。在这种杂乱不堪的迷信烟雾中,交往是不可能的。迷信破坏了真正知识与本真信仰的可能性。

三、大学改革的任务

大学的建设、研究机构的设立、开设讲座、修建图书馆、增加教师的人数、关心学生的生活以使他们能把全副精力用于学习上,这一切都属于物质上的问题,都可以通过必要的资金加以解决。人们的视线再被引向什么是所需的强有力手段上,这一手段尤其与整个学校制度相关联。

就德国民族的未来而言,教育比军队更为重要,因为不成功的教育管理所带来的灾难性后果,一直要影响几十年。然而,此刻的亲在①则完全系于在一个以武力相威胁的世界里被保护的程度如何,因此政治家、议会和政府都把注意力集中在军队上,而不重视教育制度。教育和军队这两者的重要性远远超过了社会政治,而社会政治家为了获得选民的投票,不惜一切给所有组织的国民小恩小惠以收买人心。而对整个教育制度的关注却退到后台,什么是关系到我们民族精神和道德未来最为重要的事,在目前的政治家眼里,是最无关紧要的。

我们可以假定,从长远的观点来看治理国家的措施是由一定数量的政治家提供的,这虽然是不可或缺的条件,但并不是事情本身之使然。设法获得某一手段是国家的事情,关键却在于怎样运用这一手段。因此,大学改革只能由大学的人们来决定。

这里涉及两项任务:首先是必要的建筑设施、教授、讲师和助教之间的分工、大学组织的改造和权力分配,以及行使职权等,其次是重新标举大学的力量和观念,因为大学已到了自身消解的地步。这两项任务不能相提并论,重新确立大学的观念是首要的任务,也就是说,在新的境况下,真正实行大学的改革,并不意味着大学的组织形式的完结。而值得注意的是,在以往几次的大学组织移植过程中,大学的名称虽然保留住了,而大学却走向了真正的毁灭。

对法律、个人负责形式的思考,以及如何改变权力机构、教学类型和课程,尽

---

① 亲在:德国存在主义哲学术语,意指"一定时间范围内的真实的实在或存在"。

管必须看准可把握的目标,但是也要在光明中寻找批判的基础,真正寻觅到实现精神生活与教学、研究并重的道路。这两项任务不能相提并论,而只能同时并举;对此,人们一方面要首先考虑采用达到目标的手段,另一方面是反思大学本身所应具有的基本特点,这种特点是任何人和计划都不可能填补的,而只有通过单个的研究者、教师和学生的亲在反映出来。大学的组织机构只能为此提供机会,但其特点并不会从中自发地产生出来。

从大学改革的双重观点来说,与这两项任务不可分离的,一是大学组织和建设的外部改造,二是为赢得大学观念新形态的思维方式的内在转变。单纯以课程来实现知识的供给那就将失去它本来的意义,同样的,单纯的观念玄思也将造成乌托邦式的狂热。怎样正确处理这二者之间的关系,决定着大学的命运。

精神贵族是从各阶层中产生的,其本质特征是品德高尚、个体精神的永不衰竭和才华横溢,因此精神贵族只能是少数人。大学的观念应指向这少数人,而芸芸众生则在对精神贵族的憧憬中看到了自身的价值。

但是,由于精神贵族只能在民主社会中得到承认,而不是出自自我的要求,因此大学必须为他们提供机会。大学就要求在成绩和个性方面都十分突出的人才,这是不言而喻的。它们才构成了大学生命的条件。

人们普遍认为,大学的更新要与整个人类观念的改变联系起来把握,其结果仿佛会导致国家观念的觉醒。一个真正的民主国家懂得怎样运用权力,唯其如此,国家的意义才能深深扎根于民众的日常思维方式中。这样的国家充满了尊重知识的气氛,因此,在大学的精神创造中不仅要寻求最透明的意识,而且还要寻找国民教育的根源。

四、大学教师的尊严

大学教师首先应是研究者。他们所面对的不再是小学生,而是成熟、独立和精神已有所追求的年轻人。大学教师要以身作则,指导学生,让他们学习刻苦钻研的精神。如果想把大学教师当作教书匠来用,那就错了。

虽然很多教师喜欢教那些不如自己的乖学生,但是每个教授应该有一个基本原则,允许那些有潜力、至少可以达到自己成就的学生进入博士班,而且注意发现比较优秀、能超越自己的学生,这个学生才值得帮助,即使不是自己的学生,也该去帮助他。

五、学生的自由与责任

　　大学生是未来的学者和研究者。即使他将来选择实用性的职业,从事实际的工作,但在他的一生中,将永远保持科学的思维方式。

　　原则上,学生有学习的自由,他再也不是一个高中生,而是成熟的、高等学府中的一分子。如果要培养出科学人才和独立的人格,就要让青年人勇于冒险,当然,也允许他们有懒惰、散漫,并因此而脱离学术职业的自由。

　　如果人们要为助教和学生订下一系列学校的规矩,那就是精神生活、创造和研究的终结之日。在这种状况下成长起来的人,必然在思维方式上模棱两可,缺乏批判力,不会在每一种境况中寻找真理。

　　假如我们希望大学之门为每一个有能力的人敞开,就应该让全国公民、而不是某些阶层中的能干人拥有这项权利。这就是说不要因为一些需要特别技巧应付的考试,而淘汰了真正具有创造精神的人。

　　通过一连串考试,一步一步地抵达目的地,这种方式对不能独立思考的芸芸众生来说是十分有利的,而对有创造精神的人来说,考试则意味着自由学习的结束。大学应始终贯穿这一思想观念:即大学生应是独立自主、把握自己命运的人,他们已经成熟不需要教师的引导,因为他们能把自己的生活掌握在手中。他们有选择地去听课,聆听不同的看法、事实和建议,为的是自己将来去检验和决定。谁要想找一位领导者,就不该进入大学的世界,真正的大学生能主动地替自己定下学习目标,善于开动脑筋,并且知道工作意味着什么。大学生在交往中成长,但仍保持其个性,他们不是普通人,而是敢拿自己来冒险的个人。这种冒险既是现实的又必须带有想象力。同时,这也是一种精神上的升华,每一个人都可以感觉到自己将受上帝的召唤而成为一代伟人。

　　最后一关是考试,而考试只是在证实已经发生的事情。学生运用他的自由对自我作出选择。如果经过严格条件挑选出来的大学生,在整个学习期间仍要走一条由学校规定、控制的安稳之路,然后达其终点,这就不成其为大学了。高等学府的本质在于,对学生的选择是以每个人对自己负责的行动为前提,他所负的责任也包括了到头来一无所成、一无所能之冒险。在学校里让学生在精神上做这样的选择是最严肃的事情。

　　精神贵族与社会贵族迥然相异,每一个有天赋的人都应该寻求读书的机会。

精神贵族有自己的自由,不论是在达官贵人还是在劳工群中,在富商人家还是在贫民窟里,均可发现他们,但不论何处,精神贵族都是珍品,而进入大学学习的年轻人就是全国民众中的精神贵族。

精神贵族和精神附庸的区别在于:前者会昼夜不停地思考并为此形削体瘦,后者则要求工作与自由时间分开,前者敢冒风险,静听内心细微的声音,并随着它的引导走自己的路,而后者则要别人引导,要别人为他订下学习计划,前者有勇气正视失败,而后者则要求在他努力之后就有成功的保证。

在我看来,学生联合会是一个尖锐的问题,因为它在大学生活中开创风气,享有最高的威望。但它却牵涉学生生活和学习的自由问题,学习的自由只能在自身精神发展的进程中、人与人之间自发的友谊和自我意识中建立起来。而学生联合会是一种强制性联盟,它把时间和精力耗费在毫无价值的事情上。如果人们不是从精神冒险和对学习生涯自我负责中萌发自我意识,而是听任所偏好的社会为自己定下生活目标,屈从于老一辈人的幸福观,如果人们不是独立地去思考,而是让传统的观念烙下印记,那么,这些传统观念将取代年轻人所特有的精神躁动感。由于从事学生会工作的学生没有时间去经历艰苦的精神生活,因此我敢肯定地说,他们并不是真正的大学生。我青年时代的经验和以后的观察教会了我,怎样从大学学生会组织中看出德国大学所面临的厄运。在这样的组织里已再也嗅不出精神的气味,而精神恰恰正是引导青年进入成熟期的基础。学生会组织也再无真正的教育可言,成了一种社会类型的翻版,而我本人则最痛恨这种类型。

邹进 译

教育往何处去

[瑞士] 让·皮亚杰

让·皮亚杰(Jean Piaget,1896—1980),瑞士结构主义心理学家、教育学家,重要著作有《儿童的语言和思想》《儿童智慧的起源》《智慧心理学》《从儿童到青年逻辑思维的发展》和《发生认识论原理》等。

本文选自《皮亚杰教育论著选》,写于 1971 年。

这是皮亚杰在欧美多国考察学前教育情况后写的一份考察报告,分为两部分:第一部分是回顾当时欧美几国的学前教育所面临的普遍问题,以及心理学研究成果在学前教育中的应用问题;第二部分是展望学前教育的未来趋势,分为 A 段和 B 段:在 A 段中,他以科学教学为例,考察了当时出现在学前教育中的改革情况,认为这些改革很有希望,但当前情况仍不能令人满意,最大的问题就是教师本身对相关学科的认识和知识都不足,所以教学效果并无多大改观;在 B 段中,他把 A 段中提到的问题加以扩展(他认为这些问题具有普遍性),对大中小学整个教育情况提出他的看法。譬如,他认为大学需要重新考虑人文科学和自然科学的关系,因为随着新学科的产生,这两大领域的分野已变得越来越模糊,所以,文科教育和理科教育是不是还能自管自、互不相干,很值得考虑;还有如中小学教师的培养和进修问题、大学教师的教学和科研的结合问题,以及科研中的跨学科协作问题,都有待探讨并得到合理的解决。

这份报告虽然写得很具体,有些地方还涉及很专业的问题,一般人不容易读懂,但总的说来,这份名为"教育往何处去"的报告是要提醒人们,教育的未来趋势是:一、科学教学将变得越来越重要,甚至在学前教育中也要占优先地位;二、大学里的文科教育和理科教育将不再各自为政,因为随着这两个领域的研究都在不断深化,它们必然要相互协作。

这是在 20 世纪 70 年代初对欧美教育的展望。如今,已有 40 多年过去了,情况是不是这样呢? 回答是:大致没错。那么,世界各国的教育情况又怎样呢? 好像也在沿着这一轨迹发展。所以,即使在今天,皮亚杰的这份具有前瞻性的报告仍值得一读。

本报告按以下计划写成：在对新近教育的倾向所带来的实际问题作简短地回顾之后，我们将在第二部分（展望）中力图发挥一些关于未来的想法。这分为两个方面：在 A 段中，我们将以科学教学为例，对我们来说，在这个领域里，问题既是最紧迫的，同时可预见到的改革也是最复杂的。然后，在较短的 B 段中，我们将根据 A 段的论述，考察一些普遍性的问题。

一、回 顾 部 分

从数量的观点看，学生数目大量地和不断地增长，导致一种人人皆知的后果。一方面，随着学习年限的延长，男女儿童的教育权利更加平等，以及由于国家的财政资助（奖学金等），今天对年轻一代所提供的教育机会就较为公平。这从大学生人数持续地、有时是令人不安地增加就可以明显地看出。而另一方面，学生数量的这种普遍增加并未伴随着在中等、特别是在初等教育上提高教育职业的社会地位，结果就引起了学校师资的不足，于是只好采取替代的办法，这就产生了水平问题，这个问题迄今一直未得到解决。与此同时，人们还努力使教学多样化，特别在职业和技术教育领域内，采取了一系列步骤，改进学生的专业方向，使学生在学习过程中，尤其在中学教学的初期，能从一门学科转向另一门学科。这是一种进步。在这个方面，"定向阶段"起着非常有用的作用，但是，尽管教育心理学家做了有价值的工作，定向和选择工具的价值仍是悬而未决的问题，尤其是考试的作用和价值所造成的教育祸害，仍然是难以解决的。

但从质量观点看，这里唯一使我们感兴趣的是，在领导当前运动的不同国家中，出现了或多或少的新倾向。比如，我们首先看到，一些国家，特别是美国，致力于改革一直非常被忽视的学前教育。主要的思想是，幼儿园应当为贫穷孩子们提供道德上和智力上丰富多彩的环境和气氛，尤其是使用充裕的、多样化的物质材料来弥补他们家庭生活的不足，以唤起他们的好奇心和积极性。至于指导这种改革的方法，则是摇摆于反映当代心理学的两种极端相反的潮流之间。其一是应用"条件反射作用"，通过练习和活动的结果，以建立和强化一定数量的被认为是今后获得知识的基础的动作和语言的联系。与此相反，另一极端要求引起儿童本身的自发活动，以构成一种认知组织，为在 6 至 8 岁左右正常出现的智力运算作好准备。受日内瓦学派心理学研究的鼓励，有时候的解释是很好的，但有时候又解释得有点幼稚，令人不安。这些方法的应用可能按很多方式发展。

在第二部分中,作为科学教育的介绍,我们将再讨论所期望的这些认知活动开始的有关动作及客观事实的恰当的观察。

与上面讲过的相一致,在某些国家(再说一遍,尤其在美国)的初级阶段中可以看到下面的变化。几年前,特别是由于精神分析学派的广泛影响,主要的倾向是注意避免儿童在发展中受到任何挫伤。这就导致了没有确立要达到的方向,对没有多大教育裨益的一般游戏的过分的放任自流。在注意和加强认知活动方面,出现了一种反对派。由于所持的心理学的信念不同,这两个极端之间的对立就更为明显了。

对条件反射作用的重视,尤其是在斯金纳的影响下,产生了通过机械、按顺序安排的渐进的联结"教学机器"的程序教学思想。对这种办法的热衷是尽人皆知的,但由于所需设备的昂贵,这种方法受到限制。它有一个根本缺点,即它是建立在一种很不正确的心理学基础之上的。正如著名的语言学家乔姆斯基结论性地指出的,这种心理学不能合理地解释语言的学习。从教育学的观点看,程序教学的确有助于学习,但肯定不能有助于创造,除非按照派珀特①的实验,让儿童自己去设计程序。一般说来,视听法也是这样,过多的教育工作者为其唱赞歌,但如果仅仅促进联想,而不引起真正的活动,事实上,它只能导致一种词语的描述。在某些情况下,古森奈尔-盖特诺算术棒和彩色数字②,可能使学生从事运算活动,但它们往往出现以数字代替运算的同样缺点,这就是它们在瑞士的某些州被抛弃的原因,在那些州里,国家曾强制规定,用它们作为算术学习中所遇到的疑难的可靠的补救办法。

在很多情况下,算术棒已被狄恩斯③的"逻辑积木"所代替。一个有长期教育经验的数学教师能懂得这一基本事实(而且,我们的心理学研究也都证实了),即初等数学的理解依赖于质量结构的形成(例如,数学在心理学上表现为类包含和序列的综合),在数学教学的各种水平上,逻辑运算的先决建构越顺利,数学教学的接受能力也就越强。这一事实与日前教学最基础阶段的"新数学"(集合理论,然后是群的理论等)的倾向是明显一致的,它表现了一种很大的进步。在第二部分里,我们将探讨这种成功的心理学上的原因,因为这取决于这种新教学法

① 赛默尔·派珀特(Seymour Papert),当代美国学者,麻省理工大学终身教授,教育信息化奠基人。
② 古森奈尔-盖特诺算术棒和彩色数字,一种幼儿教具,由比利时人古森奈尔(Cuisenaire)发明、盖特诺(Gettegno)予以改进。
③ 狄恩斯(Zoltan Dienes),匈牙利出生的英国教授、儿童心理学家、教育家。

的内容和儿童智慧中引起的自发运算和结构相协调。

在科学教学的领域中,应提及在波士顿、伊利诺和加利福尼亚所进行的一系列实验,物理学家和心理学家相互协作,共同的兴趣是进行基础教学,通过让儿童有尽可能的机会从事自发地积极地操作探索活动的方法,使小学生(有时甚至学前儿童)对某些简单的物理现象有所了解。

在结束回顾这一部分时,我要指出,近几年来,智力发展和认知结构的心理学研究已取得了很大的进展,但就它们在教育上的应用来看,仍然分为涵义极不相同的三种倾向。第一种倾向,仍然是古老的盎格鲁-撒克逊传统,继续追随经验主义的联想论,把一切知识归因于纯粹外在的起源,认为知识是从成人操纵下的经验、语言或视听的表达中获得的。第二种倾向的特点在于意外地返回到先天及内部成熟因素(这在很大程度上归因于乔姆斯基的影响,他断言存在一种"先天固有的中心",尽管在语法上他承认必要的心理发生的转化过程,决定着语言的基本结构,比如主语和谓语的关系)。在这种情况下,教育主要在于训练先天的"理性"。第三种倾向,确切地说来,是我自己的观点,是一种建构主义性质的(把语言的起源归之于感觉运动智力事先所形成的结构),就是说,既不承认外部的预成论(经验论),也不承认内在的预成论(先天论),而是肯定一种连续阶段的不断超越,这就自然地导致了把教育的重点放在儿童活动的自发方面。

二、展 望 部 分

A. 科学教学

各国学术界和大学教育界权威最关心的问题之一是,为数不多的学生把自然科学当作与人文科学迥然相反的职业来选择。显然,这是未来教育必须解决的中心问题之一。很清楚,这不是简单地靠经济力量的自动作用就能解决得了的。社会所需要的专家或各种科学领域里的管理人才比现在要多得多,经济学家一贯公开坚持这种人才稀缺的严重性。中学和大学的学生经常获悉,与等待着经过适当理科训练的毕业生的可靠的就业机会相反,文科毕业生的就业空额很少。这些因素却并不足以改变中学和大学生的学业志向;例如,家长们继续认为,拉丁语知识是一种比其他任何学科更灵活的"开门咒语"。因此,为了把教育纳入社会需要的轨道,看来有必要对教育的方面和思想进行一番全面的改革,而不是继续满足于常识的简单要求。

很明显，这种改革将不仅包括各种科学（数学、物理、化学、生物等）教学的专门训练，而且涉及一系列更为一般的问题，诸如学前教育(4 至 6 岁)的作用问题；活动教学法的真正意义(人人都谈论，但很少有教育家有效地加以应用)，儿童和青少年发展所获得的心理学知识的应用，以及与仍然在大中学流行的分科教学相反的、学科的各阶段所必要的跨学科性质的问题。因而，我们开始讨论学生的科学训练时，就得弄清这一问题，是绝对必要的。

从基本的心理学论据来看，有一种与一般看法大不相同的基本事实。事实上，人们通常认为，在各个不同的学生中，存在着明显的能力差别，随着年龄的增大，其重要性也在增大；除非某些学生具有非凡的数学和物理方面的天赋，其他学生就绝不会在这些领域里取得超出一般的成就。经过多年对儿童逻辑数学运算的形成的研究，接着我们又花了几年时间研究基本物理规律的归纳问题；随后，在我们的"国际发生认识论中心"(在几位杰出的物理学家的不断帮助下)研究了 4 至 5 岁和 12 至 15 岁之间儿童的物理因果关系的发展，对这样高度复杂的问题的各个方面(运动和热的传导问题、力和矢量的合成、物质状态的变化、动力运动与功、线性和分配等)，作了 120 多种仔细的研究。除了几个女孩子，不是由于愚笨，而纯然是对这些问题缺乏兴趣之外，我们不能获得系统的材料来证明这种特殊才能的存在，因为各个年龄组都具有平均和平均以上的智力水平的学生，他们作了同样的努力，就表现了同样的理解。当然存在着落后与超常的个体，那些处于平均智力水平以下的人，结果自然差点，但这是对各个领域而言的，不单是在科学领域才如此。所以，我们的假设是，所谓"好"学生在数学或物理等方面的才能，在智力相等的情况下，指的是他们能够运用提供给他们的教学类型。反之，在这些方面表现"坏"的学生，在其他方面却又是成功的，能够掌握看上去不理解的问题。他们之所以能够掌握，是由于通过其他的途径，因为他们所不理解的是所提供的"课型"，而不是教材内容。因此，情况可能是，而且我们在很多事例中已经证明过，学生在某一方面学习失败，是由于过分匆忙地从问题的质量结构(用简单的逻辑推理，而不直接引入数量关系和计算法则)过渡到物理学家正常使用的数量或数学公式(在事先已列好方程式这个意义上说)上去。在这一方面，虽然我们愿意承认(从足够的年龄起)就分化出和严格意义的演绎智力相反的实验和具体智力的某些才能。但是，即使在数学方面，很多学习上的失败也是由于从质量(逻辑的)内容过快地过渡到了数量

(数字的)内容上去了。

从我们对于基本质量概念发展的研究中得出了非常乐观的观点,它应构成基本科学教学的基础,看来在这个领域里能提出合理的深远的改革方案,这会有助于满足社会对各种科学人才的实际需要。但这又取决于某些条件,这些条件会涉及整个智力教育,但在各种分支的科学训练中,这些条件似乎更为重要。

当然,在这些条件中,首先是运用活动教学法,给儿童或青少年开辟自发进行探索的广阔天地,要求获得的每一个真理都是由学生重新发现或至少是重新建构的,而不是简单的传授。然而,有两种经常的误解,降低了这方面迄今为止所做的工作的价值。第一是担心(有时是希望)教师在这种实验中不起作用了,认为实验的成功取决于让学生完全按自己的意愿自由地工作或游戏。很明显,教师作为组织者仍然是不可缺少的,以便创造情境,建设开始的设备,向儿童提出有用的问题。其次,需要教师提供反面的例证,迫使学生反省和重新考虑过急作出的答案。所希望的是教师不再是一个讲演者,满足于传授现成的答案,而是要激发学生的探索精神和积极的能力。

就花了几个世纪才建立起来的所谓新数学和现代宏观物理学而论,如果认为没有任何指导,儿童就能自己清楚地提出其主要问题,这是荒唐的。但是,与此相反,作为组织者的教师,不仅应精通自己所教的那门科学,而且要通晓儿童和青少年心理发展的详尽知识。所以,心理发生实验者的工作,对活动教学法的有效应用来说,是不可缺少的。这样,在现代这个时代里,要求在教育上开展更密切的基础心理学(不是"测验",也不是所谓应用心理学的多数工具,实际上,它像17世纪的医学一样,试图应用尚不知道的东西)和系统教育实验之间的协作。

例如,比起传统方法来,现代数学的教学已取得了重大的进步。经验往往曲解事实,虽然所教内容是"现代的",但就知识的简单传授而言,其表达的方式从心理学的观点看,往往仍是陈旧的。即便在采用公理形式方面所作的尝试(过早地从学生推理方式的观点出发)也是这样。为此,像让·勒雷①这样一些著名的大数学家在《数学杂志》中曾提出严厉的警告。这种情况如此惊人的原因是,假若数学教师们愿意弄清逻辑数学运算心理发生的"自然"形成情况,他们就会发现,在儿童自发运用的主要运算和教师试图抽象地灌输给他的概念之间,存在着

① 让·勒雷(Jean Leray),当代法国数学家,主要研究领域为偏微分方程与代数拓扑。

出人意料的相似。例如，儿童在 7 至 8 岁时能自己发现集合运算交集和笛卡尔乘积，在 11 至 12 岁时能够辨认部分子集。在很小的儿童中就能观察到各种形式的成功能力的形成，而且在很多情况下，人们可以谈到麦克莱恩和艾伦伯格[①]意义上的初级形式和最基本的"范畴"，其教育价值是十分重大的。但是，运算是一回事，意识到运算并在动作中发明，及继之加以运用，进而从中得到反省认识，尤其是理论认识，又是另外一回事。无论是学生还是教师，都不怀疑所教的教学内容会得到各种"自然"结构的支持。因而人们可以预料，心理学家和数学家在制定一种真正的现代的而非传统的新的数学教学方面，有着远大的合作前途。关键在于把别的现代的过分抽象的材料强加给儿童之前，要用儿童的语言和儿童交谈，尤其要引导他尽可能多地重新发现，而不是简单地叫他静听和重复。教育家兼数学家迪安斯在这方面做了值得赞赏的努力，但由于心理学的知识不够，使他对其所设计的某些"游戏"和练习的解释，有点过分乐观。

从数学再谈到物理学和实验科学，情况就迥然不同了，传统学校几乎完全忽视了在实验中训练学生，这一惊人失误，近年来仍然一样。这并非指教师当学生的面所做的演示实验，也不是指学生自己动手进行的实验，而是指按照一种现成的步骤并只是加以口述的办法，教给学生一般科学实验的规则，如一个因素的变化中含有别的因素（假使其余情况均相同），或区分开偶然波动与有规律的变化。比起其他别的领域来，这些领域里的未来的方法是，要给学生更多的活动和尝试的机会，在证明或否定他们自己所说的为一基本现象所立的假设的装置的活动中，让学生自发地进行探索。换言之，如果活动教学法在一个领域里确实使人信服，那就要学习实验过程，因为一个不是由操作者本人完全自由主动进行的实验，就算不上是实验，而没有教育价值的简单练习，其连续步骤的细节并未充分被理解。

简言之，活动法的基本原则将必须从科学史上得到启示，并可用以下形式加以表达：理解即发明，或者说，通过重新发明进行重建。如果将来要想造就有生产能力和创造性、而不是只会重复的人，就必须遵守这样的要求。

但是，还有一个通过培养实验精神来训练未来合格的科学家和技术人才的问题。当然这不独是物理现象的理解，教育家已经注意到这一点，并越来越认为

[①] 麦克莱恩(Saunders McLane)和艾伦伯格(Samuel Eilenberg)，均为当代美国数学家，两人合作公理化了同调代数，并在这个过程中创立了"范畴论"。

所有教育都要建立在心理学之上。为了通过演绎推理和经验资料的组合而理解某些基本现象,儿童必须经过一些阶段,这些阶段的特点是具有一些随后将判断为错误的观点,但为了最后得到正确的解答,它们似乎又是必要的。正如通过一系列邻近静止的台球来解释运动传递一样,打动第一个球,滚动的只是最后一个球。儿童直到 11 至 12 岁左右才能得出通过连续震动和波动而实现内部传递的假设,从而认识到各个中间球产生了一种克分子的转换,即便用不同的方法使中间的球不动(用手指按住),被试者仍认为它们已经移动了,等等。还可以引用很多类似的例子。所做的每一件事是否都应使儿童认识错误? 或者说,活动教学法的精神应否使我们既在其错误方面,又在其教育意义方面,尊重这些类似方法的继承性? 这是未来教育方法的实验必将作出决定的,但就我们而言,我们认为,重视这些阶段是非常有利的(当然,条件是只有充分认识它们,才能评定它们的用处)。应该注意的是,著名物理学教授哈尔布瓦①在他的基础微观物理学的《概要》中,在大学水平上,采用了类似的观点(在绪言中,他用我们发生认识论中心的工作来论证这种观点)。和习惯相反,他从传统概念开始,逐渐把它们引向现代思想的轨道,以便使未被理解的概念慢慢地易于为人们所"同化"。

总之,讨论的问题可以归结为发展阶段的进程是否可以加速。当然,一切教育采用这样那样的方法,正是一种加速,但是,问题在于要确定加速到什么程度才为有利。人类的幼稚期比其他动物长得多,这并非没有意义。所以,很可能有一种最佳的发展速度,过快或过慢都同样有害,但我们还不知道其规律。这一点同样有待于将来的研究为教育指明道路。

在作为例子而继续考察未来科学教育倾向时,让我们首先指出,无疑将会越来越占重要地位的学前教育。从心理学观点看,从 4 至 6 岁这一时期(甚至于 2 到 4 岁,但我们尚缺乏这一方面的系统认识),可以称为前运算时期,意思是说,主体还不能处理可逆运算(加和减、相互性等),当一组不连续的元素(集合的守恒)或连续物体改变其形状时,他们不能发现数量、物质、重量等的简单守恒。另一方面,在这一年龄阶段内,儿童已经有了所谓"半逻辑":单程函数的变化、质量的同一性等(但不是可逆形式的数量同一)等。撇开他们的局限不说,根据这些开始建立联系的积极方面来看,似乎有可能甚至在这个水平上就为科学教育

―――――――――

① 哈尔布瓦(F. Halbwachs),当代美国物理学家。

提供一种预备教育,其余的教育在小学将得到更大的发展。这种预备教育仅在于训练观察力,这一活动的重要意义不应低估,正像研究所表明的,很明显,学前儿童的理解不仅是粗糙的和不完全的,而且在很多情况下,还被主体的先入之见所歪曲。把一个球系在一根绳上,让儿童甩着旋转,然后抛进一个盒子,在这一事例中,我们发现,4 至 5 岁的儿童经过几次尝试之后就能成功地完成这一动作,但他的描述却走了样。他的动作本身是成功的,儿童把球从侧边射出,其轨道正切于旋转手臂所画的回圈的圆周,但他始终认为他射球时球要么是在盒子的前面离盒子最近的圆周的一点上,或者甚至是从他自己的前面射出去的,似乎球是沿着他自己和盒子之间的一条直线,经过他的手臂所画的圈圈的直径而射出去的。其原因是,在他看来,这个整体动作包括两个分解动作:旋转,然后投掷(不单是投掷);其次,人们通常是按一条垂直于盒子的直线把球掷进盒子的。尤其难以置信的是,虽然 4 至 5 岁的儿童能成功地表演这一动作,但 9 至 11 岁之前的儿童通常还不能给予正确的描述。物体和动作的本身(因此而意识到后者)无疑是被感知到了,但由于它们与儿童先入的想法相矛盾,因而被压抑了。这仅仅是很多其他同类事例之一。可以看出,观察训练可能模仿(这是最容易的),通过语言描述,在成人帮助下进行绘画,等等。一位美国数学物理学家、加利福尼亚大学的卡普拉斯认为,这些观察训练甚至在学前年龄都是同样有用的。他甚至设计了一种有两个观察者的情景,以便使幼儿在很小年纪就受到观察相对性的训练。

最后,为了结束对未来科学教学的思考,应该再一次强调,特别涉及中学教育和大学教育的一个重要问题,即各个领域的研究中越来越具有跨学科性质的问题。目前,实际上未来的科学研究者在这方面的准备很差,由于想使学习专业化,其结果却变成了各学科分块的独立教学。应该知道,彻底的专业化反而必然要有很多学科之间的多方面的联系。这是一个涉及科学的一般认识论和方法论的问题,看来很明显,未来的科学教学将越来越依赖于科学的认识论,这方面人们已看出许多迹象。

各科学的独立分开,可从实证主义的偏见中找到解释。这种观点认为,仅仅是可观察的论据及其描述和分析,就足以发现超作用的规律,这样不可避免地,不同的学科将从清楚的甚至固定的边界彼此分离开来。边界依赖于各种不同类型的观察材料,而材料本身又和我们主观与客观的记录工具(感知和仪器)有关系。相反,在违反实证主义规则的时候(事实上它们不断地被违反着,甚至有的作者在他们的序言中也同意了，虽然人数不多），人们也会努力去解释这些现象及其支配的规律，而不局限于对其描述，这就必然要超过可观察的界线，因为一切因果关系从属于必然推论，就是说，依赖于演绎和运算结构，而不能还原为简单的事实。事实上，因果关系包含产生与守恒的一种结合，至于逻辑数学运算，除了物理学中属于物体本身而外，都由此转化为"算子"。在这种情况下，基本现实就不再是现象或可观察的事实了，而是经过推论改造，能说明在观察到的材料下面的结构了。由于这一事实本身，各学科之间的界限趋于消失，因为这些结构要么是共有的（如在物理学和化学之间，那就是孔德认为的，它们不能彼此还原为另一种），要么是相互依存的（无疑这适合于生物学和物理、化学之间的情况）。

这就是说，很明显，如果科学教学要适应科学的进步，培养创造精神而不是模仿，就应重视结构主义，这种理论由于具有跨学科的见解，正越来越为人们所接受和支持。这里有含有群和"类"理论的数学结构论，有从其体系的属性间代表物体本身相互作用的解释性模式的无限扩展的物理结构论，有具有平衡和自我调节的问题；甚至控制论模式与数学形式化结构之间连接尚不清楚的生物结构论，等等（不应该忘记心理学研究的智力结构，但是要把它们与上述所有结构联系起来加以考虑）。

从教育学的观点看，存在着一种非常复杂的事态，将来它是很有希望的，但现在很不令人满意。因为虽然人人都谈论跨学科的需要，但那些过时而尚未消逝的已成体系的惯性，倾向于造成一种简单的多学科的局面。问题在于这实际上是增加了教学科目，因为一切专业化都要求邻近领域的支持，但只让学生自己去综合，在大学和中学都需要教师真正懂得他们所教的学科，而且不断地用跨学科的观点加以处理，这就是说，懂得怎样对它们使用的结构给予普遍意义，同时又把它们纳入包含其他学科的总体系之中。换句话说，教师自己要具有相当的认识论精神，能够使学生经常认识到他们的专业领域与整个科学之间的关系。不过，这样的人今天还非常少。

B. 普遍的问题

这些关于未来的精确的自然科学教学的考虑，对我们的社会的发展是特别重要的，但这仅是有代表性罢了，因为同样的问题能以这样或那样的形式在其他知识分支中发现。

还有其他问题。从实际跨学科的倾向中吸取的第一个教训是，需要仔细重新考虑未来人文科学与自然科学的关系，并为因此而把大学教学分为"学院"，把中学教学分为"科"，使两者被完全隔绝开来的灾难性的后果寻找补救办法。从理论观点看，被认为是有关人的科学的心理学和生物学、动物心理学或动物生态学有着不可分割的关系，而属于自然科学的数学，则是人类头脑最直接的产物之一。从人文科学中产生的信息理论，对热力学一样有用，正如后者对信息论和语言学一样。产生于经济学的对策理论也是一样。

从教育学的观点看，毋庸置疑，教育应竭力减少屏障，或打开许多侧门，让学生（大学生、中学生都一样）自由地从一个学科转向另一个学科，给他们多种组合的选择权。但更要求教师自己的思想尽量少些框框，这一点教师比起他们的学生来往往更难做到。

此外，应记住，在划归为人文科学的各门学科中，有一门学科在大学和中学阶段总是发挥着充分的综合作用，但令人遗憾的是，许多信息不太灵通的人至今还认为它有资格作为集中跨学科的关系的工具或中心，它就是哲学。可是，越来越多的科学家对它不信任了，原因以后再讲。但不少生物学家一旦了解到最近某种陈腐的机械论再次充斥他们学科领域，就又向哲学求救。哲学的脆弱地位来源于这样的事实：逻辑学、心理学和社会学从它那里分离出去了，它今天正协助建立数学、物理和心理发生的认识论（等等）。很容易预见，它们的结合将构成明天的认识论。那么，问题是要知道，未来的教学组织是按传统来维护哲学的过分特权（因为由于惰性而产生的弊端已灾难性地暴露在公众之前了，正像教师学衔考试或别的入学考试在 1968 年 5 月幸存下来一样），还是人文科学的教学最后将走向科学结构主义的道路。

结构主义最适合于促进"人文"科学的发展，因为它有强大的语言学传统，它在文化人类学和心理逻辑学派中获得了某些成功，且不讲许多控制论及其他模式在这些学科中进行探索和在经济学领域中的增长。在相应的教育方面的结果是，要给跨学科性质的新观点以不断增长的较大的地位，正如今天心理语言学、决策论、经济学、心理学、社会学等等的发展情况一样。然而，这并不意味着要在中学阶段增加课时，在已有科目中要添加这类新的分支，而是要在系统地扩大眼界这个意义上来改组现有课程。没有任何理由阻止语言教师获得足以使他在语法研究中有广阔眼界的语言修养，也没有理由阻挠历史教师弄清文明进化的普遍因素，而不是把自己局限于战争和朝代的更替上。

但是，在文科中继续存在的问题是，在培养当前和未来的学生的工作中，如何使科学教育的基本组成因素具有足够的位置。这两个因素是（a）学生的真正

"活动",要求学生重新建构和部分地重新发明他所吸取的道理;(b) 尤其重要的是在实验精神和有关方法上的个人的实践经验。当然,不论是拉丁语还是历史都不能重新发明,也不可能从事希腊文明的实验(为了有启发性的"自己看到"或验证解释性的假设)。另一方面,假如我们从学生心理的部分自发表现中开始,我们能了解到逻辑数学运算或因果关系的发展阶段,但对相应的语言结构的形成或引起对历史事实的理解的建立机制,我们却还不认识。从儿童心理学、教育学的研究观点看,还存在一系列悬而未决的问题,不管其解决办法是否类似上述那些问题。

至于教育实践,就是说,要使文科和理科的学生受到实验程序及这种训练所包含的自由活动的教育,可能有两种解决办法,但它们并不互相排除。第一种,在我们看来它似乎是必不可少的,就是提供和科学课时在一起的混合课(这已是一般惯用的办法了),在这种课中,学生可以自己做实验,教师不必详细讲授。第二种(我们认为它可补充第一种),指的是用一些心理学课时(在"哲学"或未来的普通认识论的范围内)进行心理学或心理语言学等方面的实验。

还要考虑两个普遍的问题。第一是关于教师的培养,这是未来整个教育改革的一个根本性的问题,因为只要这个问题还未得到圆满解决,所制定的一切课程或所建立的想要实现的好理论,都是枉然的。这是一个双重的问题,首先有一个使中小学教师提高或再提高社会地位的社会问题,因为公众意见并没有按真正的价值来评价他们的服务,这种情况引起了在这种职业中服务的人员的不满和匮乏,并构成了一种对我们病态文明的进步、甚至生存的一种重大危机。第二是智力和道德方面的培训,这是一个非常棘手的问题,因为所提倡的教学方法越好,教师的任务就越艰难,好的方法要求教师既要对他的学科和学生有高度专门化的知识,同时又要对他所从事的职业有真正的爱好。解决这两个问题的唯一合理的办法是:各级教师都要受到完满的大学教育,因为假若教师认真对待,学生越年轻,教学中的困难就越多,这就像培养医生一样。在完满的大学训练中,未来的中小学教师特别必须有足够的心理学训练。

最后,未来大学的结构对培养教师和培养其他任何专家都一样,很明显,要想减少大学学院的灾难性作用,就应代之以各种类型的灵活的跨学科组合(例如:生物学+心理语言学或数学+物理学+认识论,等等)。但是,假如有两个基本原理没有被使用,这些组合仍然不能说已起作用了:(1)教学和研究紧密结合——学生从低年级开始就与研究打交道,特别是在新问题及尚未解决的问题方面,否则就有可能不懂已建立的学科;(2)协作研究——不是一个单一的教授,而是由亲密合作的相邻专业的代表一起来作指导(如心理学和逻辑学等,尽管这样的协作有实际困难,但我们在日内瓦的实验表明,这些困难并不是不可克服的)。

卢睿 译

论提高民众的见识和品行

[日] 福泽谕吉

福泽谕吉(1835—1901),日本明治时期思想家、教育家,东京学士会院首任院长、庆应义塾大学创立者、明治六大教育家之一,其肖像现印在一万日元纸币正面,被视为现代日本文化开创者之一,重要著作有《劝学书》和《文明论概略》等。

此处辑录的是《劝学书》(1872—1876)中的第12篇,题目系原书所有。

这里说的"提高民众的见识和品行",也就是20世纪初我国学者所说的"国民性改造",或者我们后来说的"提高民族素质",只是日本学者比我们早说了几十年。那么,靠什么来提高民众的见识和品行呢?当然靠教育。但本文作者说,仅仅教人读书还不够,教人行为端正也不够,重要的是要付诸行动。什么行动?就是去和欧美强国比较,争取做强国之民。那么如何才能做强国之民呢?那就"在于学科的进步、教法的精良、人物品质的高尚和议论的不平凡",也就是要像欧美强国那样。否则,就会落得像印度和土耳其那样的境地,成为欧美强国的鱼肉。

本文作者是日本近代"教育强国论"和"脱亚入欧论"的鼻祖,而他的这两种论调,均在本文中清晰可见。

现在，我国最可忧虑的事情，是民众的见识不高。人的见识品行之高低，不能专凭谈论玄妙的理论来衡量。如禅家有所谓悟道之说，其理论玄妙无稽，看了僧侣们的行为更觉迂远而不切实用，事实上等于毫无见识。

再者，人的见识、品行之高低，又不能专凭见闻渊博与否来判定。有的人读万卷书并与天下人交往，却没有自己的一定见解。如墨守成规的汉儒学家，就是这样。不但是儒学家，就是西洋学家也不免有这种毛病。现在有志于日新月异的西洋学问的人，或读经济书，或讲修身，或学哲学，或习科学，把精神日夜寄托在学问上，其辛勤钻研之苦，有似古人之刺股悬梁。但是，如果涉及他个人的情况，却会发现并非如是。这种人眼里看着经济书，却不会经管自己的家产；口讲修身，却不知提高个人的道德修养。把他们的言行比较一下，完全和两个人一样，更看不到他们有一定的见识。

这一类的学者，他们口里讲的和眼里所见的事情虽然不能说是不对，可是把事物的"是"当作"是"的心情，和把"是"当作"是"而加以实行的心情，完全是两回事。这两种心情，有时并行不悖，有时分道扬镳，俗语所说"当医生不会养生"和"读论语不懂论语"，说的就是这个意思。因此我们可以肯定地说，人的见识品行之高，不在于空谈玄理，也不能只凭见闻渊博。

那么，究竟要用什么方法才能提高人的见识，从而提高品行呢？其要诀只有一个，就是把事物的情况进行分析比较，力争向上，不要自满自足。不过，这里所说的事物情况的比较，不单是一事一物的比较，而是把此一事物的全面情况和另一事物的全面情况排列起来，权衡双方的得失，毫无保留地进行观察。例如，现在的青年学生，如果没有沉溺酒色的坏名声，并能谨慎用功，便不会受到父兄尊长的责备，甚至会表现出得意的神情。可是，这种得意的表现，不过是和其他无赖学生比较的结果。学生谨慎用功，乃人之常情，不值得特别表扬。人生的目标本应有更高的要求。如果遍数古今人物，与某人比较，仅能与其功绩相等，便不能认为满足，必须向更高明的人物看齐。比如，我有一件拿手的事情而他有两件，那么我便不能安于一得。何况，要在后来居上的原则下，立志做个旷古空前、无与伦比的人呢？可以说，现在人的职责，是十分重大的。可是，若仅根据谨慎用功一事来断定人生的前途，那就太缺乏考虑了。本来沉溺于酒色的人，只能说是一种不寻常的怪物，若与此怪物相比而自鸣得意的话，那就好比仅具双眼即洋洋自得地向瞎子夸耀一样，适足表现其愚蠢。因此，好作酒色之谈的人，不论他是言语中肯，或者论是说非，总而言之，不外是一个下流的论客。人的品行稍臻上流,就不会再说这种低贱的话。否则,纵然议论风生,也不过惹人讨厌罢了。

现在,日本人评论学校,不是说这个学校校风如何,便是说那个学塾管理如何。世间作父兄的人,专门关心校风管理之事。可是,所谓校风管理,究竟是指哪些事情呢?如果是指校规森严,为着防止学生的放荡无赖而实施周到的管理而言,那就不但不是研究学问之处的好事,还可以说是一种耻辱。西洋各国的校风绝不能算好,甚或发生不堪入目之事,但在评论他们的学校时,却没有听说仅凭校风之纯正与管理之严密即获得名誉,而学校的名誉仅在于学科的进步、教法的精良、人物品质的高尚和议论的不平凡等。因此,我认为主办学校的人,不要将目前在校学习的学生和其他不良的学校相比较,而须参照世界的高水平的学校,来判定其是非得失。校风好和管理严密,虽不失为学校优点之一,可是这种优点正是学校中最不足挂齿的部分,毫不足夸。如果要想和高水平学校相比,就应在别的地方加倍努力,所以在谈论所谓管理是学校的当务之急时,决不能因管理周密而感到满足。

就　国的情形来说,也是这样。例如现在有一个政府,擢用贤良方正之士管理政务、体察人民的苦乐而采取适当的措施,信赏必罚、恩威并行、万民欢乐、歌颂太平,这似乎是值得夸耀的;可是,所谓赏罚、所谓恩威、所谓万民、所谓太平,都不过是一国内部的事,一个或几个人的意识里面所形成的概念;因此,其所谓得失,也只是和本国前一时代或其他政府相比,绝非将全国所有情况和其他国家从头到尾详细比较的结果。若将全国视为一个整体,来和其他文明国家对照,考察双方在数十年间所有设施的得失,而适当地取长补短,再据实际所见而论其损益,那么他们所夸耀的事情就决不足以夸耀了。

举例来说,印度立国不能说不古,其文化的发展远在西历纪元几千年以前,其理论的精湛玄妙,即与现在西洋各国的哲学相比,恐亦毫无逊色。又如从前的土耳其政府,也曾盛极一时,礼乐征伐之法,无不完备;国君贤明,朝臣忠正;其人口的众多、士兵的英勇,在当时邻近诸国中,更是独树一帜,因此一时名震四方。所有对印度和土耳其的评论,无不说印度是有名的文化古国,土耳其是勇武的大国。可是,现在这两国的实际情形已经大不如前。印度沦为英国的领地,人民无异于英国的奴隶。印度人的职业是种植鸦片来毒害中国人,而让英国商人贩卖鸦片获利。土耳其政府虽然名为独立,而商业大权掌握在英法人手里。因为自由贸易的关系,本国的物产日益衰微,无人织布,无人制造机器,因此人民不是挥汗耕田,便是游手好闲,虚度岁月,一切制成品都仰赖英法输入,国家经济无法治理,即使一向以英勇著称的士兵,也受穷困的影响失去了作用。

　　以上所述印度之文和土耳其之武,虽曾赫赫一时,但都不曾对其国家的文明有所贡献,这是什么缘故呢? 就是因为人民所看到的仅限国内的事,满足于本国的现状,并将其一部分情况与他国相比,以为不相上下,即自欺欺人,议论和同伙的见识都停留在这种地步,不知胜败荣辱须指全局而言,因而万民歌颂太平,或作兄弟阋墙之争,结果于不知不觉之中遭受外商权势的压迫,直至国破家亡而后已。试观外商所到之处,在亚洲已是所向无敌,诚属可怕。若对这个劲敌感觉威胁,而又羡慕该国的文明,则须将内外情势详加比较,并为国家前途而奋斗。

裴天立　译

师　道　论

[日] 小原国芳

　　小原国芳(1887—1977)，具有世界影响的日本著名教育家，主要著作有《教育立国论》《全人教育论》《母亲的教育学》《道德教育论》《自由教育论》《修身教育改革论》《教育改造论》和《理想的学校》等；他的庞大的著作与论文收集为《小原国芳全集》(共48卷)。

　　本文选自《小原国芳教育论著选》，题目系原书所有。所谓"师道"，就是"为师之道"。那么，何为"师道"? 这就是本文所要论述的。本文共有三节。在第一节"师道的本义"里，对"道"作了定义。要点是："道"不是"术"，"道"是"宇宙大法"。这一点，作者认为，中国人理解得最为深刻。在第二节"教师的信念"里，对"师道"作了具体论述。要点是：教师不能仅仅传授知识，那是"术"，而要有坚定信念的"道"，因为"教育者如果想到要培育人，要提高对方，就必须在他本人心目中产生着'更高的东西是什么?'这样一种不断前进的意欲，要不断恋慕、追求作为永恒创造者的宇宙大道"。在第三节"师道之极致"里，讲到师道的最高表现。要点是：把师道发挥到极致，其实就是一种宗教献身精神，而且这种精神是建立在"物心如一、天地融合、灵肉一致"的信念之上的。尽管这样的极致一般人很难达到，但作为教师，要以此为毕生追求的人生目标。

　　实际上，对任何事物，只要极度认真、无限追求，都会成为"道"，就如文中所提到的"武士道、骑士道、柔道、剑道、弓道、茶道、书道、角力道"。所以，简单地说，所谓"师道"，就是对教师工作的极度认真和无限追求。

一、师 道 的 本 义

在日本,师道的倡导者要首推山鹿素行①先生吧！据先生所著《山鹿语类》载称:"师者,志也。"而"志者",尽人之道也。近来,我应日本海的隐岐岛②之邀,实现了多年来就想去看看隐岐岛的夙愿。原担心,至多那不就是一个流放后醍醐天皇③的岛吗？不意,日本海的怒涛汹涌和西伯利亚的风暴凛然,蔚为壮观;国贺断崖④雄伟壮丽、古刹旧宫鳞次栉比,真是个令人感慨万千之岛啊！在国分寺宽大匾额上的四个醒目大字——"志在千里",字体雄健,气势恢宏,我想可能是《诗经》里的金玉良言,但归来后经汉文先生考证,原来是汉武帝之语,崇敬之情不禁油然而生。

我想,师道就是斯宾诺莎⑤所教导的"在永恒世界中"追求永远之道的意思,就是以坚定不移之心遵从理性的启示。

圣者亲鸾⑥在《叹异钞》中曾说"一个弟子也没有",他所殷望的只是皈依佛道,皈依大地之大道。施莱尔马赫⑦也说过,宗教的本质在于"绝对皈依的感情"。

那是四十三年前的事情,从事新教育的教师们应邀出席了在纽约召开的新教育座谈会。关于玉川⑧教育问题讨论了大约两小时之后,在质问中提出了——"在玉川搞不搞柔术?"我回答说:"搞柔道,但不搞柔术。"这么一来,有人颇有兴趣地发问:"'道'和'术'有什么不同?"

"术"就是技术,是技巧。"道"就是宇宙的大法,如《圣经·约翰福音》第一章第一节有这样的话:"太初有语言,语言与神同在,语言就是神。"英文《圣经》中也有"In the beginning was the word",德文《圣经》也有"Im Anfang war das Wort"⑨。

---

① 山鹿素行,17 世纪日本江户前期学者、儒学家、兵法家。
② 隐岐群岛,日本岛根半岛北方约 50 公里的群岛,邻近西伯利亚,隶属于岛根县隐岐郡。
③ 后醍醐天皇,1318—1336 年在位。
④ 国贺断崖,也称"国贺海岸",以陡峭著称。
⑤ 斯宾诺莎,17 世纪荷兰哲学家,与法国的笛卡尔和德国的莱布尼茨并称为"17 世纪三大哲学家"。
⑥ 亲鸾,13 世纪日本高僧,日本佛教净土真宗的始祖。
⑦ 施莱尔马赫,19 世纪德国神学家、哲学家。
⑧ 玉川,日本地名。
⑨ 英文和德文的意思均为"太初有言"。

但是,中国翻译的《圣经》则是"元始有道"。希腊原文《圣经》中有"logos"(逻格斯)①一词。这个词除有"语言"之义外,更有大道、大法、法理、理性之类的高深意义。

现在说,那是五十年以前的事情了。美国一家大文学杂志对世界一流的一百位文学家进行了问卷调查:"请回答哪是你所喜欢的世界上最好的大作?"集中起来,回答中最高的是二十七票,然后一下子就落到三票、三票……二票、二票……一票、一票、一票……那获得票数相差悬殊的二十七票的佳作,实际乃是《圣经》开卷劈头的话:"太初,神造天地。"确实如此。哪里还有比这更至高无上的伟大文章、伟大思想呢?我认为,《创世记》开头的"太初,神造天地"这样雄浑深邃的文字,就是约翰在自己的福音书的开头里主张的"太初有道"。实际上,我想就是所谓武士道、骑士道、柔道、剑道、弓道、茶道、书道、角力道的"道"。

二、教师的信念

此外,教师的工作也不可堕落到光传授知识,还必须像耶稣所说的"我就是道"那样,有扎根于坚定信念的"道"。

韩愈告诉我们:"是故无贵无贱,无长无少,道之所存,师之所存也。"②主张将"道"作为师。佐藤一斋③老先生认为:"教育子弟,乃仕奉君主之公事,乃天职。"教师的工作实际上是仅次于仕奉神祇的圣职。那种将此贬为陈旧之说的当今日本所谓"进步学者"的庸俗味,实在可憎。

伊藤仁斋④先生主张:"须择天下一流之人为师,勿以半上不下之人为师。"以"我是劳动者"自卑者,就不可能做好教育工作。英国的谚语中也有:"瞧不起菜贩的人,连当菜贩的资格都没有。"以作学校教师而自卑的教师,就不可能培养出伟人来。教师的工作实际上是仅次于侍奉神祇的圣职。

我出生在所谓"海军的萨摩⑤"的萨摩,但我并不想当海军将校,一直对当老

---

① "逻格斯"(也译"逻各斯"),是赫拉克利特最先提出的哲学术语,意即世界的普遍规律性,而斯多葛派称命运、世界理性为逻格斯。在新柏拉图派的学说中和中世纪基督教神学中,逻格斯就是造物主,神秘的精神实质,上帝。在黑格尔的哲学中,逻格斯就是概念、理性、绝对精神。

② 引自韩愈《师说》。

③ 佐藤一斋,19世纪日本著名儒学家。

④ 伊藤仁斋,17世纪日本古义学派(又称堀川学派)创始人。

⑤ 萨摩,日本地名,属西海道,俗称萨州。

师感到无上喜悦。这是得自我当私塾老师的祖父的无上恩赐。

教师要有天下第一等人的自豪感,要有福泽谕吉先生倡导的独立、自尊、自信、自恃的伟大精神。实际上,教师一定要有自恃这种高尚的情愫。

荀子在《劝学篇》中论述到"君子之学也,以美其身;小人之学也,以为禽犊"。

我的祖父是私塾老师。到了明治时期,村里建立了小学校,据说老师们改为领月薪的时候,从心里忧虑:"领取月薪,还能进行真正的教育吗?"社会上有句俗话:"领薪金的工作,没有好事。"

实际上,大家不是把大家的学校、大家的教学场所看作是"道场"吗?从前的武士为了锻炼自己的心灵,周游各国,遍访武林高手,磨砺和锻炼自己,不也是视此为自己灵魂的拔濯场所、人格的修炼场、意志的净化场吗?我认为,只有这样,才能受到社会人的承认与尊重。

圣经中有这样一段话:"人不是光靠面包活着,而是靠神说出的每句道理活着。"当然,面包、房屋、衣服都需要,但还要有比这更高的东西。

在德国,最早担任教师培训学校校长的第斯多惠①强调说:"只有不断进步的教师,才有教人的权利。"朝夕在慨叹自己的不足、时刻致力于自己的修养的教师,他们会迸发出眼所看不见的火花,鼻所闻不到的芳香。那火花、那芳香,是人格的光辉,是教育的实现。所以必须时时刻刻要有高度的自我、思考的自我。

教育者如果想到要培育人、要提高对方,就必须在他本人心目中产生着"更高的东西是什么?"这样一种不断前进的意欲,要不断恋慕、追求作为永恒创造者的宇宙大道。

建议大家精读一下斯普兰格尔②的《教育者之道》。

这里由该书(改订版)第59页末尾选录一段如下:

> 对于他来说,比什么都重要的是,不断地自我训练成真正的教育者,根据对自己完成的自我教育的尺度来生活,敢于而且能够提出主张,把自我教育之际所积累的能量和方法论当作"资本",而在教育他人时把它当作"零钱"使用。

---

① 第斯多惠,19世纪德国教育家。
② 斯普兰格尔,20世纪德国哲学家、教育学家,受卢梭的教育学说及李科特价值哲学的影响,但更重视现实文化与教育政策,强调个性价值及个性与超个性的价值关系,明确了人的存在的主要类型,这样把心理学与教育学建立在一般文化哲学的基础之上。

三、师道之极致

作为教师,要以"道"为本,为此就要体会"道",要以精神为本,发现真正的人。

施莱尔马赫在其不朽的著作《宗教论》中说:"要向人前进!那里有真正的宗教,能发现真正的神。"这是可贵的教导。

我不否定"物",不拒绝"地上的生活",因为这是物的一个方面。我把布鲁诺①所教导的"对立的合一"作为玉川教育的十二信条之一来付诸实践。我和谢林②一样,相信"同一哲学"。

我希望达到物心如一、天地融合、灵肉一致的妙境。我们不会成为久米③的仙人,不会靠餐露生存。作为优秀的教师,无论是服装、住宅、维持生命的食物,以及为此而产生的金钱欲,还是把生命的延续寄托在子孙身上的性欲以及为了精神成长的求知欲……要和斯宾诺莎一样,都要肯定为"善",东洋也不认为是"恶"。"人既然要靠面包生存",就得肯定面包。

战后我在九洲某县的十几个地方讲过话,每次都把裴斯泰洛齐④的墓志铭上以基督的话为蓝本写的"一切财产,为了他人,而不是为了自己"这句话,作为演讲的结束语。这恐怕会被误解,被否定的吧?!

正因为如此,所以裴斯泰洛齐才主张"神是人,人是神"、神人融合一体。我们很难到达这样的极致。至少我们互相祈愿"一半为他人,一半为自己",至少也达到谢林的"同一哲学"、布鲁诺的"对立的合一"。必须用精神来绝对的净化物,必须用精神来指导物欲。

战后,国民恐怕已沦为物的奴隶了。这种"经济动物"的作风!无视宗教、轻视哲学、蔑视艺术、忘记道德,只看重毕业证书,死记硬背,一味追求工资,这种日本教育难道不是重大过失吗?一部分学者进步左倾、偏激,难道不是致命的偏向吗?彻底说,忘掉了全人教育,难道不是致命的错误吗?

---

① 布鲁诺,16 世纪意大利哲学家,因支持哥白尼学说而被教会处死。
② 谢林,19 世纪德国哲学家、黑格尔的先驱,其哲学体系被称为"同一哲学"。
③ 久米,日本地名,传说是仙人所居之地。
④ 裴斯泰洛齐,18 世纪末、19 世纪初瑞士教育家。

我想起了非洲兰巴雷内的圣者施韦策博士①,虽然他已不在人世。我回忆起了印度的阿古拉癫病院的宫崎松记博士②。他和他的太太、女儿一家都从事神的事业。可是,宫崎博士所乘的飞机坠毁了。很多人都埋怨航空公司,其中也有人要"还我丈夫"。人总有情感一面吧!然而,宫崎夫人只是说:"这是本人的夙愿吧!说过想在印度作古。"

我们对利文斯通③在非洲腹地坦噶尼喀湖畔临终时祈祷的庄严神态,对在菲律宾的菅沼贞风④高尚的人道精神,对在亚马孙河托梅欧斯胡椒园的平沼夫妇⑤的美好的进取精神,对在南亚洲度完美好生涯的传教士贾德森⑥的美德,尤其是对裴斯塔洛齐⑦的神圣事业,都不胜尊敬。

请大家一定要拜读领会这些圣者贤人们的高尚传记,至少是为了我们国家早一天建设成为美丽的日本,为了早一日在世界上洗刷那蔑视日本为"经济动物"的污辱,使日本发出"精神人类"之光,接近于纯洁的精神人格,为了成为受世界所尊敬的、所爱戴的、所羡慕的、所信赖的大和民族。这是上天赋予现在百万教师的伟大使命。

刘剑乔　译

---

① 施韦策博士,在非洲传教的德国传教士。
② 宫崎松记博士,在印度行医的日本医生。
③ 利文斯通,19世纪英国传教士、探险家,1840年以伦敦传教协会医疗传道士的身份到非洲探险,发现赞比亚河(1851)和维多利亚瀑布(1855)以及姆韦普湖、班韦乌卢溯。1871年患病在坦噶尼喀湖畔乌吉吉休养。1873年病死。著有《传教旅行记》《赞比西河及其支流》《中非最后的日记》等。
④ 菅沼贞风,早期移居菲律宾的日本商人。
⑤ 平沼夫妇,早期移居南美洲的日本农民。
⑥ 贾德森,美国传教士,在缅甸传教38年,并死在那里。
⑦ 裴斯塔洛齐,18世纪末、19世纪初瑞士教育家,终生致力于教育改革。

教育的理想状态

[英]阿诺德·汤因比 [日]池田大作

阿诺德·汤因比（Arnold Toynbee, 1889—1975），英国历史学家，被誉为"近世以来最伟大的历史学家"，重要著作有《历史研究》《人类与大地母亲：一部叙事体世界历史》《经受着考验的文明》《世界和西方》《人类必须抉择》和《汤因比论汤因比》等。

池田大作（1928— ），日本著名宗教家、作家、摄影家，曾任日本创价学会会长，曾获联合国和平奖。

1973年，汤因比与池田大作曾就人类社会和当代世界问题进行过一次探讨，似乎有东西方对话的意思。对话录先后出版过英文、日文、德文、法文、西班牙文等多种译本。中译本出版于1984年，取名为《展望21世纪——汤因比、池田大作对话录》。本文即其中第1编第3章的第1节，题目和文中标题均为原书所有。

这一节取名为"教育的理想状态"，意思就是：理想的教育应该是怎样的。这里共谈了5个问题：（1）理想的教育目的应该是什么？对此，两人一致同意，教育的目的不应该是实利。那么，应该是什么？汤因比认为"应该是一种探索，使人理解人生的意义和目的，找到正确的生活方式"。对此，池田大作表示同意。（2）理想的教育应以哪些人为对象？他们认为，应该以所有人为对象：不仅幼儿和年轻人是教育对象，中年人乃至老年人同样也是教育对象——这就是"终身教育"。（3）理想的教育应该从何处获得经费而不受国家权力的支配？池田大作对此表示忧虑，因为现实趋势是教育越来越"国家化"，这对教育非常不利，会干扰教育达到其自身目的。汤因比认为，理想的教育经费来源应该是社会各界，而不是政府，这样可避免教育被政治化。（4）理想的教育应怎样面对性问题？他们讨论的是男女同校和男女分校问题，结论是：男女同校容易产生异性间的混乱，而男女分校又可能有同性恋问题。但是，他们一致认为，这不应该属于教育，尤其是学校教育范围内的事情。否则，就会有悖教育的初衷。所以，池田大作最后说，对这类问题，理想的教育"应听凭学生的良心"；也就是说，理想的教育不应"干涉个人的自由"。（5）理想的教育应如何看待教学和科研的矛盾？或者说，教师的主要任务是教学还是科研？汤因比曾主张，教学和科研应该分开，教师只管教学，科研人员只管教研。对此，池田大作在对话中婉转地表示不能同意，因为教师未必没有科研能力，科研人员未必没有教学能力，若把他们严格分开，可能对两方面都不利。汤因比回答说，他也考虑过，在大学水平的教育中，应该给教授们开展科研的机会；但他仍坚持认为，科研人员不应该再去参与教学活动，除非教学活动和他的科研直接有关，如教学法研究、教育心理学研究等；否则，就应该到别的地方去兼职。总之，关于这个问题，他们两人并没有得出一致的看法。

不管怎样，这场在一个西方历史学家和一个东方宗教家之间进行的谈话是富有启发性的。就教育而言，它至少可以使人意识到，当前的教育还远远不是理想的教育，因而有许多问题需要思考。

一、教育的目的

池田：博士认为，学问和教育的本质不是以谋实利为动机，而是要寻求与存在于宇宙背后的"精神存在"之间的心灵交流。我也认为，学问和教育本来的意义非常接近某种意义上的宗教性质的东西。教育的根本课题是在于说明和回答人类应当怎样存在，人生应该怎样度过这些人类最重要的问题。

就教育来说，确实可以从中得到很大的实利效果。但这终归是作为结果而自然形成的，光把实利作为动机和目的，这不是教育应有的状况。在现代技术文明的社会中，不能不令人感到教育已成了实利的下贱侍女，成了追逐欲望的工具。

汤因比：我一直主张，教育的正确目的，归根结底是宗教性质的东西，不能只图利益。教育应该是一种探索，使人理解人生的意义和目的，找到正确的生活方式。

我相信，这种精神上正确的生活方式基本上是所有人共有的东西。同样的，实际生活中的正确的生活方式以前对所有人来说，也是共有的。这就是说，在初期单纯的人类社会的组织和技术逐渐复杂化，并从中产生分工的需要。以前的时代，是人类共有的。

在今天的文明时代，要进行正确的生活方式的教育，也需要有关的专门知识和特殊技能的职业性训练，以补充之。但是，在实际就职的时候，受过脑力职业训练的所有的人都得进行希波克拉底宣誓①。这是自古以来从事医学职业的人都要进行的宣誓。任何一项职业，凡新参加脑力职业的人都应保证不用自己的专业知识和技能来榨取自己的同胞，而是要为他们服务。应该把为民众服务的义务放在高于为自己的家庭谋生的位置上。不是为了最大的利益，而是为了尽力地服务——这才是脑力工作者的目的和应为之献身的理想。

池田：我想您说得很对。现代教育陷入了功利主义，这是可悲的事情。这种风气带来了两个弊病，一个是学问成了政治和经济的工具，失掉了本来应有的主动性，因而也失去了尊严性。另一个是认为唯有实利的知识和技术才有价值，

---

① 所谓"希波克拉底宣誓"，即发誓：对知识传授者心存感激；为服务对象谋利益，做自己有能力做的事；绝不利用职业便利做缺德乃至违法的事情；严格保守秘密，即尊重个人隐私、谨护商业秘密。

所以做这种学问的人都成了知识和技术的奴隶。

由此产生的结果是人类尊严的丧失。我觉得，像这种人为知识和技术服务，受政治和经济操纵的学问和教育，无论如何要恢复其原来的宗旨，即学问本来是为了阐明人类的基本生态和存在的根本，而教育则是要把这种学问传播开去。

二、关于终身教育

池田：下面谈谈具体问题。我觉得要开发和发展个人的才能，用一个教师教几十名青少年这种现在学校教育的办法，恐怕是达不到目的的。

人的能力各不相同，一个人有他自己的某些长处和天资。大概可以说，如何使每个人内在的长处和天资在生活和实践中得到发挥，这是关键。无论在家庭里，还是在学校里，周围的人应该注意，不要只用学习好坏来要求儿童。

人生并不是只用学校教育来培养的。学生时代的优等生不见得就是人生的成功者，这个事实就证明了这一点。许多人在学校读书时并不引人注目，但到了中年或晚年以后才表现出才华。再有，学问本身也是日新月异的。在学校学过的知识，经年累月之后变成了落后于时代的无用的东西，这种情况也不少。

汤因比：在今天的世界上，知识天天在增加，且对其解释也在不断变化，只用全日制的青少年教育是不够的。一个人需要在一生中继续不断地进行自我教育。今天，若只有青少年时期在学校学得的知识，那对日后生活已经不够了。这意味着学生在学校教育获得的资格和大学毕业获得的学位，不能成为一生的评价，只应看成是一时的成绩。我们在成人以后，每个人都需要反复被考试、被重新评价。就是说，每个人在人生的各个时期取得了多少成绩，这就是考试。一个人还在 16 岁或 22 岁的时候，只经过一次考试就终生被定为一等或三等，这是荒唐的，十分不妥当的。

有的人是大器晚成，有的虽是少年得志，但后来却一事无成。温斯顿·丘吉尔少年时期是明显的劣等生，青年时期焕发了才气，到了中年屡遭失败，而在 60多岁时成了无可置疑的伟大人物。

给英国的历史以决定性影响的另一个人物是七世纪的希腊人、基督教传教士、塔尔苏斯的圣·狄奥多洛斯。他被派遣来改革英国的基督教会的那一年，和丘吉尔为拯救英国不受侵略而担任首相时的年龄相仿。和丘吉尔一样，狄奥多洛斯出色地完成了自己的使命。他从 50 岁到 70 多岁共奋斗了 20 年，改革了英国国教会。

当然，与他们相反，也有许多人晚年一事无成。

池田：实际问题是，一个人踏进社会的时候，由学问所体现出的能力并不能决定他作为人的价值。不少情况下，心胸宽阔、生活中积累的丰富经验等，倒具有很惊人的价值。再者，要充分发挥掌握的才能，在脑力劳动和体力劳动中虽然有差别，但健康的体魄和神经的机敏也都是必要的。为此，即使在学校教育中，也不仅仅是课堂学习。应当尽量创造机会与社会接触，使学生懂得利用人生的经验，使学生具备课外活动和共同生活的经验。作为我们现在所追求的理想教育，我想强调这样一点，即教育必须是面向全人类的教育。

汤因比：我刚才也说过的，在成人期继续进行教育的好处之一，是能把个人的经验和作为学问（也即间接地）学习的事物联系起来。这里想再补充说明一下，使青少年通过课外活动和共同生活积累实际经验，这一工作应尽量在早期安排。

英国传统的所谓"大学预备学校"这种教育制度中就有这种先例。有一些"大学预备学校"——虽然这样称呼，其实是私立学校——确实，难免要被人批评是政客的温床。但在这些学校里，允许高年级学生实际行使权力，培养他们的责任感，这是很重要的。这一点，我以为英国的"大学预备学校"提供了珍贵的典范。我本人就是在一所"大学预备学校"中受的教育。学生会主席经常被用"权力是人格的试金石"这句古希腊格言来训诫。

人的能力是多种多样的，它们都具有社会性的价值。我们应该发掘、培养每一个人的独具的能力。要做到这一点，就必须给学生机会，使他们实际去积累经验，并应用这些经验。而且，在一生中都需要进行理论和实践互相补充、互相促进的一体化教育。

三、关于教育经费的来源

池田：遗憾的是，现在的教育被置于国家权力的支配之下，教育行政隶属于国家所追求的目的。特别是也应称为教育之渊源的学问研究本身，与国家权力紧密地联系在一起了。这是因为研究需要巨额费用，如没有国家权力的支持，研究工作就不能如愿进行。结果，与国家利益直接相关的研究项目便受到过分的优遇，而与国家利益无关的领域或者对国家利益持有不同见解的研究者，往往会受到不当的冷遇。

这种学问研究的社会现状也同样反映到了教育界中。就是说，与国家利益有关的教育科研受到重视，反之就受到轻视。甚至教科书的内容也受到不适当的干涉。在这种情况下，恐怕培养健全人才的理想就要受到践踏，培养出的人也是畸形的。我对这一点十分忧虑。

汤因比：对教育的投资、控制、领导等都由国家独揽，这种情况是十分要不得的。国家总是要给那些能增强国家权力的研究领域提出补助经费。国家还往往要对接受政府款项和控制的教育，在意识形态上加以干预。这是为了使学生变成政权方面的意识形态的支持者。

教育接受国家资金的补助当然也有好处。例如，可以给所有的孩子均等的受教育机会。在今天的英国，不少人虽出身贫寒，但多亏有公费助学金制度而得以受到高等教育。在所有职业的领导层中都有一些这种出身的人。

池田：从教育的机会均等这个角度来考虑，确实不可能全面地由个人承担教育经费。因此不得不采取国家和公共自治团体援助的方式。但是，我认为不能干涉教育的内容，哪怕是间接的，也不能采取使教育有所偏向的政策。在这个意义上，采取什么形式来进行援助就是个重要的问题了。

汤因比：在英国，第一次世界大战以后，设立了半官方法人。这种机构虽用公共资金经办，但不受政府控制，这些法人由自治团体管理。其中，机构之一有大学助学金委员会，现在英国的大学基金的大部分就是由它提供、分配。现在的大学基金中，学生交付的钱和民间馈赠只占极小的比例。

这种半官方法人的意图是要节制政府使用财力干涉半官方法人的方针。过去，这个意图大致也得到了实行。但是从长远目光来看，大学助学金委员会和其使半官方法人——比如同样是重要教育机关的英国广播协会——的自治性，今后是否仍能在议会中受到尊重，这现在还很难说。这样看来，半官方法人这一结构，也还是很不可靠的。因此，使教育独立地建立在十分可靠、永久的基础之上是重要的。为此目的，我考虑需要两个条件，即首先是不受国家和企业控制的永久性的财政资金。其次是被公认有道德、有知识水平，因而也受到众人尊敬和支持的教职人员和教育行政人员。

是否最好用不可撤回的馈赠金作为这样的基金。就是说，赠予者在提供赠金时，本人或其继承人要有法律誓约，放弃对基金使用管理的干涉权利。在美国的民间财团中，这是一项谋求提高研究和教育水平的原则，而且这个做法也是美国政府向大学无偿提供土地时的原则。这些无偿提供的土地即成为州立的综合大学、单科大学的一项财政来源。土地作为永久基金是最好的一种形式，因为地价的变动与货币价值成反比例，货币价值即使不是现在这样高度通货膨胀时期，也有下跌的倾向。1902 年我在温切斯特学校获得的奖学金，就是由这所大学的创立人 1395 年馈赠的土地的收入提供的。

我希望所有国家的所有教育机关都接受不可撤回的土地赠予，以便能够做到维持学生的低学费和教职人员的高工资。只有这样，才能保证自由不受国家和大企业的控制。

教育机关必须是彻底的自治机关。应在教育法人的规约上规定实行代议制，组成的代表不仅有教育行政人员和教职员，小学初中还应有家长，高中大学应有学生。教育是与整个社会都有重大关系的社会活动，所以是否也应有一般群众的代表参加。由这样多方面的代表各自具有的权限来决定教育方针的制定和实施，才能使多种意见互相交流。这和最近全世界争论这个问题的情况一样。

四、男女同校的得失

池田：日本的教育受儒教道德的影响，第二次世界大战以前，男女是分校学习的。但战后，在公立学校，从小学到大学都采用了男女同校制。听说英国男女同校的历史也不长。博士对男女同校的得失有何见解？

汤因比：英国在 1870 年以前不实行男女同校，这倒也不是由于原则上的理由，而是出于经济上的原因。1870 年公立的初级、中级学校等制度——即由政府提供一年经费的学校制度——首次实行了男女同校制。而包括大学在内，所有的私立学校仍然是男女分校学习。当时英国的大学很少，英格兰有两所，苏格兰有四所，每一所大学都不允许女子取得学位。我妻子就学于剑桥大学，她被允许参加每一次考试，并取得了优等成绩，但是不能获得学位。

美国当然从很早以前就有男女同校的单科大学，男女学生一起上课，都可以取得学位。今天，在英国男女学生也可以自由地一起上课了。据说还要创办美国式的男女同校的单科大学。

我觉得对于男女分校和男女同校两种制度都有许多争论的余地。现在，男女同校在 13 岁到 18 岁的学生中间产生了性混乱这样极严重的问题。一般人都认为，对年轻人来说，这个时期确实是个难办的时期，男女同校或不同校，在教育上都会碰到许多问题。最近,14、15岁的女孩子怀孕的事情经常发生。这虽然不能说是男女同校必不可免的现象,但却是实际结果。女孩子们为此要遭受巨大的悲伤和痛苦。

我14岁的时候,学校是按男女严格分开的。那时已有了女子大学,也有女子中学。男女学生之间的关系受到严格的限制,彼此见面的机会都很少。因此,男女学生之间的混乱的性关系当然也不会发生。但是,同性恋却不能避免。我14岁进寄宿学校以前,同性恋这种事连听都没有听说过。但入学以后,这个问题成了经常性的话题,我也就经常听到这类事情了。很遗憾,同性恋是寄宿学校的一个弊病。

我觉得要在男女同校和不同校这两种制度的长处和短处取得平衡是极其困难的。要想用男女分校来防止异性间的性混乱,却又带来了同性恋这种同样深刻的问题。

池田:正如您所指出的,我想男女同校与否都各有问题。

我个人认为,说男性同性恋或女性同性恋是坏事,这终究是相对的。有的社会,比如古代希腊,认为这是正当的。有的社会却要加以谴责。而另一方面,男女间的性关系却涉及妊娠问题和生命的尊严问题。因此,如果不得不在学生间出现的同性恋与异性间性关系两者中,选择一下哪个更坏的话,我不得不说同性恋还是小恶。

我本人除大学外,创立了两所初中、高中,都是男女分校。我这样做倒不是特别意识到男女同校会产生性混乱,而是为了学生们能专心学习。当然,我并不希望在学生们中间产生同性恋之类的性问题。但是这类问题可以想见或许会发生的。对此,我主张应听凭学生的良心。

我认为学校或公共机构应当培养人们能尊重个人的自由判断的品质,给他们提供正确判断的素材。假如个人判断的结果是错误的,这证明学校没有很好完成任务。干涉个人的自由,这只能表明自己的无能和傲慢。也许,这过于理想主义了,但我想,所谓学校教育就应当是这样的。

五、教育工作者与研究工作者

池田:博士曾经说过,实际执教的教员和专门从事研究的人,将来最好分离。确实,教育和研究原本是完全不同的东西,而且一到高水平阶段,教育就往往很容易被牺牲。

对博士的想法,我也很关心。只是我觉得在实行教育与研究分离的时候,也要考虑到不利的一面。因为作为机构,将教育和研究分离的方向虽然可行,但教员恐怕就会因此失去以前兼有研究人员的一面,而且这也有可能会丧失教员的教学活动不可缺少的新鲜性。所以,即使假定分离了,如何使教育和研究互相交流,如何提高教员的质量,就会成为一个重要的问题。关于这一点,博士认为在制度上最好有哪些改革?

汤因比:我考虑,在大学水平的教育中,应当给教授们开展研究活动的时间和机会。而且应把这种研究活动看成和讲课一样,是他们不可缺少的义务的一部分。

大学教育的作用在于教给学生自我教育的方法。我觉得要想有效地完成这个任务,首先教授们必须继续进行自我教育。而教职人员的自我教育唯有开展研究活动。

与此相反,研究人员就不需要同时也是教员。一个人适合搞研究,未必任何时候都适合搞教育。话虽这么说,我并不认为一个研究人员排斥其他一切活动,将工作时间全部投入研究,就会创造第一流的工作。如果这样做,就会脱离人类生活的潮流而孤立起来,并且无法获得研究室和书库中得不到的实际经验。最富有创造性的研究人员,是经常将研究与其他某种活动结合起来的人。在我本人的专业领域,即历史研究中,最著名的历史学家们虽不能一定说工作的同时还兼教职,但他们同时都兼政治家、行政官、军人或实业家。其中有些人同时兼两种职业,也有些人在职业生活的中途主动或迫于其他原因而辞职,然后开始历史写作。正因为他们有自己的直接经验可以参照,所以能够写出优秀的历史著作。换句话说,由于他们亲身参与了后来自己作为研究对象的那种活动,所以他们从中获得了洞察力和智慧。

池田:研究人员只有接触人的实际生活才能得到活力,使自己的专门性研究获得有成效的进展。对您的这种见解,正因为您本人即是伟大的研究家,我也深感兴趣。专门性研究这种工作离开了人在实际生活中的感情和行动,其研究成果就会成为极危险的东西。您的见解也是纠正这种偏向的根据。

对于历史和社会科学等研究人员来说,活生生的社会就是珍贵的研究素材,是获得灵感的宝库。对研究自然现象的人来说,虽然人类社会的现象不能成为直接的素材,但社会至少是正确反映人们对该项研究成果能有什么反应的唯一场所吧。在这种意义上,非常专门化领域中的研究人员,也应该把自己的研究课题和其结果通俗易懂地告诉或者传授给学生和一般大众。只有这样,才能用人的眼光重新审视自己的研究,才能找到研究的新观点。这也有助于修正研究方向,防止研究滑入危险的轨道。

苟春生　译

中国篇

学 校 总 论

梁启超

梁启超(1873—1929),字卓如,号任公,中国近代学者、作家,学识渊博,著述宏富,在史学、哲学、文学、伦理学、宗教学等诸多方面均有建树,尤以史学研究为专长,著有《清代学术概论》《中国历史研究法》《中国近三百年学术史》《先秦政治思想史》《中国文化史》《饮冰室合集》等。

本文选自《变法通议》(1896年,后载《饮冰室合集》之一),题目系原文所有。

1895年(光绪二十一年)甲午战败,梁启超于次年上书朝廷,直陈洋务运动之不足,主张变法维新,此即《变法通议》。本文是其中的一节,论教育与"变法"之关系,其要点是:"变法"为图强,而图强"以开民智为第一义";"开民智",始于"学"(普及教育);"学",立于"教"(开设学校)。故此节题为"学校总论"。文中说,远古中国,本有完备之学校("学校之制,惟吾三代为最备"),只是"先王欲其民智,后世欲其民愚",当政者为求安定,以科举消磨人才,使"奇才异能之士不得不辍其所学,以佁焉而从事矣",此即"愚黔首、重君权,驭一统之天下",致使各行各业人才奇缺。既无人才,"一旦有事,乃欲以多材望天下,安可得耶"? 此乃中国之悲哀,"此则可为流涕者也"! 既如此,唯有求变,"亡而存之、废而举之、愚而智之、弱而强之,条理万端,皆归本于学校"。而要开设现代之学校,必先除去以往三病根,即:"科举之制不改"、"师范学堂不立"、"专门之业不分";否则,"徒知敌人胜我之具,而不知所以胜之具,旷日穷力,以从事于目前之所见,而蔽于其所未见,究其归宿,一无所成"。换言之,若不有效开设现代学校,无以"开民智";不"开民智",无以"变法";不"变法",无以图强;不图强,中国"无以为救也"!

本文可谓中国近代"教育救国论"之滥觞。

吾闻之，春秋三世①之义，据乱世以力胜，升平世智力②互相胜，太平世以智胜。草昧伊始③，蹄迹交于中国，鸟兽之害未消，营窟悬巢，乃克相保，力之强也。顾④人虽文弱，无羽毛之饰、爪牙之卫，而卒能槛絷兕虎⑤、驾役驼象，智之强也。数千年来，蒙古之种、回回之裔⑥，以掳掠为功，以屠杀为乐，屡蹂各国，几一寰宇⑦，力之强也。近百年间，欧罗巴之众、高加索之族⑧，藉⑨制器以灭国，借通商以辟地，于是全球十九⑩归其统辖，智之强也。世界之运，由乱而进于平，胜败之原，由力而趋于智。故言自强于今日，以开民智为第一义。

智恶乎⑪开？开于学。学恶乎立？立于教。学校之制，惟吾三代⑫为最备：家有塾、党有庠、术有序、国有学⑬，立学之等也。八岁入小学，十五而就大学，入学之年也。六年教之数与方名，九年教之数日⑭，十年学书计，十有三年学乐诵诗，成童⑮学射御，二十学礼，受学之序也。比年⑯入学，中年⑰考校，以离经辨志⑱为始事，以知类通达⑲为大成，课学之程也。《大学》一篇，言大学堂之事也；《弟子职》一篇，言小学堂之事也；《内则》一篇，言女学堂之事也；《学记》一篇，言师范学堂之事也。管子⑳言"农工商，群萃而州处，相语以事，相示以功。故其父兄之教不肃而成，其子弟之学不劳而能"，是农学、工学、商学，皆有学堂也。孔子

① 春秋三世：即"三世说"（据《春秋公羊传》由汉儒提出，认为历史演变有三种形态，称为"据乱世"、"升平世"、"太平世"，即：从"据乱"经"升平"到"太平"）。
② 智力：智与力。
③ 草昧伊始：蒙昧的原始时代。
④ 顾：看。
⑤ 槛[jiàn]絷[zhí]：囚禁。兕[sì]：古书上说的一种独角兽。
⑥ 蒙古之种：泛指北方蛮族。回回之裔：伊斯兰教徒（伊斯兰教也称回回教）。
⑦ 几一寰宇：几乎一统天下。
⑧ 欧罗巴之众：西欧各国。高加索之族：东欧各族。
⑨ 藉[jiè]：借。
⑩ 十九："十有八九"的缩略。
⑪ 恶乎：如何。
⑫ 三代：夏、商、周。
⑬ 党：古代五百家为一党。庠[xiáng]：乡学。术：技艺。序：习艺处。学：学府。
⑭ 数日：历法。
⑮ 成童：15 岁（古人以 15 岁为成年，童年结束，故称"成童"）。
⑯ 比年：按年龄。
⑰ 中[zhòng]年：到年龄。
⑱ 离经辨志：读断经书文句，明察圣贤志向。
⑲ 知类通达：认知各类事物，领会相互贯通。
⑳ 管仲，春秋时齐国名相。

言"以不教民战，是谓弃之①"；晋文②始入而教其民，三年而后用之。越王③栖于会稽④，教训十年，是兵学有学堂也。其有专务他业、不能就学者，犹以十月事讫⑤，使父老教于校室。有不帅⑥教者，乡官简而以告，其视之重而督之严也，如此。故使一国之内，无一人不受教，无一人不知学。《兔罝》⑦之野人，可以备⑧千城；《小戎》⑨之女子，可以敌王忾⑩；贩牛之郑商⑪，可以退敌师；斲轮之齐工⑫，可以语治道⑬；听舆人⑭之诵，可以定霸；采乡校之议，可以闻政。举国之人，与国为体，填城溢野⑮，无非人才。所谓以天下之目视，以天下之耳听，以天下之虑虑，三代盛强，盖以此也。

马贵舆⑯曰："古者户口少而才智之民多，今户口多而才智之民少。"余悲其言，虽然盖有由也。先王欲其民智，后世欲其民愚。天下既定，敌国外患既息，其所虑者，草泽之豪杰乘时而起，与议论之士援古义以非时政也。于是乎，为道⑰以钤制⑱之。国有大学、省有学院、郡县有学官，考其名犹夫古人也，视其法犹夫古人也，而问其所以为教，则曰制义也、诗赋也、楷法也，不必读书通古今而亦能之，则中材以下，求读书、求通古今者稀矣。非此一途不能自进，则奇才异能之士不得不辍其所学，以俛焉⑲而从事矣。其取之也，无定；其得之也，甚难，则倜傥之才，必有十年不第⑳，穷愁感叹，销磨其才气，而无复余力以成其学矣。如是，

---

① 语出《论语·子路》："子曰：以不教民战，是谓弃之。"朱注：言用不教之民以战，必有败亡之祸，是弃其民也。
② 晋文：晋文公。
③ 越王：勾践。
④ 会稽：今绍兴一带。
⑤ 十月事讫：十个月为限。
⑥ 不帅：不胜任。
⑦ 《兔罝[jū]》：《诗经·国风》中一诗。兔罝：捕捉兔子的网。以此喻狩猎。
⑧ 备：防备。
⑨ 《小戎》：《诗经·国风》中一诗。小戎：兵车。以此喻习武。
⑩ 王忾[kài]：君主之怒气。
⑪ 郑商：郑国商人。
⑫ 斲[zhuó]轮：修车轮。齐工：齐国工匠。
⑬ 治道：治国之道。
⑭ 舆人：众人。
⑮ 填城溢野：满城满野。
⑯ 马端临，字贵舆，号竹洲，宋元之际史学家，著有《文献通考》《大学集注》《多识录》等。
⑰ 为道：当道者。
⑱ 钤[qián]制：钳制。
⑲ 俛[fǔ]焉：勉强。
⑳ 不第：(科考)不及第。

则豪杰与议论之士必少,而于驯治天下也,甚易。故秦始皇之燔①诗书、明太祖之设制艺②,遥遥两心,千载同揆③,皆所以愚黔首④、重君权,驭一统之天下、弭⑤内乱之道,未有善于此者⑥也。譬之居室,虑其僮仆窃其宝货,束而缚之,置彼严室,加扃镢⑦焉,则可以高枕而卧,无损其秋毫矣。独惜强寇忽至,入门无门、入闺无闺⑧,悉索所有⑨,席卷以行,而受缚之人,徒⑩相对咋舌,见其主之难,而无以为救也。

凡国之民,都为五等,曰士、曰农、曰工、曰商、曰兵。士者,学子之称,夫⑪人而知也。然农有农之士、工有工之士、商有商之士、兵有兵之士。农而不士,故美国每年农产值银三千一百兆⑫两、俄国值二千二百兆两、法国值一千八百兆两,而中国只值三百兆两;工而不士,故美国每自创新艺,报官领照者⑬,二万二百十事、法国七千三百事、英国六千九百事,而中国无闻焉;商而不士,故英国商务价值二千七百四十兆两、德国一千二百九十六兆两、法国一千一百七十六兆两,而中国仅二百十七兆两;兵而不士,故去岁之役⑭,水师军船九十六艘,如无一船,榆关防守兵几⑮三百营,如无一兵。今夫有四者⑯之名,无士之实,则其害且至于此。矧⑰于士而不士,聚千百帖括、卷折、考据、词章之辈,于历代掌故⑱瞠然未有所见,于万国形势瞢然未有所闻者,而欲与之共天下、任庶官、行新政、御外侮,其可得乎?

---

① 燔[fán]:焚烧。
② 制艺:亦称"八股",一种死板的作文法。
③ 同揆[kuí]:同一准则。
④ 黔首:百姓(战国时期,凡人以黑巾覆头,故谓之黔首)。
⑤ 弭[mǐ]:消除。
⑥ 善于此者:功效好于此者。
⑦ 扃[jiōng]镢[jué]:枷锁。
⑧ 入门无门、入闺无闺:无人阻拦。
⑨ 悉索所有:所有一切。
⑩ 徒:只能。
⑪ 夫:文言虚词,无义。
⑫ 兆:(古数字单位)百万(推算:一百兆即今一亿)。
⑬ 自创新艺,报官领照者:即今所说"申请专利"。
⑭ 去岁之役:即1895年中日甲午战争。
⑮ 几:几有。
⑯ 四者:即农、工、商、兵。
⑰ 矧[shěn]:况且。
⑱ 掌故:典章制度。

今之言治国者,必曰"仿效西法、力图富强",斯①固然也。虽然②非其人③莫能举也。今以有约之国④十有六,依西人例,每国命一使,今之周知四国、娴于辞令、能任使才者,几何人矣?欧美、澳洲、日、印、缅、越、南洋诸岛,其有中国人民侨寓之地不下四百所,今之熟悉商务、明察土宜、才任领事者,几何人矣?教案⑤、界务、商务,纷纷屡起,今之达彝情⑥、明公法、熟约章、能任总署章京、各省洋务局者,几何人矣?泰西⑦大国,常兵⑧皆数十万,战时可调至数百万,中国之大,练兵最少亦当及五十万,为千营,每营营哨官⑨六员,今之习于地图、晓畅军事、才任偏裨⑩者,几何人矣?娴练兵法、谙习营制、能总大众、遇大敌、才任统帅者,几何人矣?中国若整顿海军,但求与日本相敌,亦须有兵船百四十余艘,今之深谙海战、能任水弁⑪者,几何人矣?久历风涛、熟悉沙线⑫堪胜船主、大副、二副者,几何人矣?陆军每营、水师每船,皆需医师二三人,今之练习医理、精达伤科、才任军医者,几何人矣?每造铁路,十英里需用上等工匠二员,次等六十员,今之明于机器、习于工程学、才任工师者,几何人矣?中国矿产,封镉⑬千年,得旨开采,设局渐多,今之能察矿苗、化分矿质、才任官人者,几何人矣?各省议设商务局以保利权,今之明商理、习商情、才任商董者,几何人矣?能制造器械,乃能致强;能制造货物,乃能致富,今之创新法、出新制、足以方驾彼族、衣被⑭天下者,几何人矣?

坐是⑮之故,往往有一切新法,尽美尽美,人人皆知,而议论数十年不能举行

---

① 斯:此。
② 虽然:虽(如此),然……。
③ 非其人:没有人才。
④ 有约之国:有邦交之国。
⑤ 教案:宗教纠纷。
⑥ 彝情:外国情况。
⑦ 泰西:西方。
⑧ 常兵:常备军。
⑨ 营哨官:营长。
⑩ 偏裨:将领。
⑪ 水弁[biàn]:舰长。
⑫ 沙线:地图上表明暗滩的虚线。
⑬ 封镉[jué]:封锁。
⑭ 衣被:有益于。
⑮ 坐是:因此。

者。苟①漫然举之,则偾辙②立见,卒为沮抑③新法者所诟詈④。其稍有成效之一二事,则任用洋员⑤者也。而轮船招商局、开平矿局、汉阳铁厂之类,每年开销之数,洋人薪水几及其半。海关厘税⑥,岁入三千万,为国饷⑦源,而听彼族⑧盘踞,数十年不能取代。即此数端论之,任用洋员之明效,大略可睹矣。然犹幸而藉此以成就一二事,若决然舍旃⑨,则将并此一二事者而亦无之。呜呼!同是圆颅方趾⑩、戴天履地,而必事事俯首拱手,待命他人,岂不可为长太息⑪矣乎。

若夫⑫四海之大,学子之众,其一二识时之彦⑬、有志之士,欲矢志独学、求中外之故、成一家之言者,盖有人矣。然不通西文,则非已译之书不能读,其难成一也。格致⑭诸学,皆藉仪器,苟非素封⑮,未由购置,其难成二也。增广学识,尤藉游历,寻常寒士,安能远游?其难成三也。一切实学,如水师必出海操练,矿学必入山察勘,非藉官力不能独行,其难成四也。国家既不以此取士,学成亦无所用,犹不足以赡妻子⑯、免饥寒,故每至半途,废然而返,其难成五也。此所以通商数十年,而士之无所凭藉、能卓然成异材为国家用者,殆几⑰绝也。此又马贵舆所谓"姑⑱选其能者,而无能之人,则听其自为不肖⑲而已;姑进其用者,而未用之人,则听其自为不遇⑳而已"。豚蹄满篝之祝㉑,旁观犹以为

---

① 苟:若。
② 偾[fèn]辙:覆辙。
③ 沮抑:阻遏。
④ 诟[gòu]詈[lì]:辱骂。
⑤ 洋员:外国职员。
⑥ 厘税:晚清实行的一种商业税,因税率按货值抽若干厘,故名"厘税"。
⑦ 国饷:国库收入。
⑧ 彼族:他国人。
⑨ 舍旃[zhān]:舍弃。语出《诗经·采苓》:"舍旃舍旃,苟亦无然。"
⑩ 圆颅方趾:圆的头颅、方的脚掌,指人。
⑪ 太息:叹息。
⑫ 若夫:至于。
⑬ 彦[yàn]:贤才。
⑭ 格致:格物致知(物理)。
⑮ 素封:无官爵封邑而富比封爵的人。
⑯ 赡[shàn]妻子:赡养妻与子。
⑰ 殆几:几乎。
⑱ 姑:姑且(如若)。
⑲ 不肖:没出息。
⑳ 不遇:没机会。
㉑ 豚蹄满篝之祝:亦作"操豚蹄而祝篝车",典出《史记·滑稽列传》:"威王八年,楚大发兵加齐。齐王使淳于髡之赵请救兵,赍金百斤,车马十驷。淳于髡仰天大笑,冠缨索绝。王曰:'先生少之乎?'髡曰:'何敢!'王曰:'笑岂有说乎?'髡曰:'今者臣从东方来,见道傍有禳田者,操一豚蹄,酒一盂,祝曰:"瓯窭满篝,污邪满车,五谷蕃熟,穰穰满家。"臣见其所持者狭,而所欲者奢,故笑之。'"后人以"祝篝车"喻代价甚微而所求者甚巨。

笑;况复^①束缚之、驰骤^②之、销磨而钤制之,一旦有事,乃欲以多材望天下,安可得耶? 安可得耶?

然犹曰洋务为然也,若夫内外各官,天子所以共天下也,而今日之士,他日之官也。问国之大学、省之学院、郡县之学官,及其所至之书院,有以历代政术为教者乎? 无有也;有以本朝掌故为教者乎? 无有也;有以天下郡国利病为教者乎? 无有也。当其学也,未尝为居官之地;其得官也,则当尽弃其昔者之所学,而后从事于所未学。《传》^③曰:"吾闻学而后入政,未闻以政学^④者也。"以政学犹且不可,况今之既入官而仍读书者,能有几人也? 以故一切公事,受成于胥吏^⑤之手。六部书办、督抚幕客、州县房科^⑥,上下其手,持其短长,官无如何也。何以故,胥吏学之,而官未学也。遂使全局糜烂,成一吏例^⑦利之天下,祸中^⑧腹心,疾不可为。是故西学之学校不兴,其害小;中学之学校不兴,其害大。西学不兴,其一二浅末之新法,犹能任洋员以举之;中学不兴,宁能^⑨尽各部之堂司、各省之长属,而概用洋员以承其乏乎? 此则可为流涕者也!

不宁惟是^⑩。中国孔子之教,历数千载,受教之人,号称四百兆,未为少也。然而妇女不读书,去其半矣;农、工、商、兵不知学,去其十之八九矣;自余一二占毕咿嘎^⑪以从事于四书五经者,彼其用心,则为考试之题目耳,制艺之取材耳,于经无与^⑫也,于教无与也;其有通人志士,或笺注校勘,效忠于许郑^⑬,或束身自爱,为命于程朱^⑭,然于古人之微言大义,所谓诵《诗》三百可以授政、《春秋》经世先王之志者,盖寡能留意,则亦不过学其所学,于经仍无与也,于教仍无与也。故号为受教者四万万人,而究其实,能有几人,则非吾之所敢言也。故吾常谓今日之天下,幸而犹以^⑮经义取士耳,否则读吾教之经者,殆几绝也。此言似过,然有

---

① 况复:况且还。
② 驰骤:驱赶。
③ 《传》:即《左传春秋》。
④ 以政学:为从政而学。
⑤ 胥吏:官府办事员。
⑥ 六部书办、督抚幕客、州县房科:即各级胥吏。
⑦ 吏例:各级胥吏。
⑧ 中[zhòng]:(动词)投中、击中。
⑨ 宁能:岂能。
⑩ 不宁惟是:不仅如此。
⑪ 占毕:吟诵。咿嘎:大声。
⑫ 无与:无关。
⑬ 许郑:许慎、郑玄(均为东汉经学家)。
⑭ 程朱:程颢、程颐、朱熹(均为宋代理学家)。
⑮ 犹以:仍以。

铁证焉：彼《礼经》十七篇，孔子之所雅言，今试问缀学①之子，能诵其文言、其义者，几何人也？何也？科举所不用也。然则堂堂大教，乃反藉此疲敝②之科举以图存。夫藉科举之所存者，其与亡也，相去几何矣？而况，今日之科举，其势必不能久。吾向者③所谓变亦变，不变亦变，与其待他人之变，而一切撕灭以至于尽，则何如吾自变之，而尚可以存其一二也。《记》④曰："下无学，贼民兴，丧无日矣。"《传》曰："《小雅》尽废，则四夷交侵，而中国微。"忾⑤我儒教，爰自东京⑥，即已不竟；晋宋之间⑦，陷于老⑧；隋唐以来，沦于佛。外教⑨一入，立见侵夺。况于彼教之徒，强聒不舍⑩，挟以国力，奇悍无伦。今吾盖见通商各岸之商贾、西文学堂之人士，攘臂弄舌，动⑪曰《四书》《六经》为无用之物，而教士之著书发论，亦侃侃⑫言曰：中国之衰弱，由于教之未善。夫以今日帖括家⑬之所谓经，与考据家之所谓经，虽圣人复起，不能谓其非无用也，则恶能⑭禁人之轻薄之而遗弃之也！故准此不变，吾恐二十年以后，孔子之教将绝于天壤，此则可为痛哭者也。

亡而存之、废而举之、愚而智之、弱而强之，条理万端，皆归本于学校。西人学校之等差、之名号、之章程、之功课，彼士所著《德国学校》《七国新学备要》《文学兴国策》所等书，类⑮能言之，无取吾言⑯也。吾所欲言者，采西人之意，行中国之法，采西人之法，行中国之意，其总纲三：一曰教、二曰政、三曰艺。其分目十有八：一曰学堂、二曰科举、三曰师范、四曰专门、五曰幼学、六曰女学、七曰藏书、八曰纂书、九曰译书、十曰文字、十一曰藏器、十二曰报馆、十三曰学会、十四曰教会、十五曰游历、十六曰义塾、十七曰训废疾、十八曰训罪人。

---

① 缀[zhuì]学：零星学习。
② 疲敝：无生气。
③ 向者：从前。
④ 《记》：即《礼记》。
⑤ 忾[xì]：叹息。
⑥ 爰[yuán]自东京：自东汉以来。
⑦ 晋宋之间：从魏晋到南朝（宋、齐、梁、陈）。
⑧ 老：老庄之说。
⑨ 外教：指基督教。
⑩ 强聒[guō]不舍：唠叨不休。语出《庄子·天下》："以此周行天下，上说下教，虽天下不取，强聒而不舍者也。"
⑪ 动：常常。
⑫ 侃侃：理直气壮。
⑬ 帖括家：守旧学者。
⑭ 恶能：何能。
⑮ 类：很多人。
⑯ 无取吾言：不用我说。

今之同文馆、广方言馆、水师学堂、武备学堂、自强学堂、实学馆之类,其不能得异才,何也? 言艺之事多,言政与教之事少。其所谓艺者,又不过语言文字之浅、兵学之末,不务其大,不揣其本,即尽其道,所成已无几矣。又其受病之根有三:一曰科举之制不改,就学乏才也;二曰师范学堂不立,教习非人也;三曰专门之业不分,致精无自也。故此中人士,阁束六经、吐弃群籍,于中国旧学,既一切不问,而叩以①西人富强之本、制作之精,亦罕有能言之而能效之者。昔尝戏言:古人所患者,离乎夷狄②,而未合乎中国;今之所患者,离乎中国,而未合乎夷狄。推其成就之所至,能任象鞮③之事,已为上才矣;其次者,乃适足④为洋行买办冈必达⑤之用;其有一二卓然成就、达于中外之故⑥、可备国家之任者,必其人之聪明才力,能藉他端以自精进,而非此诸馆、诸学堂之为功也。夫国家之设学,欲养人才以供天下,而其上才者仅如此,次下者乃如彼,此必非朝廷作人⑦之初意也。今朝士⑧言论,汲汲然⑨以储才为急者盖不乏人,学校萌芽⑩,殆自兹矣⑪。其亦有洞澈⑫病根之所在,而于此三端者⑬少为⑭留意也乎?

　　抑⑮今学校之义不行,又有由⑯也。经费甚巨,而筹措颇难,虽知其急,莫克任⑰也。今夫⑱农之治畴⑲也,逾春涉夏,以粪以溉⑳,称贷㉑苦辛,无或辞者,以为非如是则秋成无望也。中人之家,犹且节衣缩食,以教子弟,冀㉒其成就,光大

---

① 叩以:求之于。

② 夷狄:外族。

③ 象鞮[dī]:"象寄译鞮"的缩略。语出《礼记·王制》:"五方之民,言语不通,嗜欲不同。达其志,通其欲,东方曰寄,南方曰象,西方曰狄鞮,北方曰译。"后称翻译为"象寄译鞮"。

④ 适足:刚能。

⑤ 冈必达:英文 comprador(买办)的音译。

⑥ 故:本。

⑦ 作人:议事大臣。

⑧ 朝士:朝廷官员。

⑨ 汲汲然:急切貌。

⑩ 萌芽:初创。

⑪ 殆自兹矣:大概就出于此。

⑫ 洞澈:洞察。

⑬ 三端者:即上文所言"科举之制不改"、"师范学堂不立"、"专门之业不分"。

⑭ 少为:稍微。

⑮ 抑:文言发语词,无义。

⑯ 由:缘由。

⑰ 克任:胜任。

⑱ 夫:那。

⑲ 治畴:种地。

⑳ 以粪以溉:施肥灌溉。

㉑ 称贷:举债。

㉒ 冀:希冀。

门闾①。今国家而不欲自强则已，苟欲自强，则悠悠万事，惟此为大，虽百举未遑，犹先图之。吾闻泰西诸大国学校之费，其多者八千七百余万，其少者亦八百万。日本区区三岛，而每年所费，亦至八九百万。人之谋国者，岂其不思撙节②之义，而甘掷黄金于虚牝③乎。彼日人二十年兴学之费，取偿④于吾之一战而有余矣。使⑤吾向者，举其所谓二万万⑥而百分之取其一二以兴群学，则二十年间，人才大成，去年之役⑦，宁有是乎⑧？呜呼，前事不忘，后事之师，及今不图，恐他日之患，其数倍于今之所谓二万万者，未有已时。迨⑨痛创复至，而始悔今之为误，又奚及⑩乎？今不惜糜重帑⑪以治海军，而不肯舍薄费⑫以营学校，重其所轻，而轻其所重，譬之孺子⑬，怀果与金示之，则弃金而取果。譬之野人⑭，持寸珠与百钱示之，则遗珠而攫钱。徒知敌人胜我之具⑮，而不知所以胜之具⑯，旷日穷力，以从事于目前之所见，而蔽于其所未见，究其归宿⑰，一无所成。此其智，视孺子、野人何如⑱矣。

西人之策⑲中国者，以西国之人数与中国之人数为比例，而算其应有之学生，与其学校之费。谓小学之生，宜有四千万人，每年宜费二万二千六百万元；中学之生，宜有一百十八万四千余人，每年宜费五千九百万余元；大学之生，宜有十六万五千余人，每年宜费七千一百万余元。今不敢为大言，请如西人百分之一，则亦当有小学生四十万人，中学生一万一千八百四十人，大学生一千八百五十余人，每年当费三百五十六万元。中国房屋衣食等费，视西人仅三之一，则每年不

---

① 门闾：家族。
② 撙节：节制。
③ 虚牝[pìn]：空谷。
④ 取偿：取得补偿。
⑤ 使：假使。
⑥ 所谓二万万：所谓白银二万万两(甲午战争后日本要求的赔款)。
⑦ 去年之役：去年的战争(即甲午战争)。
⑧ 宁有是乎：会是这样吗。
⑨ 迨[dài]：等到。
⑩ 奚及：何及(有什么用)。
⑪ 糜重帑[tǎng]：斥巨资。
⑫ 舍薄费：花小钱。
⑬ 孺子：小孩子。
⑭ 野人：农夫。
⑮ 敌人胜我之具：敌人战胜我所用的工具(此处"具"指物质性的武器)。
⑯ 所以胜之具：之所以能战胜的凭借(此处"具"指精神性的能耐)。
⑰ 究其归宿：直到最后。
⑱ 视……何如：和……差不多。
⑲ 策：谋算。

过一百余万元耳，犹有一义于此①。中国科第之荣，奔走②天下久矣。制艺、楷法，未尝有人奖励而驱策之，而趋者若鹜，利禄之路然也。今创办之始，或经费未充，但使能改科举，归于学校，以号召天下，学中惟定功课，不给膏火③，天下豪杰之士，其群集而勉焉④从事者，必不乏人。如是，则经费又可省三之一，岁费七十余万足矣。而学中所成之人材，即以拔十得五计之，十年之后，大学生之成就者已可得八千人。用以布列上下，更新百度⑤沛然有余矣。夫以日本之小，每年此费尚至八九百万，而谓堂堂中国，欲得如日本十二分一之费，而忧其无所出邪？必不然矣⑥。

---

① 犹有一义于此：又有一项于此（即还可省钱）。
② 奔走：盛行。
③ 膏火：求学的费用。
④ 勉焉：努力。
⑤ 百度：多次。
⑥ 必不然矣：必不至于（这样）。

趣味教育与教育趣味

梁启超

　　本文是梁启超于 1922 年 4 月 10 日在"直隶教育联合研究会"所作的演讲,后收入《梁启超文集》第 38 卷。

　　梁启超倡导"趣味主义",这"趣味"当然不是玩乐的意思,而是指对生活的喜爱。运用到教育上,他倡导"趣味教育",也就是把教导学生喜爱生活、喜爱学问当作教育的宗旨。为此,教育者自己先要喜爱教育,要把教育学生视为世间最有趣的事情——这就是"教育趣味"。所以,本文题名为"趣味教育与教育趣味"。

　　当然,这是一种理想,实际上受教育者把受教育当作敲门砖、教育者把教育当作谋生手段是在所难免的,甚至多数人是如此。但是,就算只有少数人坚持这种"趣味教育"和"教育趣味",至少,如作者所言,"我们全教育界也增加许多活气了"。

假如有人问我："你信仰的什么主义？"我便答道："我信仰的是趣味主义。"有人问我："你的人生观拿什么做根柢？"我便答道："拿趣味做根柢。"我生平对于自己所做的事，总是做得津津有味，而且兴会淋漓；什么悲观啊、厌世啊这种字面，我所用的字典里头可以说完全没有。我所做的事常常失败——严格的可以说，没有一件不失败——然而，我总是一面失败一面做，因为我不但在成功里头感觉趣味，就在失败里头也感觉趣味。我每天除了睡觉外，没有一分钟、一秒钟不是积极的活动；然而我绝不觉得疲倦，而且很少生病，因为我每天的活动有趣得很，精神上的快乐，补得过物质上的消耗而有余。

趣味的反面，是干瘪，是萧索。晋朝有位殷仲文[①]，晚年常郁郁不乐，指着院子里头的大槐树叹气，说道："此树婆娑，生意尽矣。"一棵新栽的树，欣欣向荣，何等可爱！到老了之后，表面上虽然很婆娑，骨子里生意已尽，算是这一期的生活完结了。殷仲文这两句话，是用很好的文学技能，表出那种颓唐落寞的情绪。我以为这种情绪，是再坏没有的了。无论一个人或一个社会，倘若被这种情绪侵入弥漫，这个人或这个社会算是完了，再不会有长进。何止没长进，什么坏事，都要从此产育出来。总而言之，趣味是活动的源泉，趣味干竭，活动便跟着停止。好像机器房里没有燃料，发不出蒸汽来，任凭你多大的机器，总要停摆。停摆过后，机器还要生锈，产生许多毒害的物质哩！人类若到把趣味丧失掉的时候，老实说，便是生活得不耐烦。那人虽然勉强留在世间，也不过行尸走肉。倘若全个社会如此，那社会便是痨病的社会，早已被医生宣告死刑了。

"趣味教育"这个名词，并不是我所创造，近代欧美教育界早已通行了。但他们还是拿趣味当手段，我想进一步，拿趣味当目的。请简单说一说我的意见：

第一，趣味是生活的原动力，趣味丧掉，生活便成了无意义，这是不错。但趣味的性质，不见得都是好的，譬如好嫖、好赌，何尝不是趣味？但从教育的眼光看来，这种趣味的性质，当然是不好。所谓好不好，并不必拿严酷的道德论做标准；既已主张趣味，便要求趣味的贯彻，倘若以有趣始以没趣终，那么趣味主义的精神，算完全崩落了。《世说新语》记一段故事：

---

① 殷仲文：东晋文人，官至尚书、东阳太守。

祖约①性好钱，阮孚性好屐②，世未判其得失。有诣③约，见正料量④财物，客至屏当不尽⑤，余两小麓⑥，以著⑦背后，倾身障⑧之，意未能平。诣孚，正见自蜡屐⑨。因叹曰："未知一生当着几緉⑩屐。"意甚闲畅。于是优劣始分。

这段话，很可以作为选择趣味的标准。凡一种趣味事项，倘或是要瞒人的，或是拿别人的苦痛换自己的快乐，或是快乐和烦恼相间相续的，这等统名为下等趣味。严格说起来，他就根本不能做趣味的主体，因为认这类事当趣味的人，常常遇着败兴，而且结果必至于俗语说的"没兴一齐来"而后已。所以我们讲趣味主义的人，绝不承认此等为趣味。

人生在幼年、青年期，趣味是最浓的，成天价乱碰乱迸，若不引他到高等趣味的路上，他们便非流入下等趣味不可。没有受过教育的人，固然容易如此。教育教得不如法，学生在学校里头找不出趣味，然而他们的趣味是压不住的，自然会从校课以外乃至校课反对的方向去找他的下等趣味；结果，他们的趣味是不能贯彻的，整个变成没趣的人生完事。我们主张趣味教育的人，是要趁儿童或青年趣味正浓而方向未决定的时候，给他们一种可以终身受用的趣味。这种教育办得圆满，能够令全社会整个永久是有趣的。

第二，既然如此，那么教育的方法，自然也跟着解决了。教育家无论多大能力，总不能把某种学问教通了学生，只能令受教的学生当着某种学问的趣味，或者学生对于某种学问原有趣味，教育家把他加深加厚。所以，教育事业，从积极方面说，全在唤起趣味；从消极方面说，要十分注意不可以摧残趣味。

摧残趣味有几条路，头一件是注射式的教育。教师把课本里头的东西叫学生强记，好像嚼饭给小孩子吃，那饭已经是一点儿滋味没有了，还要叫他照样的嚼几口，仍旧吐出来看。那么，假令我是个小孩子，当然会认吃饭是一件苦不可

① 祖约：东晋镇西将军，叛臣。
② 阮孚：东晋名士，"竹林七贤"之一、阮咸之子。屐[jī]：木鞋。
③ 诣[yì]：(动词)进见。
④ 料量：清点。
⑤ 屏：屏风。不尽：未(清点)完。
⑥ 麓：原义"山"，转义"堆"。
⑦ 以著：放置。
⑧ 障：遮蔽。
⑨ 蜡屐：为木鞋上蜡(蜡作动词)。
⑩ 緉[liǎng]：双。

言的事了。这种教育法，从前教八股完全是如此，现在学校里形式虽变，精神却还是大同小异，这样教下去，只怕永远教不出人才来。

第二件是课目太多。为培养常识起见，学堂课目固然不能太少，为恢复疲劳起见，每日的课目固然不能不参错①掉换。但这种理论，只能为程度的适用，若用得过分，毛病便会发生。趣味的性质，是越引越深。想引得深，总要时间和精力比较的集中才可。若在一个时期内，同时做十来种的功课，走马看花，应接不暇，初时或者惹起多方面的趣味，结果任何方面的趣味都不能养成。那么，教育效率，可以等于零。为什么呢？因为受教育受了好些时，件件都是在大门口一望便了，完全和自己的生活不发生关系，这教育不是白费吗？

第三件是拿教育的事项当手段。从前我们学八股，大家有句通行话说他是敲门砖，门敲开了自然把砖也抛却，再不会有人和那块砖头发生起恋爱来。我们若是拿学问当作敲门砖看待，断乎不能有深入而且持久的趣味。我们为什么学数学，因为数学有趣所以学数学；为什么学历史，因为历史有趣所以学历史；为什么学画画、学打球，因为画画有趣、打球有趣所以学画画、学打球。人生的状态，本来是如此教育的最大效能，也只是如此。各人选择他趣味最浓的事项做职业，自然一切劳作，都是目的，不是手段，越劳作越发有趣。反过来，若是学法政用来作做官的手段，官做不成怎么样呢？学经济用来做发财的手段，财发不成怎么样呢？结果必至于把趣味完全送掉。所以，教育家最要紧教学生知道是为学问而学问，为活动而活动，所有学问，所有活动，都是目的，不是手段。学生能领会得这个见解，他的趣味，自然终身不衰了。

以上所说，是我主张趣味教育的要旨。既然如此，那么在教育界立身的人，应该以教育为唯一的趣味，更不消说了。一个人若是在教育上不感觉有趣味，我劝他立刻改行，何必在此受苦？既已打算拿教育做职业，便要认真享乐，不辜负了这里头的妙味。

孟子说："君子有三乐，而王天下不与存焉②。"那第三种就是"得天下英才而教育之"。他的意思是说教育家比皇帝还要快乐。他这话绝不是替教育家吹空气，实际情形，确是如此。我常想，我们对于自然界的趣味，莫过于种花。自然界的美，像山水风月等等，虽然能移我情，但我和他没有特殊密切的关系，他的美妙

---

① 参错：参差交错。
② 意为：君子有三大快乐，称王天下不在其中。

处，我有时便领略不出。我自己手种的花，他的生命和我的生命简直并合为一，所以我对着他，有说不出来的无尚妙味。凡人工所做的事，那失败和成功的程度都不能预料，独有种花，你只要用一分心力，自然有一分效果还你，而且效果是日日不同，一日比一日进步。教育事业正和种花一样，教育者与被教育者的生命是并合为一的；教育者所用的心力，真是俗语说的"一分钱一分货"，丝毫不会枉费。所以我们要选择趣味最真而最长的职业，再没有别样比得上教育。

现在的中国，政治方面、经济方面，没有哪件说起来不令人头痛；但回到我们教育的本行，便有一条光明大路摆在我们前面。从前国家托命，靠一个皇帝，皇帝不行，就望太子；所以，许多政论家——像贾长沙①一流——都最注重太子的教育。如今国家托命是在人民，现在的人民不行，就望将来的人民；现在学校里的儿童青年，个个都是"太子"，教育家便是"太子太傅"。据我看，我们这一代的太子，真是"富于春秋，典学光明"，这些当太傅的，只要"鞠躬尽瘁"，好生把他培养出来，不愁不眼见中兴大业。所以别方面的趣味，或者难得保持，因为到处挂着"此路不通"的牌子，容易把人的兴头打断；教育家却全然不受这种限制。

教育家还有一种特别便宜的事，因为"教学相长"的关系，教人和自己研究学问是分离不开的。自己对于自己所好的学问，能有机会终身研究，是人生最快乐的事。这种快乐，也是绝对自由，一点不受恶社会的限制。做别的职业的人，虽然未尝不可以研究学问，但学问总成了副业了。从事教育职业的人，一面教育，一面学问，两件事完全打成一片。所以别的职业是一重趣味，教育家是两重趣味。

孔子屡屡说："学而不厌，诲人不倦。"他的门生赞美他说："正唯弟子不能及也②。"一个人谁也不学，谁也不诲人，所难者确在不厌不倦。问他为什么能不厌不倦呢？只是领略得个中趣味，当然不能自已。你想，一面学，一面诲人，人也教得进步了，自己所好的学问也进步了，天下还有比他再快活的事吗？人生在世数十年，终不能一刻不活动，别的活动，都不免常常陷在烦恼里头，独有好学和好诲人，真是可以无人而不自得，若真能在这里得了趣味，还会厌吗？还会倦吗？孔子又说："知之者，不如好之者；好之者，不如乐之者。"诸君都是在教育界立身的人，我希望更从教育的可好可乐之点，切实体验，那么，不惟诸君本身得无限受用，我们全教育界也增加许多活气了。

---

① 贾长沙：即贾谊，西汉才子，因做过长沙王的太傅，故称"贾长沙"。
② 意为：这正是弟子不能企及的。

教 育 与 政 治

梁启超

　　本文是梁启超于 1922 年 7 月 3 日在"济南中华教育改进社"所作的演讲,后收入《梁启超文集》第 38 卷。

　　题为"教育与政治",并不是说搞教育的人和搞政治的人之间的关系,而是说搞教育的人如何教学生"学会做政治生活"。因为所谓教育,就是"教人学做人——学做现代人",而要做现代人,就要承担"政治的千斤担子",因为现代政治不是"圣君贤相包办的",而是压在了每个国民的肩膀上。所以,搞教育的人要教会学生具有现代政治意识。那么,什么是现代政治意识呢? 那就是"德谟克拉西意识"(民主意识)。因为现代政治就是"德谟克拉西政治",而"德谟克拉西政治"是以国民具有"德谟克拉西意识"为前提的。反之,倘若国民不具有"德谟克拉西意识",那么"德谟克拉西政治"也就无以成立,因而这政治也就不是现代政治。不是现代政治,也就不是现代生活;不是现代生活,也就不是现代人。所以,搞教育的人若不教人"学做现代人",那么这教育也就不是现代教育。

　　以上就是本文的要点。注意:那时是 1922 年,但本文至今似乎仍具有现实意义。

教育是什么？教育是教人学做人——学做现代人。

身子坏了，人便活不成，或活得无趣，所以要给他种种体育。没有几件看家本事，就不能养活自己，所以要给他种种智育。其他一切教育事项，虽然很复杂，目的总是归到学做人这一点。

人不是单独做得成，总要和别的人连带着做。无论何人，一面做地球上一个人，一面又做某个家族里头的父母或儿女、丈夫或妻子，一面又做某省、某县、某市、某村的住民，此外因各人的境遇，或者兼做某个学校的教师或学生，某个公司的东家或伙计……尤其不能免的是，无论何人总要做某个国家的国民。教育家教人做人，不是教他学会做单独一个人便了，还要教他学会做父母、做儿女、做丈夫、做妻子、做伙计……乃至做国民，因为不会做这种种角色，想做单独一个人，决然是做不成的。

各种角色里头的一种角色——国民，在从前是顶容易做的："日出而作，日入而息，凿井而饮，耕田而食。"只要学会做单独一个人，便算会做国民，倒也一点不费事。为什么呢？因为国家表现出来的活动是政治，政治是圣君贤相包办的，用不着国民管。倘若能永久是这么着，我们倒不必特别学会做国民才算会做人。如今可不行了，漫说①没有圣君贤相，便有也包办不了政治。政治的千斤担子已经硬压在国民肩膀上来了，任凭你怎么的厌恶政治，你总不能找一个没有政治的地方去生活；不生活于良政治之下，便生活于恶政治之下。恶政治的结果怎么样呢？哈哈，不客气，硬叫你们生活不成。怎样才能脱离恶政治的灾难呢？天下没有便宜事，该担担子的人，大家都把担子担上，还要学会担担子的方法，还要学会担担子的能力。换句话说，一个一个人，除了学会为自己或家族经营单独生活所必要的本领外，还要学会在一个国家内经营共同生活所必须的本领。倘若不如此，只算学会做半个人，最高也只算得古代的整个人，不算得现代的整个人。教育家既然要教人学做现代的整个人，最少也须划出一部分工夫，教他们学会做政治生活。

今天讲演的标题是"教育与政治"。诸君别要误会了，以为我要劝国内教育家都抛弃本业来做政治活动，以为我要劝各位教师在学校里日日和学生高谈政治问题，以为我希望各学校教出来的学生，个个都会做大总统、国务员或议员。这些事不惟做不到，而且无益；不惟在教育界无益，而且在政治界也无益。今日

---

① 漫说：不说。

所最需要的：

一、如何才能养成青年的政治意识。

二、如何才能养成青年的政治习惯。

三、如何才能养成青年的判断政治能力。

三件事里头，尤以第二件——养成习惯为最要而最难。这三件事无论将来以政治为职业之人，或是完全立身于政治以外的人，都是必要的。我确信这不但是政治上大问题，实在是教育上大问题。我确信这问题不是政治家所能解决，独有教育家才能解决。今日所讲，便专在这个范围内请教诸君。

政治，不过团体生活所表现各种方式中之一种。所谓"学政治生活"，其实不外"学团体生活"。惟其如此，所以不必做实务的政治才能学会政治生活；惟其如此，所以在和政治无关的学校里头，很有余地施行政治生活的教育。

今请先说团体教育生活的性质。团体生活是变迁的、进化的，在古代血族团体或阶级团体里头，只要倚赖服从，便也生活下去。他们的生活方法是不必学的，自然无所用其教育。无奈这类团体在现代是站不住的。现代的团体，不是靠一两个人支持，是要靠全部团体员支持。质而言之，非用德谟克拉西①方式组成的团体，万万不能生存于现代；非充分了解德谟克拉西精神的人，万万不会做现代的团体生活。因此，怎么样才能教会多数人做团体生活，便成了教育上最困难、最切要的问题。

中国现在有一种最狼狈的现象，是事实上已经立于不能不做现代团体生活的地位，然而这种生活，从前实在没有做过。换句话说，几千年传下来的社会组织，实在有许地方和德谟克拉西精神根本不相容。在这种社会组织底下生活惯了的人，一旦叫他做德谟克拉西生活，好像在淡水里生长的黄河鲤鱼，逼着他要游泳到咸水的黄海，简直不知道怎么过法。还有一个譬喻，可以说今日的中国人，正是毛虫变蝴蝶时代，用一番脱胎换骨工夫能够变得成，便是极美丽、极自由的一只蝴蝶，如其不然，便把性命送掉了。我们今日，个个人都要发愤学做现代的团体生活，如其不肯学或学不会，不惟团体哗啦下去，便连个人也决定活不成。今日中国最大的危险在此。

现代团体生活和非现代团体生活——即德谟克拉西生活和反德谟克拉西生活，分别在哪里呢？依我所见，想做现代团体生活，最少要具有下列五个条件：

---

① 德谟克拉西：英文 Democracy(民主)的音译。

第一，凡团体员，个个都知道团体是自己的，团体的事即是自己的事，自己对于团体该做的那一部分事诚心热心做去，绝对不避嫌、不躲懒。

第二，凡团体的事，绝对公开，令个个团体员都得有与闻且监督的机会。

第三，每一件事，有赞成、反对两派时，少数派经过充分的奋斗之后仍然失败，则绝对的服从多数，断不肯捣乱、破坏。

第四，多数派也绝对的尊重少数派地位，令他们有充分自由发表意见的余地，绝不加以压迫，而且绝对的甘受他们的监督。

第五，个个团体员，对于各件事都要经过充分的考虑之后，凭自己良心表示赞否，绝对的不盲从别人，更不受别人胁迫。

这五个条件，无论做何种团体生活，都要应用。应用到最大的团体即国家时，便是政治生活。拿这五个条件和我前文所讲三种需要比对，第一项属于政治意识，第二、三、四项属于政治习惯，第五项属于判断政治能力。

这五个条件，从今日在座诸君的眼光看来，真算得老生常谈。但我们须要知道，这点点子常谈，中国人便绝对的不能办到，不惟一般人为然，即如我们在座的人，自命为优秀分子知识阶级的，怕也不能实践一件。我们又要知道，现代中国人为什么在世界舞台上变成"落伍者"，所欠就在这一点点。十年来的政治，乃至其他各种公共事业，为什么闹得一塌糊涂，病根就在欠这一点点。

如今先说第一个条件。我们向来对于团体的事，是不问的。这原也难怪，因为我们相传的习惯，并没有叫多数人问事。一家的事，只有家长该问；一国的事，只有皇帝该问。我们若安心过这种生活，也就罢了。无奈环境不许我，已经逼着要做人人问事的协同生活。我们承认要往新生活这条路上走，却抱持着旧生活抵死不肯放，无论何时总是摆出那老不管事的脸孔来，政治上的事且慢说，即如一个公司的股东，公司和他自己本身的关系不是最密切吗？试问，有哪个公司开股东会时候，多数股东热心来问公司的事？除非是公司闹出乱子来，股东着急跳一阵，却是已经贼去关门，来不及了。对于财产切己关系的公司，尚且如此，对于国家政治，更何消说。人人都会骂军阀、骂官僚、骂政客。这种恶军阀、恶官僚、恶政客何以不发生于外国，而独发生于中国？他们若使在外国，便一天也不能在政治上生存。他们能够在中国政治上生存，唯一的保障，就是靠那些老不管事的中国百姓纵容恩典。骂即管骂，不管还是不管，做坏事的还是天天在那里做。倘若这种脾气不改过来，我敢说，一切团体事业永远没有清明成立的一日。我并不是希望教育界的人常常放下书本，东管这件，西管那件，但我以为，教育家对于团体员不管团体事这个毛病，要认得痛切，要研究这毛病的来源在哪里，要想出灵效的药来对治他，令多数人在学校时代渐渐的把这坏脾气改过来。这是目前教育家第一大责任。

　　第二个条件讲的是公开。凡一个人，立在可以做坏事的地位，十个有九个定要做坏事。做坏事的人，十个有十个定要秘密，和他说："请你公开，请你公开！"那是不中用的。最要紧是令他没有秘密的余地，令人人知道，团体生活中的秘密行动，便是罪恶；犯这种罪恶的，便不为社会所容。那么，这位秘密魔王，自然会绝迹了。怎么样才能养成这社会信条，又是教育家一个大责任。

　　第三、第四项讲的是多数派、少数派相互间的道德。这是现代团体生活里头最主要的骨骼，也是现在中国人最难试验及格的一个课题。中国人无论何事，不公开，他便永远不问了。一旦公开起来，不是多数派专横，便是少数派捣乱。这种实例，不消我举例列举，诸君但闭着眼想想，历年国会、省议会以及其他公私大小团体开会时，哪一回不是这种状况？若使这种状况永远存续下去，那么，老实不客气，我们中国人只好永远和会议制度，和协同生活绝缘。试看，欧美议会里头的普通现象何如？他们的少数派，常常以两三个人对于敌派几百人①，堂堂正正提出自己的主张，不屈不挠。最显著的例，如英国国会，自十九世纪初年起提出普通选举案，连发案带附议不过两人，一回失败，次回提出，原案几乎不易一字，每提一回，必有一回极沉痛的演说，如此继续十几年，后来赞成这主张者年年加多，卒至成了自由党的党纲，变成国会的多数派。

　　依我们中国人眼光看来，绝对无通过希望的议案，何苦提出？他们的看法却不如是。他们纯以"知其不可而为之"的精神，勤勤恳恳做下去，慢慢地唤起国民注意，引起国民同情，望收结果于几十年以后。他们先安排定了失败才去活动，失败之后，立刻便服从多数，乃至仅差一票的失败，一样的安然服从，像我们中国人动不动相率退席，或出其他卑劣手段破坏议案的举动，从来没有听见过。最显著的例，如德国革命后制定宪法，独立社会党有许多地方根本反对原案，及至多数通过之后，他们宣言良心上虽依然反对，但为促成宪法起见，事实上主张绝对服从。他们多数派的态度又怎么样呢？他们虽然以几百人的大党对于两三个人的小党，也绝对尊重对面的意见。小党所提议案，从没有设法压阁，令他提不出来。小党人演说议案理由的时候，大党的领袖诚心诚意的听他，一面听一面把要

---

① 这里的"两三个人"和"几百人"是指议员人数。下同。

点用铅笔择记，等他演说完后，诚心诚意的起来反驳。从没听见过凭恃大党威力，妨害小党发言；从没听见过，对于小党发言，存丝毫轻蔑。

依我们中国人眼光看来，绝对不会通过的议案，何苦费那么大的劲去反驳？他们的看法却不如是。他们以必须经过堂堂正正的大奋斗之后所得胜利，才算真胜利。他们的少数派，安心乐意把政权交给多数派，自己却立于监督地位。多数派也安心乐意受少数派的监督，最显著的，例如英国审计院长，一定由政府反对党首领做。他们深信，政策之是非得失，是相对的，不是绝对的。甲党有这样的主张，乙党可以同时有恰恰相反的主张，彼此俱能代表一部分国利民福。甲党得政时，施行这一部分国利民福，乙党得政时，又施行那反面一部分国利民福，彼此交迭得几次，便越发和总体的国利民福相接近。他们在光天化日之下彼此互相监督，万不会有人能借国利民福名义，鬼鬼祟祟的营私舞弊。他们所有争斗，都是用笔和舌做武器，最后的胜利，是专靠社会为后援。

总而言之，他们常常在两造对垒的状态之下。他们的对垒争斗，有确定的公认信条，这种信条并不是一条一条的印在纸上，乃系深入人人脑中成为习惯，有反背的，自然内之受良心制裁，外之受社会制裁。他们做这种争斗活动，和别的娱乐游戏一样，感觉无穷趣味。他们凡关于团体生活，无论大大小小，总是用这种精神做去。政治，不过这种生活的放大。

以上不过就我所想得到的，随便说说，自然不足以尽现代团体生活的全部精神。但即此数端，也可以大略窥见，所谓德谟克拉西者，并不是靠一面招牌、几行条文可以办到，其根本实在国民性质、国民习惯的深奥处所。我们若不从这方面着实下一番打桩工夫，那么，无论什么立宪、共和，什么总统制、内阁制，什么中央集权、联省自治，什么国家主义、社会主义，任凭换上一百面招牌，结果只换得一个零号。因为这种种制度，不过是一个"德谟克拉西"娘胎所养出来几个儿子，娘不是这个娘，儿子从哪里产出？又不惟政治为然，什么地方结合、职业结合、慈善结合、公司组织、合作组织……等等，都是跟着一条线下来。德谟克拉西精神不能养成，这种种举动都成了庸人自扰。倘若中国人永远是这么着，那么，从今以后，只好学鲁敏逊①在荒岛里过独身生活，或是卖身投靠一位主人，倚赖他过奴才生活，再别要想组织或维持一个团体、用团体员资格过那种正当的自由生活。

---

① 鲁敏逊，通译"鲁滨孙"，18世纪英国小说家笛福所著小说《鲁滨孙漂流记》中的主人公，独自在一个荒岛上生活了18年。

果然如此，我们中国人往后还有日子好过吗？我们既已不能坐视这种状况，那么，怎样的救济方法，自然成为教育上的大问题。

我们种种反德谟克拉西的习惯，都是从历史上遗传下来，直到现在还是深根固蒂。但是，若说中国人没有德谟拉克西本能，我们总不能相信，因为人类本能总不甚相远，断没有某种人所做的事，别种人绝对的学不会。况且，从前非德谟拉克西的国民，现在已经渐渐脱胎换骨的，眼面前就有好几国可为例证。我根本相信，中华民族是不会被淘汰的民族，所以我总以中华民族有德谟克拉西的可能性为前提。不过，这种德谟克拉西本能，被传统的社会组织压住，变成潜伏的状态。近十年来，这种潜伏本能，正在天天想觅个石缝进出，青年里头为尤甚。可惜，从前教育方针太不对了，他的精神几乎可以说是反德谟克拉西的。这潜伏本能有点萌芽，旋被摧折，或者逼着他走到歧路去。我想，只要教育界能有彻底觉悟，往这方面切实改良，则从学校里发展这种潜伏本能，是极易的事。从学校发展起来，自然便会普及全社会了。

从学校里养成德谟克拉西的团体生活习惯——尤其政治习惯，当以英国牛津、剑桥两大学为最好模范。这两校的根本精神，可以说是把智识教育放在第二位，把人格教育放在第一位。所谓人格，其实只是团体生活所必要的人格。据我所观察，这两校最长的特色有三：

第一，他们不重在书本教育，而专注意于实生活，令学生多从事实上与人接触。所谓事实上接触者，还不是讨论某个事实问题，乃是找一件实事去做。所以，他们的学校生活，可以说做事时间占去一半，读书时间只占得一半。就这一点论，和中国过去、现在的教育都很不同。中国过去的教育，只能养成书呆子或烂名士，完全迂阔于事情，或好为乖僻脾气与人立异，又疏懒不好问俗事。现在所谓新教育，办了那么多年，但这点老精神完全未改，总说学问只有读书，读书便是学问，结果纵然成绩很好，也不过教出无数新八股家来。所以，高等学校以上教育方针，非从这点特别注意不可。

第二，每个学生总认定一种体育。凡体育——如赛球竞渡等类，非有对手两造不能成立，而且两造又必须各有其曹偶①，因此养成团体竞争之良好习惯，自能移其竞争原则于政党及各种团体生活。

就这一点论，我忽然联想起中国古代学校中最通行的习射。孔子说："君子

---

① 曹偶：同类。

无所争,必也射乎……其争也,君子。"孟子说:"……发而不中,不怨胜己者。"凡射必有偶,两造各若干人对立,严守规则,为正当之竞争:争的时候一点不肯放松,失败过后,却绝不抱怨对手。这种精神用在团体竞争真好极了。我们古代教育是否有这种意识,且不必深求,至于英国人之如此注意体育,我们确信他的目的不单在操练身体,实在从这里头教人学得团体生活中对抗和协同的原则。所以,英国人对于政治活动感觉极浓厚的趣味,他们竞争选举乃至在国会议场里奋斗,简直和赛球无异。这是教人学团体生活的最妙法门,我们应该采用他。

第三,他们的大学,是由十几个 College① 合成的,他们的教员、学生,组织无数 Society②,更有各校联合的 Union Society③,俨然和巴力门④同一形式。他们常常把政治上实际问题为具体的讨论,分赞成、反对为极庄重的表决。

就这一点论,他们是采半游戏、半实习的方法,令学生随着趣味的发展,不知不觉便养成政治上良好习惯。

以上所说三种特色,近来各国大学亦多有仿效,内中如美国尤为能变通增长,然而精神贯注,终以牛津、剑桥两校为最。我们中国对于这种团体生活习惯太没有了,应该特别助长他,所以我主张大学及高等专校,多要采用这两校的精神。大都市如北京、南京、上海等处,学校渐渐多了,宜赶紧用 Union 的组织,把这种精神灌输进去,行之数年,必有成效。

中学以下的教育,也该想方法,令他和实际的团体生活日相接近。依我想,第一件,注意所谓公民教育,把课本悉心编好了,热心令他普及。第二件,在教员监督、指导之下,奖励学生自治会。这种理想,近来倡导的很多,不必我再详细说明理由,但我希望他不终于理想,赶紧实行才好。

所谓"在教员监督、指导之下,奖励学生自治会"这件事,还要格外郑重说明。

我刚才说,中学以下应该如此,这原是一个原则,因为中学以下学生未到成熟时期,一面要奖励他们自动的自治,一面非有前辈带着他们上正轨道不可。高等专校以上学生,差不多要成熟了,本来纯粹的让他们自由活动最好,但因为中国人团体生活的底子太没有了,从前的中学又办得不好,学生没有经过相当之训练,让他们纯粹自由活动,恐怕不见得便有好成绩,结果甚至因噎废食。所以,高

① College:(英文)学院。
② Society:(英文)社团。
③ Union Society:(英文)联合社团。
④ 巴力门:英文 Parliament(议会)的音译。

等专校以上的团体生活实地练习，应否仍加入教员的监督、指导，我认为在目前还是一个问题。

现在，各学校中陆续摹仿欧美学生团体生活的确已不少，就大端论，总算好现象，但亦往往发生毛病，其原因皆由旧家庭和旧社会积习太深，把种种劣根性传到学校，学校中非用防传染病手段，随时随事堵截、矫正不可。我请随便举几个例：

我曾听见某小学校某级有一回选举班长，那班里头十五六岁以上的很不少，结果他们举出个九岁小孩子来，闹得那小孩子不知所措，在那里哭。又听见某大学有一回选举足球队长，开票的结果，当选的乃是一位跛脚学生。这等事，看着像是年轻人一时淘气，没有多大罪过，其实是中国旧社会的毒中得太厉害了。他们把极郑重的事当作玩意儿，还加上一种尖酸刻薄的心理表现，和民国二年选举总统时有人投小阿凤的票，正是一样。这种把正经事不当一回事的劣根性，正是我们不会做现代团体生活的最大病原。这种腐败空气，侵入学校里来，往下简直无办法。

近几年来，各学校差不多都有学会了。据我所闻，大率每个会初成立时，全校都还热心，渐渐下去，会务总是由几位爱出锋头的人把持，甚或借团体名义营些私利，好学生一个一个的都灰心站开了。这种现象，各校差不多如出一辙，乃至各校、各地联合会也是这样。这种我以为不独是各种学生会前途可悲观的现象，简直是全国民团体生活前途可悲观的现象。我不责备那些把持的人，我要责备那些站开的人。坏人想把持公事，本来是人类普通性，所恃者有好人和他们奋斗，令他们把持不来。好人都厌事不问，消极的归洁其身，便是给坏人得志的机会。现在中国政治败坏的大根源就在此。这种名士心理，侵入青年脑中，国家前途便真不可救药了。

在合议场中，多数专横或少数捣乱，也是近来青年团体最普通的现象，例如每开会时动辄有少数人预料自己主张不能通过，则故意扰乱秩序，令会议无结果而散，这于团体竞争原则太不符了。凡有两种意见对立时，一定有一个多数、一个少数，若到了少数时便行破坏，你会破坏，人家也会破坏，结果非闹到所有议案都不成立不止。那么，便等于根本反对合议，根本不承认团体生活。

多数专横举动，其卑劣亦与少数捣乱正同，例如前两年闹罢课闹得最凶时，几于无论哪个学校，都不叫反对派有发言之余地，有反对的便视同叛逆。此外类似的先例还有许多，这也是中国人很坏的习性。须知天下事，是非得失原是相对的,就算我所主张有八九分合理,也难保反对派主张没有一二分合理,最少也要让他把理由充分说明,我跟着逐条辩驳,才能令他和中立者都心服。至于因意见不合,丑词诬蔑对手的道德,尤为不该。须知凡尊重自己人格的人,同时也要尊重别人人格,不堂堂正正辩论是非,而旁敲侧击中伤对手,最是卑劣。如此,则正当的舆论永远不会成立,逼着少数派人软薄的便消极不管,强悍的便横决破坏,便永远不会上团体生活的轨道。

要而言之,两三年来,德谟克拉西的信仰渐渐注入青年脑中,确是我们教育界唯一好现象。无奈只有空空洞洞的信仰,全未理会到他真精神何在,对于实行所必要的条件越发不注意,而过去遗传和现在环境所造出之恶习惯,势力又异常猖獗,所以刻意想做德谟克拉西生活,结果或至适得其反,久而久之,不惟授旁人口实,连最热心信仰的青年,自己也疑惑懈怠起来。据我看来,这种反动已见端了,再往下去,恐怕连这点萌芽都摧残净尽。这不但学界的大不幸,真是中国前途大不幸了。

然而,种种毛病,不能专责备学生。我刚说过,习惯是由过去遗传和现在环境造成,全国青年本来长育于这种恶习惯之下,而当教育之任者又始终未尝向这方面设法改良,试问新习惯从何成立?何况,先辈的人——如现充议员及其他团体员者,正在日日造出恶榜样给他们看,以富于模仿性的青年,安得不耳濡目染与之俱化呢?讲到此处,那担子却全加在教育家的肩膀上了。

依我所见,现时提倡学生自动的自治,作为将来政治生活乃至一切团体生活的实地练习,这是时代最急迫的要求,毫无疑义的。但在教育界立身的人,不能说空空提倡便算塞责①,务要身入其中,随时随事作最公平最恳切的指导,不惟中学以下应该如此,恐怕高等专校以上也应该如此。换句话说,学校除却书本教育之外,最少要分出一小半时候,做实生活教育。最要紧的关键,是教职员和学生打成一片,做共同的实生活,一面以身作则,一面对于不正当的习惯加以矫正,庶几乎把学生教成会做个人——会做个现代人了。至于教职员怎样才能指导学生,又是问题中之问题。倘若教职员自身先自不了解德谟克拉西精神,先自有许多反德谟克拉西的恶习惯,那就不如不指导,也还好些。既已不能没有人指导,而又不能得人指导,那么,前途真不可问唉!只好看教职员自身的觉悟和努力何如了。

———————————

① 塞责:尽责。

以上都是从养成习惯方面说,还有养成判断能力这一件事,要为最后的说明。

没有好习惯,则团体协同动作根本不能存在,前头大略都说过了,然而不能说单有好习惯便够,因为团体的行动既已由团体员意思决定,决定的对不对,实与团体的利害存亡有绝大关系。例如,有一个国民在此,他们对于少数服从多数的习惯,确已养得甚好,但他们绝对无判断能力,忽然间因为一件不相干的事,有人主张和外国宣战,群众一哄而起,他们并没有计算自己有理无理,没有计算战后的利害如何,贸贸然把案多数或全体通过了,立刻便实行,你说他违反德谟克拉西原则吗?不然。然而,结果会闹到亡国。历史上这类事情很不少,中国为尤甚。在专制时代,遇着昏聩糊涂的君主或家长,因为他一个人缺乏判断能力,可以闹到国亡家破。在德谟克拉西时代,遇着昏聩糊涂的国民,因为多数人缺乏判断能力,也会得同一的结果。所以,如何才能养成判断能力,又是团体生活教育上一个重要问题。

团体生活事项是极复杂的,且多半是临时发生的,其中如政治事项,尤为十有九属于专门智识,要想在学校里教人逐件逐件都会判断,天下万无是理。教育的天职,只要养成遇事考虑的习惯,而且教人懂得考虑的方法,自然每一事临头,自己会拿出自己的主张,或者自己本无成见,听了两造辩驳的话,便能了解他、判断他。即如美国历来的政治问题——从前之用金用银,近年之国际联盟非国际联盟等等,不是专门经济学者、国际学者,如何能有判断两造是非得失的能力?然而,他们确是经过国民全体的判断。为什么临时能判断呢?都是平时受教育得来。

这种教育有两要点。第一,是养成遇事考虑的习惯。必要有事可遇,然后得有考虑的机会。方才讲牛津、剑桥的教法,专叫学生从实务上与人接触,就是令他们常常有事可遇。事的性质,虽然有许多分别,明白事理的途径并无分别,只要经事经得多,便连那没有经过的事也会做了。所以,除讲堂教授之外,还要有种种实生活教育,便是养成判断能力的绝好法门。

然则,讲堂教授绝对无益吗?又不然。我所说第二要点——教人懂得考虑的方法,却可以有大半从讲堂教授得来。天下惟不肯研究的人,才会盲从,凡事只要经过一番研究,多少总有点自己意见发现。这点意见,就名之曰判断。学理上的判断如此,事理上的判断也是如此。教授一门学问,并不是教学生把教师所讲牢牢记得便了,注重的在教他们懂得研究这门学问的方法,然后多发问题,令他们自己去研究。越研究得多，判断力自然越丰富；越研究得精，判断力自然越深刻。譬如，研究自然科学、研究哲学、研究考古学，总算和政治风马牛不相及了罢，但那人若果有研究的真精神，到一个政治问题临到他头上时，他自然会应用这精神去判断，而且判断得不甚错谬。欧美受过相当教育的人，都能对于实际问题有独立判断能力，就是为此。倘若守着旧式的注入教育，这种效果便永远不能发生了。

我今日讲这个题目的意思，因为我感觉近来教育界对于知识开发方面虽已渐渐革新进步，对于性格训练方面还未甚注意。就性格训练方面论，又是注重个性多注重群性少，而且都是理论，未尝定出一种具体方法大家实行。我希望本社同人对于团体生活教育——即政治教育，特别注意，商量一个训练方针，急起直追去实行，我不胜大愿。

教育与国家之关系

严 复

严复(1854—1921),原名宗光,字又陵,后改名复,字几道,近代学者、翻译家,曾留学英国,回国后提倡西学,翻译西方学术论著,尤以翻译《天演论》蜚声学界,被称为"于中学西学皆为我国第一流人物"(梁启超语)。此外,他还办报、办学、著文,有《严复集》三卷。

此文原是作者在"环球中国学生会"所作的演说,曾发表于1905年1月10日(光绪三十一年十二月十六日)《中外日报》,后收入《严复集》(二)。

此文为近代"教育救国论"之重要文献,所言教育,谓德育重于智育、智育重于体育,不认可当时之"德、智、体并重论"。为何? 就因教育关乎国家存亡:"须知东西历史,凡国之亡,必其人心先坏;前若罗马,后若印度、波兰,彰彰可考,未有国民好义、君不暴虐、吏不贪污,而其国以亡,而为他族所奴隶者。"此系"教育救国论"之核心观念,尚未考虑教育于个人之价值。故而言及"办理教育之法",也从这一观念出发,称"所亟求者,宜在普及。欲普及,其程度不得不取其极低,经费亦必为其极廉,而教员必用其最易得者",即强调普及初等教育,原因是"朝廷屡下诏书,大抵训勖吏民,穷力兴学。然而行之数年,无虑尚无成效,问其所以,则曰无经费也,又曰无教员也"。这也实属无奈,而究其根柢,可谓"教育救国论"之先天缺憾:不为受教育者个人计,而仅为国家(朝廷)计,民众对此种教育并无热情,其"行之数年,尚无成效"亦属必然。

此乃百年前之事,如今教育虽无"救国"之任,然仍录此文于此,供"实施国家教育战略"者思之。

论①吾国自发捻②荡平之后,尔时③当事诸公,实已微窥④旧学之不足独恃⑤。惟然,故恭亲王、文文忠⑥立同文馆⑦于京师;左文襄、沈文肃⑧开前后学堂于马江;曾文正⑨亲选百余幼童以留学于美国;李文忠⑩先后为水师、武备、医学堂于天津。凡此皆成于最早而亦各有成效者也。然除此数公而外,士大夫尚笃守旧学,视前数处学堂若异类之人,即其中不乏成材,亦不过以代喉舌、供奔走而已。逮⑪甲午东方事起,以北洋精练而见败于素所轻蔑之日本,于是天下愕眙⑫,群起而求其所以然之故,乃恍然于前此教育之无当,而集矢⑬于数百千年通用取士之经义。由是不及⑭数年,而八股遂变为策论⑮,诏天下遍立学堂。虽然,学堂立矣,办之数年,又未见其效也,则哗然谓科举犹在,以此为梗⑯。故策论之用,不及五年,而自唐末以来之制科又废,意欲上之取人,下之进身,一切皆由学堂。不佞⑰尝谓此事乃吾国数千年中莫大之举动,言其重要,直⑱无异古者之废封建、开阡陌⑲。造因如此,结果何如,非吾党⑳浅学微识者所敢妄道。但身为国民,无论在朝在野,生此世运转变之时,必宜㉑人人思所以救此社会,使进于明盛,而无陷于阽危㉒,则真今世之中国人,所人人共负之责任,而不可一息自宽㉓者也。

处物竞剧烈之世,必宜于存者㉔而后终存。考五洲之历史,凡国种之灭绝,

———————————

① 论:说到。
② 发捻:"发"指太平天国(留长发,也称"长毛"),"捻"指捻军。
③ 尔时:那时。
④ 微窥:稍有觉察。
⑤ 恃[shì]:依靠。
⑥ 恭亲王:奕䜣,道光帝第六子。文文忠:文祥,谥文忠,清廷洋务派大臣。
⑦ 同文馆:翻译所。
⑧ 左文襄:左宗棠,谥文襄。沈文肃:沈葆桢,谥文肃。
⑨ 曾文正:曾国藩,谥文正。
⑩ 李文忠:李鸿章,谥文忠。
⑪ 逮:至、到。
⑫ 愕眙:惊视。
⑬ 集矢:原意为多箭射中同一目标,转义为合力攻击。
⑭ 不及:不到。
⑮ 八股遂变为策论:(科举)考八股改为考策论。
⑯ 梗:阻碍。
⑰ 不佞[nìng]:说者自谓(佞:才)。
⑱ 直:简直。
⑲ 古者之废封建、开阡陌:指秦统一六国。
⑳ 吾党:同"吾侪",我们这些人。
㉑ 必宜:应该。
㉒ 阽[diàn]危:可危。阽:临近。
㉓ 一息自宽:稍有懈怠。
㉔ 宜于存者:适宜于生存者。

抑为他种所羁縻①者,不出三事:必其种之寡弱,而不能强立者也;必其种之暗昧,不明物理者也;终之必其种之恶劣,而四维不张②者也。是以讲教育者,其事常分三宗:曰体育,曰智育,曰德育。三者并重,顾主③教育者,则必审所当之时势而为之重轻。是故居今而言,不佞以为智育重于体育,而德育尤重于智育。诸公乍④此语,恐且⑤以吾言为迂,不佞请细为分晰⑥,诸公将自见其理之无以易⑦也。

何以言智育重于体育耶?中国号四万万人,以民数言,殆⑧居全球五分之一,夫⑨国不忧其寡弱。至于个人体育之事,其不知卫生者,虽由于积习,而亦坐其人之无所知,故自践危途,戕⑩其生而不觉。智育既深,凡为人父母者,莫不明保持卫生之理,其根基自厚,是以言智育而体育之事固已举矣。且即令未至,中国二十余行省,风气不齐,南人虽弱,北人自强,犹足相救。但竞争之场,徒云强硕⑪,尚未足耳。诸公不见近者俄日之战⑫乎?夫体干长大⑬,殆无过于俄人。而吾之岛邻,则天下所称之侏儒者也。顾至于战,则胜家终在此而不在彼,是亦可以思其理矣。不佞此言,非云不重体育。夫苦攻勤动,以进国人于尚武之风,正吾国今日之所亟⑭。故往日尝谓,中国文场可废,而武科宜留,亦犹此旨⑮。但三者筹其缓急,觉无智育,则体育万万不逮事⑯耳!

何以言德育重于智育耶?吾国儒先⑰有言,形而上者谓之道,形而下者谓之器。夫西人所最讲、所最有进步之科,如理化,如算学,总而谓之,其属于器者九,而进于道者一。且此一分之道,尚必待高明超绝之士而后见之,余人不能见也。

---

① 抑为:或为。羁縻[mí]:控制。
② 四维不张:"四维"即礼义廉耻,"不张"即人无礼义廉耻。语出《管子·牧民》:"四维不张,国乃灭亡。"
③ 顾主:从事。
④ 乍[zhà]:同"诧",惊异。
⑤ 恐且:或许。
⑥ 分晰:同"分析"。
⑦ 无以易:(正确而)不可改变。
⑧ 殆[dài]:大概。
⑨ 夫:所以。
⑩ 戕[qiāng]:害。
⑪ 徒云强硕:只说(体格)强壮高大。
⑫ 俄日之战:指1904年日俄战争,俄败。
⑬ 夫:那。体干:身躯。长大:长而大。
⑭ 亟[jí]:同"急"。
⑮ 旨:意思。
⑯ 不逮事:不管用。
⑰ 儒先:儒家先人。

故西国今日，凡所以为器者，其进于古昔，几于绝景①而驰，虽古之圣人，殆未梦见。独至于道，至于德育，凡所以为教化风俗者，其进于古者几何，虽彼中夸诞之夫②，不敢以是自许也。惟器之精，不独利为善者也，而为恶者尤利用之。浅而譬之，如古之造谣行诈，其果效③所及，不过一隅，乃自今有报章，自有邮政，自有电报诸器，不崇朝④而以遍全球可也，其力量为何如乎？由此推之，如火器之用以杀人，催眠之用以作奸，何一不为凶人之利器？今夫⑤社会之所以为社会者，正恃有天理耳！正恃有人伦耳！天理亡、人伦堕，则社会将散，散则他族得以压力御⑥之，虽有健者，不能自脱⑦也。此非其极可虑者乎？且吾国处今之日，有尤可危者。往自尧、舜、禹、汤、文武，立之民极⑧，至孔子而集其大成，而天理人伦，以其以垂训者为无以易。汉之诸儒，守阙抱残，辛苦仅立，绵绵延延，至于有宋，而道学兴，虽其中不敢谓于宇宙真理，不无离合⑨，然其所传，大抵皆本数千年之阅历而立之分例。为国家者，与之同道⑩，则治而昌；与之背驰，则乱而灭。故此等法物⑪，非狂易失心之夫，必不敢昌言⑫破坏。乃自西学乍兴，今之少年，觉古人之智尚有所未知，又以号为守先者⑬往往有末流之弊，乃群然怀鄙薄⑭先祖之思，变本加厉，遂并其必不可畔⑮者，亦取而废之。然而废其旧矣，新者又未立也。急不暇择，则取剿袭⑯皮毛、快意一时之议论，而奉之为无以易。此今日后生，其歧趋⑰往往如是。不佞每见其人，辄为芒背⑱者也。

今夫诸公日所孜孜者，大抵皆智育事耳。至于名教是非之地，诸公之学问阅

---

① 绝景：同"绝境"。
② 彼中夸诞之夫：彼中，他们之中；夸诞之夫，夸口之人。
③ 果效：效果。
④ 崇朝[zhāo]：一天(崇：通"终"。朝：通"日")。
⑤ 今夫：发声词，无义。
⑥ 御：驾驭、控制。
⑦ 脱：摆脱。
⑧ 民极：民众的准则。
⑨ 不无离合：(还是)有分有合(谓宋儒对古训做了整合与梳理)。
⑩ 与之同道：合乎此道。
⑪ 此等法物：指道学。
⑫ 昌言：狂言。
⑬ 号为守先者：号为，宣称；守先者，遵古者。
⑭ 鄙薄：鄙视、贬低。
⑮ 畔：同"叛"。
⑯ 剿袭：抄袭(剿：同"抄")。
⑰ 歧趋：不同的趋向。
⑱ 芒背：芒刺在背。

历,殆未足以自出手眼,别立新规。骤闻①新奇可喜之谈,今日所以为极是者,取而行之,情见弊生②,往往悔之无及,此马文渊③所谓画虎不成反类狗者也。则不如一切守其旧者,以为行己与人④之大法,五伦⑤之中,孔孟所言,无一可背⑥。固不必言食毛践土、大地生成⑦,而策名委贽⑧之后,事君必不可以不忠。固不必言天下无不是的父母,割股庐墓⑨,而为人子者,必不可以不孝。未及念一岁⑩以前,子女之于父母,凡《曲礼》《少仪》《内则》《弟子职》⑪之所载者,皆所宜率循⑫者也。不必言男女授受不亲,叔嫂不通问,而男女匹合⑬之别,必不可以不严。不必以九世同居⑭为高义,而同气连枝之兄弟,其用爱固必先于众人。若夫⑮信之一言,则真交友接物之通例。即与敌人对垒,办理外交,似乎不讳⑯机诈矣,然其中之规则至严,稍一不慎,则犯天下之不韪。公法之设,正为此耳。须知东西历史,凡国之亡,必其人心先坏;前若罗马,后若印度、波兰,彰彰可考,未有国民好义、君不暴虐、吏不贪污,而其国以亡,而为他族所奴隶者。故世界天演,虽极离奇,而不孝、不慈、负君、卖友一切无义男子之所为,终为复载⑰所不容,神人所共疾,此则百世不惑者也。不佞目睹今日之人心风俗,窃谓此乃社会最为危岌之时,故与诸公为此惊心动魄之谈,不胜大愿,愿诸公急起而救此将散之舟筏。惟此之关系国家⑱最大,故曰德育尤重智育也。

至于吾国今日办理教育之法,亦有可言者。盖自学堂议兴,朝廷屡下诏书,

---

① 骤闻:一听到。
② 情见弊生:真情显现、弊端产生。
③ 马援,字文渊,东汉开国功臣之一。
④ 行己与人:行己,自律;与人,待人。
⑤ 五伦:忠、孝、悌、忍、善。
⑥ 背:违背。
⑦ 食毛践土、大地生成:"毛"指地面所生之谷物,"践土"指脚踩之土地;意为万物和大地均是国君所有。
⑧ 策名委贽[zhì]:策名,为官;委贽,任职。
⑨ 割股庐墓:父母病,割股疗疾;父母死,结庐墓左(古孝子范例)。
⑩ 念一岁:学道之时(一:道。岁:时)。
⑪《曲礼》《少仪》《内则》《弟子职》:均为古之孝亲之书。
⑫ 率循:遵循。
⑬ 匹合:婚配。
⑭ 九世同居:九代同堂。
⑮ 若夫:至于。
⑯ 不讳:不回避。
⑰ 复载:喻民众(原指水,后喻民:"水可载舟,亦可覆舟。")。
⑱ 关系国家:事关国家(兴亡)。

大抵训勖吏民①，穷力②兴学。然而行之数年，无虑③尚无成效，问其所以，则曰无经费也，又曰无教员也。此中小学堂之通病也。至于高等学堂，则往往具有形式，而无其实功；理化算学诸科，往往用数月速成之教习，势必虚与委蛇④，愒日玩岁⑤，夫⑥人之日时精力，不用于正，必用于邪。功课既松，群居终日，风潮安得以不起乎？此真中国今日学界不可医之病痛也。鄙⑦见此时学务，所亟求者，宜在普及。欲普及，其程度不得不取其极低，经费亦必为其极廉，而教员必用其最易得者。譬如一乡一镇之中，其中小者不外数十百家，便可立一学堂，用现成之祠宇⑧。此数十百家之中，所有子弟凡十龄以上者，迫使入学。以三年为期，教以浅近之书数⑨，但求能写白话家信，能略记耳目所见闻事；而珠算则毕⑩加减乘除，此外与以⑪数十页书，中⑫载天地大势，与夫生人⑬所不可不由之公理，如西人上帝十诫者然。夫以三年而为此，以此求师⑭，尚多有也⑮；以此责⑯之学生，虽极下之资质，尚能至也⑰。虽极贫之乡，其办此尚无难也。更于一邑⑱之中，立一考稽⑲之总会，用强迫之法，以力求其普及。必期⑳十年以往，于涂中任取十五六龄之年少㉑，无一不略识字，而可任警察、为士兵者，斯㉒可谓之有成效矣。公等㉓闻此，将于吾言有不足之讥，然须知吾国此时，不识字人民实有几许，约而言之，则

---

① 训勖[xù]吏民：训教勉励官吏和民众（勖：勉）。
② 穷力：尽力。
③ 无虑：当然。
④ 虚与委蛇[yí]：（成语）敷衍了事。
⑤ 愒[kài]日玩岁：（成语）旷废时日（愒：荒废）。
⑥ 夫：而。
⑦ 鄙：鄙人（说者自谓）。
⑧ 祠宇：祠堂和庙宇。
⑨ 书数：书写和算数。
⑩ 毕：完成。
⑪ 与以：同"予以"。
⑫ 中：其中。
⑬ 夫：那。生人：做人。
⑭ 求师：寻求师资。
⑮ 尚多有也：还是很多的。
⑯ 责：要求。
⑰ 尚能至也：还是能达到的。
⑱ 邑[yì]：县。
⑲ 考稽：考查、监督。
⑳ 必期：预计。
㉑ 涂中：同"途中"。年少：少年。
㉒ 斯：此。
㉓ 公等：诸公。

触处皆是也。但使①社会常有此形②，则上流社会纵极文明，与此等终成两橛③，虽有自他之耀④，光线不能射入其中。他日有事，告之则顽⑤，舍之则嚣⑥，未有不为公事之梗⑦者。近日上海之暴动，则眼前之明证也。颇怪⑧今日教育家，不言学堂则已，一言学堂，则一切形式必悉备而后快。夫形式悉备，岂不甚佳，而无知其人与财之交不逮⑨。东坡有言："公等日日说龙肉，虽珍奇，何益？固不若仆⑩说猪肉之实美而真饱也。"夫为其普及如此。至于高等、师范各学堂，则在精而不在多。聚一方之财力精神，而先为其一二，必使完全无缺，而子弟之游⑪其中者，五年以往，必实有可为师范之资⑫。夫而后⑬更议其余，未为晚耳。

---

① 但使：倘若。
② 形：情形。
③ 此等：此等人（指不识字人民）。两橛[jué]：两极。
④ 自他之耀：照亮自己和他人之光。
⑤ 顽：愚顽（不懂）。
⑥ 嚣：叫嚣（不满）。
⑦ 梗：作梗（阻碍）。
⑧ 颇怪：颇为奇怪。
⑨ 无知：不知。交不逮：两者都没有（交：双）。
⑩ 仆：我（说者自谓）。
⑪ 游：游学。
⑫ 可为师范之资：可做教师的资质。
⑬ 夫而后：那之后。

论教育之宗旨

王国维

王国维(1877—1927),字静安(亦作静庵),近代学者,博学多才,重要著作有《人间词话》《宋元戏曲史》和自编集《静庵文集》等。本文选自《静庵文集》,题目系原书所有。

晚清之际,谈教育颇成一种风气,"无论新旧中人,莫不以教育为救国之要图"(梁启超语),故多致力于智育、德育的论述。其独自揭举"美育",配德、智二育,辅以体育,以此培养"完全之人物"者,当以王国维此篇为最早(按:其后不久有蔡元培"以美育代宗教说")。本文关键词为"完全之人物"。何为"完全"?即在体育、智育、德育之上加以"美育"。何为"美育"?文中称"美育即情育",可以"使人忘一己之利害而入高尚纯洁之域,此最纯粹之快乐也";可以"使人之感情发达,以达完美之域",即"情感教育"。其中显见康德、叔本华学说对其影响之大(按:王国维另撰有《汗德(康德)之知识论》《叔本华之哲学及其教育学说》等文)。

然而,问题是:情感能否人为育之?此问题又牵出诸多问题:情感如何得以产生?是教导出来的,抑或于不知不觉中产生?人若不受教育,即无情感可言?如此等等。故而,"情感教育"虽常有人谈论,却几无人实施,因其所涉过多,不可操作。故而,"美育"至今未与德育、智育、体育相提并论。

教育之宗旨何在？在使人为完全之人物而已。何谓完全之人物？谓人之能力无不发达且调和是也。人之能力分为内外二者：一曰身体之能力，一曰精神之能力。发达其身体而萎缩其精神，或发达其精神而罢敝①其身体，皆非所谓完全者也。完全之人物，精神与身体必不可不为调和之发达。而精神之中又分为三部：知力、感情及意志是也。对②此三者而有真、美、善之理想：真者，知力之理想；美者，感情之理想；善者，意志之理想也。完全之人物不可不备真、美、善之三德，欲达此理想，于是教育之事起。教育之事，亦分为三部：智育、德育（即意育）、美育（即情育）是也。如佛教之一派，及希腊罗马之斯多噶派③，抑压人之感情而使其能力专发达于意志之方面；又如近世斯宾塞尔④之专重智育，虽非不切中一时之利弊，皆非完全之教育也。完全之教育，不可不备此三者，今试言其大略。

一、智　　育

人苟⑤欲为完全之人物，不可无内界及外界之知识，而知识之程度之广狭，应时地不同。古代之知识，至近代而觉其不足；闭关自守时之知识，至万国交通时而觉其不足。故居今之世者，不可无今世之知识。知识又分为理论与实际二种，溯其发达之次序，则实际之知识常先于理论之知识，然理论之知识发达后，又为实际之知识之根本也。科学，如数学、物理学、化学、博物学等，皆所谓理论之知识；至应用物理、化学于农工学⑥，应用生理学于医学，应用数学于测绘等，谓之实际之知识。理论之知识，乃人人天性上所要求者；实际之知识，则所以供社会之要求，而维持一生之生活。故知识之教育，实必不可缺者也。

二、德　　育

然有知识而无道德，则无以得一生之福祉，而保社会之安宁，未得为⑦完全

---

① 罢[pí]敝：损害。
② 对：相对。
③ 斯多噶派：提倡禁欲之学派。
④ 斯宾塞尔，通译"斯宾塞"（赫伯特·斯宾塞），19世纪英国哲学家、教育家、社会达尔文主义创始人。
⑤ 苟：若。
⑥ 农工学：农学与工学。
⑦ 未得为：还不算。

之人物也。夫^①人之生也，为动作^②也，非为知识也。古今中外之哲人，无不以道德为重于知识者，故古今中外之教育，无不以道德为中心点。盖^③人人至高之要求，在于福祉，而道德与福祉，实有不可离之关系。爱人者，人恒爱之；敬人者，人恒敬之。不爱、敬人者，反是。如影之随形，响之随声，其效不可得而诬也^④。《书》^⑤云："惠迪^⑥则吉，从逆^⑦则凶。"希腊古贤所唱福德合一论^⑧，固无^⑨古今中外之公理也。而道德之本原^⑩，又由内界^⑪出，而非外铄^⑫我者。张皇^⑬而发挥之，此又教育之任也。

三、美　育

德育与智育之必要，人人知之。至于美育，有不得不一言者。盖人心之动，无不束缚于^⑭一己之利害；独美之为物，使人忘一己之利害而入高尚纯洁之域，此最纯粹之快乐也。孔子言志，独与曾点^⑮；又谓"兴于《诗》"、"成于《乐》"^⑯。希腊古代之以音乐为普通学之一科，及近世希痕林、希尔列尔^⑰等之重美育学，实非偶然也。要之，美育者一面使人之感情发达，以达完美之域；一面又为德育与智育之手段，此又教育者所不可不留意也。

然人心之知、情、意三者，非各自独立，而互相交错者。如人为一事时，知其

---

① 夫：文言发语词，无义。
② 动作：行为。
③ 盖：因为。
④ 其效：其作用。不可得而诬也：即"不可诬也"（"得而"用以加重语气，如"不得而知"，即"不知"。诬：妄言）。
⑤ 《书》：亦称《尚书》《书经》。
⑥ 惠迪：顺道。
⑦ 从逆：反向。
⑧ 唱：宣扬。福德合一论：即认为，有德便有福。
⑨ 无：无论。
⑩ 本原：同"本源"。
⑪ 内界：内心。
⑫ 外铄[shuò]：外界铸成（铄：熔化）。
⑬ 张皇：张扬。
⑭ 束缚于：受制于。
⑮ 独与：特别提到。曾点：孔子弟子，与其子曾参同师孔子，自言其志，孔子颇叹赏。
⑯ 语出《论语·泰伯》："子曰：'兴于《诗》，立于《礼》，成于《乐》。'"（《乐》即《乐经》，六经之一，汉已失传。）
⑰ 希痕林，通译"谢林"，19世纪德国哲学家，黑格尔的先驱。希尔列尔，通译"席勒"，18世纪德国诗人、美学家。

当为者,知也;欲为之者,意也;而当其为之前(后),又有苦乐之情伴之。此三者不可分离而论之也。故教育之时,亦不能加以区别①。有一科而兼德育、智育者,有一科而兼美育、德育者,又有一科而兼此三者。三者并行而得,渐达真、善、美之理想,又加以身体之训练,斯②得为完全之人物,而教育之能事,毕矣③。

① 区别:分开。
② 斯:此。
③ 毕矣:完成了。

论教育的根本要从自国自心发出来

章炳麟

章炳麟(1869—1936)，字枚叔，号太炎，近代学者、语言文字学家、散文家，有"国学大师"之称，主要著作有《章氏丛书》《章氏丛书续编》《章氏丛书三编》等。

本文是章炳麟于 1907 年至 1910 年在日本讲学期间为中国留日学生所作的讲演之一，后收入《章太炎讲演集》。

章炳麟学贯中西，对日本也深有研究，但从此文即可看出，他对日本文化，尤其是对日本的汉学，颇不以为然。所以，他对那些在日本留学的中国学生作这一题为"教育的根本要从自国自心发出来"的演讲，意思就是：你们到日本留学，固然未尝不可，但真要有学问，还须源于"自国自心"，要以本国文化、本人心得为根基；因为，关于本国的学问，是从他国、他人那里得不到的。这等于是给那些留学生泼了一盆冷水，告诫他们不要听日本人说什么就信什么——对欧洲人也一样，英国人说什么、法国人说什么，也不可照搬，用他的话来说就是："本国的学问，本国人自然该学，就像自己家里的习惯，自己必定应该晓得，何必听他人的毁誉？"由此而说到教育，他说："大凡讲学问、施教育的，不可像卖古玩一样，一时许多客人来看，就贵到非常的贵；一时没有客人来看，就贱到半文不值。自国的人，该讲自国的学问，施自国的教育，像水、火、柴、米一个样儿，贵也是要用，贱也就要用，只问要用，不问外人贵贱的品评。后来水越治越清，火越治越明，柴越治越燥，米越治越熟，这样就是教育的成效了。"当然，这是关于本国的学问，"至于别国所有、中国所无的学说，在教育一边，本来应该取来补助……要知道凡事不可弃己所长，也不可攘人之善"。

以上大致可见章炳麟的文化观和教育观：总的说来，就是"不可弃己所长，也不可攘人之善"。不过，他强调的还是"不可弃己所长"——这在当时（即新文化运动初期）被许多人视为"守旧"。因为他说的"所长"，很大程度上是指中国传统文化，而这正是新文化运动倡导者们（包括他的学生鲁迅等人）认为应该抛弃的"所短"。

本国没有学说，自己没有心得，那种国、那种人，教育的方法，只得跟别人走。本国一向有学说，自己本来有心得，教育的路线自然不同。几位朋友，你看中国是属于哪一项？中国现在的学者，又属于哪一项呢？有人说，中国本来没有学说。那种话，前几篇已经驳过①。还有人说，中国本来有学说，只恨现在的学者没有心得。这句话，虽然不合事实，我倒愿学者用为药石之言。中国学说，历代也有盛衰，大势还是向前进步，不过有一点儿偏胜②。只看周朝的时候，礼、乐、射、御、书、数，唤作六艺，懂得六艺的多，却是历史政事，民间能够理会的很少，哲理是更不消说得。后来老子、孔子出来，历史、政事、哲学三件，民间渐渐知道了，六艺倒渐渐荒疏。汉朝以后，懂六艺的人虽不少，总不如懂历史政事的多。汉朝人的懂六艺，比六国人要精许多，哲理又全然不讲。魏、晋、宋、齐、梁、陈这几代，讲哲理的，尽比得上六国。六艺里边的事，礼、乐、数是一日明白一日。书只有形体不正一点，声音训诂仍没有失去，历史政事自然是容易知道的，总算没有甚么偏胜。隋唐时候，佛教的哲理，比前代要精审，却不过几个和尚。寻常士大夫家，儒、道、名、法的哲理就没有。数学、礼学，唐初都也不坏，从中唐以后就衰了，只剩得历史、政事，算是唐人擅场③。

宋朝人分做几派：一派是琐碎考据的人，像沈括、陆佃、吴曾、陆游、洪适、洪迈都是。王应麟算略略完全些，也不能见得大体，在六艺里面，不能成就得那一种。一派是好讲经世的人，像苏轼、王安石、陈亮、陈傅良、叶适、马端临都是。陈、马还算着实，其余不过长许多浮夸的习气，在历史既没有真见，在当时也没有实用。一派是专求心性的人，就是理学家了，比那两家，总算成就，除了邵雍的鬼话，其余比魏、晋、宋、齐、梁、陈的学者，也将就攀得上；历史只有司马光、范祖禹两家，司马光也还懂得书学。此外像贾昌朝、丁度、毛居正几个人，也是一路；像宋祁、刘敞、刘奉世、曾巩又是长于校勘，原是有津逮④后学的功，但自己到底不能成就小学家⑤。宋、元之间，几位算学先生出来，倒算是独开蹊径。大概宋朝人还算没有偏胜，只为不懂得礼，所以大体比不上魏、晋几朝。（中国有一件奇怪事，老子明说"礼者，忠信之薄"，却是最精于礼，孔子事事都要请教他。）魏晋人最

---

① "前几篇"即前几次讲演，如"中国文化的根源和近代学问的发达"和"论诸子的大概"等。
② 偏胜：不平衡。
③ 擅场：专据一场（即强项）。
④ 津逮：原义为"由津渡而到达"，转义为"传至"。
⑤ 小学：即文字学（大学，即道德学）。

佩服老子,几个放荡的人,并且说"礼岂是为我辈设",却是行一件事,都要考求典礼。晋朝末年,礼论有八百卷,到刘宋朝①何承天,删并成三百卷;梁朝徐勉集五礼,共一千一百七十六卷。可见那时候的礼学,发达到十分。现在《通典》里头,有六十卷的礼,大半是从那边采取来,都是精审不磨,可惜比照原书,只存二十分之一了。那时候人,非但在学问一边讲礼,在行事一边,也都守礼。且看宋文帝已做帝王,在三年里头生太子,还瞒着人不敢说,像后代的帝王,哪里避这种嫌疑,可见当时守礼的多,就帝王也不敢公然逾越。更有怪的,远公原是个老和尚,本来游方以外,却又精于《丧服》。弟子雷次宗,也是一面清谈,一面说礼,这不是奇怪得很么?宋朝的理学先生,都说服膺儒术,规行矩步,到得说礼,不是胡涂,就是谬妄,也从不见有守礼的事。只是有一个杨简(通称杨慈湖),在温州做官,遇着钦差到温州来,就去和他行礼。主人升自阼阶,宾升自西阶,一件一件,都照着做,就算奇特非常,到底不会变通,也不算甚么高。照这样看来,理学先生,远不如清谈先生。

明朝时候,一切学问,都昏天黑地,理学只袭宋儒的唾余,王守仁出来,略略改变些儿,不过是沟中没有蛟龙,纹鳅来做雄长,连宋朝人的琐碎考据,字学校勘都没有了。典章制度,也不会考古,历史也是推开一卷。中间有几位高的,音韵算陈第、文字训诂算黄生、律吕算朱载堉、攻《伪古文尚书》算梅鷟。算学也有个徐光启,但是从别处译来②,并不由自己思索出来,所以不数。到明末顾炎武,就渐渐成个气候。

近二百年来,勉强唤做清朝③,书学、数学、礼学,昏黑了长久,忽然大放光明,历史学也比得上宋朝,像钱大昕、梁玉绳、邵晋涵、洪亮吉,都着实可以名家。讲政事的颇少,就有也不成大体,或者因为生非其时,犯不着讲政事给他人用,或者看穿讲政事的总不过是浮夸大话,所以不愿去讲。至于哲理,宋、明的理学,已经搁起一边了,却想不出一种道理去代他④。中间只有戴震,做几卷《孟子字义疏证》,自己以为比宋儒高,其实戴家的话,只好用在政事一边,别的道理,也并没得看见。宋儒在《孟子》里头翻来翻去,戴家也在《孟子》里头翻来翻去。宋儒还

---

① 刘宋朝:南北朝时期南朝的第一个朝代,称"宋",皇帝姓刘,为和后来的"大宋"区分,史学家将其称为"刘宋"。
② 指徐光启与利玛窦合译欧几里得《几何原理》。
③ 章炳麟对清朝因是满人的朝代一直耿耿于怀,故说"勉强"。
④ 他:同"它"。

采得几句六朝话(大概皇侃《论语疏》里头的话,宋儒采他的意颇多),戴家只会墨守《孟子》。孟子一家的话,戴家所发明的,原比宋儒切实,不过哲理不能专据孟子(阮元的《性命古训》,更不必评论了)。到底清朝的学说,也算十分发达了。只为没有讲得哲理,所以还算一方偏胜。若论进步,现在的书学、数学,比前代都进步。礼学虽比不上六朝,比唐、宋、明都进步。历史学里头,钩深致远,参伍比校,也比前代进步。经学还是历史学的一种,近代比前代进步。本国的学说,近来既然进步,就和一向没有学说的国,截然不同了。但问进步到这样就止么? 也还不止。六书固然明了,转注、假借的真义、语言的缘起、文字的孳乳法[①],仍旧模糊,没有寻出线索,可不要向前去探索么? 礼固然明了,在求是一边,这项礼为甚么缘故起来? 在致用一边,这项礼近来应该怎样增损? 可不要向前去考究么? 历史固然明了,中国人的种类,从哪一处发生? 历代的器具,是怎么样改变? 各处的文化,是哪一方盛? 哪一方衰? 盛衰又为甚么缘故? 本国的政事,和别国比较,劣的在哪一块分,优的在哪一块? 又为甚么有这样政事? 都没有十分明白,可不要向前去追寻么? 算学本是参酌[②]中外,似乎那边盛了,这边只要译他犹够,但以前有徐光启采那边的,就有梅文鼎由本国寻出头路来;有江永采那边的,就有钱大昕、焦循由本国寻出头路来,直到罗士琳、徐有壬、李善兰,都有自己的精思妙语,不专去依傍他人。后来人可不要自勉么? 近来推陈出新的学者,也尽有几个。若说现在学者没有心得,无论不能概[③]全国的人,只兄弟[④]自己看自己,心得的也很多。到底中国不是古来没有学问,也不是近来的学者没有心得,不过用偏心去看,就看不出来。怎么叫做偏心? 只佩服别国的学说,对着本国的学说,不论精粗美恶,一概不采,这是第一种偏心。

在本国的学说里头,治了一项,其余各项,都以为无足轻重,并且还要诋毁,就像讲汉学的人,看见魏晋人讲的玄理,就说是空言,或说是异学;讲政事的人,看见专门求是,不求致用的学说,就说是废物,或说是假古玩;仿佛前人说的,一个人做弓,一个人做箭,做弓的说"只要有我的弓,就好射,不必用箭",做箭的说"只要有我的箭,就好射,不必用弓"。这是第二种偏心。(这句话,并不是替许多

---

① 孳乳法:派生法则。
② 参酌:本义为商量,引申为"不分彼此"。
③ 概:概括。
④ 兄弟:作者自称。

学者做调人①。一项学术里头，这个说的是，那个说的非，自然要辩论驳正，不可模棱了就算数。至于两项学术，就不该互相菲薄。）

这两项偏心去了，自然有头绪寻出来。但听了别国人说本国的学说坏，依着他说坏，固然是错；就听了别国人说本国的学说好，依着他说好，仍旧是错。为甚么缘故呢？别国人到底不明白我国的学问；就有几分涉猎，都是皮毛，凭他说好说坏，都不能当做定论。现在的教育界，第一种错，渐渐打消几分；第二种错，又是接踵而来。比如日本人说阳明学派②是最高的学派，中国人听了，也就去讲阳明学。且不论阳明学是优是劣，但日本人于阳明学，并没有甚么发明，不过偶然应用，立了几分功业，就说阳明学好。原来用学说去立功业，本来有应有不应，不是板定的，就像庄子说："能不龟③手一也，或以侯，或不免于洴澼④纩。"（不龟手，说手遇了冷不裂；于洴澼纩，就是打绵。）本来只是凑机会儿，又应该把中国的历史翻一翻。明末东南的人，大半是讲阳明学派，如果阳明学一定可以立得功业，明朝就应该不亡。又看阳明未生以前，书生立功的也很不少。远的且不必说，像北宋种师道，是横渠的弟子，用种师道计，北宋可以不亡。南宋赵葵是晦庵的再传弟子，宋末保全淮蜀，都亏赵葵的力。明朝刘基（就是人人称刘伯温的）是参取永嘉、金华学派的人，明太祖用刘基的策，就打破陈友谅。难道看了横渠、晦庵，和永嘉、金华学派的书，就可以立得功业么？原来运用之妙，存乎其人。庄子说得好："豕零桔梗，是时为帝。"（豕零，就是药品里头的猪苓，意思说贱药也有大用。）如果着实说去，学说是学说，功业是功业，不能为立了功业，就说这种学说好，也不能为不立功业，就说这种学说坏。（学说和致用的方术不同，致用的方术，有效就是好，无效就是不好；学说就不然，理论和事实合，才算好，理论和事实不合，就不好，不必问他有用没用。）现在看了日本人偶然的事，就说阳明学好，真是道听途说了。

又像一班人，先听见宋儒谤佛，后听见汉学人谤佛，最后又听见基督教人也谤佛，就说佛学不好；近来听见日本人最信佛，又听见欧洲人也颇有许多信佛，就说佛学好，也不论佛学是好是坏。但基督教人，本来有门户之见，并说不出自己

---

① 调兵遣将人：周时官名，负责调解民众之间的争端。
② 阳明学派：又名姚江学派，创始人为明代大儒王守仁，因其曾筑室于故乡阳明洞中，世称阳明先生，故称该学派为阳明学派。
③ 龟[jūn]：龟裂。
④ 洴[píng]澼[pì]：漂洗。

378

的理论来；汉学人也并不看佛书，这种话本可以搁起一边；宋儒是看过佛书了，固然有许多人谤佛，也有许多人直用佛书的话，没有讳饰。本来宋儒的学说，是从禅宗脱化，几个直从不讳的，就是老实说直话。又有几个里面用了佛说，外面排斥佛说，不过是装潢门面。难道有识的人，就被他瞒过么？日本人的佛学，原是从中国传去，有几种书，中国已经没有了，日本倒还有原版，固是可宝。但日本人自己的佛学，并不能比中国人深，那种华严教、天台教的话，不过把中国人旧疏敷衍成篇。他所特倡的日莲宗、真宗，全是宗教的见解，并没有关系学说的话，尽他说的好，也不足贵。欧洲人研究梵文、考据佛传，固然是好，但所见的佛书，只是小乘经论，大乘并没有几种。有意讲佛学的人，照着他的法子，考求言语历史，原是不错（本来中国玄奘、义净这班人，原是注意在此，但宋朝以后就绝了），若说欧洲人是文明人，他既学佛，我也依他学佛，这就是下劣的见解了。

胡乱跟人，非但无益，并且有害。这是甚么缘故？意中先看他是个靶子，一定连他的坏处也取了来。日本出家人都有妻，明明是不持戒律，既信日本，就与佛学的本旨相反。欧洲人都说大乘经论不是释迦牟尼说的（印度本来有这句话），看不定的人，就说小乘好，大乘不好，那就弃精华、取糟粕了。佛经本和周公、孔子的经典不同：周孔的经典，是历史，不是谈理的，所以真经典就是，伪经典就不是；佛经是谈理的，不是历史，只要问理的高下，何必问经是谁人所说？佛经又和基督教的经典不同：基督教是纯宗教，理的是非，不以自己思量为准，只以上帝耶稣的所说为准；佛经不过夹杂几分宗教，理的是非，以自己思量为准，不必以释迦牟尼所说为准。以前的人学佛，原是心里悦服，并不为看重印度国，推爱到佛经；现在人如果要讲佛学，也只该凭自己的心学去，又何必借重日本、欧洲呢？

又像一班无聊新党①，本来看自国的人是野蛮人，看自国的学问是野蛮学问，近来听见德国人颇爱讲支那学②，还说中国人民（是）最自由的人民；中国政事是最好的政事，回头一想，文明人也看得起我们野蛮人，文明人也看得起我们野蛮学问，大概我们不是野蛮人，中国的学问不是野蛮学问了，在学校里边，恐怕该添课③国学、汉文。有这一种转念，原说他好，并不说他不好。但是受教的人，

---

① 新党：指提倡新文化的人（章炳麟反清，并不反传统汉文化）。
② 支那学：汉学。
③ 添课：多讲授。

本来胸中像一块白绢,惟有听受施教的话;施教的人却该自己有几分注意,不该听别人的话。何不想一想,本国的学问,本国人自然该学,就像自己家里的习惯,自己必定应该晓得,何必听他人的毁誉?别国有几个教士穴官,粗粗浅浅的人,到中国来,要知这一点儿中国学问,向下不过去问几个学究,向上不过去问几个斗方名士①,本来那边学问很浅,对外人说的,义格外浅,外人看中国自然没有学问。古人说的,"以管窥天,以蠡测海"(蠡本来应写蠃,俗写作螺。意思说用蠃壳去舀海水,不能晓得海的深浅),一任他看成野蛮何妨?近来外人也渐渐明白了。德国人又专爱考究东方学问,也把经典史书略略翻去,但是翻书的人,能够把训诂文义真正明白么?那个口述的中国人,又能够把训诂文义真正明白么?你看日本人读中国书,约略已有一千多年,究竟训诂文义,不能明白;他们所称为大儒,这边看他的话,还是许多可笑。(像山井鼎、物观,校勘经典,却也可取,因为只案字比较,并不多发议论。其余著作,不过看看当个玩具,并没有可采处。近来许多目录家,看得日本有几部旧书,就看重日本的汉学家,是大错了。皇侃《论语疏》《玉烛宝典》《群书治要》几部古书,不过借日本做个书麓子。)这个也难怪他们,因为古书的训诂文义,从中唐到明代,一代模糊一代,到近来才得真正明白。以前中国人自己尚不明白,怎么好责备别国人!后来日本人也看见近代学者的书,但是成见深了,又是发音极不正当,不晓得中国声音,怎么能晓得中国的训诂?既然不是从师讲授,仍旧不能冰释理解,所以日本人看段注《说文》、王氏《经传释词》和《康熙字典》差不多。几个老博士,翻腾几句文章学说,不是支离,就是汗漫②。日本人治中国学问,这样长久,成效不过如此,何况欧洲人只费短浅的光阴,怎么能够了解?

有说日本人欢喜附会,德国人倒不然,总该比日本人精审一点,这句话也有几分合理。日本人对着欧洲的学说,还不敢任意武断,对着中国的学说,只是乱说乱造。或者徐福东来,带了许多燕齐怪迂之士,这个遗传性,至今还在③?欧洲人自然没有这种荒谬,到底时候太浅,又是没有师授,总是不解。既然不解,他就说是中国学问,比天还要高,中国人也不必引以为荣。古人说:"一经品题,声

---

① 斗方:书画所用的一尺见方的册页。名士:有名望但未做官的读书人。指好在斗方上写诗或作画的小有名气的人。
② 汗漫:漫无边际。
③ 传说秦时徐福带一群"燕齐怪迂之士"东渡日本,故为日本人的祖先。此处用此传说,只是嘲笑日本学者"怪迂"。

价十倍。"原是看品题人是甚么,若是没有品题的资格,一个门外汉,对着我极口称赞,又增甚么声价呢?听了门外汉的品题,当作自己的名誉,行到教育一边,也护许多毛病。往往这边学究的陋话,斗方名士的谬语,传到那边,那边附会了几句,又传到这边,这边就看作无价至宝。也有这边高深的话,传到那边,那边不能了解,任意胡猜,猜成了,又传到这边,这边又看作无价至宝,就把向来精深确实的话改做一种浅陋荒唐的话。这个结果,使学问一天堕落一天。

几位朋友要问这种凭据,兄弟可以随意举几件来:

(一)日本人读汉字,分为汉音、吴音、唐音各种,却是发音不准,并不是中国的汉音、唐音、吴音本来如此,不过日本人口舌倔强,学成这一种奇怪的音。现在日本人说,他所读的倒是中国古来的正音,中国人也颇信这句话。我就对那个人说,中国的古音也,分二十几韵,哪里像日本发音这样简单?古音或者没有凭据,日本人所说的古音,大概就是隋唐时候的音。你看《广韵》,现在从《广韵》追到唐朝的《唐韵》、隋朝的《切韵》,并没有甚么大变动。照《广韵》的音切,切出音来,可像日本人读汉字的声音么?那个人说,怎么知道《广韵》的声音不和日本声音一样?我说,一项是声组(就是通称字母的),二项是四声,从隋唐到现在,并没有什么大改。日本可有四声么?可有四十类细目么?至于分韵,元明以来的声音,比《广韵》减少,却比日本还多。日本人读汉字,可能像《广韵》分二百六韵么?你看从江苏沿海到广东,小贩、做工的人都会胡乱说几句英语,从来声音没有读准,假如几百年后,英国人说"我们英国的旧音失去了,倒是中国沿海的人发得出英国的旧音",你想这句话,好笑不好笑?

(二)日本人常说:"日本人读中国的古文就懂得,读中国的现行的文就不懂得,原来中国文体变了。日本人作的汉文,倒还是中国的古文。"这句话,也颇有人相信,我说:日本的文章,用助词非常的多,因为他说话里头助词多,所以文章用助词也多。中国文套最爱多用助词的,就是宋、元、明三朝,所以日本人拿去强拟,真正隋唐以前的文章,用助词并不多。日本人可能懂得么?至于古人辞气,和近来不很相同,就中国人粗称能文的,还不能尽解,更何论日本人?自从王氏做《经传释词》,近来马建忠分为八品,做了一部《文通》,原是用法文比拟,却并没有牵强,大体虽不全备,中国的词,分起来,总有十几品,颇还与古人辞气相合,在中国文法书里边,也算铮铮佼佼了!可笑有个日本人儿岛献吉,又做一部《汉文典》,援引古书,也没有《文通》的完备,又拿日本佶屈聱牙的排列法去硬派中国文法,倒有许多人说儿岛的书比马氏好得多,因为马氏不录宋文,儿岛兼录宋文。

不晓中国的文法,在唐朝早已完备了,宋文本来没有特别的句调,录了有甚么用?宋文也还可读,照着儿岛的排列法,语势蹇涩①,反变成文理不通,比马氏的书,真是有霄壤之隔。近来中国反有人译他的书,唉!真是迷了。日本几个老汉学家,做来的文字,总有几句不通,何况这位儿岛学士,现在不用拿两部书比较,只要请儿岛做一篇一千字长的文章,看他语气顺不顺,句调拗不拗?再请儿岛点一篇《汉书》,看他点得断点不断?就可以试验得出来了!

　　(三)有一个英国人,说中国的言语,有许多从外边来,就像西瓜、芦菔②、安石榴③、蒲桃(俗写作葡萄)是希腊语,师子④是波斯语,从那边传入中国。这句话,近来信的虽不多,将来恐怕又要风行。要晓得这种话,也有几分近理,却是一是一非,要自己检点过。中国本来用单音语,鸟兽草木的名,却有许多是复音语。但凡有两字成一个名的,如果两字可以分解得开,各自有义,必不是从外国来。如果两字不能分解,或是从外国来。蒲桃本不是中国土产,原是从西域取来,枝叶既不像蒲,果实也不像桃,唤做蒲桃,不合中国语的名义,自然是希腊语了。师子、安石榴,也是一样。像西瓜就不然,瓜是蓏物⑤的通名,西瓜说是在西方的最好。两个都有义,或者由中国传到希腊去,必不由希腊传到中国来。芦菔也是中国土产,《说文》已经列在小篆,两个字虽则不能分解,鸟兽草木的名,本来复音语很多,也像从中国传入希腊,不像从希腊传入中国。至于彼此谈话,偶然一样,像父母的名,全地球没有大异。中国称兄做"昆",转音为"哥";鲜卑也称兄为"阿干"。中国称帝王为"君",突厥也称帝王为"可汗"。中国人自称为"我",拉丁人也自称为"爱伽"。中国吴语称我辈为"阿旁"(《洛阳伽蓝记》,自称"阿侬",语则"阿旁"),梵语也称我辈为"阿旁"。中国称彼为"他",梵语也称彼为"多他"。中国叹词有"呜呼",梵语也是"阿篙"。这种原是最简的语,随口而出,天籁相符,或者古来本是同种,后来分散,也未可知。必定说甲国的语从乙国来,乙国的话从甲国去,就是全无凭据的话了。(像日本许多名词,大半从中国去。蒙古的"黄台吉",就是从中国的"皇太子"变来。满洲的"福晋",就是从中国的"夫人"变来。这种都可以决定,因为这几国都近中国,中国文化先开,那边没有名词,不得不用

---

① 蹇[jiǎn]涩:不顺。
② 芦菔:即萝卜。
③ 安石榴:即石榴。
④ 师子:即柿子。
⑤ 蓏[luǒ]物:草本植物的果实(木实曰果,草实曰蓏)。

中国的话，所以可下断语。若两国隔绝得很远的，或者相去虽近，文化差不多同时开的，就不能下这种断语。）有人说中国象形文字从埃及传来；也有说，中国的干支二十二字，就是希腊二十二个字母。这种话全然不对。象形字就是画画，任凭怎么样草昧初开的人，两个人同对着一种物件，画出来总是一样。何必我传你，你传我？干支二十二字，甲、己、庚、癸是同纽①，辛、戍是同纽，戊、卯、未，古音也是同纽，譬如干支就是字母，应该各字各纽，现在既有许多同纽的音，怎么可以当得字母？这种话应该推开。

（四）法国人有句话，说中国人种原是从巴比伦来，又说中国地方，本来都是苗人，后来被汉人驱逐了。以前我也颇信这句话，近来细细考证，晓得实在不然。封禅七千二君，或者不纯是中国地方的土著人，巴比伦人或者也有几个。因为《穆天子传》里面谈的，颇有几分相近；但说中国人个个是从巴比伦来，到底不然。只看神农姜姓，姜就是羌，到周朝还有姜戎，晋朝青海有个酋长，名叫姜聪，看来姜是羌人的姓。神农大概是青海人；黄帝或者稍远一点，所以《山海经》说在身毒（身毒就是印度），又往大夏去采竹，大夏就是唐代的睹货逻国，也在印度西北，或者黄帝是印度人。到底中国人种的来源，远不过印度、新疆，近就是西藏、青海，未必到巴比伦地方。至于现在的苗人，并不是古来的三苗；现在的黎人，并不是古来的九黎。三苗、九黎，也不是一类。三苗在南，所以说左洞庭，右彭蠡、九黎在北，所以《尚书》《诗经》，都还说有个黎侯，黎侯就在山西。蚩尤是九黎的君（汉朝马融说的），所以黄帝从西边来，蚩尤从东边走，赶到涿鹿，就是现在直隶宣化府地界，才决一大战。如果九黎、三苗，就是现在的黎人、苗人，应该在南方决战，为甚么到北方极边去，难道苗子与鞑子杂处？三苗是缙云氏的子孙（汉朝郑康成说的），也与苗子全不相干。近来的苗人、黎人，汉朝称为西南夷，"苗"字本来写"髳"字，"黎"字本来写"俚"字，所以从汉朝到唐初，只有"髳"、"俚"的名，从无"苗"、"黎"的名。后来人强去附会《尚书》，就成苗、黎，别国人本来不晓得中国的历史，听中国人随便讲讲，就当认真。中国人自己讲错了，由别国去一翻，倒反信为确据，你说不要笑死了么？

（五）法国又有个人说，《易经》的卦名，就是字书，每爻所说的话，都是由卦名的字，分出多少字来。这句话，颇像一百年前焦循所讲的话。有几个朋友也信他。我说，他举出来的字，许多小篆里头没有，岂可说文王作《周易》的时候，已经

---

① 同纽：同一声纽，犹今之同一声母。

有这几个字？况且所举的字，音也并不甚合，在别国人想到这条路上，也算他巧思，但是在中国人只好把这种话做个谈柄，岂可当他实在？如果说他说的巧合，所以可信，我说明朝人也有一句话，比法国人更巧，他说《四书》本来是一部书，《论语》后边说，"不知命"，接下《中庸》，开口就说"天命之谓性"，《中庸》后边说"予怀明德"，接下《大学》开口就说"在明明德"；《大学》后边说"不以利为义，以义为利也"，接下《孟子》开口就说"王何必曰利，亦曰仁义而已矣"。这倒是天然凑合，一点没有牵强。但是信得这句话么？明末人说了，就说他好笑，法国人说了，就说他有理，不是自相矛盾的么？

　　上面所举，不过几项，其余也举不尽。可见，别国人的支那学，我们不能取来做准，就使是中国人不大深知中国的事，拿别国的事迹来比附，创一种新奇的说，也不能取来做准。强去取来做准，就在事实上生出多少支离，学理上生出多少谬妄，并且捏造事迹。（捏造事迹，中国向来没有的，因为历史昌明，不容他随意乱说；只有日本人，最爱变乱历史，并且拿小说的假话，当做实事。比如日本小说里头，说源义经①到蒙古去，近来人竟说源义经化做成吉思汗，公然形之笔墨了。中国不等人②，相信《三国志演义》里头许多奇奇怪怪的事，当做真实，但在略读书的人，不过付之一笑。日本人竟把小说的鬼话，踵事增华③，当做真正事实，好笑极了。因为日本史学，本来不昌，就是他国正史，也大半从小说传闻的话翻来，所以前人假造一种小说，后来人竟当做真历史，这种笑柄，千万不要风行到中国才好！）舞弄条例，都可以随意行去，用这个做学说，自己变成一种庸妄子；用这个施教育，使后生个个变成庸妄子。就使没有这种弊端，听外国人说一句支那学好，施教育的跟着他的话施，受教育的跟着他的话受，也是不该！上边已经说了，门外汉极力赞扬，并没有增甚么声价，况且别国有这种风尚的时候，说支那学好；风尚退了，也可以说支那学不好。难道中国的教育家，也跟着他旅进旅退么？现在北京开经科大学，许欧洲人来游学，使中国的学说，外国人也知道一点儿，固然是好；但因此就觉得增了许多声价，却是错了见解了。大凡讲学问、施教育的，不可像卖古玩一样，一时许多客人来看，就贵到非常的贵；一时没有客人来看，就贱到半文不值。自国的人，该讲自国的学问，施自国的教育，像水、火、柴、米一个样

---

① 源义经：日本传奇英雄，日本平安时代末期的名将。
② 不等人：有些人。
③ 踵事增华：继续发挥。

儿,贵也是要用,贱也就要用,只问要用,不问外人贵贱的品评。后来水越治越清,火越治越明,柴越治越燥,米越治越熟,这样就是教育的成效了。至于别国所有、中国所无的学说,在教育一边,本来应该取来补助,断不可学《格致古微》①的口吻,说别国的好学说,中国古来都现成有的。要知道凡事不可弃己所长,也不可攘人之善②。弃己所长,攘人之善,都是岛国人的陋见,我们泱泱大国,不该学他们小家模样!

(1910)

---

① 《格致古微》:清末学者王仁俊编撰,"西学中源"代表作。
② 攘善:掠美。

留学的目的与方法

章炳麟

　　本文是章炳麟于 1907 年至 1910 年在日本讲学期间为中国留日学生所作的讲演之一，后收入《章太炎讲演集》。

　　题目为"留学的目的与方法"，但讲到的是求学，不仅限于留学。那么，求学的目的与方法是什么呢？老生常谈是"成有用之材"，即学为致用。然而，学真能致用吗？尤其是学校里学的东西，十有八九是无用的。所以，求学并非为了致用。有人说，求学是为修养道德，也就是所谓"德育"。然而，人的道德修养真是学校里教出来的吗？那些讲道德课、讲修养课的教员，自己有道德修养吗？谁来证明？就是他们自己有道德修养，也无法"教"给学生，因"道德是由社会熏染来，不从说话讲解来"。再说，道德发自情感，而非来自思想，而学校里真能培养人的情感吗？所以，所谓"德育"不过是学校装装门面的东西，不好意思说：我们这个学校里不讲道德——实际上，道德和学校没有多大关系。那么，求学的目的又是什么呢？回答是："求学不过开自己的智，施教不过开别人的智。"也就是说，"智育"才是学校教育的真正目的。既然"开智"是教育的真正目的，所有的教学方法就都要有利于"开智"。为此，首先要"把迷信打破"，各种各样的迷信（凡是自己不理解而又相信的东西，均为迷信）都要打破。其次是要有"自己的心得"，要做"写信人"而不仅仅是"送信人"，唯有这样，"求学、施教的事，才得圆满"。

　　本文常被人说成是"太炎先生的奇谈怪论"。其实，太炎先生说的是大白话。那所谓的"学而致用"、那所谓的"德育"，就像"皇帝的新装"，而太炎先生则像那个孩子，说出了真相——"啊！皇上什么也没穿！"

做一件事,说一句话,最怕的别人要问甚么缘故。现在问诸君,在这边留学,是甚么缘故? 又问,回家去教育子弟,是甚么缘故? 大概总说,求学是要使自己成有用之材,教育是要他人成有用之材。这句话,原是老生常谈,但看起来有几分不对。致用本来不全靠学问,学问也不专为致用。何以见得呢? 你看别国的政治学者,并不能做成政治家。那个政治上的英雄伟人,也不见他专讲究政治学。政治本来从阅历上得来的多,靠书籍上得来的少。就像中国现在,袁世凯不过会写几行信札,岑春煊①并且不大识字,所办的事,倒比满口讲政治的人好一点儿。又向实业一边看来,日本农科大学的学问,颇还好了,也该有几分行到民间,但民间农业仍旧不好。请到日本田边一看,秋收以后,桩子还在,并不知道收后要耕一次,直到来年下种,方才去耕,所以,每年收获不过同中国山东一样。中国江苏、浙江、江西的农人,两只黄耳朵并没有听人说过甚么农学,收获倒比日本加倍。固然,几分靠着地质,到底是农人勤耕美粪②的力居多。可见,在致用上,第一要紧是阅历,第二要紧是勤劳,书本子上的学问,不过帮助一点儿。哪里有专靠帮助的? 学问本来是求智慧,也不专为致用。中国古代的学问,都趋重致用一边,因为当时的人只有看外边的眼光,没有看里边的眼光,觉得学了无用,不如不学。但到战国时候已经渐渐打破,近来分科越多,理解也越明。自己为自己求智识的心,比为世界求实用的心要强几倍,就晓得学问的真际③,不专为致用了。况且,致用的学问未必真能合用,就使真能合用,还有一件致用的致用,倒不得不碰机会;机会不巧,讲致用的还是无用。专求智慧,只要靠着自己,并不靠甚么机会,假如致用不成,回去著书立说。那件致用的方法,又是各时各代不同。近几代有用的,将来又变成没用,这书也就废了,不是枉废精神么? 至于专求智慧,见得几分真理,将来总不能泯没,就有一点儿漏洞,总不会全局都翻,这书倒还可以传到后来。照这两样看起来,讲学问的又何苦专向致用一路呢? 在政府设许多学校,原只望成就几个致用的人,至于学生求学,以及教人求学,就不该专向致用一面。大概诸君心里自己都晓得有自己,也晓得他人都有自己,未必是专向外边去驰逐④的。

　　还有人说,求学是为修养道德,教人是为使人修养道德。兄弟看起来,德育、

---

① 岑春煊,晚清重臣,曾任两广总督,民国后拥护革命党,曾任广东护法军政府主席。
② 美粪:施肥。
③ 真际:(佛教语)同"真谛"。
④ 驰逐:追求。

智育、体育,这三句话,原是该应并重。不过,学校里边的教育,到底与道德不相干。兄弟这句话,并不是像教士的话,说道德都在礼拜堂里,但道德是从感情发生,不从思想发生。学校里边,只有开人思想的路,没有开人感情的路。且看农工商贩,有道德的尽多,可见道德是由社会熏染来,不从说话讲解来。学校里边,修身的教训,不过是几句腐话,并不能使人感动。再高了,讲到伦理学,这不过是研究道德的根源,总是在思想上,与感情全不相关,怎么能够发生道德出来?况且,讲伦理、讲修身的教习①,自己也没有甚么道德,上堂厚了面皮,讲几句大话,退堂还是吃酒狎妓。本来,他为自己的饭碗不得不虚应故事②,去讲几句。俗语说的,做一日和尚撞一日钟,这个就是伦理学教师的职分。说话与感情本没相干,自己的道德又不能为学生做表仪,要想学生相观而善,不是煮沙成饭么?不单是这样说,先生就果然有道德,也未必能成就学生。何以见得呢?中国的孔夫子,道德就不算极高,也总比近来讲伦理学的博士要高一点,教出来的学生,德行科③也只有四个,其余像宰我就想短丧,冉有就帮季氏聚敛,公伯寮还要害自己同学的人④,有甚么道德?郑康成⑤的道德能够感化黄巾⑥,倒是及门⑦的郗虑,害了孔融,又害了伏后,始终不能受郑康成的感化。后来几位理学先生,像二程⑧的道德,也算可以了,教出来的学生,有一个邢恕,和蔡京、章惇一党,名字列在宋史奸臣传里。孔子、郑康成、二程,道德是本来高的,所设的又是学会,不是学校,先生、学生的亲切,总不像学校里头,见面日久,还不识学生的姓名。尚且有一般学生,反背道德的,何况入广大无边的学校,从⑨空口大话的教习,于道德有甚么益处?兄弟看来,大凡一处地方,人聚得越多,道德就越腐败,像军营、寺院、学校,都是一样。寺院里边的人,满口高谈道德,还有许多戒律约束他,道德尚且不好。军营里边,有极严厉的军法,逼得军人一步不得自由,也不过勉强把面子糊了去。学校里边,规则本来较宽,实在也不能用严厉的法子硬去逼束,空空的聚了许多人,道德自然难得好的。就有几个好的,或者天资本来醇厚,或者

① 教习:教师。
② 虚应故事:照例应付,敷衍了事。
③ 德行科:有德行的。
④ 宰我、冉有、公伯寮:均为孔子的学生。短丧:缩短服丧期限(按传统道德,此为不孝)。
⑤ 郑玄,字康成,东汉末年的经学大师。
⑥ 黄巾:东汉末年,黄巾军造反。
⑦ 及门:登门拜师。
⑧ 二程:程颢、程颐,宋朝理学大师。
⑨ 从:随从。

是从他的家教得来,或者所交的朋友都还是品行端方,所以不很走作①,并不是学校能够养成他的道德。但一切讲教育的人,总要把德育的话敷衍门面,不过因为道德是人间必不可少的东西,若开口说我这个学校里不讲道德,面子有点儿过不去,所以只好撑这个虚架子。究竟学校里面所讲的,在智育一面多,在德育一面少。就有几句修身伦理的话,只像唱戏,先要天官出场②;到底看戏的,并不要看天官,扮天官的也不是有名脚色③。学生听讲的,并不要听伦理修身的话;讲伦理修身的,也不见得是有道德的人。诸君不要说兄弟的话太刻薄,只要自己问一问自己的心,再向上看一看那教习,一定要说兄弟的话是先得我心了。如果揭开帘子说几句亮话,只要说学校本来是为智育,并不是为德育;道德固然不可缺乏,却并不是学校的教育所能成就。诸君果然道德完具,也不能在学校里头把道德送给他人。以后从事学校的教育,可以拿定主意,向智育一方去,不必再装门面,向德育一方去。

照以上的话,求学不过开自己的智,施教不过开别人的智,是最大的坦途了。既然求智,就应该把迷信打破。迷信不是专指宗教一项,但凡不晓得那边的实际,随风逐潮,胡乱去相信那边,就叫做迷信。中国十几年前,相信欧洲的学问,没有路去求,求着教士,就觉得教士是无所不知、无所不能。后来听得福建严几道④的话,渐渐把迷信教士的心破了,又觉得严几道无所不知、无所不能。后来有游学日本的风气,渐渐把迷信严几道的心又破了,又觉得日本的博士、学士无所不知、无所不能。及到日本来了,晓得分科⑤,也知道一个人不能无所不知、无所不能,但看日本全体的学者,依然觉得无所不知、无所不能。不是一边的迷信破了,一边的迷信又起么?欧洲所有各科的学问,日本人学了一科,到底能否登峰造极,没有欧洲的学者来对质,总不能破。就有欧洲的学者要来对质,不识得日本字,也难得破。至于中国的各种学问,日本的深浅,兄弟已经略略看得明白了,现在也不必揭他人的短处。只说诸君回去施教,若信了日本的话,就要防防学生的伏兵。且看中国历史一项,一部《纲鉴易知录》⑥,向来中国略读书的人是看得最浅陋的,但到这边来听的历史,一部《支那通史》,翻来覆去,缭绕了许多,

---

① 走作:越规。
② 先要天官出场:指旧时演戏时的"开场戏",称作《天官赐福》,题材大多来自道教。
③ 脚色:角色。
④ 严复,字几道,清末民初学者、翻译家,以翻译《天演论》而出名。
⑤ 分科:各种学科。
⑥ 《纲鉴易知录》,清代学者吴乘权编撰的简明中国通史读本。

比《易知录》更加浅陋。学校以外，就有几个讲历史的人，只记得一点儿事迹，许多正史的书、志，早已抛在九霄云外，并不是专忘记细碎，连大端也实在不讲。万一学生看过《资治通鉴》，或者又看过几卷志，问出一句话来，先生不晓得，恐怕只好说，你在《图书集成》《册府元龟》里头翻来的僻事，我哪里能够记得许多？过了一会，学生就拿这部原书，折了一只角，放在先生案上，岂不是遇着伏兵，没有处躲闪么？中国的地理，本来有许多沿革，有一位甚么博士，把湖北杨惺吾做的《沿革图》①抄去，改头换面，变为自己的著作，称为《支那疆域沿革图》，已经好笑了，还有那边画的中国地图，一省里头，胪列②了许多府，却是缺了一两府；一府里头，胪列了许多县，却是缺了一两县；所缺的府县，并不是于形势上无关紧要，所列的府县，又不是于形势上最关紧要。不过那边画图的人，精神错乱，偶然忘了。万一学生来问，某省的某府、某府的某县，现在在甚么方位，古来叫甚么名字，请问怎么样答对呢？只好说，恐怕没有这一府、这一县，是你随口编造。那个时候，学生取出中国自造的地图来对质，不是又遇了伏兵，到辙乱旗靡的地位么？中国的哲学，近的是宋明理学，远的是周末九流。近来那边人③，也略略把周末九流随口讲讲，有一位甚么博士，做一部《支那哲学史》，把九流的话，随意敷衍几句，只像《西游记》说的猪八戒吃人参果，没有嚼着味，就囫囵吞下去。那边的人，自己有一句掩饰的话，说我们看汉土的书籍，只求他的义，不求他的文。这句话只好骗骗小孩儿，仔细说来，读别国的书，不懂他的文，断不能懂他的义。假如有人不懂德国文字，说我深懂得康德的哲学，这句话还入耳么？说是这样说，到底掩饰不过去。那位博士，不知不觉把《史记》里头"士为知己死"一句话，引做《论语》的话了。若是相信了这位博士的话，回去施教，学生随便举一句古书，问先生在哪一部书，先生就不免对错。到后来，学生取出《史记》《论语》来对校，说这句话果在《史记》上，并不在《论语》上，我想先生只好说日本的古本《论语》，还在《汉石经》《唐石经》④以前。有这句话，岂不是又遇着一路伏兵，把先生的脚都陷了下去么？中国的文法，本来句句顺的，那边的文法，是颠倒的居多⑤。所以，那边几个大儒，做了几百年的汉文，文理总不很通。宋朝以后的文章，还勉强看得下去，

---

① 即《历代舆地沿革图》《历代舆地沿革险要图》，清代杨守敬（字惺吾）编绘。
② 胪列：罗列。
③ 那边人：指日本人。
④ 《汉石经》《唐石经》，汉、唐两代刻于石碑上的官定经典。
⑤ 指日语中的谓宾倒置，即：先说宾语，后说谓语或表语，如："花姑娘（的），没有？你（的），良民（的），不是！"

唐朝以前的文章，就看不下去。他自己说，只求义、不求文，到也罢了，却有一个什么学士，自出心裁，做了一册《汉文典》，硬用那边的文法来强派中国的文法，有一大半不通。本来中国有一部《马氏文通》，做得颇好，近来有人说马氏的书旧了，倒是这位学士的好。唉，真是好笑！别的有新旧，文字的通不通，也有新旧么？中国沿海的人，已经迷信了，只望内地的人和日本留学生救正几分，假如不能救正，反用了那学士的书做文法参考书，自己的文章也必定变做不通，何况去教学生？万一学生看了先生的文章，在墙背后指天画地的笑，先生怎么能够自己解说？恐怕只好说，现在的新文法，要不通才算通。岂不是又遇了一路伏兵，使先生进退无门么？唉，真是苦！学生的伏兵恨多，先生的军备恨少。在中国做先生，不像日本做先生的容易，一边是学生程度已经整齐，一边是学生程度还没有整齐。入京师大学的，或者只有入得小学校的程度，入小学、中学的，或者也有入得大学校、高等学校的程度。先生的智识，要百倍于教科书，十倍于学生，方才支持得下。（为甚么比教科书要高百倍，比学生只要高十倍呢？因为学生的智识，颇有在教科书之上的）不然，就一生要吃苦了（这句话也并不专为应对学生起见，其实自己本来应该要有这种智识）。问这个苦是谁给你吃的，也怪不得日本教习，只怪自己迷信。兄弟近来有几句话，使许多人解一解迷信。甚么话呢？说日本人学欧洲的学问，第一是从欧洲人那边直接受来的；第二是懂得语言文字以后，再去研究的；第三是分科学习，不混在一起的，所以破绽还少。对着中国学问就不然，一向是不从中国学者亲受，也不学中国语言文字，也不知分科去求，所以做了一千多年的大梦，至今没有醒悟。还有许多自己不懂，向横滨、长崎的商人去问（这是二十年以前的事），还有几个江湖游客，捏造许多古事古迹来，有意诳骗他们。以前是这边骗那边人，现在那边受了这边人的骗，又转来骗这边人。假如诸君见着几个商人、游客，想来总不把学问的话去请教他，现在转了一个小弯，倒不知不觉入其玄中。自己想想，好笑不好笑？得了这一声笑，迷信自然瓦解冰消了。以上单说关于中国的学问，若关于欧洲的学问，想来必有破绽，且等欧洲人来破。

各种的迷信都破了，在求学上也有益，在施教上也有益。不过，学问既然为求智慧，得了前人已成的学问，不可将就歇手。将就歇手，自己仍没有自己的心得。要知道，智识与道德，原是不同，道德或者有止境，智识总是没有止境。以前的人，积了几千年的智识，后人得了这个现成，又发出自己的智识来，就比前人进了一级；现在看当时的后人，又是前人，应该要比他更进一级，学问才得新新不已。兄弟这句话，不是教人舍旧谋新，只是教人温故知新。大概看前人已成的书，仿佛是借钱一样，借了来，会做买卖，赢得许多利息，本钱虽则要还债主，赢利是自己所有。若不会做买卖，把借来的钱，死屯在窖子里头，后来钱还是要还债主，自己却没有一个赢余。那么就求了一千年的学，施了一千年的教，千年后的见解，还是和一千年前一样，终究是向别人借来的，何曾有一分自己的呢？如果说自己没有，只好问别国去求。别国的学问，或者可以向别国去求，本国的学问，也能向别国去求么？就是别国的学问，得了来，还是借来的钱，必要想法子去求赢利，才得归自己享用。若只是向别国去求呢，中国人没有进境①，去问欧洲人，欧洲人没有进境，又去问甚么洲的人呢？诸君现在所驻的这一国②，他本来自己没有学问，所以只向别国去求。求得了以后，也不想再比那国的人更高，原是这一国的旧习使然。所以，欧洲人好比写信的人，这一国的学生，好比接信的人，这一国的博士学士，好比邮便局送信的人。到学生成就了，学生又做第二个送信的人，总是在送信的地位，没有在写信的地位。中国就不然，自己本来有自己的学问，只见一天精密一天。就是采取别国，也都能够转进一层。且看中国得欧洲的学问，以前只有算法一项，徐光启③送信以后，梅定九④又能够自己写信；李壬叔、华若汀⑤先做送信的人，后来又能够做写信的人。只望将来各项学问，都到写信的地位，那个求学、施教的事，才得圆满呢！

临了还要说一句话，书籍不过是学问的一项，真求学的，还要靠书籍以外的经验。学校不过是教育的一部，真施教的，还要靠学问以外的灌输。现在只论施教的事，假如诸君知识果然极高，在近来学校里头能够不能够施展呢？恐怕不能。因为学校不论在公在私，都受学部⑥管辖，硬要依着学部的章程，在外又还要受提学使⑦的监督。学部和提学使，果然自己有一件专长的学问倒也罢了，但现在学部是甚么人？看来不过是几个八股先生。各省的提学使是甚么人？看来

---

① 进境：高见。
② 这一国：指日本。
③ 徐光启，字子先，号玄扈，明末数学家，曾与意大利传教士利玛窦合译欧几里得《几何原本》。
④ 梅文鼎，字定九，号勿庵，清初天文学家、数学家，著有《弧三角举要》《勾股举隅》等。
⑤ 李善兰，字壬叔，号秋纫，清朝数学家，曾任北京同文馆天文学算馆总教习，从事翻译，后撰有《方圆阐幽》《弧矢启秘》《对数深源》等数学著作。华蘅芳，字若汀，清末数学家，曾翻译西方数学名著多种，后撰有《抛物线说》《求乘数法》《数根演古》《循环小数考》《算学琐语》等数学著作。
⑥ 学部：清朝官署，职同现今教育部。
⑦ 提学使：清朝官名，职同现今省级教育厅长官。

不过是几个斗方名士①。章程也不能定得好，监督也不能得当，不过使有知识的教习不能施展，反便宜了无智识的教习，去误一班学生。况且，现在教习对着提学使，隐隐约约有上司、下属的名分，可不是和老教官一样么？别国虽然也有这一个风气，原不能说是好制度。中国向来教官只是个虚名，实在施教的，还是书院里头的掌教。掌教一来不归礼部②管辖，二来不是学政和地方官的属员，体统略高一点，所以有学问的人，还肯去做。如果照现在的制度，智识高的人，反做智识短浅的人的属员，看甘心不甘心呢？或者为了饭碗，也甘心了，但临了必有许多后悔。且看四川有位廖季平，经学是很有独得的(廖季平的经学，荒谬处非常多，独得也很不少。在兄弟可以批评他，别人恐怕没有批评他的资格)，屈意去做高等学校的教习，偶然精神错乱，说了几句荒谬的话，那个提学使和他向来有恨，就把他赶走了。外边颇说提学使不是，兄弟看来，谁教这位季平先生屈意去做提学使的属员，直到赶走，悔之无及，倒是这位季平先生，自取其咎。假如诸君有一科的学问，和廖季平的经学有一样的程度，愿诸君再不要蹈廖季平的覆辙罢。诸君如果说，师范学生，受了官费，不得不尽义务；就算不是师范学生，要寻饭碗，又怎么样呢？兄弟替诸君想一个法子，一面不妨充当教习，一面可以设个学会。学会不受学部的管辖，也不受提学使的监督，可以把最高的智识，灌输进去。后来有高深智识的愈多，又可以再灌输到学校去。这句话，并不是兄弟有意看轻学校，不过看中国几千年的历史，在官所教的，总是不好，民间自己所教的，却总是好。又向旁边去看欧洲各国，虽然立了学校，高深的智识总在学校以外，渐渐灌输进去，学校也就带几分学会的性质，方得有好结果。大概学校仿佛是个阪塘③，专靠阪塘，水总不免要干，必得外边有长江大河，辗转灌输，阪塘才可以永久不涸。所以说，学校不过是教育的一部，求学校的进步，必定靠着学校以外的东西。假如诸君又专去迷信学校，兄弟的话，也就无可说了。

---

① 斗方：一二尺见方的诗幅或书画页；名士：知名而未出仕的人。好在斗方上写诗或作画以标榜的"名士"。指冒充风雅的人。
② 礼部：古代官署，管理科举考试及藩属和外国之往来事。
③ 阪塘：池塘。

对于教育方针之意见

蔡元培

蔡元培(1868—1940),字鹤卿,号子民,学者、教育家,曾任中华民国教育总长、北京大学校长、人学院院长、中央研究院院长等职,重要著作有《蔡元培自述》和《中国伦理学史》等。

1912 年,中华民国成立,中国至少在形式上进入了共和时代。蔡元培任民国教育总长后,发表此文。先后刊载1912 年 2 月于《民立报》、1912 年 2 月《教育杂志》第 3 卷第11 号、1912 年 4 月《东方杂志》第 8 卷第 10 号。

本文提出"五育并举"之意见。所谓"五育",即"军国民教育"、"实利主义教育"、"公民道德教育"、"世界观教育"和"美感之教育"。其中,"军国民主义为体育、实利主义为智育、公民道德及美育皆毗于德育,而世界观则统三者而一之"。并用人体作比喻:"军国民主义者,筋骨也,用于自卫;实利主义者,肠胃也,用于营养;公民道德者,呼吸机循环机也,周贯全体;美育者,神经系也,所以传导;世界观者,心里作用也,附丽于神经系,而无迹象之可求。"所以,"此即五者不可偏废之理也"。至于五育在实施时所占比重,文中还予以了量化:"军国民主义当占百分之十,实利主义当占其四十,德育当占其二十,美育当占其二十五,而世界观则占其五。"由此强调"实利主义教育"和"美感之教育"的重要性。

1912 年 9 月,北京教育部公布《教育宗旨令》:"兹定教育宗旨,特公布之,此令。注重道德教育,以实利教育、军国民教育辅之,更以美感教育完成其德。中华民国元年九月初二日　部令。"虽然《教育宗旨令》所依据的大体就是此文,但其中特别强调的却是"道德教育",而不是"实利主义教育"和"美感之教育"。可见,作为教育总长,作者的意见并未被完全采纳(按:《教育宗旨令》虽由教育总长起草,但要经内阁讨论,由大总统签署公布,而时任大总统者,袁世凯也)。

近日在教育部与诸同人新草学校法令,以为征集高等教育会议之预备,颇承同志饷以谠论①。顾关于教育方针者殊寡,辄先述鄙见以为喤引②,幸海内教育家是正之。

教育有二大别:曰隶属于政治者,曰超轶③乎政治者。专制时代(兼立宪而含专制性质者言之),教育家循政府之方针以标准④教育,常为纯粹之隶属政治者。共和时代,教育家得立于人民之地位以定标准,乃得有超轶政治之教育。清之季世⑤,隶属政治之教育,腾于⑥教育家之口者,曰军国民教育⑦。夫⑧军国民教育者,与社会主义舛驰⑨,在他国已有遁消之兆⑩。然在我国,则强邻交通⑪,亟⑫图自卫,而历年丧失之国权,非凭借武力,势难恢复。且军人革命⑬以后,难保无军人执政之一时期,非行举国皆兵之制,将使军人社会,永为全国中特别之阶级,而无以平均其势力。则如所谓军国民教育者,诚今日所不能不采者也。

虽然,今之世界所恃⑭以竞争者,不仅在武力,而尤在财力。且武力之半,亦由财力而孳乳⑮。于是有第二之隶属政治者,曰实利主义之教育,以人民生计为普通教育之中坚。其主张最力者,至以普通学术,悉寓于树艺、烹饪、裁缝及金、木、土工之中。此其说创于美洲,而近亦盛行于欧陆⑯。我国地宝不发⑰,实业界之组织尚幼稚,人民失业者至多,而国甚贫。实利主义之教育,固亦当务之急者也。

是⑱二者,所谓强兵富国之主义也。顾⑲兵可强也,然或溢⑳而为私斗、为侵

---

① 谠[dǎng]论:正直之言。
② 喤[huáng]引:吆喝开道。
③ 超轶:超越。
④ 标准:(动词)定标准于。
⑤ 季世:末代。
⑥ 腾于:悬于。
⑦ 军国民教育:即军国主义教育,即以强军为教育之目的。
⑧ 夫:文言发声词,无义。
⑨ 社会主义:即以社会平和为目的之主义。舛[chuǎn]驰:背道而驰。
⑩ 遁消之兆:衰弱之预兆。
⑪ 强邻交通:与强大邻国(指日本)交往。
⑫ 亟[jí]:急切。
⑬ 军人革命:即由武昌起义导致的民国革命。
⑭ 恃:依仗。
⑮ 孳乳:滋养。
⑯ 欧陆:欧洲大陆。
⑰ 地宝不发:物产不发达。
⑱ 是:此。
⑲ 顾:只是。
⑳ 溢:过满(过多、过度)。

略,则奈何?国可富也,然或不免知欺愚、强欺弱,而演贫富悬绝,资本家与劳动家血战之惨剧,则奈何?曰教之以公民道德。何谓公民道德?曰:法兰西之革命①也;所标揭②者,曰:自由、平等、亲爱③。道德之要旨,尽于是矣。孔子曰:"匹夫不可夺志。"孟子曰:"大丈夫者富贵不能淫,贫贱不能移,威武不能屈。"自由之谓也。古者盖谓之义。孔子曰:"己所不欲,勿施于人。"子贡曰:"我不欲人之加诸我也,吾亦欲毋加诸人。"《礼记·大学》曰:"所恶于上,毋以使下④;所恶于前,毋以先后;所恶于后,毋以从前;所恶于右,毋以交于左;所恶于左,毋以交于右。"平等之谓也。古者盖谓之恕。自由者,就主观而言之也。然我欲自由,则亦当尊人之自由,故通于客观、平等者,就客观而言之也。然我不以不平等遇人,则亦不容人之以不平等遇我,故通于主观,二者相对而实相成。要⑤皆由消极一方而言之,苟⑥不进之以积极之道德,则夫吾同胞中,固有因生禀⑦之不齐,境遇之所迫,企⑧自由而不遂,求与人平等而不能者,将一切恝⑨置之,而所谓自由若平等之量⑩,仍不能无缺陷。孟子曰:"鳏寡孤独,天下之穷民而无告者也。"张子⑪曰:"凡天下疲癃残疾⑫、茕独鳏寡⑬,皆吾兄弟之颠连⑭而无告者也。禹思天下有溺者,由己溺之。稷⑮思天下有饥者,由己饥之。伊尹⑯思天下之人,匹夫匹妇有不与被尧舜之泽者,若己推而纳之沟中。"孔子曰:"己欲立而立人,己欲达而达人。"亲爱之谓也。古者盖谓之仁。三者诚一切道德之根源,而公民道德教育之所有事者也。

---

① 法兰西之革命:即法国大革命。
② 标揭:宣扬。
③ 自由、平等、亲爱:通译"自由、平等、博爱"。
④ 所恶于上,毋以使下:不满于地位(比你)高的人,就不要以同样的态度对待地位(比你)低的人(即"己所不欲,勿施于人",下同)。
⑤ 要:关键是。
⑥ 苟:若。
⑦ 生禀:生性、禀性。
⑧ 企:求。
⑨ 恝[jiá]:淡然。
⑩ 自由若平等之量:自由和平等一样。
⑪ 张子:宋代张载。
⑫ 疲癃[lóng]残疾:老弱病残。
⑬ 茕[qióng]独鳏寡:茕,无兄弟;独,无兄弟姐妹;鳏,丧妻者;寡,丧夫者。
⑭ 颠连:困苦。
⑮ 稷[jì]:即后稷,周朝始祖。
⑯ 伊尹[yǐn]:商朝名相。

教育而至于公民道德，宜若①可为最终之鹄的②矣。曰：未也。公民道德之教育，犹未能超轶乎政治者也。世所谓最良政治者，不外乎以最大多数之最大幸福为鹄的。最大多数者，积最少数之一人而成者也。一人之幸福，丰衣足食也，无灾无害也，不外乎现世之幸福。积一人幸福而为最大多数，其鹄的犹是。立法部之所评议、行政部之所执行、司法部之所保护，如是而已矣，即进而达《礼运》之所谓"大道为公"，社会主义家所谓未来之黄金时代，人各尽其所能，而各得其所需要，要亦不外乎现世之幸福。盖政治之鹄的，如是而已矣。一切隶属政治之教育，充其量亦如是而已矣。

虽然，人不能有生而无死。现世之幸福，临死而消灭。人而仅仅以临死消灭之幸福为鹄的，则所谓人生者有何等价值乎？国不能有存而无亡，世界不能有成而无毁。全国之民，全世界之人类，世世相传，以此不能不消灭之幸福为鹄的，则所谓国民若人类者，有何等价值乎？且如是，则就一人而言之，杀身成仁也，舍生取义也，舍己而为群也，有何等意义乎？就一社会而言之，与我以自由乎，否则与我以死。争一民族之自由，不至沥③全民族最后之　滴血不已，不至全国为一大冢④不已，有何等意义乎？且人既无一死生、破利害⑤之观念，则必无冒险之精神，无远大之计画⑥，见小利，急近功，则又能保其不为失节堕行、身败名裂之人乎？谚曰："当局者迷，旁观者清。"非有出世间之思想者，不能善处世间事，吾人即仅仅以现世幸福为鹄的，犹不可无超轶现世之观念，况鹄的不止于此者乎？

以现世幸福为鹄的者，政治家也；教育家则否。盖世界有二方面，如一纸之有表里：一为现象，一为实体。现象世界之事为政治，故以造成现世幸福为鹄的。实体世界之事为宗教，故以摆脱现世幸福为作用。而教育者，则立于现象世界，而有事于实体世界者也。故以实体世界之观念为其究竟之大目的，而以现象世界之幸福为其达于实体观念之作用。

然而，现象世界与实体世界之区别何在耶？曰：前者相对，而后者绝对。前者范围于因果律，而后者超轶乎因果律。前者与空间、时间有不可离之关系，而

---

① 宜若：似乎。

② 鹄[gǔ]的[dì]：靶心（目标）。

③ 沥：滴尽。

④ 冢[zhǒng]：坟墓。

⑤ 一死生、破利害：视死与生为一、除利与害之分。

⑥ 计画：同"计划"。

后者无空间、时间之可言。前者可以经验，而后者全恃①直观。故实体世界者，不可名言②者也，然而既以是为观念之一种矣，则不得不强为之名，是以或谓之"道"，或谓之"太极"，或谓之"神"，或谓之"黑暗之意识"，或谓之"无识之意志"。其名可以万殊③，而观念则一，虽哲学之流派不同，宗教家之仪式不同，而其所到达之最高观念皆如是。（最浅薄之唯物论哲学，及最幼稚之宗教祈长生求福利者，不在此例。）

然则教育家何以不结合于宗教，而必以现象世界之幸福为作用？曰：世固有厌世派之宗教若哲学，以提撕④实体世界观念之故，而排斥现象世界。因以现象世界之文明为罪恶之源，而切⑤排斥之者。吾以为不然。现象、实体，仅一世界之两方面，非截然为互相冲突之两世界。吾人之感觉，既托于现象世界，则所谓实体者，即在现象之中，而非必灭乙而后生甲。其现象世界间所以为实体世界之障碍者，不外二种意识：一，人我之差别；二，幸福之营求是也。人以自卫力不平等而生强弱，人以自存力不平等而生贫富。有强弱、贫富，而彼我差别之意识起。弱者、贫者，苦于幸福之不足，而营求之意识起，有人我，则于现象中有种种之界画⑥，而与实体违。有营求，则当其未遂，为无已之苦痛；及其既遂，为过量之要索，循环于现象之中，而与实体隔。能剂其平⑦，则肉体之享受，纯任自然，而意识界之营求泯⑧，人我之见亦化⑨，合现象世界各别之意识为浑同，而得与实体吻合焉。故现世幸福，为不幸福之人类到于实体世界之一种作用，盖无可疑者。军国民、实利两主义，所以补自卫、自存之力之不足。道德教育，则所以使之互相卫、互相存，皆所以泯营求而忘人我者也。由是而进以提撕实体观念之教育。

提撕实体观念之方法如何？曰：消极方面，使对于现象世界，无厌弃而亦无执著；积极方面，使对于实体世界，非常渴慕而渐进于领悟。循思想自由、言论自

---

① 恃：凭。
② 不可名言：没有名称。
③ 万殊：各不相同。
④ 提撕：牵扯、涉及。
⑤ 切：断然。
⑥ 界画：原义为中国画中用界笔直尺画线的绘画方法，此处意为"界线"。
⑦ 能剂其平：若能调剂而平衡。
⑧ 泯：消失。
⑨ 化：融化。

由之公例,不以一流派之哲学、一宗门之教义梏①其心,而惟时时悬一无方体②、无始终之世界观以为鹄的。如是之教育,吾无以名之,名之曰:世界观教育。

虽然,世界观教育,非可以旦旦而聒之③也,且其与现象世界之关系,又非可以枯槁单简之言说袭而取之④也;然则⑤,何道之由⑥?曰:由美感之教育。美感者,合美丽与尊严而言之,介乎现象世界与实体世界之间,而为之津梁⑦。此为康德⑧所创造,而嗣后⑨哲学家未有反对之者也。在现象世界,凡人皆有爱恶、惊惧、喜怒、悲乐之情,随离合、生死、祸福、利害之现象而流转。至美术,则即以此等现象为资料,而能使对之者,自美感以外,一无杂念。例如采莲煮豆、饮食之事也,而一入诗歌,则别成兴趣。火山赤舌⑩、大风破舟,可骇可怖之景也,而一入图画,则转堪展玩⑪。是则对于现象世界无厌弃而亦无执著也。人既脱离一切现象世界相对之感情,而为浑然之美感,则即所谓与造物为友,而已接触于实体世界之观念矣。故教育家欲由现象世界而引以到达于实体世界之观念,不可不用美感之教育。

五者,皆今日之教育所不可偏废者也:军国民主义、实利主义、德育主义三者,为隶属于政治之教育(吾国古代之道德教育,则间有兼涉世界观者,当分别论之);世界观、美育主义二者,为超轶政治之教育。

以中国古代之教育证之,虞⑫之时,夔典乐而教胄子以九德⑬,德育与美育之教育也。周官以卿三物⑭教万民,六德六行,德育也;六艺之射御⑮,军国民主义也。书数⑯,实利主义也。礼为德育,而乐为美育。以西洋之教育证之,希腊人

---

① 梏[gù]:原义为刑具(桎梏),转义为被囚、受限。
② 方体:空间。
③ 旦旦而聒[guō]之:天天在那里嚷嚷(意即:随便乱说)。
④ 袭而取之:本义为袭取,此处意为"予以解释"。
⑤ 然则:那么。
⑥ 何道之由:遵循怎样的途径呢(道:途径。由:遵循)。
⑦ 津梁:渡口与桥梁(意为"连接")。
⑧ 康德,18世纪德国哲学家。
⑨ 嗣后:以后。
⑩ 赤舌:喷发。
⑪ 转堪展玩:转而值得赏玩。
⑫ 虞:即舜,五帝之一。
⑬ 夔[kuí]:人名,相传为帝尧、帝舜时乐官。典乐:学制管音乐。胄子:帝王长子。九德:宽而栗、柔而立、愿而恭、乱而敬、扰而毅、直而温、简而廉、刚而塞、强而义。
⑭ 官以卿三物:以三物为官方正典(三物:亦称三事,即六德、六行、六艺)。
⑮ 射御:射箭御马之术。
⑯ 书数:书写与算数。

之教育，为体操与美术，即军国民主义与美育也。欧洲近世教育家，如海尔巴脱氏①纯持美育主义。今日美洲之杜威②派，则纯持实利主义者也。

以心理学各方面衡之，军国民主义毗于③意志，实利主义毗于知识，德育兼意志、情感二方面，美育毗于情感，而世界观则统三者而一之。

以教育界之分言三育者衡之，军国民主义为体育、实利主义为智育、公民道德及美育皆毗于德育，而世界观则统三者而一之。

以教育家之方法衡之，军国民主义、世界观、美育皆为形式主义、实利主义为实质主义，德育则二者兼之。

譬之人身，军国民主义者，筋骨也，用以自卫；实利主义者，胃肠也，用以营养；公民道德者，呼吸机、循环机也，周贯全体；美育者，神经系④也，所以传导；世界观者，心理作用也，附丽⑤于神经系而无迹象之可求。此即五者不可偏废之理也。

本此五主义而分配于各教科，则视各教科性质之不同，而各主义所占之分数，亦随之而异。国语、国文之形式，其依准文法者属于实利，而依准美词学⑥者属于美感。其内容则军国民主义当占百分之十，实利主义当占其四十，德育当占其二十，美育当占其二十五，而世界观则占其五。

修身，德育也，而以美育及世界观参之；历史、地理，实利主义也。其所叙述，得并存各主义。历史之英雄、地理之险要及战绩⑦，军国民主义也。记美术家及美术沿革、写各地风景及所出美术品，美育也。记圣贤、述风俗，德育也。因历史之有时期，而推之于无终始，因地理之有涯涘⑧，而推之于无方体⑨，及夫烈士、哲人、宗教家之故事之遗迹，皆可以为世界观之导线也。

算学，实利主义也，而数为纯然抽象者。希腊哲人毕达哥拉斯，以数为万物之原，是亦世界观之一方面。而几何学各种线体，可以资美育。

---

① 海尔巴脱，今译"赫尔巴特"，18世纪法国哲学家。
② 约翰·杜威，20世纪初美国实用主义哲学家、教育家。
③ 毗[pí]于：和……相关。
④ 神经系：神经系统。
⑤ 附丽：依附。
⑥ 美词学：修辞学。
⑦ 战绩：战争记述。
⑧ 涯涘[sì]：边际。
⑨ 无方体：非空间。

物理、化学，实利主义也。原子电子，小莫能破，爱耐而几[1]，范围万有，而莫知其所由来，莫穷其所究竟，皆世界观之导线也。视官、听官[2]之所触，可以资美感者尤多。

博物学，在应用一方面，为实利主义；而在观感一方面，多为美感。研究进化之阶段，可以养道德，体验造物之万能，可以导世界观。

图画，美育也，而其内容得包含各种主义，如：实物画之于实利主义、历史画之于德育，是也。甚至美丽至尊严之对象，则可以得世界观。

唱歌，美育也，而其内容，亦可以包含种种主义。

手工，实利主义也，亦可以兴美感。

游戏，美育也；兵式体操，军国民主义也；普通体操，则兼美育与军国民主义二者。

上之所著，仅具辜较[3]，神而明之[4]，在心知其意者。

满清时代，有所谓钦定教育宗旨者，曰忠君，曰尊孔，曰尚公，曰尚武，曰尚实。忠君与共和政体不合，尊孔与信教自由相违(孔子之学术，与后世所谓儒教、孔教，当分别论之。嗣后教育界何以处[5]孔子，及何以处孔教，当特别讨论之，兹不赘)，可以不论。尚武，即军国民主义也。尚实，即实利主义也。尚公，与吾所谓公民道德，其范围或不免有广狭之异，而要为同义。惟世界观及美育，则为彼所不道，而鄙人尤所注重，故特疏通而证明之，以质于当代教育家，幸[6]教育家平心而讨论焉。

---

① 爱耐而几：英文 Energy(能量)的音译。
② 视官、听官：视觉器官、听觉器官。
③ 辜较：大略。
④ 神而明之：玄妙之理。
⑤ 处：对待。
⑥ 幸：希望。

以美育代宗教说

蔡元培

本文是作者在北京神州学会所作的演讲,原载1917年8月《新青年》3卷6号,后收入《蔡元培先生全集》。

以美育代宗教,这里的"美育",不仅仅指艺术教育,而如作者所说,"凡有美化的程度者,均在所包,而自然之美,尤供利用",也就是指对高尚、优雅的情感之培育;简言之,"美育"即"情育"。那么,为何要以美育代宗教呢?作者认为,宗教是古代的"情育",也是古人的精神寄托或精神支柱;然而,到了现时代,由于科学的昌盛,宗教已承担不起"情育"的职责,因而须有另一种东西取而代之,成为现代人的精神寄托或精神支柱。这种能成为现代人精神寄托或精神支柱的东西,作者认为,就是"美育",即美好情感之培育。

此说由王国维《论教育之宗旨》一文发挥而来,强调"美育"(或"情育")对人的基本塑造。确实,情感是人性的基础。不过,这很可能是一种"正确的认识",而不是一种"有效的手段",因为人的"情感教育",就算是一种"教育",用卢梭的话来说,也是"自然的教育",而非"人为的教育",无论在家庭中,还是在学校里,都很难有意识地予以施行。何况,更有人诘难说,人的道德就基于情感(或者说,道德本身就是一种特殊的情感,即道德感),所以"德育"实为"情育"——既然如此,又何必另设"美育"?更有人说(见章炳麟《留学的目的与方法》一文),就是"德育"也属"自然的教育",人也无法越俎代庖。然而,不管怎么说,能有"正确的认识"总非坏事——至少,可以使人避免把有些"智育"误以为是"德育"或"美育"。

以美育代宗教是蔡元培一生所主张的,可说是他最重要的学说,因而他曾多次予以阐述。本文是最早的,后来又以此题至少作过两次演说,一次是在1930年,一次是在1932年。为了充分了解他的这一学说,兹将后两篇演说稿附于本文之后,以资参考。

兄弟于学问界未曾为系统的研究,在学会中本无可以表示之意见。惟既承学会诸君子责以讲演,则以无可如何中,择一于我国有研究价值之问题为到会诸君一言,即以美育代宗教之说是也。

夫①宗教之为物,在彼欧西②各国已为过去问题。盖宗教之内容,现皆经学者以科学的研究解决之矣。吾人游历欧洲,虽见教堂棋布,一般人民亦多入堂礼拜,此则一种历史上之习惯。譬如前清时代之袍褂,在民国本不适用,然因其存积甚多,毁之可惜,则定为乙种礼服而沿用之,未当不可。又如祝寿、会葬之仪,在学理上了无价值,然戚友③中既以请帖、讣闻相招,势不能不循例参加,借通情愫。欧人之沿习宗教仪式,亦犹是耳。所可怪者,我中国既无欧人此种特别之习惯,乃以彼邦过去之事实作为新知,竟有多人提出讨论。此则由于留学外国之学生,见彼国社会之进化,而误听教士之言,一切归功于宗教,遂欲以基督教劝导国人。而一部分之沿习旧思想者,则承前说而稍变之,以孔子为我国之基督,遂欲组织孔教,奔走呼号,视为今日重要问题。自兄弟观之,宗教之原始④,不外因吾人精神之作用而构成。

吾人精神上之作用,普通分为三种:一曰智识⑤;二曰意志;三曰感情。最早之宗教,常兼此三作用而有之。盖以吾人当未开化时代,脑力简单,视吾人一身与世界万物均为一种不可思议之事。生自何来?死将何往?创造之者何人?管理之者何术?凡此种种皆当时之人所提出之问题,以求解答者也。于是有宗教家勉强解答之。如基督教推本于上帝,印度旧教则归之梵天,我国神话则归之盘古。其他各种现象,亦皆以神道为惟一之理由。此知识作用之附丽⑥于宗教者也。且吾人生而有生存之欲望,由此欲望而发生一种利己之心。其初以为非损人不能利己,故恃强凌弱、掠夺攫取之事,所在多有。其后经验稍多,知利人之不可少,于是有宗教家提倡利他主义。此意志作用之附丽于宗教者也。又如跳舞、唱歌,虽野蛮人亦皆乐此不疲。而对于居室、雕刻、图画等事,虽石器时代之遗迹,皆足以考见其爱美之思想。此皆人情之常,而宗教家利用之,以为⑦诱人信

---

① 夫:文言发声词,无义。
② 欧西:西欧。
③ 戚友:亲戚朋友。
④ 原始:原本。
⑤ 智识:即"知识"。
⑥ 附丽:附属。
⑦ 以为:作为。

仰之方法。于是未开化人之美术，无一不与宗教相关联。此又情感作用之附丽于宗教者也。天演①之例，由浑而画②。当时精神作用至为浑沌，遂结合而为宗教，又并无他种学术与之对，故宗教在社会上遂具有特别之势力焉。迫后社会文化日渐进步，科学发达，学者遂举古人所谓不可思议者，皆一一解释之以科学。日星之现象、地球之缘起、动植物之分布、人种之差别，皆得以理化、博物、人种、古物诸科学证明之。而宗教家所谓吾人为上帝所创造者，从生物进化论观之，吾人最初之始祖实为一种极小之动物，后始日渐进化为人耳。此知识作用离宗教而独立之证也。宗教家对于人群之规则，以为神之所定，可以永远不变。然希腊诡辩家，因巡游各地之故，知各民族之所谓道德往往互相抵触，已怀疑于一成不变之原则。近世学者据生理学、心理学、社会学之公例，以应用于伦理，则知具体之道德不能不随时随地而变迁；而道德之原理，则可由种种不同之具体者而归纳以得之；而宗教家之演绎法，全不适用。此意志作用离宗教而独立之证也。知识、意志两作用，既皆脱离宗教以外，于是宗教所最有密切关系者，惟有情感作用，即所谓美感。凡宗教之建筑，多择山水最胜之处，吾国人听谓天下名山僧占多，即其例也。其间恒有古木名花，传播于诗人之笔，是皆利用自然之美以感人者。其建筑也，恒有峻秀之塔、崇闳幽邃之殿堂、饰以精致之造象、瑰丽之壁画，构成黯淡之光线，佐以微妙之音乐。赞美者必有著名之歌词，演说者必有雄辩之素养。凡此种种皆为美术作用，故能引人入胜。苟③举以上种种设施而屏弃之，恐无能为役④矣。

然而美术之进化史，实亦有脱离宗教之趋势。例如吾国南北朝著名之建筑则伽蓝耳，其雕刻，则造像耳；图画，则佛像及地狱变相之属为多；文学之一部分，亦与佛教为缘。而唐以后诗文，遂多以风景人情世事为对象；宋元以后之图画，多写山水花鸟等自然之美。周以前之鼎彝⑤，皆用诸祭祀。汉唐之吉金⑥，宋元以来之名瓷，则专供把玩。野蛮时代之跳舞，专以娱神，而今则以之自娱。欧洲中古时代留遗之建筑，其最著者率为教堂，其雕刻图画之资料，多取诸新旧约；其音乐，则附丽于赞美歌。其演剧，亦排演耶稣故事，与我国旧剧《目莲救母》相类。

---

① 天演：进化。
② 画：成形。
③ 苟：如果。
④ 无能为役：无能为力。
⑤ 鼎彝[yí]：鼎与彝(均为祭器)。
⑥ 吉金：铜铸祭器。

及文艺复兴以后，各种美术渐离宗教而尚人文。至于今日，宏丽之建筑多为学校、剧院、博物院。而新设之教堂，有美学上价值者，几无可指数。其他美术，亦多取资于自然现象及社会状态。于是以美育论，已有与宗教分合之两派。以此两派相较，美育之附丽于宗教者，常受宗教之累，失其陶养之作用，而转以激刺感情。

　　盖无论何等宗教，无不有扩张己教、攻击异教之条件。回教之谟罕默德①，左手持《可兰经》，而右手持剑，不从其教者杀之。基督教与回教冲突，而有十字军之战，几及百年。基督教中又有新旧教之战，亦亘②数十年之久。至佛教之圆通，非他教所能及。而学佛者苟有③拘牵教议之成见，则崇拜舍利④、受持经忏⑤之陋习，虽通人亦肯为之。甚至为护法起见，不惜于共和时代，附和帝制。宗教之为累，一至于此，皆激刺感情之作用为之也。鉴⑥激刺感情之弊，而专尚陶养感情之术，则莫如舍宗教而易以⑦纯粹之美育。纯粹之美育，所以陶养吾人之感情，使有高尚纯洁之习惯，而使人我之见⑧、利己损人之思念，以渐消沮⑨者也。盖以美为普遍性，决无人我差别之见能参入其中。食物之入我口者，不能兼果他人之腹；衣服之在我身者，不能兼供他人之温，以其非普遍性也。美则不然。即如北京左近⑩之西山，我游之，人亦游之；我无损于人，人亦无损于我也。隔千里兮共明月，我与人均不得而私之。中央公园之花石、农事试验场之水木，人人得而赏之。埃及之金字塔、希腊之神祠、罗马之剧场，瞻望赏叹者若干人，且历若千年，而价值如故。各国之博物院，无不公开者，即⑪私人收藏之珍品，亦时供同志⑫之赏览。各地方之音乐会、演剧场，均以容多数人为快。所谓"独乐乐，不如众乐乐；与寡乐乐，不如与众乐乐"，以齐宣王之昏，尚能承认之，美之为普遍性可知矣。且美之批评，虽间亦因人而异，然不曰是⑬于我为美，而曰是为美，是亦以

---

① 回教：即伊斯兰教。谟罕默德，通译"穆罕默德"，伊斯兰教创始人。

② 亘[gèn]：延续。

③ 苟有：若有。

④ 舍利：僧人死后遗留的头发、骨骼、骨灰等。

⑤ 经忏：经文和忏悔文。

⑥ 鉴：鉴于。

⑦ 易以：改为。

⑧ 人我之见：他人与自我之偏见。

⑨ 消沮[jǔ]：消失。

⑩ 左近：附近。

⑪ 即：即使。

⑫ 同志：相同志向者。

⑬ 是：此。

普遍性为标准之一证也。

美以普遍性之故，不复有人我之关系，遂亦不能有利害之关系。马牛，人之所利用者，而戴嵩①所画之牛、韩幹②所画之马，决无对之而作服乘③之想者；狮虎，人之所畏也，而芦沟桥之石狮、神虎桥之石虎，决无对之而生搏噬④之恐者；植物之花，所以成实⑤也，而吾人赏花，决非作果实可食之想。善歌之鸟，恒非食品；灿烂之蛇，多含毒液，而以审美之观念对之，其价值自若。美色，人之所好也，对希腊之裸像，决不敢作龙阳⑥之想；对拉飞尔若鲁滨司⑦之裸体画，决不致有周防秘戏图⑧之想，盖美之超绝实际也如是。且于普通之美以外，就特别之美而观察之，则其义益显。例如崇闳⑨之美，有至大至刚两种。至大者如吾人在大海中，惟见天水相连，茫无涯埃。又如夜中仰数恒星，知一星为一世界，而不能得其止境，顿觉吾身之小，虽微尘不足以喻，而不知何者为所有。其至刚者，如疾风震霆、覆舟倾屋、洪水横流、火山喷薄，虽拔山盖世之气力，亦无所施，而不知何者为好胜。夫所谓大也、刚也，皆对待之名也。今既自以为无大之可言、无刚之可恃，则且忽然超出乎对待之境，而与前所谓至大至刚者触合而为一体，其愉快遂无限量。当斯⑩时也，又岂尚有利害得丧⑪之见能参入其间耶！其他美育中如悲剧之美，以其能破除吾人贪恋幸福之思想。《小雅》之怨悱⑫，屈子⑬之离忧，均能特别感人。《西厢记》若终于崔张⑭团圆，则平淡无奇，惟如原本之终于草桥一梦，始足发人深省。《石头记》若如《红楼后梦》等，必使宝黛成婚，则此书可以不作；原本之所以动人者，正以宝黛之结果一死一亡，与吾人之所谓幸福全然相反也。又如滑稽之美，以不与事实相应为条件；如人物之状态，各部分互有比例，而滑稽

---

① 戴嵩：唐代画家，善画牛。
② 韩幹[wò]：唐代画家，善画马。
③ 服乘：拉车。
④ 搏噬[shì]：扑咬。
⑤ 实：果实。
⑥ 龙阳：男同性恋。
⑦ 拉飞尔若鲁滨司：拉飞尔（通译"拉斐尔"，文艺复兴时期意大利画家）和鲁滨司（通译"鲁本斯"，17世纪荷兰画家）。
⑧ 周防：唐代画家，善画仕女。秘戏图：色情画。
⑨ 崇闳：崇高宏大（闳：通"宏"）。
⑩ 斯：此。
⑪ 利害得丧：利害得失。
⑫ 怨悱：怨恨郁结。
⑬ 屈子：屈原，有《离骚》传世。
⑭ 崔张：崔莺莺、张生，《西厢记》男女主人公。

画①中之人物,则故使一部分特别长大或特别短小。作诗则故②为不谐之声调,用字则取资于同音异义者。方朔割肉以遗细君③,不自责而反自夸。优旃谏漆城④,不言其无益,而反谓漆城荡荡⑤,寇⑥来不得上,皆与实际不相容,故令人失笑耳。要之,美学之中,其大别为都丽之美、崇闳之美(日本人译言优美、壮美)。而附丽于崇闳之悲剧,附丽于都丽之滑稽,皆足以破人我之见,去利害得失之计较,则其所以陶养性灵,使之日进于高尚者,固已足矣,又何为取乎侈言阴骘⑦、攻击异派之宗教,以激刺人心,而使之渐丧其纯粹之美感耶?

附一

以美育代宗教

蔡元培

(原载 1930 年 12 月《现代学生》第 1 卷第 3 期,后收入《蔡元培先生全集》)

我向来主张以美育代宗教,而引者或改美育为美术,误也。我所以不用美术而用美育者:一因范围不同,欧洲人所设之美术学校,往往止有建筑、雕刻、图画等科,并音乐、文学,亦未列入。而所谓美育,则自上列五种外,美术馆的设置、剧场与影戏院的管理、园林的点缀、公墓的经营、市乡的布置、个人的谈话与容止、社会的组织与演进,凡有美化的程度者,均在所包,而自然之美,尤供利用,都不是美术二字所能包举的。二因作用不同,凡年龄的长幼,习惯的差别,受教育程度的深浅,都令人审美观念互不相同。

我所以不主张保存宗教,而欲以美育来代他⑧,理由如下:

宗教本旧时代教育,各种民族,都有一个时代,完全把教育权委托于宗教家,所以宗教中兼含着智育、德育、体育、美育的原素。说明自然现象,记上帝创世次序,讲人类死后世界等等是智育。犹太教的十诫,佛教的五戒,与各教中劝人去

---

① 滑稽画:漫画。
② 故:故意。
③ 方朔:东方朔,西汉辞赋家,以滑稽著称。割肉以遗细君:(在宴席上)割肉带回家给妻女吃(细君:女子)。
④ 优旃[zhān],秦艺人,侏儒,善笑言而合大道。谏漆城:劝阻(秦二世)油漆城墙。
⑤ 荡荡:平滑。
⑥ 寇:敌军。
⑦ 取乎侈言阴骘[zhì]:采取夸口侈谈阴德(之法)。
⑧ 他:同"它"。

恶行善的教训,是德育。各教中礼拜、静坐、巡游的仪式,是体育。宗教家择名胜的地方,建筑教堂,饰以雕刻、图画,并参用音乐、舞蹈,佐以雄辩与文学,使参与的人有超出尘世的感想,是美育。

从科学发达以后,不但自然历史、社会状况,都可用归纳法求出真相,就是潜识、幽灵一类,也要用科学的方法来研究他。而宗教上所有的解说,在现代多不能成立,所以智育与宗教无关。历史学、社会学、民族学等发达以后,知道人类行为是非善恶的标准,随地不同,随时不同,所以现代人的道德,须合于现代的社会,决非数百年或数千年以前之圣贤所能预为规定,而宗教上所悬的戒律,往往出自数千年以前,不特挂漏①太多,而且与事实相冲突的,一定很多,所以德育方面,也与宗教无关。自卫生成为专学,运动场、疗养院的设备,因地因人,各有适当的布置,运动的方式,极为复杂。旅行的便利,也日进不已,决非宗教上所有的仪式所能比拟。所以体育方面,也不必倚赖宗教。于是宗教上所被认为尚有价值的,止有美育的原素了。庄严伟大的建筑,优美的雕刻与绘画,奥秘的音乐,雄深或婉挚的文学,无论其属于何教,而异教的或反对一切宗教的人,决不能抹杀其美的价值,是宗教上不朽的一点,止有美。

然则保留宗教,以当美育,可行么? 我说不可。

一、美育是自由的,而宗教是强制的;

二、美育是进步的,而宗教是保守的;

三、美育是普及的,而宗教是有界的。

因为宗教中美育的原素虽不朽,而既认为宗教的一部分,则往往引起审美者的联想,使彼受智育、德育诸部分的影响,而不能为纯粹的美感,故不能以宗教充美育,而止能②以美育代宗教。

附二

以美育代宗教

蔡元培

(原载 1932 年《现代名人言论集》)

有的人常把美育和美术混在一起,自然美育和美术是有关系的,但这两者范

---

① 挂漏:"挂一漏万"的略语。
② 止能:只能。

圈不同,只有美育可以代宗教,美术不能代宗教,我们不要把这一点误会了。就视觉方面而言,美术包括建筑雕刻图画三种,就听觉方面而言,包括音乐。在现在学校里,像图画音乐这几门功课都很注意,这是美术的范围。至于美育的范围,要比美术大得多,包括一切音乐、文学、戏院、电影、公园、小小园林的布置,繁华的都市(例如上海)、幽静的乡村(例如龙华)等等,此外如个人的举动(例如六朝人的尚清谈)、社会的组织、学术团体、山水的利用,以及其他种种的社会现状,都是美化。美育是广义的,而美术的意义太狭。美术是活动的,譬如中学生的美术就和小学生的不同,哪一种程度的人就有哪一种的美术,民族文化到了什么程度能产生什么程度的美术。美术有时也会引起不好的思想,所以国家裁制便不用美术。

我为什么想到以美育代宗教呢?因为现在一般人多是抱着主观的态度来研究宗教,其结果反对或者是拥护纷纭聚讼,闹不清楚,我们应当从客观方面去研究宗教。不论宗教的派别怎样的不同,在最初的时候宗教完全是教育,因为那时没有像现在那样为教育而设的特殊机关,譬如基督教青年会讲智、德、体三育,这就是教育。

初民时代没有科学,一切人类不易知道的事,全赖宗教去代为解释。初民对于山、海、光,以及天雨天晴等等的自热界现象很是惊异,觉得这些现象的发生总有一个缘故在里面。但是什么人去解释呢?又譬如星是什么、太阳是什么、月亮是什么、世界什么时候起始、为什么有这世界、为什么有人类,这许多问题,现在社会,人事繁复,生活太复杂,人类一天到晚,忙忙碌碌,没有工夫去研究这些问题,但我们的祖宗生活却很简单,除了打猎外便没有什么事,于是就有摩西亚把这些问题作了一番有系统的解答,把生前是一种怎样情形、死后又是一种怎样情形、世界没有起始以前是怎样、世界将来的情形又是怎祥,统统都解释了出来。为什么会有日蚀月蚀那种自然现象呢?说是日或月给动物吞食了去。在创世纪里,说人类是上帝于一天之内造出来的,世界也是上帝造出来的,而且可吃的东西都有。经过这样一番解释之后,初民的求知欲就满足了,这是说到宗教和智育的关系。

从小学教科书里直到大学教科书里,有人讲给我们听,说人不可做怎样怎样不好的事,这是从消极说法,更从积极方面,说人应该做怎样怎样的人。这就是德育。譬如摩西的十戒也说了许多人"可以"怎样和"不可以"怎样的话,无论哪一种的宗教,总是讲规矩、讲爱人爱友、爱敌如友,讲怎样做人的模范,现在的德育也是讲人和人如何往来，人如何对待人，这是说到宗教和德育的关系。

宗教有跪拜和其他种种繁复的仪式，有的宗教的信徒每日还要静坐多少时间，有许多基督教徒每年要往耶路撒冷去朝拜，佛教徒要朝山，要到大寺院里去进香。我把这些情形研究的结果，原来都和体育与卫生有关。周朝很注重礼节，一部《周易》，无非要人强壮身体，一部《礼记》，规定了很繁重的礼节，也无非要人勇强有力，所谓平常有礼，有事当兵。这是说到宗教和体育的关系。

所以，在宗教里面，智、德、体三育都齐备了。

凡是一切教堂和寺观大都建筑在风景最好的地方。欧洲文艺复兴之后，在建筑方面产生了许多格式。中国的道观，其建筑的格式最初大部由印度输入。后来便渐渐地变成了中国式。回教的建筑物，在世界美术上是很有名的。我们看了这些庄严灿烂的建筑物，就可以明了这些建筑物的意义，就是人在地上不够生活，要跳上天去，而这天堂是要建立在地上的。再说到这些建筑物的内部，也是很壮丽的。我们只要到教堂里面去观察，我们就可以看出里面的光线和那些神龛都显出神秘的样子，而且教堂里面一定有许多雕刻，这些雕刻都起源于基督教。现在有许多油画和图像都取材自基督教，唐朝的图像也都是佛。此外在音乐方面，宗教的音乐，例如宗教上的赞美歌和歌舞，其价值是永远存在的。现在会演说的人，有许多是宗教家。宗教和文学也有很密切的关系，因为两者都是感情的产物。凡此种种，其目的无非在引起人们的美感，这是宗教的一种很重要的作用。因为宗教注意教人，要人对于一切不如意的事能找到安慰，使一切辛苦和不舒服能统统去掉。但是用什么方法呢？宗教不能用很严正的话或很具体的话去劝慰人，它只能利用音乐和其他一切的美术，使人们被引到另一方面去，到另外一个世界上去，而把具体世界忘掉。这样一切困苦便可暂时去掉，这是宗教最大的作用。所以，宗教必有抽象的上帝或是先知，或是阿弥陀佛。这是说到宗教和美育的关系。

以前都是以宗教代教育，除了宗教外没有另外的教育，就是到了欧洲的中古时代，也还是这样。教育完全在教堂里面。从前日本的教育都由和尚担任了去，也只有宗教上的人有那热心和余暇去从事于教育的事业。但现在可不同了，现在有许多的事我们都可知道。譬如一张桌子，有脚，其原料是木头，灯有光，等等。这些事情只有科学和工艺书能告诉我们，动物学和植物学也告诉了我们许多关于自然的现象。此外如地球如何发生、太阳是怎么样、星宿是怎么样，也有地质学和天文学可以告诉我们，而且解释得很详细，比宗教更详细。甚而至于人死后身体怎样的变化、灵魂怎样,也有幽灵学可以告诉我们。还有精神上的动作、下意识的状态等等,则有心理学可以告诉我们。所以单是科学已尽够解释一切事物的现象,用不着去请教宗教,这样宗教和智育便没有什么关系。现在宗教对于智育不但没有什么帮助,而且反有障碍,譬如像现在的美国,思想总算很能自由,但在大学里还不许教进化论,到现在宗教还深守着上帝七天造人之说,而不信科学。这样说来,宗教不是反有害吗?

讲到德育,道德不过是一种行为。行为也要用科学的方法去研究的,先要考察地方的情形和环境,然后才可以定一种道德的标准,否则便不适用。例如在某地方把某种行为视为天经地义,但换一个地方便成为大逆不道,所以从历史上看来,道德有的时候很是野蛮。宗教上的道德标准,至少是千余年以前的圣贤所定,对于现在的社会当然是已经不甚适用。譬如圣经上说有人打你的右颊,你把左颊也让他打;有人剥你的外衣,你把里衣也脱了给他。这几句话意思固然很好,但能否做得到,是否可以这样做,也还是一个问题,但相信宗教的人却要绝对服从这些教义。还有宗教常把男女当作两样东西看待,这也是不对的,所以道德标准不能以宗教为依归。这样说来,现在宗教对于德育,也是不但没有益处而且反有害处的。

至于体育,宗教注重跪拜和静坐,无非教人不要懒惰,也不要太劳。有许多人进杭州天竺烧香,并不一定是相信佛,不过是借这机会看看山水罢了。现在各项运动,如赛跑、玩球、摇船,等等,都有科学的研究,务使身体上无论哪一部分都能平均发达。遇着山水好的地方,便到那个地方去旅行,此外又有疗养院的设施,使人有可以静养的处所。人疲惫了应该休息,呼吸新鲜空气,这已成为老生常谈。所以就体育而言,也用不着宗教。

这样,在宗教的仪式中,就去掉了智、德、体三育,剩下来的只有美育,成为宗教的唯一原素。各种宗教的建筑物,如庵观寺院,都造得很好,就是反对宗教的人,也不会说教堂不是美术。宗教上的各种美术品,直到现在,其价值还是未动,还是能够站得住,无论信仰宗教或反对宗教的人,对于宗教上的美育都不反对,所以关于美育一部分,宗教还能保留。但是,因为有了美育,宗教可不可以代美育呢?我个人以为不可,因为宗教上的美育材料有限制,而美育无限制,美育应该绝对的自由,以调养人的感情。吴道子的画,没有人说他坏,因为每一个人都有他自己所欣赏的美术。宗教常常不许人怎样怎样,一提起信仰,美育就有限制;美育要完全独立,才可以保有它的地位,在宗教专制之下,审美总不很自由。

所以用宗教来代美育是不可的。还有,美育是整个的,一时代有一时代的美育。油画以前是没有的,现在才有。照相也是如此,唱戏也经过了许多时期,无论音乐、工艺美术品都是时时进步的,但宗教却绝对的保守。譬如一部《圣经》,哪一个人敢修改?这和进化刚刚相反。美育是普及的,而宗教则都有界限。佛教和道教互相争斗,基督教和回教到现在还不能调和,印度教和回教也积不相能,甚至基督教中间也有新教、旧教、天主教、耶稣教之分,界限大,利害也就很清楚。美育不要有界限,要能独立,要很自由,所以宗教可以去掉。宗教说,好人死后不吃亏,但现在科学发达,人家都不相信。宗教又说,人死后有灵魂,做好人可以受福,否则要在地狱里受灾难,但究竟如何,还没有人拿出实在证据来。总之,宗教可以没有,美术可以辅宗教之不足,并且只有长处而没有短处,这是我个人的见解。这问题很是重要,我到现在还在研究中,希望将来有具体的计划出来,现在不过把已想到的大概情形向诸位说说。

个人之价值与教育之关系

蒋梦麟

　　蒋梦麟（1886—1964），原名梦熊，字兆贤，号孟邻，现代学者、教育家，曾任国民政府教育部长、北京大学校长，重要著作有《中国教育原理》《过渡时代之思想与教育》《谈学问》《孟邻文存》和《文化的交流与思想的演进》等。

　　本文选自《蒋梦麟学术文化随笔》，原载 1918 年 4 月《教育杂志》第 10 卷第 4 期。

　　何谓"个人之价值"？即"尔、我、他各个人之价值"。现代社会，"由个人结合之社会"，"个人各秉特殊之天性"，而"个人之价值，即存于尔、我、他天赋秉性之中"。故而，个人之价值与教育之关系，在乎"教育即当因个人之特性而发展之，且进而至其极"，"即在尊重个人之价值"。"政治因尊重个人，故曰'共和'、曰'民权'。教育因尊重个人，故曰'自动'、曰'自治'、曰'个性'"。一言以蔽之，"若视教育为增进文明之方法，则当自尊重个人始"。

　　以上为本文要点。此前中国人论教育，均从国家、民族、社会着眼，鲜有提及个人之价值。本文视尊重个人为教育第一义，可谓破"教育救国论"之樊篱，虽应者寥寥，亦备一家之言，且在中国难能可贵。

教育有种种问题,究其极,则有一中心问题存焉。此中心问题惟何?曰"做人之道而已"。做人之道惟何?曰"增进人类之价值而已"。欲增进人类之价值,当知何者为人类之价值。然泛言人类之价值,则漫无所归。且人之所以贵于他动物者,以具人类之普通性外,又具有特殊之个性。人群与牛群、羊群不同。牛羊之群,群中各个无甚大别,此牛与彼牛相差无几也。人群之中,则此个人与彼个人相去远甚:有上智、有下愚;有大勇、有小勇,有无勇;有善舞、有善弈、有善射、有善御,皆以秉性与环境之不同,而各成其材也。故欲言人类之价值,当先言个人之价值。不知个人之价值者,不知人类之价值者也。人类云者,不过合各个人而抽象以言之耳。

陆象山①曰:"天之所以与我者,至大至刚②,问尔③还要做堂堂底一个人么?"此言个人之价值也。我为个人,天之所以与我者,至大至刚,我当尊之敬之。尔亦为个人,天之所以与尔者,亦至大至刚,我亦当尊之敬之。个人之价值,即尔、我、他各个人之价值。识尔、我、他之价值,即知个人之价值矣。个人云者,与尔、我、他有切肤之关系。尊敬个人,即尊敬尔、我、他。非于尔、我、他之外,复有所谓抽象的个人也。

我国旧时之社会,由家族结合之社会也,故合君、臣、父、子、兄、弟、夫、妇、朋友为群。今日文明先进国之社会,由个人结合之社会也,故合尔、我、他各个人而成群。由家族结合之社会,其基础在明君、贤臣、慈父、孝子;由个人结合之社会,其基础在强健之个人。

何谓强健之个人?其能力足以杀人以利己者,非强健之个人乎?曰:非也。杀人以利己,是病狂也。犹醉酒而胆壮,非胆壮也,酒为之也;其能力足以杀人,非能力大也,利诱之也。强健之个人,不当如醉汉之狂妄,而当若猛将之奋勇。

"天之所以与我者,至大至刚",我当如猛将之临阵,奋勇直前,以达此至大至刚之天性,而养成有价值之个人。做人之道,此其根本。

此"至大至刚"者何物乎?曰"凡事之出于天者,皆至大至刚"。卢梭④曰:"天生成的都好,人造的都不好。"此即承认人之天性为至大至刚。教育当顺此天

---

① 陆九渊,字子静,号象山先生,南宋理学家,与朱熹齐名,史称"朱陆"。
② 至大至刚:极其正大、刚强。语出《孟子·公孙丑上》:"其为气也,至大至刚,以直养而无害,则塞于天地之间。"
③ 尔:你。
④ 卢梭,18世纪法国启蒙哲学家,著有《社会契约论》《埃米尔》和《忏悔录》等。

性而行。象山曰："教小儿,先要教其自立。"自立者,以其所固有者而立之,非有待于外也。

个人各秉特殊之天性,教育即当因个人之特性而发展之,且进而至其极。我能思,则极我之能而发展我之思力至其极;我身体能发育,则极我之能而发展我之体力至其极;我能好美术,则极我之能而培养我之美感至其极;我能爱人,则极我之能而发展我之爱情至其极。各个人秉赋之分量有不同,而欲因其分量之多少而至其极,则同。此孔子所谓"至善",亚里士多德所谓"Summum Bonum"(译即"至善")。

个人之价值,即存于尔、我、他天赋秉性之中。新教育之效力,即在尊重个人之价值。所谓"自由"、所谓"平等"、所谓"民权"、"共和"、"言论自由"、"选举权"、"代议机关",皆所以尊重个人之价值也。不然,视万民若群羊,用牧民政策足矣,何所①用其"言论自由"?何所用其"选举权"乎?牧民政策,仁者牧之,不仁者肉之②,牧之始,肉之兆③也。故牧民政策之下,个人无位置,尽群羊而已。共和政体之下,选举之权,尽操于个人,此即尊重各人之价值也。政治因尊重个人,故曰"共和"、曰"民权"。教育因尊重个人,故曰"自动"、曰"自治"、曰"个性"。

我一特殊之个人也,尔一特殊之个人也,他一特殊之个人也。因尊重个人之价值,我尊重尔、尔尊重我、我与尔均尊重他、他亦还以尊重尔与我,我、尔、他,均各尊重自己。人各互尊,又各自尊,各以其所能,发展至大至刚之天性。个人之天性愈发展,则其价值愈高。一社会之中,各个人之价值愈高,则文明之进步愈速。吾人若视教育为增进文明之方法,则当自尊重个人始。

---

① 何所:何必。
② 仁者牧之,不仁者肉之:(所谓)有德者(像牧人一样)放牧,(所谓)无德者(即民众,像羊群一样)提供肉。
③ 兆:预兆。

论家庭教育

胡　适

　　胡适(1891—1962)，字适之，中国现代学者、作家、"新文化运动"倡导者，重要著作有《中国哲学史大纲》《胡适文存》《胡适文存二集》《胡适文存三集》《胡适文存四集》和《先秦名学史》等。

　　本文为胡适 17 岁时所写，原载 1908 年 9 月 6 日《竞业旬报》第 26 期，后收入《胡适文存四集》。

　　家庭教育在中国古已有之，但中国传统家庭教育只是强调"父教"，即所谓"子不教，父之过"。殊不知，近代欧美教育学家的研究表明，家庭教育的关键其实是"母教"，即母亲对婴幼儿的影响。如果母亲(可能是无意识地)对婴幼儿施行了坏的影响，那么往后再怎样施行"父教"，效果也会大打折扣。此外，由于母亲不知道自己的关键角色，往往会溺爱孩子，以此满足自己的爱子之心，这就使"父教"更加难以施行了。所以，家庭教育的第一步是先要教育未来的母亲，使她们懂得如何有意识地对婴幼儿施行好的影响，为往后的教育打下良好基础。而教育未来的母亲，就是女子教育。也就是说，要有好的家庭教育，先要有好的女子教育。

　　这一教育理念，在 20 世纪初就传入了中国——本文正是为宣传这一理念而写。

唉！可怜呵，可怜我中国几万万同胞，懵懵懂懂、无知无识的生在世界上给人家瞧不起，给人家当奴才、当牛马。这种种的苦趣、种种的耻辱，究竟祸根在哪里？病源在哪里呵？照我看起来，总归是没有家庭教育的结果罢了。什么叫做家庭教育呢？就是一个人小的时候在家中所受的教训。列位看官，你们不听见俗语中有一句话么？"山树条，从小弯。"（这是我们徽州的俗语）又说道："三岁定八十。"可见一个人小的时候，最是要紧，将来成就大圣、大贤、大英雄、大盛杰，或是成就一个大奸、大盗、小窃偷儿，都在这"家庭教育"四个字上分别出来。儿子、孙子将来或是荣宗耀祖，或是玷辱祖宗，也都在这"家庭教育"四个字上分别出来。看官要晓得，这少年时代，便是一个人最紧要的关头，这家庭教育，便是过这关头的令箭，所以我今天便详详细细的说一番，列位且听我道来。

我们中国古时候，最注重这家庭教育，儿子还在母亲怀中没有生下来便要行那胎教。做母亲的席，不正不坐，行步不敢不正，不听非礼之音，不说非礼之言，这便叫做胎教。儿子生下地来，便要拣一个好的保姆，好好的教导他。做父母的，更不用说了。列位之中，大约有读过《礼记》的，你看那《礼记》上说的，六岁教他什么、七岁教他什么、八岁九岁教什么，到了十岁，才出来从师读书，十岁以内，便都是父母的教训，这便叫做家庭教育。看官须记清，我中国古时的人，都是受过家庭教育来的了。

看官要晓得，这家庭教育最重要的，便是母亲，因为做父亲的断不能不出外干事，断不能常常住在家中，所以这教儿子的事情，便是那做母亲的专责了。古时的人，把娶妻的事情看得极重，女子教育还不致十分抛却。又把儿子看得极重，以为做父母的身后一切责任，都靠儿子，所以这家庭教育十分发达。只可怜一天不如一天，一朝不如一朝，女子的教育一日不如一日，家庭教育便一日衰似一日了。做母亲的，把儿子看做宝贝一般，一些也不敢得罪，吃要吃得好，穿要穿得好，做了极狡猾、极凶、极恶的事情，做母亲的还要说这是我儿子的才干呢！这样的事情，把做儿女的纵容得无法无天，什么事都会干出来。有时候，父亲看了不过意，说他几句，骂他几声，做母亲的还要偏护着儿子，种种替他遮掩。唉！这便是中国国民愚到这样地位的原因。这个问题要再不改良，我们中国的人，要都变作蠢蠢的牛马了。

现在要改良家庭教育，第一步便要广开女学堂。为什么呢？因为列位看官中，听了兄弟①的话，或者有人回去要办起家庭教育来了。但是，列位府上的嫂

---

① 兄弟：作者自谓。

子们，未必个个都会懂得。列位要说改良，他们①仍旧照老规矩，极力纵容，极力遮掩，列位又怎样奈何他呢？所以，兄弟的意思，很想多开些女学堂。列位要晓得，这女学堂便是制造好母亲的大制造厂。列位要想得好儿子，便要兴家庭教育，要兴家庭教育，便要大开女学堂。列位万不可不留意于此呵！

开女学堂的办法，或者有什么地方办不到。所以，兄弟很巴望列位看官个个回去劝劝你们的嫂子们，说儿子是一定要教训的，儿子不教训弄坏了，将来你们老了，倚靠何人？总而言之，这家庭教育在如今，格外要紧，格外不能不为。兄弟是从来不说玩话的呵！

---

① 他们：她们（当时尚无"她"字）。

杜威的教育哲学

胡 适

本文是胡适 1919 年所作的演讲,后收入《胡适教育论著选》。

胡适在美留学期间的导师,就是约翰·杜威。回国后,胡适热切倡导杜威的教育哲学,并邀请杜威来华讲学(1919—1920)。杜威在华期间,足迹遍及江苏、河北、山西、辽宁、山东、浙江、湖南、湖北、江西、福建、广东等地,演讲多达 200 余场,对中国知识界、教育界影响巨大。胡适的此次演讲,是为杜威来华讲学所作的准备——即通俗讲解杜威的教育哲学,使中国知识界、教育界对其先有一个大概的了解。

根据胡适的讲解,杜威教育哲学的要点有二:一是"教育即是生活",意思是:生活本身就是最基本的教育,其他教育活动都应在此基础上进行;二是"教育即是继续不断的重新组织经验",意思是:教育的目的,就是要重组生活经验,即改变对事物的感受和对世界的看法。根据这两个要点,胡适又讲解了杜威的知识论和道德论——前者要点是:"凡试验不出什么效果来的观念,不能算是真知识。"而后者的要点是:"真正的道德教育在于使人对于正当的生活发生兴趣,在于养成对于所做的事发生兴趣的习惯。"

实际上,杜威的教育哲学,以及他的知识论和道德论,都基于他的实用主义哲学,即:强调实效,强调以实效作为衡量一切的标准。这种实用主义哲学是和现代民主社会相适应的;所以,杜威最重要的教育论著就名为《民主与教育》。

杜威先生常说:"哲学就是广义的教育学说。"这就是说,哲学便是教育哲学。

这句话初听了很可怪。其实我们如果仔细一想,便知道这句话是不错的。我们试问古往今来的哲学家哪一个不是教育家? 哪一个没有一种教育学说? 哪一种教育学说不是根据于哲学的?

我且举几个例。我们小时候读《三字经》开端就是:"人之初,性本善,性相近,习相远;苟不教,性乃迁。"这几句说的是孔子的教育哲学。《三字经》是宋朝人做的,所代表的又是程子、朱子一派的教育哲学。再翻开朱注的《论语》,第一章"学而时习之"的底下注语道:"学之为言效也。人性皆善而觉有先后。后觉者必效先觉之所为,乃可以明善而复其初也。"请看他们把学字解作仿效,把教育的目的看作"明善而复其初",这不是极重要的教育学说吗? 我们如研究哲学史,便知道这几句注语里面,不但是解释孔子的话,并且含有禅家明心见性的影响,这不是很明白的例吗?

再翻开各家的哲学书,从老子直到蔡元培,从老子的"常使民无知无欲",直到蔡元培的"以美育代宗教",哪一家的哲学不是教育学说呢?

懂得这个道理,然后可以知道杜威先生的哲学和他的教育学说的关系。

杜威的教育学说,大旨都在郑宗海先生所译的《杜威教育主义》(《新教育》第二期)里面。现在且先把那篇文章的精华提出来写在下面:(译笔略与郑先生不同)

一、什么是教育

教育的进行在于个人参与人类之社会的观念。……真教育只有一种,只有儿童被种种社会环境的需要所挑起的才能的活动:这才是真教育。

二、什么是学校

学校本来是一种社会的组织。教育即是由社会生活上进行。学校不过是一种团体生活,凡是能使儿童将来得享受人类的遗产和运用他自己的能力为群众谋福利的种种势力,都集合在里面。简单说来,教育即是生活,并不是将来生活的预备。

三、什么是教材

学校科目交互关系的中心点不在理学,不在文学,不在历史,不在地理,乃在儿童自己的社会生活。

总而言之，我深信我们应该把教育看作经验的继续再造；教育的目的与教育的进行是一件事，不是两件事。

四、方法的性质

方法的问题即是儿童的能力和兴趣发展的次序的问题。

（一）儿童天性的发展，主动的方面先于被动的方面……动作先于有意识的感觉。意思（知识的和推理的作用）乃是动作的结果，并且是因为要主持动作才发生的。平常所谓"理性"，不过是有条理有效果的动作之一种法子，并不是在动作行为之外可以发达得出来的。

（二）影像（Images）乃是教授的大利器。儿童对于学科所得到的不过是他自己对于这一科所构成的影像。……现在我们用在预备工课和教授工课上的许多时间和精力，正可用来训练儿童构成影像的能力，要使儿童对于所接触的种种物事都能随时发生清楚明了又时时长进的影像。

（三）儿童的兴趣即是能力发生的记号。……某种兴趣的发生，即是表示这个儿童将要进到某步程度。……凡兴趣都是能力的记号，最要紧的是寻出这种能力是什么。

（四）感情乃是动作的自然反应。若偏向激动感情，不问有无相当的动作，必致于养成不健全和怪僻的心境。

五、社会进化与学校

教育乃是社会进化和改良的根本方法。……教育根据于社会观念，支配个人的活动，这便是社会革新的唯一可靠的方法。

这种教育见解，对于个人主义和社会主义的理想都有适当的容纳。一方面是个人的，因为这种主张承认一种品行的养成是正当生活的真基础。一方面是社会的，因为这种学说承认这种良好的品行不是单有个人的训诫教导便能造成的，乃是倚靠一种社会生活的影响才能养成的。

以上所记，可说是杜威教育学说的要旨。再总括起来，便只有两句话：

（一）教育即是生活。

（二）教育即是继续不断的重新组织经验，要使经验的意义格外增加，要使

个人主持指挥后来经验的能力格外增加。(*Democracy and Education*①, PP.89—90)

我所要说的杜威教育哲学,不过是说明这两句话的哲学根据。我且先解释这两句话的意义。

这两句话其实即是一句话,(一)即是(二),所以我且解说第二句话。"教育即是继续不断的重新组织经验。"怎么讲呢? 经验即是生活。生活即是应付人生四围的境地;即是改变所接触的事物,使有害的变为无害的,使无害的变为有益的。这种活动是人生不能免的。从婴孩到长大,从长成到老死,都免不了这种活动。这种活动各有教育的作用,因为每一种活动即是增添一点经验,即是"学"了一种学问。每次所得的经验,和已有的经验合拢起来,起一种重新组织;这种重新组织过的经验,又留作以后经验的参考资料和应用工具。如此递进,永永不已。所以说,"教育是继续不断的重新组织经验"。怎么说"使经验的意义格外增加"呢? 意义的增加就是格外能看出我们所作活动的连贯关系。杜威常举一个例:有一个小孩子伸手去抓一团火光,把手烫了。从此以后,他就知道眼里所见的某种视觉是和手的某种触觉有关系的;更进一步,他就知道某种光是和某种热有关系的。高等的化学家在试验室里作种种活动,寻出火光的种种性质,其实同那小孩子的经验是一样的道理。总而言之,只是寻出事物的关系。懂得种种关系,便能预先安排某种原因发生某种效果。这便是增加经验意义。怎么说"使个人主持后来经验的能力格外增加"呢? 懂得经验的意义,能安排某种原因发生某种结果,这便是说我们可以推知未来,可以预先筹备怎样得到良好的结果,怎样免去不良好的结果。这就是加添我们主持后来经验的能力了。

杜威这种教育学说和别人根本不同之处就在于把"目的"和"进行"看作一件事。这句话表面上似乎不通,其实不错。杜威说:"活动的经验是占时间的,他的后一步补足他的前一步;前面不曾觉得的关系,也可明白了。后面的结果,表出前面的意义。这种经验的全体又养成趋向有这种意义的事物的习惯。每一种这样继续不断的经验是有教育作用的。一切教育只在于有这种经验。"(同上书,页91—92)

---

① 《民主与教育》,约翰·杜威的教育学专著。——编者注

这种教育学说的哲学根据，就是杜威的实验主义[①]。实验主义的大旨，我已在前面说过了[②]。如今单提出杜威哲学中和教育学说最有密切关系的知识论和道德论，略说一点。

一、知识论(*Democracy and Education*, Chap. 25)

杜威说古代以来的知识论的最大病根，在于经验派和理性派的区别太严了。古代的社会阶级很严，有劳心和劳力的，治人的和被治的，出令的和受令的，贵族和小百姓，种种区别。所以论知识也有经验和理性、个体与共相、心与物、心与身、智力与感情，种种区别。这许多区别，在现在的民主社会里都不能成立，都不应该存在。从学理一方面看来，更不能成立。杜威提出三条理由如下：

（一）现代生理学和心理学互相印证，证明一切心的作用都和神经系统有密切关系。神经系统使一切身体的作用同力合作。外面环境来的激刺和里面发出的应付作用，都受脑部的节制支配。神经作用，又不但主持应付环境的作用，并且有一种特性，使第一次应付能限定下一次的官能激刺作何样子。试看一个雕匠雕刻木头，或是画师画他的油画，便可见神经作用时时刻刻重新组织已有的活动，作为后来活动的预备，使前后的活动成为一贯的连续。处处是"行"，处处是"知"；知即从行来，即在行里；行即从知来，又即是知。懂得此理，方才可以懂得杜威所说"教育即是生活"的道理。

（二）生物学发达以来，生物进化的观念使人知道从极简单的生物进到人类，都有一贯的程序。最低等的有机体，但有应付环境的活动，却没有心官可说。后来活动更复杂了，智力的作用渐渐不可少，渐渐更重要。有了智力作用，方才可以预料将来，可以安排布置。这种生物进化论出世以后，方才有人觉悟从前的人把智力看作一个物外事外的"旁观者"，把知识看作无求于外，完全独立存在的，这都是错了。生物进化论的教训是说：每个生物是世界的一分子，和世界同受苦，同享福；他所以能居然生存，全靠他能把自己作为环境的一部分，预料未来的结果，使自己的活动适宜于这种变迁的环境，如此看来，人即是世界活动里面的一个参战者，可见知识乃是一种参战活动，知识的价值全靠知识的效能。知识决不是一种冷眼旁观的废物。懂得这个道理，方才可以懂得杜威说的"真教育只

---

① 实验主义(Pragmatism)，也译"实用主义"、"实践主义"，该主义认为：所有理论都是假设；理论的正确与否，以实践作为评判标准。——编者注
② 此次演讲的前半部分是讲解杜威的实用主义哲学，后半部分才讲解杜威的教育哲学。由于篇幅过长，编者对前半部分作了删节。——编者注

是儿童被种种社会环境的需要所挑起的才能的活动"。

（三）近代科学家的方法进步，实验的方法一面教人怎样求知识，一面教人怎样证明所得的知识是否真知识。这种实验的方法和新起的知识论也极有关系。这种方法有两种意义。（1）实验的方法说：除非我们的动作真能发生所期望的变化，决不能说是有了知识，但可说是有了某种假设，某种猜想罢了。真知识是可以试验出效果来的。（2）实验的方法又说：思想是有用的；但思想所以有用，正为思想能正确的观察现在状况，用来作根据，推知未来的效果，以为应付未来的工具。

实验方法的这两层意义都很重要。第一，凡试验不出什么效果来的观念，不能算是真知识。因此，教育的方法和教材都该受这个标准的批评，经得住这种批评的，方才可以存在。第二，思想的作用不是死的，是活的；是要能根据过去的经验对付现在，根据过去与现在对付未来。因此，学校的生活须要能养成这种活动的思想力，养成杜威所常说的"创造的智慧"。

二、道德论（*Democracy and Education*，Chap. 26）

杜威论人生的行为道德，也极力反对从前哲学家所固执的种种无谓的区别。

（一）主内和主外的区别。主内的偏重行为的动机，偏重人的品性。主外的偏重行为的效果，偏重人的动作。其实这都是一偏之见。动机也不是完全在内的，因为动机都是针对一种外面的境地起来的。品性也不是完全在内的，因为品性往往都是行为的结果：行为成了习惯，便是品行。主外的也不对。行为的结果也不是完全在外的，因为有意识的行为都有一种目的，目的就是先已见到的效果。若没有存心，行为的善恶都不成道德的问题。譬如我无心中掉了十块钱，有人拾去，救了他一命。结果虽好，算不得是道德。至于行为动作有外有内，更显而易见了。杜威论道德，不认古人所定的这些区别。他说，平常的行为，本没有道德和不道德的区别。遇着疑难的境地，可以这样做，也可以那样做；但是这样做便有这等效果，那样做又有那种结果：究竟还是这样做呢？还该那样做呢？到了这个选择去取的时候，方才有一个道德的境地，方才有道德和不道德的问题。这种行为，自始至终，只是一件贯串的活动。没有什么内外的区别。最初估量抉择的时候，虽是有些迟疑。究竟疑虑也是活动，决定之后，去彼取此，决心做去，那更是很明显的活动了。这种行为，和平常的行为并无根本的区别。这里面主持的思想，即是平常猜谜演算术的思想，并没有一个特别的良知。这里面所用的参考资料和应用工具，也即是经验和观念之类，并无特别神秘的性质。总而言之,杜威论道德,根本上不承认主内和主外的分别,知也是外,行也是内;动机也是活动,疑虑也是活动,做出来的结果也是活动。若把行为的一部分认作"内",一部分认作"外",那就是把一件整个的活动分作两截,那就是养成知行不一致的习惯,必致于向活动之外另寻道德的教育。活动之外的道德教育,如我们中国的读经修身之类,决不能有良好的效果的。

(二)责任心和兴趣的分别。西洋论道德的,还有一个很严的区别,就是责任心和兴趣的区别。偏重责任心的人说,你"应该"如此做,不管你是否愿意,你总得如此做。中国的董仲舒和德国的康德都是这一类。还有一班人偏重兴趣一方面,说,我高兴这样做,我爱这样做。孔子说的"知之者不如好之者,好之者不如乐之者",便是这个意思。有许多哲学家把"兴趣"看错了,以为兴趣即是自私自利的表示,若跟着"兴趣"做去,必致于偏向自私自利的行为。这派哲学家因此便把兴趣和责任心看作两件绝对相反的东西。所以学校中的道德教育只是要学生脑子里记得许多"应该"做的事,或是用种种外面的奖赏刑罚之类,去监督学生的行为。这种方法,杜威极不赞成。杜威以为责任和兴趣并不是反对的。兴趣并不是自私自利,不过是把我自己和所做的事看作一件事;换句话说,兴趣即是把所做的事认做我自己的活动的一部分。譬如一个医生,当鼠疫盛行的时候,他不顾传染的危险,亲自天天到疫区去医病救人。我们一定说他很有责任心。其实他只不过觉得这种事业是他自己的活动的一部分,所以冒险做去。他若没有这种兴趣,若不能在这种冒险救人的事业里面寻出兴趣,那就随书上怎么把责任心说得天花乱坠,他决不肯去做。如此看来,真正责任心只是一种兴趣。杜威说,"责任"(Duty)古义本是"职务"(Office),只是"执事者各司其事"。兴趣即是把所要做的事认作自己的事。仔细看来,兴趣不但和责任心没有冲突,并且可以补助责任心。没有兴趣的责任,如囚犯作苦工,决不能真有责任心。况且责任是死的,兴趣是活的,兴趣的发生,即是新能力发生的表示,即是新活动的起点。即如上文所说的医生,他初行医的时候,他的责任只在替人医病,并不曾想到鼠疫的事。后来鼠疫发生了,他若是觉得他的兴趣只在平常的医病,他决不会去冒险做疫区救济的事,他所以肯冒传染的危险,正为他此时发生一种新兴趣,把疫区的治疗认作他的事业的一部分,故疫区的危险都不怕了。学校中的德育也是如此,学生对于所做的功课毫无兴趣,怪不得要出去打牌、吃酒去了。若是学校的生活能使学生天天发生新兴趣,他自然不想做不道德的事了。这才是真正的道德教育。社会上的道德教育,也是如此。商店的伙计、工厂的工人,一天做十五六点钟的苦工,做的头昏胸闷,毫无兴趣,他们自然要想出去干点不正当的娱乐。圣人的教训,宗教的戒律,到此全归无用。所以现在西洋的新实业家,一方面减少工作的时间,增加工作的报酬,一方面在工厂里或公司里设种种正当的游戏,使做工的人都觉得所做的事是有趣味的事。有了这种兴趣,不但做事更肯尽职,并且不要去寻那不正当的娱乐了。所以真正的道德教育在于使人对于正当的生活发生兴趣,在于养成对于所做的事发生兴趣的习惯。

结　论

杜威的教育哲学,全在他的《平民主义与教育》(*Democracy and Education*)①一部书里。看他这部书的名字,便可知道他的教育学说是平民主义的教育。古代的社会有贵贱,上下,劳心与劳力,治人与被治种种阶级。古代的知识论和道德论都受有这种阶级制度的影响。所以论知识便有心与身,灵魂与肉体,心与物,经验与理性等等分别;论道德便有内与外,动机与结果,义与利,责任与兴趣,等等分别。教育学说也受了这种影响。把知与行,道德与智慧,学校内的功课与学校外的生活,等等,都看作两截不相连贯的事。现代的世界是平民政治的世界,阶级制度根本不能成立。平民政治的两大条件是:(一) 一个社会的利益须由这个社会的分子共同享受;(二) 个人与个人,团体与团体之间,须有圆满的,自由的交互影响。根据这两大条件,杜威主张平民主义的教育须有两大条件:甲、须养成智能的个性(intellectual individuality),乙、须养成共同活动的观念和习惯(cooperation in activity)。"智能的个性"就是独立思想,独立观察,独立判断的能力。平民主义的教育的第一个条件,就是要使少年人能自己用他的思想力,把经验得来的意思和观念一个个的实地证验,对于一切制度习俗都能存一个疑问的态度,不要把耳朵当眼睛,不要把人家的思想糊里糊涂认作自己的思想。"共同活动"就是对于社会事业和群众关系的兴趣。平民主义的社会是一种股份公司,所以平民主义的教育的第二个条件就是要使人人都有一种同力合作的天性,对于社会的生活和社会的主持都有浓挚的兴趣。

要做到这两大条件,向来的"文字教育"、"记诵教育"、"书房教育"决不够用。数十年来的教育改良,只注意数量的增加(教育普及),却不曾注意根本上的方法

---

① 通译《民主与教育》。此处将 Democracy(民主)一词译作"平民主义",是早期译法。——编者注

改革。杜威的教育哲学的大贡献,只是要把阶级社会曾遗传下来的教育理论和教育制度一齐改革,要使教育出的人才真能应平民主义的社会之用。我这一篇所说杜威的新教育理论,千言万语,只是要打破从前的阶级教育,归到平民主义的教育的两大条件。对于实行的教育制度上,杜威的两大主张是:(1)学校自身须是一种社会的生活,须有社会生活所应有的种种条件。(2)学校里的学业须要和学校外的生活连贯一气。总而言之,平民主义的教育的根本观念是:

（一）教育即是生活。

（二）教育即是继续不断的重新组织经验,要使经验的意义格外增加,要使个人主宰后来经验的能力格外增加。

民国八年春间演讲稿
七月一日改定稿

教育破产的救济方法还是教育

胡　适

本文是胡适 1934 年 8 月 17 日所作的演讲,原载 1934 年 8 月 19 日《大公报·星期论文》,后收入《胡适文存四集》。

20 年代,"教育救国论"盛行,然而到了 30 年代,又冒出了"教育破产论",此文就是对后者而发。中国教育"破产"了吗? 作者不以为然。在他看来,"本来还没有'教育'可说,怎么谈得到'教育破产'"? 他认为,这 10 年来的教育根本就是失败的,原因有五个:一是教育界自毁信用;二是教育的政治化;三是学校的营业化;四是高等教育添设太快;五是粗制滥造的毕业生骤然增多。那么,如何来挽救呢? 作者认为,造成中高等教育失败的根本原因是初等义务教育没有充分普及,而初等义务教育没有充分普及的原因,是政府的财政投入太少。所以,"教育破产的救济方法还是教育"——普及初等义务教育。

本文所讲,是 20 世纪 30 年代的事,然而在 21 世纪的今日,似乎仍有参考价值,其中有些仍是活生生的事实,真不知让人作何感想。

我们中国人有一种最普遍的死症，医书上还没有名字，我姑且叫他做"没有胃口"。无论什么好东西，到了我们嘴里，舌头一舔，刚觉有味，才吞下肚去，就要作呕了。胃口不好，什么美味都只能"浅尝而止"，终不能下咽，所以我们天天皱起眉头，做出苦样子来，说：没有好东西吃！这个病症，看上去很平常，其实是死症。

前些年，大家都承认中国需要科学；然而科学还没有进口，就听见一班妄人高唱"科学破产"了；不久又听见一班妄人高唱"打倒科学"了。前些年，大家又都承认中国需要民主宪政；然而宪政还没有入门，国会只召集过一个，早就听见一班"学者"高唱"议会政治破产"、"民主宪政是资本主义的副产物"了。

更奇怪的是，今日大家对于教育的不信任。我做小孩子的时候，常听见人说这类的话："普鲁士战胜法兰西，不在战场上而在小学校里。""英国的国旗从日出处飘到日入处，其原因要在英国学堂的足球场上去寻找。"那时的中国人真迷信教育的万能！山东有一个乞丐武训，他终身讨饭，积下钱来就去办小学堂；他开了好几个小学堂，当时全国人都知道"义丐武训"的大名。这件故事，最可以表示那个时代的人对于教育的狂热。民国初元，范源濂等人极力提倡师范教育，他们的见解虽然太偏重"普及"而忽略了"提高"的方面，然而他们还是向来迷信教育救国的一派的代表。民国六年以后，蔡元培等人注意大学教育，他们的弊病恰和前一派相反，他们用全力去做"提高"的事业，却又忽略了教育"普及"的面。无论如何，范、蔡诸人都还绝对信仰教育是救国的唯一路子。民八至民九①，杜威②博士在中国各地讲演新教育的原理与方法，也很引起了全国人的注意。那时阎锡山③在娘子关内也正在计划山西的普及教育，太原的种种补充小学师资的速成训练班正在极热烈的猛进时期，当时到太原游览参观的人，都不能不深刻的感觉山西的一班领袖对于普及教育的狂热。

曾几何时，全国人对于教育好像忽然都冷淡了！渐渐的有人厌恶教育了，渐渐的有人高喊"教育破产"了。

从狂热的迷信教育，变到冷淡的怀疑教育，这里面当然有许多复杂的原因。第一是教育界自己毁坏他们在国中的信用：自从民八双十节以后，北京教育界

---

① 民八至民九：民国八年至民国九年。
② 杜威，美国哲学家、教育家，胡适在美留学时的导师。
③ 阎锡山，民国军人，时任山西省都督、省长。

抬出了"索薪"①的大旗来替代了"造新文化"的运动，甚至于不恤②教员罢课至一年以上，以求达到索薪的目的。从此以后，我们真不能怪国人瞧不起教育界了。第二是这十年来教育的政治化，使教育变空虚了；往往学校所认为最不满意的人，可以不读书、不做学问，而仅仅靠着活动的能力取得禄位与权力；学校本身又因为政治的不安定，时时发生令人厌恶的风潮。第三，这十几年来（直到最近时期），教育行政的当局无力管理教育，就使私立中学与大学尽量的营业化；往往失业的大学生与留学生，不用什么图书仪器的设备，就可以挂起中学或大学的招牌来招收学生；野鸡学校越多，教育的信用当然越低落了。第四，这十几年来，所谓高等教育的机关，添设太快了，国内人才实在不够分配，所以大学地位与程度都降低了，这也是教育招人轻视的一个原因。第五，粗制滥造的毕业生骤然增多了，而社会上的事业不能有同样速度的发展，政府机关又不肯充分采用考试任官的方法，于是"粥少僧多"的现象就成为今日的严重问题。做父兄的，担负了十多年的教育费，眼见子弟拿着文凭寻不到饭碗，当然要埋怨教育本身的失败了。

这许多原因（当然不限于这些），我们都不否认。但我要指出，这种种原因都不够证成教育的破产。事实上，我们今日还只是刚开始试办教育，还只是刚起了一个头，离那现代国家应该有的教育真是去题万里！本来还没有"教育"可说，怎么谈得到"教育破产"？

产还没有置，有什么可破？今日高唱"教育破产"的妄人，都只是害了我在上文说的"没有胃口"的病症。他们在一个时代也曾跟着别人喊着要教育，等到刚尝着教育的味儿，他们早就皱起眉头来说教育是吃不得的了！我们只能学耶稣的话来对这种人说："啊！你们这班信心浅薄的人啊！"

我要很诚恳的对全国人诉说：今日中国教育的一切毛病，都由于我们对教育太没有信心、太不注意、太不肯花钱。教育所以"破产"，都因为教育太少了、太不够了。教育的失败，正因为我们今日还不曾真正有教育。

为什么一个小学毕业的孩子，不肯回到田间去帮他父母做工呢？并不是小学教育毁了他。第一，是因为田间小孩子能读完小学的人数太少了，他觉得他进了一种特殊阶级，所以不屑种田、学手艺了。第二，是因为那班种田、做手艺的人也连小学都没有进过，本来也就不欢迎这个认得几担大字的小学生。第三，他的

---

① 索薪：要求增加工资。
② 不恤：无所顾忌的。

父兄花钱送他进学堂,心眼里本来也就指望他做一个特殊阶级,可以夸耀邻里,本来也就最不指望他做块"回乡豆腐干",重回到田间来。

对于这三个根本原因,一切所谓"生活教育"、"职业教育",都不是有效的救济①。根本的救济在于教育普及,使个个学龄儿童都得受义务的(不用父母花钱的)小学教育;使人人都感觉那一点点的小学教育并不是某种特殊阶级的表记,不过是个个"人"必需的东西——和吃饭、睡觉、呼吸空气一样的必需的东西。人人都受了小学教育,小学毕业生自然不会做游民了。

中学教育和大学教育的许多怪现状,也不会是教育本身的毛病,也往往是这个过渡时期(从没有教育过渡到刚开始有教育的时期)不可避免的现状。因为教育太稀有、太贵;因为小学教育太不普及,所以中等教育更成了极少数人家子弟的专有品,大学教育更不用说了。今日大多数升学的青年,不一定都是应该升学的,只因为他们的父兄有送子弟升学的财力,或者因为他们的父兄存了"将本求利"的心思,勉力借贷供给他们升学的。中学毕业要贴报条向亲戚报喜,大学毕业要在祠堂前竖旗杆,这都不是今日已绝迹的事。这样稀有的宝贝(今日在初中的人数约占全国人口一千分之一;在高中的人数约占全国人口四千分之一;在专科以上学校的人数约占全国人口一万分之一!)当然要高自位置,不屑回到内地去,宁作都市的失业者,而不肯做农村的导师了。

今日中等教育与高等教育所以还办不好,基本的原因还在于学生的来源太狭,在于下层的教育基础太窄、太小(十九年度②全国高中普通科毕业生数不满八千人,而二十年度专科以上学校一年级新生有一万五千多人!),来学的多数,是为熬资格而来,不是为求学问而来。因为要的是资格,所以只要学校肯给文凭便有学生。因为要的是资格,所以教员越不负责任,越受欢迎,而严格负责的训练管理往往反可以引起风潮;学问是可以牺牲的,资格和文凭是不可以牺牲的。

欲要救济教育的失败,根本的方法,只有用全力扩大那个下层的基础,就是要下决心在最短年限内做到初等义务教育的普及。国家与社会在今日必须拼命扩充初等义务教育,然后可以用助学金和免费的制度,从那绝大多数的青年学生里,选拔那些真有求高等知识的天才的人去升学。受教育的人多了,单有文凭上的资格就不够用了,多数人自然会要求真正的知识与技能了。

---

① 救济:补救。
② 十九年度:民国十九年。下同。

这当然是绝大的财政负担，其经费数目的巨大可以骇死今日中央和地方天天叫穷的财政家。但这不是绝不可能的事。在七八年前，谁敢相信中国政府每年能担负四万万元的军费？然而，这个巨大的军费数目在今日久已是我们看惯、毫不惊讶的事实了！所以，今日最可虑的还不是没有钱，只是我们全国人对于教育没有信心。我们今日必须坚决的信仰：五千万失学儿童的救济，比五千架飞机的功效至少要大五万倍！

关于教育问题的答问

胡　适

　　这是 1952 年 12 月 28 日胡适在台东县文化座谈会上的答问,记录稿初刊于 1953 年 1 月 17 日《中央日报》,后收入《胡适演讲集》(下册)。

　　在此次答问中,胡适回答了四个人提出的问题,其中有:现在许多人不愿当教师,教师地位低,如何改变这种风气?年轻人是安于现状好,还是不安于现状好?为什么教育人员的待遇会这么低?尤其是教文科的,为什么最不受重视?学生考不上大学,是家长的责任,还是教师的责任?等等。这些问题,即使时至今日,还非常现实,而且非常普遍。所以,听听胡适当初是怎么回答的,或许会有所启发。

问：过去对于教师，相当尊重。供的牌子，"天地君亲师"。现在教师在社会上的地位很低，所以一般青年都不愿意进师范学校；作父母的，也不愿意子弟学教育，如何改革这种风气？教师节是我们自己鼓吹的，似不大合适。

胡适答："人之患，在好为人师"，这是两千年前孔子说的话。我们大家都是同行，走上了"人之患"的一条路。说到尊师重道，过去只是一句口号。我们从小说中看到的老师的待遇，是多么的菲薄。老师吃的是包饭，如果有肉吃，也薄得可以被风吹上天去，普通的菜是苜蓿，是喂猪喂牛的。教师给人家看不起，实在是很平常的事情。现在，每年的教师节定在孔子的生日。孔子是全国人崇拜的教师。别的国家崇拜英雄，崇拜豪杰，我们的国家在二千年以前，所崇拜的，就不是英雄豪杰，而是孔子——教师。孔子一生致力的，以"学而不厌，诲人不倦"八个字可以说明。厌，不是讨厌，而是满足。学而不厌，是说，学了总是觉得不满足。《论语》"学如不及，犹恐失之"，是学而不厌的解释。又孔子教人，是启发人家的兴趣，并希望人家启发他。孔子最得意的学生是颜回。他说："回也，非助我者也。于吾言无所不悦。"朱子说，孔子这个话，好像不高兴，因为孔子希望人家启发他，所谓"教学相长"。《论语》全是鲁国的方言，内容是孔子与子弟的问答。孔子同子夏讨论《诗经》后说，"启予者商也"，就是说，我还没有想到。这是教学相长的明证。"诲人不倦"，并不是自己不倦，而是教人不倦，天天教人家不厌倦。怎样教人家不厌倦呢？就是要使学生自己兴奋启发。孔子说："不愤不启，不悱不发，举一隅，不以三隅反，则不复也。"就是说，自己有求知识的欲望，自己愤发。如果自己没有欲望，自己不感觉兴奋，举一而不晓得其他，这种学生是饭桶，我不理他。

现在为什么不尊师重道？也许现在需要的先生比从前更多，没有那样多的先生，于是考试、检定。作先生的要受检定、考试，已经是被看不起了。同时，国家在困难当中，对于先生，不能给予优厚的待遇，也是一个原因。外国也是一样，如英、美、法、德等国家，先生的待遇，也是不顶好，远比不上政府机关人员的待遇，更比不上生产机关的待遇。现在美国作教师的，女人居多，一来对于小孩子感到兴趣，同时在工厂里同男子竞争差一点。大家还记得二十年前，上海交易所的组设①，非常发达，一个月之内，成立了六七十家，延用许多人员。于是江浙一

———————————————
① 组设：开设。

带的教师,尤其是学经济的,都放弃了教师的岗位,跑到交易所去了。总而言之,不尊师重道,是全世界共有的现象。

再回头说说教师节,我在《四十自述》中,说到从前小的时候,在纸盒子里面挖一个洞,作成圣庙的样子,写一个孔子的牌位,摆在书房里,可见我们在小的时候,的确把孔子当作神。人家说我打倒孔家店,是的;打倒孔家店并不是打倒孔子。孔子的学说,经过两千年,至少有一部分失去了时代性,同时经过了许多误解。三十年前,我们的确领导批评孔子。我们批评孔子,是要去掉孔子一尊,使与诸子百家平等。如果不打倒一尊的孔家店,没有法子使得思想解放,思想自由。但是我六十二年来,还是继续对于孔子佩服,我觉得他这个人,是很了不得的。中外古今像他作到学而不厌,诲人不倦的境地的,不容易看到。

问:一、中等学校,究竟男女分校的好,合校的好? 其好处在什么地方? 二、青年安于现状的好,抑不安于现状的好? 三、人类思想,是否用某一种典型的思想来统治得了? 过去的希特勒,现在的史达林①,是用种种方法来箝制思想,这样是不是行得通?

胡适答:一、男女分校或合校,各有好处,各有坏处,这个问题,现在还在实验当中,不能下判断。

二、我是觉得青年不安于现状,是好的。不过我们中年以上的人,应该叫青年满意。叫青年满意是我们中年以上的人应有的努力。如果感觉青年不满意,应该责备我们自己,问我们给他们的现状,是不是够他满意了? 我们造出这个现状,使青年不满意,就应该努力改善,使青年满意。

青年有朝气。如果安于现状,便没有进步。我说这个话,不是鼓励青年反对先生,而是要青年向上。要青年向上,应当提倡批评,要青年提出负责任的怀疑,负责任的批评,不是随便的批评。孔子说:"狂者进取,狷者有所不为也。"这个话,是教师的模范,我们作教师应该以同情的态度鼓励青年提出负责任的怀疑,作负责任的批评。

三、现在还有许多人总希望有一种典型的思想能够叫大家接受,把整个社会国家容纳在一个炉子里面,整个社会国家走一条路。我们从前喊打倒孔家店,不

---

① 史达林,通译"斯大林"。

是打倒孔子，而是打倒二千年来，只此一家，并无分店的一尊。我们这个提倡，叫人家知道中国历史上有许多重要的学说：如老子(孔子的先生)、庄子、荀子、墨子(与孔子同时的人)、淮南子、韩非子。这些人都是了不得的思想家。汉朝王充怀疑一切，也是了不得的思想家。再下来唐朝时代，佛教传入，产生禅宗一派，也是了不得的思想家。到了宋朝，有许多人表面上挂着孔子的招牌，而事实并不是提倡儒家思想的。这种大的运动，就是要恢复古代的自由思想。以后程子、朱子一派，又成为只此一家，并无分店的一尊。同朱子同时的还有别的思想，如陆象山的思想。还有后来王阳明一派的思想。到了明朝末年——十七世纪——北方保定府出了一个了不起的学派——颜李学派，这个学派出自农村，公开批评程朱，他们注重"行"、"实用"。在教育学上、哲学史上，都起了很大的作用。这是随便举几个事实来说明我们站在国家的立场，要打倒任何一尊的思想。尽管这种思想，是了不起的，只要成为一尊，就可以阻滞思想的发展。同时成为一尊，容易引起反动。可是，天下常有这回事：尽管一尊打倒，别的一尊又起来了。我们希望打倒过去的一尊，是要唤起大家觉悟，不要走上一尊的路子。所以我不赞成拿某一种典型的思想来笼罩一切。

问：一、教育人员待遇，比任何待遇都低，这是什么原因？二、教育中间，文史一门，是最倒霉的，不能引起人家的重视，又是什么原因？

胡适答：一、教育人员艰苦，可是政府认为不算艰苦，因为军队的待遇，还比不上教育人员。至于教育人员比不上别的机关，尤其是生产事业机关，刚才说过，外国也是一样。以美国来说，不过社会的生活水准比较我们高，各业的待遇也是有等差的。政府今天不愿意增加货币发行，以免牵动物价，所以不能增加教育人员的待遇，可以说，政府的确有他的困难。

刚才已经说过，教师待遇菲薄，全世界都是一样。今天许多人为什么学教育？因为对儿童有兴趣。古人说："得天下英才而教之，一乐也。"据研究报告，一百个人当中，顶坏的百分之五，顶好的百分之五，其余百分之九十可好可坏，可善可恶。我们作教师，替他们造就。培植一个人，与种一株树一样，要想法子把这株树培养起来。从教育上说，他的乐趣，不仅是得天下英才而教之，中才的人，得我的教育，有了成就，心里也是很愉快的。

二、文史倒霉，这也是没有法子解决的。今天你为什么学文史、教文史？这是因为当初对于文史兴趣浓厚。学化学工程、水利工程,或者铁路,学这些的,尽管发财,但是我觉得没有兴趣。既然对某事有兴趣,只好做下去。我们是对于文史有兴趣的,现在虽然羡慕许多朋友发财,而我只是拿着一支笔写,但这是五十年前已经决定了的讨饭生活,没有法子。

问:中学毕业学生应该升大学,今天不能升大学,这个责任在家长还是在教师?

胡适答:我在台北参加中学校长座谈会,谈到思想的问题,我们今天总不能避免从前科举时代的观念,小学毕业一定要进中学,中学毕业要进大学。这等于进了学,得了秀才,还要中举,要考进士。再一个原因,职业教育不发达。民国十一年拟定新学制,我是参加的一个人,在教育制度上,把小学时间缩短,中学加长,同时取消大学预科,改为三三制。在中等学校,注重职业学校与师范,可是这个制度失败了;师范教育没有办好,尤其是职业的教育没有办好。我们草拟制度的时候,是提倡职业教育的。办职业教育要有机器,要有工厂设备,政府没有钱买机器,社会上也没有钱,没有达到提倡的目的。普通中学比较容易办,政府也没有限制,因此普通中学非常发达。又当时主张每省只办一所高中,可是现在差不多每所中学都有高中,设备不好,师资不够,也办高中,这是一个大的错误。现在教育失败,这个责任,固然政府要负,但先生们同社会上各方面都要负,因为没有引起一般青年对教育的兴趣。

我们怎样教育儿童的

鲁 迅

　　鲁迅(1881—1936),笔名,真名周树人,中国现代作家,著有杂文集、散文集和短篇小说集多卷,重要的有杂文集《坟》《华盖集》《而已集》《且介亭杂文》《南腔北调集》、散文集《野草》和短篇小说集《呐喊》《彷徨》等。

　　本文最初发表于 1933 年 8 月 18 日《申报·自由谈》,后收入《准风月谈》。

　　本文有感于教科书的混乱,"忽而这么说,忽而那么说",结果是"从学校里造成了许多矛盾冲突的人"。当然,这是 20 世纪 30 年代的事,但谁能说本文在今天已毫无意义了?

看见了讲到"孔乙己"①，就想起中国一向怎样教育儿童来。

现在自然是各式各样的教科书，但在村塾里也还有《三字经》和《百家姓》②。清朝末年，有些人读的是"天子重英豪，文章教尔曹，万般皆下品，惟有读书高"的《神童诗》③，夸着"读书人"的光荣；有些人读的是"混沌初开，乾坤始奠，轻清者上浮而为天，重浊者下凝而为地"的《幼学琼林》④，教着做古文的滥调。再上去我可不知道了，但听说，唐末宋初用过《太公家教》⑤，久已失传，后来才从敦煌石窟中发现，而在汉朝，是读《急就篇》⑥之类的。

就是所谓"教科书"，在近三十年中，真不知变化了多少。

忽而这么说，忽而那么说，今天是这样的宗旨，明天又是那样的主张，不加"教育"则已，一加"教育"，就从学校里造成了许多矛盾冲突的人，而且因为旧的社会关系，一面也还是"混沌初开，乾坤始奠"的老古董。

中国要作家、要"文豪"，但也要真正的学究⑦。倘有人作一部历史，将中国历来教育儿童的方法、用书，作一个明确的记录，给人明白我们的古人以至我们，是怎样的被熏陶下来的，则其功德，当不在禹（虽然他也许不过是一条虫）下⑧。

《自由谈》的投稿者，常有博古通今的人，我以为对于这工作，是很有胜任者在的。不知亦有有意于此者乎？现在提出这问题，盖亦知易行难，遂只得空口说白话，而望垦辟于健者也。

二十二年八月十四日

---

① 指陈子展所作《再谈孔乙己》一文，内容是关于旧时书塾中教学生习字用的描红语诀"上大人，丘（孔）乙己……"的考证和解释，载 1933 年 8 月 14 日《申报·自由谈》。

② 《三字经》，相传为南宋王应麟（一说宋末元初人区适子）作。《百家姓》，相传为宋代初年人作。都是旧时书塾中所用的识字课本。

③ 《神童诗》，旧时书塾中初级读物的一种，相传为北宋汪洙作。这里所引的是该书开头几句。

④ 《幼学琼林》，旧时学童初级读物，清代程允升等编著。内容系杂集关于天文、人伦、器用、技艺……的多种成语典故而成，全都是骈文。这里所引的第三四句，原文作："气之轻清，上浮者为天；气之重浊，下凝者为地。"

⑤ 《太公家教》，旧时学童初级读物，作者不详。太公即曾祖或高祖。此书在唐宋时颇流行，后失传，清光绪末年在敦煌鸣沙山石室中发现写本一卷，有罗振玉《鸣沙石室古佚书》影印本。

⑥ 《急就篇》，一名《急就章》，旧时学童识字读物，西汉史游撰。有唐代颜师古及王应麟注。内容大抵按姓名、衣服、饮食、器用等分类编成韵语，多数为七字一句。

⑦ 真正的学究，真正搞学术研究的人。

⑧ "其功德，当不在禹下"是唐代韩愈在《与孟尚书书》中称赞孟轲的话："然向无孟氏，则皆服左衽而言侏离矣。故愈尝推尊孟氏，以为功不在禹下者为此也。"禹是一条虫，是顾颉刚在 1923 年讨论古史的文章中提出的看法。

上海的儿童

鲁 迅

本文最初发表于 1933 年 9 月 15 日《申报月刊》第二卷第九号,后收入《南腔北调集》。

题名为"上海的儿童",不仅仅指中国的儿童,还包括住在上海的外国儿童。文中把中外儿童作了比较后,感叹中国家庭、中国社会对儿童的教育根本是错的:一是"任其跋扈,一点也不管";二是"终日给以冷遇或呵斥,甚而至于打扑,使他畏葸退缩"。所以,中国的儿童只有两种:不是"顽童",就是"奴才",不像那些外国孩子,"轩昂活泼"。由此,作者告诫世人,"童年的情形,便是将来的命运",现在的人"讲恋爱、讲小家庭、讲自立、讲享乐了",但对家庭教育的问题、学校教育的问题、社会改革的问题却漠不关心,这无异于"任儿孙作马牛"!

上海越界筑路①的北四川路一带，因为打仗，去年冷落了大半年，今年依然热闹了，店铺从法租界搬回，电影院早经开始，公园左近也常见携手同行的爱侣，这是去年夏天所没有的。

倘若走进住家的弄堂里去，就看见便溺器、吃食担，苍蝇成群的在飞、孩子成队的在闹，有剧烈的捣乱、有发达的骂詈，真是一个乱烘烘的小世界。但一到大路上，映进眼帘来的却只是轩昂活泼地玩着走着的外国孩子，中国的儿童几乎看不见了。但也并非没有，只因为衣裤郎当、精神萎靡，被别人压得像影子一样，不能醒目了。

中国中流的家庭，教孩子大抵只有两种法。其一，是任其跋扈，一点也不管，骂人固可，打人亦无不可，在门内或门前是暴主、是霸王，但到外面，便如失了网的蜘蛛一般，立刻毫无能力。其二，是终日给以冷遇或呵斥，甚而至于打扑，使他畏葸退缩，仿佛一个奴才、一个傀儡，然而父母却美其名曰"听话"，自以为是教育的成功，待到放他到外面来，则如暂出樊笼的小禽，他决不会飞鸣，也不会跳跃。

现在总算中国也有印给儿童看的画本了，其中的主角自然是儿童，然而画中人物，大抵倘不是带着横暴冥顽的气味，甚而至于流氓模样的，过度的恶作剧的顽童，就是钩头耸背、低眉顺眼，一副死板板的脸相的所谓"好孩子"。这虽然由于画家本领的欠缺，但也是取儿童为范本的，而从此又以作供给儿童仿效的范本。我们试一看别国的儿童画罢，英国沉着、德国粗豪、俄国雄厚、法国漂亮、日本聪明，都没有一点中国似的衰惫的气象。观民风是不但可以由诗文，也可以由图画，而且可以由不为人们所重的儿童画的。

顽劣、钝滞，都足以使人没落、灭亡。童年的情形，便是将来的命运。我们的新人物，讲恋爱、讲小家庭、讲自立、讲享乐了，但很少有人为儿女提出家庭教育的问题、学校教育的问题、社会改革的问题。先前的人，只知道"为儿孙作马牛"，固然是错误的，但只顾现在，不想将来，"任儿孙作马牛"，却不能不说是一个更大的错误。

二十二年八月十二日

---

① 越界筑路指当时上海租界当局越出租界范围以外修筑马路的区域。

从孩子的照相说起

鲁　迅

本文最初发表于 1934 年 8 月 20 日《新语林》半月刊第四期，后收入《且介亭杂文》。

从孩子的照相说起，说到什么呢？——教育。本文虽短，但却生动而完整地表述了作者的教育思想：教育就像照相，教育者就像照相师；照相师是"摄取他以为最好的一刹那的相貌"，同样，教育者是发现孩子天性中他以为最好的品质来加以培养。其实，就人的天性来说，中外孩子是没有多大区别的；只是，中外教育者看中的却是孩子天性中不同的品质：中国教育者看中的往往是"静"的一面——驯良，所以中国孩子大凡都不苟言笑，而外国教育者看中的则是"动"的一面，所以外国孩子大凡都健壮活泼。可悲的是，由于中国历代以驯良为美德，中国人看到外国孩子活泼好动还每每会摇着头称之为"洋气"！其实，这"洋气"中"有不少是优点，也是中国人性质中所本有的"，而现在的教育者必须把这"洋气"从中国孩子身上"摄取"出来，这才不至于再培养一代低眉顺眼、唯唯诺诺的奴才。

因为长久没有小孩子，曾有人说，这是我做人不好的报应，要绝种的。房东太太讨厌我的时候，就不准她的孩子们到我这里玩，叫作"给他冷清冷清，冷清得他要死！"但是，现在却有了一个孩子，虽然能不能养大也很难说，然而目下总算已经颇能说些话，发表他自己的意见了。不过，不会说还好，一会说，就使我觉得他仿佛也是我的敌人。

他有时对于我很不满。有一回，当面对我说："我做起爸爸来，还要好……"甚而至于颇近于"反动"，曾经给我一个严厉的批评道："这种爸爸，什么爸爸！？"

我不相信他的话。做儿子时，以将来的好父亲自命，待到自己有了儿子的时候，先前的宣言早已忘得一干二净了。况且我自以为也不算怎么坏的父亲，虽然有时也要骂，甚至于打，其实是爱他的。所以他健康、活泼、顽皮，毫没有被压迫得瘟头瘟脑。如果真的是一个"什么爸爸"，他还敢当面发这样反动的宣言么？

但那健康和活泼，有时却也使他吃亏，九一八事件后，就被同胞误认为日本孩子，骂了好几回，还挨过一次打——自然是并不重的。这里还要加一句说的听的都不十分舒服的话：近一年多以来，这样的事情可是一次也没有了。

中国和日本的小孩子，穿的如果都是洋服，普通实在是很难分辨的。但我们这里的有些人，却有一种错误的速断法：温文尔雅、不大言笑、不大动弹的，是中国孩子；健壮活泼、不怕生人、大叫大跳的，是日本孩子。

然而奇怪，我曾在日本的照相馆里给他照过一张相，满脸顽皮，也真像日本孩子；后来又在中国的照相馆里照了一张相，相类的衣服，然而面貌很拘谨、驯良，是一个道地的中国孩子了。

为了这事，我曾经想了一想。

这不同的大原因，是在照相师的。他所指示的站或坐的姿势，两国的照相师先就不相同，站定之后，他就瞪了眼睛，伺机摄取他以为最好的一刹那的相貌。孩子被摆在照相机的镜头之下，表情是总在变化的，时而活泼、时而顽皮、时而驯良、时而拘谨、时而烦厌、时而疑惧、时而无畏、时而疲劳……照住了驯良和拘谨的一刹那的，是中国孩子相；照住了活泼或顽皮的一刹那的，就好像日本孩子相。

驯良之类并不是恶德，但发展开去，对一切事无不驯良，却决不是美德，也许简直倒是没出息。"爸爸"和前辈的话，固然也要听的，但也须说得有道理。假使有一个孩子，自以为事事都不如人，鞠躬倒退，或者满脸笑容，实际上却总是阴谋暗箭，我实在宁可听到当面骂我"什么东西"的爽快，而且希望他自己是一个东西。

但中国一般的趋势，却只在向驯良之类——"静"的一方面发展，低眉顺眼、唯唯诺诺，才算一个好孩子，名之曰"有趣"。活泼、健康、顽强、挺胸仰面……凡是属于"动"的，那就未免有人摇头了，甚至于称之为"洋气"。又因为多年受着侵略，就和这"洋气"为仇；更进一步，则故意和这"洋气"反一调：他们活动，我偏静坐；他们讲科学，我偏扶乩[①]；他们穿短衣，我偏着长衫；他们重卫生，我偏吃苍蝇；他们壮健，我偏生病……这才是保存中国固有文化，这才是爱国，这才不是奴隶性。

　　其实，由我看来，所谓"洋气"之中，有不少是优点，也是中国人性质中所本有的。但因了历朝的压抑，已经萎缩了下去，现在就连自己也莫名其妙，统统送给洋人了。这是必须拿它回来，恢复过来的——自然还得加一番慎重的选择。

　　即使并非中国所固有的罢，只要是优点，我们也应该学习。即使那老师是我们的仇敌罢，我们也应该向他学习。我在这里要提出现在大家所不高兴说的日本来，他的会摹仿、少创造，是为中国的许多论者所鄙薄的，但是，只要看看他们的出版物和工业品，早非中国所及，就知道"会摹仿"决不是劣点，我们正应该学习这"会摹仿"的。"会摹仿"又加以有创造，不是更好么？否则，只不过是一个"恨恨而死"而已。

　　我在这里还要附加一句像是多余的声明：我相信自己的主张，决不是"受了帝国主义者的指使"，要诱中国人做奴才；而满口爱国、满身国粹，也于实际上的做奴才并无妨碍。

二十三年八月七日

---

① 扶乩[jī]：占卜。

家庭教育一论

周作人

　　周作人(1885—1967),现代作家,鲁迅之弟,重要作品有散文集《谈龙集》《谈虎集》《永日集》《自己的园地》《风雨谈》和《知堂书话》等。

　　本文写于1912年,后收入《周作人散文全集》。

　　本文提要:学校教育虽为"教育之中坚",然而人自出生起"无不受教育",故家庭教育先于学校教育,"养性习善,立人格之首基",有赖家庭教育。家庭教育,要点有二:一是幼儿保育,二是"妇人问题",因"家庭教育,以母为之主"。然而,昔日中国妇人,愚昧无知,今日中国女子,贪图享乐,"新旧虽殊,其行则一"。如此现状,家庭教育从何谈起?唯希望于未来。

今人言教育，多限于学校，似此外之事皆非教育，此大误也。教育之效在养成国民性格，事甚繁重，范围至大。学校之教，但为人生教育之中坚，不得谓尽教育之能事。盖人自受生以来，与世相接，即随在无不受教育，内而家庭，外而社会，其影响于人生者，视若①隐微，实至深巨。征诸古事，上知如孟子，而三迁其居，与之俱化②。外缘之影响，今古同揆③，此社会教育所由为今务之急。若家庭教育，重在作始，性情变异，悉定于此，为尤当先也。

近世实验教育学日益进步，蒙养方法亦益美备。学年以下小儿，设幼稚园（近又有儿童之家）以收之。儿童居家之时益少，家庭势力将渐夺于学校，教育倾向偏趋于社会化。顾其为果，亦一利而一弊。盖学校制度纵极完善，而效用有差，终不能代家庭而有之。以近世教育重在助长个性，贵异而不尚同，使人人得尽其天享之能，以充足其生，而文明发达亦受其赐。个性差异，本于遗传，家族影响又有以顺成之，故造成性格，重在家庭，后此教育，不过骈翼之具④，为之将助而已。今使儿童不受家庭之教，直与学校相属，虽以陶冶之功铸为成才，而业出造作，推至其极，但得为公众之分子，而不能成完全之个人，与设教之旨已相背驰。况今时学校之力犹不及此，然则养性习善，立人格之首基⑤，固微⑥家庭教育莫为功矣。

惟在中国，今言家庭教育，则有二事当先理治者：一曰儿童研究，一曰妇人问题是也。

教育之事，始于胎教，以精神感应所系甚大。及婴儿期，重在保育，尔时⑦身心发达，方极其变，当按其程序，顺势助长，非徒饥食寒衣⑧足尽其事。复次十年，历幼儿少年两期，知识欲与道德心皆渐萌发，诱掖⑨扶持，所不容忽。顾必⑩家人具有常识，少通⑪育儿理要，乃能胜此。今世之人高言教育，而治儿童学者，

---

① 视若：看似。
② 三迁其居：即"孟母三迁"。与之俱化：随之一起变化。语出洪迈《久而俱化》："天生万物，久而与之俱化，固其理焉。"
③ 同揆[kuí]：同一道理（揆：测、度）。
④ 骈翼：副马和羽翼（喻辅助）。
⑤ 首基：初期基础。
⑥ 微：少。
⑦ 尔时：其时。
⑧ 饥食寒衣：饥予食，寒予衣。
⑨ 诱掖[yè]：引导。
⑩ 顾必：看来必须。
⑪ 少通：稍通。

曾鲜其人。世俗母父，复舍禽育兽爱①而外，不知所以为养。蒙养②之效，如何可言？

且家庭教育，以母为之主。中国妇人，素鲜问学③，随顺自然，心为形役④，逐逐于尘根⑤之享，忘其自已⑥，更不知有家庭。新旧虽殊，其行则一。今之女子，标揭高义⑦，以求新生，乃实行未章⑧，但有⑨骄色，比之物象⑩，犹以音色表见，示其异性，以行性择⑪。是曰自炫，与昔之容悦取好⑫，复何所异？以如是人⑬为儿童师资，其可耶？要之，昔日晦塞⑭之家庭固不足取，若在今日，叔世浇漓⑮，犹有甚焉。女子不自觉，则母仪⑯不可得，而蒙养亦殆可弗言⑰矣。

以中国现状观之，家庭教育其难如此，然世终不以此而遂止⑱不讲，则如希腊智者德黎思⑲所言，人纵⑳百物皆尽，所余犹有希望在耳。

---

① 复舍：反复给予。禽育兽爱：禽之育雏，兽之爱幼。
② 蒙养：幼儿教育。蒙：蒙昧(喻幼儿无知)。典出《易经》："蒙以养正，圣功也。"
③ 素鲜：从来少有。问学：求学。
④ 心为形役：心神(精神)为形体(物质)所驱使。
⑤ 逐逐：追逐。尘根：(佛教语)六尘(色、声、香、味、触、法)和六根(眼、耳、鼻、舌、身、意)。
⑥ 自已：自己停止(已：止)。
⑦ 标揭：标榜炫耀。高义：高雅、高尚。
⑧ 章：古同"彰"，彰显。
⑨ 但有：只有。
⑩ 比之物象：比较外表。
⑪ 性择：性选择(择偶)。
⑫ 容悦：梳妆打扮。取好[hào]：求得(男人)喜好。
⑬ 如是人：如此之人。
⑭ 晦[huì]塞：昏暗不明。
⑮ 叔世：末世(衰乱时代)。浇漓：原义(汤汁)淡薄，喻人情冷漠。
⑯ 母仪：为母之仪范(表率)。
⑰ 殆：大概。弗言：不说(谈不上)。
⑱ 遂止：于是停止。
⑲ 德黎思：通译"泰勒斯"，古希腊最早的哲学学派米利都学派(也称爱奥尼亚学派)的创始人。
⑳ 纵：纵然。

遗传与教育

周作人

本文写于 1913 年，后收入《周作人散文全集》。

本文提要：进化论一经确定，教育方针随之而变。如今举世承认，有三种教育：家庭教育、学校教育、社会教育。学校教育虽为教育之中坚，然学校之外，有家庭影响和社会影响。而此这三者之上，更有一种影响——遗传。人之性格，大体有四种因素造成，即：性别、种族、遗传、环境。其中尤以遗传为最难捉摸，而其影响又最为深远。所以，将遗传之说应用于教育，就是利用环境影响，以驾驭遗传之性，使其符合社会准则，"化为善性"。不过，环境影响总是有限，效果并不明显。所以，就有了优生学，也首创于英国。优生学直接使用优胜劣汰的方法，造就人才。这是教育论者不可不予以关注的。

自进化之说起,诸种学说皆受其影响而生变化。遗传之律既渐确实①,教育方针亦因之而变,教育之效用及其限止②亦随以明定。自来③人言教育,大都限于学校,进德修业,以为皆备于此,盖由于信人性本善,教育万能,故如此也。一二年来④,始有家庭教育、学校教育、社会教育鼎立之说,举世从之,而未深考其谊⑤。人自受生⑥以来,与世相接,即随在⑦无不受教育。学校之教,但为⑧人生教育之中坚,未为尽教育之能事。学校之外,有社会之影响,举凡制度、礼法、宗教、习俗、职业、交游皆是,于造成个性至有关系。其内有家庭之影响,以家族关系与儿童年龄之故,先入为主,习为天性。更推而上之,则有胎教与父母之德业⑨,尤不可忽。其事虽若渺茫⑩,而其影响于后人行业者甚大,此尤在三者⑪之上者也。

盖性格差别,随人而异,所谓人心不同,各如其面。究其成因,凡有四端:为性别、民种⑫、遗传、外缘⑬。四者之中,前二最显见,而后二特重要。

男女之别,视若易见,但大都依生象⑭而言,至于根本性格之差,但有假设,而征诸实体,恒互出入,而无纯性⑮,如发生学⑯所证,可以知已。

次云民种,实即远因之遗传,唯其来既远,原因复杂,加以历史影响、社会风俗(即外缘)和合而成。

次云遗传,最为重要,其中可分形质⑰、知能二面。形质遗传,与动植之律相同,如直发与卷发、黑睛与蓝睛,与豚鼠毛色之表同。知能一面亦复如是。如其亲有绘画之才,则其子亦具其德。使⑱配偶亦优,则其后德益进;偶者劣,则退,

---

① 确实:确定、证实。
② 限止:同"限制"。
③ 自来:从来。
④ 一二年来:近年来。
⑤ 谊:同"义"。
⑥ 受生:有生。
⑦ 随在:随时随地。
⑧ 但为:仅为。
⑨ 德业:德行与功业。
⑩ 渺茫:缥缈。
⑪ 三者:即前文所说"学校之教"、"社会之影响"、"家庭之影响"。
⑫ 民种:种族。
⑬ 外缘:环境。
⑭ 生象:生理现象。
⑮ 纯性:(脱离个体的)纯性格。
⑯ 发生学:研究生物种系的发生和发展的学科。
⑰ 形质:体质。
⑱ 使:假使。

或以中失①。凡一家族中，知能比较，可列表②如下：

设同种同性者二人，其相似之度为零，又全体③相似为一，则父子知能德性相似之度为四，兄弟姊妹为五，孪生儿为八，而家教之力不与焉④。同父之子，幼各异处，及其长也，学问职业亦不相同，而迹⑤其性行，乃多近似。又若孪生之子，有疾病相同者，无他，以其同是体质，具有感受同病之倾向。凡疾病世袭者，亦同是理，皆足见遗传之力矣。

又次云外缘者，即如前所举社会之影响，凡制度、礼法、宗教、习俗、职业、交游，以及生计之丰啬⑥，怙恃⑦之有无等皆是，于个人性格至有影响。唯其影响之大小，仍视本性之迎距⑧以为比差，如饮酒者不以远城市而止酒，不饮者亦不以业酿⑨而遂饮。法拉代为药肆涤瓶⑩而精化学，达尔文航海考察而发明进化之理，然不能人人皆涤瓶而遂为化学家，或航海而为自然家⑪也。若教育之事，本亦外缘之一，其例正同。如学校之教，平等均施，而甲乙成绩优劣不等，则即以甲性近学，事半功倍，乙远故相反，以限于资，故教有所不及。盖教育之力，但得⑫顺其固有之性，而激励助长之，又或束制之，使就范围，不能变更其性，令至于一定之境界，如教育万能者之所想象也。

个人性格，虽具以上四因，而实以遗传为主，更附益以外界之激刺，助其发达，但其或受或否，仍由遗传之性自决择之。故一人之思想行业，虽表见⑬在于后日，而其根本已定于未生之初。遗传之力，不异佛说之种业⑭也。

今以遗传之说应用于教育，则施行教育，即为利用外缘以行扬抑⑮，使其遗传之性渐就⑯准则，化为善性，复遗于后。但其为教，贵于顺性而施，求其能变，

---

① 以中失：(优)失之于中。
② 列表：依次表述。
③ 全体：全部同种同性者。
④ 家教：家庭教育。不与焉：与此无关。
⑤ 迹：(动词)探寻。
⑥ 丰：丰富。啬：贫乏。
⑦ 怙[hù]恃[shì]：父母。
⑧ 迎距：原义为"近与远"，转义为"热情与冷漠"。
⑨ 业酿：酿酒为业。
⑩ 法拉代，通译"法拉第"，19世纪英国物理学家、化学家。药肆：药店。涤瓶：洗瓶。
⑪ 自然家：博物学家。
⑫ 但得：只能。
⑬ 表见：显现。
⑭ 种业：(佛教语)义似"宿命"。
⑮ 扬抑：提升与抑制。
⑯ 就：进入、符合。

乃为得之。教育之事，在应顺时势，养成完人，以为^①社会与其分子谋幸福，故称社会科学，与法律、宗教等殊途同归，皆旨在植善而去恶。唯外缘间接，其效不溥^②。并世^③有善种学^④者，创于英国，本天演之理^⑤，择种留良，以行淘汰，欲使凡智各群^⑥各造其极，实为教育之基本事业。凡言教育者所不可不致意^⑦焉。

① 以为：以此为。
② 溥[pǔ]：普遍。
③ 并世：同时代（指 19 世纪）。
④ 善种学：今称"优生学"。
⑤ 本：基于。天演之理：进化论。
⑥ 凡智各群：智能平庸的各种人。
⑦ 致意：注意。

民种改良之教育

周作人

本文写于 1913 年,后收入《周作人散文全集》。

本文提要:从优生学的角度讲,所谓教育,就是要把儿童培养成合格的父母。所以,优生教育和其他教育一样,也是注重两件事:一是传授知识,二是指导实践。以儿童教育言之,应施以性教育为重,使其不致对性一知半解,为害终生。此外,女子教育还要授以女性生理知识和家政知识,并由其母予以指导。男子教育,则首先要教其尊重女性,"视女子为未来之良母";其次要教其懂得"保养家属之责任"——此由远祖传袭而来,于保存种族,至关重要,舍此则可谓不如猿类也。

依善种学说①而论教育,则其重要问题,在当如何养成子女具诸才力,俾②将来足为人父母是也。今世之教育已近完善,然但足以养成一世之人才,而未必适于一代之父母,于此而善种之教育尚③矣。善种教育,其道与他种教育无殊,是分二端:一主知识,本④儿童嗜奇好问之本心,予以引导,或使自搜求,达于正解;二主实行,即本所知,施诸实事。孰善孰否⑤,徒有空言则易于忘失,唯以实行,习而安之,渐为性成矣。

凡儿童幼时,多好奇之心,而于人生嗣胤⑥之事为尤著。鸡鹜⑦之孵化,犬羊之蕃息⑧,见之既稔,若家庭之中,幼弟弱妹⑨有时忽现,尤不能无惊奇之感。有所问询,率⑩见遮止,或对以不实之言,谓由老鹳将⑪来。儿童意未厌足⑫,则求教于顽童,一知半解,窥得其隐,使神秘庄严之事,转为秽隐,因以⑬污其心灵,为害于终生。夫⑭如是者,盖比比⑮也。

性欲教育之问题,论者纷然矣,今亦不能遽为折断⑯。当由二亲,或由牧师,或由医生,抑⑰由学校教师,司⑱教示之责。今第⑲言曰:生理之隐,所当明示,但当注意,勿令童子自为师,加以雌黄⑳。但当以庄言表此真理,使其对于造化起渊穆㉑之思,则其于身心之益大矣。他日问学㉒之基,亦肇㉓于此。道德宗教思

---

① 善种学说:即"优生学"。

② 俾[bǐ]:使。

③ 尚:久远(早已有之)。见《吕氏春秋·仲夏纪第五》:"故乐之所由来者尚矣,非独为一世之所造也。"

④ 本:基于。

⑤ 孰善孰否:什么是好的,什么不是。

⑥ 嗣[sì]胤[yìn]:子孙后代。

⑦ 鹜[wù]:鸭。

⑧ 蕃[fán]息:繁殖。

⑨ 幼弟弱妹:小弟小妹。

⑩ 率:马上。

⑪ 将:(动词)带。

⑫ 厌足:满足。

⑬ 因以:由此。

⑭ 夫:文言发声词,无义。

⑮ 比比:"比比皆是"缩略。

⑯ 遽[jù]为折断:急速论断。

⑰ 抑:或。

⑱ 司:管。

⑲ 第:只。

⑳ 雌黄:"信口雌黄"缩略(雌黄:一种颜料。古人用黄纸写字,写错了,用雌黄涂抹后改写。以此喻错误)。

㉑ 渊穆:深沉、严肃。

㉒ 问学:求学。

㉓ 肇[zhào]:始。

想,既启其端,又由人体生理引起对于生物之研究,又转及卫生以至育儿,乃与民种改良有直接之关系,尤益之大者也。

男女儿童,本其性别,职分各殊,则其教育自因之而异。第①在成年之前,二者本相近似,生理心理二面,皆无所差,可以共学,或共嬉戏,不相妨害。逮及②成年之初,始有逸念,起诸欲求。顾在③儿童曾经教育者,则能以克己之力为之制裁④,不越轨范。道德之尊,不在绝欲,但能以心役形⑤,善用人欲,纳于常轨,斯为善耳。养成此德,亦唯以知识、实行并辅成之⑥。凡在儿童,皆当于成年之先善为训练,俾成性习⑦,终生不失,此教育之所以为要也。

近世教育者,于男女儿童课程之分,已多注意,然大都以男子为主,即移用于女子,而减其若干科目,男子则悉习之,所缺者殆⑧惟烹饪耳。其意本甚完备,但为女子计则左⑨。以如是教课,果足以养成母仪当⑩教育国民之任否?此不能无疑也。故女子课程,所当合两性之教育者,商榷决定,俾得其中,且以知识、实行交互而施,乃得其效。盖师资之益,不如母教,人所共知。如英国女子,烹调之事不及法国,是⑪非由于教训之差,第在法国女子随母下厨,童而习之,乃得如此也。故家庭之教,其效至大,欲为国民求良母,斯⑫于女子教育不能不三致意⑬,而女子教育又实基于母教,二者乃相因也。

今以善种学言女子教育,大要有数端:其一,学校期间,母体生理当教授完竣⑭,并授以胎产卫生及育儿法,如孕时产后休养之要、婴儿保育、衣食空气清洁诸法、小儿病处治法,与学年以下之儿童教育法大要,是也;其二,居家要略,如今小学校所称作家,凡窗牖⑮启闭、被席晒晾、房屋整理、器具使用,及清洁身体衣服器物诸法,皆当教授而实习之;其三,学校之所教,当实验之于家庭,而以母为

---

① 第:但。
② 逮及:到达。
③ 顾在:回头看。
④ 制裁:控制。
⑤ 以心役形:用心神(精神)驱使形体(肉体)。
⑥ 并辅成之:相辅相成。
⑦ 性习:习性。
⑧ 殆:大概。
⑨ 左:偏。
⑩ 当:担当。
⑪ 是:此。
⑫ 斯:此。
⑬ 三致意:再三注意。
⑭ 完竣:完毕。
⑮ 窗牖[yǒu]:窗户。

之导。盖教室之知识、专师之指授，其用但足以辅助家庭之化，使益进步，而不能更张旧习，直取而代之。故家庭与学校不联络，则教育之效，无可言也。若近时趋势，妇人忘其天职，投身于社会，以冀①非分之业，将使家庭之系日疏，亲子之责不举，其于民种前途，不利孰甚也②。

复次③，当以何法得以养成男子，为他日国民之父乎？如今学制，初等小学卒业，儿童年龄尚幼，父之感情尚未发动，第有一事，当及孩提之时加之教导，使深入心中者，则④女子身之神圣是也。凡男子对于女子之尊敬，其原当本于生理的基础，以为女子之身，即为将来儿童之寄宿，使或⑤损害，非特贼⑥其一身，且将影响及于一族。今世教童子，恒谓⑦男儿理不当欺侮女子，顾⑧不根据生理以立教训，则仍空言而无当者也。

未成年之先，儿童之心犹尚洁白，而两性之爱已渐萌芽。使⑨善导而利用之，则于健康道德之发达，皆至⑩有助。顾当令童子知之，其敬爱女子者，不以美艳，其自尊重者，亦不以能保庇⑪之故，但当视女子为未来之良母，民族发达，实是攸赖⑫，此所以可敬且爱也。使检历史，苟⑬此习流行，则其时必昌大。中古武士⑭，崇奉妇人近于顶礼，战争杀伐之风因以少戢⑮，要⑯非无故。国民教育能至于此，使殴妻虐女之事视同食人之罪，庶其有济⑰。理论既具，附以实行，如男女同校，教室游戏场皆共之，可以学习礼仪。至于家庭之中，莫不有姊妹亲属，由渐成习，养成敬女之风，要亦非难事也。

其二，童子所当知者，则男子当有保养家属之责任。此固老生常谈，无他奥

① 冀：希冀。
② 不利孰甚也：不利（之处）什么也比不过。
③ 复次：其次。
④ 则：即。
⑤ 使或：如果。
⑥ 贼：害。
⑦ 恒谓：常说。
⑧ 顾：看来。
⑨ 使：假使。
⑩ 至：极其。
⑪ 保庇：保护。
⑫ 攸赖：攸关依赖。
⑬ 苟：如果。
⑭ 中古武士：（欧洲）中世纪骑士。
⑮ 少戢[jí]：稍收敛。
⑯ 要：应。
⑰ 庶其有济：民众才有救（庶：庶民。济：救济）。

谊①，但以善种学言，此实社会大义。男子本分，首在赡②其家族，而民种因受其荫③。善种之理，取譬于物④，则思⑤过半矣。牝兽⑥之爱其子，足为母仪之式⑦，若男子之责，亦正可以牡兽⑧为师。田舍之牛羊、园囿⑨之麋鹿、檐间之燕雀，皆足为例，而于类人猿为尤显著。童子读自然史至此，当知家庭制度，其来已古，较人类为尤早，而亦最可尊也。彼类人猿于遂古⑩之初，已自其祖先秉承此家庭思想，而吾人父母之情，则亦由此原始传袭而来，于保存种族，与⑪有力也。童子明此，视今世男子多有不尽其责，殴妻酗酒，或游荡不顾家事，而类人猿独坐树下驱野兽，俾其妻儿得安睡枝间，则去之已远⑫。忘其祖德，直⑬谓之猿类之不肖子可也。

---

① 奥谊：奥义（谊：同"义"）。

② 赡：赡养。

③ 荫：庇荫（护佑）。

④ 物：动物。

⑤ 思：想到。

⑥ 牝[pìn]兽：母兽。

⑦ 式：格式。

⑧ 牡兽：公兽。

⑨ 园囿：园林。

⑩ 遂古：远古。

⑪ 与：给与（予）。

⑫ 去之已远：相去甚远。

⑬ 直：直接。

《性教育的示儿编》序

周作人

本文写于 1929 年，后收入《周作人散文全集》。

《性教育的示儿编》是美国节育运动倡导者玛格丽特·桑格尔写的一本书（原名《母亲对小孩说的话》），当时由赵憩之译为中文出版。此文是作者为中译本写的序言。文中说，性本是"美与庄严"的事情，但由于父母和教师的讳莫如深，致使儿童对性一知半解，还"加上了一层隐密与羞耻的色彩"，而这样的性观念一旦形成，日后是很难纠正的。所以，对儿童施以性教育，就是在"我们这麻痹的中国"，也有人知道其重要性了。遗憾的是，性教育不但阻力重重，甚至还会遭当局查禁。

当时确实如此，不知今日情形如何？

《礼运》上有一句话道："饮食男女，人之大欲存焉。"假如世上有天经地义这样东西，那么这句话总可以当得起罢？老子讲到婴儿，又说他"不知牝牡之合①而全作"，据老师讲解时说"全"即是小儿的男根，则更进一步，大有维也纳医师之意，几乎是说一切都是性了。但是，归根结蒂，这是不错的。"全作"的事暂且不论，儿童对于生命起源的注意总是真确的事实。斯丹来和耳②（G. Stanlay Hall）博士说，五岁至八岁的小孩最为注意，过了这个时候便不再来问，因为不是问了无结果而灰心，便是已从别方面打听到了秘密了。七月三十日《世界日报》上署名"金白"的一篇《虚伪的家庭教育观》，也说到这件事：

> 吾国性教育尚未萌芽，于是对于生理上种种故事秘而不宜，以为是秽亵不足对儿童谈讲的，或是对儿童随意乱说，如儿童询问小弟弟是从哪里来的，家人不是告诉他是老娘婆（助产妇）抱来的，就是说从母亲腋下割出来的。等到儿童知识开了的时候，便会疑父母是欺伪。

其实，不但如此，儿童如从父母或教师得不到满意的答复，他一定会去找朋友和仆役获得确实的说明，所说明的事实不打紧，可是经了那样的一说，结果如同《创世记》的教训③仿佛，性的事情失了美与庄严，加上了一层隐秘与羞耻的色彩，使儿童的感情、思想显著地恶化，便是以后再加科学、艺术深厚的洗练，也不容易把它改变过来。这真是一个极大的损失了。

因为这个缘故，近世性教育的呼声忽然兴起，就是我们这麻痹的中国也受到影响，有人知道性教育的重要了。不过，天下事常常是易说难做，性教育的理论已很完足，讲到实行还有些困难。性教育怎么实施呢？说来说去，总还没有什么很好的法子，除了四十多年前萨列文（Sullivan）女士教那七岁的盲哑的小女孩海伦开勒（Helen Keller）的方法④：拿了一本植物书，同她讲花和果子的故事。

山格夫人⑤所著、赵憩之君所译的这本小书，就是这一类的册子，原名《母亲

---

① 牝牡之合：男女交媾。

② 斯丹来和耳，通译"斯坦利·哈尔"，19世纪末、20世纪初美国心理学家、教育家。

③ 《创世记》的教训，即指《圣经·创世记》里所说，人类始祖亚当和夏娃偷吃禁果后做了男女之事，于是被上帝逐出伊甸园；所以，后世之人都知道，做这种事情是羞耻的。

④ 萨列文女士，通译"苏利文女士"（安妮·苏利文），美国教师。海伦开勒，通译"海伦·凯勒"，美国女作家，自幼聋哑盲，经苏利文女士以独特方式予以教育而成才。

⑤ 山格夫人，通译"桑格尔夫人"（玛格丽特·桑格尔），美国护士、节育运动倡导者之一，1922年曾访华宣传节育。

对小孩说的话》，由我代为改成这个古旧的名字了。山格夫人是有名的性教育者，她特别注意于节制生育，曾来中国讲演，社会上还没有忘记她。她这本书我希望于中国谈性教育的、贤明的父母和教师有点用处，可以作为性教育实施的初步的参考——可是据北平报上记载，美国现在"维持礼教，查禁性学"，山格夫人已被罗马教徒的当局所逮捕，而且"对于研究性的书籍查禁株连，诚得谓严厉之至"，山格夫人与性学的末路似乎不远了。中国的沙门教徒①(Shamanism)大约很不少罢，性教育的前途如何？先贤曰："未有学养子而后嫁者也。"②萨列文女士与山格夫人的教法，恐怕都要在违禁之列。讲到这里，植物学似乎就第一宜禁——喔，禁止中小学校讲植物学，在一篇德国小说确是有过，但是实现总还一时未必，我想至少总还有一两年罢？那么，这本小书暂时总可以安然出版矣乎。

一九二九年八月三日于北平，周作人

---

① 沙门教，通译"萨满教"，曾广泛存在于东北亚地区的一种原始巫觋宗教，是该地区各种民间迷信的源头。
② 语出《大学》，全句是："心诚求之，虽不中，不远矣，未有学养子而后嫁者也。"本是用嫁人比喻求学：诚心求学，总有所得，就如嫁人，总会生子。后半句直译是：没有先学生子、然后再嫁人的。这里无意间透露出古人对性与性教育的看法：性是不用学的，因而无所谓性教育。

作文教授上的一个尝试

夏丏尊

夏丏尊(1886—1946)，本名夏铸，字勉旃，号闷庵，现代教育家、散文家，重要著作有《文艺论 ABC》《生活与文学》和《现代世界文学大纲》等，尤以翻译意大利作家亚米契斯《爱的教育》一书而出名。

本文选自《夏丏尊散文选》，写于 1923 年。当时，夏丏尊任教于绍兴春晖中学，教语文。本文是他就学生的作文所写的一篇教学报告，其中说到学生作文的通病，就是套话连篇，"没有内容"、"空虚无聊"。可悲的是，至今似乎还是如此。至于文中所说的"尝试"，即"我所第一叫学生注意的，是自己的生活，叫他们用实生活来做作文的材料"，这应该是常识，理所当然的，为什么在中国还要"尝试"？读者若能就此问题予以思考，予以探讨，大概就是本文最大的意义所在。

国文①在学校中是个问题最多的科目，其中作文教授②，尤其是最麻烦讨厌的部分。说起这星期要作文，先生、学生都大家害怕，先生怕改文课③，学生怕作不好，这是一般学校作文教授的现状。

　　我在春晖④担任国文科教授⑤快一年了。这一年中，为想改进作文教授，曾也费过许多心力，想过许多方法。稿上订正、当面改削、自由命题、共同命题，教授作文方法（曾把文体分为说明、记事、议论等几种，编了讲义分别讲解），大概普通教授上所用的方式，都已用到，而学生的成绩，实在太幼稚了。本校学生的作文能力，较之一般同等学校的学生，也许并不特别不良，但不良总是不良，无法辩解的。

　　举例来说：叫他们作日记，他们就把一日的行事账簿式地排列起来，什么"晨几时起床，上午上课四班……九点半钟就寝"，弄成每日一样、每人一样的文字。叫他们作一篇像"公德"题的文字，他们就将什么"人不可无公德"、"中国人公德不讲究"、"外国人都很讲公德"、"我想，我们非讲公德不可"、"我劝同学们大家要讲公德"等无聊的套语凑集起来，再加以"为什么呢？因为……所以……"样的自问自答，把篇幅伸长，弄成似是而非、敷泛不切的一篇东西。现在通行的是语体，本校各班又都在教授语法，学生在词句间，除了几个特别幼稚者外，毛病不用说是很少的。结果教者可改者只是内容了——不，只是补充内容了。但是又因为他们的文字中，本没有内容，结果补充也无从补充，于是只好就顺序上、繁简上，勉强改削一下，把文课还给学生，而学生也感不到特别的兴味，得不到什么益处。注意点的学生呢，从改笔上理解了关于繁简顺序等表面上的方法，下次作起文来，竟可一字不改，而其内容的空虚无聊，还是依然如故。

　　这大概是现在普通教育中作文教授的一个公式吧。一般的现状，如果确如我所说，我以为真是很可悲观的事，因为如此作文，是作一千次也没用的。用了语体作文，表面上已叫做"新文章"了，其实除了把文言翻成白话以外，内容上何尝有一点的新气？现代学生文课中的"外国怎样好，中国怎样坏"，同以前学生文

---

① 国文：中文、语文。
② 教授：教学。
③ 文课：语文作业（包括作文）。
④ 春晖中学：在绍兴，由近代教育家经亨颐创办，夏丏尊、朱自清、朱光潜、丰子恺等先后在此执教。
⑤ 国文科教授：语文教师。

课中的"古者……今也则否"有何分别？"西儒①说……"、"杜威②说……"，不就是新式的"古人有言曰……"、"子曰……"吗？"我所敬爱的某君……祝你健康"，不就是从前"某某仁兄大人阁下……敬请台安"的变形吗？但改变了文体的形式，而不改变作文的态度，结果总无什么用处的。

如何可以改变学生作文的态度？我为这问题烦闷长久了！我近来对于学生学国文，有两种见解：一是劝学生不要只从国文去学国文，二是劝学生不要只将国文当国文学。现在学生读了几篇选文，依样模仿，以为记了几句文句或几段大意，作文时可以用的，于是作出文来，就满纸陈言，千篇一例，这就是只从国文去学国文的毛病。现在的所谓选文，并不是像以前为只是空洞的文章，或是含着什么问题，或是记着什么事理，内容很复杂的。如果学生只当作国文去读，必至徒记诵着外面的文字，而于重要的内容不去玩索，结果于思想推理方面毫无补益，头脑仍然空虚，仍旧只会作把文言"且夫天下之人……"翻成白话的文章。这就是只将国文当国文学的毛病。

上面所述的我的两种意见，第一种是关于作文教授的，第二种是主要地关系于读解教授的。现在只把第一种意见的办法来说：学生作文能力的不发展，我既认为是只从国文去学国文的缘故，那么，叫他们从什么地方去学国文呢？我所第一叫学生注意的，是自己的生活，叫他们用实生活来做作文的材料。可是在入校前向无玩味自己实生活的习惯的学生们，对于自己的生活，所能说的只是账簿式的一种轮廓（像前面所举的日记例），并不能表出什么生活的内容或情调来，并且摇笔即来的滥调，往往仍不能免。记得有一次，我出了"我的故乡"的一个题目，竟有一个学生仍打起老调，说什么"凡人必有故乡……"一类的空话的。

我想设法使学生对于实生活有玩味观察的能力，以救济这个病弊，于是叫学生学作小品，叫他们以一二百字写生活的一个断片，一面又编了一点小品文的讲义教授讲解。行之几时，学生作文的态度及兴味，似乎比前好些，题材以实生活为限，命题听学生自由，学生很喜欢作。作来的文字，虽还不十分好，然较之于前的空泛，却算已有点进步，至少不至于看了讨厌；替他们改削，也不致徒劳了。现在录几篇学生的成绩，给大家看看。这些成绩中，有的在词句及繁简上已经教者修正，但内容却都是学生自己的本色。

---

① 西儒：西方学者。
② 杜威：20 世纪初美国哲学家、教育家。

箫 声

钟显谟

昏暗笼罩了世界，一切都很沉静，像已入了睡乡，做休息的梦了。忽然间，不知从哪里曲曲折折地传来了幽遐的箫声。隐约听去，身子仿佛轻松了许多，心也渐渐地沉下去了。一切物质的欲望、实利的思想，都随着这箫声悠悠渺渺地逝去，所剩的只有一个空虚的心。

不知在什么时候，故乡、慈母、儿时之乐都纷然乘虚而入，把空虚的心中，又装满了说不出的悲哀与寂寞了。

播 秧

张健尔

农人弯了背儿把不满半尺的稻秧在那泥泞而滑的水田中插着，每次插下去的时候，随着手儿发出"卟咚卟咚"的谐音。这较之日间火车通过时那种"克拏克拏"的噪音，真有仙凡之别。

长方形的水田中渐渐地满布着嫩绿色的稻秧，那农人在其中，简直好像一幅绝佳的自然画里画着的人物一样。

封 校 报

陆灵棋

电灯明晃晃地照得小房间里白昼似的，七八个人围坐在一大长桌旁。地板上铺散了一片瓦片似的校报，几只手像机轮开着的时候动个不息。这一边的人将报一张张像信纸似地折起来，坐在那一边的接去一份份地封起，再贴上印好的送达地址。"呀，北京方面齐了，上海方面也齐了，还有杭州，还有学校以外的教育机关。"手里做，心里念，眼睛屡次看着桌上一大碗还没有用完的浆糊。

提 笔

汤冠英

无聊极了，决心要提笔写些东西。写些什么，自己也没有知道；写什么好，自己也没有主意。胡思乱想地思索了一回。笔提得手酸了，墨水干了。苍蝇窃吸了墨水去，正在我的第一次穿上的新夏布制服上撒粪。唉！可恶极了,赶去苍蝇,思绪也顿然无形无踪地消灭了。

乒 乓 行
何逵荣

滴滴的微雨方止,疏疏的霞云中露出一线深红色的快归去的日光来。我和C君闲步到高小部,那楼上俱乐部的乒乓球声把我和C君引上楼去。C君先拿着球板与L君打起来,我在旁候着。

一个、二个⋯⋯C君早已输去,但他们记错了,还说没有。我板着脸走了。自然地从心坎里发出来的诅咒,却传到口上了。

这也算出了我的气,我自己一边走,一边这样想。

Game
吕襄宝

唉!我们的能力不及他们,现在已经三与一之比了,到Game① 只有一个球了,心里慌得几乎连网拍都拿不动。

"打得好,还可得到相等。"旁人话未说完,敌手已把球开过来了。我心想很认真的回过去,果然很好地回过去了。这时心里一时觉得很快乐,希望得到相等,不料很急促的球又弹子也似的过来了。我们只注目着球,任它过去,无法可想。

"Game!"对方喊着,我和同组的只好放了网拍,立在域外,同组的虽不怨,我总觉得有些连累了他。

吃饭前后的饭厅
徐思睿

第五时的功课退了,肚中正是有点饿的样子,忽然饭厅里面作出叮当叮当的声响,心知就是午膳了。到了饭厅,有几个同学是已经盛好了饭要吃了,有的却正在盛饭赴座。有几个还没有到饭厅,正在从寝室里到饭厅里的走廊里走着。这时饭厅里发出乒乒乓乓拿碗的、吱吱咯咯移凳的种种声音,还有你言我语的种种喧哗声,热闹得像剧场一般。

---

① Game,(英文)通常作"比赛、游戏"解,但在比赛中说"Game!"是表示得胜——"赢了!"

人大概到齐了,饭也盛毕了,各人都到了自己的座里。这时比较前几分钟静些。有几桌里的人批评菜蔬的好歹,有几桌的人谈些不关紧要的说话。

像这样的过了十几分钟以后,有的吃完,有的已出去,于是声音也渐渐地静寂,只有厨役收碗碟的响声了。

闲　步
刘家口

春末的斜阳,露出它将辞别的依依不忍的情意,可使人们日间恶它如火如焚的心境即刻消除无余。那和蔼可亲的回光,反照着蓬勃的枝柯和碧绿的山岩,以及倒映在微波不动的湖水里的幻景和那笼着炊烟的四境。明暗不一的远人村落和周围的杂树,远望犹如罩着淡蓝色的蚊帐一般。

我因喘咳,吐唾入水里,只见众多小鱼跳出争食,镜也似的水面就叠起了圆环,转瞬间,平静为之破坏,好一会犹未恢复,我悔了!

蚊
曹增庆

正坐在椅子上通读英文,忽然一个蚊子来到脚膝下,被它一刺,我身一惊,觉得很难忍,急去拍时,已经飞去了。没有多少时候,仍旧飞近我身边,作嗡嗡的叫声。我静静地等它来,果真它回到原处。它撑直了脚,用口管刺入我的皮肤,两翼向上而平,好像在那里用着它的全副精神似的。我拍死了它,那掌上粘湿的血水使我觉得复仇的快感和对于生命的怜悯。

因限于篇幅,不能将全数成绩揭载,很是憾事。上面所列的成绩,是依题材的种类各选一篇,并非一定择优选录。这样的成绩原不能就说可以满足,不过学生作文的态度却可认为已变了不少。我以为只要学生作文的态度能变就有方法可想。在这点上,却抱着无限的希望。

小品文性质实近于纯文学,叫中学生作纯文学的作品似乎太高,并且太虚空不合实用。关于这层,大家或者有所怀疑。我要声明,我的叫学生作小品文,完全是为救济学生的病起见,完全当作药用的。小品自身,原有价值可说,兹不具论。我所认定的,只是其对于作文练习上的价位,略举如下:

(甲)能多作。无论如何,多作总是学文的必要条件之一。现在校中每月二次或三次的文课实嫌太少。小品文内容自由，材料随处可得，推敲布局，都比长文容易，便于多作。

（乙）能养成观察力。小品文字数不多，当然不能记载大事，用不着敷泛的笔法，非注意到眼前事物的小部分不可，这结果就可使观察力细密而且锐敏。有了细密的观察力，作文必容易好。

（丙）能使文字简洁。现在学生作文最普通的毛病是浮蔓不切，或不应说的说，或应说的反不说，因为他们还没有取舍选择的能力的缘故。小品文非用扼要的手腕不可，断用不着悠缓的笔法。多作小品文，对于材料自然会熟于取舍选择起来，以后作文自不致泛而不当了。

（丁）能养成作文的兴趣。我国从前作教师的往往以国家大事或圣贤道德等为题叫学生作文，学生对于题材没有充分的知识，当然只好说些泛而不切的套语来敷衍了事（这恐怕不但从前如此，现在的教育上也还是依然如故的）。结果学生没有好成绩，而对于作文的兴趣，也因以萎滞了。小品文是以日常生活为材料的，题材容易捕捉，作了不佳，也容易改作，普通的学生也可偶然得很好的成绩。既有这好成绩，作者自身就会感到兴趣，喜于从事文字起来。

（戊）可为作长篇的准备。画家作画，先从小部分起。非能完全画一木一石的，决不能作全幅的风景，非能完全写一手一足的，决不能画整个的人物。我们与其教学生作空泛无内容的长文，实不如教学生多作内容充实的短文。

这几种是我教学生作小品文的重要的理由。总之，我觉得现在学生界作文力薄弱极了。其薄弱的原因，一般都以为是头脑饥荒的缘故，主张用选文去供给他们材料，或叫他们去涉览书籍。但我以为学生学国文的态度如果不改，只从国文去学国文，只将国文当国文学，一切改良计划都收不到什么效果，弄得不好，还要有害的！现在学生作文力的薄弱，并非由于头脑饥荒，实由于不能吟味咀嚼题材，就是所患的是一种不消化的病症。如果对于患不消化病的人，用过量的食物去治疗，肠胃将愈不清爽，结果或至于无法可治。患不消化症的大概将食物照原形排泄出来。试看！现在学生所作出来的文字，不多就是选文或什么书报上文字的原形吗？

我们不要对于消化不良的学生奖励多食了！作文的材料到处皆是，所苦者只是学生没有消化的能力。我们为要使消化不良的有消化力，非叫他们咀嚼少量的食物不可，叫学生作小品文就是叫学生咀嚼玩味自己实生活的断片。

教学生写小品文，是我近来在国文教授上的一种尝试，原不敢自诩成功，却以为或有供大家参考的价值，所以特地把意见及经过一切写了出来。

东西人的教育之不同

梁漱溟

梁漱溟(1893—1988),原名焕鼎,字寿铭,现代学者、现代新儒家的代表人物之一,重要著作有《东西文化及其哲学》《中国文化要义》和《人心与人生》等。

本文原载 1922 年《教育杂志》,翌年收入《漱溟卅①前文录》。文中所说"东西人的教育之不同",其要点是"中国的教育很少是授人以知识,西洋人的教育则多是授人以知识"、"西洋教育着意生活的工具,中国教育着意生活本身"。当然,这里的"中国的教育"是指中国传统教育。那么,"着意生活本身"的教育是什么教育? 用作者的话来说,就是"情志一面之教育",也就是教人以如何做人的教育;换言之,就是道德教育。作者认为,西方教育重知识,中国教育重道德,各有得失,可以互补。

然而,需要说明的是,这里有一个很大的误解。西方人所说的"教育"(Education),从来就是指知识传授;至于道德培养,西方人从来就不归入"教育",而是归于"宗教"(Religion)名下的。中国没有宗教,从春秋战国时代起,就是以教育代替宗教的(可参见此文提到的辜鸿铭的《春秋大义》);所以,中国传统教育只注重道德培养,不传授知识。也就是说,中国传统教育不是西方意义上的教育,而是宗教替代物;或者说,中国根本就没有西方意义上的、注重知识传授的"教育"。既然如此,也就不存在所谓东、西教育的"互补"。

---

① 卅[sà]:三十(岁)。

记得辜鸿铭①先生在他所作批评东西文化的一本书所谓《春秋大义》②里边说到西方人教育的不同。他说：西洋人入学读书所学的一则曰知识，再则曰知识，三则曰知识，中国人入学读书所学的是君子之道。这话说得很有趣，并且多少有些对处。虽然我们从前那种教人作八股文章算得教人以君子之道否，还是问题，然而那些材料——《论语》《孟子》《大学》《中庸》——则是讲的君子之道；无论如何，中国人的教育，总可以说是偏乎这么一种意向的。而西洋人所以教人的，除近来教育上的见解不计外，以前的办法尽是教给人许多知识：什么天上几多星、地球怎样转……现在我们办学校是仿自西洋，所有讲的许多功课都是几十年前中国所没有，全不以此教人的；而中国书上那些道理也仿佛为西洋教育所不提及。此两方教育各有其偏重之点是很明的。大约可以说，中国人的教育偏着在情志的一边，例如孝悌……之教；西洋人的教育偏着知的一边，例如诸自然科学……之教。这种教育的不同，盖由于两方文化的路径根本异趋；他③只是两方整个文化不同所表现出之一端。此要看我的《东西文化及其哲学》便知。昨天到督署即谈到此，有人很排斥偏知的教育；有人主张二者不应偏废。这不可偏废自然是完全的、合理的教育所必要。

　　我们人一生下来就要往前生活。生活中第一需要的便是知识。即如摆在眼前的这许多东西，那个是可吃、那个是不可吃、那是滋养、那是有毒……都须要知道；否则，你将怎样去吃或不吃呢？若都能知道，即为具有这一方面的知识，然后这一小方面的生活才对付的下去。吾人生活各方面都要各有其知识或学术才行。学问即知识精细、确实、贯穿成套者。知识或学问，也可出于自家的创造——由个人经验推理而得，也可以从旁人指教而来——前人所创造的教给后人。但知识或学问，除一部分纯理科学如数理论理而外，大多是必假④经验才得成就的；如果不走承受前人所经验而创造的一条路，而单走个人自家的创造一路，那一个人不过几十年，其经验能有几何？待有经验，一个人已要老死了。再来一个人，又要从头去经验，这样安得有许多学问产生出来？安得有人类文明的进步？所谓学问，所谓人类文明的进步实在是由前人的创造教给后人，如是继续

---

① 辜鸿铭，近代学者，学博中西，有"清末怪杰"之称。
② 《春秋大义》，辜鸿铭于1915年出版的一部英文论集，原文为 *Spirit of Chinese People*，也译《中国人的精神》。
③ 他：同"它"。
④ 假：凭借。

开拓深入才得有的。无论是不假经验的学问，或必假经验的学问都是如此；而必假经验的学问则尤其必要。并且一样一样都要亲自去尝试阅历而后知道如何对付，也未免太苦，太不经济，绝无如是办法。譬如小孩生下来，当然不要他自己去尝试那个可吃、那个不可吃，而由大人指教给他。所以无论教育的意义如何，知识的授受总不能不居教育上最重要之一端。西洋人照他那文化的路径，知识方面成就得最大，并且容易看得人的生活应当受知识的指导；从梭格拉底①一直到杜威②的人生思想都是如此。其结果也真能作到各方面的生活都各有其知识而生活莫不取决于知识、受知识的指导——对自然界的问题就有诸自然科学为指导，对社会人事的问题就有社会科学为指导。这虽然也应当留心他的错误，然自其对的一面去说，则这种办法确乎是对的。中国人则不然，从他的脾气，在无论那一项生活都不喜欢准据于知识，而且照他那文化的路径，于知识方面成就得最鲜③，也无可为准据者。其结果，几千年到现在，遇着问题——不论大小难易——总是以个人经验、意见、心思、手腕为对付。即如医学，算是有其专门学问了，而其实在这上边尤其见出他们只靠着个人的经验、意见、心思、手腕去应付一切。中医没有他准据的药物学，他只靠着他用药开单的经验所得；也没有他准据的病理学、内科学，他只靠着他临床的阅历所得。由上种种情形互相因果，中国的教育很少是授人以知识，西洋人的教育则多是授人以知识。但人类的生活应当受知识的指导，也没有法子不受知识的指导；没有真正的知识，所用的就只是些不精细、不确实、未得成熟贯穿的东西。所以就这一端而论，不能说不是我们中国人生活之缺点。若问两方教育的得失，则西洋于此为得，中国于此为失。以后我们自然应当鉴于前此之失，而于智慧的启牖④，知识的授给加意。好在自从西洋派教育输入，已经往这一边去做了。

情志一面之教育，根本与知的一边之教育不同。即如我们上面所说，知的教育之所以必要，在情志一面则乌有，故其办法亦即不同。知的教育固不仅为知识的授给，而尤且着意智慧的启牖。然实则无论如何，知识的授给终为知的教育最重要之一端；此则与情志的教育截然不同之所在也。智慧的启牖，其办法与情志

---

① 梭格拉底，通译为"苏格拉底"，古希腊哲学之父。
② 杜威，20世纪初美国实用主义哲学家、教育家。
③ 最鲜：最少。
④ 启牖[yǒu]：原义为开窗，引申为启蒙。

教育或不相违；至若知识的授给，其办法与情志教育乃全不相应。盖①情志是本能，所谓不学而能、不虑而知的，为一个人生来所具有无缺欠者，不同乎知识为生来所不具有；为后天所不能加进去者，不同乎知识悉从后天得来（不论出于自家的创造，或承受前人均为从外面得来的，后加进去的）。既然这样，似乎情志既不待教育、亦非可教育者。此殊不然。生活的本身全在情志方面，而知的一边——包括固有的智慧与后天的知识——只是生活之工具。工具弄不好，固然生活弄不好，生活本身（即情志方面）如果没有弄得妥帖恰好，则工具虽利将无所用之，或转自贻戚②。所以，情志教育更是根本的。这就是说，怎样要生活本身弄得恰好是第一个问题。生活工具的讲求固是必要，无论如何，不能不居于第二个问题。所谓教育，不但在智慧的启牖和知识的创造授受，尤在调顺本能使生活本身得其恰好。本能虽不待教给、非可教给者，但仍旧可以教育的，并且很需要教育。因为本能极容易搅乱失宜，即生活很难妥帖恰好，所以要调理他得以发育、活动到好处，这便是情志的教育所要用的功夫——其功夫与智慧的启牖，或近与知识的教给，便大不同。从来中国人的教育很着意于要人得有合理的生活，而极顾虑情志的失宜。从这一点论，自然要算中国的教育为得，而西洋人忽视此点为失。盖西洋教育着意生活的工具，中国教育着意生活本身，各有所得，各有所失也。然中国教育虽以常能着意生活本身故谓为得，却是其方法未尽得宜。盖未能审察情的教育与知的教育之根本不同，常常把教给知识的方法用于情志教育。譬如，大家总好以干燥无味的办法，给人以孝悌、忠信等教训，如同教给他知识一般。其实这不是知识，不能当作知识去授给他；应当从怎样使他那为这孝悌、忠信所从来之根本（本能）得以发育、活动，则他自然会孝悌、忠信。这种干燥的教训只注入知的一面，而无甚影响于其根本的情志，则生活行事仍旧不能改善合理。人的生活行动在以前大家都以为出于知的方面，纯受知识的支配，所以梭格拉底说"知识即道德"；谓人只要明白，他作事就对。这种思想，直到如今才由心理学的进步给他一个翻案。原来人的行动不能听命于知识的。孝悌、忠信的教训，差不多即把道德看成知识的事。其实，我们对于本能只能从旁去调理他、顺导他、培养他，不要妨害他、搅乱他，如是而已。譬如孝亲一事，不必告诉他长篇大套的话，只须顺着小孩子爱亲的情趣，使他自由发挥出来便好。爱亲是他自己

---

① 盖：因为。
② 转自贻戚：转而令人悲戚。

固有的本能,完全没有听过孝亲的教训的人,即能由此本能而知孝悌;听过许多教训的人,也许因其本能受妨碍而不孝亲。在孔子便不是以干燥之教训给人的。他根本导人以一种生活,而借礼乐去调理情志。但是到后来,孔子的教育不复存在,只剩下这种干燥教训的教育法了。这也是我们以后教育应当知所鉴戒而改正的。还有,教育上常喜欢借赏罚为手段去改善人的生活行为,这是极不对的。赏罚是利用人计较算帐的心理而支配他的动作,便使情志不得活动,妨害本能的发挥;强用知的方面去作主,根本扰乱了生活之顺序。所以,这不但是情志的教育所不宜,而且有很坏的影响,因为赏罚而去为善或不作恶的小孩,我以为根本不可教的。能够反抗赏罚的,是其本能力量很强,不受外面的扰乱,到是很有希望的。

1923 年 12 月

罗素与幼儿教育

徐志摩

　　徐志摩(1897—1931)，中国现代诗人、散文家，重要作品有诗集《志摩的诗》《翡冷翠的一夜》和散文集《落叶》《自剖》《巴黎的鳞爪》等。

　　本文原载 1926 年 5 月 10 日和 12 日《晨报副刊》，后收入散文集《自剖》。

　　本文的特色，是通过对罗素如何教育他的两个孩子的具体描写，生动地介绍罗素在《论教育》一书中所阐述的教育思想；譬如，要从小培养孩子独立、勇敢、活泼、好奇、敏锐等品质，而不要把孩子养成弱不禁风的"小宝宝"，等等。同时，文中还对照罗素的育儿法，检讨了中国的传统家教，认为"中国人旧式的教育，是为维持懒惰的生活"。所以，"我们当前第一个观念，得确定的是人，是个人，他对他自身的生命负有直接的责任；人的生命不是一种工具，可以供当权阶级任意的利用与支配。教育的问题，是在怎样帮助一个受教育人合理的做人"。这段话，就是本文的"主题"，也是作者就教育理念所作的直接表述。

我去年七月初到康华尔①(Cornwall 英伦最南一省)去看罗素②夫妇。他们住在离潘让市③九英里沿海设无线电台处的一个小村落,望得见"地角"(Land's End)的"壁虎"尖凸出在大西洋里,那是英伦岛最南的一点,康华尔沿海的"红崖"(Red Cliffs)是有名的,但我在那一带见着的,却远没有想象中的红岩的壮艳。因为热流故,这沿海一带的气候几乎接近热带性,听说冬天是极难得冷雪的。这地段却颇露荒凉的景象,不比中部的一片平芜,树木也不多,荒草地里只见起伏的巨牛;滨海,尤其是硗确的岩地,有地方壁立万仞,下瞰白羽的海鸟在汹涌的海涛间出没。罗素的家——一所浅灰色方形的三层楼屋,有矮墙围着,屋后身凸出一小方的雨廊,两根廊柱是黄漆的,算是纪念中国的意思——是矗崎在一片荒原的中间,远望去这浅嫩的颜色与呆木的神情,使你想起十八世纪趣剧中的村姑子,发上歇着一只怪鸟似的缎结,手叉着腰,直挺挺的站着发愣。屋子后面是一块草地,一边是门,一边抄过去满种着各色的草花不下二三十种。在一个墙角里,他们打算造一爿④中国凉亭式的小台,我当时给写了一块好像"听风"还不知"临风"的匾题,现在想早该造得了。这小小的家园,是我们的哲学家教育他的新爱弥儿⑤的场地。

　　罗素那天开了一辆破汽车到潘让市车站上来接我的时候,我差一点不认识他。简直是一个乡下人! 一顶草帽子是开花的,褂子是烂的,领带——如其有——是像一根稻草在胸前飘着,鞋——不用说——当然有资格与贾波林⑥的那双拜弟兄! 他手里擒着一只深酱色的烟斗,调和他的皮肤的颜色。但他那一双眼,多敏锐,多集中,多光亮——乡下人的外廓掩不住哲学家的灵智!

　　那天是礼拜,我从 Exeter⑦ 下去就只有这趟奇慢的车。罗素先生开口就是警句,他说:"萨拜司的休息日是耶教与工团联合会的唯一共同信条!"⑧车到了门前,那边过来一个光着"脚丫子"、手提着浴布的女人,肤色叫太阳晒得比罗素

① 康华尔,通译"康沃尔",英国郡名。

② 伯特兰·罗素,20 世纪英国哲学家、数学家、教育家、散文家,曾获 1950 年诺贝尔文学奖。

③ 潘让市,康沃尔郡一城市。

④ 一爿[pán]:(吴越方言)(量词)一个。

⑤ 新爱弥儿,18 世纪法国启蒙哲学家、教育家卢梭以教育小说《爱弥尔》一书开西方幼儿教育的先河,后人以"爱弥尔"一词泛指教育对象。

⑥ 贾波林,通译"吉卜林",出生于印度的英国小说家、诗人,42 岁时(即 1907 年)获诺贝尔文学奖,不仅是英国第一个获此奖的作家,也是至今最年轻的此奖获得者。

⑦ 埃克塞特,英国郡名。

⑧ 意即:萨拜司的教会和工会格格不入。

的紫酱,笑着招呼我,可不是①勃兰克女士——现在罗素夫人②——我怎么也认不出来,要是她不笑、不开口。进门去他们给介绍他们的一对小宝贝,大的是男,四岁,有个中国名字叫"金铃",小的是女,叫"恺弟"。我问他们为什么到这极南地方来做隐士,罗素说一来为要静心写书,二来(这是更重要的理由)为顾管他们两小孩子的德育(to look after the moral education of our kids)。

我在他们家住了两晚。听罗素谈话,正比是看德国烟火,种种眩目的神奇,不可思议的在半空里爆发,一胎孕一胎的,一彩绽一彩的,不由你不讶异,不由你不欢喜。但我不来追记他的谈话,那困难就比是想描写空中的银花火树;我此时想起的,就只我当时眼见的所谓"看顾孩子们的德育"的一斑。

这讲过了,下回再讲他新出论教育的书——

On Education: Especially in Early Childhood, By Bertrand Russell, Published: London, George Allen and Unwin. ③

金铃与恺弟有他们的保姆,有他们的奶房④(Nursery)。白天,他们爹妈工作的时候,保姆领着他们。每餐后,他们照例到屋背后草地上玩,骑木马、弄熊、看花、跑。这时候,他们的爹妈总来参加他们的游戏。有人说,大人物都是有孩子气的,这话许有一部分近情。有一次,我在威尔思⑤家看他跟他的两个孩子在一间"仓间"里打"行军球"玩,他那高兴真使人看了诧异,简直是一个孩子——跑、踢、抢、争、笑、嚷、算输赢,一双晶亮的小蓝眼珠里活跃着不可抑遏的快活,满脸红红的亮着汗光,气吁吁的一点也不放过,正如一个活泼的孩子,谁想到他是年近六十"在英语国里最伟大的一个智力"(法郎士评语)的一个作者! 罗素也是的,虽则他没有威尔思那样彻底的忘形,也许是为他孩子还太小不够合伙玩的缘故。这身体上(不止思想——与心情上)不失童真,在我看是西方文化成功的一个大秘密;回想我们十六字联"蟠蟠老成,尸居余气;翩翩年少,弱不禁风"的汉族,不由得脊骨里不打寒噤。

---

① 可不是:要不是。
② 罗素一生经历过三次婚姻,勃兰克(通译"多拉·布莱克")是他的第二任妻子。
③《论教育:尤其是幼儿教育》,伯特兰·罗素著,伦敦乔治·艾伦和翁温出版公司出版。
④ 奶房,通译"育儿室"。
⑤ 威尔思,通译"威尔斯",19世纪末、20世纪初英国小说家、社会理论家。

我们全站在草地上。罗素对大孩子说："来，我们练习。"他手抓住了一双小手，口唱着"我们到桑园里去，我们到桑园里去"那个儿歌，提空了小身子一高一低的打旋。同时，恺弟，那不满三岁的，就去找妈给她一个同哥哥一样。再来就骑马。爸爸做马头，妈妈做马尾巴，两孩夹在中间做马身子，得儿儿跑，得儿儿跑，绕着草地跑，跑个气喘才住。有一次，兄妹俩抢骑木马，闹了，爸爸过去说：约翰（男的名）你先来，来过了让妹妹。恺弟就一边站着等轮着她。但约翰来过了还不肯让。恺弟要哭了，爸妈吩咐他也不听。这回老哲学家恼了，一把拿他合扑着抱了起来往屋子里跑，约翰就哭。听他们上楼去了，但等不到五分钟，父子俩携着手，笑吟吟走了出来，再也不闹了。

妈叫约翰"领徐先生①看花去"。这真太可爱了，园里花不止三十种，惭愧我这老大认不到三种。四岁的约翰却没一样不知名，并且很多种还是他小手亲自栽的。看着他最爱的，他就蹲下去摸摸亲亲。他还知道各种花开的迟早，哪几样蝴蝶们顶喜欢，哪几样开顶茂盛，他全知道。他得意极了。恺弟虽则走路还勉强，她也来学样，轻轻的摸摸嗅嗅，那神气太好玩了。

吃茶的时候，孩子们也下来。约翰捧了一本大书来——那是他的——给客人看。书里是各地不同的火车头，他每样讲给我听：这绿的是南非洲从哪里到哪里的；这长的是加拿大那里的；这黄的是伦敦带我们到潘让市来的，到哪一站换车；这是过西伯利亚到中国去的，爸爸妈妈顶喜欢的中国，约翰大起来一定得去看长城、吃大鸭子；这是横穿美洲过洛基山的，过多少山洞，顶长的有多长——喔，约翰全知道，一看就认识！罗素说，他不仅认识知道火车，他还知道轮船，他认好几十个大轮船，知道它们走的航线，从哪里到哪里——他的地理知识早就超过他保姆的。这学全是诱着他好奇的本能，渐渐由他自己一道一道摸出来的；现在你可以问他，从伦敦到上海，或是由西特尼到利物浦，或是更复杂的航路，他都可以从地图上指给你看，过什么地方、有什么好东西看、好东西吃，他全知道！

但最使我受深印的是这一件事。罗素告诉我，他们早到时，约翰还不满三岁，他们到海里去洗澡，他还是初次见海，他觉得怕，要他进水去他哭，这来我们的哲学家发恼了："什么，罗素的儿子可以怕什么的！可以见什么觉得胆怯的！那不成！"

他们夫妻俩简直把不满三岁的儿子——不管他哭闹——一把揿进了海里

---

① 徐先生，即作者。

去。来了一回,再来,尽他哭! 好,过了三五天,你不叫他进水去玩他都不依,一定要去了! 现在,他进海水去就比在平地上走一样的不以为奇了。东方做父母的一定不能下这样手段不是? 我也懂得。但勇敢、胆力、无畏的精神,是一切德性的起源、品格的基础,这地方决不可含糊。别的都还可以,懦怯、怕,最不成的,这一关你不趁早替他打破,他竟许会害了他一辈子的。罗素每回说勇敢(Courage)这字时,他声音来得特别的沉着,他眼里光异样的闪亮,竟仿佛这是他的宗教的第一个信条、做人唯一的凭证!

我们谁没有做过小孩子? 我们常听说,孩子时代是人生最乐的时光。孩子是一片天真,没有烦恼、没有忧虑,一天只道玩,肢体是灵活的、精神是活泼的。有父母的孩子尤其是享福,谁家父母不疼爱孩子? 家里添了一个男的,屋子里顶奥僻的基角,都会叫喜气的光彩给照亮了的。谁不想回去再过一道甜蜜的孩子生活,在妈的软兜里窝里,向爹要果子糖吃,晚上睡的时候有人替你换衣服,低低的唱着歌哄你闭上眼,做你甜蜜的小梦去? 年岁是烦恼,年岁是苦恼,年岁是懊恼,咒他的! 为什么亮亮的童心一定得叫人事的知识给涂黯了的? 我们要老是那七八、十来岁,永远不长成,永远有爹娘疼着我们,比如那林子里的莺儿,永远在欢欣的歌声中自醉,永远不知道:

The weariness, the fever, and the fret here,
where men sit and hear each other groan ... ①

那够多美!

这是我们理想中的孩子时代,我们每回觉得吃不住生活的负担时,往往惆怅光阴太匆匆的卷走了我们那一段最耐寻味的痕迹。但我们不要太受诗人们的催眠了。既然过去的已经是过去,我们知道,有意识的人生自有它的尊严。我们经受的烦恼与痛苦,只要我们能受得住,不叫它们压倒,也自有它们的意义与价值。过分耽想做孩子时轻易的日子,只是泄漏你对人生欠缺认识,犹之过分伤悼老年,同是一种知识上的浅陋。不,我们得把人生看成一个整的,正如树木有根、有干、有枝叶、有花果,完全的一生当然得具备童年与壮年与老年三个时期:童年是播种与栽培期,壮年是开花成荫期,老年是结果收成期。童年期的重要,正在

---

① 这两行英诗出处不详,大意是:"怀着忧虑、焦躁和惧怕,坐在那儿你听我叹息,我听你叹息……"

它是一个伟大的未来工作的预备,这部工夫做不认真、不透彻时,将来的花果就得代付这笔价钱:

The child is father of the man.①

真的,我们很少自省到我们的缺陷,意志缺乏坚定,身体与心智不够健全,种种习惯的障碍使我们随时不自觉的走上堕落的方向,这里面有多少情形是可以追源到我们当初栽培与营养时期的忽略与过失。根心里的病伤难治,在弁髦②时代种下的斑点,可以到斑白的毛发上去寻痕迹,在这里因果的铁律是丝毫不松放的。并且我们说的孩子时期还不单指早年时狭义的教育,实际上一个人品格的养成是在六岁以前,不是以后;这里说的孩子期可以说是从在娘胎时起到学龄期止的径程——别看那初出娘胎黄毛吐沫的小团团,正如小猫小狗似的不懂事,他们官感开始活动的时辰,就是他来人生这学校上学的凭证。

不,胎教家还得进一步主张,做父母的在怀胎期内就该开始检点他们自身的作为,开始担负他们养育的责任。这道理是对的,正如在地面上仅透乃至未透一点青芽的花木,不自主的感受风露的影响,禀承父母气血的胎儿,当然也同样可以吸收他们思想与行为的气息,不论怎样的微细。

但孩子他自己是无能力的,这责任当然完全落在做父母的与其他管理人的身上。但我们一方面看了现代没有具备做父母资格的男女们,尽自机械性的活动着他们生产的本能,没遮拦的替社会增加废物乃至毒性物的负担,无顾恋的糟蹋血肉与灵性——我们不能不觉着怕惧与忧心。再一方面,我们又见着应分③有资格的父母们,因为缺乏相当的知识或是缺乏打破不良习惯的勇气,不替他们的儿女准备下适当环境,不给他们适当的营养,结果上好的材料,至少不免遭受部分的残废——我们又不能不觉着可惜与可怜。因为养育儿女,就算单顾身体一事,仅仅凭一点本能的爱心还是不够的;要期望一个完全的儿童,我们得先假定一双完全的父母,身体、知识、思想,一般的重要。人类因为文明的结果,就这躯体的组织也比一切生物更复杂、更柔纤、更不易培养。他那受病的机会以及病

---

① 幼儿乃成人之父(意即大人都由小孩长大)。
② 弁,黑色布帽;髦,童子眉际垂发(喻童年)。
③ 应分:应该。

的种类，也比别的动物差得远了。因此在猫、狗、牛、马，是一个不成问题的现象，在今日的人类，就变了最费周章的问题了。

带一个生灵到世界上来，养育一个孩子成人，做父母的责任够多重大。但实际上，做父母的——尤其是我们中国人——够多糊涂！中国民族是叫"不孝有三，无后为大"一句话给咒定了的："生"儿子是人生第一件大事情。多少的罪恶，什么丑恶的家庭现象，都是从这上头发生出来的。影响到个人，影响到社会，同样的不健康。摘下来的果子，比方说，全是这半青不熟的，毛刺刺的一张皮包着松松的一个核，上口是一味苦涩，做酱都嫌单薄，难怪结果是十六字的大联"蟠蟠老成，尸居余气；翩翩年少，弱不禁风"。尤其是所谓"士"的阶级——那应分是社会的核心——最受儒家"孝"说的流毒，一代促一代的酿成世界上唯一的弱种。谁说今日中国社会发生病态与离心涣散的现象（原先闭关时代，不与外族竞争，所以病象不能自见，虽则这病根已有几千年的老），不能归咎到我们最荒谬的"唯生男主义"？先天所以是弱定了的，后天又没有补救的力量。中国人管孩子，还不是绝无知识、绝对迷信、固执恶习的老妈子们的专门任务？管孩子是阃①以内的事情，丈夫们管不着，除了出名请三朝、满月、周岁，或是孩子死了，出名报丧！家庭又是我们民族恶劣根性的结晶，比牢狱还来得惨酷、黑暗，比猪圈还来得不讲卫生。但这是我们小安琪们命定长成的环境，什么奇才异禀，敌得过这重重"反生命"的势力？这情形想起都叫人发抖。我不是说我们的父母就没有人性，不爱惜他们子女。不，实际上我们是爱得太过了。但不幸，天下事情单凭原始的感情是万万不够的，何况中国人所谓爱儿子的爱的背后，还耽着一个不可说的最自私的动机——"传种"：有了儿子盼孙子，有了孙子望曾孙，管他是生疮生癣，做贼做强盗，只要到年纪娶媳妇传种就得！生育与繁殖固然是造物的旨意，但人类的尊严就在能用心的力量超出自然法的范围，另创一种别的生物所不能的生活概念。像我们这样原始性的人生观，不是太挖苦了吗？就为我们生子女的唯一目标是为替祖先传命脉，所以儿童本身的利益是绝对没有地位的。喔，我知道你要驳说，中国人家何尝不想栽培子弟，要他有出息。"有出息"，是的！旧的人家想子弟做官发财，新的人家想子弟发财做官（现在因为欠薪的悲惨，做父母的渐渐觉得做官是乏味的——除了做兵官，那是一种新的行业），动机还不是一样？为要满足老朽们的虚荣与实惠。有几家父母，曾经替子弟们自身做人的使命（非

---

① 阃[kǔn]：门槛。

功利的),费一半分钟的考量踌躇?再没有一种反嘲(爱伦内①),能比说"中国是精神文明"来得更恶毒、更鲜艳、更深刻!我们现在有人已经学会了嘲笑英国维多利亚时代所代表的理想与习俗。吼②,这也是爱伦内,我们的开化程度,正还远不如那所谓"菲力士挺③"哪!我们从这近几十年来的经验,至少得了一个教训,就是新的绝对不能与旧的妥协,正如科学不能妥协迷信,真理不能妥协错误。我们革新的工作,得从根底做起;一切的价值,得重新估定;生活的基本观念,得重新确定;一切教育的方针,得按照前者重新筹划——否则,我们的民族就没有更新的希望。

是的,希望就在教育。但教育是一个最泛的泛词,重要的核心就在教育的目标是什么。古代斯巴达奖励儿童做贼,为的是要造成做间谍的技巧;中世纪的教育,是为训练教会的奴隶;近代帝国主义的教育,是为侵略弱小民族;中国人旧式的教育,是为维持懒惰的生活。但西方的教育,虽则自有它的错误与荒谬情形,但它对于人的个性,总还有相当的尊敬与计算,这是不容否认的。所以,我们当前第一个观念,得确定的是人,是个人,他对他自身的生命负有直接的责任;人的生命不是一种工具,可以供当权阶级任意的利用与支配。教育的问题,是在怎样帮助一个受教育人合理的做人。在这里,我们得假定几个重要的前提:(一)人是可以为善的;(二)合理的生活是可能的;(三)教育是有造成品格的力量的。我在这篇里说的教育,几乎是限于养成品格一义,因为灌输智识,只是极狭义的教育,并且是一个实际问题,比较的明显简单。近代关于人生科学的进步,给了我们在教育上很多的发见与启示,一点是:使我们对于儿童教育特别注意,因为品格的养成期,最重要的是在孩子出娘胎到学龄年的期间。在人类的智力还不能实现"优生"的理想以前,我们只能尽我们教育的能力,引导孩子们逼近准备"理想人"的方向走去。这才真是革命的工作——革除人类已成的乃至防范未成的恶劣根性,指望实现一个合理的群体生活的将来。手把着革命权威的——不是散传单的学生,不是有枪弹的大兵,也不是讲道的牧师或讲学的教师——他们是有子女的父母。在孩子们学语、学步、吃奶、玩耍、最关紧要的日常生活间,我们期望真正革命工作的活动!

---

① 爱伦内,英文 irony(反讽)的音译。
② 吼[hǒu]:惊愕。
③ 菲力士挺,英文 philistine(无教养之人)的音译。

关于这革命工作的性质、原则，以及实行的方法，罗素在他新出《论教育》的书里给了我们极大的光亮与希望。那本书，听说陈宝锷先生已经着手翻译，那是一个极好的消息。我们盼望那书得到最大可能的宣传，真爱子女的父母们都应得接近那书里的智慧，因为在适当的儿童教育里，隐有改造社会最不可错误①的消息。我下次也许再续写一篇，略述罗素那本书的大意与我自己的感想②。

---

① 不可错误：不可错过、耽误。
② 这里说的"再续写一篇"，即三天后在同一刊物上发表的《再谈管孩子》一文。

再谈管孩子

徐志摩

本文原载 1926 年 5 月 15 日《晨报副刊》,后收入散文集《自剖》。

这里的"再谈",是指继《罗素与幼儿教育》一文之后"再谈",原意仍要介绍罗素的《论教育》一书,而且先从他自己如何管孩子谈起。但是,由于开场白写得太长,又不想舍弃,便索性将其独立成文了。文中谈到许多管孩子的体会,以及他对儿童心理的理解,同时仍不忘对中国传统家教(或者说,无家教)的批判:"看看现代的成人,为什么都是这懒、这脏(尤其在品格上与思想上)、这蠢、这丑、这破烂!看看现代的青年,为什么这弱、这忌心重、这多愁多悲哀、这种种的不健康——多半是做爹娘的当初不曾尽他们应尽的责任,一半是愚暗,一半是懒怠,结果对不起社会、对不起孩子们自身,自己也没有好处。"

如今,虽到了 21 世纪,但中国家庭的育儿法仍大有问题,本文中讲到的有些事情,就如发生在昨天,而不是 90 年前。所以,本文仍值得一读。

你做小孩时候,快活不? 我,不快活。至少我在回忆中想不起来。你满意你现在的情况不? 你觉不觉得有地方习惯成了自然,明知是做自己习惯的奴隶,却又没法摆脱这束缚,没法回复原来的自由? 不但是实际生活上,思想、意志、性情也一样,有受习惯拘执的可能。习惯都是养成的,我们很少想到我们这时候觉着的浑身的镣铐,大半是小时候就套上的——记着,一岁到六岁是品格与习惯的养成的最重要时期。我小时候的受业师①,袁花查桐荪②先生,因为他出世时,父母怕孩子遭凉没有给洗澡,他就带了这不洗澡习惯到棺材里去——从生到死五十几年,一次都没有洗过身体! 他也不刷牙、不洗头,很少洗脸,脏得叫人听了都腻心不是? 我们很少想到我们品格上、性情上乃至思想上的不洁,多半是原因于小时候做父母的姑息与颟顸③。中国人口头上常讲率真,实际上我们是假到自己都不觉得。讲信义,你一天在社会上不说一两句谎话能过日子吗? 讲廉讲洁,有比我们更贪、更龌龊的民族没有? 讲气节——这更不容说了!

这是实际情形,不容掩讳的。我们用不着归咎这样、归咎那样,说来很简单,只是一个教育问题——可不是上学以后,而是上学以前的教育问题。品格教育,不是知识教育。我们不敢说合理的养育就可以消灭所有的败类;但我们确信(借近代科学研究的光)环境与有意识的训练在十次里至少有八九次可以变化气质,养成品格。什么事只要基础打好就有办法:屋漏了容易修,墙坏了可以补,基础不坚实时可麻烦。管好你的孩子,帮他开好方向,以后他就会自己寻路走。

但是,你说谁家父母不想管好他们的孩子? 原是的。但我们要问问仔细,一般父母心目中的"好孩子"究竟是不是好孩子。

究竟他们的管法是不是——我在上篇里说过——(一)替孩子本身的利益;(二)替全社会着想。我的观察是,老派父母养育的观念整个儿是不对的。他们的意思是爱,他们的实效是害。我敢断定,现代大多数的父母是对他们的子女负罪的。养花是多简单的一件事,但有的花不能多晒,有的不能多浇水,还有土性的关系,一不小心,花就种死,或是开得寒伧,辜负了它的种性。管孩子至少比养花更难些。很多的孩子是晒太多、浇太勤给闹坏的。

这几乎完全是一个科学问题。感情的地位,如其有,很是有限。单靠爱是不

---

① 受业师:启蒙老师。
② 袁花查桐荪:袁花查,字桐荪。
③ 颟[mān]顸[hān]:糊涂。

够的,单凭成法①也是不够的。养花得识花性,什么花怎么养法;管孩子得明白孩子性质,什么孩子怎么管法——每朝每晚都得用心看着,差不得一点。打起了底子,以后就好办。

这话听得太平常了,谁不知道不是? 让我们来看看实际情形。我们不讲无知识阶级的父母,实际乡下人的管孩子倒是合理得多,他们比较的"接近自然"。最可痛的是所谓有知识阶级乃至于"知识阶级"的育儿情形。别笑话做母亲的在人前拖出奶来喂孩子,这是应得奖励的。有钱人家有了孩子就交给奶妈,谁耐烦抱孩子,高兴的时候要过来逗逗亲亲叫几声乖,一下就喊奶妈抱了去,多心烦! 结果我们中上等人家的孩子,运定②是老妈子乃至丫头们的玩物! 有好多孩子身上闻着③老妈子的臭味,脸上看出老妈子的傻相!

单看我们孩子的衣着,先就可笑。浑身全给裹得紧紧,胳、胫、腿也不叫露在外面,怕着凉。怕着凉,不错;可是裤子是开裆的,孩子一往下蹲,屁股就往外露,肚子也就连带通风——这倒不怕着凉了! 孩子是不能常洗澡的,洗澡又容易着凉。我们家乡地方,终年不洗澡的孩子并不出奇,我不知道我自己小时候平均每年洗几回澡。冬天不用说,因为屋子不生火,当然不洗。夏天有时不得不洗,但只浅浅的一只小脚桶,水又是滚汤(不滚容易着凉!),结果孩子们也就不爱洗。我记得孩子时候顶怕两件事:一件是剃头,一件是洗澡。"今天我总得捉牢④他来剃头"、"今天我总得捉牢他来洗澡",我妈总是这么说。他们可不对我讲一个人一定得洗澡的理由,他们也不想法把洗的方法给弄适意些。这影响深极了,我到这老大年纪,每回洗澡虽不致厌恶,也总不见得热心,只看作一种必要的麻烦,不是愉快的练习。泅水⑤也没有学会,猜想也是从小对洗身没有感情的缘故。我的孩子更可笑了。跟我一样,他也不热心洗澡。有一次我在家里(他是祖母管大的),好容易拉了他一起洗,他倒也没有什么。明天再洗,成绩很好。再来几次,就可以引起他的兴趣的希望。可是,他第二天碰巧有了发热,家里人对他说:你看,都是你爸爸不好,硬拖你洗,又着凉了,下回再不要听他的! 他们说这话,也许一半是好玩。但孩子可是认了真,下回他再也不跟爸爸洗澡了!

---

① 成法:现成方法。
② 运定:注定。
③ 闻着:闻得着。
④ 捉牢:(沪语)抓住。
⑤ 泅水:游泳。

像这类的情形，真是举不胜举。但单纯关于身体的习惯，比较还容易改，最坏是一般父母心目中的"好孩子"观念。再没有比父母更专制的，他们命令、他们强制、他们骂、他们打，他们却从不对孩子讲理——好像孩子比他们自己欠聪明，懂不得理似的！他们用种种的方法教孩子学大人样——简单说，愈不像孩子的孩子，在他们看是愈好的孩子。孩子得听话，不许闹——中国父母顶得意的是他们的孩子听人家吩咐，规规矩矩的叫人，绝对机械性的叫人："伯伯！""妈妈！"我有时看孩子们哭丧着脸听话叫人的时候，真觉得难受！所以，叫人是孩子聪明乖的唯一标准。因为要强制孩子听大人话(孩子最不愿意听大人话!)，大人们有时就得用种种谎骗、恫吓的方法。多少在成人后作伪与懦怯的品性，是"别哭，老虎来了"、"别嚷，老太太来了"、"不许吃，吃了要长疮的"一类话给养成的。孩子一定得胆小怕事，这又是中国父母的得意文章："我们的阿大真不好，胆子大极了"或是"你们的宝宝多好，他一个人走路都不敢的"。我记得我小的时候，家里人常拿鬼来吓我，结果我胆小极了，从来不敢一个人进屋子或是单身睡一个床——说来太可笑，你们不信，我到结亲①以前还是常常同妈妈睡一床的！这怕黑暗、怕鬼的影响，到如今还有痕迹。我那时候实在胆子并不小，什么事有机会都想试试，后来他们发明了一个特别的恐吓，骗我说我不是我妈生的，是"网船"(即渔船)上抱来的，每天头上包着蓝布、走进天井来问要虾不要的那个渔婆，就是我的亲娘。每回我闹凶了，胆子"太大了"，他们就说："再闹，叫你网船上的娘来抱回去！"那灵极了，一说我就瘪，再也不敢强了。这也是极坏的影响。我的孩子因为在老家里生长，他们还是如法炮制。每回我一回家，就奖励他走路上山，甚至爬石头。他也是顶喜欢的，有一次我带他在山上住，天天爬山，乐得很。隔一天他回家了，碰巧有点发热，家里人又有了机会来破坏爸爸的威信了："你看都是你爸，领你到山上去乱跑，着了凉发热。下回再不要听他了！"当然，他再也不听信爸爸了！

　　但是，孩子们的习惯，赶早想法转移，也是很容易的事。就我的孩子说，因为生长在老式家庭里的缘故，所有已经将次②养成的习惯，多半是我们认为不对的。我们认为应分③训练的习惯，却一点不顾着，这由于：(一)"好孩子"观念的

---

① 结亲：结婚。

② 将次：逐一。

③ 应分：应该。

错误；(二) 拘执成法。再没有比我的父母再爱孙儿的：他病了，我母亲整天整晚的抱着；有几次，在夏天发热，简直是一个火炉，晚上我母亲同他睡；在冬天，常常通宵握住他的冷脚给窝暖。但爱是一件事，得法不得法又是一件事。这回好了，他自己的妈(张幼仪①女士，不久来京，想专办蒙养教育②)从德国研究蒙养教育毕业回来了。孩子一归她管，不到两个月工夫，整个儿变化了，至少在看得见的习惯上。他本来晚上上床、早上起身没有定时的，现在十点钟一定睡，早上也一定时候起。听说每晚到了十点钟，他自己觉得大人不理他了，他就看一看钟，站起来说"明天会"③，自己去睡了。

本来，他晚上睡不但不换睡衣，有时天凉，连棉袄都穿了睡的，现在自己每晚穿衣换衣，早上穿衣起身再也不叫旁人帮忙。本来，最不愿意念书写字，现在到了一定时候，就会自动写字念书。本来，走一点路就叫肚疼或腿酸的，现在长路散步成了习惯。洗澡什么的，当然也看作当然了。最好是他现在也学会了认真刷牙(他在德国死的弟弟，两岁起就自己刷牙了)，舀水满脸洗，洗过用干布擦，一点也不含糊了！在知识上也一样的有进步，原先在他念书写字因为上面含有强迫性质，看作一种苦恼，现在得了相当的引诱与指导，自动的，兴趣也慢慢的来了。这种地方虽则小，却未始不是想认真做父母的一个启示。不要怪你们孩子性情犟，不好，或是愁他们身子不好，实际只要你们肯费一点心思，花一点工夫，认清了孩子本能的倾向，治水似的、耐心的去疏导他，原来不好的地方很容易变好，性情、身体都可以立刻见效的。

"性相近，习相远"，这话是真理，我们或许有一天可以进一步相信"人之初，性本善"哪！没有工作比创造的工作更愉快、更伟大的，做父母的都有一个创作的机会，把你们的孩子养成一个健康、活泼、灵敏、慈爱的成人，替社会造一个有用的人才，替自然完成一个有意识的工作，同时也增你们自己的光，添你们的欢喜——这机会还不够大吗？看看现代的成人，为什么都是这懒、这脏(尤其在品格上与思想上)、这蠢、这丑、这破烂！看看现代的青年，为什么这弱、这忌心重、这多愁多悲哀、这种种的不健康——多半是做爹娘的当初不曾尽他们应尽的责任，一半是愚暗，一半是懒怠，结果对不起社会、对不起孩子们自身，自己也没有

---

① 张幼仪：徐志摩的妻子，由于是父母包办婚姻，徐志摩对她没什么感情，反之亦然。
② 蒙养教育：幼儿教育。
③ 明天会：明天见。

好处。这真是何苦来!

现在,罗素先生给了我们一部关于养成品格问题的、极光亮的书①,综合近代理论与实施所得的、有价值的研究与结论,明白的父母们看了可以更增育儿的兴味,在寻求知识中的父母们看了更有莫大的利益。相信我,这部书是一个不灭的亮灯,谁家能利用的,就不愁再遭黑暗的悲惨了! 但我说了这半天,本题还是没有讲到,时候已经不早了,只好再等下回了②。

---

① 即罗素的《论教育》一书。
② 这里说的"本题"是介绍和评论罗素的《论教育》一书。至于这里说的"再等下回",实际上——不知何故——作者并没有就这一"本题"再写一文。

教 育 论

俞平伯

  俞平伯(1900—1990)，中国现代作家、红学家，重要作品有散文集《杂拌儿》《燕知草》
《古槐梦遇》《燕郊集》和学术论著《红楼梦研究》《论诗词曲杂著》等。

  本文选自《俞平伯全集》(卷二)，分上、下两篇。上篇嘲讽所谓的教育理论，认为教育
哪会有"理论"？因为"小孩之为物也，既不能拿来充分试验的，所以确凿可据的教育理论
的来源，无论古今中外，我总不能无疑，恐怕都是些饱食终日、无所用心的人想出来的玩意
儿"。那么，教育既无理论，孩子该如何教育呢？那就是他在下篇中所谈的"头痛医头、脚
痛医脚观"，也就是"不外顺自然之法则"，而"在教育上，所谓自然，便是人性"。所以，按人
性观而作教育论，教育无非就是对人性的控驭，张扬人性的某一面，抑制人性的另一面。
至于张扬哪一面，抑制哪一面，那就看教育者的需要了，如此而已。这就是"头痛医头、脚
痛医脚观"。

  本文名为"教育论"，但并非论文，而为杂文，所以文中闲笔、曲笔颇多，所持观点也颇
为冷峻，在当时学界热议教育之际，可谓颇不合群，另立一说。故而收录于此，以备一格。

上

我不是学教育的,因此不懂一切教育学上的玩意儿。正惟其不懂,所以想瞎说,这也是人情。有几个人懂而后说呢?怕很少。这叫"饭店门口摆粥摊",幸亏世界上还有不配上饭店、只配喝碗薄粥的人。我这篇论文,正为他们特设的,我自己在内不待言了。

既不曾学教育,那么谈教育的兴味从哪里来的呢?似乎有点儿可疑。其实这又未免太多疑,我有三个小孩;不但如此,我的朋友也有小孩,亲戚也有小孩;不但如此,我们的大街上、小胡同口,满是些枝枝桠桠、咭咭哝哝的小孩子,兴味遂不得油然而生矣——"兴味"或者应改说"没有兴味"才对。

我不是喜欢孩子的人,这须请太太为证。我对着孩子只是愁。从他们呱呱之顷就发愁起,直到今天背着交叉旗子的书包[1],还在愁中。听说过大块银子,大到搬弄维艰的地步就叫做没奈何。依我看,孩子也者,这没奈何差杀不多[2]。人家说这活该,谁叫你不去拜教育专家的门。(倒好像我常常去拜谁的门来。)

自己失学[3],以致小孩子失教,已经可怜可笑;现在非但不肯努力补习,倒反妒忌有办法的别人家,这有多么卑劣呢!不幸我偏偏有卑劣的脾气,也是没奈何。

依外行的看法,理想的教育方策也很简单,无非放纵与节制的谐和,再说句老不过的话,中庸。可惜这不算理论,更不算方法,只是一句空话罢了,世间之谐和与中庸多半是不可能的。真真谈何容易。我有一方案,经过千思万想,以为千妥万当的了,哪里知道,从你和他看来,还不过是一偏一曲之见,而且偏得怪好笑、曲得很不通,真够气人的。

况且,教育假使有学,这和物理学、化学之流总归有点两样的。自然科学的基础在试验,而教育的试验是不大方便的。这并非试验方法之不相通,只是试验材料的不相同。果真把小孩子们看作氧气、磷块、硫黄粉……这是何等的错误呢。上一回当,学一回乖,道理是不错;只在这里,事势分明,我们的乖决不会一

---

① 当时的标准书包上印有两面交叉的国旗。
② 差杀不多:(吴越方言)差不多("杀"无义,仅是口音)。
③ 意即没学过教育学。

学就成,人家却已上了一个不可挽回的大当,未免不值得呢。若说这是反科学,阿呀,罪过罪过! 把小孩子当硫黄粉看,不见得就算不反科学。

谁都心里雪亮,我们的时代是一切重新估定价值的时代,除旧布新,正是必然之象。本不但教育如此,在此只是说到教育。我又来开倒车了,"楚则失之,而齐亦未为得也",譬如贸贸然以软性的替代硬性的教育,未必就能发展个性(说详本论下);以新纲常替代旧纲常,更适足自形其浅薄罢了。然而,据说这是时代病("病"字微欠斟酌,姑且不去管它),我安得不为孩子担心;又据说时代是无可抵抗的,我亦惟有空担心而已。我将目击他们小小的个性被时代的巨浪"奥伏赫变"①矣乎。

正传不多,以下便是。我大不相信整个儿的系统,我只相信一点一滴的事实,拿系统来巧妙地说明事实,则觉得有趣;拿事实来牵强地迁就系统,则觉得无聊。小孩之为物也,既不能拿来充分试验的,所以确凿可据的教育理论的来源,无论古今中外,我总不能无疑,恐怕都是些饱食终日、无所用心的人想出来的玩意儿。至于实际上去对付小孩子,只有这一桩、那一桩,头痛医头、脚痛医脚,除此似并无别法。只要是理论,便愈少愈好,不但荒谬的应该少,就是聪明的也不应该多。你们所谓理论,或者是成见的别名。——想必有人说,你的就事论事观岂不也是理论,也许就是成见罢? 我说:"真有你的。成见呢,人人都有;理论呢,未必都配,否则我将摇身一变而为教育专家,犹大英阿丽思之变媚步儿②也。"(见赵译本)

一九二九年三月十六日

下

以下算是我的头痛医头、脚痛医脚观,也是闲话(依鲁迅"并非闲话"例)。闲话不能一变而为政策,乃事实所限,并非有什么不愿。否则,我何必说什么"银成

---

① 奥伏赫变:德语 aufheben(扬弃)的音译。
② 大英阿丽思之变媚步儿:见赵元任译英国作家路易斯·卡罗尔著《阿丽思漫游奇境》(通译《爱丽丝漫游奇境况记》),其中阿丽思变成了另一个人,叫"媚步儿"(通译"梅布尔")。

489

没奈何"①。

因此，我也不肯承认这是成见，"见"或有之，"成"则未也。说凡见必成（依有土皆豪，无绅不劣例），岂非等于说健谈者唯哑巴，能文者须曳②白乎？

人的事业不外顺自然之法则，以反自然，此固中和中庸之旧说也。造化本不曾给我们以翅膀，如我们安于没翅膀，那就一了而百了。无奈我们不甘心如此，老想上天，想上天便不是自然。又如我只是"想"上天，朝也想，暮也想，甚而至于念咒、掐诀、召将飞符，再甚而至于神经错乱，念念有词"玉皇大帝来接我了！纯阳祖师叫哩！"这也未始不反自然，却也不成为文化。一定要研究气体的性质，参考鱼儿浮水、鸟儿翔空的所以然，方才有一举飞过大西洋、再举飞绕全世界的成绩。这是空前的记录，然造成这记录的可能，在大自然里老早就有，千百年来非一日矣。若相信只要一个筋斗就立刻跳出他老人家的手底心，岂非笑话。

举例罢了，触处皆是。在教育上，所谓自然，便是人性。可惜咱们的千里眼，天边去，水底去，却常常不见自己的眉睫，我们知道人性最少哩。专家且如此，况我乎。

在此冒昧想先说的只有两点。第一，人性是复合的，多方面的。若强分善恶，我是主张"善恶混"的。争与让，同是人性；慈与忍，同是人性；一切相对待的，同是人性。吃过羊肉锅，不久又想吃冰激淋；吃了填鸭，又想起冬腌菜来。我们的生活，常在动摇中过去，只是自己不大觉得罢了。若说既喜欢火锅，就不许再爱上冰激淋；填鸭既已有益卫生，佛手疙瘩③之爱可恕不了（然而我是不喜吃佛手疙瘩的）。这果然一致得可佩，却也不算知味的君子。依这理想，我们当承认一切欲念的地位，平等相看一无偏向，才是正办④。

第二，理想之外还有事实。假设善恶两端而以诸欲念隶之，它们分配之式如何呢？四六分，三七分？谁四而谁六，谁三而谁七呢？这个堪⑤注意。再说，诸欲念之相处，是争竞⑥，是揖让呢？是冲突，是调和呢？如冲突起来，谁占优势，

---

① 银成没奈何：典出（宋）洪迈《夷坚支志戊·张拱之银》："俗云张循王在日，家多银，每以千两镕一毬，目为没奈何。"后世以此喻"既成事实"。
② 曳[yè]白：卷纸空白，只字未写（谓考试交白卷）。
③ 佛手疙瘩：一种蔬菜，常用来做腌菜。
④ 正办：正确的做法。
⑤ 堪：足以。
⑥ 争竞：竞争。

谁居劣败呢？这些重要的谜，非但不容易知道，并且不容易猜。

尝试分别解之。欲念的分配，大概随人而异。有骨有肉的都是人，却有胖瘦之别。有胖瘦，就有善恶了。所剩下的，只是谁胖谁瘦，谁善谁恶的问题。胖瘦在我们的眼里，善恶在我们的心中。"情人眼里出西施"，眼睛向来不甚可命，不幸心之游移难定，更甚于眼。所以我们大可不必信口雌黄，造作是非，断定张家长、李家短；我们也不必列欲念为范畴，然后 a＋b＝c。这样算起来，我们更不必易为方程式，如 H₂O①。这只有天知道。

它们相处的光景，倒不妨瞎猜一下。猜得着是另一问题。以常识言，它们总不会镇天价彬彬揖让哩。虽然吃素念佛的人同时可以做军阀，惟军阀则可耳。常在冲突矛盾中，我们就这样老老实实的招出来吧。至于谁胜谁负，要看什么情形，大概又是个不能算的。都有胜负的可能吧，只好笼统地说。

细察之，仿佛所谓恶端，比较容易占优势些。这话说得颇斟酌，然而已着迹象了，迥不如以前所说的圆滑。箭在弦上，不得不发，盖亦苦矣，且似乎有想做孙老夫子②私淑的嫌疑。以争与让为例（争未必恶，让未必善，姑且说说），能有几个天生的孔融？小孩子在一块，即使同胞姊妹，终归要你抢我夺的，你若说他们没有礼让之端，又决不然。只是礼让之心，还敌不过一块糕、一块饼的诱惑罢了。礼让是性，爱吃糕饼，多多益善，也是性，其区别不在有无，只在取舍。小孩子舍礼让而就争夺，亦犹孟老爹、山东老③，不吃鱼而吃熊掌也，予岂好吃哉，予不得已也④。食色连文，再来一个美例，却预先讲开，不准缠夹二⑤。二八佳人，荡检逾闲⑥，非不以贞操为美也，只是熬不住关西大汉、裙屐少年的诱惑耳。大之则宇宙，小之则一心，不是东风压倒西风，就是西风压倒东风，永远不得太平的。我们所见为什么老是西北风刮得凶，本性主之乎！环境使然乎！我们戴了有色眼镜乎？乌⑦得而知之！专家其有以告我耶？

准⑧以上的人性观，作以下的教育论。先假定教育的目的，为人性圆满的发展。如人性是单纯的，那么教育等于一，一条直线的一；如人性是均衡

---

① H₂O，水的分子式。
② 孙老夫子：指孙子。
③ 孟老爹、山东老：指孟子。
④ 予岂好吃哉，予不得已也：戏拟孟子名言"予岂好辩哉，予不得已也"。
⑤ 缠夹二：(吴方言)亦作"缠夹二先生"，指头脑不清、表达不明、纠缠没完、多生枝节的人。
⑥ 荡检逾闲：放荡、不检点。
⑦ 乌：何以。
⑧ 准：按。

的,那么教育等于零,一个圈儿的零;惟其人性既复杂而又不均衡,或者不大均衡,于是使咱们的教育专家为了难,即区区今日,以非教育家之身,亦觉有点为难了。

对于错综人性的控驭,不外两个态度:第一是什么都许,这是极端的软性;第二什么都不许,这是极端的硬性,中间则有无数阶段分列二者之下。硬性的教育总该过时了吧——这个年头也难说。总之,"莫谈国事"为妥。且从上边的立论点,即不批评也颇得体。在此只提出软性教育的流弊。即使已不成问题,而我总是眼看着没落的人了,不妨谈谈过时的话。

若说对于个性,放任即发展,节制乃摧残,这是错误的。发展与摧残,在乎二者能得其中和与否,以放任专属甲,摧残专属乙,可谓不通。节制可以害个性,而其所以致害,不在乎节制,而在节制的过度;反之,放任过度亦是一种伤害,其程度正相类。这须引前例约略说明之。小孩子抢糕饼吃不算作恶,及其长大,抢他人的财物不算为善。其实,抢糕饼是抢,抢金银布帛也是抢,不见有什么性质上的区别,只是程度的问题。所以,假使从小到大,什么都许,则从糕饼到金银,从金银到地盘,从地盘到国家,决非难事——不过,抢夺国家倒又不算罪恶了,故曰"窃国者侯"——原来当小孩子抢吃糕饼时,本有两念,一要抢,一不要抢,是也。要抢之念既占优势,遂生行为,其实不要抢之念始终潜伏,初未灭亡。做父母师长的,不去援助被压迫的欲念,求局面之均衡,反听其强凌弱、众暴寡,以为保全个性的妙策;却不知道,吃糕饼之心总算被你充分给发展了(实则畸形的发达,即变相的摧残),而礼让之心,同为天性所固有,何以独被摧残?即使礼让非善,争夺非恶,等量齐观,这样厚彼而薄此,已经不算公平,何况以区区之愚,人总该以礼让为先,又何惧于开倒车!

不平是自然,平不平是人为,可是这"平不平"的可能,又是自然所固有的,却非人力使之然。一切文化都是顺自然之理以反自然,教育亦只是顺人性之理以反人性①。

说说大话罢哩,拿来包办一切的方案,我可没有。再引前例。小孩们打架:大欺小,强欺弱,以一概不管为公平,固然不对,但定下一条例,说凡大的打小的

---

① 意即:"顺人性"是教育之手段,"反人性"是教育之目的。这里的"人性",是指人的原始本性,即食色之性,教育的目的就是要将人的食色之性置于理性控制之下,故曰"反人性"。文化亦然。"顺自然之理"是文化的手段,"反自然"是文化的目的。这里的"自然",是指原始自然,即蛮荒的自然,文化的目的是要改变其蛮荒,故曰"反自然"。——编者注

必是大的错,也很好笑。因为每一次打架有一次的情形,情形不同,则解决的方法亦应当不同,而所谓大小、强弱也者,皆不成为判断的绝对标准。以争让言之,无条件打倒礼让与遏止争竞是同样的会错,同一让也,而此让非彼让,同一争也,而此争非彼争。以较若画一①的准则控驭蕃变②的性情,真是神灵的奇迹,或是专家的本领。

　　而我们一非神灵,二非专家,只会卑之无甚高论,只好主张无策之策、无法之法,为自己作解,这就是头痛医头、脚痛医脚。平居暇日,以头还头,以脚还脚,大家安然过去,原不必预先订下管理大头和小脚的规则几项几款。若不幸而痛,不幸痛得利害,则就致痛之故斟酌治之,治得好侥天之幸,治不好命该如此。自己知道腐化得可以,然而得请您原谅。

　　这也未始不是一块蛋糕,其所以不合流行的口味者,一是消极,二是零碎。它不曾要去灌输某种定型的教训,直待问题发生,然后就事论事,一点一滴的纠正它,去泰、去甚、去其害马者③。至于何谓泰、何谓甚、何谓害马者,一人有一人的见解,一时代有一时代的口号——是否成见,我不保险。我们都从渺若微尘的立脚点,企而窥探茫茫的宙合④。明知道这比琉璃还脆薄,然而我们失却这一点便将失却那一切。这岂不是真要没落了?既不甘心没落,我们惟有行心之所安,说要说的话。

　　是《古文观止》的流毒罢,我至今还爱柳宗元的《驼子传》。他讲起种树来,真亲切近人,妩媚可爱,虽然比附到政治似可不必。我也来学学他,说个一段。十年前我有一篇小说《花匠》,想起来就要出汗,更别提拿来看了,却有一点意见至今不曾改的,就是对于该花匠的不敬。我们走进他的作坊,充满着龙头凤尾、屏风洋伞⑤之流,只见匠,不见花,真真够了够了。我们理想中的花儿匠,却并不如此,日常的工作只是杀杀虫、浇浇水,直上固好,横斜亦佳,都由它们去;直等到花枝戳破纸窗方才去寻把剪刀,直到树梢扫到屋角方才去寻斧柯,虽或者已太晚,

---

① 较若画一:明确一致。
② 蕃变:多变(蕃,通"番")。
③ 泰:逸(好逸)。甚:过(不安分)。害马者:有害之事。(语出《庄子·徐无鬼》:"小童曰:'夫为天下者,亦奚以异乎牧马者哉?亦去其害马者而已矣!'"郭象注:"马以过分为害。"成玄英疏:"害马者,谓分外之事也。"害马者,原意为有害于马的天性的事情,后用以比喻有危害的事物。)
④ 宙合:世间、天下。
⑤ 龙头凤尾:指过度修饰。屏风洋伞:指过度陪衬。

寻来之后,东边去一尺,西边去几寸,也就算修饰过了。时至而后行①,行其所无事②,我安得③如此的懒人而拜之哉!

一九二九年三月十八日,北京

---

① 时至而后行:戏拟"三思而后行",意谓"到时再说"。
② 行其所无事:恬然行之,若无其事。(语出《孟子·离娄下》:"禹之行水也,行其所无事也。")
③ 安得:怎能得到。

谈理想教育

林语堂

林语堂(1895—1976)，原名林和乐，又名林玉堂，中国现代学者、作家，重要作品有小说《京华烟云》《风声鹤唳》、散文集《剪拂集》《大荒集》《吾国与吾民》《生活的艺术》《老子的智慧》《中国的生活》和《无所不谈》等。

本文选自《剪拂集》(1932)，题目为"谈理想教育"，意即：怎样的教育才合乎理想。既然要谈理想的教育，现行教育肯定是不理想的。所以，作者首先以嘲讽的口吻谈到"沉寂无聊、半生不死"的现行教育，继而谈到理想的教育应该是怎样的。大概有三点：一、理想的教育应该有浓厚的学术氛围，而不应该仅为凑满学分或应付考试；二、理想的教育应该是学者们的乐园，而不应该是教员们的谋生之地；三、理想的教育应该取消死板的考试制，实行导师制，由既有真学问、又有责任心的学者担任导师，学生的学业长短，完全由导师自主决定(不是通过考试，而是由导师以经验作出判断：某学生是否合格，是否可以离校)。

实际上，作者所谈的"理想教育"和理想中的导师，中外都曾有过——前者就是远古的私塾和学园；后者就是孔子和柏拉图。问题是，按孔子式或柏拉图式教育来培养学生，好坏姑且不论，数量上就无法满足现代社会的需要。还有，这样的教育，若是文科固然还行，换了理科乃至工科呢？好像就行不通了。对此，读者不必认真，因为此文作者不过是在"发思古之幽情"，以示对现行教育的不满与不屑。但不管怎么说，作者的不满与不屑还是有道理的——现行教育确实大有问题。所以，不论在当时，还是在今天，就提醒人们关注教育问题这一点而言，本文仍值得一读。

凡世界上做事，最无聊、最难受的，就是遇着一种不进不退、半生不死的情境。如做生意，发财也痛快，破产也痛快，最可怕的是不得利又不尽至于破产，使一人将半世的精神在一种无聊的小生意上消磨净尽。如生病，爽爽快快的死也好，痊愈也好，只不要遇着延长十年将死未死的老病。凡遇着此种境地，外国人叫做"bored"，中国人就叫做"无聊"。今日教育，就是陷入此种沉寂无聊、半生不死的状况。我们在睡余梦足或在孤窗听雨时候，扪心自问，难免感觉到一种精神上的不安——好像天天做着事，又好像到底中国无一事可做；好像天天忙，又好像是忙无结果。倘是教育果陷入完全停滞之境，我们心里倒可觉得痛快些，因为至少可不至于到处被人家称为"教授"、"教育家"——这是多么难为情的境地。教育永远不陷入停滞状况，我们与人交游或通信上永远免不了要听人家口口声声的称呼"某教授"、"某某大学教授"。稍有良心的教授，听这种称呼将难免觉得一条冷气从脊骨中冷颤的由上而下的侵下去。我不是说，一个人受了四年的大学教育就可以懂得学问、就可以懂得人情事理是绝对不可能的事，我不过说：倘是一个人受过四年中学、二年预科、四年大学教育之后，就可以懂得人情事理，甚至于懂得学问，那真是千幸万幸的事了。

这并不是我说笑话，今日教育之实情是如此。"人情事理"根本不存在于我们的教育范围里，倘是有这种方针，那是我没看见过。我们的目的是教书，而不是教人。我们是教人念书，不是教人做人。倘是一个学生于念书之余尚记得做人的道理，那完全用不着我们来代他负责。我们听见过某某学生因为心理学 59 分或是逻辑 48 分而不能毕业（虽然如何断定一个人的逻辑是 48 分，我未明白），然而我们的确未曾听见过，有某学堂要使学生毕业先考一考"人情事理你懂吗？"所以，如郁达夫①先生曾经做文章，劝一位青年别想去进大学，因为恐怕他白费了几年的光阴及一两千块钱，变出一个当兵无勇气、做苦力没礼貌、做鼠窃②没胆量、除去教书外一技无能、软化了的寒酸穷士。若是出于爱护那位的本心，便是极好的议论，若是要以此责当代之大学教育，那恐怕就骂的不对劲儿。因为今日的大学教育，根本以书为主体，非以人为主体，责之以不能养出社会上活泼有为的人格，岂非等于问和尚借木梳、问尼姑借篦枅③一样无理的要求吗？无论如

---

① 郁达夫，现代小说家、散文家。
② 鼠窃：小偷。
③ 篦枅：一种用以篦污去痒的梳子。

何，把一个正经长大的青年送进学堂里去十几年，使他完全与外边的社会隔开，与天然的人群生活分离，既没有师长的切磋，又没有父兄的训导，只瞎着眼早念书、午念书，晚上又念书，是使此青年不懂人群生活的绝顶妙法。结果是，满肚子的什么主义、什么派哲学，而做事的经验阅历等于零，知道爱因斯坦的相对论，而不知道母鸡不要公鸡是否可以生鸡子儿。

虽然，不但我们的方针不对，就我们所用的教育方式也很可怀疑。倘是"学问"是我们大学教育的方针，就所以达此方针的教育方式也不可不考量。我们现此之所谓"学问"，有趣极了，不但是有体质的，并且有重量，是可以拿秤称量的。今日谈大学教育者之心理，以为若设一种"非80单位①不能毕业"的条例，严格的执行、严格的考试，绝不通融、绝不宽松，这样一来，四年级80单位，每年级20单位，倘是一学生三学年只得58个单位，那末第四年请他补习两单位，凑成22单位，80单位补足，那他必定逃不了做有学问的人，出去必定是大学的荣耀了。原来，掩耳盗铃的本领并不限于军阀与官僚！倘是我们的逻辑不错，有82立方寸学问的人，若愿意借两立方块学问给他一位只有78立方寸学问的同学，我们当然没有什么理由可以阻挡这两人一同毕业。（但对这一点，尚不免怀疑，很愿意得各学堂注册部②的声明，是不是可以借的?）不但此也，如以上所谓每立方寸的学问每寸里头的页数也有一定的，比方近代历史，一立方寸即丁先生讲义275页——275页读完，便是近代历史的学问一立方寸；文字学学问，一立方寸是徐先生讲义152页（限定一学年读完，不许早，不要迟，若是徐先生特许8页免试，便是实数144页，一学年分两学期，每学期18个星期，通共36星期，4×30＝120、4×6＝24，通共144，每星期限定念4页正好，不许多，不许少）。如此积页数而得几许立方寸，积立方寸而得一张文凭，虽曰未学，注册部亦必谓之学矣。原来此种以数页数及数单位而衡量学问的方法，的确是纯由西方发明，于吾国书院制度未之前闻也。记得杜威曾经说过，现代的教育，好像农夫要赶鹅到城里去卖，必先饱喂之以谷类，使颈下胸前的食囊高高的凸出来，然后称称其轻重，鹅愈重即其价格愈高。其实，杜威先生说错了话，他忘记在本问题上称者与被称者，原来是同类的动物。

以上既谈到现此教育之根本乖谬，此地可略谈我们所谓理想教育。这教育

---

① 80单位：即80学分。
② 注册部：旧时大学一部门，管理学生的学籍和学分。

理想,当然于现在无实现之可能。然实现与不实现都不相干,我们在此沉寂无聊的教育生活中所能求的慰安①,是一种画饼充饥、望梅止渴之办法而已。且既不希望其立刻实现,我们也不为环境之逼迫,来限制我们理想的计划,又可不必派代表奔走于一些无信义的官僚之门,以求得一涓滴之赐,岂非快事? 我们可以尽量的发挥我们理想大学的计划,基金等等问题尽可不顾。我们可以尽量梦想,如何一个理想大学可以给我们的子弟理想上最完备的教育? 怎么一个理想大学可为学者悠游永日、寝食不离、终身寄托之所? 怎么一个山水幽丽、水木清华、气候佳宜、人也理想、地也理想、环境也理想的大学,可以当做教育界的普陀山? 我们可以梦见如何一个设备完善的大学,可以使我们忘记现此教育界之沉寂无聊。

我们的理想大学,最重要的基件,就是学堂应该充满一种讲学谈学的空气。此空气制造之成功与否,是大学教育成功与否的夤缘②。讲学空气之由来,最重要的,即在于学堂之房屋外观。学堂外观之最重要部分,就是一座颓圮古朴、苔痕半壁、匾额字迹潦倒不可复认的大门,其余一切学堂的房屋、树木、场所周围亦必有一种森严古朴的气象,使人一跨进大门如置身别一天地,忘记我们一切的俗虑俗冗,好像在此周围内惟一要紧的事件,是学问,是思想。因为我们都明白物质的环境与吾人思想生活密切的关系:在上海南京路念经念一百年,也不能成佛。佛家最明白这条道理,教育家若不懂,只须游东海之普陀与西山之潭柘③便可,不待我的多辩。大凡世界的宗教家,都明白这条道理,西方罗马天主教的教堂,便是很好的例。我们一进那高耸巍立深邃黝黑的礼拜堂,看见那一线黯淡和平的阳光从极高的染色玻璃窗上射到那简朴的、森严的座位上,闻见那满屋的香味,又听见那雄壮清嘹的琴声,虽素不相信天主教的人,也可以几分领略信天主教的好处、他④给我们精神上的慰安。宗教如此,学问何独不然? 一人的学问,非从书上得来,乃从一种讲学好学的空气中得来。使一青年浸染于此种空气中三年之久,天天受此环境之薰陶,必可天然的、顺序的、快乐的于不觉中传染着好学的习气。就使未必即得如何鸿博的学力,也至少得一副鸿博的脸孔,至少跟他谈学问时,不至于他每每来问你要讲义。最怕的是一个像清华学校⑤这样崭新

---

① 慰安:安慰。
② 夤[yín]缘:攀附、依靠。
③ 西山之潭柘:西山潭柘寺,距北京城区 40 公里。
④ 他:同"它"。
⑤ 清华学校:清华大学前身。

白亮的大门。除去一个苍茵满布、字迹模糊、将倾未倾的大门及围墙，使人自远望之，若一片空谷荒野或宫园故墟外，墙围内应该这里有一座三百年的古阁，那里有一片五百年的颓垣，甚至于无一屋顶、无一栅栏、无一树干、无一爬墙虎的叶尖不带着一种老大古朴的气象。有这种的学堂，有这种的空气环境，然后可以讲学。像我们北大第一院，工厂似的所谓沙滩儿大楼，无论如何讲学是讲不下去的。

物质的环境而外，我们可以说师生在课外自然的接触乃理想大学最重要的特色。最重要的教育，乃注册部无法子①记分数的教育；真正的学问，乃注册部无法子升级、留级的学问。在理想大学中，上课的手续，乃一种形式上的程序而已(且通常绝无考试，与德国大学例同)，教员、学生不上课则可(非强迫的)，在课外无相当的接触则绝对不可。因为倘是我们的推测不错，教育二字应解做一种人与人的关系，不应当解做一种人与书的关系。一个没学问的人，因为得与有学问的人天天的接触，耳濡目染，受了他的切磋砥砺，传染着他好学的兴味，学习他治学的方法，明白他对事理的见解——这是我所谓的教育。伟尔逊②说的好，看书不一定使人成为有思想的人，但是与思想者交游，普遍可以使人成为有思想的人。课堂中的学问，常是死的、机械式的；在课堂外闲谈时谈到的学问，才是活的、生动的、与人生有关系的。课堂内的学问，大都是专门的学问；课堂外的学问，出之偶语私谈之间，乃是自由的学问(liberal education)。古人有楹联曰"常思先辈寻常语，愿读人间未见书"之"寻常语"三字，即同此义。读王阳明③的《传习录》(虽是他寻常语之一部)，无论如何不及亲聆王阳明教诲之为愈。以今日视课堂为教育中心的教育方式，师生上课相见、下课相忘，学生孳孳以讲义页数为生命，不用说没有贤者可为学生的师资，就是有贤者，学生也决没有机会听到他们的"寻常语"。理想大学中的生活，必使师生在课外有充量的交游与谈学机会，使学生这里可与一位生物学家谈树叶的历史，那里可以同一位心理学家谈梦的心理分析，在第三处可以听一位音乐专家讲 Hoffmann④ 的笑史⑤——使学生无处不感觉得学问的生动有趣。

---

① 无法子：(吴越方言)没法。
② 伟尔逊，通译"威尔逊"(伍德罗·威尔逊)，美国近代学者，曾任第 28 任美国总统。
③ 王守仁，字伯安，别号阳明，明代学者，"陆王心学"集大成者。
④ 此 Hoffmann 或指 Karel Hoffmann，19 世纪末、20 世纪初捷克小提琴家和音乐教师。
⑤ 笑史：趣闻。

所以,理想大学应该是一大班瑰异不凡人物的吃饭所,是国中贤才荟萃之区,思想家、科学家麇集之处,使学生日日与这些思想家、科学家交游接触、朝夕谈笑,起坐之间,能自然的受他们的诱化、陶养、引导、鼓励。理想大学不但应该是这里有一座三百年的古阁、那里有一片五百年的颓垣,并且是这里可以碰见一位牛顿、那里可以碰见一位佛罗特①、东屋住了一位罗素②、西屋住了一位吴稚晖③,前院是惠定宇④的书房、后院是戴东原⑤的住所。这些人物固不必尽是为教书而来,直以学堂为其永远住所而已,故以上所谓"吃饭所",非比方的话而已,乃真正指吃饭而言。他们除了吃饭之外,对学堂绝无何等的义务;在学堂方面,即所以借这些人以造成一种浓厚的讲学的空气。因为一个学堂,没有这些人的存在,而徒靠三数十个⑥教员,决不足以掩蔽几百个喁喁待学青年的乌烟瘴气,故一面必限定学生的人数(多则不能个个人得与师长亲密的接触),一面必增加鸿博师儒之数额。此则略近于英国大学 fellows 的制度,在本篇中可暂译以"学侣"二字。如这回由庚子赔款委员被辞退⑦之罗素与狄根生⑧(G. Lowes Dickinson),就是剑桥大学单吃饭不教书学侣之一。他们除去有终身永远在学校之居住权利及每年得薪俸二百五十金镑⑨为杂费及旅费外,对于学堂绝无规定义务,且出入旅行有充分的自由。英国大学之有这种设备⑩,一方面是替国家保护天才之意,使他们得永远脱离物质、外境的压力,专心致志于学问、思想生活上面,可以从从容容增进他的学业、培养他们德性;一方面是使大学成为一个很有趣味的社会团体,使大学里头的社会生活是一种优异可爱的生活。

　　所以,理想大学不但是一些青年学者读书之处,乃一些老成学者读书之处。大学里头,不但有缴学费才许念书的小学生⑪,并且有一些送薪俸、请他念书的大"学生"。缴学费念书的学生,虽常有很可造就的天才,送薪俸、请他念书的"学

---

① 佛罗特,通译"弗洛伊德"。
② 伯特兰·罗素,20 世纪英国哲学家、数学家、教育家、散文家,曾获 1950 年诺贝尔文学奖。
③ 吴稚晖,现代大学者、教育家、书法家。
④ 惠栋,字定宇,号松崖,清代汉学家,汉学中吴派的代表人物。
⑤ 戴震,字东原,清代经学大师。
⑥ 三数十个:三十几个。
⑦ 由庚子赔款委员被辞退:被庚子赔款委员辞退。庚子赔款:即 1901 年八国联军攻占北京后清政府的赔款。后英美等国退还部分赔款,用于中国的教育,其中包括选送中国学生到英美留学和聘请英美学者来华讲课等。
⑧ 狄根生,通译"狄金森",19 世纪末、20 世纪初英国大学者。
⑨ 金镑:英镑。
⑩ 设备:设置、准备。
⑪ 小学生:年轻学生。

生",才能够对于学术思想上有重大的贡献。

最后,关于学生毕业问题,即今日教育界所公认为最重要问题,我也不能不说几句。我说这是教育界所公认为最重要问题,因为我们公认读书的目的是要毕业。理想教育所最怕谈的是"毕业"二字。不必说学业之于学者本没有告毕之时,命名之根本不通,就说要想出一种称量学生的学问程度的好法子,也绝想不出来。理想的教育并不是不愿意想找出一法,把某甲与某乙的学问比较一下,变成亚拉伯字码①可以写出来的、准确的、精密的、不误的分数,但是理想教育始终不承认,自有史以来有这种法子已经被人发明。就实际方面着想,"毕业"二字也不过是说一人的学问已经达到"比较可以"程度而已。此所谓"比较可以"的感慨,只有与该学生最相近的教员或导师能够感觉得。所以,依理想教育计划,我们应该实行"导师制"(tutorial system),每个学生可以自由请一位教员做他个人的导师,一切关于学问上的进行方针及看书之指导,专托于此一人之手。此导师,取之教授也可,取之于学侣院中人也可,只须得他们的同意。导师应知道该学生学问之兴趣、缺点,随时加之指导,且时与以相与谈学之机会。倘是一学生的程度可以使他的导师觉得已达到"可以"程度,于必要时就请他的导师给个凭据也可以,认此学生为该导师之门人。故毕业之事全与学校无关,而为导师个人的私事。同一学院毕业,或为梁任公②的门人,或为章炳麟③的门人,梁任公或章炳麟之所认什么是"可以"程度,则全由梁任公、章炳麟以私人资格而定。各导师的门人的程度,或高或低,本不相干,因为这可由各导师自己负责。至于此文凭之程式,也由各人自定,印的也成、写的也成,写在连史纸④上也成、写在茅厕里用的粗纸或信封上面也成,因为这文凭是最不紧要的事。我们的理想教育完全实行的时候,应该完全用不着文凭,应该一看那学生的脸孔,便已明白他是某某大学毕业生。倘由一学生的脸孔及谈话之间看不出那人的大学教育,那个大学教育也就值不得给什么文凭了。

---

① 亚拉伯字码:阿拉伯数字。
② 梁启超,字卓如,号任公,近代大学者。
③ 章炳麟,字枚叔,号太炎,近代大学者。
④ 连史纸:又叫"连四纸"、"连泗纸",一种极好的纸,素有"寿纸千年"美称。

大 学 教 育

郁达夫

郁达夫(1896—1945),原名郁文,字达夫,现代小说家、散文家,重要作品有短篇小说集《沉沦》、中篇小说《迷羊》《她是一个弱女子》和散文集《浙东景物纪略》《屐痕处处》等。

本文原载 1933 年 7 月 30 日《申报·自由谈》,后收入《郁达夫全集》第八卷。

大学教育,到底要不要?有人主张,在中国可以不要,因为根本没有人尊重学问,大学教育不过是摆摆门面。实际情况确实如此。但作者仍寄希望于大学教育能培养出一些不愿钻营的"迂腐之辈",以改造腐败的中国社会。读本文,恍若是上星期发表的。然而,本文写于 1933 年。

在目下的中国，有些人主张，大学教育，可以不要。更有些人主张，大学教育的门面是要装的，否则就不能够得到庚款①，但文法科可以不要，或者至多，也只须留一个两个大学装装门面，其余的可以不要。

主张大学教育可以不要的那些人说："中国哪里要什么学问？举国上下，有哪一个人，哪一件事能够证明是尊重学问的？专门人才，从中外的各著名大学里毕业出来的优秀学士，饿死者饿死；猫猫虎虎，得到了一官半职，勉强糊口，把专门技术，全部抛弃者抛弃。中国究竟要什么真才实学呢？"

主张不要文法科而要留几个大学装门面的那些人说："读书的目的在做官。可是中国的做官，何必一定要文法科出身的人呢？看看我们吧！学土木工程的、学采矿的、学地质的、学应用化学的，何尝不是一样的在这里做官？要文法科干么？回头制造了许多只有思想、不识时务的人出来，说长道短、图谋不轨，倒反而是国家的不利。要撑门面、得外款，只教有几个理工科大学或科学研究所就够了。"

这两派所说的都很有道理，而且实际情形也的确是如此。试看看中国目下在发号施令的那些为党国服务者，何尝都是受过大学教育的人？不过，在这里，我还有一点小小的疑问。我以为学以致用，原是不错，但人格的锻炼，当然也是教育的一个重要的职能。能够抱定主义、甘心饿死不屑同流合污、取媚于人的"迂腐之辈"，正足以证明是教育的胜利。能培植出这些人才来的大学，只有嫌少，断没有可以不要的道理。其次，就以"学以致用"一方面来说，难道真的做官就是读书的唯一目的了么？以中国的全部人口来分配，则文法科毕业的人才，何尝会太多？不必去说穷乡僻壤，就是离都会②稍远一点的城镇乡市里，究竟有几个文法科毕业的头脑明晰者在那里处理事务、指导群众？目不识丁的土豪劣绅与稍能执事的讼棍、痞徒的所以横行，就因为大学教育的不普及、不彻底之故呀！若说大学教育可以不要，那教育行政机关及其他的许多有名无实、只知聚敛的虐民机关，就先可以不要。大学教育的目的，岂真只在于做官与骗钱么？

---

① 庚款：庚子赔款(即八国联军要求清政府的赔款)。其后，美、英、法等国相继与中国政府订立协定，退还超过实际损失的赔款。退还的款项除了偿付债务外，其余悉数用于教育。

② 都[dōu]会：大城市。

小学教育与社会

郁达夫

本文原载 1934 年 1 月 19 日《申报·自由谈》，后收入《郁达夫全集》第八卷。

庆幸小学教育有所改善之余，仍有感于中国社会的风气之坏，而究其原因，一是中学教育和大学教育的失败，二是中国人的教育观念有问题，一出学校就与教育无关了。实际上，人是终身要受教育的——自我教育和相互教育。

本文虽短，但却是中国较早提及终身教育的文献之一。

自己的小孩，进了幼稚园①之后，本来是一天到晚在家里捣乱的顽童，居然也晓得起唱歌、写字、作画、行礼来了；那一位德国牧师的儿子弗利特利几·弗留倍儿②(Friedrich Froebel)的伟大，到现在，我才切身地感到。

统观中国各地的小学教育，除有些实在是荒僻得不堪的地方仍在遵守着中国传统的私塾制外，大抵都改良、进步，而且也很有成效了；可是中国的社会全体，以及服务——尤其是做官——的人才，却反而一天比一天的坏，那又是什么缘故呢？若要归罪于教育，我想总是中学或大学的不对吧？小学教育是容易统一、改善的，而小孩子的习气，也大半是于进中学或大学之后渲染而成。所以，卢骚③的《爱弥儿》、罗素的《教育论》，对于十二三至二十余的那一段年龄，都不肯放松。中国的虐待小学教员(如薪金的微薄、劳动时间的增多、任职保障的全无等)，原是使中国教育堕落的一个原因，但大学、中学的当局之不负责任，将学校视作衙门，以教育追随政治，当然又是更大的原因无疑。

还有，我们一出大学、一入社会，就以为教育是与我们无关了。做人和读书，或做官发财和教育，是像牛肉和金刚钻一样的、完全无关的那一种观念，或者也许是促成中国社会紊乱的最后、最大的一个总原因。

中国古人说："学到老。"雅典的立法者所龙④(Solon)说："我是常在不断地学着的中间一年年的老了。"教育中年人的中年学校，和教育老年人的老年学校，世界上当然是没有的⑤。重要的不过是，在我们入社会之后，自己对自己反省和社会相互间的提倡、勉励而已。

---

① 幼稚园：幼儿园。
② 弗利特利几·弗留倍儿，通译"弗里德里希·福禄培尔"，19世纪初德国儿童教育学家，首创幼儿园。
③ 卢骚，通译"卢梭"，18世纪法国哲学家、教育家。
④ 所龙，通译"梭伦"。
⑤ 当时尚无老年大学。

艺 术 教 育

沈从文

沈从文(1902—1988),原名沈岳焕,字崇文,现代小说家、散文家。重要作品有小说集《雨后及其他》《旅店及其他》《主妇集》《春灯集》《边城》《长河》、散文集《湘行散记》《湘西》等。

本文选自《沈从文全集》第 12 卷,写于 1937 年。

艺术教育或许是所有教育中最难办的,因为艺术大凡得之于个人天赋,而非学校所能"教育"出来的。然而,世界各地都有艺术学校——这类学校的存在,其实只是为了更好地发现具有艺术天赋的人,并为其发挥这一天赋提供物质条件。中国自 20 世纪 20 年代起,也出现了这类学校,其中大多还是所谓"国立艺校"。那么,这类"国立艺校"的情形到底如何呢? 本文就是为此而写。文中所说,固然是 30 年代的情形,但要知道,我们现在的各类艺术院校,其前身往往就是那时的"国立艺校";或者说,如今的艺术教育,是从那时沿袭而来的。既然如此,文中所说的那些"凄惨而可怕"的情形,如今是不是已经彻底改观了呢? 还是——或许有人会说——"不见得"? 那就不妨读读本文,对照一下。

一个对"艺术"有兴味、同时对"艺术教育"还怀了一点希望的人,必时常碰着两件觉得怪难受的事情:其一是在街头散步,一见触目那些新式店面"美术化"的招牌;其一是随意遛进什么南纸店,整整齐齐放在玻璃橱里的"美术化"文具。见到这个不能不发生感慨,以为当前所谓"美术化"的东西,实在太不美,当前制作这些"美术化"玩意儿的人物,也实在太不懂美了。即小见大,举一反三,我们就明白中国艺术教育是个什么东西,高等艺术教育有了些什么成绩。且可明白,中学生和多数市民在艺术方面所受的熏陶,通常具有一种什么观念。因为有资格给照相馆或咖啡馆商店作门面装饰设计、市招设计的,照例是艺术专门学校的毕业生,新式文具设计也多是这种人物,享用这些艺术品而获"无言之教"的,却是那个"大众"。这人若知道这些艺术家,不仅仅只是从各种企业里已渐渐获有地位,而且大部分出了专科学校的大门,即迈入各地中学校的大门,作为人之师,来教育中学生"什么是艺术",他会觉得情形真是凄惨而可怕。

这自然是事实,无可奈何的事实。可不能责怪学艺术的人,应负责的还是历届最高教育当局对艺术教育太不认真。

虽有那么一个学校,却从不希望它成个像样的学校。这类学校的设立,与其说是为"教育",不如说是为"点缀"。没有所谓艺术教育还好办,因为属于纯艺术比较少数人能欣赏的,各有它习惯的师承,从事者必具有兴味而又秉有坚苦卓绝之意志,辅以严格的训练,方能有所成就。植根厚、造诣深,成就当然特别大。想独辟蹊径不容易,少数能够继往开来、独走新路的,作品必站得住,不是侥幸可致。谁想挟政治势力,或因缘时会、滥竽充数,终归淘汰。属于工业艺术的,也各有它习惯的师承,技巧的获得,必有所本。这种人虽缺少普遍的理解,难于融会贯通,然专精独长,作品也必站得住,不是一蹴可至。到模仿外来新的成为不可免的问题时,他们有眼睛会如何来模仿。一到艺术成为"教育",三年满师,便得自立门户,这一来可真糟了。

由于教育当局对艺术教育缺少认识,历来私立艺术专门学校,既不曾好好注意监督过,国立的又只近于敷衍,南来一个,北来一个(或因人而设,在普通大学里又来一系)。有了学校必需校长,就随便委聘一个校长。校长聘定以后,除每年共总花个三四十万块钱,就不闻不问,只等候学校把学生毕业文凭送部盖印,打发学生高升了事。这种艺术教育,想得良好效果,当然不可能。这种"提倡"艺术,事实上当然适得其反:原有的无从保存,新来的不三不四。艺术学校等于虚设,中学校图画课等于虚设,因为两者都近于徒然浪费国家金钱,浪费个人生命。

当局的"教育"如此，再加上革命成功后党国名流的附庸风雅、二三狡黠艺术家的自作风气，或凭政治势力，或用新闻政策，煽扬标榜，无所不至。人人避难就易，到处见到草率和急就，粗窳①丑陋一变而成为创作的主流。学艺术、玩艺术的人越来越多，为的是它比学别的更容易，因之"艺术家"增多，派别也增多，只是真的够称为宏伟制作的艺术品，却已成为一个毫无意义的名词了。

当前的教育当局，如果还愿意尽一点责，就必须赶快想法来制止或补救。纵不能作通盘打算，至少也得对现有的艺术教育，重新有种考虑，有个办法。

在街上见到的东西使人难受，想起中学校的图画觉得凄惨，如果我们到什么艺术学校去参观一下，才真叫作难受凄惨！私立学校设备的简陋不用说了，就拿堂堂北京国立美术专门学校说吧，成立了十多年，到如今不特连一座学生寄宿舍没有，据说招生若过三百人，连教室还不够用。问问经费，每月法币一万元。看看图书室的收藏书籍和图片，找找这样，没有，找找那样，也没有。再看看上课情形，倘若无意中我们走进去的那间教室是教"国画"的，眼看着那一群"受业"对着"老师"的画稿临摹时，真令人哭笑不得。下课钟响后，我们还不妨在院中拉着一个学生，问一问在这里除临摹以外还看了多少画，听了多少教益，且翻翻他们的讲义看看，结果会叹一口长气。他们即或想多学一点，跟谁去学？从何学起？学校虽给他们请了许多知名之士来作教授，却不曾预备一个能够让那些教授自我教育提高水平的图书室。不管是中国画系、西洋画系、图案系、雕塑系，作学生的想多得到一点知识，学校既不给他何种机会，教授当然也难给他何种机会。问问能不能到几个收藏古画、古器物的机关，如故宫、古物陈列所一类地方去观摹的特别方便，不成。问问他们能不能到几个聚集图片比较丰富的文化学术机关，如北平图书馆、北平研究院一类地方去观摹的特别便利，也不成。学画的学校，就教他们学画，此外无事。杭州的西湖艺专稍好一点，几年来人事上少更动是原因之一。但就个人几年前得来的印象，还是觉得学校对学生教育尚注意，对教授的提高，去理想实在还远。教授对自己的进步要求，不够认真。问题自然是经费和人材两不够用。

且就图案画来说，一个专家，学校能聘请他，他又有兴趣作人之师，假若他从事于此道又将近十年，对这方面有热烈求知的趣味，至少会有如下的小小储蓄：一千种花纸样子、一千种花布样子、一千种锦缎样子、一千种金石花纹图片、一千

---

① 粗窳[yǔ]：粗劣。

种雕玉图片、一千种陶瓷砖瓦形体和花纹图片、一千种镂空、浮雕、半浮雕或立体器物花纹图片、一千种刺绣、缂丝、地毯、窗帘图片、一千种具有民间风俗性的版图画片、一千种具有历史或种族性艺术图片。如今对于这种轻而易举的本国材料有系统的收集，不特个人无望，便是求之于学校收藏室也不可得，其余就可想而知了。

笔者深望最高教育当局，对此后中国艺术教育，应当重新有种认识，如年来对于体育教育之认识，而加以重视。政府如以为这种学校不必办，就干脆撤销，一年反可以省出一点钱作别的用途。如以为必须办，就总得把它办得像个学校。

目前即或不能够添设高级艺术学校，至少也得就原有几个艺术学校，增加相当经常费用，力图整顿。更必需筹划一笔款项，作为学校应有建设与补充图书费用。此外对于由各种庚款①成立的文化团体，每年派遣留学生出外就学之事，且应当有一二名额，留作学艺术的学生与艺专教授出国参考的机会。更应当组织一专门委员会，对于某种既不入中学校教书，又不在大学校教书，锲而不舍从事研究，对社会特有贡献的艺术家，给以经济上的帮助和精神鼓励，且对他工作给以种种方便，兼作全国艺术教育的设计，改进中小学的艺术教育。换言之，也就是从消极的、敷衍的、不生不死的艺术教育，变成积极的、有希望、求进步的艺术教育。如此一来，虽去不掉当前一切丑化，还可制止这种丑化的扩大，留下一点光明希望于未来。若再继续放任下去，那就真是教育当局的糊涂，把"堕落这个民族精神"当成一句白话②，目前在筹备的全国艺展，也不过是一个应景凑趣玩意儿了。

一九三七年一月七日

---

① 庚款：庚子赔款，即 1901 年八国联军攻占北京后清政府的赔款。后英美等国退还部分赔款，用于中国的教育。
② 当成一句白话：不当一回事。

学问与智慧

罗家伦

罗家伦(1897—1969),字志希,现代学者、教育家,曾任清华大学首任校长,重要著作有论集《逝者如斯集》《新人生观》《新民族观》和《文化教育与青年》等。

本文选自《新人生观》(1942),谈如何寻求学问、开发智慧。文中说,虽然没有智慧的学问是"死学问",但智慧通常要以学问"做基础"。至于学问如何寻求、智慧如何开发,根据中外哲人的教导,可归结为四点:一为"去蔽"、二为"分析"、三为"综合"、四为"远瞻"。文中虽然没有提及教育,但如何寻求学问、开发智慧,其实就是"智育",可供教育者和自我教育者揣摩、探讨。

学问（learning）与智慧（wisdom）有显然的区别。学问是知识的聚集（accumulation of knowledge），是一种滋养人生的原料，而智慧却是陶冶原料的熔炉。学问好比是铁，而智慧是炼钢的电火；学问是寸积铢累而来的，常是各有疆域独自为政的，它可吸收人生的兴趣，但是它本身却是人生的工具；智慧是一种透视、一种反想、一种远瞻，它是人生含蕴的一种放射性；它是从人生深处发出来的，同时它可以烛照人生的前途。

有人以为，学问就是智慧，其实有学问的人，何曾都有智慧？世界上有不少学问渊博的人，可是食古不化，食今亦不化，不知融会贯通，举一不能反三，终身都跳不出书本的圈子，实在说不上"智慧"二字。这种人，西洋便叫做"有学问的笨伯"（a learned-fool），在中国便可称为"两脚书橱"或"冬烘先生"。反过来说，有智慧的人也不见得都有很好的学问。有一种人，读书虽然不多，但他对于人情事理都很通达，凭借经验，运用心得。这样的人，你能说他没有智慧吗？

学问是不能离开智慧的，没有智慧的学问，便是死的学问。有许多人，从事研究工作，搜集了很多材料，但往往穷年①找不到问题的中心，得不到任何的结果，纵有结果，亦复无关宏旨——这便是由于没有智慧。而有智慧的人则不然，他纵然研究一个极小的问题，也能探骊得珠，找到核心所在；其问题虽小，而其映射的范围，却往往甚大。譬如孟德尔②（Mendel）研究豆子的交配，居然悟出遗传的定律，奠下了遗传学和优生学的基础，就是一个例子。再说进化论的创立者达尔文。在达尔文以前，何曾没有富于学问的生物学家看见过海边的蚌壳、山中的化石、类人的猩猿、初民的种族？何以不能发现物竞天择、最适者存的天演公例？等达尔文发现以后，赫胥黎慨然叹曰："这个道理，傻子都应该知道，为什么我以前不知道？"当代的物理学家爱因斯坦，有人称他为牛顿后第一人，他的相对论是科学上一个稀有的创获，但是他自己却对人说："我的发明其实很简单，只是你们看不见罢了！"他能看见别人所看不见的，便是他的智慧过人之处。

世间不但有缺乏智慧的人，而且也有缺少智慧的书。我们可以把书分为两大类：一类是有智慧的，一类是无智慧的。有智慧的书，是每字每句，都如珠玉似的晶莹，斧凿般的犀锐，可以启发人的心灵，开辟人的思想，有时可以引申成一篇论文，或成一本专书。这就是英文中所谓"灿烂的书"（brilliant book）。无智

---

① 穷年：终年。

② 格雷戈尔·孟德尔，19 世纪奥地利园艺家，现代遗传学奠基人。

慧的书，往往材料堆积得和蚁丘一样，议论虽多，见解毫无。纵然可以从他得报导，却不可以从他得启示，在著者是"博而寡约"，在读者是"劳而无功"。这就是英文中所谓"晦塞的书"（dull book）。然而，这类的书多极了，读者要不浪费时间，就不能不精为选择。须知著书固要智慧，读书也要智慧。"读书得间①"，就是智慧的表现。"鞭辟入里"、"豁然贯通"，都是不容易的事。若是像讽诵高头讲章的读法，则虽"读破五车"，有何用处？

学问固然不能离开智慧，同时智慧也不能离开学问。有学问的人，虽然不一定就有智慧，正和有智慧的人不一定有很深的学问一样，但是智慧却必须以学问做基础，才靠得住。无学问的智慧，只是浮光掠影、瞬起瞬灭的。他②好像肥皂泡一样，尽管可以五光十色，但是一触即破。惟有从学问中产生出来的智慧，才不是浮光，而是探照灯，可以透过云层，照射到青空的境地。惟有从学问中锻炼出来的智慧，才不是瞬息幻灭的肥皂泡；他永远像珍珠泉的泉水一般，一串串不断地从水底上涌。也惟有这种有根底的智慧，才最靠得住，最为精澈，最可宝贵。

若把学问譬做建筑材料，那智慧便是建筑师的匠心。有木、有石，甚至有水泥钢筋，决不能成为房子；就是懂得材料力学、结构原理，也只可以造成普通的房子，而决不能造成庄严壮丽的罗马圣彼得（St. Peter's）或巴黎圣母教堂（Notre Dame）。这种绝代的美术作品，是要靠艺术家的匠心的。但是材料愈能应手，匠心愈能发挥；构造的原理愈进步，艺术家愈能推陈出新。材料与技术对于作风的影响，整个美术史，尤其建筑史，都可以证明。所以学问与智慧是相辅为用，缺一不可的。我们不但需要学问，而且更需要智慧——需要以智慧去笼罩学问、透视学问、运用学问。

学问应如何去寻求呢？智慧又如何去浚瀹③？更应如何以智慧去笼罩、透视、并运用学问？这是思想方法的问题。思想不是空想，不是幻想，而是有严格纪律的一种意识的训练。思想当然不是别人所教得来的；没有思想的人，别人不能强他有思想，正如西洋古语所说："你能引马就水，不能教马喝喝水。"（You can lead a hose to water, but you cannot make him drink.）然而，思想是可以启发的。教育的最大功用就是启发人的思想。所谓"不愤不启，不悱不发"，就是承认

---

① 得间[jiàn]：原义为得到机会，转义为得益。
② 他：同"它"。
③ 浚[jùn]瀹[yuè]：深挖疏通。

思想有启发的可能。思想应如何去启发呢？当然非有训练思想的方法不可。我现在先提出中西两大哲人关于训练思想的指示来。

中国的孔子讲学问，曾提"毋意、毋必、毋固、毋我"四个戒条。无论经学家如何诠释，我们拿近代思想方法的眼光来看，可以得到一种新的领悟。"毋意"可以释作不可凡事以意为之。没有根据先有论断是要不得的。这就是成见(Prejudice)。成见与科学探讨的精神不相容。"毋必"是不可武断(Dogmatic)。武断是虚心的反面，往往以不完备的知识、不合的见解，据为定论。"毋固"是不可固执(Obstinate)，拘泥胶着，拒绝新的事物、新的假定。堕入樊笼而不自解，钻入牛角尖里而不自拔。"毋我"是不可以自己为中心，以自我为出发点(Egocentric-predicament)，妄自尊大，正是所谓我执。这种胸有所蔽的看法，在逻辑上不能允许，作认识论上也不能容。必须破除以上各蔽，乃能清明在躬，洞想万象。必须如此，才能浚瀹智慧。必须如此，才能役万物而不为万物所役。为学求知应当如此，就是人生修养，也应当如此。

近代西洋的大思想家培根(Francis Bacon)，在他所著的《学问的进展》(The Advancement of Learning)①一书中讨论思想错误的原因，可说精辟极了。康第拉②(Condillac)曾说："世人了解思想错误的原因者，莫过于培根。"培根以为人类思想的错误，乃是由于有四种偶像(Idols)。这种偶像，佛家称为"执"，我们称为"蔽"。第一是"部落的偶像"(Idols of the tribe)，可称"观感之蔽"。就是说对于一个问题，先按照自己的意见决定好了，然后才去寻找经验，再把经验团捏揉搓得和自己的意思相合。这无异手提着一个蜡人再向他问路。这是一般人最易犯的错误。现在有些大学生做论文，往往先有了结论，然后去找材料，好像药店里打好了装药的抽屉，安放得整整齐齐，再待把药材分别填塞进去，就算完事。他不是从材料里去逐步寻求真理，乃是把他的所谓真理去配合材料。这种工作是白费的。第二是"山洞的偶像"(Idols of the cave)，可称"自我之蔽"。这与个人性格有关系。每个人因为他性之所近，常常在意识里形成他的一个所谓"洞"或"窠"。这种"洞"或"窠"，常把自然的光线屈折或遮蔽了，于是一个人就像戴上颜色眼镜：戴了蓝色眼镜，便说一切是蓝；戴了黑色眼镜，便说一切是黑。结果是是非不明，黑白不分。这种"洞"，人的思想一跌进去，便是不容易爬出来

---

① 通译《学术的进步》。
② 康第拉，通译"孔狄亚克"，18世纪法国哲学家。

的。第三是"市场的偶像"(Idols of the Market),可称"语言之蔽"。这是从人与人的接触之中而生的。人与人相接触时,不得不用语言来交换思想,但语言所用的字句常以群众所了解者为准,所以字意常不确定,或不完备,而真理遂被淹没。人类思想的错误很多是由此而来。逻辑最重要的目的,就是确定每个字的意义,而使其有一定的内容,以免"失之毫厘,谬以千里"。政治煽动家说的话,大都是极漂亮而动听的,但是仔细分析起来,有几句是确定可靠的?庄子说"言隐于荣华",其实这种语言是和无花果树一样,以他的叶子隐盖着他无花的羞辱。第四是"戏院的偶像"(Idols of the theatre),可称"学统之蔽"。人类有些思想上的错误,是由于传统的信条或对事实错误的证明而来。古今来各种派别的哲学系统,往往不啻是戏台上一幕一幕的戏剧,各人凭其主观的想象而编成的。如果有人堕入其中,深信不疑,便很容易固执偏见,抹杀其他。中国过去的学派之争,如所谓朱陆①异同的聚讼,都于不知不觉中犯了这个毛病。

我们根据两位哲人的指示,就可知道要训练思想,必须注意以下几点:

第一是去蔽。去蔽是训练思想的第一先决条件。必须能够去蔽,然后才能透视一切,大彻大悟,达到智慧最高的境界。必须去掉孔子的所谓"意"、"必"、"固"、"我",必须去掉培根的所谓四种偶像,然后才可有虚明豁达的心胸,接受一切的真理。否则,隐翳在心,障碍在目,欲求真理,真理愈远。荀子有《解蔽》篇,说得很痛快。他说:"墨子蔽于用而不知文,宋子蔽于欲而不知得,慎子蔽于法而不知贤,申子蔽于执而不知知,惠子蔽于辞而不知实,庄子蔽于天而不知人。此数具者,皆道之一隅也。夫道者,体常而尽变,一隅不足以举之。然则虚也者,谓毋若数子之蔽于所已臧之一隅,而害所将受之道也。"我们要知道智慧所烛照的,决不仅是道之一隅!

第二是分析。分析可以分两部分讲:一是事物的分析。宇宙的万象,交互错综,复杂极了,要全部加以研究,自为事实所不许可。所以,生物学家只抽出一部分有生命的现象来研究,地质学家只抽出一部分无生命的现象来研究。这便是以类别来分析的办法。二是观念的分析。譬如枝节、许多的争论。哲学争论之中,尤多文字涵义之争。从前黄远生②先生有一篇文章,叫《笼统为国人之公敌》。这"笼统"二字,是中国人思想上最大的病根,不知误了我们多少事。我们

---

① 朱陆,朱熹和陆九渊,均为南宋理学家。
② 黄远生,笔名,真名黄基,近代学人、中国新闻界先驱。

要国民有清晰的思想，非把许多语言文字里所包含的观念，先行"刮垢磨光"一番不可。

第三是综合。综合就是将分析所得的结果，组织成一个完整的系统。综合的最大目的，就是在求思想的经济（Economy of thought）。科学的公式，必须能以简驭繁，就是要把最简单的公式，解释和驾驭许多繁复的现象。无综合头脑的人，常觉得宇宙间的万事万物，不是各不相关，就是紊丝一团；而在有综合头脑的人看来，则觉得处处关连，头头是道，可以从中找出一个整齐的头绪、美丽的系统。

第四是远瞻。讲艺术要注意远景，讲科学何独不然？从事科学工作的人，因为研究专门的东西，取容易囿于一个狭小的范围，而把大者、远者反遗忘了。专家的定义是："个人在最小的范围以内知道最多的东西。"所以专靠专家来谋国，是可以误大事的。蒋百里①先生，在他的《日本人》中，形容日本人见树木而不见树林的情形，有一段话最足发人深省。他说："日本人很能研究外国情形，有许多秘密的知识比外国人自己还要丰富。但正因为过于细密之故，倒把大的、普通的忘记了。譬如日本人研究印度，比任何国人都详细，他很羡慕英国的获得印度，但是他忘记了英国人对印度的统治，是在大家没有注意的时代，用三百年的工夫才能完成。而日本人却想在列强之下三十年内要成功。日本人又研究中国个人人物。他们的传记与行动，他很有兴会的记得，但他忘记了中国地理的统一性与文字的普遍性，而想用武力来改变五千年历史的力量，将中国分裂。他又羡慕新兴的意大利与德国，开口统制，闭口法西斯，但他忘记了他无从产生一个首领。"这一段话，我不厌求详的写下来，是因为他不但是给日本人一顿严厉的教训，也有可供我们深思之处。我们所理想的科学家与思想家，不应钻在牛角尖里，而应站在瞭望台上。

以上四点，都是值得每个研究社会或自然科学的人加以深切注意的。黄黎洲②说，"无速见之慧"，智慧是要努力才能浚瀹的。我们要努力求学问，我们更要努力求智慧！唐人高骈③有一首诗道："炼汞烧铅四十年，至今犹在药炉前；不知子晋缘何事，只学吹箫便得仙。"这是一首很有哲学意味的诗。

---

① 蒋百里，现代军事理论家、军事教育家。
② 黄宗羲，字太冲，世称梨洲先生，明末清初史学家、浙东学派创始人。
③ 高骈[pián]：晚唐名将。

哲学最早的定义,就是"爱智",也就是对智慧的追求(Pursuit of wisdom)。他对于宇宙和人生,是要看整个的,不是看局部的;对于历史是要看全体的,不是看片段的。一时的便宜,可以酿成终久的吃亏。穷兵黩武的野心家,可以造成无数战场的胜利,而最后得到的是整个战局的失败。这是缺少智慧的结果。现在的世界,学问是进步了,专门的知识是丰富了,但是还有这种悲痛、残酷、黑暗、毁灭的大悲剧表演出来,这正是因为人类智慧贫乏的缘故!想挽回人类于空前浩劫的人,在这阴翳重重的世界里面,只有运用慧剑,才能斩除卑侠私伪、骄妄怨毒、塞心蔽性的孽障,才能得到长久的和平。希伯来古话说得好:"快乐的是能寻着智慧的人,是能得着了解的人。"(Happy is the man that findeth wisdom and tbe man that gettteth understanding.)

创造的儿童教育

陶行知

陶行知(1891—1946)，现代教育家，曾任中华教育改进社总干事，其教育思想对中国现代教育有重大影响；重要著作有《中国教育改造》《古庙敲钟录》《斋夫自由谈》和《行知书信》等。

本文原载 1944 年 12 月 16 日《大公报》，后收入《陶行知文集》。

本文的"中心思想"是"教育不能创造什么，但它能启发、解放儿童创造力，以从事于创造之工作"，并以具体事例说明：他在教育实践中是如何发现、释放、培养儿童创造力的。文章通俗易懂，不仅可以作为小学教师的指导文件，也是所有关心儿童成长的家长们应该读一读的。

创造的儿童教育，不是说教育可以创造儿童，儿童的创造力是千千万万祖先至少经过五十万年与环境适应斗争所获得而传下来之才能之精华，发挥或阻碍、加强或削弱、培养或摧残这创造力的是环境。教育是要在儿童自身的基础上，过滤并运用环境的影响，以培养加强发挥这创造力，使他长得更有力量，以贡献于民族与人类。教育不能创造什么，但它能启发、解放儿童创造力，以从事于创造之工作。

我们晓得，特别是中国小孩，是在苦海中成长。我们应该把儿童苦海创造成一个儿童乐园。这个乐园不是由成人创造出来交给小孩子，也不是要小孩子自己单身匹马去创造，我们造一个乐园交给小孩子，也许不久就会变为苦海，单由小孩子自己去创造，也许就创造出一个苦海，所以应该成人加入小孩子的队伍里去，陪着小孩子一起创造。

一、把我们摆在儿童队伍里，成为孩子当中的一员

我们加入到儿童队伍里去成为一员，不是敷衍的，不是假冒的，而是要真诚的，在情感方面和小孩子站在一条战线上。我曾经写过一首小诗，描写过我们在小孩队中应有和不应有的态度。

儿童园内无老翁，
老翁个个变儿童，
变儿童，
莫学孙悟空！
他在狮驼洞，
也曾变过小钻风，
小钻风，
脸儿模样般般像，
拖着一条尾巴两股红。

我们要加入儿童队伍里，第一步要做到不失其赤子之心，做成小孩子队伍里的一分子。

二、认识小孩子有力量

我们加入儿童生活中，便发现小孩子有力量；不但有力量，而且有创造力。我们要钻进小孩子队伍里，才能有这个新认识与新发现。

从前当晓庄学校①停办的时候，晓庄的教师和师范生不能回晓庄小学任职，私塾先生又被小孩拒绝，农人不好勉强聘请，不得已，小孩自己组织起来，推举同学做校长、当教员，自己教、自己学、自己办，并自称自动学校。这是中国破天荒的创造。我听见了这个消息以后，就写了一首诗去恭贺他们：

> 有个学校真奇怪：
> 大孩自动教小孩。
> 七十二行皆先生，
> 先生不在学如在。

写好之后，交给几位大学生，请他们指教。他们说尽善尽美，于是用快信寄去。

第三天，他们回一封信，向我道谢之外，说这首诗有一个字要改。大孩教小孩，难道小孩不能教小孩吗？大孩能够自动，难道小孩不能自动吗？而且大孩教小孩有什么奇怪呀？这一串炸弹把个大字炸得粉碎，我马上把他改为"小孩自动教大孩"，这样一来，是更好了。黄泥腿的农村小孩改留学生的诗，又是破天荒的证明，证明小孩有创造力。

又有一次我到南通州去推广"小先生"，写了一篇一分钟演讲词，内中有一段："读了书，不教人，甚么人？不是人。"我讲过后，有一个小孩子马上来说：陶先生，你的演讲最好把"不是人"改为"木头人"，"木头人"比"不是人"更好了。因为"不是人"三个字不具体，桌子不是人，椅子也不是人，而"木头人"是给了我们一个具体的印象。这也证明小孩子有创造力。我们要真正承认小孩子有创造力，才可以不被成见所蒙蔽。小孩子多少都有其创造的能力。

---

① 晓庄学校，全名"晓庄试验乡村师范学校"，在南京，由陶行知创办并任校长。

三、解放儿童的创造力

我们发现了儿童有创造力，认识了儿童有创造力，就须进一步把儿童的创造力解放出来。

（一）解放小孩子的头脑。儿童的创造力被固有的迷信、成见、曲解、幻想层层裹头布包缠了起来。我们要发展儿童的创造力，先要把儿童的头脑从迷信、成见、曲解、幻想中解放出来。迷信要不得、成见要不得、曲解要不得、幻想更要不得，幻想是反对现实的。这种种要不得的裹头布，要把他一块一块撕下来，如同中国女子勇敢地撕下了裹脚布一样。

自从有了裹脚布，从前中国妇女是被人今天裹、明天裹、今年裹、明年裹，骨髓裹断，肉裹烂，裹成一双三寸金莲。

自从有了裹头布，中国的儿童、青年、成人也是被人今天裹、明天裹、今年裹、明年裹，似乎非把个个人都裹成一个三寸金头不可。如果中华民族不想以三寸金头出现于国际舞台，唱三花脸，就要把裹头布一齐解开，使中华民族的创造力可以突围而出。三民主义开宗明义就说：大凡人类对于一件事，研究其中的道理，首先发生思想；思想贯通，以后才生信仰；有了信仰，才生力量。思想贯通，便等于头脑解放。

（二）解放小孩子的双手。人类自从腰骨竖起，前脚变成一双可以自由活动的手，进步便一天千里，超越一切动物。自从这个划时代的解放以后，人类乃能创造工具武器文字，并用以从事于更高之创造。假使人类把双手束缚起来，就不能执行头脑的命令。我们要在头脑指挥之下用手使用机器制造，使用武器打仗，使用仪器从事发明。中国对于小孩子一直是不许动手，动手要打手心，往往因此摧残了儿童的创造力。一个朋友的太太，因为小孩子把她的一个新买来的金表拆坏了，在大怒之下，把小孩子结结实实打了一顿。后来她到我家里来说："今天我做了一件极痛快的事。我的小孩子把金表拆坏了，我给了他一顿打。"我对她说，恐怕中国的爱迪生被你枪毙掉了。我和她仔细一谈，她方恍然大悟，她的小孩子这种行动原是有出息的可能，就向我们请教补救的办法。我说："你可以把孩子和金表一块送到钟表铺，请钟表师傅修理，他要多少钱，你就给多少钱，但附带的条件是要你的小孩子在旁边看他如何修理。这样修表铺成了课堂，修表匠成了先生，令郎成了速成学生，修理费成了学费，你的孩子好奇心就可得到满足，或者他还可以学会修理咧。"小孩子的双手是要这样解放出来。中国在这方面最为落后，直到现在才开始讨论解放双手。在爱迪生时代，美国学校的先生也是非常的顽固，因为爱迪生喜欢玩化学药品，不到三个月就把他开除！幸而他有一位贤明的母亲，了解他，把家里的地下室让给他做实验。爱迪生得到了母亲的了解，才一步步的把自己造成发明之王。那时美国小学的先生不免也阻碍学生的创造力。我们希望保育员或先生跟爱迪生的母亲学，让小孩子有动手的机会。

（三）解放小孩子的嘴。小孩子有问题要准许他们问。从问题的解答里，可以增进他们的知识。孔子入太庙，每事问。我从前写过一首诗，是发挥这个道理："发明千千万，起点是一问。禽兽不如人，过在不会问。智者问得巧，愚者问得笨。人力胜天工，只在每事问。"但中国一般习惯是不许多说话。小孩子得到言论自由，特别是问的自由，才能充分发挥他的创造力。

（四）解放小孩子的空间。从前的学校完全是一只鸟笼，改良的学校是放大的鸟笼。要把小孩子从鸟笼中解放出来。放大的鸟笼比鸟笼大些，有一棵树，有假山，有猴子陪着玩，但仍然是个放大的模范鸟笼，不是鸟的家乡，不是鸟的世界。鸟的世界是森林，是海阔天空。现在鸟笼式的学校，培养小孩用的是干腌菜的教科书。我们小孩子的精神营养非常贫乏，这还不如填鸭，填鸭用的还是滋养料让鸭儿长得肥胖的。我们要解放小孩子的空间，让他们去接触大自然的花草、树木、青山、绿水、日月、星辰以及大社会中之士、农、工、商、三教九流，自由的对宇宙发问，与万物为友，并且向中外古今三百六十行学习。创造需要广博的基础。解放了空间，才能搜集丰富的资料，扩大认识的眼界，以发挥其内在之创造力。

（五）解放儿童的时间。现在一般学校把儿童的时间排得太紧。一个茶杯要有空位方可盛水。现在中学校有月考、学期考、毕业考、会考、升学考，一连考几个学校。有的只好在鬼门关去看榜。连小学的儿童都要受着双重夹攻：日间由先生督课，晚上由家长督课。为的都是准备赶考。拼命赶考，还有多少时间去接受大自然和大社会的宝贵知识呢？赶考和赶路一样：赶路的人把路旁风景赶掉了，把一路应该做的有意义的事赶掉了。除非请医生救人，路是不宜赶的。考试没有这样的重要，更不宜赶。赶考首先赶走了脸上的血色，赶走了健康，赶走了对父母之关怀，赶走了对民族人类的责任。最要不得的，还是赶考把时间赶跑了。我个人反对过分的考试制度的存在。一般学校把儿童全部时间占据，使儿童失去学习人生的机会，养成无意创造的倾向，到成人时，即有时间，也不知道怎样下手去发挥他的创造力了。创造的儿童教育，首先要为儿童争取时间之解放。

四、培养创造力

把小孩子的头脑、双手、嘴、空间、时间都解放出来，我们就要对小孩子的创造力予以适当之培养。

（一）需要充分的营养。小孩的体力与心理都需要适当的营养。有了适当的营养，才能发生高度的创造，否则创造力就会被削弱，甚而至于夭折。

（二）需要建立下层的良好习惯，以解放上层的性能，俾能从事于高级的思虑追求。否则必定要困于日用破碎，而不能够向上飞跃。

（三）需要因材施教。松树和牡丹花所需要的肥料不同，你用松树的肥料培养牡丹，牡丹会瘦死；反之，你用牡丹的肥料培养松树，松树受不了，会被烧死。培养儿童的创造力要同园丁一样，首先要认识他们，发现他们的特点，而予以适宜之肥料、水分、太阳光，并须除害虫；这样，他们才能欣欣向荣，否则不能免于枯萎。

最后，我要提醒大家注意创造力最能发挥的条件是民主。当然在不民主的环境下，创造力也有表现，那仅是限于少数，而且不能充分发挥其天才。但如果要大量开发创造力，大量开发人矿中之创造力，只有民主才能办到，只有民主的目的、民主的方法才能完成这样的大事。民主应用在教育上有三个最要点：

（一）教育机会均等，即是教育为公，文化为公。我们要求贫富的机会均等、男女的机会均等、老幼的机会均等、各民族各阶层的机会均等。

（二）宽容和了解。教育者要像爱迪生母亲那样宽容爱迪生，在爱迪生被开除回家的时候，把地下室让给他去做实验。我们要像利波老板宽容法拉第[①]：法拉第在利波的铺子里作徒弟，订书订得最慢，但是利波了解他是一面订书一面读书，终于让法拉第在电学上造成辉煌的功绩。

（三）在民主生活中学民主。专制生活中可以培养奴才和奴隶，但不能培养人民做主人。民主生活并非乱杂得没有纪律。民主要有自觉的纪律，人民只可以在民主的自觉纪律中学习做主人翁。在民主动员号召之下，每一个人之创造力都得到机会出头，而且每一个人的创造力都能充分解放出来。只有民主才能解放最大多数人的创造力，而且使最大多数人之创造力发挥到最高峰。

---

① 法拉第，19 世纪自学成才的英国物理学家，电磁理论创立者。

我国的女子教育

苏 青

苏青(1914—1982),笔名,真名冯允庄,与张爱玲齐名的海派女作家,重要作品有长篇小说《结婚十年》《歧途佳人》和散文集《浣锦集》《饮食男女》《逝水集》等。

本文选自《苏青散文集》,约写于1945年。

在20世纪三四十年代,我国曾有过"女子教育",后来到五十年代,就被取消了。不过,就是在三四十年代,就如本文所说,也只是所谓"女子教育",其实"根本没有"。女子教育,显然与男女平等有关。于是,问题就来了:"男生能够受他们所需要的男子教育,女生也能够受她们所需要的女子教育,这才叫做平等呢? 还是女生跟着男生一样受男子教育,便算是平等了?"这问题至今困扰着教育界。原因是:男女生理上不一样,在家庭中的角色也不一样;然而,近代以来,男女要求同样的社会地位、承担同样的社会责任,却是不可阻挡的潮流。这就产生了矛盾:从家庭生活角度讲,男女应接受不同的教育;而从社会生活角度讲,男女又应接受相同的教育。那么,女子是不是应该接受两种教育呢? 本文作者似乎就是这样认为的,她最后说:"我以为真正的女子教育可分二种来讲:一种是预备给完全以婚嫁为职业的女人来用的,就专门教给她们以管家养孩子的种种技能,相当于其他各项的职业训练,使她们将来能够所学得其所用。另一种便是除了教她们与男生同样学习各种职业技能,或同男生一样启示她们一条路径,使她们将来得从事于某种学术研究以外,还得教给她们些管家养孩子的常识,因为从事职业或研究学问的女子总还得结婚养孩子。"然而,如何区分"完全以婚嫁为职业的女人"和"从事职业或研究学问的女子"呢? 在一般情况下,大概连女子自己也不知道,她是属于前者呢,还是属于后者。所以,这样的女子教育至今没有出现——中国没有,其他国家似乎也没有。

我是个受过高等教育的女子,我知道我国的女子教育是怎么一回事。严格的说来,我国根本没有所谓女子教育;学校里一切设施都是为男生而设,不是为女生而设的。这在男女同学的学校不必说了,就是专收女生的女子中学、女子大学,他们的课程等等还不是完全跟男校或男女同学的学校一样吗？但是一般自命为新女子的还高兴得很,以为这是男女平等。

　　从前我也曾高兴过,现在却有些怀疑起来了：男生能够受他们所需要的男子教育,女生也能够受她们所需要的女子教育,这才叫做平等呢？还是女生跟着男生一样受男子教育,便算是平等了?

　　男生每周五六小时的国文课,我们当然也跟着上。但是国文教材是什么呢？第一类是古文,说的都是从前男人社会的事,如大臣被贬忠君啦、将军沙场苦战啦、名士月夜狂饮啦,清高的人辞官回来,与妻妾、儿女、童仆辈叙叙家常、玩玩山水啦……这类事情有趣倩敢是有趣,意义也不错,就是与我们没有什么切肤之感。其他如经书之类,做的人当然是男人不必说了,其间即使偶然有一二个女作家,如曹大家①之类,她们也是代男人立言的。但这也无足深怪,因为她们读的是男人的书,用的根本是男人所创造的文字呀。置身在从前的男人的社会中,女子是无法说出她们自己所要说的话的。至于第二类所谓新文学作品呢？对不住得很,也还是男人写给男人们看的,因为现在仍旧是男人的社会呀。虽然他们也谈到妇女问题,提倡男女平等,替我们要求什么独立啦、自由啦,但代想代说的话能否完全符合我们心底的要求,那又是一件事了。所以我敢说,读这类文章读出来的女生,她们在思想上一定仍旧是男人的附庸。她们心中的是非标准紧跟着男人跑,不敢想男人们所不想的,也不敢不想男人们所想的,什么都没有自己的主意。所以我对于一个女作家写的什么"男女平等呀！一起上疆场呀！"就没有好感,要是她们肯老老实实谈谈月经期内行军的苦处,听来倒是入情入理的。

　　说到数理,更是浪费女生精神的东西,有时候苦思过度了,还加害她们的身体呢！我是普通中学毕业出来的,读过大小代数、三角、平面几何、立体几何、解析几何等等,为了它们真不知吃过多少苦头。到如今虽是八九年不与它们见面了,但平时只要稍感到吃力,晚上做梦便会做着考数学的。我知道大学里面有许多工程系,女生不能够读,即使她们为着好胜一定要读,那就读了也没有用。这

────────────────

① 曹大家[gū],即班昭,班彪之女,班固、班超之妹,东汉史学家("大家"即"大姑",是汉代关中地区对年长女子的尊称。班昭丈夫姓曹,故称"曹大家")。

样说来,我们还苦苦的陪着男人念数学干吗?

在学校里,其他不必须的课程,还有许多许多,但是女生一一都得学。其实呢,女人的青春时期短得很,在十几岁到二十岁左右记忆力顶好的时候,被杂乱无章的功课浪费尽了精力,到了二十开外,记忆力衰退了,再学自己所想学而且应该学的东西,已是事倍功半。所以,目前教育界有一种现象,便是小学里女生功课比男生好;中学里不相上下,但已是男生占优势;进了大学,便绝对赶不上男生了。这现象可有二种解释:一说是女生智慧早熟早衰,过了短短的几年青春期,便不行了。一说是小学时代学生年龄尚幼,男女的差别便显出来了。以后表显得更分明,放功课标准根据男生来定,女生便有些跟不上了。两说无论其孰是孰非,但女子教育不能一味照着男子教育依样画葫芦,那总是无可非议的事。

顶可笑的便是在我们读中学时代有家事一科,是选修科,由一个女训育员来教。起先校方规定女生必须选读此科,男生听便。但后来男生因为它容易骗取学分,便纷纷报名来选读了,人数竟达七十余人之多,为其他选修科所未见。女生呢,却认为校方所说必须选读一句,是侮辱女性了,既云选修,如何又有必须?就派代表前去质问,于是校方收回成命,女生也是听便,结果女生中选读家事的,就只有我一人。我选读它的原因,是因为自己对此道实在太不行了,想真的学得些缝纫、烹调等常识。不料在第一天上课的时候,女同学们莺莺燕燕的在教室门口包围得水泄不通,甚至连各个窗子上也都晃动着无数蓬松长发的人头。而教室里面只有我一个人坐在七十多个男同学中间,自己也就觉得有些不自然了,那禁得窗外门外的目光都一起投射到我身上来,嗤嗤冷笑着,一面交头接耳的不知在谈论些什么。她们一定在讥笑我不要脸拍校方马屁啦吧,我想,或者是在讥笑我没志气,自己瞧不起自己的来选这门家事科了。就是到了今日,我因为不善处理家务,几个旧时候的女同学见了我还取笑:"你是选过家事的呀,怎么连这些还不知道呢?"

由此我便推想到我国女子教育失败的原因:不是没有人想到女子教育有区别的必要,是想到了不敢说,说了就有被质问、被唾骂的危机。而且即使有人说着做了,女子们自己也不肯相信他、听从他的。若偶而有人听从了他,她便得受尽女伴们的嘲笑,平空加添出一份麻烦来。结果是女子教育包在男子教育里面,或者说根本没有女子教育这回事。

身为女子而受着男子的教育,教育出来以后社会却又要你做女子的事,其失败是一定的。就以我个人而论,教育、教育,我真是吃尽它的亏!假如我根本没有受过什么教育,也许反要比现在幸福得多了。

　　我的成绩,与同级男生比较起来,可以说是毫无愧色的,但是现在他们都成功了,我却失败,这是在学问事业方面。因为他们可以专心一志的对付学问事业,我却要兼顾家庭。然而在家庭方面又怎样呢?他们还是大都幸福的;即使偶有不幸福,也与他们所受的教育无涉。然而我,我的孤苦伶仃,却是教育害了我的。

　　我们都知道教育的第一个目的是要造成有用人材,以供社会需要。因此社会上需要医生,学校里便有医科;社会上需要教员,学校里便有师范科等等。教育出来以后,医科出身的人便当医生、师范科出身的人便当教员,这叫做学有所用,能够适应社会的需要。然而我们呢?社会需要我们做人家的妻子,做孩子的母亲,学校里却没有"贤妻良母科",教育我们怎样做妻子做母亲呀,这又叫我们怎么办呢?我敢说,我们在小学、中学、大学里所学过的全部课程中,没有一种能够指导我们怎样养育孩子的,甚至连生产常识也没有教。但是,我们必须生孩子、养育孩子呀!

　　也许有人说:那本男子也没有学过"贤夫良父科",他们又是怎么办呢?这话可是不对。因为做丈夫、做父亲便当得很,只要多赚几个钱便行了,用不着学习什么专门技能的。换句话说,他们可以利用他们所学的东西来多赚些钱,这样便可以舒舒服服的做丈夫、做父亲了,用不着再学什么做丈夫、做父亲的特别技能。但是我们便不同了:代数、三角不能用以计算娘姨①的小菜②账;历史只告诉我们人种的由来,可没有告诉我们孩子是怎样受胎、怎样产生、怎样成长的呀!不错,那也许是我缠错③、缠到生理卫生上面去了。但是我是上过生理卫生课的,我们那时是男女同级,当老师讲到膀胱一章时,男生都朝着女生们笑,并且用难听的话来打趣她们,因此女生们都盖红着脸逃跑了,下面讲生殖器官的一章更不敢听,大家宁愿旷课不去,弄得教师没法,只得连受孕、怀胎几章都删去不讲,因此我们对于这些事便连一些常识都没有。但是男生们没有还不打紧,胎又不是长在他们肚子里的,吃亏的可是女人呀!在家庭妇女还占着绝对大多数的我国女子的出路,既是做妻子、做母亲,怎么可以不学些做妻子、做母亲的本领来适

---

① 娘姨:(沪语)女佣。
② 小菜:(沪语)原仅指蔬菜,后泛指菜(包括荤菜)。
③ 缠错:(沪语)弄错。

应环境呢?

我是十八岁上出嫁的,没有学过做妻子、做母亲的本领,便嫁了人,而且很快的养下孩子来了,于是我便吃尽苦头。当时我只知道两个人要好①便可以结婚,谁知道结了婚就不要好了。结婚须有结婚的知识与技能,我没有;我的丈夫也没有。但是他没有不打紧,他不必管家,不必养孩子,甚至于唯一的责任,供给钱,也由他的大家庭替他负担了。然而,我却吃尽苦头呀!古人说:"未有学养子而后嫁者也。"②我倒以为女子出嫁以前,真该好好的学养子一番才对。而且,避孕也是很重要的,女子教育不但要教人学"养",还该教人学"不养"哩。

这样说来,女子教育似乎专门指贤妻良母教育而言,相当于日本的新娘学校,除了插花、配窗帘、布置房间等等之外,似乎再不必学习其他什么东西了?那也不然。我以为真正的女子教育可分二种来讲:一种是预备给完全以婚嫁为职业的女人来用的,就专门教给她们以管家养孩子的种种技能,相当于其他各项的职业训练,使她们将来能够所学得其所用。另一种便是除了教她们与男生同样学习各种职业技能,或同男生一样启示她们一条路径,使她们将来得从事于某种学术研究以外,还得教给她们些管家养孩子的常识,因为从事职业或研究学问的女子总还得结婚养孩子。在目前的中国社会里,男子可以专心从事职业或研究学问,把家务、孩子统统交给他的家主婆③,女子可没有这么好福气讨个"家主公"④来呀!而且生产这类事,也不是别人可以代庖得来的,总得知道一些。除非她是个终身不嫁人的女子,才可以与男子受同样教育。只不过在上生理卫生课时,还得把"月经期内的卫生"一章对她讲得特别详细一些,别让她听到讲膀胱那章时,便给男生笑得逃跑了。那才是女子教育的万幸呀!

① 要好:(沪语)相爱(也可用于同性间,指有友情)。
② 语出《大学·康诰》:"心诚求之,虽不中,不远矣。未有学养子而后嫁者也。"
③ 家主婆:(沪语)妻子。
④ "家主公":(拟家主婆)丈夫。

教　子

苏　青

　　本文选自《苏青散文集》，约写于 1947 年。

　　这是一篇完全从平常人的角度谈家庭教育的文章，非常实在，写得也很有趣，其要义是：教子总要教的，但要教成怎样，各人有各人的想法，很难说有什么好坏；再说，教子即使教了，结果怎样，也是天晓得，因为儿子将来会遇到什么事、会怎么想，你怎么知道？所以，"只得由他们自己想去、做去，叫我们又如何能够替他们做得功德圆满呢"？所以，我的教子，不过是尽责罢了，"接受与否是后辈的事"，我就管不着了。

　　这样的"教子观"，想必多数人会赞同吧？因为它出于平凡，而非崇高；出于现实，而非理想，而多数人是平凡的、现实的，没什么崇高理想。

谚云:"一娘生九子,连娘十条心。"虽说孩子家没心眼儿,但也爱使个性子,谁能教得他同自己一鼻孔出气来?

普通人教子可分两种主张:一种是要使得儿子酷肖自己,所谓"克绍箕裘①",而且能够"跨灶②"更好。另有一种则是希望儿子再不要像自己一般没出息,或出力不讨好了,所谓"吃一项,怨一行",如鲁迅的遗嘱希望其子不要再做文人,以及明思宗③之痛语其女为何生在帝皇家,他只希望自己的子女能够在民间安稳地过活,不必做皇家的金枝玉叶,受亡国灭种之惨。

教子的目的大部分是要儿子好,替儿子着想;但也有专为自己利益打算的,如教他显亲扬名,多多尽孝道。除此二种以外,大多数人所谓教子恐怕还是莫名其妙的教法,人家说小孩子不许说谎,我也说不许,仿佛儿子偶然说了一句便是罪大恶极似的,办法就是一顿毒打,问他以后还如此否?儿子口是心非的讨饶④了,他的责任也就完了,教子工作告一个段落。但接着又另一番教训,得意洋洋地说,自己是如何做掮客⑤戴外行客人的帽子⑥,后来几乎被戳穿了,幸而经自己编一个谎这么一解释,交易终于成功,因此说到做人必须有说谎本领,否则便休想在这个社会上混饭吃。如此教来教去,弄得为子者莫名其妙,幸而他也根本不把父亲的教训当做一回事。否则,横想竖忖,岂不要弄糊涂脑筋吗?

也有父亲白手起家,自恨从小没有多读书,拼命想把《四书》《五经》灌注到儿子脑袋里去的,于是出钱请一个冬烘⑦先生,整天把儿子关在书房里念莫名其妙的东西。结果儿子书尚未念通,身体倒先弄坏了,岂不伤心?也有父亲自己开设几爿⑧厂,叫儿子当厂长,到处给他投资,让他做董事,做什么的,结果儿子只会花钱,把他辛苦撑起来的场面终于弄塌为止。这些老太爷都是出力不讨好,白替儿辈作牛马一场,扶不起来的阿斗真是拿他没办法,结果只落得一声长叹,自认是前世冤孽。须知教也,自有其方法。方法对了,还得看机会,有时还要顾到当

---

① 克绍箕裘:克,尽(完全);绍,继承;箕,盛米之器(喻吃);裘,外衣(喻穿)。比喻继承父业,与"继承衣钵"同义。
② 跨灶:本指骏马奔驰时后蹄印反而处在前蹄印之前,引申为儿子胜过父亲。
③ 明思宗:即崇祯帝朱由检,明朝末代皇帝。
④ 讨饶:(沪语)求饶。
⑤ 掮客:(沪语)中介。
⑥ 戴(某人)帽子:(旧时行话)蒙骗(某人)。
⑦ 冬烘:迂腐浅陋。
⑧ 几爿[pán]:(沪语)几家。

时的客观环境能否允许。"孟母三迁"是幸而当时找房子便当①,若在今日,教她又如何筹措这笔预费呢?

革命家的儿子未必再肯革命,他也许进贵族学校,也许在政府中当一个现成的官吏。所以,我对于许多革命家的宣传说"为我们的子孙找一条路吧"这种话,在我听来反而觉得力量薄弱了。因为替自己找一条路是我的迫切的要求;替子孙找一条路,我总怕徒劳无功。假如我倒千辛万苦的替他们找出来了,他们偏不爱走,要另辟蹊径,岂不是害得我白费气力? 因为后辈的心不一定就如前辈的心,因此古人所尊的道始终不会实行,现在所提倡的革命也迟迟不能实现。革命若是从一条路上革去,早晚总有一天会达到目的,怕只怕是到了中途又变质了,觉得这条路线不大对,或者嘴里仍说对而心里感到不大对了,于是挂已往主义的羊头而卖目前政策之狗肉,这样一岔开、再合拢以后,原先所拟的目的地便只好算是历史的陈迹了,而过去的牺牲者也譬如白死。我想人心永不会满足,革命恐怕也永不会停止的,但是为了我们切身的需要,又不得不革。至于子孙,则只得由他们自己想去、做去,叫我们又如何能够替他们做得功德圆满呢?

然则②子女索性养而不教乎。我的意思是:婴儿时教他动作,如以物勾引,使其手舞足蹈等,或授以假乳头,叫他吮吸解闷。稍长则教其行走,再大起来教其说话、识字。幼年时候,以身体健康为原则,知识次之,施教时以匆过劳伤身为主。至于读书,我倒也并不迷信学校,若是付得起学费,就不妨让他上课下课混混,就算练习社会生活也好,多结交几个玩伴。但严格训练基本科目是要紧的,如国文、算学、常识(切实会用的)等。又因为中国学术太不发达,故重要的外国文的基础亦须打定,否则到年纪大了再念,是更吃力的。

假如孩子到了十二岁以上,则我希望能多训练些技能,如打字啦、速写啦,或关于简单工程方面的。多才多艺总不是坏事,虽说艺贵于精,但若根本不让他知道或者试过,他又从何而喜欢起呢?

道德方面,我只教他凡利于合群的,便应奉行,因为一个人不能到处取厌于人,结果只好孤零零的活下去。抢人家东西会使人家不高兴,我当然教他别抢;但若竖一次蜻蜓③似亦无妨于孩子家体面,我是决不主张厉声呵止他的。

---

① 便当:(沪语)容易。
② 然则:那么。
③ 竖蜻蜓:(沪语)玩倒立。

假如孩子大了，我一定教他读历史，自己用脑筋去读。我教他先要知道从前人的所谓是非利害，如何变迁，如何层层被发现，于是新的修正旧的，或索性推翻旧的。我再要告诉他，我自己心中的所谓是非利害又是什么，如何在努力贯彻自己的主张，如何在矛盾地继续自己的生活，直到自己死亡之时为止。假如他同情我，以我的是非利害为是非利害，则他便继承我的遗志做去。若他根本不赞成我，或者就从我教给他的知识中，他能够发现我是错了，则我也将含笑瞑目。因为我所有的只是这些，我所知的也只是这些，接受与否是后辈的事，我的所谓"教"的责任总算完了。